蹴鞠与齐文化

——第22届国际历史科学大会淄博卫星会议文集

齐文化博物院 编著

马国庆 任相宏 张光明 主编

文物出版社

图书在版编目（CIP）数据

蹴鞠与齐文化：第22届国际历史科学大会淄博卫星会
议文集/齐文化博物院编著.－－北京：文物出版社，2019.1
ISBN 978-7-5010-5813-6

Ⅰ．①蹴… Ⅱ．①齐… Ⅲ．①蹴鞠－体育运动史－中国－
文集②文化史－山东－文集 Ⅳ．①G843.92-53②K295.2-53

中国版本图书馆CIP数据核字（2018）第252956号

蹴　鞠　与　齐　文　化

——第22届国际历史科学大会淄博卫星会议文集

编　　著：齐 文 化 博 物 院
主　　编：马国庆　任相宏　张光明

封面设计：秦　彧
责任编辑：秦　彧　唐海源
责任印制：梁秋卉
出版发行：文物出版社
社　　址：北京市东直门内北小街2号楼
邮　　编：100007
网　　址：http://www.wenwu.com
邮　　箱：web@wenwu.com
经　　销：新华书店
印　　刷：鑫艺佳利（天津）印刷有限公司
开　　本：889mm×1194mm　1/16
印　　张：23.75
版　　次：2019年1月第1版
印　　次：2019年1月第1次印刷
书　　号：ISBN 978-7-5010-5813-6
定　　价：260.00元

第 22 届 国 际 历 史 科 学 大 会 淄 博 卫 星 会 议 合 影 留 念

Group Photo of the 22nd ICHS Zibo Satellite Symposium　2015.8.28

彩版 1　第 22 届国际历史科学大会淄博卫星会议全体代表合影

彩版 2　时任淄博市人民政府副市长张庆盈主持开幕式（翟为民摄）

彩版 3　临淄区委书记宋振波在开幕式上致辞（翟为民摄）

彩版 4　时任淄博市人民政府市长周连华在开幕式上致辞（翟为民摄）

彩版 5　时任国家体育总局体育文化发展中心党委书记薛立在开幕式上致辞（翟为民摄）

彩版6　山东大学副校长张永兵在开幕式上致辞（翟为民摄）

彩版7　淄博万豪大酒店欢迎大厅内陈列供所有与会学者、嘉宾签字的仿古鞠工艺品

彩版 8　时任临淄区人民政府副区长王克林主持闭幕式（翟为民摄）

彩版 9　临淄区人民政府区长白平和在闭幕式上致辞（翟为民摄）

彩版 10　时任淄博市人民政府副市长张庆盈在闭幕式上致辞

彩版 11　国家体育总局体育文化发展中心研究部主任、中国体育科学学会体育史分会副主任委员兼秘书长崔乐泉在闭幕式上致辞（翟为民摄）

彩版 12　山东大学任相宏教授在闭幕式上致辞

彩版 13　中国社会科学院历史研究所王震中教授作主题发言

彩版 14　时任国家体育总局体育文化发展中心党委书记薛立作主题发言（翟为民摄）

彩版 15　世界吉尼斯世界纪录大中华区主席罗文先生做主题发言

彩版16　山东省文物考古研究所王永波研究员做主题发言

彩版17　"蹴鞠与足球文化"主题讨论

彩版 18 　"蹴鞠与足球文化"主题讨论

彩版 19 　"蹴鞠与足球文化"主题讨论

彩版 20 "齐文化考古新进展"主题讨论现场

彩版 21 "齐文化考古新进展"主题讨论现场

彩版 22 "齐文化考古新进展"主题讨论现场

彩版 23 "齐文化考古新进展"主题讨论现场

彩版 24 2015 年 8 月 28 日上午，第 22 届国际历史科学大会淄博卫星会议在淄博万豪大酒店开幕。时任国家体育总局体育文化发展中心党委书记薛立，省政协原副主席、山东师范大学齐鲁文化研究院院长王志民，中国社科院学部委员、中国殷商文化学会会长王震中，山东大学副校长张永兵，时任市委副书记、市长周连华，时任副市长张庆盈，区委书记、区人大常委会主任宋振波，区委副书记、区长白平和等出席（翟为民摄）

彩版 25 2015 年 8 月 28 日上午，第 22 届国际历史科学大会淄博卫星会议主题报告会举行，来自国内外的 4 名专家学者分别围绕"中国王权的诞生""蹴鞠与足球""足球演变与发展""齐长城"等课题作主题报告（翟为民摄）

彩版 26 "齐文化与文化产业发展"主题研讨现场

彩版 27 2015 年 8 月 28 日上午，在淄博万豪大酒店参加第 22 届国际历史科学大会淄博卫星会议的学者、嘉宾

彩版 28　2010 年沂源东里东台地一号战国墓清理现场（由北向南）

彩版 29　2010 年沂源东里东台地一号战国棺椁墓清理现场（由南向北）

堵板透榫、半开榫卯　　亚腰榫卯　　堵板透榫、半开榫卯

悬木西端透榫、半榫卯

彩版 30　2010 年沂源东里东台地一号战国墓内棺西边板底部内侧

一号壁龛　　二号壁龛　　三号壁龛

下葬桩

彩版 31　2010 年沂源东里东台地一号战国墓下葬桩及壁龛位置图（由南向北）

彩版 32　2010 年沂源东里
东台地一号战国墓外棺底部
（暗箱）下葬绳（由北向南）

彩版 34　2010 年沂源东里东台地一号战国墓内、外棺底间入敛绳（由东向西）

彩版 33　现在生长在墓葬附近的蒯草

彩版 35　2010 年沂源东里东台地一号战国墓荒帏出现情况（由南向北）

彩版 36　2010 年沂源东里东台地一号战国墓壁龛内陶俑（由南向北）

彩版 37 2010年沂源东里东台地
一号战国墓出土部分竹笥和麻鞋

彩版 38 2010年沂源东里东台地一号战国墓出土陶簋、陶壶

彩版 39 沂源盖冶二郎庙功德碑

彩版 40　2010 年沂源东里东台地一号战国墓外棺盖板小要

彩版 41　2010 年沂源东里东台地一号战国墓外棺盖板斜凹口及小要（由东向西）

彩版 42　2010 年沂源东里东台地一号战国墓外棺盖上草绳

彩版 43　2010 年沂源东里东台地一号战国墓外棺盖板顶部出土的部分小青铜铃

彩版 44　狄城城墙解剖剖面

彩版 45　狄城一期城墙夯 2 出土遗物

彩版 46　狄城二期城墙夯 1 出土遗物

序（一）

2015 年 8 月 23 ～ 29 日，由国际史学会主办，中国史学会和山东大学承办的第 22 届国际历史科学大会在中国举行，主会场设在山东大学。

国际历史科学大会创办于 1900 年，每五年举办一届，是当今最有影响力的历史学术会议，被誉为史学界的"奥林匹克"。本届大会也是其百余年历史上首次在亚洲地区举行。实际上，中国对国际历史科学大会的关注几乎是伴随着大会的诞生而展开，曾分别以个人、观察员、国家会员身份参加大会，经过胡适、胡乔木、刘大年、季羡林等一大批先辈大师百余年的不懈努力，如今终于实现了在我国主办国际历史科学大会的夙愿。

8 月 27 ～ 29 日，大会特别在淄博市临淄区召开了以"蹴鞠与齐文化"为主题的卫星会议。之所以如此，是因为 2004 年 7 月 15 日国际足联正式确认临淄为世界足球起源地，卫星会议的召开，使蹴鞠再次回到人们的视野，使这一古老的运动重新焕发了生机与活力，也再次唤醒了人们对淄博、对临淄悠久历史文明的回忆与骄傲，凸显了齐文化对中华文明乃至世界文明的贡献。

淄博是国家历史文化名城、齐文化发祥地，有陶琉之乡、聊斋故里、鲁商之源的美誉。淄博临淄曾作为"春秋五霸之首，战国七雄之一"的齐国都城长达 800 余年，涌现出了姜太公、齐桓公、管仲、晏婴、孙膑等明君贤臣，创造了《管子》《六韬》《孙子兵法》《考工记》《齐民要术》等名篇巨著，孕育了以变革、开放、务实、包容为精髓的齐文化，诞生了与希腊雅典学园同期的稷下学宫，开创了"百家争鸣"的文化盛况。近年来，淄博市按照中央和省市委的部署要求，深入实施文化名城战略，加快推进"齐文化传承创新示范区"建设，全力擦亮叫响"齐国故都"品牌，文化潜力得到前所未有的释放。第 22 届国际历史科学大会淄博卫星会议的成功举办获得国际史学界的权威认可，这是对我们近年来不懈推进文化建设的肯定与支持，极大提升了淄博建设文化开发研究国际平台、成就世界品牌的信心，为淄博文化传播与交流拓宽了国际视野，为齐文化品牌的塑造打响了国际知名度。

回想大会盛况，历历在目，海内外 60 余位历史学专家聚首齐文化发祥地——淄博，参观了中国临淄足球博物馆，围绕"蹴鞠与齐文化"主题展开学术交流，再现了稷下百家争鸣之盛况。

《蹴鞠与齐文化——第 22 届国际历史科学大会淄博卫星会议文集》的出版是对会议学术成果的记录与沉淀，是齐文化研究国际化的历史记忆，它将永载史册。相信随着本书的出版发行，必将对进一步提升蹴鞠和齐文化品牌，对国内外蹴鞠与齐文化学术研讨和产业发展起到积极的推动作用。

是为序。

淄博市人民政府副市长　张庆盈

2017 年 9 月 12 日

序（二）

历史是一条生生不息的长河，汇聚了经天行地的万千气象，承载着人类筚路蓝缕的脚步，从洪荒的远古走来，向神秘莫测的未来奔去。历史以人类的活动为特定的对象，它序接万载，视通环宇，千姿百态，令人销魂，因此它比其他学科更能激发人们的想象力。历史是现实的镜子，历史研究是一切社会科学的基础，承担着"究天人之际，通古今之变"的使命。世界的今天是从世界的昨天发展而来的，人类要想更好的生活、发展下去，就需要通过研究历史找到更好的借鉴。

历经百余年申办，第 22 届国际历史科学大会于 2015 年 8 月在中国济南召开，世界各国著名历史学家秉承研究历史、服务现实的宗旨，家家抱灵蛇之珠，人人怀荆山之玉，在中国济南齐聚一堂，在一些现实与历史相关的重大问题上，各抒己见，共谋发展。共同为世界的未来，为人类的未来借鉴历史，提出新的思路，寻找新的方向。本次大会设四个主要议题，分别是"全球视野下的中国""历史化的情绪""世界史中的革命：比较与关联""数码技术在史学中的运用"。淄博有幸承办了这次大会的卫星会议，本市齐文化专家和蹴鞠研究专家都参加了大会并做了演讲。本次卫星会议的主题是"蹴鞠与齐文化"，有 60 余位中外专家参会，大会收到论文 53 篇，选题涉及蹴鞠文化的历史与蹴鞠文物的研究、蹴鞠的东西方传播、蹴鞠与体育的关系、蹴鞠在域外保存流传、蹴鞠与现代足球的关系等等丰富内容。也有的专家对齐文化的其他命题提出了自己的看法，对淄博临淄如何保护、开发、利用齐文化，使齐文化更好地服务于现实提出了恳切的建议。这次大会是一次充分交流学问、深入研究历史的机会，也是一个借鉴历史、发展当下的重大契机。为了总结这次大会的成果，留作主办单位和有志于研究世界历史和中国历史的专家参考，我们收录了这次大会的论文，希望能够通过这次大会推动各国对蹴鞠与足球文化的研究，帮助人们从历史的启迪中更好地探寻前进方向。今将论文结集刊印，为关心和热爱蹴鞠与足球文化的读者提供一份不可多得的学习和借鉴的资料，相信这一定会是淄博市和临淄区文化史上的盛事。

历史好比一艘船，装载着现代人的记忆驶向未来。无限的过去都以现在为归宿，无限的将来都以现在为起点。今天世界上遇到的很多事情可以在历史上找到影子，历史上发生的很多事情也可以作为今天的借鉴。重视历史、研究历史、借鉴历史，可以给人类带来很多了解昨天、把握今天、开创明天的智慧。所以说，历史是人类最好的老师。

蹴鞠是现代足球的前身，研究蹴鞠就是研究足球，也就是研究我们人类共同拥有的体育文化。蹴鞠研究，不只是中国课题，更是世界课题。当前，关注并研究蹴鞠文化的，不仅有日本、韩国等亚洲国家的学者和专家，还有联合国教科文组织的多国学者和国际足联官员。他们都对中国蹴鞠文化产生极大的兴趣，涉足这一领域。这是中国蹴鞠的魅力，也是中国蹴鞠对世界和平、人类发展的巨大贡献。

当前，现代足球是世界第一运动，在足球全球化语境下，如何让中国传统的蹴鞠文化与世界足球文化和谐发展、共同繁荣是当前值得研究的课题。原国际足联主席阿维兰热于 1984 年说：“国际足球史专家研究表明：足球最早起源于中国。”另一位国际足联主席布拉特在担任国际足联技术委员会主任时也曾说：“足球起源于中国，后来通过战争传播到了西方。”通过运用文献资料等研究方法传播中国蹴鞠文化，首先，要维护民族传统蹴鞠文化的自主独立性，其次，要开拓中国传统蹴鞠文化新的发展空间，同时要加强中国传统蹴鞠文化与别的文化之间的互动与沟通。这次大会基于发扬和传播中国传统蹴鞠文化、构建中国特色足球文化的需要，同时也搭建了中国和世界历史文化交流的桥梁，提升了足球起源地淄博临淄的知名度，为建设“家敦民富，大气精美”的临淄注入了活力。

感谢莅会专家给我们提供了这么多的精神文明成果。这次大会的学术成果必定能够在中华民族的伟大复兴中发挥更加积极的作用。

是为序。

中共临淄区委书记　宋振波

临淄区人民政府区长　白平和

2017 年 9 月 12 日

目 录

中国王权的诞生
——兼论王权与夏商西周复合制国家结构之关系

王震中[*]

一 上古中国的王权与王朝国家之关系

何谓王权，何谓中国上古社会的王权？这看似清楚，实际并非清晰。就一般意义上讲，王权似乎是古代王国国家权力集中的一种表现。但是否一有国家就有王权，中国先秦时期的王权与夏商西周王朝国家以及其中的王国是什么样的关系，殷周时期一些小国邦君称王者是否也可视之为王权？这些都是值得讨论的。

在中国的历史实际中，王权首先是与夏商西周王朝国家联系在一起的，是指夏王、商王和周王在其统治的王朝国家所具有的最高支配之权。但是，由于夏商西周王朝国家形态和结构并非单一制的中央集权的一元结构，而是复合制结构[1]，使得王权与王国既有联系又有区别。

商王朝的这种复合制结构，在《尚书·酒诰》中表述为由"内服"和"外服"组成的两大单元："在昔殷先哲王……自成汤咸至于帝乙……越在外服：侯、甸、男、卫、邦伯；越在内服：百僚、庶尹、惟亚、惟服、宗工、越百姓里居（君）。"这里的"内服"就是王国之地，王的百官居邑分布在这里，是王直接控制之地，亦即后世所谓的王畿之地。这里的外服就是受王支配调遣的诸侯邦国之地。《尚书·酒诰》所说内、外服这样的二元结构，还可以由青铜器铭文和甲骨文得到印证。如《大盂鼎》有"惟殷边侯甸与殷正百辟"这样的铭文。所谓"殷边侯甸"，即《酒诰》所说的"侯、甸、男、卫、邦伯"等外服诸侯；所谓"殷正百辟"，即《酒诰》所说的"百僚、庶尹"等内服百官。在甲骨文中，我们可以看到"商"与"四土四方"对应并贞的卜辞[2]。这里的"商"，是指包括商都在内的商王国，即商朝的王邦，也即《酒诰》所说的内服之地；这里的"四土"则是附属于商的侯伯等诸侯邦国，也即《酒诰》所说的外服之地。

西周王朝也是复合制结构。西周王朝实行的分封制就是高度发达的复合制结构：一方是周王直接掌控的周邦（王邦），另一方则是周王分封的、主权不完整（不具有独立主权）的诸侯邦国，二者在王权的统辖下构成多元一统（即多元一体）的王朝国家。

西周的分封也称作"封建"，其分封的目的：一是分封诸侯以捍卫王室王邦；二是与宗法形成一体，以"减少贵族之间在政权传递上争夺的矛盾"[3]；三是拓土的战略，即在短时期内尽可能扩大和稳固周王朝的统治，并在分封的诸侯国实现了"统治族群与各地土著族群的重叠关系"[4]，将商王朝的天下秩序转换为周王朝新的天下秩序。

---

* 王震中：中国社会科学院历史研究所。

关于分封诸侯以拱卫王室王邦，《左传》定公四年明确说："昔武王克商，成王定之，选建明德，以藩屏周。故周公相王室以尹天下，于周为睦。分鲁公以大路、大旂……因商奄之民，命以伯禽而封于少皞之虚。分康叔……命以《康诰》而封于殷虚。分唐叔……命以《唐诰》而封于夏虚。"《左传》僖公二十四年也说："昔周公吊二叔之不咸，故封建亲戚，以藩屏周。管、蔡、郕、霍、卫、毛、聃、郜、雍、曹、滕、毕、原、酆、郇，文之昭也；邘、晋、应、韩，武之穆也；凡、蒋、邢、茅、胙、祭，周公之胤也。"这样的分封，既实现了"以藩屏周"，拱卫王室王邦的目的，又使得王位由嫡长子一人继承，其余兄弟分封为诸侯，把分封制与宗法制很好地结合了起来。

但是，周朝的分封不仅仅限于王室兄弟亲戚之间，而是广泛的分封。如《荀子·儒效》说："（周公）兼制天下，立七十一国，姬姓独居五十三人焉。"《史记·周本纪》曰："武王追思先圣王，乃褒封神农之后于焦，黄帝之后于祝，帝尧之后于蓟，帝舜之后于陈，大禹之后于杞。于是封功臣谋士，而师尚父首封。封尚父于营丘，曰齐。分弟周公旦于曲阜，曰鲁。封召公奭于燕。封弟叔鲜于管，弟叔度于蔡。余各以次受封。"《吕氏春秋·先识》说："周之所封四百余，服国八百余。"可见，周的分封是涉及整个"天下"的。在周分封的这些诸侯邦国中，有的属于新建之邦；也有的属于把原来就已存在的旧邦加以确认而纳入新王朝的体系之中而已。分封制既是政体，也构成一种国家结构，是一个问题的两个方面。

对于西周的复合制国家结构，也可以用内服和外服来概括。对此，刘源教授正确地表述为："商周王朝的政体均为内外服制，诸侯属于外服系统。"[5]他列举的史料，除了上举的《尚书·酒诰》和《大盂鼎》外，尚有如下几条：

> 惟三月哉生魄，周公初基，作新大邑于东国洛。四方民大和会，侯、甸、男、邦、采、卫，百工、播民，和见士于周。（《尚书·康诰》）
> 越七日甲子，周公乃朝用书命庶殷：侯、甸、田、邦伯。（《尚书·召诰》）
> 舍三事令，眔卿事寮，眔里君，眔百工，眔诸侯：侯、甸、男，舍四方令。（《矢令方彝》铭文）

在这些史料中，《康诰》所说的"侯、甸、男、邦、卫"，《召诰》所说的"侯、甸、田、邦伯"，《矢令方彝》所说的"侯、甸、男"，都与《酒诰》"侯、甸、男、卫、邦伯"外服诸侯体系是一致的。文献和金文中的"邦""邦伯""邦君"，都是指诸侯之外而服从于周王的邦国邦君或方国首领，由于他们从属于周王，所以也都属于外服诸侯系统。而《矢令方彝》所说的"卿事寮、里君、百工"，与《酒诰》说的"百僚、庶尹、惟亚、惟服、宗工、百姓里君"一样，都是在朝为官者，属于内服的朝官系统。

西周王朝的复合制结构，《周礼》使用的是"王国"与"邦国"概念，呈现出王朝国家内有"王国"和"邦国"两大类，是由这两大类构成的。如《周礼·地官·大司徒》："乃建王国焉，制其畿方千里而封树之。凡建邦国，以土圭土其地而制其域。"[6]

"王国"一词，《周礼》之外，在其他先秦文献和青铜器铭文中也经常使用。如《诗经·大雅·文王》："思皇多士，生此王国。王国克生，维周之桢。"《诗经·大雅·江汉》："四方既平，王国庶定……王命召虎,式辟四方,彻我疆土。匪疚匪棘,王国来极。于疆于理,至于南海。"金文也有"保辥王国"(晋公盆,《集成》10342,春秋中期)。对于上引文献和金文中的"王国",作为最一般的理解,应该指的是"王之国"即王都,亦即国都。但作为其引申义,于省吾先生认为这个"王国"与《尚书》中的"四国""周邦""有周"一样,不是单指国都,也不包括四方在内,而为京畿范围即王畿之地[7]。确实,根据《江汉》中"王国"与"四方"对举,可以认为这个"王国"就是指"周邦"即周国,亦即周王直接治理的地区,后世所谓的"王畿"。比照于商代,商的内服之地,即商的王畿地区,亦即甲骨文中与"四土"对贞的"商",就相当于《尚书·召诰》所说的"大邦殷"之殷邦或战国时吴起所说"殷纣之国"[8]的商国,为此可称之为商王邦或商王国。

王国及其内服的朝官体系与邦国及其外服的诸侯体系,这二者的空间合起来就是王权所支配的"天下"。从王权的角度,或者说站在王的立场,王朝国家的国土等同于"天下"。这就是《诗经·小雅·谷风之什·北山》所谓"溥天之下,莫非王土;率土之滨,莫非王臣"。也正因为此,夏商西周三代之王还有一个"天下共主"的身份。由于王国并非王朝国家的全部,而是王朝国家的主体和核心,所以作为王朝的王权,强有力的王国是其根本性的依托,但又不能等同于王国。那么,夏商西周时期的王权与王国及其王朝国家的关系,如何表述才会更准确一些?笔者认为,在中国的先秦时期,王权首先是王国的最高统治权,但它又不仅仅局限于王国,它不但支配着王国(王邦),也支配着从属于王的其他诸侯邦国,是对"天下"的支配之权,也就是说,它是复合制的王朝国家的最高统治之权。

王权之外,中国古代诸侯邦国国君(邦君)之君权,也是诸侯邦国权力集中的表现。但是,由于夏商西周时期的诸侯国是王朝国家的组成部分,它的主权不独立,因而诸侯所具有的君权不属于独立国家之权。至于那些不属于诸侯的邦国,分为两种情况:一种是独立的,乃至与王朝敌对的邦国;另一种是从属于王和王朝的邦国[9]。前者的邦君具有独立国家之权,后者的邦君已纳入王朝体系,不具有完整的国家之权。鉴于复合制国家结构就像复合函数一样,函数中套着函数,因而笔者把诸侯国和从属于王的其他邦国称为王朝国家内的"国中之国";把王国(王邦)称为王朝国家内的"国上之国",二者处于不平等的地位。这样,从王权和国家权力的性质来讲,上古时期,作为国家最高权力,就有王权与非王权的君权这两种类型;而在"非王权的君权"中,又有独立国家的邦国君权和被纳入王朝体系的不具有独立主权的诸侯国或邦国君权这样的区别。如果我们把独立于王朝之外的邦国与王朝国家看作是发展程度(也即发达程度)不相同的两种国家形态的话,那么,前者代表了原始的简单的国家形态,后者代表了进一步发展的复杂的国家形态,因而,那种一有国家就有王权的观点,或者说王权是国家最原始的最高权力的说法,都是难以成立的。

在中国传统的史学中,夏商西周三代王朝是一以贯之、连为一体的。夏商西周最大的共性就在于它们的王权前后相承,这样的王权是支配多元一统(即多元一体)的整个王朝国家的,并由此被视为先秦时期华夏民族的正统。夏商西周社会的发展,表现为孔子所说的略有"损益"的发展,其复合制的大国家结构表现为商朝较夏朝、周朝较商朝更成熟发达而已[10]。

夏商周三代前后相继的国家形态结构,也体现在司马迁"通古今之变"的史学体系中。司马迁《史记》的排列是：《五帝本纪第一》《夏本纪第二》《殷本纪第三》《周本纪第四》。《五帝本纪》之所以被置于《史记》的篇首，是因为它讲的是中国文明的开始。而以王国为核心的王朝国家的出现，始于夏王朝。既然，王权是与以王国为核心的王朝国家紧密联系在一起的，那么，中国最早的王权的诞生当然就是随着夏王朝的出现而出现的。而文献中也恰恰把"家天下"式的王朝统治方式只追溯到夏王朝。例如，《礼记·礼运》篇在讲完"大同"社会之后，接着说：

> 今大道既隐，天下为家，各亲其亲，各子其子，货力为己，大人世及以为礼，城郭沟池以为固，礼义以为纪，以正君臣，以笃父子，以睦兄弟，以和夫妇，以设制度，以立田里，以贤勇知，以功为己，故谋用是作，而兵由此起。禹、汤、文、武、周公，由此其选也。此六君子者，未有不谨于礼者也，以著其义，以考其信，著有过，刑仁讲让，示民有常。如有不由此者，在执（势）者去，众以为殃。是谓小康。

《礼运》以"禹、汤、文、武、周公"作为"家天下"的三代王朝的杰出统治者，其中以禹代表夏，把夏禹作为夏王朝的开创者，这与《史记》是一致的。我们知道，《史记》也是把禹放在《夏本纪》而不是放在《五帝本纪》中进行记述的。无论是在《史记》中还是在《礼记》中，夏商西周王朝都以其支配"天下"的王权而一以贯之；三代王朝的更替，就是作为"天下共主"的王权在夏、商、周三部族中的转移；因此，作为复合制王朝国家最高统治权的王权的诞生，以夏王朝的出现为标志。

二　王权与称王之关系

中国夏商西周时代的王权与王的称谓有联系，但又并非绝对相等同。说王权与王的称谓有关系，是因为从有文字记载的商代和西周来看，作为王朝国家的最高统治者都是称王的。在甲骨文中，凡是直言王者皆指商王，如"王曰""王占曰""王……"者，都指的是商王。这一点与《史记·殷本纪》等文献有关商王的称谓是完全一致的。西周时的情形也是这样。张政烺先生曾指出："周金文中直言王者皆指周王，乃姬姓天下之大宗。"[11]张先生的看法是正确的。在西周青铜器铭文和周代文献中，周王朝的最高统治者称为王，这既是姬姓乃天下之大宗的表现，也是王朝礼制的规范。不仅如此，在周代，由于天的至高地位和对天尊崇的上升，周王也称天子。周王亦尊称为天子，意味着周王并非一般意义上的王，是独一无二的最高统治者，这是西周王朝国家礼制较商代又有加强的反映。

但是，在西周的青铜器铭文中，也有很小邦国的邦君称王的例子。例如，在陕西宝鸡市贾村塬上官村出土的矢王簋盖等青铜器铭文中，有"矢王"的称呼[12]。这位矢王并非周王中的某一王，而是西周中期"位于汧水上游陇县南坡和下游宝鸡县贾村"[13]一带的古矢国的邦君。此外，青铜器中的夆王、幾王等称呼，以及邵王鼎、吕王鬲、吕王壶等称王者，也都是邦君称王的事例。夆王的称呼见于录伯簋盖，铭文中有一句话写作："用作（朕）皇考夆王宝尊簋"[14]。幾王的称呼见于乖伯簋，铭文有"用作朕皇考武乖幾王尊簋"[15]。在文献中，《史记·吴太伯世家》有吴王。据张政烺先生考证，邵王鼎是楚昭王母之祭器[16]；矢王是姜姓，是矢国称王者；吕为姜姓国，是四岳之裔；录伯簋之釐王、乖伯簋之幾王，也都是周代异姓之国，录伯之国可能在陕西，乖伯之国可能在甘肃灵台县[17]。

关于周代异姓之国称王者，王国维在《古诸侯称王说》曾提出："盖古时天泽之分未严，诸侯在其国，自有称王之俗，即徐楚吴楚（越）之称王者，亦沿周初旧俗，不得尽以僭窃目之。苟知此，则无怪乎文王受命称王而仍服侍殷矣。"[18]对此，张政烺先生提出质疑。张先生指出：

> 周时称王者皆异姓之国，处于边远之地，其与周之关系若即若离，时亲时叛，而非周室封建之诸侯。文王受命称王，其子孙分封天下，绝无称王之事。周之同姓称王者只一吴王。吴之开国史很不清楚，泰伯、仲雍……各书记载皆强调二人"文身断发"，则是已经彻底"蛮化"了。处蛮夷之间，位不尊则权威轻，不能镇伏百越，甚至不能自保，称王由于客观需要，而不关"天泽"或"僭窃"问题，也并非"沿周初旧俗"。古代同姓不婚，而吴则否……韩愈《原道》："孔子之作《春秋》也，诸侯用夷礼则夷之"，吴正是这样一个样本，也就不必以常理论了[19]。

张先生的意思是：周时一些称王的邦国，多为处于边远之地的蛮夷戎狄之国，称王是其旧俗，"由承袭而来，非僭王号，也不是由于周王的锡（赐）命"[20]，周王称王"乃姬姓天下之大宗"的表现。显然，张政烺的见解较王国维更符合当时历史实际。就王朝礼制和宗法而言，周王称王又称天子，周王分封的诸侯不得称王。矢王之类的称呼，来自该邦国邦君的旧称。由于矢国起初不属于华夏体系，不受华夏礼制和周人宗法的约束，所以，在矢国的青铜器中出现"矢王"，这只不过是沿用了它以前的称呼而已。其他称王者，诸如釐王、幾王、邵王、吕王，也都是如此。它们原本不属于华夏系统，后来才被周王朝所接纳，但在习惯上他们在自己铸造的青铜器中仍沿用该国以前的旧称。这种称王者并不体现支配天下的王权。

正是由于夏商西周王朝的王权是与华夏礼制联系在一起的，所以春秋时期的"礼崩乐坏"是与周王权的衰落相辅相成的。春秋时期，在王权衰落的同时，华夏诸国的独立性也在逐渐增强，但这些诸侯国的国君之权也还是不能称为王权的。也就是说，在这些诸侯邦国内部，其国君之权当然是该国的最高权力，但对于原来的西周王朝而言，或者对于春秋华夏集团而言，它却不属于王权。

在王的称谓上，春秋时期华夏诸侯国可以争霸却不称王，这守住了华夏礼制的底线。非华夏集团的楚、越、吴、徐等国有称王的情况。关于吴国，我赞成张政烺先生的分析论述，不再赘述。楚、越、徐等国非华夏国之所以称王，是因为它们不守华夏礼制体系的缘故，有的还明显地出于与中原分庭抗礼的目的。以楚国为例，周人和华夏民族一直把楚国国君称为"楚子"。例如，周原出土的甲骨文中就是这样称呼楚国国君的[21]。在《春秋》中，楚国国君被称为"楚子"。而孔子对于《春秋》的修订，使《春秋》体现或遵循了华夏礼制。但楚国自己却自行称王[22]，甚至在楚庄王时还有试图取代周王而问鼎于中原的故事[23]。楚国国君自己称为楚王，就是要突破华夏礼制体系，但由此也使得中原华夏民族把楚视为蛮夷。例如，《左传》襄公二十六年有"楚失华夏"一语,这是把"楚"与"华夏"相对立的一种表达。

从春秋史反观夏商西周史,使我们深深感受到夏商西周的复合制大国家结构是与中央王国强盛和王权强大密不可分的;王权是包括中央王国和周边诸侯邦国在内的多元一体的王朝国家的最高统治权,但中央王国却是其最重要的支撑、依靠和保障。到了春秋时期,作为支撑王朝王权的周王国,其直接统辖的地域大为缩减,政治、经济、军事等综合实力还不如一个强盛的诸侯国,因而其王权大为衰落,复合制大国家结构也与其王权一样,名存实亡。与此相反,原本在西周时期作为复合制国家结构的"国中之国"一员的诸侯国,其国家主权却逐渐由不独立走向独立,但出于华夏礼制,被纳入华夏体系的诸侯国依然不称王;而那些非华夏集团的国君不受华夏礼制的束缚,在称王的同时也表现出与中原分庭抗礼。

三 "王"称谓的起源

如前所述,西周时期,某些边远地区的小邦邦君也有称王的旧俗。不仅如此,有学者认为在商代也有称王的小国[24]。王朝的最高统治者称王,这样的"王"体现的是王朝的王权;个别的边远小国也自称为王,这样的"王"体现的是小国的邦君君权。如果我们考虑到有的学者把凡是称王者的君权都视为"王权"的话,那么,王和王权就可分为性质不同的两种类型:一种是王的原始形态,其称王者所掌握的国家权力若非要称之为王权的话,这样的王权只是该国君权而已,这是一种结构单一、形态原始的国家;另一种是建立了多元一体的复合制结构的王朝国家之王,这是一种支配天下的王权,在中国的史学传统中,这样的王才是真正之王,才是真正的王权。

在先秦时期,有两种不同类型的国家和"王"是客观存在。那么,为何"王"的称谓可以并存于这两类不同形态的国家之中?究其原因,笔者认为:一是因为"王"的称谓,起源于作为军权象征的斧钺;二是因为无论是作为初始国家的邦国的君权还是作为王朝国家的王权,其权力来源和组成都是军权、神权和族权三者的合一,其中军权即掌握武力是其权力的根本,这样,无论是邦君的称谓出现"王"还是天子称王,都是因为王的原始含义是掌握武力者。

关于"王"字起源于作为军权象征的斧钺,20 世纪 30 年代时,吴其昌提出"王字之本义,斧也";并从甲骨文、金文、文物、文献等多个方面证明其字形亦斧之象形[25]。日本学者加藤常贤对此甚为赞同,他说:"吴其昌曰:王字之本义为斧也,乃精细之比较研究之结果下而得之结论,最为是也","王之形乃斧之竖立之形象也。"[26]20 世纪 60 年代,林沄《说王》一文也沿袭此说,并进一步论证王字之所以像斧钺之形,就在于斧钺在古代"主要是用于治军的,因为斧钺不仅是武器,而且是砍头的刑具",斧钺曾长期作为军事统帅权的象征物。用象征军事统帅权的斧钺构成王字,"说明中国古代世袭而握有最高行政权力的王,也是以军事首长为其前身的。"[27]到 20 世纪 90 年代,罗琨在回顾了上述研究的基础上,为王字乃斧钺之象形又增添了一证:在20 世纪 70 年代才发表的加拿大安大略博物馆藏甲骨文拓片中,有"成崇王"一词,王字作🦬,为一装柄的斧钺象形[28]。确实,从字形看,甲骨文、青铜器铭文中的王字,与自新石器时代以来的作为武器、礼仪性武器乃至象征军事统帅权的钺,有渊源关系。《成王尊》铭文有"成王尊"

三字（图一），其 王（王）字形与考古出土的从新石器时代到青铜时代的钺（特别是装柄的钺）的形状样子是吻合的（图二～六）。

　　关于中国上古社会权力的演进轨迹，笔者曾概括为三大阶段：史前社会最高酋长之权—早期国家的邦国君权（邦国国君之权）—夏商西周王朝国家的王权[29]。这三种权力是既有联系又有区别的。其区别在于：最高酋长的权力不具有强制性；作为早期国家的邦国国君的权力具有强制性，它是凌驾于全社会之上的具有强制性的公共权力，但其权力的支配空间仅限于本邦本国；夏商西周王朝国家的王权，不但支配着本邦（王邦），也支配着王朝体系内的其他诸侯邦国，是凌驾于王朝国家社会的强制性的公共权力，在古人的眼里它是支配天下的合法权力。这三种权力的联系和共同点则在于：三种权力各自都含有军权在其中，都是集军权与神权于一身，充分显示了"国之大事，在祀与戎"[30]的社会特征。

图一　《成王尊》
中的"王"字

图二　安徽含山凌家滩
07M23号墓出土玉钺

图三　浙江余杭反山M12
出土刻有神徽的玉钺

图四　湖北荆州马山阴湘
城址出土漆木柄石钺

图五　河南偃师
二里头遗址出土石钺

图六　商代青铜钺

我们以史前社会最高酋长为例，来说明"王"字以及"王"的称谓与钺的渊源关系。在中国几十年的考古发掘中，有关史前社会中心聚落遗址的资料是很多的。这些中心聚落相当于人类学所说的酋邦（chiefdom，酋长制社会）。例如，安徽含山凌家滩遗址[31]，就是距今 5300 年前的史前中心聚落。在该遗址的墓地中，有两座随葬品最丰富的墓葬（87M4 和 07M23）推测其墓主人生前是最高酋长。1987 年发掘的 87M4 号墓葬，出土玉器 103 件、石器 30 件、陶器 12 件，合计 145件。玉器中最著名的是一件玉龟（图七）[32]，以及在玉龟的背甲和腹甲之间夹的一块刻有"天圆地方""四极八方"宇宙观图像的玉版（图八）[33]。此外，还有 8 件玉钺、18 件石钺也十分醒目[34]。从 87M4 号墓随葬的玉龟和表示"天圆地方""四维八方"的玉版来看，该墓主人是执掌着占卜、祭祀的重要人物之一；墓中出土的所谓"玉簪"，其形制与 07M23 出土的置于玉龟及玉龟状扁圆形器内的玉签是一致的，故它也是与玉龟配套作占卜使用的。墓中随葬玉制的斧钺 8 件、石钺 18 件，说明他也执掌着军事方面的事务。墓内还出土 6 件颇为精致的石锛、5 件精致的石凿，似乎象征着其人对手工业的重视，并未完全脱离一定的生产劳动。墓中的玉璜达 19 件之多，还随葬 4 件玉镯、3 件玉璧、1件玉勺、1 件人头冠形饰、1 件三角形饰，都可说明其社会地位甚高。所以，随葬品达 145件的 87M4 号墓主人的富贵就在于他是一位以执掌着宗教占卜祭祀为主，也兼有军事之

图七　凌家滩 87M4 随葬的玉龟

图八　凌家滩 87M4 出土玉龟中的玉版

权，并对手工业生产相当重视，掌管着酋邦的生产组织管理。2007 年发掘的 07M23 号墓葬，随葬有 330 件器物[35]。其中，1 件玉龟和 2 件玉龟状扁圆形器及其内置的玉签，都属于占卜工具，说明他与 87M4 号墓主人一样都属于宗教领袖一类的人物。墓内出土 2 件玉钺（图二）和 53 件石钺又说明他也执掌着军事之权。墓中还随葬 1 件玉锛、10 件玉斧、30 件石锛、9 件石凿等工具，也显示出对生产的重视。随葬玉环 84 件，其中在墓主头部位置密集放置了 20 多件玉环，而且是

大环套小环，这大概是墓主佩戴的项饰。墓内出土玉玦 34 件。墓内共出土玉镯 38 件，其中在墓主双臂位置，左右各有一组 10 件玉镯对称放置，是套在手臂上的臂镯，其情形与 98M29 号墓出土的三件玉人手臂上刻的臂镯是一样的（图九），显示了他作为宗教领袖人物的形象。

从安徽含山凌家滩墓地墓葬资料可知，在史前社会中，最高酋长的权力由三个方面构成：神权、军事统帅权和生产的组织管理的民事权。如果再联系辽河流域的红山文化中女神庙、大型祭坛和积石冢的考古学材料以及人类学中的酋邦社会材料，可以看出，在神权、军事统帅权和民事权中，是以神权为主。以神权为主，这是中心聚落社会（即酋长制社会）最高酋长的权力特征之一，其根本缘由即在于史前社会最高酋长的权力不具有强制性（酋长制社会与国家的根本区别即在于：国家权力是凌驾于全社会之上的强制性的公共权力），但在由史前的中心聚落形态向早期国家的都邑邦国的转变过程中，作为凌驾于全社会之上的强制性的公共权力的重要支柱，主要是以行使武力为特征的军权，而钺既是一种武器，亦为军权和武力的象征，因而，自称为王者实际上是在凸显自己是该政治实体中握有最高的军事武力，"王"的字形和称谓的起源即渊源于此。

图九　凌家滩 98M29 随葬的玉人

四　夏代的王权渊源于万国时代族邦联盟的盟主权位

夏王朝并非中国最早的国家。夏朝之前，史称为"万国""万邦"[36]，这是一个邦国林立并组成联盟的时代。笔者曾指出，"邦"在一般意义上是指国家[37]，但"万邦"并非真有一万个国家，是说这种小国寡民的邦国甚多而已。在古人的眼中，是把夏代之前乃至夏代之后所有的政治实体都称为"邦"或"国"。其实，它们当中，应该是既有属于早期国家的政治实体，也有只是氏族、部落、酋长制族落（即现一般所谓的"酋邦"，亦即笔者所说的"中心聚落形态"）的政治实体，当时是包括早期国家在内的多层次、多种形态的政治实体共存的格局。我们当然不能因"万邦"一词的使用即认为当时所有的氏族部落都转化成了国家，然而它也暗示出当时出现的国家绝非一个而为一批，所以，依旧可以称之为邦国林立。这种情形就像甲骨文中的"邑"，它表示某种居住点，其中既有"大邑商""商邑"这样的王都之邑，也有诸如唐国之都邑的"唐邑"、丙国之都邑的"丙邑"这种侯伯都城之"邑"，还有像"鄙二十邑"这样的边鄙小邑，在这里，我们当然不能因为"邑"中有属于村落的小邑，就否定它也表示着王和侯伯之都邑的事实[38]。

文献所说的尧舜禹万邦时期，大体相当于考古学上龙山时代的中晚期[39]。这一时期在中国的黄河、长江两大流域发现城址几十座，可以与文献所说的"万邦""万国"相对应，这些城址中有一些城址笔者判断它们是早期国家——邦国的都城，并对此做过个案研究[40]。其中，以山西襄汾陶寺城址为中心的陶寺文化遗址群，就属于作为早期国家的邦国的典型代表[41]。而且，陶寺都城无论是在时空上（城址的年代和地点）还是对龙的崇拜上，都可以与文献所说的"尧都平阳"以及尧文化中的龙图腾崇拜的文化特征相吻合[42]，因此，"目前最有条件将古史传说中的这些族邦与考古学聚落遗址相联系而确定其为邦国即早期国家的属性的，当属帝尧陶唐氏与陶寺遗址的关系"[43]，这样，我们通过对陶寺遗址都城性质的分析，就可以从考古学上对尧舜禹时代的社会形态及其发展阶段予以实证性的说明。

从文献上看，邦国林立和族邦联盟是尧舜禹时期中原地区的两大政治景观。《尚书·尧典》等文献所讲的尧舜禹禅让传说，生动地描述了族邦联盟的盟主职位在联盟内转移和交接的情形。此外，古本《竹书纪年》[44]、《韩非子·说疑》[45]、《孟子·万章上》[46] 等文献也有"舜逼尧，禹逼舜"等记述。尧舜禹相互争斗的这种传说，从一个侧面反映了黄河中下游地区各个邦国之间势力消长的关系。对于这两种截然相反的古史传说，我们是否可以这样来看：当时族邦联盟领导权的产生，多以和平推举的方式进行，这就是尧舜禹禅让传说的由来；也许有的时候，盟主的产生需要依靠政治军事实力，这就会出现所谓"舜逼尧，禹逼舜"这种事情。

对于尧舜禹时期的联盟，过去史学界一般以摩尔根《古代社会》中的"部落联盟"来对待。"部落联盟"属于原始社会的范畴。既然尧舜禹时期的所谓"万邦"是多层次、多种类型的政治实体的共存，其中最高政治实体是邦国，而我们又知道矛盾的性质是由主要矛盾的主要方面来规定的，那么，对于尧舜禹联盟就应该称之为"族邦联盟"或"邦国联盟"，而不能称为"部落联盟"。当然，笔者也不赞成像《尚书·尧典》《皋陶谟》《史记·五帝本纪》等书那样，把尧舜禹联盟看成是一个朝廷。这些传统的史学，都是比照夏商周三代王朝的情形来谈论尧、舜、禹、皋陶、四岳、契、共工、夔等传说人物之间关系的，把这些传说人物都安排在一个朝廷内同朝为官，只是其最高"统治"的职位是通过禅让交接而已。对于《尚书·尧典》《皋陶谟》等文献的态度，笔者认为它们固然保留了相当多夏商之前的远古社会资料，但由于其成书年代是战国时期，生活在战国时代的人在其著述时，不可能不受王朝政体和制度的影响，因而把尧舜禹族邦联盟当作一个朝廷来对待，是后来成书典籍的通病。这就是笔者曾指出的，古史传说有"实"有"虚"、历史与神话相交融的问题[47]。春秋战国乃至秦汉时代的学人并没有近现代人类学的知识和"联盟"之类的概念，因而我们不必对他们苛求。

在邦国林立并组成族邦联盟这样的社会中，尧舜禹具有双重身份：即既是本邦的国君，又都担任过联盟的盟主。因此，所谓唐尧禅位给虞舜，所传的是联盟的盟主之位，而不是唐国君主的君位。在尧舜禹的两种身份中，前者是以"部族国家"[48]权力的最高形式出现的；后者所谓联盟盟主实即霸主，是以黄河中下游地区霸主形式出现的。但由于族邦联盟只是各个邦国、酋邦、部落等政治实体的联合关系，而不是一个国家，所以盟主所具有的权力尚不能称之为王朝国家的王权。

族邦联盟的盟主虽然不是王朝国家的王权，但从历史演变的逻辑来看，它是夏商周三代之王"天下共主"之前身。也就是说，夏商周三代之王的"天下共主"地位，就是由尧舜禹时期族邦联盟的"盟主"或"霸主"转化而来的。

尧舜禹族邦联盟之盟主，之所以亦可称为霸主，其特征之一就在于他们可以号召、命令或亲自率领联盟的诸部族对敌对部族进行征伐。例如，帝尧时，有"尧伐驩兜"的传说[49]。也有"尧乃使羿诛凿齿于畴华之野，杀九婴于凶水之上，缴大风于青丘之泽，上射十日而下杀猰貐，断修蛇于洞庭，禽猰貐于桑林"[50]的传说。这里所说的"猰貐、凿齿、九婴、大风、封豨、修蛇"，都是一些部落首领。凿齿即凿齿民[51]，是流行拔牙风俗的部族[52]；大风可能就是风夷，修蛇为三苗，封豨当是有仍氏，或作封豕，即野猪[53]，猰貐、九婴也是一些以野兽为图腾的部落[54]。再如，帝舜时，《孟子·万章上》说："舜流共工于幽州，放驩兜于崇山，杀三苗于三危，殛鲧于羽山，四罪而天下咸服，诛不仁也。"到了禹时，《墨子·非攻下》说：禹亲自挂帅，并在玄宫举行了接受天之瑞令等宗教仪式。当时还有以鸟为图腾的"人面鸟身"者，奉珪瑾以侍。在神的佑护下，战争大获全胜[55]。

尧舜禹通过对联盟内外对立或敌对部族的征伐战争，大大确立了自己的霸主地位。如前所述，"王"的称谓起源于象征武力的钺；王权是由军权、神权和族权这三个来源组成的[56]。尧舜禹率领族邦联盟的对外战争，就使得他们所具有的军权，已超越了本邦本国的军权。这样的军权很容易转化为王朝国家王权中的军权。

在由尧舜禹族邦联盟盟主的霸权转化为夏王朝王权的过程中，夏禹是最关键的过渡性人物。对此，《左传》和《国语》有两条史料很能说明问题。《左传》哀公七年说："禹合诸侯于涂山，执玉帛者万国。"禹在涂山会合诸侯，前来参加会合的诸邦是"执玉帛"[57]来相见，反映了一种礼制。在这种礼制中，尊卑、等级和不平等是显而易见的。而前来会盟者竟有"万国"（包括酋长制酋邦和部落）之多，这说明此时禹已有号令天下的权力。《国语·鲁语下》记载："仲尼曰：'丘闻之，昔禹致群神于会稽之山，防风氏后至，禹杀而戮之'。"孔子说禹在会稽山会见诸邦时，防风氏只因迟到就被禹斩杀，可见此时的禹对于联盟内诸邦诸部已具有生杀专断之权。如前所述，王权与邦国君权的区别就在于：邦国国君所具有的强制性的公共权力，仅限于对本邦的支配和统治；而王权则是整个王朝国家的最高统治权，它不但统治着本邦（王邦），也支配着其他邦国。禹杀防风氏所表现出的对于其他邦国或部族所具有的生杀专断之权，就是王权的雏形。因此，笔者认为在夏禹的后期，他完成了由邦国联盟的盟主走向王权的步伐，而作为"家天下"王朝王权的世袭制也正是从禹到启完成转变的。

注释

[1] 王震中：《夏代"复合型"国家形态简论》，《文史哲》2010 年第 1 期。王震中：《论商代复合制国家结构》，《中国史研究》2012 年第 3 期。王震中：《中国古代国家的起源与王权的形成》，中国社会科学出版社，2013 年，第 436 ～

440、471 ～ 502 页。

[2] 如《甲骨文合集》36975 号卜辞:"己巳王卜，贞，[今] 岁商受年。王占曰: 吉。东土受年。南土受年，吉。西土受年，吉。北土受年，吉。"郭沫若主编、胡厚宣总编辑:《甲骨文合集》，中华书局，1979 ～ 1982 年。《小屯南地甲骨》1126 号卜辞:"南方，西方，北方，东方，商。"中国社会科学院考古研究所编:《小屯南地甲骨》，中华书局，1980 年。

[3] 王玉哲:《中华远古史》，上海人民出版社，2000 年，第 577 页。

[4] 许倬云:《西周史》（增订本），生活·读书·新知三联书店，1994 年，第 144、146 页。

[5] 刘源:《"五等爵制"与殷周贵族政治体系》，《历史研究》2014 年第 1 期。

[6] 虽说《周礼》成书于战国时期，它糅合了西周、春秋和战国时期的一些概念和制度，但关于"王国"与"邦国"的划分，因与金文和《尚书》中周初诸诰的记载相一致，所以这样的划分和分类是对商周二元的复合制王朝国家结构的总结概括。

[7] 于省吾:《双剑誃尚书新证》，北平直隶书局，1934 年。

[8]《战国策·魏策》吴起说:"殷纣之国，左孟门，而右漳滏，前带河，后被山。有此险也，然为政不善，而武王伐之。"这是战国人吴起所谈及的商之直辖地区，即商的王国（王邦），而不是整个殷商王朝国家。漳、滏二水在殷之北，踞殷墟不远。若以北边的漳滏二水为右的话，那么位于左的孟门，就应在其南边，在太行山东，即今河南辉县西，它位于殷墟的西南。"前带河"之河是指安阳殷都东侧由南向北流的古黄河。"后被山"之山是指安阳西边的太行山。《战国策》中吴起说的这段话，在司马迁的《史记·吴起列传》中被写作: "殷纣之国，左孟门，右太行，常山在其北，大河经其南。"在这里，司马迁把《战国策·魏策》中的"后被山"即太行山置换为"常山在其北"，那么"大河"当然就要经其南了。这里的常山即恒山，但不是今山西境内的恒山，而是主峰在今河北省保定西境曲阳县西北的恒山。孙星衍在《尚书今古文注疏》中引《水经·禹贡·山水泽地所在》云:"恒山为北岳，在常山上曲阳县西北。"

[9] 有些邦国与王朝处于"时服时叛"的关系。在"叛"时，它与王朝对立，脱离了王朝体系，是独立的国家。在"服"时，它被纳入王朝体系之中，不属于独立的国家。所以，"时服时叛"构不成一种分类标准。

[10] 王震中:《夏代"复合型"国家形态简论》，《文史哲》2010 年第 1 期。

[11] 张政烺:《矢王簋盖跋——评王国维〈古诸侯称王说〉》，《古文字研究》第 13 辑，1986 年。

[12] 卢连成、尹盛平:《古矢国遗址墓地调查记》，《文物》1982 年第 2 期。 王光永:《宝鸡县贾村塬发现矢 王簋盖等青铜器》，《文物》1984 年第 4 期。

[13] 卢连成、尹盛平:《古矢国遗址墓地调查记》，《文物》1982 年第 2 期。

[14] 中国社会科学院考古研究所编:《殷周金文集成》（简称"《集成》"）04302，中华书局，1987 年。

[15] 中国社会科学院考古研究所编:《殷周金文集成》（简称"《集成》"）04331 西周中期后段，中华书局，1987 年。

[16] 张政烺:《昭王之諲鼎及簋铭考证》，《历史语言研究所辑刊》第八本第五分，商务印书馆，1939 年。

[17] 张政烺:《矢王簋盖跋——评王国维〈古诸侯称王说〉》，《古文字研究》第 13 辑，1986 年。

[18] 王国维:《观堂集林》第四册，第 1153 页，中华书局，1959 年。

[19] 张政烺:《矢王簋盖跋——评王国维〈古诸侯称王说〉》，《古文字研究》第 13 辑，1986 年。

[20] 张政烺:《矢王簋盖跋——评王国维〈古诸侯称王说〉》，《古文字研究》第 13 辑，1986 年。

[21] 陕西岐山凤雏村出土甲骨有"楚子来告"（H11 83）。王宇信:《西周甲骨探论》，中国社会科学出版社，1984 年，第 296 页。

[22] 关于楚国称王，据《史记·楚世家》:"当周夷王时，王室微，诸侯或不朝，相伐……（楚国国君）熊渠曰:'我蛮夷也，不与中国之号谥。'乃立其长子康为句亶王，中子红为鄂王，少子疵为越章王，皆在江上楚蛮之地。及周厉王之时，暴虐，熊渠畏其伐楚，亦去其王。"这是说楚在西周后期周夷王时趁着周王室衰弱，已自行称王，后在周厉王时害怕周王讨伐而自己取消了王号。再后来，到了春秋初年，《楚世家》说:"（楚君）蚡冒卒。蚡冒弟熊通弑蚡冒子而代立，是为楚武王。"所以，楚国真正的自行称王是从春秋开始。春秋战国，楚国称王的青铜器有《楚王钟》等铭文，见《殷周金文集成》00072、00085、11381。引自李峰《论"五等爵"称的起源》"表一金文中所见春秋至战国早期的诸侯称谓"，《古文字与古代史》第三辑，台北"中研院"历史语言研究所，2012 年。

[23] 见《左传》宣公三年、《史记·周本纪》《史记·楚世家》。

[24] 主张商代有小国称王的学者有: 齐文心:《关于商代称王的封国君长的探讨》，《历史研究》1985 年第 2 期。高

明：《商代卜辞中所见的王与帝》，葛英会：《殷墟卜辞所见的王族及相关问题》，两文均见北京大学考古系编《纪念北京大学考古专业三十周年论文集》，文物出版社，1990 年。对于这三篇论文，宋镇豪、刘源在其合著的《甲骨学殷商史研究》（福建人民出版社，2006 年）一书中评述说："卜辞中是否存在多王的确切证据，还是一个需要谨慎对待的问题。齐、高、葛三氏所举诸例中，有的属残辞、孤证，有的则可作不同理解，目前相关材料也较少，而且殷墟卜辞中方国首领多称为'白（伯）'，即便卜辞中真的存在商王以外称王者的证据，也不可把多王视为商王国内的普遍现象。"笔者认为宋、刘的分析、评述是有道理的。

[25] 吴其昌：《金文名家疏证》（一），《武大文史哲季刊》第五卷第 3 期，1936 年。

[26] 加藤常贤：《汉字的起源》，《东京斯文会》，1949 ～ 1957 年版，转引自《金文诂林》，第 206 页。

[27] 林沄：《说王》，《考古》1965 年第 6 期。

[28] 《甲骨文合集》32444。李学勤主编，王震中、罗琨、王宇信、杨升南、宋镇豪著：《中国古代文明与国家形成研究》，云南人民出版社，1997 年，第 242 页。

[29] 王震中：《中国古代国家的起源与王权的形成》，中国社会科学出版社，2013 年，第 287 ～ 292 页。

[30] 《左传》成公十三年。

[31] 安徽省文物考古研究所：《凌家滩——田野考古发掘报告之一》，文物出版社，2006 年。

[32] 安徽省文物考古研究所：《凌家滩——田野考古发掘报告之一》，文物出版社，2006 年，彩版二一。

[33] 安徽省文物考古研究所：《凌家滩——田野考古发掘报告之一》，文物出版社，2006 年，彩版二〇。

[34] 安徽省文物考古研究所：《凌家滩——田野考古发掘报告之一》，文物出版社，2006 年，彩版二七、三八～四二。

[35] 安徽省文物考古研究所：《安徽含山凌家滩遗址第五次发掘的新发现》，《考古》2008 年第 3 期。

[36] 例如，《尚书·尧典》说帝尧能"协和万邦"。《汉书·地理志》说尧舜时期"协和万国"，到周初还有一千八百国。《左传》哀公七年说"禹合诸侯于涂山，执玉帛者万国"。《战国策·齐策四》颜斶云："大禹之时，诸侯万国……及汤之时，诸侯三千。当今之世，南面称寡者，乃二十四。"《荀子·富国》篇也说："古有万国，今有十数焉。""万邦"的概念，在青铜器铭文和《尚书》中周初成书的一些篇章以及《诗经》等早期文献中也是比较流行的。如《墙盘》铭文："曰古文王……匍有上下，受万邦。""匍"字，杨树达说当读为"抚"，"迶"即会字，"受万邦"意为文王为万邦所拥戴。《尚书·洛诰》说："曰其字时中乂，万邦咸休，惟王有成绩。"文中的"时"，是也。"乂"，治也。这是周公说的话，大意为周王如果能够在这天下之中的洛邑治理天下，那就会"万邦咸休"，大功告成。《诗经·小雅·六月》："文武吉甫，万邦为宪。"这是西周末叶的诗，称颂尹吉甫可以作为万邦的榜样。

[37] 王震中：《先秦文献中的"邦""国""邦国"及"王国"——兼论最初的国家为"都邑"国家》，《"从考古到史学研究"之路——尹达先生百年诞辰纪念文集》，云南人民出版社，2007 年。

[38] 王震中：《中国古代国家的起源与王权的形成》，中国社会科学出版社，2013 年，第 303 页。

[39] 王震中：《中国古代国家的起源与王权的形成》，中国社会科学出版社，2013 年，第 295 页及其注释 1、第 381、382 页。

[40] 王震中：《中国古代国家的起源与王权的形成》，中国社会科学出版社，2013 年，第 304 ～ 357 页。

[41] 王震中：《中国古代国家的起源与王权的形成》，中国社会科学出版社，2013 年，第 304 ～ 325 页。

[42] 王文清：《陶寺文化可能是陶唐氏文化遗存》，《华夏文明》第一集，北京大学出版社，1987 年。王震中：《略论"中原龙山文化"的统一性与多样性》《中国原始文化论集——纪念尹达八十诞辰》，文物出版社，1989 年。王震中：《中国古代国家的起源与王权的形成》，中国社会科学出版社，2013 年，第 326 ～ 330 页。俞伟超：《陶寺遗址的族属》，俞伟超《古史的考古学探索》，文物出版社，2002 年。

[43] 王震中：《中国古代国家的起源与王权的形成》，中国社会科学出版社，2013 年，第 326 页。

[44] 古本《竹书纪年》记载："舜囚尧于平阳，取之帝位。"《孟子·万章上》说："（舜）居尧之宫，逼尧之子，是篡也，非天与也。"

[45] 《韩非子·说疑》说："舜逼尧，禹逼舜，汤放桀，武王伐纣，此四王者，人臣弑其君者也。"

[46] 《孟子·万章上》说："（舜）居尧之宫，逼尧之子，是篡也，非天与也。"

[47] 王震中：《古史传说中的"虚"与"实"》，《赵光贤先生百年诞辰纪念文集》，中国社会科学出版社，2010 年。

王震中：《中国古代国家的起源与王权的形成》，中国社会科学出版社，2013 年。王震中：《三皇五帝传说与中国上古史研究》，《中国社会科学院历史所学刊》第七集，商务印书馆，2011 年。

[48] 王震中：《中国古代国家的起源与王权的形成》，中国社会科学出版社，2013 年，第 358～388 页。

[49] 见《荀子·议兵篇》《战国策·秦策》。

[50] 《淮南子·本经训》。

[51] 《淮南子·坠形训》有"凿齿民"。《山海经·大荒南经》说："有人曰凿齿，羿杀之。"

[52] 严文明：《大汶口文化居民的拔牙风俗和族属问题》，《大汶口文化讨论文集》，齐鲁书社，1979 年，第 260 页。

[53] 田昌五：《古代社会形态研究》，天津人民出版社，1980 年，第 152 页。

[54] 严文明：《大汶口文化居民的拔牙风俗和族属问题》，《大汶口文化讨论文集》，齐鲁书社，1979 年，第 254 页。

[55] 《墨子·非攻下》："昔者三苗大乱，天命殛之，日妖宵出，雨血三朝，龙生于庙，犬哭乎市，夏冰，地坼及泉，五谷变化，民乃大振（震）。高阳乃命（禹于）玄宫。禹亲把天之瑞令，以征有苗。四电诱祗。有神人面鸟身，若瑾以侍。搤矢有苗之祥（将），苗师大乱，后乃遂几。禹既已克有三苗，焉磨（历）为山川，别物上下，卿制大极（乡制四极），而神民不违，天下乃静。"

[56] 王震中：《中国文明起源的比较研究》，陕西人民出版社，1994 年，第 366～372 页。

[57] 笔者推测，其所执之玉，有可能是圭、璋之类。详细的论证待刊，这里暂略。

齐长城始筑年代及相关问题的再考察

王永波　王云鹏*

一　引言

长城是中国古代先民，用最常见易得的建筑材料，在边境构筑的线形连续性军事防御工程。早在秦代万里长城之前，春秋战国时期的"齐楚魏赵燕秦中山"等国即筑有长城。齐长城则是我国现存修筑年代最早、遗迹保存状况较好的古代长城。由于文献记载较为简略，且相互矛盾，归结起来有关齐长城始筑年代大致有春秋中期说、晚期说、春秋战国之际说和战国早中期说，难以定论。主要结症在于缺乏对文献的综合梳理和逻辑排比，对"问题"文献缺乏深入的分析。

近年整理出版的《清华大学藏战国竹简·系年》（简称《清华简·系年》），有两章涉及齐长城的修筑，为齐长城始筑年代及相关问题的讨论，提供了最新的、不可多得的珍贵史料，也为厘清传世文献中的某些衍误，提供了有力的反证。

《清华简·系年》第二十章："晋敬公立十又一年……齐人女（焉）舍（始）为长城于济，自南山属之北海。"

又，第二十二章："楚圣桓王即位，元年……晋三子之大夫内（入）齐，明（盟）陈和与陈淏于溋门之外曰：'母攸（毋修）长城，母伐廩丘。'"[1]

晋敬公见于《竹书纪年》，即《史记》所称哀公或懿公。《晋世家》："出公奔齐道死，故智伯乃立昭公曾孙骄，是为哀公。"《史记索隐》："按《赵系家》云：骄，是为懿公。"又《年表》云："出公十八年，次哀公忌，二年；次懿公骄，十七年。"《纪年》又云："出公二十三年奔楚，乃立昭公之孙，是为敬公。"依《纪年》，晋敬公十一年为周贞定王二十八年（公元前441年，齐宣公十五年），楚圣桓王元年约当齐康公元年（公元前404年）。《清华简》有关齐长城的记录至少证明了两件事，一是春秋晚期[2]，齐宣公"始为长城于济"；二是战国初年，三晋强迫田齐太公田和（陈和）"毋修长城"。

古文献中的"北海"，通常是指渤海。齐国国土均在渤海之南。若以山东半岛南部至黄海为"北"，"南山"又当作何解？所以"自南山属之北海"清楚无疑地告诉人们，齐宣公"始为长城于济"，构筑的是"济水岸防"，与现存齐国南部"山地长城"的地理位置有别、始筑时间有差、防御对象不同，线形走向迥异，是一道此前完全不为后世所知的"全新"齐长城（齐长城分布图）。"毋修长城"则应是迫使齐国"不得再行修筑"山地长城和济水岸防长城。

2008年12月至2010年6月，山东省文物局齐长城资源调查队，历时18个月，完成了齐长城和相关寨堡的野外调查测绘。齐国南部山地长城，西起济南市长清区孝里镇广里村北古

---

* 王永波：山东省文物考古研究所。王云鹏：山东省文物保护修复中心。

济水（今黄河）东畔（北纬 36°21′32.00″，东经 116°34′33.30″），向东进入泰山西麓，沿泰沂山系北侧的分水脊岭，经由鲁东南低山丘陵，至青岛市黄岛区东于家河庄入海（北纬 35°59′36.40″，东经 120°10′23.20″），全长 640 余公里，横跨济南、泰安、莱芜、淄博、临沂、潍坊、青岛等地的十八个县（市、区），连结大小山峦 1500 余座，与"济水岸防"以"人字形"布局，与三面环海的岸线，共同构成了中国，乃至世界史上独一无二、完整闭合的军事防御体系（图一）。

调查过程中，发现确认壕堑一条、关隘 10 处、烽燧 5 处、烽火台 3 处、碑刻 4 通、齐长城墙体内陶片标本 3 例、木炭标本 1 例。另有东周遗址 8 处、相关石砌寨堡 27 处。其中，东周遗址均位于在齐长城内侧或墙体经过的小山之上，面积数千或上万平方米不等。如肥城张家山山顶遗址，山顶为突兀而立的岩石，分布大量的东周代陶片，应与长城的卫戍有关而非普通的居住遗址。石砌寨堡见于齐长城沿线的山顶上，大多为后期的山寨遗存，个别的可能与齐长城有关。

笔者作为"齐长城资源调查"项目组成员，拟在以往研究的基础上，从文献分析入手，结合相关调查资料和当时的列国关系，就现存齐长城的始筑年代和动因，做一次新的考察论证，以期有助于问题的解决。

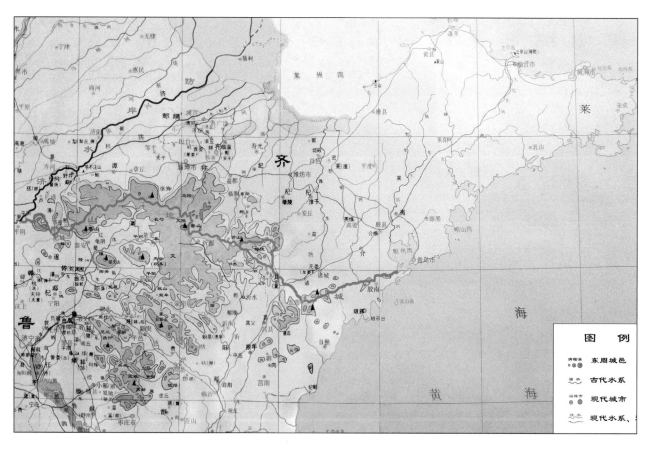

图一　齐长城布局图

二 齐长城建置年代的研究现状

齐国山地长城是我国历史上最早的线形大型军事防御工程（图二）。其构筑特点是因地制宜、就地取材、以险为塞。大致可分为堑壕、夯筑土墙、内为夯筑外包石墙、土石混筑、石块堆砌、山险六种形式。平原地带和山谷低地以夯筑土墙为主，间有堑壕；丘陵地带多为土石混合堆筑或石包夯筑两种类型；山区则以土石混合堆筑和石块堆砌较为多见。并充分利用难以攀缘的陡峭绝壁，作为长城的有机组成部分，将济水、泰山、黄海，横向连结成一道坚固的军事屏障。2001 年，国务院将齐长城遗址公布为第五批全国文物保护单位。

关于齐长城的修筑年代，春秋、战国、两汉、魏晋都有零星的记载，清代始有长城的总体论述。明末清初学者顾炎武《日知录》设有《长城》专章。清末杨守敬所著《历代舆地沿革图》，对包括齐长城在内的列国长城和秦始皇长城、明长城都进行了标注。谭其骧主编的《中国历史地图集》长城部分，即参考了杨守敬的意见。

《日知录·长城》："春秋之世，田有封洫，故随地可以设关，而阡陌之间，一纵一横，亦非戎车之利也……至于战国，井田始废，而车变为骑。于是，寇钞易而防守""难，不得已而有长城之筑。"[3]

顾炎武将列国长城的始建年代，全部定位于秦孝公十二年（公元前 350 年，齐威王七年，魏惠王二十年）"开阡陌"之后[4]。他所著《山东考古录》"考楚境及齐长城""考杞梁妻"条，均谓"齐长城筑于宣王之时"。民国年间，山东盐运使寿鹏飞著有《历代长城考》，北平大学师范学院王国良著有《中国长城沿革考》。王国良以诸国长城中，修筑最晚的魏长城（魏惠王

图二　长清白马套段长城（东向西）

十九年）也早于秦"开阡陌"两年，认为：

> 王室衰微，诸侯侵僭，三卿分晋，田氏篡齐，……弱小的国家不能竟存，于是乎不得不捐巨资建筑长城以自固。这就是战国时代各国所以创筑长城的大原因；

> 车变为骑，起于赵武灵王之胡服骑射……实际上各国建筑长城，多在赵之变法之先[5]。

在列举了《管子·轻重丁》《竹书纪年》《史记正义·赵世家》等相关资料后，斥《管子》有关齐长城的记载"大半为后之好事者所妄增，尤其是《轻重篇》"。"鄙俗难信……齐在桓公时已有长城之说，实不足信"[6]。推论说：

> 齐筑长城，最迟在宣公十八年，最早当在春秋末年，或战国初年，决不会早在桓公的时候，亦不至迟到威王的时候。[7]

20 世纪 40 年代以来，山东大学张维华先后发表了《齐长城》《楚方城》《魏长城》《赵长城》等文章，并于 1963 年汇集整理，合编为《长城建置考》上编。在《齐长城》一章中，引征《通鉴外纪》，斥《管子·轻重篇》为"伪作"，认为"齐桓之时，边境之地或已置防设险，然必无通贯全境长城之建制"[8]，进而推导出四点结论：

> 甲，"齐长城之建，其先乃因于济水之防"，"必与障济（水）有关"，"因据形势之要冲，其后则渐增修而成为军事上防守之地，则有为必然之事。"

> 乙，齐长城"先起于济西南之境……大体言之，其前则因济水之防，其后则迭有增置，及至战国初年，已确然成为一条长城。"

> 丙，"战国之初，杞莒虽趋衰微，尚未至亡国……齐国当不能越国立城。"楚简王元年"北伐灭莒，而全据越人所有之莒土；至于莒之北部，则仍为齐人所有。自是之后，齐之东南边境，始与楚人相接，两大对峙，其势岌岌……齐此部之长城，当建于楚人灭莒之后。"

> 丁，齐南界，即泰山而东至穆陵关以东区段长城"当建筑于齐威王之时"[9]。

王献唐于 20 世纪 50 年代著有《山东周代的齐国长城》，与张维华《长城建制考》最大的区别在于，王献唐基本认可《管子·轻重篇》的史料价值，认为：

> "虽非管子本人手笔，材料的来源比较为早……所谓齐长城，应分为两部分：最初一段在西，绝大部分专为防鲁而设，建于春秋时期；以后继续向东直到海滨的一大段，专以防楚，则在战国时期；齐威王又向东展修一段，时为周显王八年……齐宣王时，复向东修至海滨，全部完工，使一千多里的长城，衔接起来，作为齐国南境国防线。"[10]

此后，侯仁之、罗勋章、张华松、高思栋、蒋至静、任相宏、欧燕等学者先后对齐长城做过考察和研究。1996 年至 1997 年，泰安市路宗元等五人对齐长城全线，包括起止点、关隘、城堡、烽燧、建筑形式及特点进行了实地考察，并将调查成果汇集成《齐长城》正式出版。这是有史以来、本次"长城资源调查"之前，对齐长城最全面、最科学的一次综合考察[11]。

张维华、王献唐关于"齐长城分期分段构筑"的观点，多为后来的长城研究者所承袭，在时间上则多采信王献唐"始于春秋"的说法。如张光明认为"齐桓公时期开始修西段，至迟在鲁襄公十八年也已完成，前后共修建了一百余年"[12]。罗勋章认为始筑时间，"应在公元前591～前555年齐顷攻和齐灵公执政之时"；"齐长城大规模之修筑当在楚灭莒（公元前431年）之后"[13]。路宗元、张广坪、杜宇、孙敬明等人的观点与此相近。张华松将长城墙体区别为两种建筑模式，以"巨防"为夯筑土墙，视"长城"为石砌墙，并据此对王献唐的论断作了更为具体表述：泰山西侧一带的"巨防"筑于齐灵公二十三年至二十七年；泰沂山区的关隘、夯土长城兴建于春秋后期；齐威王二十四年，为了防备楚国的大举进攻，将齐国东南境原来用以抵御莒国、越国的各关隘谷地中的夯土长城连接起来；齐宣王"筑岭上长城"是出于防御骑兵的需要[14]。还有不少学者，仍然坚持长城始筑于战国时期的观点，如：

　　　　长城的第一个时期，只能是战国，而且长城的修建，大都集中在公元前 300 年前后这一时期[15]；

　　　　长城建造于战国时期，以齐长城最早；齐长城应修筑于齐宣公时期，后来又多次修筑，才最后完成。其续修之长城，应是在齐威王、齐宣王时期[16]。

综合类出版物，如《山东通志》（1915 年）《锦绣山东》《中国历史大事编年》等，都坚持齐长城始筑于战国的说法。《山东风物志》《齐鲁文化大词典》持春秋晚期始筑说。新修《山东省志·文物志》以"首先修筑的应是泰山以西地段……泰山至穆陵关的中段亦当为早期防御鲁国而建。东部从穆陵关至海滨一段，当成于楚灭莒。"《泰山志》则以始于齐桓公，历齐灵公至齐湣王最终建成为说。

三　文献评估与考古资料

齐长城始名为"防"或"牢"，最早见于《左传》《国语》。春秋末期始有"长城"的称谓。成书于战国时期和汉代的《吕氏春秋》《竹书纪年》《管子》《史记》《战国策》，以及相关出土金文、竹简均有记载。后来的《水经注》《齐记》《括地志》和《泰山郡记》《泰山道里记》等方志也多有记述。但大都寥寥数语，且多有抵牾，这是齐长城修筑年代众说纷纭的主要原因。在这里，我们拟从历史学和文献学的角度，辅以考古调查的有关证据，对有关记载进行解读和价值评估，以期得出比较接近史实的结论。

根据时代和属性，可将有关齐长城的记载分为：早期传世文献、出土金文、战国文献、汉代文献和后世文献。其中，战国文献又可分为传世战国文献、出土战国文献、《竹书纪年》三类。

（一）早期传世文献

《左传》《国语》是比较可靠的原始记录。所以，有关齐长城始建年代的讨论，必须对这些记录给予足够的重视。

　　《左传·襄公十六年》："齐侯围成，孟孺子速徼之。齐侯……速遂塞海陉而还。"

　　《左传·襄公十七年》："齐侯伐我北鄙，围桃。高厚围臧纥于防，师自阳关逆臧孙，至于旅松。"

　　《左传·襄公十八年·经》："（鲁）公会晋侯、宋公、卫侯、郑伯、曹伯、莒子、邾子、滕子、薛伯、杞伯、小邾子同围齐。"《左传·襄公十八年·传》："晋侯伐齐，将济河。献子以朱丝系玉二瑴，而祷曰：齐环（灵公）怙恃其险，负其众庶，弃好背盟，陵虐神主。

曾臣彪将率诸侯以讨焉……唯尔有神裁之！沉玉而济。"[17]

襄公十六年至十八年，为公元前 557 ～前 555 年，也就是齐灵公二十五至二十七年。其时，距齐桓公（公元前 685 ～前 643 年）已过去了 80 余年。霸业虽然已成历史，但齐国仍不失为一个大国，是以才因"鲁贰于晋"而连续伐鲁，晋国也因此而联合鲁宋等十余诸侯共同伐齐。尤为值得注意的是几个与长城有关的词语，如"速遂塞海陉而还""围臧纥于防，师自阳关"和"怙恃其险"。《左传》杜氏注"防，臧纥邑。阳关，在泰山巨平县东，旅松，近防地也，鲁师畏齐不敢至防。"

《博物志》："齐南有长城巨防、阳关之险，北有河济，足以为固。"[18]

明代董说《七国考》将"阳关"列入"田齐都邑"。很明显，"阳关"和"遂塞、海陉"，正是齐灵公可以"怙恃其险"之"防"，亦即长城。而晋军则是"沉玉而济"，渡过济水来到齐国"关防"之前的。

《左传·襄公十八年》："冬十月，（晋鲁）会于鲁济，寻溴梁之言同伐齐。齐侯御诸平阴，堑防门而守之广里……诸侯之士门焉，齐人多死。范宣子告析文子曰："吾知子，敢匿情乎？鲁人、莒人皆请以车千乘自其乡入，既许之矣。若入，君必失国。子盍图之？"子家以告公，公恐……齐侯登巫山以望晋师。晋人使司马斥山泽之险，虽所不至，必旆而疏陈之；使乘车者左实右伪，以旆先，舆曳柴而从之。齐侯见之，畏其众也，乃脱归。丙寅晦，齐师夜遁……十一月丁卯朔，入平阴，遂从齐师。夙沙卫连大车以塞隧而殿……杀马于隘以塞道……己卯，荀偃、士匄以中军克京兹。乙酉，魏绛、栾盈以下军克邿。赵武、韩起以上军围卢，弗克。十二月戊戌，及秦周伐雍门之萩……己亥，焚雍门及西郭、南郭……壬寅，焚东郭、北郭……齐侯驾，将走邮棠……；甲辰，东侵及潍，南及沂。"

是役，齐灵公本想依托广里的"堑防门而守之"。鲁晋联军为动摇齐灵公的斗志，先是谎称"鲁人、莒人皆请以车千乘自其乡入"，越过山区偷袭齐都临淄。继而在南部山险要地设战车、假人虚张声势。齐灵公听说临淄面临偷袭，又见疑兵，心生怯意，遂连夜出逃。联军轻易突破钜防，"入平阴""克京兹""克邿"，长驱直入，围攻齐都临淄，齐灵公出奔邮棠。

"齐侯登巫山以望晋师"，表明"巫山"外围已有长城，所以齐灵公才能凭借长城的防护登山观察敌情。夙沙卫在城门和长城的关隘中设置障碍，以减缓敌方的进击速度。"隧"通常指门道或道路，在这里，"隧"与"隘"是相通的。"塞隧而殿"，是为"堵塞城防"以殿后；"杀马于隘以塞道"则是在"防门"，即长城关隘处设置障碍。

《史记·苏秦列传》齐有清济、浊河《正义》：济、漯二水上承黄河，并淄、青之北流入海。黄河又一源，从洛、魏二州界北流入海，亦齐西北界，长城西头在齐州平阴县界[19]。

济水东流，入注古巨野泽，泥沙沉淀，河水清澈，故称"清济"，后世谓之大清河。黄河下游河道见于先秦文献记载的有两条支流：一是《禹贡》河，"走《水经》漳水东北流经交河青县至天津市东南入海"[20]；一为《山经》河，"北流走《汉志》滱水经高阳、新安折东经霸县至天津市东北入海"。济水位于黄河南支《禹贡》河之东，平行北流，是齐国西部边境的重要天险。今山东境内的黄河，乃是清咸丰五年（1855 年）"夺济"后形成的。齐晋平阴之战，则是在古济水东畔展开的。《左传·襄公十八年》杜氏注："平阴城在济北卢县东北，其城南

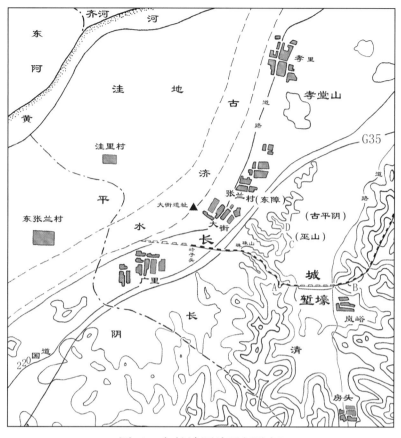

图三　齐长城源头及堑防门

有防，防有门，于门外作堑，横行，广一里。"

《水经注·济水》："京相璠曰：平阴，齐地也，在济北卢县故城西南十里。巫山在平阴东北。郦道元注：平阴城南有长城，东至海，西至济，河道所由曰防门，去平阴三里，齐侯堑防门即此也。其水引济，故渎尚存。今防门北有光里，齐人言广音与光同，即春秋所谓守之广里者也。昔齐侯登望晋军，畏众而归……今巫山之上有石室，世谓之孝子堂。"[21]

"孝子堂"，即今长清孝堂山，郦道元以为巫山，或有失察。本次"齐长城资源调查"确认，长城以北最近的山头，依次是山头 C、山头 D 和一道南北低岭，然后才是孝堂山。山头 C、山头 D，距长城分别约 500～1000 米；孝堂山距长城约 4000 米，比山头 C、山头 D 低一个等高线层级。如果巫山就是孝堂山，隔着山头 C 和山头 D，何远眺？因此，齐侯所登巫山，实应为山头 C 或山头 D。就当地长城与各个山峰的相对位置而言，这是比较合理的解释（图三）。

嘉庆《平阴县志·疆域志》：孝里铺南有村，曰东长。其西南三里有村，曰广里，曰防头……古平阴城，古老相传谓今东长村即其地，遗址犹存。

齐国山地长城的西端起点，始于今济南市长清区孝里镇广里村北，今黄河东岸，古济水之滨的"领子头"。西部端点（图四）至 220 国道，可见一段高出地面，长约 171、顶宽 18～23、底宽 25～28、残高 2～3.5 米的墙体（20世纪 90 年代前，现端点以西还有一段墙体）。西部为大片洼地，俗称孝里洼、顾庄洼、董家洼、徐家洼等，应是《水经注·济水》所称"济水右迤，遏为湄湖，方

图四　齐长城西端起点土墙（从东向西）

四十余里"干涸之后形成的。

220 国道以东，平地部分已不见墙体遗迹，缓坡一带的墙体也被改造为农田，山脚以上始见隆起的墙体。据部分断崖剖面观察，缓坡地带地表以下的长城墙体尚存 2～3.5 米的高度。向东延伸 600 米，攀缘珠珠山而上，至山脊东端陡岭子（A 点）作 180°大转弯，横跨山谷，至岚峪北山（B 点），折向东北（图三）。

经解剖，墙体为"集束棍夯"夯筑而成，显示出春秋时期的夯筑技术特征[22]：

　　　夯层……结构致密，每层厚 12 厘米左右，夯具为木棍。夯层层面清晰，夯窝分布密集。夯窝都呈口圆底圆的锅底状，直径 5、深 1.1 厘米左右[23]。

夯层厚度，夯窝直径，比鲁故城城垣第三期春秋早期[24] 城墙的略厚略大，夯层较春秋晚期的齐景公墓[25] 略薄，正是春秋中期的特点。

图五　珠珠山东坡齐长城远景及堑壕

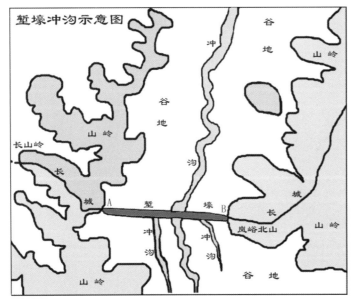

图六　堑壕冲沟示意图

齐长城墙体沿线附近及墙体周围的东周遗址，墙体内部的陶片表明，齐长城的始筑年代不晚于春秋晚期。

实地调查中，我们还在 A 点～B 点之间较为开阔的山谷中，发现了一条东西向的人工堑壕。谷地中有三条南北向的自然冲沟，被堑壕截断后合而为一（图五、六）。据当地村民介绍，20 世纪 60、70 年代，大沟（堑壕）的北侧还保存有较高的土墙。堑壕宽 20 余、深 10 余、东西长 1321 米（照片，由西向东拍摄），两端与山脊的长城正相对应。其正南约 2 千米为"房（防）头"村。据此观察，该堑壕才是齐军所守之"堑防门"。

嘉庆《平阴县志》所载"东长"，后衍为"东障"或"东张"。黄河夺济在咸丰五年，故知广里村西洼地中的"东张兰村"，与原"东长"无关。而长城以北的"张兰村"，应是原"东长（兰村）"，今"东张兰村"乃是原"东张兰村"分立之村，因其位置在东，故名。2005 年，在配合南水北调济平干渠工程，在"东障"村南"大街"发掘了一处规模较大的西周春秋遗址，或与平阴古城外的布局有关。

《平阴县志》谓"（东长）其西南

三里有村，曰广里，曰防头"，以防头为广里，非是。防头今称"房头"，位于新发现的堑壕正南的山谷中，恰与"堑防门"（堑壕）和"防头"的位置相吻合。与广里的直线距离约在5千米以上。

图七　王献唐所绘齐长城西部起点

堑壕以北是开阔平坦的山谷，两侧山岭绵延，构成了一个相对密闭的空间，具有很好的军事防护作用，或者就是平阴故城的所在。以理度之，应该就是齐灵公所守之"堑防门"。平阴故城似乎也不应设在大街即兰村一带，既有水患，又无险可守的地方（见图三）。以往学界多采信《水经注》和《平阴县志》的说法，将广里误为防头，认为其北面的长城设有"防门"。王献唐所绘草图，虽然将"房头"还原为"防头"，位置也比较准确，但仍以"防门"在广里村北[26]（图七）。

《国语·齐语》的相关记载，对我们理解《左传》之"防"或有帮助。

> 《齐语》桓公问曰：吾欲南伐，何主？管子对曰：以鲁为主，反其侵地，堂潜，使海于有蔽，渠弭于有渚，环山于有牢……以卫为主，反其侵地……环山于有牢……以燕为主……环山于有牢。四邻大亲，既反侵地，正封疆地，南至于陶阴，西至于济，北至于河，东至于纪酅[27]。

韦昭注引贾侍中云："海，海滨也，有蔽言可依蔽也。渠弭，裨海也，水中可居者。曰渚昭，谓言有此乃可以为主人军，必依险阻也。环，绕也，牢，牛羊豕也。言虽山险皆有牢牧。一曰牢固也。"值得注意的是，大海之外，南西北三面，管仲都使用了"环山于有牢"的措辞。《管子·小匡》也有类似的记载，唯其作"纲山于有牢"。明代杨慎《丹铅续录·经说·国语》：

> 尹知章《管子注》曰：环山于有牢，教之立国，城必依山以为纲纪，而有牢固。按尹说比贾有发明，宜表出之[28]。

明代刘绩《管子补注》同此。显而易见，无论"纲山"还是"环山于有牢"，均与贾逵所谓"牛羊豕"无关。证以《管子》"阴雍长城之地，其于齐国三分之一"，"依山以为纲纪，而有牢固"之"牢"，应即为《左传》所称之防。其隐含的文意，或与传授齐国构筑长城的经验有关。是以，贾逵又有"一曰牢固也"之说。

（二）出土金文

鼄羌编钟铭，是与齐山地长城有关的另一重要原始文献。1928年，洛阳金村东周墓出土两套编钟，共计14枚。其中，个体较小者9件，均铭"鼄氏编钟"编字，个体较大者5件，即"鼄羌编钟"，铭文亦同[29]，其辞曰：

> 唯廿又再祀，鼄羌乍戎，乎（厥）辟韩宗，敠率征秦、趄（迫）齐，入长城，先会于平阴，

武伕寺力，富敂楚京。赏于韩宗，令于晋公，昭于天子，用明则之于铭。武文□刺，永某（世）毋忘。

刘节、唐兰[30]、吴其昌、徐中舒以及瑞典高本汉等认为，"唯廿又再祀"为周灵王二十二年（公元前 550 年）[31]。如此，唯有《左传》襄公十八年（公元前 555 年，周灵王十七年）晋鲁联军伐齐，入平阴、克京兹、克邿、攻至临淄的战事，可以与之相对应。

郭沫若以"唯廿又再祀"为周安王二十二年（公元前 380 年）[32]。但《史记·六国年表》记录的此次"三晋伐齐"是"至桑丘"，与钟铭"会平阴，入长城"显然无关。是以，温廷敬又将其定位于威烈王二十二年（公元前 404 年）[33]，容庚、陈梦佳、李学勤、刘翔等也持这种看法[34]。唐兰后来也转而支持该说[35]。兹将文献所记威烈王二十二年前后的"三晋伐齐"事件引录如下。

《水经注·汶水》引古本《竹书纪年》："晋烈公十二年（公元前 404 年），王命韩景子、赵烈、翟员伐齐，入长城。"

今本《竹书纪年》："威烈王十八年（公元前 408 年），王命韩景子、赵烈子反、我师伐齐，入长垣。"

《资治通鉴外纪》："威烈王十六年（公元前 410 年），王命韩赵伐齐，入长城。"[36]

这是同一次战事的不同记录。具体时间的差异，乃是编撰者对当时纪年的认识不同所致。不言而喻，"韩赵魏三晋伐齐"，与钟铭的"晋伐齐"是完全不同的两个概念。三家分晋，后又封侯，此时晋国已失去了"国家"地位。况且，前者只是进"入长城"，而没有"会平阴、克京兹、克邿"等事件，更不足以与钟铭所记"入长城，先会于平阴，武伕寺力，富敂楚京"的战事相提并论。

徐中舒引《说文》，以富为蠹，为"疾言也"，解"敂"为"强取"[37]。唐兰释"富敂"为"袭夺"[38]。郭沫若认为，"伕乃到之异"，"寺乃邿之省"。引征《左传·襄公十八年》"栾盈以下军克邿"说："盖三晋会师平阴之后，屬以偏师力捣邿山也"[39]；"富敂楚京者，言屬率偏师克邿之后，复长驱南下，夺取楚丘与京山也"。高本汉解释为："以极端之勇敢，赖彼等之力予以猛击，夺得楚之京城"[40]。

楚丘，《左传》襄公十年有"宋享晋侯于楚丘"，乃曹宋边界城邑，距平阴尚有数百里之遥，其时齐国的南部疆域远未至此；楚之京城则远在千里之外，晋师安得在攻入齐国长城之后，顺路疾速夺取之？是故，孙稚雏又说："楚京，地名，其地当属齐国"[41]。《后汉书·郡国志》兖州济北国："卢有平阴城，有防门，有光里，有景兹山。"李贤注引杜预"在县东南"；《春秋左传属事》："京兹，在平阴东南；邿，今山东济阴县有邿城……皆齐邑"[42]。由是可证，所谓"富敂楚京"，实乃《左传·襄公十八年》晋师"克京兹"之异说。不少学者，包括"威烈王二十二年说"论者，也承认"楚京"就是"克京兹"之"京"。如温廷敬即谓："楚京，实即襄公十八年荀偃士匄以中军克京兹，杜注谓在平阴城东南者，不过地名小有变异，其战争遗迹，一则敛京……而一则捣邿，而云武捣邿力，乃古人行文参差之处"[43]。可见，不论持何种观点，都难以回避屬羌钟"晋伐齐"，入长城、会平阴、"武伕寺力，富敂楚京"，与《左传》襄十八年"晋伐齐"，入平阴、克京兹、克邿的内在关联。王献唐亦作如是观：

"大体全部铭文，是综合性的史实记载，不属一时……'征秦'为一事，'迫齐'为一事，前者在鲁襄公十四年。《左氏传》（襄十八）说："齐师夜遁……十一月丁卯朔，入平阴。"恰与符合。当时齐军虽在广里、防门防守，未及会战即退，入平阴只是战争第一阶段，故铭文曰先……"入长城"是从防门入的。防门即为钜防的门，证明长城就是钜防。"[44]

公元前453年，晋国贵族韩、赵、魏三家合力灭掉专擅国政的知氏，尽并其地[45]。公元前433年，晋幽公即位，韩、赵、魏瓜分公室土地，史称"三家分晋"。威烈王二十三年（公元前403年）正式承认韩、赵、魏的诸侯国地位[46]，三国之君始得称子、称侯。如《竹书纪年》称"韩景子、赵烈子"、《史记》相关世家则以"××侯"为称。钟铭"赏于韩宗"表明，当时的"韩"只是一个强势宗族，故而不得称侯。

公元前403年为册封三晋之年，其时距三家分晋（公元前433年）已有30年；《纪年》的三晋是以"子"，亦即诸侯身份接受王命的，与钟铭的"晋公""韩宗"实难相符。郭沫若以"屬羌乃韩氏家臣，以韩侯为其宗主也，下文韩宗与晋公对言，足证宗即宗主之意。"引《诗·公刘》"君之宗之"辨之曰："宗即主也，君也，韩宗尤言韩君"[47]。

诚然，家臣可以"以韩宗为宗主"，但家臣之"宗主"必为公卿（韩宗），而绝不可能是"韩侯"。《清华简·系年》第二十二章记述"三晋伐齐"战事时，即以"晋三子"为称（详下），可证郭说之误。总之，屬羌编钟铭所记晋伐齐，只能是《左传》襄公十八年"晋齐平阴之战"，与"三晋伐齐"无关。从出土金文的角度，证明《左传》之"防"、《国语》之"牢"，即为后来所称"长城"。

（三）战国文献

战国时期的《管子》《吕氏春秋》，以及《竹书纪年》《清华简》等出土文献，对齐长城记亦有记述。《竹书纪年》虽然也有较高的史学价值，但其出土不久即遭散佚，故而不能等同于"原始文献"，独作一类。现分述如下。

1. 传世战国文献

《管子·轻重丁》："桓公曰：（齐）方五百里。管子曰：阴雍长城之地，其于齐国三分之一，非穀之所生也；长城之阳，鲁也；长城之阴，齐也。"

《吕氏春秋·慎大·下贤》："（魏）文侯可谓好礼士矣！好礼士，故南胜荆于连堤，东胜齐于长城，虏齐侯献诸天子，天子赏文侯以上卿。"[48]

《吕氏春秋》所记，表明魏文侯时期（公元前445～前394年）齐长城已经存在。《管子》所述则表明，早在春秋齐桓公时期（公元前685～前643年），齐长城已基本连结成线。齐灵公二十五至二十七年（公元前557～前555年）距离齐桓公不过80余年。是时，与齐国相关的几次军事行动都在长城附近展开，可作为春秋中期已有长城的重要佐证。至于屬羌编钟，不论何时所铸，其所记"晋伐齐"的战事，都与《左传》襄公十八年的齐晋平阴之战密不可分，是齐国"山地长城"已经存在的强力史证。

但是，出于不确定的原因，研究者多采取否定《管子》，采信《纪年》的态度。或者，早期的研究者将齐长城始建年代定在战国时代，造成了某种形式的"思维定势"？！批评者常以

《通鉴外纪》傅子之所谓："管仲之书，过半是后之好事者所加，乃说管仲死后事。《轻重篇》尤复鄙俗"为据，而斥其为"后人假托，非尽管子之言。"试想《尚书》《左传》《国语》和其他史书，有多少不是后人追述前人事迹！难道我们可以因此而采取全面的否定态度！

《国语》是公认的比较可靠的早期文献，《管子·小匡》有关"审吾疆场，纲山于有牢"的记述，与《国语·齐语》大同小异，或者就是《国语》的转录，可见其所言不虚。而《管子》有关齐桓公的治国方针、策略、业绩的记述，如"官山海"（《轻重篇》）等，已成为齐国史研究的重要史料。《史记·货殖列传》："故齐冠带衣履天下，海岱之间敛袂而往朝焉。其后齐中衰，管子修之，设轻重九府，则桓公以霸，九合诸侯，一匡天下。"说明太史公对《管子·轻重篇》持认可态度。

《管子》多为稷下学宫学者辑录的齐桓公、管仲君臣治国方略。"稷下学宫"肇始于田齐桓公午 [49]，繁盛于齐威王、宣王时期（公元前 357～前 302 年），衰败于齐湣王（公元前 301～前 284 年）后期 [50]。如果齐国山地长城确为战国时期的威、宣、湣三世所筑，作为当代学者，又怎能信口雌黄？又何以服众？《清华简·系年》的相关记载，为该问题的讨论提供了不可多得的珍贵资料。

2. 出土战国文献

《清华简·系年》第二十章："晋敬公立十又一年，赵桓子会（诸）侯之大夫，以与戊（越）令尹宋盟于邧（巩），遂以伐齐，齐人女（焉）訋（始）为长城于济，自南山属之北海。晋幽公立四年，赵狗率师与戊公朱句伐齐，晋师闋长城句俞之门。戊公、宋公败齐师于襄坪。至今晋、戊以为好。" [51]

晋幽公，为敬公之子。编纂者据《竹书纪年》推算，晋幽公四年，为周考王十一年（公元前 430 年）。赵狗为晋将。朱句即朱句，为越国之君。

简文的大意是：晋敬公十一年（公元前 441 年，齐宣公十五年），晋与越国联合伐齐，"齐人始为长城于济，自南山属之北海"；时隔 11 年，至齐宣公二十六年（公元前 430 年），晋国再次派赵狗联合越国再次伐齐"长城句俞之门"。

春秋末期，齐国田氏专权，内乱频发。前 453 年，取得强势地位的晋国韩、赵、魏三豪族，对处于弱势的齐国虎视眈眈。田成子为扭转危局，采取了"尽归鲁、卫侵地"与晋、吴、越通好，修功行赏，亲於百姓等措施 [52]，政局逐渐稳定。齐宣公十五年（公元前 441 年），田悼子执政 [53]，国力稍有恢复，便开始修筑"御晋鄣济岸防"长城。

尽管"山地长城"与"济水岸防"都始于济水东岸"南山"，方向和防卫目标却大相径庭。齐灵公所守之"防"，即"山地长城"，是从济水岸边起筑，一路向东，进入崇山峻岭，以鲁国、莒国为主要防御目标。齐宣公十五年所筑"济水岸防"，却是"自南山属之北海"，以晋国为主要防御目标。姑且不论其"句俞之门"设于何地，该段长城"御晋障济"之防的性质，都可缘此而定。又：

《清华简·系年》第二十二章："楚圣桓王即位，元年，晋公止会（诸）侯于邧，宋

悼公将会晋公，卒于龚。韩虔、灼蔖、嚣繄率师与戍（越）公翳伐齐。齐与戍成，以建易、
郘陵之田，且男女服。戍公与齐侯贷、鲁侯侃（衍）盟于鲁稷门之外。戍公内（入）飨于鲁，
鲁侯驭，齐侯参乘以内。晋魏文侯斝（斯）从晋师，晋师大败齐师。齐师北，晋师述（逐）
之，内至汧水。齐人旻（且又）陈鏖子牛之禬（祸），齐与晋成，齐侯明（盟）于晋军。
晋三子之大夫内齐，明（盟）陈和与陈淏于溋门之外，曰：母攸（毋修）长城，母伐廪丘。
晋公献齐俘馘于周王，述（遂）以齐侯贷……朝周王于周。"[54]

编纂者认为，楚圣桓王即楚声王；晋公止即晋烈公；韩虔即韩景侯；灼蔖即赵籍，赵烈侯；
嚣繄即魏击，为魏文侯之子，后立为魏武侯；越公翳为勾践五世玄孙；鲁侯衍即鲁穆公；陈鏖子牛，
即《墨子·鲁问》所称"项子牛"，孙诒让以其"盖田和将"[55]。"且有陈鏖子牛之祸"，当
指三晋平陆伐齐，子牛用括子之计，挟以齐侯以往，"三国之兵罢而平陆之地存"[56]事件。晋
三子，即韩虔、赵籍和魏击；陈淏为田氏家族成员。郘即任，地在今山东济宁。"建易"，释
为"开阳"，当为临沂北之阳国故地。"汧水"当与开阳相近，可能是沂水的支流。溋门，或
为临淄之雍门。

战国、汉代的相关文献，包括《清华简》在内，对战国人物事件的纪年都比较混乱。依《中
国历史纪年表》，楚声王元年（公元前407年）为周威烈王十九年、晋烈公九年、齐宣公四十八年；
齐侯贷，即齐康公，其元年为公元前404年，威烈王二十二年。人物、年代的自相抵牾。简文称"齐
侯贷"，表明，故知简文所记战事应在齐康公继位（公元前404年）之后。次年，威烈王正式
承认三晋为诸侯[57]。

简文的大意是：战国初年（公元前404年），晋烈公在任地会诸侯，三晋会越王翳伐齐。
齐献开阳、郘陵之田与越讲和，鲁穆公与盟。魏文侯则亲率（三）晋之师继续进攻，大败齐师，
齐师北退，晋师追至汧水。因为此时齐人还有"项子牛之祸"，只好向晋求和。三晋大夫与齐
相田和盟于齐城雍门之外，强迫齐国接受了"毋修长城，毋伐廪丘"的"不平等条约"。于是，
晋烈公乃献齐俘馘于周，携齐康公等诸侯国君觐见周王。与前引《吕氏春秋》魏文侯"虏齐侯
献诸天子"的记载正相呼应。

所谓"毋修长城"，乃是禁止齐国"再行修复长城"，不论是战争毁坏，还是自然损坏，
都不得重修。田和执政伊始，被迫签订"城下之盟"，从出土文献的角度再次证明，齐国山地
长城早在威烈王二十二年之前已经有之。

3. 《竹书纪年》

《竹书纪年》属战国晚期作品，在晋武帝太康二年（公元281年）出土不久，原简便在永
嘉之乱（公元311年）中亡佚，传抄本也在唐末五代时散佚，南宋初年出现了今本《纪年》。
清嘉庆年间，朱右曾将文献中的佚文，辑录成《汲冢纪年存真》，经王国维考订为《古本竹书
纪年辑校》。因此，在流传过程中有某种程度的失真，是完全可以理解的。现将《纪年》有关
齐长城的记述全部摘录如下：

古本《竹书纪年》："齐宣公五十一年，公孙会以廪丘叛于赵（《史记索隐·赵系家》引）。"
又："晋烈公十一年，田悼子卒，田布杀其大夫公孙孙，公孙会以廪丘叛于赵，田布围廪丘，

翟角、赵孔屑、韩师救廪丘。及田布战于龙泽，田师败逋（《水经注·瓠子河》引）。"

又："晋烈公十二年，王命韩景子、赵烈、翟员伐齐，入长城（《水经注·汶水》引）。"

又："梁惠王二十年，齐筑防以为长城（《水经注·汶水》引）"。

又："梁惠王二十年，齐湣王筑防以为长城（《史记正义·苏秦列传》引）。"

今本《竹书纪年》："威烈王十七年，田悼子卒，田布杀其大夫公孙孙，公孙孙（会）以廪丘叛于赵。田布围廪丘，翟角、赵孔屑、韩氏救廪丘……田师败逋。十八年，王命韩景子、赵烈子及我师伐齐，入长垣。"

又："周显王十八年，齐筑防以为长城。"

廪丘，原为齐地。《纪年》所记"田会反廪丘"与《史记·田敬仲完世家》同。晋烈公十二年为公元前 404 年，与今本《纪年》威烈王十八年（公元前 408 年）有 4 年之差。与《清华简》楚声王元年（公元前 407 年）有 3 年之差。毋庸置疑，上述文献所记的人物、时间虽略有差异，却是"田会反廪丘"引发的同一次战事。由"齐侯贷""长城""献齐俘馘于周"等词语可知，《吕氏春秋》所记"魏文侯……东胜齐于长城，虏齐侯献诸天子"也是这次战事，唯《清华简·系年》所记更为详尽。由《纪年》"晋烈公十二年"和《清华简》之"齐侯贷"互证，可将此次战事最终定位于齐康公元年（公元前 404 年，威烈王二十二年）。

尤为值得注意的是，包括《清华简》和《纪年》在内，所有文献记录都毫无异议地表明，齐山地长城在前 404 年已经存在，并成为三晋伐齐必须首先克服的军事屏障。何以到了显王十八年（公元前 351 年，齐威王六年），或梁惠王二十年（公元前 350 年）才始"筑防以为长城"？其逻辑矛盾是显而易见的。《史记正义》"齐湣王筑防以为长城"更为离谱。齐湣王主政的时间为公元前 301～前 284 年，梁惠王二十年为齐威王七年，中间还隔着在位时间较长的齐宣王，怎能轮到齐湣王始"筑防以为长城"！王国维《古本竹书纪年辑证》指出："《正义》所引齐湣王距此甚远，当误。惠成王二十年当齐威王七年，闵疑为威字之误，或'闵王'二字衍。"即便如此，仍然无法化解齐康公元年齐长城早已存在，与"齐威王七年始筑长城"之间的矛盾。

《清华简·系年》成书于楚肃王（公元前 380～前 368 年）或更晚的楚宣王（公元前 369～前 338 年）时期[58]。作为战国的当代文献，较之传世文献、特别是几经传抄、散佚、辑录的《竹书纪年》，《清华简》的可靠程度要好得多。窃疑《纪年》"齐筑防以为长城"的记载，或与《系年》"齐人始筑济水之防以为长城"相类，只是在流传过程中，因散佚、辑录和辗转传抄，遗漏了最为关键的"济水"二字；抑或是某些不够严谨的编纂者在传抄过程中，将《史记》赵成侯"七年，侵齐，至长城"；齐威王"六年，鲁伐我，入阳关""九年，赵人归我长城"等战事，按自己的理解误赘其中。《史记正义》所引"齐湣王筑防以为长城"似非《纪年》原文，可能是后人按自己的理解所作的修改。较此更早的《水经注·汶水》引文，即是明证。后来的治经史者和地理学者，未经细审深究，便"依样画葫芦"，给今人造成了莫大的困惑。

（四）汉代文献

太史公家族世代"典史"，《史记》的成书去战国不远，其相关《世家》又多有尚存的列国"史记"为据，故其有关齐长城的记述，也可视为原始文献，摘录如下：

　　《赵世家》："（赵成侯）七年，侵齐，至长城。"

　　《田敬仲完世家》："（齐威王六年）鲁伐我，入阳关。（九年）遂起兵，西击赵卫，败魏于浊泽，而围惠王。惠王请献观以和解。赵人归我长城。"

　　《苏秦列传》："燕王曰：吾闻齐有清济、浊河，可以为固；长城巨防，足以为塞，诚有之乎？（苏代）对曰：天时不与，虽有清济、浊河，恶足以为固。民力罢敝，虽有长城巨防，恶足以为塞。"

　　《楚世家》（楚顷襄王十八年，射者）曰："若王之于弋诚好而不厌，则出宝弓碆新缴，射嚼鸟于东海，还盖长城以为防。朝射东莒，夕发浿丘，夜加即墨，顾据午道，则长城之东收而太山之北举矣！"[59]

　　"阳关"为齐长城的关隘。已见于前述。赵成侯七年为公元前367年、齐桓公午八年；齐威王六年、九年分别为公元前351年和公元前348年。苏代与燕王的问答（约当齐湣（闵）王后期或齐襄王初年）是追述包括齐长城在内的"往事"。《楚世家》之谓，乃是"射者"为激励楚顷襄王而勾画的蓝图，"还盖长城以为防""长城之东收而太山之北举矣"，是建议楚王依托"楚长城"，攻取楚长城以东，泰山以北之地，与齐长城的修筑年代无关。上述记载充分证明，齐桓公午、齐威王时期，山地长城已是体系完备、自成系统的防御屏障。

（五）后世文献

　　《竹书纪年》以外，原始文献对现存齐长城的始筑年代，没有任何歧义。此后成书的《水经注》《齐记》《史记正义》，却因《竹书纪年》的缘故，都将齐长城的始筑年代定位于梁惠王二十年（公元前350年）及其以后。

　　《水经注·汶水》：汶水出朱虚县泰山。北魏郦道元注：山上有长城，西接岱山，东连琅邪，巨海千有余里，盖田氏之所造也。《竹书纪年》：梁惠成王二十年，齐筑防以为长城。

　　《齐记》："齐宣王乘山岭之上，筑长城。东至海，西至济州，千余里，以备楚（《史记正义》引）。"

　　《史记正义·楚世家》"还盖长城以为防"条下：《太山郡记》云："太山西北有长城，缘河径太山千余里，至琅琊台入海。"《齐记》云："齐宣王……以备楚。""长城巨防"条下《竹书纪》云："梁惠二十年，齐湣王筑防以为长城。"

　　《纪年》之误，已如前述。《水经注》之误，则直接导源于《纪年》。《齐记》之误，可能是出于"纠正"《纪年》"齐湣王筑防以为长城"错误之目的，而将"齐湣王"改为"齐宣王"。《史记正义》似乎走的更远：《楚世家》"还盖长城以为防""长城之东"，明明说的是楚国长城。张守节却引《太山郡记》《齐记》和《纪年》的"齐湣王筑防以为长城"以为解。尽管如此，这些说法却几乎主导了晋代以来，人们对现存齐长城构筑年代的基本看法。如唐代李吉甫，即以苏代之"齐有长城巨防"，作为"齐湣王始筑长城"的根据。兹择录如下，用以备考。

　　唐代李吉甫《元和郡县志·河南道郓州平阴县》："故长城，首起县北二十九里，齐潘王所筑。苏代谓燕王曰：齐有长城巨防，足以为塞，是也。"

宋代王应麟《通鉴地理通释·七国形势考下·齐》："《竹书纪年》：梁惠成王二十年，齐潘王筑防以为长城。"

明代董说《七国考·田齐都邑·长城》："《国策》苏秦云：'长城巨防以为塞。'《齐记》云：'齐宣王乘山岭之上筑长城……'《竹书纪年》：'……齐潘王筑防以为长城。'《郡县志》：'故长城首起郓州平阴县北二十九里，齐愍王所筑……'《山东志》：'齐长城在诸城县南四十里，跨安丘境，连亘蒙、泰、莱芜，直至平阴。乃齐宣所筑，以御楚寇者。'"

清代徐文靖《竹书统笺》："襄十八年传，诸侯伐齐，齐侯御诸平阴……"《史记·苏秦列传》：'燕王曰：吾闻齐有长城，足以为塞，信有之乎……'今据《竹书》齐筑长城在梁惠王十二年，不应与齐闵同时。《齐记》曰：'齐宣王筑长城……'其实非也，此筑防为长城者，犹威王也，显王三十七年，始为齐宣王元年。'"

很明显，《纪年》"齐筑防以为长城"，是齐长城"始筑于战国"的始作俑者。前文的分析对比，又明确无误地证明了这种说法的"无据"和"失察"。可以理解的是，上引各家的著述，其主体目标都不是齐长城，故而不曾特别着力，是有其误。

《清华简·系年》的问世，为我们提供了新的视角：春秋末期，齐国确曾在济水之上，沿济水东岸至于北海（渤海）"筑防以为长城"，以为南部山地长城的补充。或者，这就是古本《竹书纪年》"周显王十八年，齐筑防以为长城"的原始依据。

四　齐筑长城的年代与背景

齐长城，包括南部"山地长城"和西部"济水岸防"长城，其修筑年代与当时的列国形势、时代背景有着密不可分的因果关系，春秋至战国早期，齐鲁晋楚四国之间的关系，则是探讨齐长城修筑动因和始筑年代的关键因素。

晋国是继齐国之后的春秋霸主，春秋乃至战国初期的晋国和三晋，在大多数时间里都是齐国的最大威胁。春秋早中期的鲁国也是不可忽视的大国，亦须认真应对。楚国虽位列五霸，但是，由于地理上有陈、宋、郑、卫、鲁等国的阻隔，加之晋国的强势地位，在整个春秋时代至战国早期，并没有对齐国形成实质性的威胁。

否定齐桓公时期已有长城论者，除了对《管子》持否定态度，采信晚出的相关记载等原因外，还有很多理由。由于篇幅的原因，仅就质疑者和"战国说"提出的主要论点，进行分析解剖。

（一）山地长城的始筑年代与动因

有关齐长城的年代、动因，以往的研究者提出了很多不同的看法，现仅择其重点逐一讨论。

1. 称谓与功能辨析

"齐长城之建，其先乃因于济水之防"；"平阴城南之防，必与障济有关"，"其后则渐增修而成为军事上防守之地"[60]。

张维华此说或与郦道元"平阴城南有长城……齐侯堑防门即此也。其水引济，故渎尚存"之说有关。从城市起源的角度说，"夯筑城垣"的出现或与防水存在某种关联，如8000年前的后李文化、兴隆洼文化的大型围壕。文明时代初期，"夯筑城垣"已成为重要的军事防御手段。龙山时代以晚至春秋战国的某些夯筑城墙，虽然不排除其"防水"的功能，如临淄齐故城东城垣，但其主要的作用还是军事防守。

称谓的变化，可以理解为时代进步的反映。作为新生事物，"防"的构筑方式虽然导源于都邑城垣，形状和结构却完全不同于都邑之"城"，故而在其出现之初乃以"防"名之。春秋战国之际，才发明了"长城"这一更为恰当的称谓。这应是春秋称"防"而不称"城"的主因。

齐山地长城源头的"防"或"钜防"，垂直于济水故道，向东攀越长山岭，辅以横断山谷的"堑壕"。其土筑之"防"、堑壕与山岭上的土石混筑长城浑然一体。堑壕与济水之间还隔有一道山梁，不可能是"引济故渎"或"障水堤坝"。即使岭子头一带的夯筑墙体，也因垂直于济水的东西走向，决定了其"障济"功能的缺失。由于没有进行解剖，尚不清楚长山岭西侧至济水东岸的墙体外侧是否也有堑壕。退一步说，即便存在同样的堑壕，其作用也与普通城垣的"护城河"一样，在于强化"钜防"的御敌功能。该处地势东高西低，在没有提水设备的春秋时代，人们不可能有"引水上山"的企图。因此，可以肯定地说，春秋时期的"防"，就是后来所称"长城"。《纪年》所谓"齐筑防以为长城"，清楚地点明了两者的关系。《清华简》所记"齐人始为长城于济，自南山属之北海"，才是真正的"御晋障济之防"。

2. 修筑长城的初始动因

有的研究者认为："弱小的国家不能竞存，于是乎不得不捐巨资建筑长城以自固，这就是战国时代各国所以创筑长城的大原因"[61]。把筑长城看做是弱国的"专利"。

事实上，春秋战国时期修筑长城的诸侯国都是当时的强国，而为数众多最为弱小的国家反倒没有修筑任何长城。清楚地说明，只有强国、大国，才有修筑长城的主观需求，才有修筑长城的能力。这是因为，强国、特别是"霸主"，常常出兵越境到很远的地方进行征伐，故而必须先行了却"后顾之忧"。

《左传·僖公九年》云："齐侯盟诸侯于葵丘……宰孔先归，遇晋侯曰：'可无会也。齐侯不务德而勤远略，故北伐山戎，南伐楚，西为此会也。东略之不知，西则否矣，其在乱乎。君务靖乱，无勤于行。'晋侯乃还。"

《国语·齐语》云："（桓公）有革车八百乘，择天下之甚淫乱者而先征之。即位数年，东南多有淫乱者，莱莒徐夷吴越，一战帅服三十一国。遂南征伐楚，济汝，逾方城，望汶山，使贡丝于周，而反荆州，诸侯莫敢不来服。遂北伐山戎，刜令支，斩孤竹，而南归海滨，诸侯莫敢不来服。"

《管子·小匡》与《国语》的记述大致相同，是齐桓公勤于远征的真实写照，虽然有夸张之嫌，却也如实地道出了"春秋首霸"的苦衷。僖公九年的记述，则表达了王室主管宰孔，对齐桓公"不务德而勤远略"的愤懑之情，同时也印证了《国语》《管子》所言不虚。频繁的征伐必然"树敌"

更多，而争霸的原则是必须打败原有霸主。这应是强国，特别是常常远征的"霸主"，修筑长城的初始动因。

3. 齐长城的主要防御目标

春秋时期鲁弱齐强，齐无"设防置险之需求"[62]，"齐桓公以前，诸侯并不像战国时互相侵伐，弱肉强食，并且齐国向来强盛，何用多费人力金钱创筑长城？"[63]是战国论者质疑《管子》的主要理由。

鲁国虽不及齐国强盛，在春秋早中期以前却不容小觑，特别是在春秋初期，鲁国尚属当时的强国，齐国要想在列强争雄的格局中挣得一席之地，首先要处理好与鲁国的关系。鲁国常常联晋，或联宋莒以抗齐，以为齐国最大的心腹之患。据《左传》记载，鲁桓公十年（公元前702年），鲁与齐卫郑联军战于郎；十七年（公元前695年）齐鲁两国为了纪国的事发生争端，战于奚。鲁庄公十年（公元前683年），齐鲁战于长勺，齐师大败。同年六月，鲁国侵宋，齐国出兵救援。次年，鲁败于宋师与鄑。鲁庄公十三年（公元前681年），还曾迫使齐桓公归其所占鲁地[64]。齐国肯于"忍痛"吐出已经吞并的土地，正是出于缓和齐鲁关系大局的需要。

鲁僖公十七年（公元前643年），鲁师灭项。是年，齐桓公病重，宠臣易牙等立公子无亏为君，公子昭奔宋。次年，宋襄公率曹、卫、邾等联军攻齐，杀无亏，立公子昭，是为齐孝公。此后，齐国经历了自昭公潘（孝公弟）、公子舍（昭公子）、懿公商人（昭公弟），至齐惠公（孝公兄），长达30余年的兄弟叔侄争位，国力严重削弱。

齐国衰落后，宋襄公企图称霸中原，晋楚两国也趁机拓展势力。楚成王时期，因齐孝公连续攻击鲁国，于公元前634年出兵助鲁攻齐。出于争霸的需要，晋文公主动改善与齐国的关系。联齐秦以制楚，最终于公元前632年大败楚军于城濮，一举称霸。此后，晋楚争霸近40年，直到公元前597年（齐顷公二年，楚庄王十七年）的晋楚邲之战，晋军大败，楚庄王成为霸主。

公元前592年（齐顷公七年），晋景公派郤克出使齐国，希望能联齐制楚。不期，坡脚的郤克遭齐顷公之母嘲笑，含愤而去，决意进行报复。公元前590年，郤克联卫攻齐，齐军大败，公子疆质于晋。公元前589年（齐顷公十年）齐伐鲁，取隆。鲁、卫大夫如晋请师，郤克以车八百乘助鲁伐齐，再次大败齐师于鞍，并令其返还鲁、卫被侵之地。公元前555年（齐灵公二十七年），又发生了《左传·襄公十八年》晋鲁伐齐的平阴之战。

位于齐国东南部的莒国，是当时山东地区次于齐鲁的大国，也是一股不可忽视的力量。莒国在春秋早期比较活跃，曾南侵向国，西伐杞国，多次参与"国际"会盟，与鲁国、鄅国频频发生纠葛。自公元前626（鲁僖公二十四年）至前542年（鲁襄公三十一年），莒国历经兹平公、纪公庶其、厉公季陀、渠邱公朱、犁比公密五代君主。其时，晋文公、楚庄王相继称霸，列强环视，莒国确定了"附晋为援"的基本国策，"恃晋而不事齐"[65]，成为齐国东南边境的不安定因素。

面对相对强大的鲁国及晋鲁莒联军持续不断的侵扰，凭借山险修筑关防，加强自身的应对能力，无疑是最好的选项。

（二）长城源头的属地问题

有的研究者，根据大街遗址和邿国墓地 5 号墓为春秋晚期遗存推定：鲁襄公十三年（公元前 560 年），齐国的势力尚未抵达平阴一带，"齐长城源头建置年代上限不超过鲁襄公十三年"[66]。

《左传·襄公十三年》云："夏，邿乱，分为三，师救邿，遂取之。"

乍看起来，"鲁取邿"似乎可以作为一个有效的时间节点。但是，与战国时期的"兼并"战争不同，春秋各国之间的攻伐，是以"尊王攘夷""兴灭国、举逸民"为指导原则的。征伐的目的在于称霸，掠夺财富和土地、人口，通常会保留战败国君主的名义地位，使其宗祀不绝。另一方面，列强博弈，"取而复还"的实例枚不胜举。是故，邿国虽然在襄公十三年被鲁所取，却无法排除其此前不曾归属齐国。

《荀子·仲尼》："齐桓，五伯之盛者也……诈邾袭莒，并国三十五。"[67]

《春秋集解·庄公》："荀子曰：桓诈邾袭莒，并国三十五。如卿之言，则所灭盖不尽书，书灭谭、灭遂，上下一见之也。"[68]

"所灭盖不尽书"，焉知齐桓公所并三十五国之中不曾有过邿国？据《左传》记载，鲁庄公十三年（公元前 681 年，齐桓公五年），"齐人灭遂"，出兵伐鲁。鲁庄公"献遂"求和，与齐国会盟于柯，鲁臣曹沫（刿）趁登坛之机，劫持齐桓公，要求齐国返还三次战争所占鲁地[69]，齐桓公从之，"诸侯由是归齐"[70]。

遂国地望，《左传》杜注："在济北蛇丘县东北"，即今肥城一带。邿国的方位，《左传》襄公十八年，晋鲁联军突破平阴的钜防屏障，克京兹、克邿、围卢，杜预注："平阴西有邿山。"《春秋左传属事》："京兹，在平阴东南；邿，今山东济阴县有邿城……皆齐邑"[71]。仙人台邿国墓地远在古平阴城以北、今长清孝里东北的五峰镇北黄崖。而齐国的势力，早在桓公初年已越过长城源头地区，达到平阴之南的今肥城一线，"京兹"和"邿"自然应在齐国的疆域之内（图八）。

至于仙人台邿国墓地的年代，更不能作为长城始建年代的确证。邿国墓地共发现 6 座周代墓葬，其中 5 座为西周晚期至春秋早期墓，仅 M5 略晚。而唯一可能是国君墓的 6 号大型墓，恰恰处在春秋早期偏晚阶段，正可作为邿国历史终结年代的考古学实证[72]。

大街遗址的情形同仙人台邿国墓地一样，也存在一个跨时代的延续问题，2005 年 1～3 月，山东省文物考古研究所大街遗址进行了重点勘探和发掘。确认大街村西南以商、周时期的堆积为主；大街村西北的南部主要是东周时期的遗存，最北部，主要为战国、汉、唐及宋时期的墓地。有如齐故城、鲁故城也有很多战国、汉代以晚的遗存，却不能因此而将其始建年代定在战国以后。

（三）齐国南界问题

论者以《国语》"陶阴"齐之南界，质疑说，如果齐桓公时已有长城，"管子何不举其显且著者，而何必举一区区之陶阴哉"[73]？

如所周知，春秋战国时期的各国疆域是一个不断调整的变量，齐国的疆界亦然。论者也承认："且详考春秋时齐鲁之疆域，亦不以长城为界"；"齐桓公卒于鲁僖公十七年，据《左传》所载，

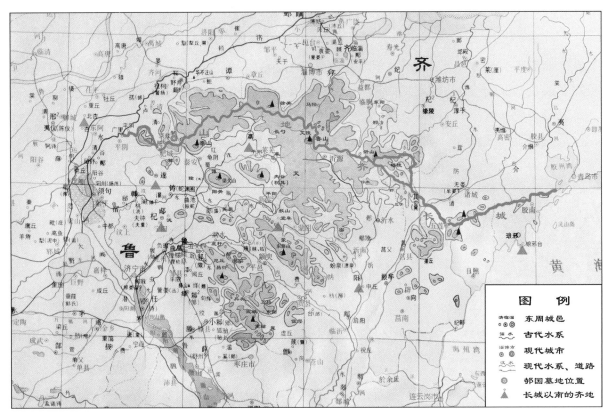

图八　齐桓公时期齐国南部疆界节点

僖公十七年（公元前 643）之前，齐地多有在长城之南者"[74]。如鲁桓公三年（公元前 709 年）"会齐侯（僖）于嬴"。杜注"嬴，齐邑，今泰山嬴縣"；鲁庄公八年（公元前 686 年）"郕降于齐师"（宁阳东北）、鲁庄公九年"管仲请囚，鲍叔受之，乃堂阜（蒙阴西北）而税之"、鲁庄公十三年（公元前 681）"齐侯……会于北杏"（东阿西北）、"齐人灭遂"（宁阳西北）、鲁闵公二年（公元前 660 年）"齐人迁阳"（临沂北）；《管子·戒第》记载："齐桓公'东游琅邪'"等等，表明早在齐桓公时期，齐国的疆界已越过山地长城而抵达泰沂山系南侧（图八），管仲自然不能以长城作为齐国的南界。

　　由于战争频仍，势力消长，难有定数，今天得到，明天又可能失去，归还"侵地"的记载不绝于史。《管子·轻重篇》乃是以齐国的基本疆域为据，故有"长城之阳，鲁也；长城之阴，齐也"的说法。到齐宣王、湣王时期，齐国的南部疆域已达淮北地区。按照"战国修筑说"的逻辑，齐长城如果确为齐宣王、湣王所筑，似乎应该在鲁中南山地南侧边缘。

（四）东南段长城的属地问题

　　或以"淳于之地远在齐（长）城之北，当杞未亡之先，齐国当不能越国立城"；楚人既灭杞莒，"齐之东南边境，始与楚人相接……齐此部之长城，当建于楚人灭莒之后"[75]；以"越王无疆亦力图振作，常兴师北伐齐，西伐楚"，证明"《竹书》所谓筑防之事，殆不为虚。如此则齐此段长城之完成，当在威王之世"[76]。

1. 齐据莒北之地的时间

首先，关于莒国的灭亡，文献有着不同的说法。

《墨子·非攻》："东方有莒之国者，其为国甚小，间于大国之间，不敬事于大，大国亦弗之，从而爱利，是以东者越人夹削其壤地，西者齐人兼而有之。讣莒之所以亡于齐越之间者，以是攻战也。"

《战国策·西周策》："邾莒亡于齐，陈蔡亡于楚。"[77]

《史记·楚世家》："简王元年，北伐灭莒。"

《墨子》和《战国策》皆以莒国亡于齐，太史公却说楚简王元年（公元前431年）灭莒，不知何据。而莒之北部地区早在莒国灭亡之前，已是齐国的属地。

《左传·襄公二十四年·经》："齐崔杼帅师伐莒。"《左传·襄公二十四年·传》："遂伐莒，侵介根。"

《太平寰宇记》引《地理志》："周武王封少昊之后，嬴姓兹舆于莒，始都計，在今高密县东南四十里。"[78]

杜预《左传》注："介根，莒邑，今城阳黔陬县东北计基城是也。"介根为莒国早期都城（今胶州市）。公元前549年齐侵介根表明，此时，齐国已将莒国北部地区全部纳入囊中。战国论者也承认，楚"北伐灭莒，而全据越人所有之莒土；至于莒之北部，则仍为齐人所有"[79]。

《管子·戒第》："桓公将东游，问于管仲曰：我游犹轴转斛，南至琅邪。"

《孟子·梁惠王下》："昔者，齐景公问于晏子曰：吾欲观于转附、朝儛，遵海而南放于琅邪。"

《晏子春秋·问下》："景公出游，问于晏子曰：吾欲观于转附、朝舞，遵海而南，放于琅琊。"[80]

进而表明，今山东胶南琅琊台的莒国东北部地区，在齐桓公（公元前685～前643年）至齐景公时期（公元前547～前490年），一直在齐国的版图之内。《左传·襄公十八年》记载："齐侯驾，将走邮棠"。邮棠为齐之属邑，在今山东即墨[81]，表明齐长城东南部一带，在齐灵公时期已属齐国的版图。山东海阳嘴子前春秋中期的田氏贵族墓地[82]，则无可争议地表明，春秋中期齐国的势力已远达胶东半岛东部海阳一线（图九）。

2. 春秋杞国的地理位置

通常认为，西周时期的杞国在河南杞县，后来逐步东迁，最终在齐国东部的安丘落地。《左传》襄公十八年齐晋"平阴之战"，杞伯也在联军之中，表明此时的"杞国"尚在鲁南地区（齐桓公时期齐国南部疆界节点图）。否则，地处齐国东邻的杞伯，岂敢以撮尔小国，绕道参与伐齐？

《史记索隐·陈杞世家》："至春秋时，杞已迁东国。"

《汉书·地理志》雍丘，颜师古注："故杞国也，周武王封禹后东楼公，先春秋时徙鲁东北，二十一世简公为楚所灭。"[83]

显然，"徙鲁东北"不能等同于"徙莒"或"徙齐"东北，此时的杞国应在莒国的西部、齐国的南部。

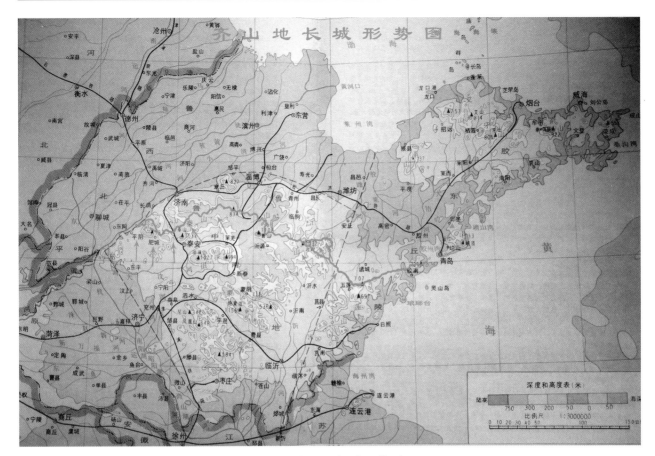

图九　齐山地长城形势图

《左传·僖公十四年》："诸侯城缘陵，而迁杞焉。"

《公羊传·僖公十四年·经》："诸侯城缘陵。"《公羊传·僖公十四年·传》："城杞也，曷为城杞，灭也；孰灭之，盖徐莒胁之。"[84]

《史记·楚世家》："（楚惠王）四十四年（公元前 445 年），楚灭杞，与秦平。是时，越已灭吴，而不能正江淮北，楚东侵，广地至泗上。"

徐国在鲁、莒之南，"徐莒胁之"表明，其时的杞国不可能在齐国东邻。"楚灭杞"，然后"东侵，广地至泗上"，则明确将楚灭之杞，限定在泗水流域或邻近地区。《左传》僖公十四年（公元前 646 年）杜预注："缘陵，杞邑。辟淮夷，迁都于缘陵"，亦可证明，当时的杞国尚在鲁南地区。后来为躲避淮夷的侵扰，才将都城迁至缘陵。

《左传·隐公四年·经》："春，王二月，莒人伐杞，取牟娄。"

《左传·桓公五年·经》："州公如曹。"《传》："淳于公如曹。度其国危，遂不复。"

隐公四年杜预注云："杞国本都陈留雍丘县，推寻事迹，桓六年（实为五年）淳于公亡国，杞似并之，迁都淳于，僖十四年又迁缘陵，襄二十九年晋人城杞之淳于，杞又迁都淳于。牟娄，杞邑，城阳诸县东北有娄乡。"桓公五年杜注又云："淳于州国所都，城阳淳于县也。国有危难，不能自安，故出朝而遂不还"。若依杜预此说，则杞国在鲁隐公四年（公元前 719 年）已迁至齐国东部地区，并在公元前 707 年（桓公五年）迁都淳于，迫使淳于公奔曹。问题在于，杜氏此说与《楚世家》"楚灭杞（公元前445年）……东侵，广地至泗上""辟淮夷，迁都于缘陵"给出的地理位置明显不符。《左转》的另外一些记述，也显示春秋早期的杞国尚在鲁南地区。

《左传·桓公三年·经》："公会杞侯于郕。"

《左传·襄公十六年·经》："齐侯伐我北鄙，围成。"

《左传·昭公七年》："晋人来治杞田，季孙将以成予之……晋人为杞取成。"

杜注："成，鲁地，在泰山钜平县东南。"说明位于鲁国北部、齐国南部，即今山东宁阳一带"成（郕）"，自公元前709年（桓公三年），至前557年（襄公十六年）、前535年（昭公七年）一直是杞国的属邑；"淳于""牟娄"则远在莒国北部、齐国东部，今安丘、高密一带。试想，一个朝不保夕的撮尔小国，焉能有跨越两大强邻，抢占他人国土的能力？

《左传·襄公二十九年》："晋平公，杞出也，故治杞。六月，知悼子合诸侯之大夫以城杞。"

《左传·昭公元年》："祁午谓赵文子曰……子相晋国以为盟主，于今七年矣！再合诸侯，三合大夫，服齐、狄，宁东夏，平秦乱，城淳于。"

杞国宗室为晋平公母族（杞桓公之女），杞国能够迁都淳于，乃是得益于当时霸主晋国的强力支援，委派大员"合诸侯"，为其"筑城"[85]。昭公元年"城淳于"是祁午对往事的追述。所以，杜注又云"襄二十九年，城杞之淳于，杞迁都"。

杜预以杞国先后两次迁都于淳于，非是。《左传》桓公五年的记载，只表明淳于公出奔，再也没有回来，并没有说明原因。即便确如杜预所言，"淳于公奔曹"是由于杞国的入侵，也不能随意发挥，说杞国在公元前707年已迁都淳于。僖公十四年"诸侯城缘陵而迁杞焉"，表明杞国是公元前646年才涉足鲁东北地区；公元前544年（襄公二十九年）晋平公派知悼子合诸侯之大夫以"城杞"，杞国才正式迁都淳于。

至于隐公四年"莒人伐杞"所取之"牟娄"，存在两种可能：其一，可能是泰山牟县"娄地"或"邾娄"的衍误。其二，杜预误将城阳诸县东北的"娄乡"解释为杞国的"牟娄"。《公羊传》僖公三十三年"牟娄者何？杞之邑也"，何休并没有指明其具体地望，《左传》僖公三十三年则有"公伐邾，取訾娄"之说。《左传·桓公十五年·经》"邾人、牟人、葛人来朝"杜注："皆附庸之世子也……牟国今泰山牟县。"孔颖达疏引《地理志》："泰山郡牟县，故牟国也。"宣公十五年"（鲁）仲孙蔑会齐高固于无娄"，《公羊传》作"牟娄。"《左传》昭公五年（公元前537年）"莒牟夷以牟娄及防兹来奔"。《左传·哀公六年·经》"城邾瑕"杜注"任城亢父县北有邾娄城。"《公羊传·隐公元年》："三月公及邾娄仪父盟于眛。"清人陆费墀在《公羊传》校刊提要中说"邹为邾娄"。

凡此等等，都显示"牟娄"与鲁地为临，可能就是"泰山牟县"，恰与杞之郕邑相近，其地原本就在鲁南一带。如此"公会杞侯于郕""晋人为杞取成""辟淮夷，迁都于缘陵"、楚灭杞"东侵，广地至泗上"等说法才能得到合理的解释。新泰出土的杞国、淳于戈，可为此提供更为有力的证据。

清道光、光绪年间，今山东新泰出土一批西周晚期至春秋早期的带铭杞器，包括鼎2、簋4、匜、盆各1件，均有铭文，内容基本相同。其中，簋铭作"杞白每匕乍邿曹宝簋，子子孙孙永宝用享"[86]。1966年滕县木石公社南台村也发现1件杞伯鼎，铭文基本同于新泰杞器[87]。新中国建立后，新泰又发现春秋晚期至战国早期的"淳于公之御戈"和"淳于左造"戈[88]。可与《左传》昭公元年"城淳于"、迁杞都相联系。尽管青铜器可以通过嫁娶、朝贡、馈赠和战争等不同方式，出现在铸造国之外的其他地区。但是，以《左传》"公会杞侯于郕"、《公羊传》之"徐莒胁之"，以及《史记·楚世家》"楚灭杞"，"东侵，广地至泗上"证之，则不得不承认：杞伯诸器和"淳于戈"等出土文物，确与杞国当时的活动地域有关。

李学勤在《全国首届杞文化学术研讨会文集·序》中总结说："与会绝大多数学者认为，最晚至春秋时起，杞国就迁于今山东新泰定都，新泰作为两千年前的杞国故都的地位有据可查……后迁至山东昌乐、安丘等地。"王尹成在《前言》中补充说："少数学者认为，春秋时杞国可能曾有一度变动，但直到被楚所灭，都城也在新泰"[89]。王恩田根据上引考古资料，提出了殷杞、周杞"两杞说"。认为"周杞"原封雍丘，春秋时迁于缘陵；殷杞在"今新泰、宁阳、泰安三县交界地区"，此"杞国都城应在新泰西境"[90]。张善群则认为，杞国只有一个，曾经历三次迁都，但无论如何迁徙，都始终保留有新泰宁阳一带的故地[91]。

可以说，无论杞国为一为二，出土文物和传世文献都从"二重证据"的角度证明，西周晚期至春秋早中期的杞国的确在今鲁南地区。进而证明"楚灭杞莒""据有江淮之地"的说法，无论其是否与史实相符，都与齐山地长城东南段的修筑年代无关。鉴于春秋战国时期，各国土地往往有"插花"的现象，结合春秋"举逸民，兴灭国"，"不绝其祀"的伦理观念，我们更倾向于"一个杞国，活动于不同地区"的认识。也就是说，杞国东迁缘陵、淳于之后，到被楚国侵占之前，在鲁国东北部还保留了一块奉祀先祖"宗祠"的领地。

3. 吴越北上与越徙琅琊

吴国在公元前 485 ～前 484 年曾两次攻齐，先败后胜[92]。《墨子·非攻》也因此而夸张地说："至夫差之身，北面攻齐，舍于汶上，战于艾陵，大败齐人而葆之泰山；东面攻越，济三江五湖而葆之会稽，九夷之国莫不宾服。"但吴国的北上却不过是昙花一现，不可能成为齐国修筑山地长城的理由。再看越国，句践二十四年灭吴后，确曾称霸江淮。

《史记·越王勾践世家》："勾践已平吴，乃以兵北渡淮，与齐晋诸侯会于徐州，致贡于周……当是时，越兵横行于江淮东，诸侯毕贺，号称霸王。"

《吴越春秋·勾践伐吴外传》："二十五年，乃使使号令齐楚秦晋皆辅周室，血盟而去。秦桓公不如越王之命，勾践乃选吴越将士，西渡河以攻秦，军士苦之。会秦怖惧，逆自引咎，越乃还军。军人悦乐，遂作'河梁之诗'曰：'渡河梁兮渡河梁，举兵所伐攻秦王。孟冬十月多雪霜，隆寒道路诚难当。阵兵未济秦师降，诸侯怖惧皆恐惶。声传海内威远邦，称霸穆桓齐楚庄，天下安宁寿考长。悲去归兮何无梁。'自越灭吴，中国皆畏之。"

《吴越春秋·勾践伐吴外传》："二十六年，越王以邾子无道而执以归，立其太子何。冬，鲁哀公以三桓之逼来奔。越王欲为伐三桓，以诸侯大夫不用命，故不果耳。二十七年冬，勾践寝疾……遂卒。"[93]

《吴越春秋》所记，显然是越人的"自颂"之辞，很是有些夸张。勾践灭吴（公元前 473 年），虽然可以傲视群雄，却远远没有达到"号令齐楚秦晋"四强的程度。"徐州之盟"也只是齐晋两国对新兴强国表达的一种起码的尊重，并没有多少实际意义。所谓"越王欲为伐三桓，以诸侯大夫不用命，故不果耳"，清楚地反映出"勾践之霸"的局限性。另一方面，越国与鲁南诸国，如鲁、莒、郯、邾、鄅、滕等国的确有较多的交往，并于公元前441、前430年，两次会同晋国伐齐，在朱勾（句）三十四年（公元前414年）灭滕，次年灭郯，后又灭鄅，与齐国却未发生更深层次的交集，更没有对齐国本土形成事实上的重大威胁。越王无强虽然曾想"兴师北伐齐，西伐楚，与中国争强"，却被齐威王的说客，以"越不伐楚，大不王，小不伯"的说辞打消了念头。"越遂释齐而伐楚。楚威王兴兵而伐之，大败越，杀王无强，尽取故吴地至浙江……越以此散[94]。而勾践所徙之都，亦非山东胶南之琅琊。

今本《竹书纪年》："贞定王元年癸酉，于越徙都琅琊。"

《吴越春秋·勾践伐吴外传》："越王（二十五年）既已诛忠臣，霸于关东，从瑯邪起观台，周七里，以望东海。"

贞定王元年为勾践二十九年（公元前468年），《吴越春秋》勾践二十七年（公元前470年）辞世，焉能在死后年"徙都琅琊"？然而，后世学者多以"从瑯邪起观台"，就是今山东胶南的"琅琊台"。

问题在于，此时山东南部，还有鲁、莒、郯诸国，而胶南"琅琊"一带早已是齐国的属地，勾践焉能跨越他国，不战而取齐之属邑？刘延长根据春秋末期至战国早中期越文化遗物，仅在今山东临沂、日照以南有零星分布，而不见于琅琊台及其以北地区的情况推断，勾践所徙"琅琊"，应在今苏北地区[95]。

2005～2006年，绍兴理工大学和绍兴博物馆的张志立、彭云等，以"勾践徙琅琊"为题，联合笔者和江苏省考古所的张敏等对鲁南、苏北等地进行了广泛的考古调查。在胶南琅琊台一带没有发现任何吴越文化的遗物，而在江苏连云港海州区锦屏山的九龙口古城，采集到大量春秋中期偏晚至战国早中期的越文化遗物，并据此提出：九龙口古城，应为越国的琅琊城遗址[96]。

《通典·州郡十》"东海郡朐山"条下：有羽山，殛鲧处，东北有琅琊山。

《通典》的琅琊山，虽可理解为胶南的"琅琊台"，但更可能是锦屏山一带，秦以前即被称为"琅琊"者，秦立为朐山县。从历史文献、地理态势和考古发现的三重角度证实：勾践"起观台以望东海"的琅琊，应在苏北。这一见解得到了不少学者，如太田麻衣子[97]等的认同。刘洪石、张建民特别指出："越王勾践曾有徙都琅琊之举，但只是'起观台以望东海'，更没有夺取齐国的琅琊，因而迁都并未成为事实"[98]。还有学者认为"都琅琊之说，纯属荒唐"，勾践灭吴，国势正盛，没有理由迁都[99]。我们认为，今本《竹书纪年》和《吴越春秋》"勾践迁都琅琊"的说法确实不能令人信服，其所起"琅琊观台"也不是今胶南的琅琊台，与齐国修筑长城的时间、背景无关。

总之，《管子·戒第》桓公东游琅邪、海阳嘴子前春秋中期的田氏贵族墓地[100]、《左传》襄公十八年"齐侯驾，将走邮棠"等证据表明，早在齐桓公时期，势力已远达胶东半岛东部海阳一线。春秋晚期吴国虽有北上争霸的举动，却不过是昙花一现；越国的势力范围，也仅至苏北、鲁南边境，均未对齐国造成持久的威胁。新泰出土杞器和相关文献的记载则表明，《楚世家》楚惠王四十四年（公元前445年）所灭之杞，仍在鲁南地区，所以才能在灭杞之后"东侵，广地至泗上"。齐山地长城东南段，沿安丘、五连、诸城南部山地，至胶南北部黄岛的胶州湾西岸入海。南距琅琊台尚有百里之遥，自然不必等到吴越北上、莒国灭亡之后再行修筑。

（五）文献无载的问题

质疑者认为："夫长城重险，原为军守之要地，如齐桓之际齐城已立，兵争会盟，必当集重其地，而为载笔之士所不可忽。齐鲁二国之事，左氏言之甚详，其于地利形势，未尝略置不论，何独长城之说？且筑城之役《春秋》多书。而齐城千里，版筑之兴，役民之烦，何独无一文之记载？"[101]

此问很有道理，然而中国早期文献，以俭约为其要则，且多以"论政""褒善抑恶"为主旨，挂一漏万乃是常见的现象，更遑论修筑长城。历史上很多更为重要的大事，也常常因为编著者的取舍角度而"遗漏"。所谓"筑城之役，《春秋》多书"，乃是因为《春秋》之"城××"，包含着儒家倡导的"礼"和"仁"，即所谓"兴灭国，举逸民"。对于齐国修筑山地长城，《竹书纪年》一句错误的记载外，汉代以前的史书中并无只言半语，奈何厚此薄彼，仅否定春秋齐国长城！

五　"齐筑长城以备楚"考辨

《齐记》首倡齐宣王筑长城"以备楚"之说，张维华认为，齐威王时"楚人之势正强……而江淮之地亦多为其所有"[102]。这是"无须备鲁"问题的另一个方面。

春秋早中期，齐晋两国有效地遏制了楚国争霸中原的企图。公元前 706 年，楚武王熊通伐随之后，连年向中原扩展，灭邓、灭息，意欲争霸中原。公元前 666 年，以六百兵车乘伐郑，被齐鲁宋三国联军击退。公元前 659（齐桓公二十七年），楚国又连续三年伐郑，众多小国也摇摆于齐楚之间。为了阻止楚国北上，齐桓公于公元前 657 年与鲁、宋、江、黄等国会于阳谷，策划攻楚。公元前 656 年（齐桓公三十年，楚成王十三年）齐国会集鲁陈等八国联军征讨楚国（面对联军强大的压力），楚成王派使者谒见齐桓公。

《左传·僖公四年》："楚子使与师言曰：君处北海，寡人处南海，唯是风马牛不相及也。不虞君之涉吾地也，何故？管仲对曰：昔召康公命我先君大公曰：'五侯九伯，女实征之，以夹辅周室。'赐我先君履，东至于海，西至于河，南至于穆陵，北至于无棣。尔贡包茅不入，王祭不共，无以缩酒，寡人是征。昭王南征而不复，寡人是问。"

这段对话清楚地表明，尽管楚国屡屡北犯，以期打通争霸中原的通道，与齐国却仍然"唯是风马牛不相及也"。齐桓公之后的中原政治格局，除了宋襄公短暂的强势和齐国短暂的复霸努力之外，几乎全是晋楚争锋的硝烟。楚国虽然不弱，却难敌晋文公的强势。公元前 632 年（僖公二十八年）城濮一战，彻底粉碎了楚国北上中原的企图。在此后的 30 余年中，两国仍时有交锋。直到公元前 597 年（齐顷公二年，楚庄王十七年）晋楚两军大战于邲，晋师大败，楚庄王才成为中原霸主。晋国不甘于二流地位，希望能联合齐国，重振国威。双方打打谈谈，谁也无法从根本上打垮对方。齐国几经内乱，国力遭到严重削弱，但终姜齐之世，齐国始终是不可忽视的重要力量。齐国的向背，对晋楚争霸有着举足轻重的重大影响。晋欲联齐以抗楚，楚欲联齐秦以制晋，鲁则联晋宋莒以抗齐。晋楚齐三足鼎立，成为春秋中后期中原争霸的基本格局。

　　《左传·襄公二十七年》："赵孟曰：晋楚齐秦，匹也。晋之不能于齐，犹楚之不能于秦也。楚君若能使秦君辱于敝邑，寡君敢不固请于齐？"

　　这是晋国的赵孟在"宋之盟"（公元前 546 年）之前所说的一段话，体现了齐国在当时政治格局中的实际地位。正是这种势均力敌，相互制衡的态势，导致了公元前 579 年（齐灵公二年）和公元前 546 年（齐景公二年）的两次晋楚"弭兵之会"。

　　第一次"弭兵"盟会之后，虽然有过不少战事，互有胜负，但齐晋、齐楚、晋楚纵横分合的格局却没有发生根本的改变。齐国当政者充分利用这种情势，或附晋，或盟于楚[103]，既参与国晋国主导的对楚战争，也曾主动伐晋；晋国在一些重要事情上则要"询齐"或"如齐寻盟"。齐灵公则趁晋楚两国疲于争霸之时，着力经营小国，尊崇王室，并先后参与了晋国主导的伐郑（齐灵公十八年）和伐楚、伐秦（齐灵公二十三年）之役，提高了齐国的声望。得到周灵王的褒奖[104]。

　　楚国则有过侵卫、伐宋、伐陈、伐鲁、围莒并克其三都等战事，齐楚之间却没有发生过针锋相对的征伐。

　　齐灵公二十五年（公元前 557 年），邾、莒私下与齐楚通好，遭到晋国的拘禁，齐晋失和，齐国连续三年攻伐晋之同盟鲁国，齐晋矛盾激化。导致齐晋平阴之战，齐国实力大损。公元前551 年，齐庄公继位，晋国发生栾盈叛乱，庄公欲报临淄之辱，借机伐晋之盟邦卫国，攻下卫国的朝歌，回师途中，又袭击了莒国[105]。两年后齐国发生崔杼之乱，晋国借机会合诸侯伐齐，齐国屈服。

　　由于首次"弭兵盟约"没有得到实际的贯彻。会后不久双方就因对中间地带，特别是对郑国的控制展开了激烈的争夺，最终演变为公元前 575 年（鲁成公十六年）的晋楚鄢陵之战。经此一役，楚国失去了在中原争霸的势头。晋悼公虽然重整霸业，对中原诸侯的控制力却日渐减弱。于是有了第二次"弭兵之会"。

　　鄢陵战后，楚国转而经营南方。公元前 541 年（鲁昭公元年），楚康王之弟公子围，弑其君康王子郏敖而自立，是为楚灵王，立志兴霸。公元前 538 年（楚灵王三年），在申地会蔡、陈、郑、许、徐、滕、胡、沈、小邾等国国君和宋世子。随后，多次对吴用兵，灭赖、灭陈、灭蔡，晋国君臣震动，却无力相救。

　　《左传·昭公十一年》："晋荀吴谓韩宣子曰：'不能救陈，又不能救蔡，物无以亲。晋之不能亦可知也。已为盟主而不恤亡国，将焉用之？'"

　　楚灵王穷兵黩武，残暴无道，在位十二年，虽然一度提振了楚国的争霸势头，却陷入了与吴国争战的胶着状态，"国人苦役"，众叛亲离[106]。楚灵王十二年（公元前 529 年），再次对吴用兵，国内敌对势力趁机造反，拥立公子弃疾。楚灵王的部众纷纷倒戈，一夜之间逃得精光。公元前 528 年，楚灵王自缢身亡，弃疾即位，是为楚平王。在位十三年，表现平平，对吴作战失利，宠信佞臣、杀害忠良，迫使太子建、伍子胥等出逃。为日后吴王阖庐攻楚破郢埋下了伏笔。

　　公元前 516 年，楚平王卒，昭王年幼，令尹囊瓦贪残庸暴，内政不修，诸侯离心。公元前 515 年，吴王阖庐杀王僚自立，重用伍员、孙武等贤臣，励精图治，蓄势伐楚，致使"楚自昭王即位，无岁不有吴师"。公元前 506 年（鲁定公四年）冬，阖庐率蔡唐联军攻楚，双方在柏举展开激战，大败楚军。吴军乘胜追击，五战五捷，攻陷郢都，楚昭王出逃[107]。一年后，楚国出兵伐吴以报破郢之仇，再次大败，举国震动，"于是乎迁郢于鄀"（在今湖北宣城县东南），一时再也无力北上争霸。

晋楚蒙门弭兵，齐晋维持了 40 余年的和平。公元前 506 年冬，吴国攻破郢都，秦国出兵救楚，打败吴军，齐景公试图借机恢复往日的霸业。公元前 501 年（鲁定公九年、齐景公四十七年），借鲁国季桓子的家臣阳虎叛乱事件[108]，缓和了齐鲁关系。同年秋，齐国联合卫国伐晋，先胜后败。公元前 500 年，齐国归还郓、欢、龟阴等侵鲁之田，进一步缓和了两国之间的关系，并于齐景公五十四年（公元前 494 年）、五十七年两次伐郑，并连下晋国八城，复霸取得了初步成果。

公元前 490 年，景公卒，孺子荼立，诸公子出奔。次年，陈僖子（陈乞）趁机发动政变，迎立公子阳生为君，是为齐悼公。吴国趁齐国内乱之机北上联鲁伐齐，自海入齐，被齐军击退。晋国趁机夺取齐之犁、辕两地，毁其高唐城郭，并进攻赖邑。公元前 484 年（齐简公元年）春，齐将国书发动了稷曲之战，以报复鲁国，不胜。同年 5 月，吴鲁再败齐军于艾陵，联军虏"获国书、公孙夏、闾丘明、陈书、东郭书，革车八百乘，甲首三千"[109]，彻底断送了齐国复霸的梦想。

春秋末期，齐国因田氏代姜，政权更迭，无暇外顾。齐简公四年（公元前 481 年），陈恒子（即田常）弑简公，立平公，自为齐相，权倾朝野。自此，田氏独揽齐国大权 90 余年，姜氏齐国名存实亡。为化解内有外患，防止其他诸侯国的讨伐，田常采取了争取民心，与吴越、鲁卫等诸侯修好等措施，使政权得到基本巩固。

《史记·田敬仲完世家》："田常既杀简公，惧诸侯共诛己，乃尽归鲁、卫侵地，西约晋、韩、魏、赵氏，南通吴、越之使，修功行赏，亲於百姓，以故，齐复定。"

早在齐宣公十五年，田悼子相齐时[110]，曾有过短暂的对外扩张。宣公四十三年（公元前 412 年），伐晋，毁黄成（冠县南）、围阳狐（阳谷西北）。次年伐鲁葛及安陵，次年取鲁之一城[111]。宣公四十八年，取鲁之郕（宁阳北），四十九年取卫之毋丘（曹县南）。宣公五十一年（公元前 405 年），田悼子死，田氏家族内乱，田会以廪丘（郓城西北）叛入赵国。齐国出兵攻廪丘，韩、赵、魏三晋联军出救，大败齐师[112]。次年（公元前 404 年）齐康公即位，田和出任齐相，三晋乘胜伐齐，攻入齐长城[113]，强迫田和订立"毋修长城、毋伐廪丘"的"城下之盟"[114]。齐康公十一年（公元前 394 年），齐国经过休整，组织反击，伐鲁，取最（曲阜南）。田和十五年，伐魏，取襄陵，显示了齐国国力，提升了田氏家族在诸侯国中的地位，姜齐傀儡失去了存在的意义。公元前 391 年，田氏家族历经九代，由田和完成了篡夺姜齐君权的过程，史称"田齐"。田和卒，田剡即位。十年后，田午杀田剡自立，是为田齐桓公午[115]。三晋和周边诸侯趁齐国内乱之际，纷纷伐齐。

《史记·魏世家》："（魏文侯）七年（公元前 380 年）伐齐，至桑丘。九年（公元前 378 年）魏使吴起伐齐，至灵丘。"

《史记·赵世家》："（赵成侯）五年（公元前 369 年，齐桓公午六年）伐齐于鄄……七年（公元前 367 年，齐桓公午八年）侵齐，至长城。"

《史记·燕召公世家》："（燕）釐公三十年（公元前369年），伐齐败于林营。"

为扭转危局，桓公午推行了一些改革措施，设立稷下学宫，以图强国。并于桓公午五年，趁秦魏攻韩，楚赵出兵救援之机，起兵袭燕国，取桑丘。

汉末徐干《中论·亡国》："齐桓公（田午）立稷下之宫，设大夫之号，招致贤人尊宠之。"

陈侯午敦 1："唯十年，陈侯午朝群邦者（诸）侯于齐，者侯享以吉金，乍平寿适器……"[116]

陈侯午敦 2："唯十四年，陈侯午以群者侯献金，乍皇妣孝大妃祭器……"

陈侯因𰯼敦："唯正六月癸未，陈侯因𰯼曰：'皇考孝武桓公，恭哉！大谟克成。其烈因𰯼杨皇考昭统，高祖黄帝，迩嗣桓文，朝问者侯，合扬厥德，诸侯叠荐吉金，用作孝武桓公祭器……'"[117]

《庄子·则阳》："魏莹（惠王）与田侯牟（午）约。田侯牟背之。魏莹怒将使人刺之。犀首闻而耻之曰：君为万乘之若也，而以匹夫从雠（仇），衍请受甲二十万，为君攻之。"

陈侯午即桓公午，"因𰯼"即《史记·六国年表》中的"因齐"，为陈侯午之子齐威王，该器为其称王以前所作之器。桓公午十年（公元前365年）、十四年（公元前361年），"朝诸侯于齐"，"诸侯献金"，说明桓公午后期，已扭转了被动挨打的不利局面，"国际"地位明显提高，可以对三晋"说不"了。故而才有"桓公，恭哉！大谟克成"，"杨皇考昭统"的美谥和褒奖。齐威王则是齐国历史上最有作为的君主之一。

《史记·田敬仲完世家》："（齐威王初视事），遂起兵，西击赵卫，败魏于浊泽，而围惠王，惠王请献观以和解。赵人归我长城。于是齐国震惧，人人不敢饰非，务尽其诚，齐国大治，诸侯闻之，莫敢致兵于齐二十余年。"

齐威王在田忌、孙膑等人的辅佐下，创造了"围魏救赵"（桂陵之战）和马陵之战等著名战例[118]。马陵战后，魏国又遭到齐、秦、赵三国，特别是秦国的连年进攻，魏王不得已"变服（去王服）折节而朝（齐）"[119]，"以魏合于齐楚以按（秦）兵"[120]，于公元前334年率韩宣王赴徐州（今滕县东南）朝见齐威王，史称"徐州相王"。是年，齐威王正式称王，齐国取代魏国成为当时最为强势的国家。楚国实力虽强，并在楚威王七年，因田婴欺楚而伐齐，败之於徐州，但总体而言，处于守势的时间更多。可见齐威王及其以前的齐国，只有"御晋"之实，而无"备楚"之需。

至于齐威王时期"江淮之地亦多为其（楚）所有"，更不能成立。齐国据有"江淮之地"，是在齐湣王十五年（公元前286年）灭宋之后，楚国"取齐淮北"则是楚顷襄王十五年（公元前284年，齐湣王十七年），比齐威王晚了两代。

齐宣王初年，齐楚曾联合抗秦。公元前316年，秦（惠文王九年）灭蜀，并筹划伐楚。促使楚怀王联齐抗秦，"齐助楚攻秦取曲沃"[121]。为离间齐楚联盟，秦惠王派张仪出使楚国，许诺赠送楚国"商於六百里土地"[122]，楚怀王因此而背盟，受骗后又举兵伐秦，被秦韩联军大破之。楚怀王又悉起全国之兵"复袭秦"，再败。韩魏两国也乘机南伐[123]。齐国因楚背盟在先而"不救楚"[124]，并致"秦与齐和，韩氏从之"大败楚军于杜陵[125]。公元前309年，齐国再次组织"合纵"，齐宣王特意写信给楚怀王，邀楚"并力收韩、魏、燕、赵与为纵"，楚国如约[126]。秦国故技重施，楚国也再次叛盟。楚怀王二十六年（公元前303年，齐宣王十六年），齐韩魏三国因楚国负约而伐楚。楚怀王二十八年（公元前301年），秦与齐、韩、魏联合攻楚，攻取重丘、宛、叶以北的土地。次年，秦再破楚军，楚怀王乃使太子为质于齐以求和。是年齐宣王卒，齐湣王继立。公元前299年，楚怀王三十年，秦再伐楚，取八城。迫使楚怀王赴武关会盟，将其扣押。此时楚太子尚在齐国做人质，楚臣昭雎说于齐，齐湣王放还楚太子横，立为楚顷襄王。秦昭王明白，再扣押怀王索地已经无望，随即兵出武关攻楚，大败楚军，斩首五万，取十五城而去。楚顷襄王三年，怀王病死于秦。在此情势之下，齐宣王焉有"筑长城以备楚"的道理？

齐湣王早期的齐国曾盛极一时，齐湣王三年（公元前298年）使孟尝君联合韩、魏攻秦，兵围函谷关三年，最终破关，开创了合纵伐秦的最好战例。鉴于齐国的强盛，也为了消解"合纵国"的势力，公元前288年（齐湣王十三年）秦国派穰侯魏冉出使齐国，相约分称东帝、西帝[127]。如果此时还要"筑长城以备楚"，是否有些搞笑！

综上所述可知，从春秋后期到战国中期，齐国所遭受的侵扰，几乎全部来自西方的三晋和北方的燕国，与楚国无涉。"齐筑长城以备楚"、东南段山地长城筑于"楚灭杞莒之后"等的说法，完全失去了时代背景的支撑。而晋敬公十一年（公元前441年，齐宣公十五年），齐国新筑"自南山属之北海"的济水岸防长城，则是这种历史大背景的直接产物。

六　基本结论

综合前文的讨论，可以得出如下几个基本结论：

1. 齐长城的始筑年代

包括《竹书纪年》在内，汉代及其以前的文献，凡涉齐国南部长城的记载，都无一例外地表明，春秋战国之际，齐国南部长城已是完整的军事防御体系。《左传》的记述则表明，在齐灵公时期，即春秋中期偏晚阶段，齐国的西南部长城已成为"据险守土"的要塞。《国语》和《管子》更是清楚地点明，早在齐桓公时期，齐国南部长城的基本框架已经成型。

史载，齐襄公时期，齐国已于公元前692年国灭亡了纪国[128]，齐桓公时期又灭谭、灭遂、迁阳，先后吞并郕、莱、莒、诸国或其部分属地。《左传》襄公十八年"齐侯驾，将走邮棠"、襄公二十四年"齐伐莒，侵介根"和山东海阳嘴子前春秋中期的田氏贵族墓葬[129]等证据，无可争议地表明，早在春秋中期，齐国的势力已远达胶东半岛东部今胶南琅琊台、即墨、海阳一带，说明齐桓公时期已具备修筑长城的地理条件。

《管子》明确记载，齐桓公时期已筑有山地长城。齐长城墙体的夯筑技术和相关的东周遗址表明，齐长城的始筑年代不应晚于春秋中期。《左传》襄公十八年和驫羌编钟铭的记载，以及齐长城考古调查的相关资料，又雄辩地证明，齐灵公所守的"堑防门"，就是齐国山地长城的组成部分。如果不认可《管子·轻重丁》的记述[130]，就必须回答：桓公至灵公期间，哪一位齐国君主修筑了山地长城。

桓公之后，诸公子忙于争位，内争不断，不可能修筑长城。齐顷公初期，忙于应付晋鲁两国的征伐，战败后，臣服于晋[131]，更无修筑长城的可能。《齐太公世家》："顷公弛苑囿，薄赋敛，振孤问疾，虚积聚以救民"的记载也表明，齐顷公不曾大兴土木。齐灵公处于晋楚两次"弭兵"之间，主要功绩是伐莱、灭莱，曾参与助晋伐郑的战争，接着就是侵鲁和"晋齐平阴之战"。齐灵公早期，除公元前574的内部"围卢"平叛[132]、公元前572年的晋伐齐外，基本处于相对较为和平的环境中，似乎存在构筑长城的可能。然《左传》与屬羌编钟铭的记载则显示，其时已有长城，因此"齐灵公始筑长城"，只是毫无证据的推测。

春秋晚期至战国初期，齐国的疆域已是"方二千里"。而《管子·轻重丁》所谓："方五百里……阴雍长城之地，其于齐国三分之一"，则是春秋中叶以前齐国疆域的写照。齐长城源头墙体解剖揭示的"圆头集束棍夯"，正是春秋时期夯筑技术的典型特征，与战国时代的"平头铁夯"有着明显的不同[133]。总之，根据传世原始文献、出土金文和竹简的相关记载，辅以考古调查揭示的初步证据，只能得出齐桓公（公元前 685～前 643 年）始筑山地长城的结论。面对相对强大的鲁国和足够强大的晋鲁联盟，因远途征伐而导致国内兵力不足的齐国，自然要用心防范，不给对方以任何可乘之机，这应是齐桓公修筑山地长城的主要目的。

具体而言，齐长城之所以设在这样的位置而没有沿当时齐国的南部边界修筑，主要目的就是利用战车难以穿越山险的特点，节省人力物力，提高防御能力。以应对常备军常常需要出国远征和当时车战的现实。因此，齐桓公时期的山地长城至省应包括鲁中南山地分水岭可容战车通过的地段（关隘），及今鲁东南地区的平缓地段（图九）。现存土筑和土石混筑墙体均应形成于这一时期。此后的齐国历代国君或有增筑和修补行为，如石包墙体和石墙。但终春秋之世，齐国山地长城已完全连成一线乃是不争的史实。齐康公时期，田氏代齐，又开始修筑"济水岸防"。

《齐记》所谓"齐宣王乘山岭之上筑长城"，见于唐代张守节《史记正义》，或五山峰之上石墙的增补修筑有关。"梁惠王二十年，齐筑防以为长城"或为《清华简》"齐筑济水之防以为长城"的讹传。郦道元注《水经注》时《竹书纪年》原本已经亡佚，只能用传抄本，而"梁惠王二十年"为齐威王七年（公元前 350 年），《竹书纪年》的其他记载表明，其时山地长城早已存在，其误可知。至于"齐湣王筑防以为长城"失之更远，年代也与齐湣王（公元前 301～前 284 年）不合。《史记正义》比《水经注》更晚，用的也是传抄本，不足信据。

2. 齐筑山地长城的客观形势

"筑城以卫君，造郭以守民"[134]，是中国古代部族、邦国、国家权力机关，用以维护自身安全的重要措施。早在新石器时代偏早阶段，有些部族的中心聚落周围已有防御工事的设置。如八千年左右的山东后李文化小荆山遗址、六千年左右的西安半坡遗址外围设置的围壕，就是闭合式城堡的滥觞。海岱龙山文化已发现近 10 余处规模在 6 万～30 余万平方米的城址。春秋则是中国历史上城防修筑最为频繁的时期

较之闭合式城郭，长城是更为艰难浩繁的巨大工程，需要更为雄厚的综合国力和完善的组织协调能力。齐国能够在列强中率先修筑长城，既受惠于姜太公确定的富国强兵之策，更得益于春秋早期的庄僖"小霸"和齐桓公所建立的霸业。可以说，只有强国才有修筑长城的实力，只有强国才有修筑长城的主观冲动。

春秋战国时期，列强修筑长城的主要目的，在于保护本国的大本营不受侵扰，以免除其常

备军主力出国远征的后顾之忧。作为春秋首霸，齐桓公频繁率军远征，本土的安全，必然是最优先考虑的问题。况且，其南部近邻是一个相对强大，且常常联晋、联宋莒以抗齐的鲁国，迫使齐国不得作万全的安排。是以选择了相对易于用"城防构筑物"连结的南部山地分水岭，作为主要的防御屏障。这应是齐桓公修筑山地长城，以及山地长城没有沿齐国当时的边界修筑的主要原因。

齐国经济基础雄厚，综合国力冠盖天下。齐桓公又是一位具有雄才大略、远见卓识的君主，内政清明，贤人辈出。《管子》之《地图》《水地》《度地》《地员》等则表明，当时的齐国，不仅在综合国力、经济基础和组织协调能力上，而且在自然地理知识和人才储备方面，都具备了修筑长城的能力。

《史记·齐太公世家》："齐自泰山属之琅邪，北被于海，膏壤二千里，其民阔达多匿知，其天性也。以太公之圣建国，本桓公之盛修善政，以为诸侯会盟称伯，不亦宜乎！洋洋哉！固大国之风也！"

齐国山地长城，因地制宜，就地取材，充分考虑了车战条件下的防御要求，利用山体、河谷等天然屏障，在平地、河谷、山口等战车易于通过的地段重点设防，对难以攀缘的陡峭山地、绝壁则不加修饰。融汇了"夫地形者，兵之助也"[135]；"修沟堑，治壁垒，以备守御"[136]，"溪谷险阻者，所以止车御骑"等上古军事思想，正是泱泱大国实力的充分体现。

3. 御晋障济的济水岸防

《清华简·系年》所记齐国在公元前 441 年所筑"济水岸防"，应具有"御晋障济"的双重功能。战国初年，三晋，特别是最先发达的魏国，联合韩赵，称强于群雄。向西攻占秦之河西，迫使秦国退守洛水；向北占领中山国；公元前 400 年，三晋联军南攻楚，至乘丘（巨野西南），并于公元前 391 年再败楚师与大梁（开封）、榆关。成功地遏制了秦楚两国进军中原的企图。当时的齐国，田氏专权，废立、弑君事件频发，引起了各国的不满。公元前 453 年，取得强势地位的晋国韩、赵、魏三族，对处于弱势的齐国虎视眈眈，频频发动攻势，对田氏家族篡夺姜齐政权和齐国的安全构成了极大的威胁。作为一条不算太长的河流，济水在干旱之年，特别是冬季冰封之时，难以作为天险。而当时的渡河船具已相对完备，齐国西部又是一马平川，很难有效防范三晋的进攻。是以，田悼子在国力稍有恢复之时，便开始修筑"御晋鄣济岸防"长城。

今山东西北部的黄泛平原，淤土深达数米和十数米，又有黄河夺济的冲刷淤积，目前还难以通过考古调查的方法，证实"济水岸防"的存在。不过，今聊城境内东部，确有几道南北方向的"土岭"，其性质还有待于进一步确认。作为出土文献，《清华简·系年》是战国中期楚人所作纪年体"史记"，有着传世文献难以比拟的可靠性。在没有确切反证的情况下，应予采信。公元前 284 年（齐湣王十七年），乐毅破齐之战，齐军之所以与燕秦赵魏韩五国联军决战于济西，或者就是想凭借"济水岸防"，御敌于国门之外。

总括而言，齐长城始建于齐桓公时期，符合春秋中早期的列国形势和齐国的实际情况。齐国在管仲"官山海"和"相地而衰征"等一系列富国强兵等措施的引导激励下，社会经济有了长足的发展、军事实力空前强大。齐国作为春秋时期最早称雄的"霸主",肩负着"尊王攘夷""兴灭国、举逸民"的历史重任,其常备军主力常常越过邻国远征,其大本营自然是首要的"国家安全"问题,必须置于优先的考虑安排。修筑长城以卫之,是顺理成章、十分合理的事情。至少可以确认,尽管齐桓公时期的山地长城,可能还没有连结成完全闭合的防御工事,但在战车易于通过的平坦地带和交通要道,必定都设有相应的关隘和防御工事。齐桓公之后的历代齐国君主,应有增筑和修补长城的行为,这恐怕也是相关文献关于齐威王、齐宣王修筑长城等记载的缘由之一。春秋末年至战国初期的齐国,因田氏代姜,内扰不断,"三晋"和北方的燕国频频入侵,齐国于此时加筑"济水岸防"长城,也是出于形势所迫。

注释

[1] 李学勤主编:《清华大学藏战国竹简》(贰)下册《释文注释·系年》(李守奎编),中西书局,2011 年,第 186～188、192～195 页。

[2] 春秋战国的分界,依"田氏代姜"和"三家分晋"说。

[3] (清)顾炎武:《日知録》卷三十一,文渊阁本《四库全书》。

[4] 《史记》卷五《秦本纪》:孝公"十二年,作为咸阳,筑冀阙,秦徙都之。并诸小乡聚集为大县,县一令。四十一县为田,开阡陌。" 文渊阁本《四库全书》。

[5] 王国良:《中国长城沿革考》,商务印书馆,1927 年,第 3～4 页。

[6] 王国良:《中国长城沿革考》,商务印书馆,1927 年,第 11 页。

[7] 王国良以周显王十八年,为齐威王二十八年。依《中国历史纪年表》则周显王十八年,为齐威王六年,公元前 351 年。见王国良:《中国长城沿革考》,商务印书馆,1927 年,第 11 页。

[8] 张维华:《长城建制考》上编,中华书局,1979 年,第 16 页。

[9] 张维华:《长城建制考》上编,中华书局,1979 年,第 21～29 页。

[10] 王献堂:《山东周代的齐国长城》,《社会科学战线》,1979 年第 4 期。

[11] 路宗元:《齐长城考察概述》,《齐长城》,山东友谊出版社,1999 年,第 16 页。

[12] 张光明:《齐文化的发现与研究》,齐鲁书社,2004 年,第 54 页。另见《齐长城考》,《文地考古与齐文化研究》,中国文联出版社,2009 年,第 294～303 页。

[13] 罗勋章:《齐长城考略》,《海岱考古(第四辑)》,科学出版社,2011 年。

[14] 张华松:《齐长城》,山东文艺出版社,2005 年,第 15～22 页。

[15] 彭曦:《战国秦长城考察与研究》,西北大学出版社,1990 年,第 272 页。

[16] 景爱:《中国长城史》,上海人民出版社,2006 年,前言第 1 页、正文第 75 页。

[17] 文渊阁本《四库全书》。

[18] (晋)张华:《博物志》卷一《地理略自魏氏日已前夏禹治四方而制之》,文渊阁本《四库全书》。

[19] 文渊阁本《四库全书》。

[20] 谭其骧:《长水集》下,《西汉以前的黄河下游河道》,人民出版社,1987 年,第 84 页。

[21] 文渊阁本《四库全书》。

[22] 王斌:《山东地区先秦时代的夯土技术》,《中国文物报遗产保护周刊》2012 年 11 月 16 日第 7 版。

[23] 任相宏:《齐长城源头建制考》,《东方考古(第 1 集)》,科学出版社,2004 年。

[24] 山东省文物考古研究所等:《曲阜鲁故城》,齐鲁书社,1982 年,第 29 页。

[25] 山东省文物考古研究所等:《齐故城五号东周墓及大型殉马坑的发掘》,《文物》1984 年第 9 期。

[26] 王献堂:《山东周代的齐国长城》,《社会科学战线》1979 年第 4 期。

[27] 文渊阁本《四库全书》。

[28] 文渊阁本《四库全书》。

[29] 刘节：《氒氏编钟考》："氒氏编钟凡十二，曰，尚有二器现在美国。"（初刊《国立北平图书馆刊》第五卷第六号，1931 年），《古史考存》，人民出版社，1958 年，第 86 页。唐兰《氒羌编钟考释》："在美国之二器，仅马叔平先生曾借得拓本。"（初刊《国立北平图书馆刊》第六卷第一号，1932 年），《唐兰先生金文论集》上编，紫禁城出版社，1995 年，第 1 页。郭沫若《氒苄钟铭考释》："小者 8 具，铭凡 4 字……大者 4 具，文凡六十有一。"（初刊《金文从考》，（东京）日本文求堂书店，昭和七年，1932 年），《金文从考》，人民出版社，1954 年，第 350 页。郭沫若《释氒氏》："近出氏编钟十四具，铭六十一字者五具，一具入美国。铭四字者九具，一具入美国。"（初刊《金文从考》，（东京）日本文求堂书店，昭和七年，1932 年），《金文从考》，北京，人民出版社，1954 年，第 233 页。

[30] 刘节、唐兰的文章见前注。

[31] 吴其昌：《氒羌钟补考》，《国立北平图书馆刊》第五卷第六号，1931 年。徐中舒：《氒氏编钟考释》（初刊《氒氏编钟图释》，国立中央研究院历史语言研究所，1932 年），《徐中舒历史论文选辑》上册，中华书局，1998 年，第 205～224 页。高本汉着，刘叔扬译：《氒羌钟之年代》，《考古社刊》第四期，1936 年。

[32] 郭沫若：《氒苄钟铭考释》（初刊《金文从考》，（东京）日本文求堂书店，昭和七年，1932 年），《郭沫若全集·考古编》第五卷《金文从考》，人民出版社，1954 年，第 355 页。

[33] 温廷敬：《氒羌钟铭释》，国立中山大学研究院文科研究所历史学部《史学专刊》第一卷第一期，1935 年。

[34] 容希白：《燕京学报专号三十七·商周彝器通考》上册，《威烈王时代器》，台湾，大通书局，民国三十年三月（1942 年），第 63 页。陈梦家：《六国纪年》，学习生活出版社，1955 年，第 48、49 页。李学勤：《论葛陵楚简的年代》，《文物》2004 年第 7 期。刘翔等：《氒羌钟铭——我国目前最早和唯一记载长城历史的金文》，《考古与文物》1982 年第 2 期。

[35] 唐兰：《洛阳金村为东周墓非韩墓考》（初刊，上海《大公报》1946 年 10 月 23 日《文史周刊》），《唐兰先生金文论集》下编，紫禁城出版社，1995 年，第 399～403 页。

[36] （宋）刘恕编：《资治通鉴外纪》，卷十《周纪八元王》，文渊阁本《四库全书》。

[37] 徐仲舒：《氒氏编钟考释》（初刊《氒氏编钟图释》，国立中央研究院历史语言研究所，1932 年），《徐中舒历史论文选辑》，上册，中华书局，1998 年，第 215 页。

[38] 唐兰：《氒羌编钟考释》（初刊《国立北平图书馆刊》，第六卷第一号，1932 年），《唐兰先生金文论集》上编，紫禁城出版社，1995 年，第 4 页。

[39] 郭沫若：《苄钟铭考释》（初刊《金文从考》，（东京）日本文求堂书店，昭和七年，1932 年），《郭沫若全集·考古编》第五卷《金文从考》，人民出版社，1954 年，第 360、361 页。

[40] 高本汉著，刘叔扬译：《氒羌钟之年代》，《考古社刊》第四期，1936 年。

[41] 孙稚雏：《氒羌钟铭文汇释》，《古文字研究》第十九辑，中华书局，1992 年。

[42] 均为文渊阁本《四库全书》，后者见（明）傅逊，卷五《伯·晋平公楚康王争伯》。

[43] 温廷敬：《氒羌钟铭释》，国立中山大学研究院文科研究所历史学部《史学专刊》第一卷第一期，1935 年。

[44] 王献堂：《山东周代的齐国长城》，《社会科学战线》，1979 年第 4 期。

[45]《史记·晋世家》："哀公四年，赵襄子韩康子魏桓子共杀知伯，尽并其地。"司马贞《索隐》："如《纪年》之说，此乃出公二十二年事"。依《中国历史纪年表》晋出公二十二年为公元前 453 年。

[46] 今本《竹书纪年》："威烈王二十三年，王命晋卿魏氏赵氏韩氏为诸侯"。（宋）司马光：《资治通鉴·周纪一》："威烈王二十三年，初命晋大夫魏斯、赵籍、韩虔为诸侯。"文渊阁本《四库全书》。

[47] 郭沫若：《氒苄钟铭考释》（初刊《金文从考》，（东京）日本文求堂书店，昭和七年，1932 年），《郭沫若全集·考古编》第五卷《金文从考》，人民出版社，1954 年，第 355、361 页。

[48] 均文渊阁本《四库全书》。

[49] 徐干：《中论》卷下《亡国》第十八："齐桓公立稷下之宫，设大夫之号，招致贤人尊崇之，自孟轲之徒皆游于齐。"文渊阁本《四库全书》。

[50]《盐铁论》："及愍王……矜功不休，百姓不堪，诸儒谏，不从。各分散。慎到、捷子亡去，田骈如薛，而孙卿适楚。内无良臣，故诸侯合谋而伐之。"卷三，《论儒》第十一，文渊阁本《四库全书》。

[51] 李学勤主编：《清华大学藏战国竹简》（贰）下册《释文注释·系年》（李守奎编），中西书局，2011 年，第 186～188 页。

[52] 《史记·田敬仲完世家》。

[53] 《田敬仲完世家》："庄子卒，子太公和立"，司马贞《索隐》引《纪年》："齐宣公十五年，田庄子卒，明年立田悼子，悼子卒乃次立田和，是庄子后有悼子，盖立年无几，所以作《系本》及《史记》者不得录也。"

[54] 李学勤主编：《清华大学藏战国竹简》（贰）下册《释文注释·系年》（李守奎编），中西书局，2011 年，第 192～195 页。

[55] （清）孙诒让撰、孙启治点校：《墨子闲诂》卷十三《鲁问》第四十九，《新编诸子集成》第一辑，中华书局，2001 年，第 467 页。

[56] 《淮南鸿烈解》卷十八《人间训》，文渊阁本《四库全书》。

[57] 今本《竹书纪年》："威烈王二十三年（前 403 年），王命晋卿魏氏赵氏韩氏为诸侯"。《资治通鉴·周纪一》："威烈王二十三年，初命晋大夫魏斯、赵籍、韩虔为诸侯。"文渊阁本《四库全书》。

[58] 李学勤主编：《系年·说明》，《清华大学藏战国竹简》（贰）下册《释文注释》，中西书局，2011 年，第 135 页。

[59] 引均为文渊阁本《四库全书》。

[60] 张维华：《长城建制考》上编，中华书局，1979 年，第 21 页。

[61] 王国良：《中国长城沿革考》，商务印书馆，1927 年，第 3 页。

[62] 张维华：《长城建制考》上编，中华书局，1979 年，第 28 页。

[63] 王国良：《中国长城沿革考》，商务印书馆，1927 年，第 11 页。

[64] 《公羊传》庄公十三年，文渊阁本《四库全书》。

[65] 《左传》宣公十三年。

[66] 任相宏：《齐长城源头建制考》，《东方考古（第 1 集）》，科学出版社，2004 年。

[67] 《荀子》卷三，文渊阁本《四库全书》。

[68] （宋）吕本中：《春秋集解》卷六，文渊阁本《四库全书》。

[69] 《公羊传》庄公十三年："盟于柯……曹子手剑而从之……曰：愿请汶阳之田"，文渊阁本《四库全书》。

[70] 《史记·管晏列传》。

[71] （明）傅逊：《春秋左传属事》卷五《伯·晋平公楚康王争伯》，文渊阁本《四库全书》。

[72] 山东大学考古系：《山东长清县仙人台周代墓地》，《考古》1998 年第 9 期。

[73] 张维华：《长城建制考》上编，中华书局，1979 年，第 15 页。

[74] 张维华：《长城建制考》上编，中华书局，1979 年，第 15、16 页。

[75] 张维华：《长城建制考》上编，中华书局，1979 年，第 27 页。

[76] 张维华：《长城建制考》上编，中华书局，1979 年，第 29 页。

[77] 以上所引均为文渊阁本《四库全书》。

[78] 《太平寰宇记》卷二十四，《河南道二十四·密州》，文渊阁本《四库全书》。

[79] 张维华：《长城建制考》上编，中华书局，1979 年，第 27 页。

[80] 均为文渊阁本《四库全书》。

[81] （清）御制《日讲春秋解义》卷四十一《襄公》："邮棠，杜注，齐邑。今山东即墨县南有甘棠社，即古棠乡。"文渊阁本《四库全书》。

[82] 嘴子前墓地出土铜器的铭文显示，该墓地为齐国田氏，亦即"陈氏"家族墓地，其最早的 M2 年代可到春秋中期。见烟台市博物馆等：《海阳嘴子前》，齐鲁书社，2002 年，第 159、167 页。

[83] 文渊阁本《四库全书》。

[84] 文渊阁本《四库全书》。

[85] 《左传》襄公二十九年"故治杞"杜注："治理其地修其城。"

[86] （清）吴式芬：《捃古录金文》，西泠印社，光绪二十一年（1895 年），鼎 1，第 2 卷第 2 册第 24 页，簠 4，捃

2.2.43.1–2、2.2.44.1–2，盆，捃2.2.51。邹安：《周金文存》，广仓学宭石印本，1916年，鼎2匜1，第2卷50页器3、2.51前，4.25后。另见山东省博物馆：《山东金文集成》，齐鲁书社，2007年，上册，鼎2，第180、181，簋4，第323～329页。下册，匜第710页、盆第720页。

[87] 万树瀛等：《山东滕县出土的杞薛铜器》，《文物》1978年第4期。

[88] 魏国：《山东新泰发现淳于戈》，《中国文物报》1990年3月1日第三版。

[89] 王尹成：《杞文化与新泰》，中国文联出版社，2000年，第2、3页。

[90] 王恩田：《从考古材料看灭杞国》，《江汉考古》1988年第2期。

[91] 张善群：《杞国都城迁徙与出土铜器考辨》，《杞文化与新泰》，中国文联出版社，2000年，第9页。

[92] 《左传》哀公十年、十一年。

[93] 文渊阁本《四库全书》。

[94] 《史记·越王勾践世家》。

[95] 刘延长：《山东地区越文化遗存分析》，《越国文化高峰论坛文集》，浙江人民出版社，2011年。

[96] 张志立、彭云等：《越王勾践迁都琅琊考古调查综述》，《中外关系史论文集》第14辑，《新视野下的中外关系史》，2008年3月。另见《越风》，绍兴市越文化研究汇编，西泠印社，2008年。

[97] 太田麻衣子：《越迁都琅琊新考》，《越国文化高峰论坛文集》，浙江人民出版社，2011年。

[98] 刘洪石、张建民：《也谈越王勾践徙都琅琊》，《越国文化高峰论坛文集》，浙江人民出版社，2011年。

[99] 陈可畏：《越国都徙琅琊质疑》，《中国史研究》1983年第3期。

[100] 烟台市博物馆等：《海阳嘴子前》，齐鲁书社，2002年，第159、167页。

[101] 张维华：《长城建制考》上编，中华书局，1979年，第16页。

[102] 张维华：《长城建制考》上编，中华书局，1979年，第29页。

[103] 《左传》成公元年：臧宣叔曰："齐、楚结好，我新与晋盟，晋、楚争盟，齐师必至。虽晋人伐齐，楚必救之，是齐、楚同我也。知难而有备，乃可以逞。"

[104] 《左传》襄公十四年：周灵王"使刘定公赐齐侯命"。

[105] 《左传》襄公二十三年。

[106] 《史记·楚世家》。

[107] 《左传》定公四年。

[108] 《左传》定公九年、《史记·齐太公世家》。

[109] 《左传》哀公十年、十一年。

[110] 《田敬仲完世家》："庄子卒，子太公和立"。司马贞《索隐》引《纪年》："齐宣公十五年，田庄子卒，明年立田悼子，悼子卒乃次立田和，是庄子后有悼子，盖立年无几，所以作《系本》及《史记》者不得录也。"

[111] 《史记·田敬仲完世家》。

[112] 《水经注·瓠子水》引《古本竹书纪年》。另《赵世家》：赵敬侯"三年（前386年）救魏于廪邱，大败齐人。"

[113] 方诗铭、王修龄：《古本竹书纪年辑证·晋纪》，上海古籍出版社，1981年，第94页。

[114] 李学勤主编：《清华大学藏战国竹简》（贰）下册，《释文注释·系年》（李守奎编），中西书局，2011年，第192～195页。

[115] 《史记索隐·田敬仲完世家》引《竹书纪年》："齐康公五年，田侯午生。二十二年，田侯剡立。后十年，齐田午弑其君及孺子喜而为公。"

[116] 徐中舒：《陈侯四器考释》，《国立中央研究院历史语言研究所集刊》第三本第四分，1933年。山东省博物馆：《山东金文集成·上》，齐鲁书社，2007年，第433页。

[117] 郭沫若：《两周金文辞大系图录考释》，《郭沫若全集·考古编》第08卷，人民出版社，2002年，第216、219页。山东省博物馆《山东金文集成·上》，齐鲁书社，2007年，第432、434页。

[118] 分别见《史记·孙子吴起列传》《孙膑兵法·擒庞涓》。关于马陵之战，《魏世家》记为魏惠王三十年"魏伐赵，败于马陵，齐虏魏太子申，杀将军涓"。《田敬仲完世家》记为齐宣王二年"齐救韩、赵以击魏，大败之马陵，杀其将庞

渭"。《赵世家》和《韩世家》无明确记述。依万国鼎《中国历史纪年表》，分别为前 338 年（齐威王十九）年和前 317 年。相关研究多以马陵之战发生在前 342 年（齐威王十五）。此依王阁森：《齐国史》，山东人民出版社，1992 年，第 384 页。

[119]《战国策·魏策二》。

[120]（明）冯琦：《经济类编》卷三十三，文渊阁本《四库全书》。

[121]《战国策·秦二》。

[122]《战国策·秦策二》。

[123]《史记·楚世家》。

[124]《史记·屈原列传》。

[125]《战国策·秦策二》。

[126]《史记·楚世家》原文将齐宣王记为齐愍王，非是。

[127]《史记·田敬仲完世家》："王为东帝，秦昭王为西帝"。《楚世家》楚顷襄王"十一年齐秦各自称为帝。"

[128]《左传》庄公四年："纪侯不能下齐，以与纪季。夏，纪侯大去其国，违齐难也。"

[129] 嘴子前墓地出土铜器的铭文显示，该墓地为齐国田氏，亦即"陈氏"家族墓地，其最早的 M2 年代可到春秋中期。见烟台市博物馆等：《海阳嘴子前》，齐鲁书社，2002 年，第 159、167 页。

[130]《管子·轻重》管仲与桓公对曰："阴雍长城之地，其于齐国三分之一，非穀之所生也。长城之阳，鲁也。长城之阴，齐也。"

[131]《史记·齐太公世家》："齐顷公朝晋，欲尊王晋景公。"

[132]《左传》成公十七年。

[133] 王斌：《山东地区先秦时代的夯土技术》，《中国文物报》2012 年 11 月 16 日第七版，《遗产保护周刊》。

[134]（唐）徐坚：《初学记》卷二十四《居处部》城郭第二引《吴越春秋》。

[135]《孙子·地形》第十，文渊阁本《四库全书》。

[136]《六韬》卷三《龙韬》，《王翼》第十八、《奇兵》第二十七，文渊阁本《四库全书》。

宋代抱鞠童子彩陶俑研究

郝　勤*

2014 年 8 月 14 日南京青奥会期间，由南京博物院、河南博物院、陕西历史博物院、四川博物院及成都体育学院博物馆五馆联合在南京博物院举办了《博·戏——中国古代体育文物展》。在本次展出中，一件由成都体育学院博物馆送展的宋代抱鞠彩陶童子俑引起了广大观众和众多文物专家的关注与兴趣（图一）。这件文物之所以引起关注，是因为它与存世的同期蹴鞠文物相比，不仅艺术价值与文物价值极高，且对宋代蹴鞠的研究颇有发新之处。本文拟以这件文物为主要考查对象，综合有关蹴鞠文献及其他宋代蹴鞠文物，对宋代蹴鞠的一些问题进行探究，以就教于方家。

一　抱鞠童子彩陶俑与宋代儿童蹴鞠文物

抱鞠童子彩陶俑高 30.2 厘米，坐地裸头，身着圆领宽袖罗衫，左脚着靴，右脚光脚，双手抱鞠，面目俊朗，表情生动，做工精美，栩栩如生，不仅是一件罕见的宋代体育史文物，亦是一件珍稀的宋代艺术精品。

中国古代蹴鞠从有史记载的战国始，一直沿袭传承到明末，前后近两千年基本没有中断。作为一个球类运动项目而言，这在世界体育史上是独一无二的。宋代是蹴鞠运动发展的巅峰。在这一时期，蹴鞠运动无论是竞赛体制、组织体系、活动体系、章程规则，运动伦理等都极为成熟完整，其社会影响与普及程度亦堪称其时的第一运动。

蹴鞠得以在宋代发展至巅峰，与宋代社会经济、政治尤其是文化的高度发达直接相关。史学大师陈寅恪曾指出："华夏民族之文化，历数千年之演进，造极于赵宋之世。"这一时期，经济繁荣，城市繁华，文化发达，市民阶层富足而优雅，加之皇室贵族与文人士大夫阶层的喜好参与，从而为蹴鞠在这一时期的普及与发展提供了丰厚的土壤。

查宋代文献典籍，关于蹴鞠的记载甚多。但其中涉及儿童蹴鞠的内容却一字难求。但有趣的是，现存有关儿童题材的蹴鞠文物却远较成人丰富。这是宋代蹴鞠史料的一大特色。就目前所见典

图一

---

* 郝勤：成都体育学院体育史研究所。

型宋代蹴鞠文物而言，儿童或少年蹴鞠题材的文物有：故宫博物院藏宋磁州窑蹴鞠陶枕、故宫博物院藏《宋长春百子图蹴鞠》、河北博物院藏金磁州窑蹴鞠陶枕、河南博物院藏金磁州窑蹴鞠陶枕、成都体育学院博物馆藏宋抱鞠童子彩陶俑、金磁州窑蹴鞠陶枕、宋耀州窑童子蹴鞠瓷片、金耀州窑童子蹴鞠瓷片等。而目前所见成年人蹴鞠的文物仅有《宋太祖蹴鞠图》（上海博物院）、蹴鞠纹铜镜（中国国家博物馆、湖南博物院），宋蹴鞠纹象牙笔筒（安徽博物馆）等数种。

为什么宋代儿童蹴鞠文物较多而文献记载甚少？究其原因有以下两点：

其一，社会对蹴鞠健身功能与教育价值的认知促使蹴鞠成为儿童教育的手段。

虽然现存两宋文献中找不到关于蹴鞠在儿童和家庭学校教育中的作用与影响，但从这些文献中，可以看到宋人对蹴鞠的健身和教育价值有深刻的理解与认知。这或许是抱鞠童子彩陶俑一类儿童题材文物多见的原因。

首先，宋人认识到蹴鞠具有极高的健身价值。《蹴鞠谱》有《齐云理赋》："夫气球者，儒名蹴鞠，社曰齐云。乃昔世壮士习运之能，王朝英杰游戏之学。士夫所喜，子弟偏宜。能令血气调和，顿使身心软美。虽费衣而达食，最灭强而欺村。体虽肥胖敬此而举履如飞，年乃隆高频踢则身轻体健。"又如《西江月》："健体安身可美，喜笑化食堪夸，更言一事实为佳，肥风瘦痨都罢。"《须知》："古之齐云，义礼无忘于圣贤之所置也。原神人用于军垒操集武士……运动肢节，善使血脉调和，有轻身健体之功，胜华佗五脏之戏。"少年儿童是身体发育成长的阶段，宋人对蹴鞠健身价值的认识有助于成年人认可鼓励儿童从事蹴鞠活动。

其次，宋人认识到蹴鞠具有良好的道德教化功能。《蹴鞠谱》记载了宋代圆社严格的社规和道德人品要求。要求入社蹴鞠之人必须有教养，尊礼法，守社规，用现代语言来说，就是要具备良好的体育精神与道德。如《蹴鞠谱》有《十紧要》："要和气，要信实，要志诚，要行止，要温良，要朋友，要尊重，要谦让，要礼法，要精神"。《十禁戒》："戒多言，戒赌博，戒争斗，戒是非，戒傲慢，戒诡诈，戒猖狂，戒词讼，戒轻薄，戒酒色。"这些表明，宋人蹴鞠并非单纯的娱乐游戏，也将其视为一种人格和道德的修养手段。

从宋代对蹴鞠的健身价值和道德修养功能的理解与认知看，可以认为宋人普遍将蹴鞠视为一种健康的教育方式，在儿童成长的家庭和私塾教育中不但不会加以排斥，反而会鼓励和支持儿童蹴鞠踢球。这从宋人苏汉臣等人的婴戏图中儿童在母亲身边蹴鞠游戏场景可以得到证明。

其二，文人与艺术家的不同视角。

宋代涉及蹴鞠的文献典籍甚多。除《宋史》中有关记载外，重要的诸如孟元老《东京梦华录》、吴自牧《梦粱录》、佚名《西湖老人繁胜录》、周密《武林旧事》、无名氏《蹴鞠谱》、汪云程《蹴鞠图谱》等。这些文献典籍反映了宋代蹴鞠的盛况，也为我们今天了解宋代蹴鞠留下了珍贵的文字史料。

但仔细研究上述文献典籍我们会发现，宋代有关蹴鞠的文字记载中，关于儿童蹴鞠竟无只言片语。但从实际推论，蹴鞠在宋时如此流行，且这类竞赛游戏又是最受儿童喜爱且适宜儿童参与的，因而宋时儿童蹴鞠一定非常普遍。只是因为文人们仅关注周围成年人的活动，古时儿童又多在母亲和私塾教师身边成长，因而其蹴鞠活动易被其忽视。

但是陶器、瓷器、绘画等艺术创作却因视觉艺术的特点，促使艺术家能以史学家、文学家不同的视角,去关注儿童与家庭日常生活。宋时很多艺术家将儿童题材作为其创作的灵感与对象,将当时现实中儿童的活动以艺术形式表达出来。儿童蹴鞠由此成为艺术家们关注和表达的生活现象。也正因此,有关儿童蹴鞠的文物就成为弥补宋时蹴鞠文献缺乏儿童少年蹴鞠情况记载的珍贵史料。

宋代婴戏图的流行也推动了儿童蹴鞠类题材的艺术创作。宋代是婴戏图的产生时期。其代表人物有画家苏汉臣、李嵩等。由于婴戏图上所绘儿童模样可爱,憨态可掬,深度契合儒家观念及民间祈求多子多福的文化心理,具有吉祥、祈子、福佑等多重文化心理功能,故在有宋一代蔚然流行。故宫博物院收藏宋苏汉臣《长春百子图卷》中有儿童蹴鞠情景。由于儿童题材的艺术创作深受社会喜爱欢迎,故鼓励了宋代很多艺术家和工艺人创作儿童题材的艺术品。抱鞠童子彩陶俑就是在这样的背景下出现的。

二　童子所抱之鞠研究

这件抱鞠童子彩陶俑有一细节引人关注:童子右手扶球,虎口上还卡拿着一长条形物件。而童子的左腿上也放置有一类似物件。这两个物件在以往的文献记载和文物图像中从未见过,但必与蹴鞠有关。这到底是什么呢?

据笔者考证,这两个物件应是宋人所说的"香胞",也就是鞠的内胆。无名氏所著古本《蹴鞠谱》[1]中《蹴鞠文》载:"香皮十二,方形地而圆象天。势若停均,高冲上而低降下。香胞一套,子母合气归其中。"抱鞠童子彩陶俑表现了宋代这个小孩在蹴鞠时发现内胆破了,于是坐在地上,双手抱鞠,右手将已漏气的"香胞"扯出,准备将右腿上的新胆换上。这样表现宋代蹴鞠过程中置换"香胞"(内胆)的情形无论是文献资料还是文物资料都是前所未见的。

根据有关史料记载,从战国到汉代,人们所踢之"鞠"都是外以皮革制作而内填充以毛发一类轻柔物质做成的实心球。颜师古注《汉书·卷三十·艺文志》:"鞠以韦为之,实以物,蹴蹋之以为戏也"。这类实心球虽然粗糙,但却可以做得十分结实。由于实心球重量较重,没有弹性,在踢球时球只能在地面上滚动,因此从战国到唐以前的蹴鞠踢法只能是多人分队随球奔逐,"穿域蹴鞠"。由于运动量较大,所以这时的蹴鞠即是宫廷民间之戏,亦是军队的训练项目,"所以讲武知有材也"[2]。

唐代鞠的制作工艺发生了重大变革,出现了充气球。《全唐诗》卷八百七十一载归氏孙《答日休皮字诗》:"八片尖裁浪作球,火中燂了水中揉。一包闲气如常在,惹拳招踢卒未休。"皮日休(约 838 ~约 883 年)是晚唐著名诗人。这首诗反映出至少在中晚唐时,熟皮制作的八瓣球已经普及。又《文苑英华》卷八十一载唐仲无颜《气球赋》:"气之为球,合而成质,俾腾越而攸利,在吹嘘而取实。尽心规矩,初因方以致圆,假手弥缝,终使满而不溢。"表明唐时充气球的制作已经达到了较高水平。

充气球制作的关键是在熟皮制作的外壳内嵌入动物(一般是猪或牛)膀胱制成内胆。唐徐坚《初学记》:"鞠即球字。今蹴鞠曰球戏。古用毛纠结为之,今用皮。以胞为里,嘘气闭而蹴之。"较之以往的实心球,充气球的最大变化是球体轻,弹性好,可以踢得既高而远,亦可以踢出很多技巧花样。这直接促使汉以来"法月衡对，二六相当"[3]的六人双球门制蹴鞠演变成为唐宋盛极一时的单球门比赛和"白打场户"比赛。

至宋代，鞠的制作更加成熟。明代手钞本《蹴鞠谱》载宋代著名"健色"品牌达二十四种："健色名：六锭银、虎掌、八月圆、金锭、古老钱、十二银、葵花、天净纱、龟背、旋螺虎掌、艾叶菊、十二梅、五角、锁子菊、曲水万字、侧金钱、云台月、斗底、转宫葵、灵花虎掌、镜把儿、两国和、十二月、菊花、梨花虎爪、叶底儿、一对银、鹁鸽头、香烟篆、一炉香、落心葵、满园香、不断云、一陌纸、一瓶花、双鸳鸯、天下太平、风调雨顺、百花朝阳、字字奴、六如意。"

这些品牌名称反映出宋代鞠的外壳制作有六瓣、八瓣、十二瓣之分，而使用最广泛的看来是六瓣球和十二瓣球。《蹴鞠谱》又载："健色名：俗语气球，社号健色，风流多少童嗽。熟硝黄革，实料轻裁，密切缝成侵涵，不露线角，嵌缝深窝。梨花可戏，虎掌堪观，侧金线缝短难缝，六叶桃样儿偏送羡，斗底银锭少圆，五角葵花多少病，得知者切莫劳用。知者必须计较。水伤痴重，干怕轻狂，亦须气脉调均，方始踢作稳当。今时识者少，不知者多，前人健色正重十四两，足司四虎，运动频频照点。"隋唐至明十六两一斤，相当于现六百四十克左右。宋鞠标准重量为十四两，约合现五百六十克。现代正规比赛用足球规定周长不短于68厘米，不长于70厘米。球的重量为450克，不少于410克。故宋明之鞠略重于现代足球。

充气球的发明导致了蹴鞠技术和规则的革命。这种鞠外以多片熟皮缝制而成，以嘴或工具充气（打揎）后以丝绳系住气孔则可踢玩。但因鞠胆是动物膀胱制作而成，虽有能工巧匠精心制作，踢球时在外力作用下也较易破损，须备用内胆及时更换。《蹴鞠谱》中提到蹴鞠时须"香胞一套"，或许正说明在圆社蹴鞠时须备用多个鞠胆以备替换。

以往文献与文物均未有鞠胆破损更换的记载或替换鞠胆的图像。但在现实中这却是蹴鞠比赛中经常发生的事故。这件抱鞠童子彩陶俑正是表现了在一场激烈的比赛中，球的内胆被踢破了，小孩于是坐在地上拿出备用的"香胞"换上继续比赛的场景。

三 罗衫与球靴

宋代抱鞠彩陶童子俑另一值得关注的是其衣衫与球靴。宋人蹴鞠穿什么衣服？穿什么鞋？有无专用鞠衣或鞠靴？从常理而言，从事蹴鞠这样的球类运动应穿既贴身又宽松的短衣衫为宜。但中国古代传统汉服特点是宽衣广袖，右衽博带，端庄严谨。宋代因理学缘故，穿着更讲究复古拘谨，男人一般穿交领或圆领的宽袖长袍，文人多穿一种称为"直掇"的对襟长衫。这种服饰用今天的运动服装视角看是不适合运动的，因而在蹴鞠时须将前襟上卷披扎在腰带之间。

从《宋太祖蹴鞠图》、宋代蹴鞠纹铜镜和宋代的蹴鞠象牙笔筒以及明汪云程编《蹴鞠图谱》中，宋人在蹴鞠时均着常服，头戴软巾或幞头，着开领或交领长袍，不见专门的运动服。从文献资料来看，宋代圆社（齐云社）对蹴鞠的服装要求是很严格的。《蹴鞠谱》中有《整齐》一节，对蹴鞠的服装有严格的要求："一格样，二拽扎，三行头，四鞋袜。"其《十不许》中就有不许"短衣下场。"《东京梦华录》卷九《宰执亲王宗室百官入内上寿》中记载了皇宫中职业球队"筑球军"的穿着："左军球头苏述，长脚幞头，红锦袄。余皆卷脚幞头，亦红锦袄。"

　　抱鞠童子彩陶俑的穿着则与众不同。该童子身着圆领窄袖罗汉衫，下身着裤。从运动的角度看，这身服装几与现代运动服装无异，更适合蹴鞠和运动。圆领衫又称团领衫，南北朝时从胡人传入汉地，隋唐后成为男子的一种常服。圆领衫较之交领衫更便于头颈运动，如用丝、罗、纱一类轻盈的材料制作成衣，则更符合蹴鞠运动中轻盈、贴身、宽松、吸汗等要求。

　　童子抱鞠俑的服装与《宋太祖蹴鞠图》等不一样的原因，可能一方面儿童蹴鞠的穿着不用严格按园社社规要求；另方面，《宋太祖蹴鞠图》中人物因身份原因，既使是蹴鞠穿着亦不能随意。更重要的是，这件文物也可能反映出宋代蹴鞠有专门制作的鞠服。这在文献中虽查不到明确记载，但也并非全无线索。如《蹴鞠谱》诗："金鞍玉勒赏芳菲，醉日偏多醒日稀。归晚玉人陪笑问，汗衫犹带气球泥。"《添气礼》："半拽罗衫意气豪，柳边花下兴陶陶。"诗中所说"汗衫""罗衫"可能都是专用的蹴鞠服装。另《蹴鞠谱》中有《谢盘子礼》："踢罢气球，诸圆社友俱将解卸衣冠穿着，普集在盘子上"，其意为比赛结束后，参加比赛的双方球员应将汗湿污渍的运动衣换下，衣冠整洁地离去。

　　除了服装外，抱鞠童子俑的皮靴亦值得注意。宋代流行丝鞋，在宫廷设有专门制作管理丝鞋的"丝鞋局"。宋代官员与富家子弟大都穿布鞋和皮靴，其鞋式大多为一种履头高而翘的云头履和凫舄，平民百姓多穿价格低廉耐磨防滑的双齿木屐和蒲鞋、草鞋和帛鞋。《宋太祖蹴鞠图》等文物中蹴鞠者均穿丝鞋或布鞋。但从常理和蹴鞠运动的特点来看，丝鞋布鞋均不宜踢球。踢球时穿皮制的鞋才实用耐用。因此，抱鞠童子俑足穿皮靴，应是宋时蹴鞠的真实写照。

四　小结

　　以往关于蹴鞠的研究大多偏于文献资料，很少有考古文物资料的研究。而古代蹴鞠文物则能有效弥补文献材料的不足。抱鞠童子彩绘俑是一件十分珍贵的宋代蹴鞠文物，其身上包含了丰富的历史文化信息，是中国古代体育史研究的重要文物材料。这件文物所表现的"足球要从娃娃抓起"理念，对鞠的制作工艺以及鞠服鞠靴等方面的研究均具有重要价值。

注释

[1] 郑振铎：《玄览堂丛书》第 3 集《蹴鞠谱》，广陵书社，2010 年。
[2] 《后汉书》卷 34《梁统列传》，李贤注引刘向《别录》。
[3] 《艺文类聚》卷 54，欧阳修引李尤《鞠城铭》。

日本蹴鞠保存的现状

楠户一彦*

一 序文

《广辞苑》是日本最具权威的国语辞典之一，其中关于日本"蹴鞠"作出了以下解释[1]。"古代贵人的游戏。许多人脚穿皮靴，持续将鞠踢到比树木下方树枝还要高的地方，并且不使其落在地上。"此游戏从中国传来，这是学者之间的一致共识。但是，据说这种游戏是7世纪传来，却没有"明确显示蹴鞠传来时间的资料"[2]。

渡边就日本蹴鞠的历史划分为以下6个时期[3]。公家鞠之前（～11世纪中期）、公家鞠形成时期（11世纪后半期～12世纪）、公家鞠全盛时期（13世纪～15世纪中期）、武家鞠兴盛时期（15世纪后半期～16世纪）、家元制度时期（17世纪～19世纪中期）、保存会时期（19世纪后半期～）。明治维新（1868年）以后，蹴鞠进入"保存"时期。有关蹴鞠衰落的原因，渡边列出以下3点[4]。（1）担负蹴鞠发展的公家（贵族）衰落，（2）普及推广蹴鞠的主体消失，（3）近代日本潮流欧美化。

本次发表的主题是，围绕日本蹴鞠的保存现状展开论述。有关蹴鞠的历史，渡边，桑山等人的研究有很多[5]。但是，关于蹴鞠保存现状的研究，我个人还没有发现。

19世纪后半期蹴鞠衰落，最早发起保存蹴鞠的是1903年在京都设立的"蹴鞠保存会"。于1932年，依据蹴鞠保存会会员久世章业的指导，在香川县金刀比罗宫设立"金刀比罗宫保存会"。2004年8月长野县上田市设立"信浓乃蹴鞠会"。此外，在继承传统的蹴鞠样式的同时，设立新的竞技规则，比如"万叶蹴鞠"以及"飞鸟蹴鞠"等。下面，就针对蹴鞠保存会（京都府，香川县，长野县）以及新式蹴鞠（奈良县的两种蹴鞠）展开说明。

二 保存会

1. "蹴鞠保存会"

随着西欧近代化国家的建立，日本的传统游戏蹴鞠渐趋衰落。其中，在蹴鞠历史上具有领导地位的飞鸟井家以及难波家的贵族阶层，于1876年结成"蹴鞠会"，每月组织三次练习，致力于蹴鞠的维持与保存。蹴鞠会两三年后解散，1884年重新组建。但是，新成立的保存会也于1895年解散。之后，按照明治天皇有关维持保存蹴鞠的意志，于1903年2月设立"蹴鞠保存会"。这个保存会一直延续至今，主要举办与蹴鞠有关的礼仪作法、技术技巧、衣着以及用具（鞠，

---

* 楠户一彦：日本广岛大学。

皮靴等）等的保存与传承活动[6]。

蹴鞠保存会的会员自成立以来已达到 30 名左右。现今，每月第 2 以及第 4 个星期日下午 1 点到 4 点，会员们在京都市内的"白峯神宫"练习蹴鞠。有关练习成果，以"蹴鞠供奉比赛汇报"为题公开其日程。

表 1　蹴鞠保存会的"蹴鞠供奉汇报"

时　间	活　动	地　点
1 月 4 日	"蹴鞠开始"首次蹴鞠供奉	下鸭神社（京都市内）
4 月 14 日	"春季例行大祭"蹴鞠供奉	白峯神社（京都市内）
4 月 29 日	"春季蹴鞠祭"蹴鞠供奉	谈山神社（樱井市）
6 月第 3 或第 4 个星期日	"紫阳花祭"蹴鞠供奉	藤森神社（京都市内）
7 月 7 日	"精大明神祭"七夕蹴鞠供奉	白峯神社（京都市内）
8 月 9 日	"旧历七夕"蹴鞠供奉	平野神社（大津市）
11 月第 2 个星期日	"蹴鞠祭"供奉表演	谈山神社（樱井市）

此外，在京都御所，春秋季公开表演时也有蹴鞠表演。

除去定期例行表演，比如 2015 年 6 月静冈县磐田市的"国分寺祭"特别活动中，蹴鞠保存会在日本各地组织庆祝事宜以及神社祭祀等，也组织了蹴鞠表演。1986 年、1993 年在法国巴黎，以及 1992 年在德国波恩都举行过蹴鞠表演。

此外，"战败之际，蹴鞠保存会面向一般大众，扩大会员范围"[7]，为此于 1946 年 4 月设立基层组织"京都蹴鞠协会"，京都府体育协会作为加入团体，每年 10 月在白峯神宫组织"蹴鞠选手选拔大会"。

2.　"金刀比罗宫蹴鞠保存会"

香川县金刀比罗宫，早在 1534 年就已经设立蹴鞠表演场地"鞠场"。此外，在鞠场发现印有"此外，在年 4 月 13 日"日期的古老瓶子，保留着设立蹴鞠会的记录[8]。

京都蹴鞠保存会的会员久世章业（第 5 任会长），于 1929 年 9 月就任金刀比罗宫的"祢宜"（神职）一职。有志于蹴鞠保存会的人们每年都参加蹴鞠供奉。以此为契机，1932 年设立"金刀比罗宫蹴鞠保存会"[9]。金刀比罗宫蹴鞠于 1974 年被设为香川县"县指定无形文化财产"。

金刀比罗宫蹴鞠，与京都蹴鞠保存会的有所不同，由 6 人来完成。另外，分别于 5 月 5 日举行"蹴鞠供奉"，7 月 7 日举行"七夕蹴鞠"，12 月末举行"蹴鞠终演"。此外，金刀比罗宫蹴鞠保存会也在宫外组织蹴鞠表演。例如，2013 年 5 月在岛根县出云大社的"平成大迁宫"祝贺表演时，也举行了"蹴鞠供奉"表演[10]。

3. "信浓乃蹴鞠会"

正如町田所指出的[11]，江户时代（1603～1867 年）在信浓地方（现在的长野县），农民之间蹴鞠兴盛起来。在这样的历史背景下，长野县上田市自江户时代延续下来的井泽家，有2000 多件有关蹴鞠装束、鞠、皮靴以及古书籍等流传下来。以此为基础，1992 年设有"蹴鞠道场"的日本最初的蹴鞠博物馆建立起来。

蹴鞠博物馆馆长井泽笃巳，每年夏天用鹿皮手工制作鞠。1988 年开始主持"蹴鞠会"，致力于蹴鞠保存。井泽与信州大学蹴鞠爱好者谷口彬雄一起，于 2004 年 5 月在上田市设立"信浓乃蹴鞠"会。同年 8 月制定"会则"，"本会的目的在于研究从古代传承下来的蹴鞠，并致力于蹴鞠的继承与发展"（3 条），为此举办"蹴鞠会的召开（4 月）""制作鞠讲习会（8 月）""与蹴鞠有关的学习会（10 月）""其他有关蹴鞠的活动（随时）"（4 条）等会议。会员每两个月去蹴鞠博物馆的"蹴鞠道场"练习蹴鞠。特别指出，4 月末举办的"蹴鞠会"以及年初的"首次蹴鞠"，身着传统的蹴鞠装束（鸟帽、水干服、皮靴等），进行蹴鞠实际表演[12]。

三　新式蹴鞠

1. "万叶蹴鞠"

2000 年 4 月，"奈良 21 世纪论坛"被奈良县知事认定为特定非营利法人。此论坛以奈良县居民为对象，旨在实现地域文化与体育的振兴，致力于同亚洲地域国力合作，推动城市发展。2002 年日韩共同举办足球世界杯，以此为背景，奈良 21 世纪论坛致力于古代蹴鞠的创作复原活动，于 2000 年得到总会认可。2001 年 8 月，蹴鞠研究第一人即东京大学名誉教授渡边融等 9 人成立"蹴鞠制作委员会"，开始研讨"古代蹴鞠的复原"。2002 年 4 月，第 4 届委员会承认了竞技规则，委员会的使命也因此结束[13]。

复原后的蹴鞠，起源于日本最古老的歌集《万叶集》（收录了 5～8 世纪的和歌），叫做"万叶蹴鞠"。这种蹴鞠采用鹿皮制作的鞠，竞技者的衣服同传统的蹴鞠服装也有所不同，是参照天平时代（710～794 年）的衣装新设计出的古装服饰。比赛在 2 米高的绳子之间，6 名一组，两组对战。为了不让对方踢来的鞠落地，两次掷鞠打入对方场地。鞠落地，对方记 1 分，任意一方先得 5 分后更换场地，先取得 10 分的是这一局的胜方。比赛局数在比赛之前由双方共同决定[14]。

2. "飞鸟蹴鞠"

据说日本蹴鞠是在 6 世纪后半期至 7 世纪前半期由中国传来。1970 年，飞鸟时代中心地区的奈良县明日香村教育委员会，委托明日香村文化协会组织蹴鞠调查。明日香村经过大约 20 年的调查，于 1995 年总结成《蹴鞠学术调查报告书》一书。在此之后，应明日香村文化协会请求召集来的有志者们，致力于蹴鞠再现活动，并于 2001 年 10 月成立"飞鸟蹴鞠会"。本会的目的在于享受蹴鞠之乐，调查研究蹴鞠，以及推动蹴鞠普及活动[15]。

飞鸟蹴鞠会有大概 15 名成员，每年 4～6 月和 9～11 月的第 2 个星期六，在"国营飞鸟历史公园石舞台地区"的广场上练习蹴鞠。此外，蹴鞠会在每年春秋（2015 年 4 月 8 日），在前面所提到的石舞台地区的草坪广场上举办"飞鸟蹴鞠节"活动。在此表演的蹴鞠，使用鹿皮制作的鞠，身穿古代服装。此外，飞鸟蹴鞠是 5 人一组，两组对战，以不让鞠落地所踢到的鞠数来决定胜负[16]。

四　结语

本次发表，就保存传统蹴鞠的 3 个团体（蹴鞠保存会、金刀比罗宫蹴鞠会、信浓乃蹴鞠会），以及沿袭传统蹴鞠样式建立在新规则之上的蹴鞠（万叶蹴鞠、飞鸟蹴鞠）等的活动作了简单介绍。除去这些活动之外，还有静冈县磐田市、东京都国分寺市的"国分寺祭"的蹴鞠体验活动，以及三重县明和町的"斋宫历史体验馆"的"儿童蹴鞠会"等多种活动，为保存传统蹴鞠在各地展开。

但是，现在玩蹴鞠的人数非常有限，像日本奥林匹克委员会加盟团体那样的，全国性蹴鞠团体还没有出现。虽然在各地神社祭祀以及地域性的祭祀活动中有蹴鞠实际表演，但是可以说，还远没有达到作为全国性的具有近代意义的竞技大会来举办的规模。

注释

[1] 新村出编：《广辞苑》，岩波书店，2008 年第 6 版，第 889 页。

[2] 渡边融、桑山浩然：《蹴鞠研究：成立公家鞠》，东京大学出版会，1994 年，第 5 页。

[3] 渡边融：《蹴鞠：近代衰落的体育礼仪——蹴鞠和九州岛》，《体育史研究》2012 年第 29 期，第 57 页。

[4] 渡边融：《蹴鞠：近代衰落的体育礼仪——蹴鞠和九州岛》，《体育史研究》2012 年第 29 期，第 63 页。

[5] 注 2 文献中的"蹴鞠文献目录"（471～475 年），有关蹴鞠历史的研究有很多文章发表。在这里仅举出下面的著作。村户弥生：《从游戏到艺道——日本中世艺能的演变》，玉川大学出版部，2002 年。稻垣弘明：《中世蹴鞠史研究——以鞠会为中心》，思文阁出版，2008 年。池修：《日本的蹴鞠》，光村推古书院，2014 年。

[6] 蹴鞠保存会编：《蹴鞠保存会九十年志》，蹴鞠保存会，1997 年，第 25 页。

[7] 蹴鞠保存会编：《蹴鞠保存会九十年志》，蹴鞠保存会，1997 年，第 136 页。

[8] 香川县民俗艺能联络协议会编：《赞岐的民俗艺能》，相传县民俗艺能联络协议会，2007 年第 3 版，第 87 页。

[9] 香川县民俗艺能联络协议会编：《赞岐的民俗艺能》，相传县民俗艺能联络协议会，2007 年第 3 版，第 47 页。

[10] http：//www.konpira.or.jp/about/ritual/00/kemari/kemari-2015.html（金刀比罗宫蹴鞠）。

[11] 町田良一：《信浓蹴鞠流行》，《信浓》1951 年第 12 期，第 42～50 页。

[12] 井泽笃巳：《永远回荡！蹴鞠的声音》，保险每日新闻社，1998 年。http：//www.fiber.shinshu-u.ac.jp/tany/kemarihp/（信浓乃蹴鞠会）。

[13] NPO 法人：《"万叶蹴鞠"的复原》，《奈良 21 世纪论坛会报》2009 年新春号，第 2～4 页。

[14] http：//nara21cf.org/blog/？page_id=909（万叶蹴鞠）。

[15] http：//machi-comi.wjg.jp/m-comi/magazine/0305/0305-2.htm（03 年度月刊 城市·交流 5 月号 2（2003 年 5 月 1 日发行）。

[16] http：//www.asuka-park.go.jp/event/detail.php？id=365&PHPSESSID=dac0e6b07a9942cc3d1ab97ef2e748f8（飞鸟蹴鞠节）。

古代蹴鞠文化的现代诠释

乔凤杰*

作为一种游艺项目，在中国古代长盛不衰的蹴鞠，承载着丰富而强盛的传统文化。它不仅暗含了适应时代需求的生活习惯与审美情趣，更是将人的秉性与球的特性相互融合和熏陶，满足了古代社会不同阶级的旨趣与趋向。从蹴鞠的起源来看，蹴鞠从军事性的娱乐项目越来越多地介入到了统治阶级与底层百姓的日常生活领域，成为融军事、娱乐、休闲、技艺于一体的游艺活动，流传千年。蹴鞠是中国传统文化的载体之一，也是人类优秀文化的结晶。按照克鲁柏的关于人类文化超有机演化的性质观点，蹴鞠也是人类精神的创作物，是人类精神运作体系化产品，是可以传承和延续的。从现代人的眼光来看，蹴鞠无疑是具有历史价值的，但是，如何挖掘蹴鞠的文化历史价值，不能仅仅停留在考证、论证、认证以及小范围的推广当中，而是应该将蹴鞠的历史特性与当今社会的现代特性结合起来，更好地发挥蹴鞠的文化特性，体现出人类精神创造产品的超越性。

一　古代蹴鞠的性质变迁

蹴鞠又称蹋鞠、蹴球、筑球。《集解》引刘向《别录》论证其形成原因，曰："蹋鞠，兵势也，所以练武士，知有材也，皆因嬉而讲练之。"又曰："蹴鞠者，传言黄帝所作。"[1]

《太平清话》说蹋鞠始于轩后，还有学者将蹴鞠推为殷商时期。历史传言大都无从考证，现根据史料中的相关记载，通过对其语言叙述和内容的分析来推测一下蹴鞠的基本状况特别是其的性质变迁。

先看一下笔者搜集的部分史料：

《史记·贾邹枚路传第二十一》载："犬猎射驭狗马蹴鞠刻镂，上有所感，辄使赋之。"[2]《史记·卫将军骠骑列传第五十一》："其在塞外，卒乏粮，或不能自振，而骠骑尚穿域塌鞠。事多此类。"[3]

《汉书·东方朔传》："于是董君贵宠，天下莫不闻。郡国狗马蹴鞠剑客辐凑董氏。常从游戏北宫，驰逐平乐，观鸡鞠之会，角狗马之足，上大欢乐之。"[4]

《后汉书·梁统列传第二十四子冀传》："冀字伯卓……性嗜酒，能挽满、弹棋、格五、六博、蹴鞠、意钱之戏，又好臂鹰走狗，骋马斗鸡。"[5]

《旧唐书》："戊申，填龙首池为鞠场……戊辰，幸勤政楼观角抵、蹴鞠。"[6]"璥等皆主婿年少，唯以蹴鞠猥戏取狎于重俊，竟无调护之意。"[7]《东夷传》："好围棋投壶之戏，人能

---

* 乔凤杰：清华大学体育部。

蹴鞠。食用笾豆、簠簋、尊俎、罍洗，颇有箕子之遗风。"[8]

《新唐书》："诚愿约心削志，考前王之书，敦素朴之道，登端士，放佞人，屏后宫，减外厩，场无蹴鞠之玩，野绝从禽之乐，促远境，罢县戍，矜惠悍独，蠲薄徭赋，去淫巧，捐珠璧，不见可欲，使心不乱。"[9]"铉，字台硕，擢进士第，从李石荆南为宾佐，入拜司勋员外郎、翰林学士，迁中书舍人、学士承旨。武宗好蹴踘、角抵，铉切谏，帝褒纳之。"[10]"俗喜弈、投壶、蹴鞠。食用笾、豆、簠、簋、罍、洗。"[11]

《宋史》："三月戊子，会亲王王、宰相、淮海国王及从臣蹴鞠大明殿。"[12]"教坊乐工六十五人，及百戏、蹴鞠、斗鸡、角抵次第迎引，左右军巡使具军容前导至本宫。"[13]"上怒，语左右曰："张明起贱微中，以蹴鞠事朕，洁己小心，见于辈流。夫刑罚之加，必当其罪。"[14]"邦彦俊爽，美风姿，为文敏而工。然生长闾阎，习猥鄙事，应对便捷；善讴谑，能蹴鞠，每辍街市俚语为词曲，人争传之，自号李浪子。"[15]

《辽史》："酒五行　笙独吹，鼓笛进。酒六行　筝独弹，筑球。"[16]

《金史》："明昌二年，知广宁府。以河间修筑球场扰民，会赦下，除顺义军节度使。乞致仕不许，特加开府仪同三司、北京留守。"[17]

《明史》："甫至军，所载婢妾乐器踵相接不绝，或大会游谈之士，樗蒲蹴踘，皆不以军务为意。及丧师失地还，士诚概置不问。""宦官张忠与邻，茂结为兄，夤缘马永成、谷大用、于经辈得出入豹房，侍帝蹴鞠，而乘间为盗如故。后数为河间参将袁彪所败。"[18]"忠利大盗张茂财，结为弟，引入豹房，侍帝蹴鞠。"[19]

从《二十五史》的相关史料来看，蹴鞠既能强壮筋骨又有趣味性，多为达官贵人喜爱的娱乐活动。汉武帝去泰山封禅，又在辅地区的各宫殿游乐，必蹴鞠为乐。皇帝喜爱自然产生了专门侍奉皇帝的踢球人员。蹴鞠属于统治阶级的审美趣味，也就导致了讨好或者批评皇亲国戚的各色人物，如秘书监杨璬、太常卿武崇训便以蹴鞠讨好唐中宗第三子节愍太子。唐武宗好蹴踘、角抵，铉切谏，帝褒纳之。

从汉朝开始，蹴鞠的军事性质已经发生了改变，即使在军营之中开展也是作为一项嬉戏活动。卫青领兵作战，士卒缺粮，骠骑将军仍画定球场踢球游戏，就已经不是军事训练的内容了。到了金、辽、宋时期，蹴鞠已经变为一种外交接待礼仪，如："自到阙朝见、燕射、朝辞，共赐大使金千四百两，副使金八百八十两，衣各三袭，金带各三条。都管上节各赐银四十两，中下节各三十两，衣一袭、涂金带一条。使人到阙筵宴，凡用乐人三百人，百戏军七十人，筑球军三十二人，起立球门行人三十二人，旗鼓四十人，并下临安府差；相扑一十五人，于御前等子内差，并前期教习之。"[20]

《金史》记载皇后册封的仪式，亦有蹴鞠表演，以上史料已述。

蹴鞠从宋代以后逐渐衰亡，"更有蹴鞠打球射水弩社，则非仕宦者为之，盖一等富室郎君风流子弟与闲人所习也。"明朝蹴鞠直接成为女子取悦男子的手段，与赌博淫乐联系在了一起，时常将张士诚蹴鞠玩乐不理政事作为例子。唐以前蹴鞠虽然屡次更换比赛方式，如去掉球门，但是基本还是一项赛事活动；宋朝以后，蹴鞠基本上成为一种礼仪和杂耍的表演；明朝以后，蹴鞠就彻底成为一项娱乐活动了。于是乎，我们能够看到的是，蹴鞠产生于军事，其娱乐性质使其高度发展，而其娱乐性又与玩物丧志联系在一起。

蹴鞠在古代为皇帝贵族喜爱的游艺活动，其后逐渐沦落成为声色玩好之具。近代对蹴鞠的认识已有改观："世家每有戒，子弟不得蹴鞠、放风筝者，以为此鄙俚之事，此则殊为谬见。蹴鞠、放风筝既为小儿之所喜，又与卫生亦有关系，宜为小儿适宜之游戏，彼之以此为鄙俚之事者，特以一种不正当之阶级思想使然，盖贫儿之为此等游戏者甚多也。"[21]这里把蹴鞠视为一种积极向上的游戏活动。

二　古代蹴鞠与现代足球

近代西方足球传入中国以后，蹴鞠与足球的关系，遂成为近代学者研究评论的焦点，引起了社会的广泛关注。刘向《别录》言："足球为西国所尚，而在吾国则为四千年前之蹴鞠。"《史记·苏秦列传第九》言："临菑甚富而实，其民无不吹竽鼓瑟，弹琴击筑，斗鸡走狗，六博蹋鞠者。"有关足球起源之英式足球实为中国古代之蹴鞠的说法，近代媒介的足球评论、报道、研究皆有评述。现在，经考察，国际足联认可了中国人的这一说法，正式将足球的发源地定为淄博。

然而，虽然蹴鞠被认定为足球的原始形态，但是其运动性质，与现代足球还是有些差别的：古代蹴鞠重娱乐，现代足球重竞技。如果从现代足球的视角、以竞技比赛能力来评价中国古代蹴鞠的话，就会得出中国古代蹴鞠水平较低的结论；反之，如果从中国蹴鞠的视角、以娱乐性来评价西方足球的话，我们也会得出西方足球文明程度较低的结论。

这是怎么回事儿？为什么中国古代产生了蹴鞠，而英格兰则产生了现代足球？这只能说明中国蹴鞠与西方足球的"根"所扎下的土壤是不一样的。从中国蹴鞠和英格兰现代足球的起源地或者地域来看，类似的游戏演变成了不同性质的运动，应该归因于不同文化的塑造。

众所周知，现代足球起源于苏格兰。因为苏格兰的盎格鲁撒克逊人一直保留着游牧民族的生活习性，所以，现代足球在某种意义上其实是对游牧民族野蛮的基因传承与文明延续。足球运动的粗野和暴力性质，从英国多次颁布的足球禁止法令中可见一斑。随后，从中产阶级的改良再到工人阶级的参与，足球的野蛮精神一直被保留在英式足球上。足球是让懦夫变成男子汉的运动，足球的传统性野蛮一直是英式足球的审美趣味。

蹴鞠作为军事衍生出来的游戏，是同人的生存实践需要密切结合的。中国是文明古国、礼义之邦，仁本礼用的儒家思想涵盖了社会的各个阶层，这在蹴鞠的发展中有所体现。例如，在汉代，蹴鞠还是与军事休戚相关的，比赛双方直接对抗；在唐代，蹴鞠分队比赛，中间隔门而非直接对抗，成了宴请的礼仪竞赛表演，最后蹴鞠技艺演化成了"球终日不坠"的踢技，实际上成了头、肩、背、胸、膝、腿、脚相互配合的杂耍表演，讲究球踢的高而又好看。这实际上都是"礼之用和为贵"与统治阶级娱乐需要相结合的产物，是礼仪文化塑形的结果，是一种娱乐性的"礼踢"。

文化的意义是深刻的，其深刻意义在于对人的终生难以察觉的影响，有润物细无声的效果；文化的影响是深远的，其深远影响在于不同民族的文化对同一事物的改造，会造成同根不同味的反差。而此正是中国蹴鞠与西式足球之性质不同的形成原因。

三　古代蹴鞠的文化再生产

1.　古代蹴鞠的军事文化再生产

蹴鞠在古代军事中占有重要的地位。正是蹴鞠在军事中的作用，才让蹴鞠文化具备了尚武元素。所以，我们在复杂的蹴鞠文化中不仅能寻找到礼仪文明的因子，也能够追寻到尚武的文化。这是蹴鞠军事文化再生产的基本依据。汉朝的《蹴鞠二十五篇》最早就是一部军事专著，是将蹴鞠应用到军事的指导用书，被班固的《汉书·艺文志》列为兵书，属于军事训练的兵技巧类（可惜后来失传了）。那么，我们能不能在现代的军事中将蹴鞠列为训练的一个部分呢？

蹴鞠的军事文化再生产，即是要根据现代战争的军事训练需要赋予蹴鞠一定军事属性，将军事训练需要和蹴鞠的特性结合起来，在蹴鞠的对抗性和竞技性中培养军人的尚武精神以及其他军事素质。

蹴鞠在古代曾经是一种军事预备役的训练手段，"士以弓马为务，家以蹴鞠为学"便是例证。古代处于冷兵器时代，两军对垒排兵布阵，军事训练主要是兵器搏斗和阵法对抗为主，蹴鞠作为军事训练的一个部分，蹴鞠场就是演武场，能够训练士兵奔跑摔跤的能力，是士兵体能储备和身体技能训练的重要组成部分。随着时代的变迁，现代军事现代化的发展，协同的高科技作战占据主导地位，战场作战的方式发生了巨大的变化。然而，无论作战方式如何变化，军事作战的主体永远是人，而只要作战主体永远是人，蹴鞠的军事用途就不会完全消失。

现代的蹴鞠，仍然可以作为训练士兵的手段。虽然不一定再像古代一样可以用来锻炼士兵的技能，但完全可以用来提高士兵的基本军事素质。从军事的角度来看，激烈的蹴鞠对抗比赛，仍然可以练武士知有材，培养其尚武精神。蹴鞠完全可以培养国民崇尚武勇的血性，维护国家战斗力。强悍的蹴鞠运动，完全能够培养人们积极进取、勇于担当、顽强拼搏等的精神意志，而此不但是战场杀敌、防身自卫的前提，而且也是支撑生命、成就事业、展示与体验人体生命之美的基础。

2.　古代蹴鞠的娱乐文化再生产

蹴鞠的娱乐文化再生产，是建立在其具有超越性、健康性的价值，以休闲、运动关照身体的基础上的。这种带有超功利的娱乐价值，乃是蹴鞠娱乐文化再生产的价值所在。蹴鞠的娱乐文化再生产，发展的不是古代淫乐性质的蹴鞠文化，而是一种积极向上的类似于足球项目所带来的体育娱乐体验。从当今的娱乐发展来看，娱乐的体验性和观赏性是大众文化最为盛行的两个特征。由于过度地吸引受众，媒介娱乐至死的传播理念以及不健康的甚至是为了娱乐而娱乐的议程设置方式，让整个社会充满了粗俗、庸俗、媚俗的文化风气，已经严重危及到了青少年的身心健康，引起了社会的重视，不利于和谐社会的构建和中国梦的实现。而蹴鞠的娱乐文化再生产，则完全可以避免这一问题的产生。

蹴鞠的娱乐文化再生产要着眼于两个层面。第一个是蹴鞠的娱乐表演。蹴鞠的娱乐表演，首先要促进体格的健康和人格的完善，使人们在蹴鞠的娱乐性中可以追寻到人运动的天性和自身价值的认同，将娱乐精神转化为一种健康的身体塑造，发展成为绿色的集娱乐与运动为一体的休闲活动。唯有如此，蹴鞠的娱乐文化再生产才不会消解古代体育文化厚重的祭奠，反而会在新的时代添加了高雅的健康色彩和内涵。第二个是蹴鞠的礼仪形式。在古代，蹴鞠是一种礼仪文化，其表演功能应用到了外宾的接待上，在皇家的礼仪中也占据一席之地。蹴鞠为世界广为接受，就是因为国际足联将其定为世界足球的原型，从这个角度上来看，在国家的礼仪接待仪式中可以增加蹴鞠表演。

3. 古代蹴鞠的竞技文化再生产

蹴鞠的竞技文化再生产，与军事文化再生产有一定的异曲同工之处，都要着眼于人的竞争性和对抗性。蹴鞠的最终发展告诉我们，蹴鞠恰恰因为缺失了竞技性，才导致了其湮灭在历史的长河之中。竞技性和规则性是两个相互依存的概念，要想竞技就必须有一定的规则，而规则的演化会决定竞技的变化，而蹴鞠的演化历程正是一个由规则性很强的项目变成了一个毫无规则的文艺表演，使其丧失了作为一项体育活动发展的价值。所以，蹴鞠的竞技文化再生产，首先要着眼于蹴鞠这项运动的规则制定，只有完善的竞赛规则才能激发人的兴趣。另外，在蹴鞠的竞技训练、比赛中可以培养球感、提高球技，这也会为中国足球的发展提供一种思路性的帮助。

蹴鞠的竞技文化再生产，还要产生一系列的不同级别赛事。一项运动只是停留在表演就会失去其存在的意义，竞技性才是体育教育功能的关键所在，人们在竞技运动中会培养品质、锻炼身体。近日，国家体育总局体育文化发展中心已经联合临淄市政府举办第一届蹴鞠推广比赛和夏令营活动，就是要发挥蹴鞠文化的竞技性特征，更好地推广蹴鞠文化。蹴鞠作为运动项目，能够让人全身心地投入到对于运动的体验中，而这种体验恰恰是追求积极向上精神的体现。任何文化都以其自身的再生产作为其存在与维持的基本条件，也是以其自身的再生产作为其存在与维持的基本形态。蹴鞠也不例外。发展蹴鞠首先是推广、展示，更重要的是让大家接受，如何接受就是将其趣味性和竞技性结合起来。从蹴鞠运动特点来讲，它具备安全性较高、表演性较强的竞技优势，这将会吸引很多家长和孩子参与这项古老的运动。

四　小结

蹴鞠的振兴可以与其的文化再生产合而为一。在今后的蹴鞠发展中，如何以淄博为中心将蹴鞠推广为全国或者部分省市的体育活动，将蹴鞠的娱乐功能、竞技特性和军事尚武精神发挥出来，就显得尤为重要。娱乐也罢，竞技、军事也好，对于蹴鞠的文化再生产来说，最重要的是要将其融入到教育中。蹴鞠的礼仪文化特性将是人生修养很好的表征，足球的娱乐表演将是深受人们喜爱的文化产业的重要增长点，蹴鞠的军事性应用也将是尚武精神最好的诠释。我们知道："文化再生产还不只是在于强调文化本身的自我创造精神及其生命力，而且在于强调文化的存在和发展的不停顿性、流动性、循环性，显示出文化的动态性存在性质及其自我更新能力。"[22]临淄具有丰富的蹴鞠文化资源和蹴鞠文化开发的经验，目前更重要的是要将蹴鞠打造成为城市文化的真正名片，将蹴鞠运动推向教育，走向学校，让更多地孩子接受到蹴鞠文化的熏陶。

注释

[1] 《二十五史》，中华书局，1996年，第2257页。

[2] 《二十五史》，中华书局，1996年，第2367页。

[3] 《二十五史》，中华书局，1996年，第2939页。

[4] 《二十五史》，中华书局，1996年，第2855页。

[5] 《二十五史》，中华书局，1996年，第1178页。

[6] 《二十五史》，中华书局，1996年，第577页。

[7] 《二十五史》，中华书局，1996年，第2837页。

[8] 《二十五史》，中华书局，1996年，第5320页。

[9] 《二十五史》，中华书局，1996年，第4263页。

[10] 《二十五史》，中华书局，1996年，第4974页。

[11] 《二十五史》，中华书局，1996年，第64页。

[12] 《二十五史》，中华书局，1996年，第2669页。

[13] 《二十五史》，中华书局，1996年，第9500页。

[14] 《二十五史》，中华书局，1996年，第11120页。

[15] 《二十五史》，中华书局，1996年，第892页。

[16] 《二十五史》，中华书局，1996年，第2627页。

[17] 《二十五史》，中华书局，1996年，第3694页。

[18] 《二十五史》，中华书局，1996年，第4951页。

[19] 《二十五史》，中华书局，1996年，第7794页。

[20] 《二十五史》，中华书局，1996年，第3359页。

[21] 恽代英：《家庭教育论（续前号）》，《妇女时报》1917年第21期，第6页。

[22] 高宣扬：《当代社会理论》，中国人民大学出版社，2005年，第31～37页。

韩国足球文化的变化过程之探讨

朴贵顺*

无论在东方还是西方，球类运动都已发展为以游戏为主的多种形态。中国古代也有名叫蹴鞠的球类游戏。中国的蹴鞠是一种用脚踢皮球的游戏，具体在何时出现尚不明确，但西汉刘向在《别录》中记载称蹴鞠为黄帝制作并已成为兵家练兵之法[1]。同时，司马迁在《史记》中记载称齐国几乎没有不会玩蹴鞠的人[2]。由此可以看出，蹴鞠作为军事训练的一个环节从战国时代开始出现，蹴鞠可称作蹴球、气球和戏球等。

之后，中国的蹴鞠传入古代韩国，以蹴鞠这一名称在普通百姓中间得到广泛普及。在韩国的三国时代，广受欢迎的蹴鞠传入日本，并由此出现了新的球类运动，那便是被称作蹴鞠（けまり）的日本传统球类运动。

日本的蹴鞠与中国和韩国略有不同，在四边形赛场的每个角上都各树一根木柱，在木柱圈定的区域内，八人为一队，同一队的人员用脚踢动球前进。

中国与韩国、日本三个国家虽然同属汉字文化圈，但使用的汉字各有相同，不过蹴鞠这一运动的汉字名称完全一样，运动的具体形式上虽然略有差异，但共同点在于都是擅用脚进行的球类运动。值得一提的是，三个国家的蹴鞠运动中都不能用手，这一点与世界其他地区的球类运动明显不同。

西方的球文化主要有历史最悠久的澳大利亚维多利亚州原住民的曼古鲁克（Mam Grook）运动，该运动历经数千年发展至今，广受欢迎。也有报告称中部美洲地区最早使用橡胶开发制造出有弹性、能弹起来的球并在游戏中使用，尤其是该地区当时是全世界唯一生产橡胶的地方，在1000年左右，发明了加黄法并运动到球的制造中，使球结实有弹性[3]。

欧洲地区也有以古希腊和古罗马为中心的独特的球类文化。古希腊有一种叫做Episkyros的球类运动非常盛行，该运动被认为西方历史最悠久的古代足球，时间可以追溯到公元前7世纪到6世纪。古希腊境内从这一时期开始盛行一种与现在的足球类似的运动，称作episkyros或Phaininda等。这种运动的比赛方式为每个队伍有12到14名队员，队员们站在中心部分画着大圆的运动场上，互相对抗并把守本队阵营的底线。随着古希腊文明的衰落而出现的古罗马境内同样非常盛行球类游戏和活动，代表性的球类运动有Harpastum。

相比古希腊的episkyros，古罗马Harpastum的运动特性在于：在培养个人与集体的战斗性和组织能力以及团体精神方面即具有军事上的训练价值。Harpastum大约在公元前3世纪出现，是罗马人非常喜爱的运动，并通过该项运动培养强健的罗马帝国士兵。与古希腊episkyros以普通人群为中心广泛普及不同，古罗马的Harpastum主要是训练罗马军人的运动，由罗马军队

---

* 朴贵顺：韩国灵山大学。

传承普及。也正是因为由军队传承普及，该运动的比赛非常残酷激烈，甚至不亚于战争的激烈程度。

之后经过了中世纪欧洲时代，一种叫做 melee 或 mellay 的运动广为普及。该运动的用球是将动物膀胱鼓起膨胀制作而成，比赛时可用脚踢球或用拳击球，也可带球前进。至今在意大利的佛罗伦萨仍有从 14 世纪流传至今的 calcio（意为"踢球"）运动。中世纪欧洲的球类运动不是特定的少数人参加的运动，而是村庄等命运共同体的全体成员共同参加的集体运动，统称为集团足球（Mob Football）。如果不分地域和时期来看，深受中世纪欧洲人喜爱的集团足球来源于战争，它本身就是对实际战斗的一种模仿。如果再说得夸张一些，比起中世纪时期，古代的球类游戏能使人联想起按照一定形式进行的集体舞和祭礼（www.sportnest.kr）。

在英格兰，有村庄全部人员参加的忏悔节足球赛（Shrovetide Football）。在爱尔兰，独特的民俗运动盖尔式足球（Gaelic Football）是最具人气的运动。在法国，通常在秋收之后进行，可以动用身体任何部位把用麦皮和干草填充的球投进对方区域的 Soule 比赛十分盛行 [4]。

这种球类游戏不论在东方还是西方都非常盛行，但是每个球类游戏中包含的文化属性以及民族历史背景各不相同。中国的蹴鞠和罗马的 Harpastum 更多的是以军事训练为目的，中美洲的球类游戏则以祭祀仪式为中心形成，中世纪欧洲地区的球类运动发展成为可以体现共同体意识的形式，之后经过产业革命，随着阶级分化的出现继续发展。

类似蹴鞠的这种球类文化在发展的过程中逐渐地具有了游戏性、军事性、祭礼仪式和共同体意识等，到近代以后随着社会阶层分化，相应地也应具备了民族主义和商业性目的等文化属性，并以此不断发展。

韩国的蹴鞠文化也没有脱离这种文化属性。因此，本文将分析韩国蹴鞠文化的时代发展状况，并探究蹴鞠文化包含的文化属性。本文对三国时代与蹴鞠相关文献的考察和对近代以后蹴鞠发展状况的分析部分，将以康俊晚提出的从韩国开化期到挑战世界杯的主题分类法进行分类研究 [5]。

一　韩国的蹴鞠

1. 韩国蹴鞠的历史与特征

韩国对蹴鞠最早的记录在《三国史记》中，新罗本纪文武王条中写道，庾信（595～673 年）与春秋公（604～661 年）一起玩过蹴鞠。《三国遗事》的《太宗春秋公》中也有金庾信与金春秋一起玩过蹴鞠的记载。同时，金大问记录花郎历史的《花郎世记》中也有 6 世纪初新罗出现蹴鞠的记载。

此外，中国的《后汉书·高句丽》中也有高句丽人玩蹴鞠的记录。通过这些记录可以推定，在 1 世纪、最晚 3 世纪前韩国已经出现蹴鞠。蹴鞠作为一种概念用语，本义是包括踢球在内的球类游戏整体。根据游戏形式来划分，蹴鞠主要有两侧挖孔将球入孔式、两端设置球门将球入球门式以及和今天的踢毽子类似的形式等。

将草或动物的毛、皮、膀胱等制作成圆形并用脚踢着玩这种现象由来已久，中国的《旧唐书·东夷传》记载："高句丽人能蹴鞠。"

中国隋朝的史书《隋书·百济传》中记载称，投壶、围棋和弄珠等游戏渐盛。根据《三国遗事》，新罗人把蹴鞠称作"弄珠之戏"。可以推测，在百济盛行的弄珠虽然也可能就是蹴鞠，但与蹴鞠不同的是，弄珠是用两手将多个球同时抛向空中并接住的游戏。弄珠也称弄丸，收录在《三国史记·乐志》内容以及崔致远所做的五首诗《乡乐杂咏五伎》之一的"金丸"其实就是弄丸。制作于5世纪的高句丽江西水山里的古坟壁画中出现的能手们将多个球同时抛向空中并反复抛接，由此可以推定，崔致远诗中出现的金丸和这种形式类似。这种游戏在高丽时期也是娱乐（杂戏）中的一种，朝鲜时期腊月三十日进行的傩礼（驱鬼祭）中也经常出现。当时与弄珠和弄丸一起盛行的球类游戏中还有一个是马球。马球在当时的渤海和新罗非常盛行，它可能并非由唐朝传入，而是从中亚经蒙古草原传入高句丽，但目前尚未能找到能证明这一点的证据。根据《日本后记》的记载，822年正月，渤海的使臣王文矩在日本宫廷里尝试推广马球。渤海时代马球受到欢迎的证据如下图（图一）所示，在三代文王的四女儿贞孝公主（751～791年）的墓穴壁画上画着手持马球的人。

这副壁画再现了渤海人的形象与文化，是非常宝贵的资料，该壁画中不仅可以看到手持马球的人，也可以从公主墓里的壁画上也刻着马球这一点推断马球在当时的渤海非常盛行。

新罗没有与马球有关的记录，但是庆州九政洞方形坟的角柱上刻着一个西域人手持马球的样子，由此可以推断出当时在唐朝非常流行的马球在新罗也较为流行。之后《辽史·肃孝忠列传》中记载称，因玩马球可以增强武艺，1038年马球在渤海

图一　贞孝公主墓的壁画

（资料来源：http://blog.naver.com/csred7）

被禁止，渤海人被禁止涉足马球。马球对骑马技术与其他各项能力要求很高，需要强盛的体力和爆发力，因此可以适用于武艺训练，禁止渤海人涉足马球体现了辽国人担心渤海游民通过马球熟练掌握武艺从而发动叛乱的心理。可以用作习武的马球在高丽时代和朝鲜时代作为一种军事训练方式和游戏得到广泛普及。

《高丽史》中有恭愍王观看掷草戏的记录，该游戏被认为是投球游戏。掷草戏非单纯的掷草游戏，据推测，该游戏是将草团成圆形状并用绳子编扎成和今天的小皮球类似模样的球、然后掷球并接球的游戏，与现在的手球较为相似。草团球虽然不像橡胶球一样有弹性，但是仍可以按照抛掷并接球的方式进行游戏。其他有关高丽时期出现的球类游戏的记录有《高丽史·乐志》中对唐乐抛球乐的记录以及《乐学规范》的抛球乐等等。根据这些记录，游戏时设置球门，一边跳舞一边每个人轮流向球门投球，如果球通过球门则唱歌跳舞以庆祝战绩，如果球未能通过球门，则在额头上贴上墨点，颇有趣味。

但是，韩国的蹴鞠在高丽时代以后没有得到大的发展。只是通过李奎报（1168～1241年）

的诗文集《东国李相国集》中记载的诗句里可以看到蹴鞠的痕迹。

气满成球体，因人一蹴冲。气收人亦散，缩作一囊空。

高丽时代的这种蹴鞠是将动物膀胱或胎盘充气鼓起并将球踢高、形式与踢毽子较为接近的一种球类游戏。在文献记录中没有找到将球踢进球门方式的蹴鞠。

这种球游戏也传到了朝鲜时代，在韩国代表性综合武艺书籍《武艺图谱通志》中的马球部分记载称，初学之时强调"球"字，球与今天的球大致相同。过去也有用毛编成的球，主要是向牛的膀胱里注入空气做成球。1849 年，洪锡谟在其编纂的记录年中活动与风俗的岁时风俗集——《东国岁时记》中做了如下记载：

年轻人多玩蹴鞠游戏。球如大弹丸大小，上面插有野鸡毛。两人相对而站，相互接球与踢球，用脚接球并使球不掉落地上即可称为技术好。

同时，在他的《汉诗集》中，"轮流用脚接踢一个球 / 球从多个路径升上 / 不掉落并能连续踢的 / 即是最好的技术 / 该游戏是兵卒等的游戏 / 自古传至今"，描述了球运动的场面。

通过这些记录可以知道，从三国时代一直到近代，有多种多样的球类游戏，并且广受欢迎。朝鲜时代的记载中出现的蹴鞠虽然与现在的踢毽子颇为相似，但也略有不同。在球面插上羽毛的蹴鞠叫做蹴雉球，蹴鞠有踢球、踏鞠等多个名称，主要作为生活风俗的一种形式发展而来。

罗绚成（1969 年）通过对《东国岁时记》里记述的以下内容对朝鲜时代的蹴鞠的形态进行了分析。

丁壮少年者，以蹴鞠为戏，如大弹丸，上插雉羽（中略）

这里提到的大弹丸和今天的皮球大小一致，最初由毛发或糠填充制成，在逐渐得到发展之后，注入空气制成气球使用。当时使用的球的形态和大小通过参考韩国国立博物馆收藏的玩石和团石一览表得出，并以此分析出了朝鲜时代使用的蹴鞠形态。

表 1　蹴鞠的大小和形态

琬石	别大琬球	大琬球	中琬球
内圆径	1 尺 8 寸 5 分	1 尺 3 寸 5 分	1 尺
团石量	120 斤	45 斤	35 斤

资料出处：罗绚成（1969 年），韩国蹴鞠·马球考，韩国蹴鞠·马球攷，精神文化研究院，p.145。

通过（表 1）可以知道当时蹴鞠的大小和形态，同时，比赛方式并不像现在一样有着完整的规则，而且主要在宽阔的运动场、没有球门的草地或者秋收之后的田地等场地进行。场上一般分为两队，互相抢球将球掌控在自己队伍手中，在场地两端划有终点线，运球并看哪一队将球踢到线外。同时也有设置球门进行游戏的方式，其中在运动场两端各设一个球门、每个队伍把守一个球门并试图将球投进球门的方式与现在的足球非常相似，还有一种是在运动场中间设置一个球门，两支队伍隔门相对，在球门下方挂着网以确保球不会由此通过，这与今天用脚踢的足排球的形态相似。此外，和古文献中记载的一样，使球不落地、长时间互相踢球和接球的方式也非常普遍。

1882 年西方的足球经由仁川传入韩国之后，以踢毽球为主要形式的蹴鞠逐渐发展成为设置球门将球踢进球门的现代足球。由此，本义包括踢球在内的整个球类游戏的蹴鞠成为踢球、传球和投球等多种运动形式的总称。蹴鞠的种类多样，且各具特色，韩国的蹴鞠主要可以分为以下几种形式：

第一，运动场两侧挖孔将球投入孔内

第二，运动场两端设置球门将球投进球门

第三，与现在的毽球类似的形式

上述三种形式中的第一种和第二种主要用于军事训练，第三种在普通人群中间得到广泛普及，因此可以说蹴鞠是通过与今天的毽球类似的形式得到普及与发展的。

如上所述，韩国三国时代之后的渤海和统一新罗时代蹴鞠盛行，蹴鞠这一概念也包含了原意为骑马打球的马球。进入高丽时代以后，真正意义上的马球出现并得到发展，发展的原因在于马球被认为有助于骑兵提升技术增进武艺。也就是说，在后三国时代逐渐发展起来的马球到了高丽时代，在提升骑兵武艺以防范擅长骑射的北方民族的入侵方面具有非常重要的作用。同时，朝鲜时代的蹴鞠因球的表面插有羽毛被称作蹴雉球，有踢球、踏球等多个名称的蹴鞠作为通常在冬季进行的岁时风俗发展而来。

2. 韩国民间蹴鞠的特征

如上所述，马球的发展普及使得主要用于步兵训练的蹴鞠逐渐衰落，但是马球的发展却成为蹴鞠在民间广泛普及的良机。进入朝鲜时代，蹴鞠在全国范围内得到普及，并开始成为一种青少年喜闻乐见的游戏。不过，在发展过程中其主要形式为用球制作的毽球和用铜钱制作的毽球，一直到朝鲜时代后期，都是一种受到孩子们热爱的冬季习俗。

蹴鞠的另一种形式是草球，男孩子们冬季在水田里踢一种用草做的球，男孩子们或大人们分为两边，在秋季收完稻谷后干涸空旷的稻田里像踢足球一样踢球娱乐。踢草球和现在的足球一样，在一定区域内的两端各设一个球门，一方向另一方球门进球，进球数多的一方获胜。踢草球没有特别的用语，不过在庆尚南道河东郡岳阳面平沙里的孩子们一般说"去踢足球"的时候，通常是指多人聚在一起踢草球，通过此可以推定其用语。他们的游戏方式大致如下：首先，分为两边，每边固定人数。虽然没有明确规定每边几人，但通常会平均分配使两边人数相同并设有守门员。没有专门设置立体式球门或用作球门的石堆，只是在相应区域画着标示线。同时，在场地中央也设有签子，像现在的足球场一样在场地上画着标示线。守门员可以抓到球并且在大部分时间把守着球门。草球如果飞出场地线外，则需要重新起球，场上没有专门的裁判，球如果进入球门内则得分。比赛通常进行得非常激烈，有时甚至会出现打架等情况使场面变得十分混乱。踢草球没有设定比赛时间，可以一直踢下去，进球多的一方获胜。计分方式主要是在一块地面上用长杆画线计分，进几个球画几条线，也有用小石子计分的方式。

一般多是年龄在十五岁左右的孩子一起玩，年龄稍大一些的孩子则自行聚在一起拿着兄长制作的草球玩。有时候年龄超过十五岁的孩子们也会叫着弟弟们，有时候也会打架。在此之前蹴鞠主要以城市为中心在全国推广普及，踢用猪膀胱制作而成的球这种运动主要以城市为中心普及，此外农村地区在秋收以后也踢草球娱乐。农耕时代韩国人用草做成多种工具使用，其中用草做成球使用是踢草球这项运动的源头。因此可以说蹴鞠直到朝鲜末期都是一种深受孩子们喜爱的冬季风俗。

踢草球运动的工具自然是圆形的草球，草球是用细绳扎城圆形网状、然后内部用草填充制作而成的球，放入草并将外部固定好后里面的填充物就不会漏出，而且即使徒手击球也不会觉得疼。踢草球主要在水田、空地或胡同小路上进行。场地上设有用草编扎成的小圈或其他标志物，游戏进行时力争使球对准标志物，有时候并不设置专门的标志物，直接在地上画线分出区域然后力争将球踢入。踢草球在农耕文化形成之后出现，通常在晚秋时节结束了稻谷收获之后的开阔空地等类似场所进行，主要是游戏性质，也有与前后村一起进行激烈的比赛，当然，这种比赛是结束了辛苦的农活之后一起分享喜悦的庆典，具有游戏娱乐的性质。

二 韩国近代足球的引进与普及

1. 开化期与日本统治下的足球引进与特征

进入 19 世纪以后，朝鲜王朝急剧衰落，主张引进西方文明的势力日渐壮大，最终迎来了韩国历史上的激变时期——开化期（1876～1910 年）。这种变化也给政治、社会和文化方面带来了划时代的重要变化，同时，以体育为中心的身体文化也发生了巨大的变化。

这其中，足球是最早被介绍到韩国的西方近代体育项目。目前的观点普遍认为，1882 年在仁川港登陆的英国军舰"飞鱼"号的船员们最早将足球传入韩国。也有另一种观点认为，1890 年官立外国语学校的教师们将足球引入韩国，而且其实 1896 年左右足球就已经被指定为外国语学校运动会的比赛项目。之后，外国语学校出身的翻译官们在 1897 年组成了最早的足球队——大韩掷球俱乐部，这可以说是韩国足球队的开端。截至目前，韩国有记录的最早的足球比赛是 1899 年 5 月在东小门外的三仙坪上进行的皇城基督教青年会与五星学校之间的比赛，最早的公开比赛则是 1905 年 6 月 10 日在首尔训练院举办的大韩体育俱乐部与皇城基督教青年会之间的比赛 [6]。

之后，足球在一般大众之间传播，并逐渐扩散到韩国全境。1910 年到 1920 年之间，在日本帝国主义的强力镇压之下足球在韩国面临萎缩的考验，日本因担心许多观众聚在一起会引起骚乱实行了强硬的武力统治政策。1919 年 3.1 独立运动之后，日本逐渐改变统治策略转为实行文化统治政策，这一改变使得紧张气氛有所缓和，并从 20 世纪 20 年代开始得以开展正式的体育活动。在这种氛围之下，于 1921 年举办了最早的足球大赛，1925 年成立了朝鲜足球团并于第二年（1926 年）开始赴日本参加比赛，这次比赛朝鲜团取得了 5 胜 3 平的惊人战绩，证明了朝鲜足球的强大并给日本足球界带来了巨大的冲击。

在日本占领时期朝鲜运动员非常活跃的原因在于京平足球。当时朝鲜的首都京城和平壤有很多足球俱乐部，两个城市都认为自己可以代表朝鲜，在足球领域也展开了较量。1929 年 10 月，在徽文高普举行的京平足球通过多种形式一直持续到 1935 年 4 月。这次京平大战持续了五年时间，共进行了 19 场比赛，并在 1946 年继续举办，但是随着南北两端的分裂就此中断。之后韩国足球以延禧专门大（今韩国延世大学）与普成专门大（今高丽大学）之间的大学足球对战而受到关注。同时，在足球行政方面，于 1933 年成立了朝鲜足球会，不过其活动受到很多限制，代表性的例子有在日本统治之下甚至无法加入国际足联。1948 年，随着国家的解放，朝鲜足球协会改名为大韩足球协会，并于同年加入国际足联。

京平足球作为两个地区的角逐站，其中蕴含了强烈的竞争意识，被认为是韩国足球发展的促进剂。当时通过京平足球，不仅提升了足球实力，也在全社会形成了在多领域寻求突破提升的积极氛围。足球在增强民族意识方面做出了一定的贡献，同时也培养了在所有与日本人进行的足球比赛中绝对不能后退的斗志。为了应对 1936 年的柏林奥运会，日本在 1935 年专门举办了旨在选拔国家队选手的全日本足球锦标赛，在本次比赛中朝鲜足球团获得了冠军，但是日本足球协会反悔，先是取消了选拔计划接着又宣称通过其他比赛选拔队员，不过在这次比赛中朝鲜足球团也获得了冠军，无奈之下日本选拔了两名朝鲜球员。之后朝鲜选手的优秀得到认可，38 名球员得到选拔并活跃在赛场。但可以想见，忍受着亡国之辱进行比赛的朝鲜球员的内心是非常痛苦的。为了消除这种悲伤，球员们以不屈的斗志投入比赛，这可谓是和拼了性命的独立运动一样惨烈的比赛。

韩国的近代史从旧韩末期持续到日本统治时期，这一时期，教育系统和城市文化使足球来到韩国并逐渐扎根。1882 年的壬午军乱之后，英国为了支援正与自己结成同盟的日本军，将军舰"飞鱼"号驻扎在济物浦港，这些舰船上有水兵，他们具有典型的英格兰风范，除了武器和事物，也带着足球来到了东亚。他们从港口下船休息、踢球，在这种氛围下，足球作为以一定的规则和技术为基础的运动，以仁川为中心在韩国开始普及。

之后韩国在日本帝国主义的侵略下遭受了丧失主权的耻辱，被压制的民族感情开始寻找着一个突破口，1920 年的朝鲜足球逐渐成为一种能体现求胜信念与健儿们英勇品质的文化活动。当然，当时最高的信念在遭受日本压制的历史背景下升华为了民族意识。不过，左右着足球的并不只有这种情感，足球场也已经成为发达的城市文化之间竞争以及都市平民发泄疲惫、孤独和血性的场所。

2. 困难之中燃烧的足球热情

1945 年取得民族解放，1950 年随着同族相残的朝鲜战争的爆发，韩国的体育陷入了停滞状态，足球也同样遭遇了萧条时期。韩国战争带来的伤痕很深，但是也点燃了奋发向上再度崛起的热情，足球则是从 1954 年 3 月的瑞士世界杯远东地区预选赛开始崛起。比赛的对手是带给韩国 36 年国耻的日本队，第一轮比赛在东京进行，因为当时李承晚政府实行坚决不允许日本人踏上韩国领土的方针，所以接下来的第二轮比赛也在日本进行。同时，李承晚政府限制出国参赛，当时的韩国国家队主教练李尹亨立下"如果不能战胜日本，队伍全部人员都跳入朝鲜海峡"的军令状之后才勉强获得批准参加比赛。比赛中韩国队取得大比分 5 比 1 的压倒性胜利，在摆脱日本殖民统治之后的第一次对决中就取得大胜，这带来了巨大的鼓舞，并最终拿到了该预选赛唯一一个名额参加了瑞士世界杯。然而，瑞士相距遥远，需要近 48 个小时的路程，且搭乘的是美军专机，因此球队的所有人员不能同时前去参赛，最终只有主教练和部分队员共 12 人参加了比赛。因为战后困难的经济状况，队伍未能提前到达当地进行适应性训练，最终在比赛开始前 10 小时才到达当地。在世界杯比赛中受挫的韩国足球在 1956 年的亚洲杯上再次迎来的崛起的良机 [7]。最终在这次第一届亚洲杯上获得了冠军，这成为韩国足球再腾飞的一次良机。值得注意的是，韩国在和日本的比赛中必须要拼尽全力争取胜利，一旦输球就要忍受巨大的批评和责难，韩国国民也并不把与日本的比赛单纯地看作一场竞技体育比赛，与日本的足球比赛更多地被看作是洗刷过去历史耻辱的代理战，是一场胜负关系着民族情感的惨烈"战争"。

此外，也有人认为韩国足球发展的原动力来自韩日之战，在这场大战中必须要战胜历史宿敌日本，如果输给日本韩国国民将毫不留情地批判，而球员们也惴惴不安地恨不得找个地缝钻进去，这也成为韩国足球发展的原动力。

3. 政府主导下的足球中兴与专业足球的兴起

李承晚下台以后，韩国进入了朴正熙执政时期，军人出身的朴正熙总统将巨大的足球热情运用到政治上的做法广为人知。1957 年，马来西亚开始举办默迪卡杯足球赛，只要是比赛日，韩国万人空巷，所有人都高度紧张地关注着比赛结果，足球俨然成为韩国的国民运动。

尤其是 1966 年朝鲜队在世界杯闯进八强强烈地震撼了韩国国民和政府，在体制对立到达极致的时期，朝鲜足球的挑战可谓是当头一棒，朴正熙政府将其视为无法接受的冲击，当时的韩国中央情报部也对真相展开了调查，足球专家们则主张只有将优秀的球员纳入一个队伍进行训练才能组建更加强有力的国家代表队。

这一主张获得认可，1967 年 1 月在当时掌握核心权力的中央情报部的主导下，阳地足球团成立。阳地国家代表队受到国家的大力支援参加了各种比赛，1969 年获得了为期 105 天的移师海外训练等破格待遇，之后阳地足球代表团因政治变动于 1970 年解散 [8]。

随后，朴正熙总统为了将国民注意力转移到足球上来，设立了以自己姓名冠名的比赛。1971 年举办了朴大统领杯亚洲足球大赛，该大赛也简称为朴氏杯。

这一时期值得注意的另一个焦点是韩朝之间的对决，朝鲜和韩国都希望在所有领域牵制对方，尤其在足球领域因为有历史上著名的"京·平足球"对决，使得韩朝之间的对战更加敏感也备受关注。

1978 年在泰国曼谷举办的第八届亚洲杯的决赛中韩国与朝鲜相遇，这场比赛是南北分裂以后两个国家代表队的首次正面交锋。这场比赛中，两个队伍都拼尽全力争胜，最终双方打成平局，成为并列冠军，两个队伍也上演了共同登上领奖台的温暖场景。

如上所述，韩国足球受到当时政治意识形态的影响，在政府的主导下得到发展，并在韩国全体国民的声援追捧中逐渐成为国民运动。1979 年朴正熙政权落幕，随后出马的全斗焕政府积极利用体育进行政府宣传。全斗焕总统个人也非常喜欢足球，但他并不将此局限为个人兴趣，而是将其体现在了国家政治中。首先，他为称作超级联赛的专业足球的产生与发展做出了贡献，并吸引了当时韩国的一流企业参与其中。虽然也有指责称全斗焕政府的这种先导性政策蒙蔽了国民的双眼，但可以说以足球为首的整个韩国体育在这一时期都取得了飞跃式发展。

4. 迈向世界杯

1982 年未能进入西班牙世界杯正赛的韩国足球迎来了新的变化，其中之一就是期待已久的专业足球正式开始运行，并实行主客场制以推广足球。迈出的第一步即取得成功，韩国足球也由此迎来了新的转机。

1983 年 6 月在墨西哥举办的世界青少年锦标赛上，韩国青少年足球队更是一举闯进四强，得到了全体韩国民众的密切关注，在当时也一度昭示着韩国足球的美好未来并引起强烈反响。

1986 年，墨西哥世界杯拉开帷幕，韩国队志在重返阔别 32 年的世界杯正赛。巧合的是，预选赛最后一场的对手是日本队，在日本的比赛中韩国队以 2∶1 取得胜利暂时处于有利地位，随后在首尔的比赛中韩国队再次获胜，时隔 32 年再次进入世界杯本赛，全体韩国人目睹了这一瞬间也见证了韩国足球再次进入世界舞台的壮举。同时，女子足球队也于 1985 年成立，虽然女队隶属于韩国足球协会，但正式建队到 1990 年才基本完成，

韩国足球参加了 1990 年意大利世界杯、1994 年美国世界杯和 1998 年法国世界杯，在世界赛场上，韩国队深切地感受到与世界足球的差距。特别是取得世界杯首胜和闯进 16 强曾是韩国队长期以来的夙愿。2002 年韩国与日本共同举办世界杯并闯进世界杯四强的壮举将全体韩国国民紧紧地团结在一起，特别是红魔啦啦队也正式形成，本次世界杯之后韩国的优秀球员开始正式进军国际足坛，其中朴智星通过荷兰主帅希丁克先后赴日本、荷兰和英格兰足球超级联赛踢球，并成为明星球员。

2002 年世界杯四强的神话并不仅仅停留在体育领域，也鼓舞着韩国国民团结一致不断挑战以实现伟大的梦想。可以说，足球在韩国是一种蕴含着的民族郁愤、困难、独裁政权下的痛苦和迷茫、对未来的挑战和迈向梦想的热情的文化。

三　结　论

球类游戏不论在东方还是西方都非常盛行，但是每个球类游戏中包含的文化属性以及民族历史背景各不相同。

类似蹴鞠的这种球类文化在发展的过程中逐渐地具有了游戏性、军事性、祭礼仪式和共同体意识等，到近代以后随着社会阶层分化，相应地也具备了民族主义和商业性目的等文化属性，并以此不断发展。

韩国的蹴鞠（足球）文化也没有脱离这种文化属性。因此本文通过分析韩国蹴鞠文化的时代发展状况分析了蹴鞠文化中包含的文化属性。

韩国三国时代之后的渤海和统一新罗时代蹴鞠盛行，蹴鞠这一概念也包含了原意为骑马打球的马球。进入高丽时代以后，真正意义上的马球出现并得到发展，发展的原因在于马球被认为有助于骑兵提升技术增进武艺。也就是说，在后三国时代逐渐发展起来的马球到了高丽时代，在提升骑兵武艺以防范擅长骑射的北方民族的入侵方面具有非常重要的作用。同时，朝鲜时代的蹴鞠因球的表面插有羽毛被称作蹴雉球，有踢球、踏球等多个名称的蹴鞠作为通常在冬季进行的岁时风俗发展而来。

同时，民间也非常盛行一种踢草球的游戏。踢草球在农耕文化形成之后出现，通常在晚秋时节结束了稻谷收获之后的开阔空地等类似场所进行，主要是游戏性质，也有与前后村一起进行激烈的比赛，当然，这种比赛是结束了辛苦的农活之后一起分享喜悦的庆典，具有游戏娱乐的性质。

1882 年之后，随着近代足球的引进，朝鲜的球类游戏也发生了巨大的变化，从蹴鞠这一概念迅速发展成为近代足球。近代以后，足球在全世界范围内都不仅仅是一种体育运动，而是如富兰克林·弗尔所说那样，足球是人内心蠕动的欲望和野蛮的战场。炽热的目光、凶狠的抢断以及血汗交加的身体碰撞都是足球的魅力所在，而这种状态也是人最真实的本性。

可以说，足球在韩国是一种蕴含着的民族郁愤、困难、独裁政权下的痛苦和迷茫、对未来的挑战和迈向梦想的热情的文化。

注释

[1] 蹵鞠者，传言黄帝所作，或曰起战国之时。蹋鞠，兵势也，所以练武士，知有材也，皆因嬉戏而讲练之。

[2] 临淄之中七万户。臣窃度之，不下户三男子，三七二十一万，不待发于远县，而临淄之卒固已二十一万矣。临淄甚富而实，其民无不吹竽鼓瑟、弹琴击筑，斗鸡走狗、六博蹋鞠者。

[3] David Goldblat 著、徐强目、李正神、千智贤译：《足球的世界史（The Ball is Round）》，实践文化史，2014 年，第 37 页。

[4] John Fox 著，金在成译：《The Ball》，黄牛座，2013 年，第 70 ~ 75 页。

[5] 康俊晚：《足球就是韩国——韩国足球 124 年历史》，《人物与思想史》，2006 年。

[6] 韩国体育史学会：《韩国体育史》，大韩媒体，2015 年，第 89 页。

[7] 金声远：《韩国足球发展史》，《生活知识丛书》，2006 年，第 21 ~ 24 页。

[8] 金声远：《韩国足球发展史》，《生活知识丛书》，2006 年，第 42 ~ 44 页。

日治时期韩国足球的展开过程之研究

金太阳[*]

随着 1876 年开放通商港口，西方文明传入韩国，在体育运动领域也引起了不小的变化。原来以传统武术、民俗游戏为中心的体育范围扩展到了体操、游戏、竞技运动等各领域。1894 年甲午改革之后，西式体育被正式选定为近代学校的教育课程[1]。当时西式体育包含了体操、田径、马术、游泳、棒球、篮球等各种近代运动项目，这些项目通过学校运动会、联合运动会等方式被大众所熟知，得以快速地普及[2]。

在这些近代运动项目中，足球是最早传入韩国的。1882 年（高宗 19 年）英国测量船飞鱼号（Flying Fish）驶入仁川港口，船员们为了开展业余活动下船到陆地上踢足球，这应该算是能在韩国看到的第一次近代足球运动[3]。从 1896 年开始，在外国语学校，足球作为一种学校体育活动被教授给学生，在运动会上足球也被选定为竞技项目[4]。在此之后，学校运动会、校际联合运动会等多种多样的运动会在各个学校开展，运动会的主要项目有跑步（田径）和踢球（足球）比赛等。在运动会的竞技项目中，足球是所有球类运动中最受欢迎的一种。

但是自 1910 年起韩国进入日治时期，日本为了防止韩国人的集体暴动，对体育竞技或者各种集会进行了严格地控制，因此足球运动的开展也受到了制约。当时日本对朝鲜的所有领域都进行了严酷的压迫和统治，因此和日本人进行公平的竞争在当时是完全无法想象的。但是就体育领域而言，在朝鲜人之间的比赛，或者朝鲜人和日本人间的比赛中，竞争在某种程度上是允许存在的。在日本统治下的朝鲜人在和日本人进行运动方面的竞赛时，胜利的取得与朝鲜民族在面对日本民族时优越感的发挥有直接关系。因此，当时大部分的韩国运动员在和日本运动员比赛时，都带有民族感情，也承受着与日本对战时必须取得胜利的巨大负担[5]。

在日本帝国主义强占期，日本统治体系的变化对韩国的足球事业虽然产生了一定的消极影响，但也有一定的积极影响，例如，学校足球运动发展活跃；普通人也可以组建足球俱乐部，开展足球活动；成立了与足球相关的协会，举办公开的足球大赛等。具体内容在后文中有详尽叙述。从 1928 年"朝鲜我式裁判协会"的成立开始，朝鲜足球的竞技能力、技术能力得以提升，比赛规则得以制定，这一切为朝鲜足球的进一步发展提供了立足点，1933 年朝鲜足球协会成立后正式举办足球大赛，这推动了足球运动的大众化，也为现代式足球运动的发轫奠定了基础。

在日本帝国主义强占期（日治时期）的韩国，足球已经不单单是一种竞技项目，它为韩民族提供了沟通的平台，通过和日本的比赛抒发民族情绪，提升民族意识。即使到了现在，当有韩国和日本的足球比赛时，韩国国民仍会非常重视，甚至于万人空巷。我想这仍然与弥漫在足球比赛周边的民族情绪不无关系。

* 金太阳：韩国灵山大学。

因此，在本文中，我将阐述日本帝国主义强占期（日治时期）韩国足球的发展进程，并进一步揭示韩国足球在体育史上的价值。自从日本帝国主义强占期（日治时期）足球引入韩国之后，虽然受到了日本的严酷打压，但是这一时期也为现代韩国足球的发展奠定了基础。因此本文收集分析了当时与学校足球及俱乐部的活动、足球相关协会的成立、正式足球大赛的举办等内容相关的文献资料，并进行了深入考察。

一　韩国学校及俱乐部足球队的活动

足球传入韩国之后通过学校或者足球俱乐部等形式得以普及。培材学堂、敬新学校、普成学校、徽文义塾等学校足球队和健康俱乐部、佛教青年会、戊午足球团等普通足球队对当时足球的大众化、组织化发展产生了巨大的影响。因此有必要了解这些学校足球队和俱乐部足球队所开展的活动对当时韩国足球运动的发展到底有何种影响。首先看看学校足球队的活动。

1. 学校足球队的活动

在1900年代的韩国，足球是一种很受欢迎的运动项目，因此培材学堂、敬新学校、普成学校、徽文义塾等学校相继组建了足球队，在各个学校里持续举办校级足球对抗赛。通过这种形式普罗大众正式开始了解足球。

1902年，培材学堂足球班成立。在当时，足球规则和人员数都没有确定，因此双方只要人数相同就可以比赛。并且，当时并没有像现在一样教授球员们传球、绊人等技术动作，因此如果球踢得高或者踢得远就会被评价为好的足球队[6]。1914年，培材学堂建起了正式门柱，即球门。球门的宽和高与现在球门的规格不同，球门两侧的立柱由竹子削制而成，而球门横梁则由两根木头连起来制成[7]。最初培材学堂建起的球门是白色的，但是不久后就改成了黑色。将球门漆成白色是因为，当时球门建立之初韩国正受到日本的深重压迫，因此学生们想通过足球表达自己在苦难中不屈不挠的自主精神和斗争意识，而白色则包含着韩国白衣民族的思想内涵，具有象征意义。但是日本警察要求，如果不拆除球门的话就不允许踢球，学生们最终迫于压力将球门的颜色换成黑色[8]。由此看来，培材学堂通过足球对学生们进行民族思想教育。培材学堂一直与徽文义塾等学校定期开展足球对抗赛，是当时所有学校足球队中的强者。

敬新学校成立于1886年，从很早开始就引进、普及西方近代运动。在第四任校长J.S盖尔牧师的斡旋下，1902年，敬新学校正式建立足球队。敬新学校自1905年到1920年的15年间主要开展校内足球活动，1921年首次参加第一届全朝鲜足球大赛，开始开展对外活动。1915年，敬新学校在与基督教青年学馆队的比赛中很遗憾地落败。受到刺激的敬新学校在两个月后重新组织比赛，并赢得了胜利。以此为契机，敬新学校迎来了足球的春天，成为主导中学足球队的一支强大力量[9]。

1906年成立的徽文义塾挂出了"强健的身体才有强健的精神"的标语，快马加鞭促进学生们德、智、体全面发展。1910年左右，徽文义塾足球队成立，因为当时学校没有体育场，因此足球队都是在东小门[10]外的三仙坪广场进行训练。并且，因为和培材、敬新、普成一起训练，因此有时它们之间也开展友谊赛。一直到1920年徽文义塾对足球的热情仍不断高涨，因此不顾学校运动场的狭小，按照年级在校内举办足球赛。足球赛的开展增深了学生们的友谊，促进了学生们的团结。徽文义塾在1920年下半年得到了宫内府的许可，扩建了操场，使之具备了足球、棒球、网球等体育项目的全套设施。在这之后，徽文义塾坚持不懈地参加包括全朝鲜足球大赛在内的各项比赛，并取得了良好的成绩[11]。

图一　开化期在三仙坪举办的足球比赛

（出处：京乡新闻 1978.1.4）

　　如下（图一）是开化期在三仙坪进行足球比赛的场景。

　　在图一中我们可以看到，身穿当时作为校服的韩服，脚穿草鞋，热情满满进行足球比赛的运动员们的身影。足球场上看不到球门和边线，人员数也没有确定，球赛只是以游戏的形式进行。

　　如上所述，学校足球队通过足球的形式旨在让学生拥有强健的身体和强健的精神，同时向学生们宣扬对日民族思想和民族意识。并且，作为向韩国普罗大众宣传介绍足球的起点，学校足球队为足球的发展夯实了根基。

2. 普通足球队的活动

　　沿着学校足球成长的脉络轨迹，那些在学生时代踢足球的人聚到一起踢球，便促进了社会足球，也就是普通成人足球的普遍化发展。他们主要聚集到普成高等普通学校的运动场踢球，在小小的运动场上往往挤满了运动的人。特别是以延禧、普成的专业足球运动员和毕业生们为中心的青年们经过多次聚会，最终达成一致，决定建立一个为实现社会发展和文化繁荣而献身的组织，于是1918年10月健康俱乐部成立了。当时加入健康俱乐部的人很多，会员数达到了200余名[12]。

　　健康俱乐部在地方足球比赛和第五届全朝鲜足球大赛中获得了胜利，活跃地开展活动。但是由于财政上的困难，以及相对于会员的数量来说运动场过于狭小等原因，健康俱乐部将会员分散到训练院、培材学堂运动场、普成学堂运动场等三个地方进行训练。分到三个地方的健康俱乐部会员们各自建立了半岛足球团、首尔青年会队等新的组织，由此健康俱乐部也成为一些大小足球队的母体。

　　佛教青年会的中坚力量由徽文义塾毕业的运动员构成，直到1924年解体以来，一直在活跃地开展活动。在创团之后，他们在很长的一段时间里一直保持着不败的记录，在全朝鲜足球大赛中他们两次获得冠军，三次获得亚军，与平壤戊午足球团也进行着持续的交流比赛[13]。佛教青年会在初期对韩国成人足球的普及和发展产生了深远的影响，优秀的运动员和教练辈出。

　　1918年在平壤，一些和外国传教士很亲近的人聚到一起，想通过青年和学生们共同喜爱的足球开展青年运动，出于这个目的，戊午足球团成立。戊午足球团主要由大成学校、崇实学校和崇实大学的毕业生组成。同时在当时的状况下，非常罕见地选拔了其他地区的一些优秀运动员。戊午足球队作为代表平壤的球队与京城（首尔）的佛教青年会并称为当时韩国两大强队[14]。佛教足球团和戊午足球团互为竞争对手，分别代表了京城（首尔）和平壤。后来两队以此为契机，举办京平足球对抗赛，在日本帝国主义强占期，为韩国足球的进一步发展发挥了巨大的作用。

如上所述，普通足球队的各支队伍不分优劣，都自诩有超强的实力。他们摆脱了学校制度的枷锁，向社会上的普通人普及了足球，并以此为契机通过足球开展民族青年运动，使得足球作为一项社会体育运动获得了新生。

二　足球相关协会的成立及内容

1919 年三一运动之后，日本放宽了对朝鲜的控制，允许集会和结社，因此青年会等团体在各地相继建立，活跃地开展体育活动。1920 年 7 月 13 日，代表了朝鲜体育界的朝鲜体育会成立，在此之后，直到 1934 年为止，超过 90 个体育团体相继成立。

朝鲜体育会不仅培养运动员，鼓励体育运动，而且发挥了为运动员谋求便利的作用。1928年朝鲜我式裁判协会、1933 年朝鲜足球协会等足球相关团体和协会成立。这些足球协会举办各种足球比赛，制定足球规则，为足球的组织化和基层力量的扩充作出了巨大的努力。

朝鲜体育会以及其他的足球相关团体、协会在足球的发展过程中，为其组织化和大众化发挥了巨大的作用。在这些团体中，我们首先看看朝鲜体育会。

1. 朝鲜体育会的设立及内容

1920 年 7 月 13 日下午 8 时，70 名发起人共同召开创立大会，创立了朝鲜体育会。朝鲜体育会以"领导和鼓励朝鲜人的体育"为目的，规定围绕以下内容开展工作：一，进行有关体育的调查、研究和宣传；二，发行体育相关书籍；三，主办或赞助体育相关的各种竞技赛事；四，开展合乎其他体育会宗旨的工作。朝鲜体育会依据这样的规定开展了多种多样的活动。在这其中最重要的就是各种运动会的主办和赞助[15]。

朝鲜体育会的前身是 1920 年 6 月 7 日以日本留学生李重国、李源容为首创建的高丽俱乐部。高丽俱乐部创立之初的宗旨是建立一个能代表全朝鲜的运动团体，后来在东亚日报的赞助之下，朝鲜体育会最终诞生。

朝鲜体育会创立后，召开的首次运动会是 1920 年 11 月 4 日在培材运动场上召开的第一届全朝鲜棒球大赛。在此之后，1921 年 2 月 12 日召开第一届全朝鲜足球大赛，随之召开了各种运动赛事。朝鲜体育会主办的各种运动会每年如期进行，并逐渐成长为全朝鲜最具权威性的运动会。不仅如此，1929 年朝鲜体育会还举办了韩国最早的正式综合运动会——全朝鲜综合运动会。虽然在这之后由于运动会举办场所交涉问题等，全朝鲜综合运动会一度停办，直到 1934 年才得以再度召开，但是，全朝鲜综合运动会却算是现在全国运动会的母体。全朝鲜综合运动会包含足球、田径、棒球、篮球、排球等 5 大项目，其中足球分为小学部、中学部、专门部、普通部等四个分部进行比赛。1938 年，朝鲜体育会在日本的镇压下被强制解散，全朝鲜综合运动会在召开 18 届之后也最终被中断。

如表 1 是朝鲜体育会在日本帝国主义强占期主办的赛事。

表 1　日本帝国主义强占期朝鲜体育会举办赛事

年度	届次	赛事名称	主办	备注
1921	1	全朝鲜足球大赛	朝鲜体育会	单项比赛方式
1922	2、3	全朝鲜足球大赛	朝鲜体育会	
1923	4	全朝鲜足球大赛	朝鲜体育会	
1924	5	全朝鲜足球大赛	朝鲜体育会	
1925	6	全朝鲜足球大赛	朝鲜体育会	
1926	7	全朝鲜足球大赛	朝鲜体育会	
1927	8	全朝鲜足球大赛	朝鲜体育会	
1928	9	全朝鲜足球大赛	朝鲜体育会	
1929	10	全朝鲜足球大赛	朝鲜体育会	
1930	11	全朝鲜足球大赛	朝鲜体育会	
1931	12	全朝鲜足球大赛	朝鲜体育会	
1932	13	全朝鲜足球大赛	朝鲜体育会	
1933	14	全朝鲜足球大赛	朝鲜体育会	
1934	15	全朝鲜综合运动会	朝鲜体育会	综合比赛方式
1935	16	全朝鲜综合运动会	朝鲜体育会	
1936	17	全朝鲜综合运动会	朝鲜体育会	
1937	18	全朝鲜综合运动会	朝鲜体育会	
1938	19	全朝鲜综合足球锦标赛	朝鲜足球协会	单项比赛方式
1939	20	全朝鲜综合足球锦标赛	朝鲜足球协会	
1940	21	全朝鲜综合足球锦标赛	朝鲜足球协会	

资料出处：研究者参考大韩足球协会（1986）：《韩国足球 100 年史》制图。

　　如表 1 所示，朝鲜体育会从 1921 年到 1933 年主办了全朝鲜足球大赛，而从 1934 年开始，全朝鲜足球大赛被吸纳为全朝鲜综合运动会的一个分项。此后，朝鲜足球协会旨在继承 1938 年中断的全朝鲜综合运动会，举办了第 19 届，而不是第 1 届全朝鲜综合足球锦标赛。但是自 1941年起至 1945 年，日本加重了对朝鲜的高压统治，废止了球类项目，比赛也无法召开。

　　如上所述，朝鲜体育会持续举办并鼓励足球比赛，全面提升了韩国足球的水平，韩国足球也以此为契机，完成了初步的组织化和体系化。不仅如此，朝鲜体育会所做的工作对我国近代体育的定型也做出了巨大的贡献。在日本的统治之下，我国体育没有被日本的体育和运动所吸收、改编，而是在维持独立性的同时不断发展，在这其中朝鲜体育会发挥了重大的作用。

2. 朝鲜我式裁判协会的成立及内容

　　1928 年 5 月，足球裁判协会作为足球裁判员的集会正式成立。当时朝鲜足球协会尚未成立，虽然只局限于裁判领域，但朝鲜我式裁判协会却是足球界第一个建立的全国性组织。1921 年朝鲜体育会主办第一届全朝鲜足球大赛之后，徐丙義、郑寅昌、李丙三、徐相天等韩国足球裁判的骨干们成为发起人，在 1928 年 5 月 12 日举办了足球裁判协会发起人大会 [16]。

　　同年 5 月 22 日，在钟路青年会馆，足球裁判协会创立大会召开，此次会议制定了协会规章，并选举出了第一任会长申基俊。协会的正式名称被确定为朝鲜我式裁判协会。

　　1921 年朝鲜体育会举办了第一届全朝鲜足球大会，从那时候开始，朝鲜我式裁判协会就开始涉足足球赛事，但由于比赛运作不成熟，协会受到了各支队伍的抗议。即便如此，朝鲜我式裁判协会在足球赛事的普及、竞技能力的提升、竞技规则的制定等方面对韩国足球的发展做出了巨大的贡献。1933 年，足球裁判协会改名为朝鲜足球协会。

3. 朝鲜足球协会的成立及内容

　　1932 年前后，日本留学生郑文基、权熙昌与在京足球界人士、朝鲜足球裁判协会会员金东辙、李仁圭、李荣敏等共聚一堂，一致认为朝鲜有必要建立统一的足球组织。这为朝鲜足球协会的成立带来了契机 [17]。

　　在此过程中，1933 年 5 月在京城和平壤分别建立了足球队，日本大阪朝日新闻京城分社主办的全朝鲜我式足球大赛召开。不仅如此，大约同时间，各种学生足球比赛相继召开。因此对于建立统一足球组织的要求变得更加迫切。

　　1933 年 9 月 19 日，朝鲜足球协会创立大会在朝鲜中央日报社会议室召开。选举朴胜彬为第一任会长、洪性夏为副会长，并以他们为首组建执行部。但是协会成立第一年，会长就表现出了退意，一次也没有召开会议，协会有名无实。第二年，也就是 1934 年 2 月，朝鲜足球协会执行部全面改编，宣告新的开始 [18]。从 1934 年开始，在朝鲜足球协会的对外斡旋之下，京平战（京城·平壤战）、朝鲜足球锦标赛等相继举办，朝鲜足球协会作为足球领导机构的作用也日益显著。特别是在日本的镇压下，1938 年 5 月朝鲜体育会解体，唯一的全国性运动会全朝鲜综合运动会停办之后，朝鲜足球协会接替了朝鲜体育会的任务，虽然只针对于足球一个项目，但是也将竞技比赛一直延续了下来 [19]。

如上所述，韩国的足球相关协会从过去的朝鲜我式裁判协会开始，历经朝鲜足球协会，一直到了现在的大韩足球协会。他们决定比赛相关的基本方针，提供比赛相关咨询和建议，领导并鼓励比赛，制定比赛规则，主办、支持比赛，举办、参加国际大赛，培养领导者和运动员，支援比赛运作，收集比赛相关的各种资料并进行统计、调查，他们的这一系列工作为韩国足球的发展做出了巨大的贡献。

三　正式足球大赛的举办

第一届全朝鲜足球大赛于 1921 年 2 月 11 日到 13 日召开，为期 3 天。本次大赛是韩国首届运用正式足球比赛规则的大赛。比赛规则是将发表在朝日新闻社发行的运动年鉴上的足球比赛规则翻译成韩语，应用在比赛中[20]。

第一届全朝鲜足球大赛是韩国近代足球比赛的发端，大量的学校足球队和普通足球队参赛，从这里我们也能看出当时全社会对于足球的兴趣与热情。参加大会的球队如表 2 所示。

表 2　全朝鲜足球大赛参赛队名单

分类	参赛队
中学团体	五山高等普通学校，普成，培材，敬新，徽文，中央，青年会馆
青年团体	崇实俱乐部，平壤戊午，全平壤足球团，东莱俱乐部，青州青年会，天道教青年会，半岛俱乐部，汉城银行，延禧俱乐部，培材俱乐部，佛教青年会

出处：研究者参考大韩足球协会（1986）：《韩国足球 100 年史》制图。

如表 2 所示，第一届全朝鲜足球大赛有 7 个中学团体、11 个青年团体，共 18 只队伍参加，是一场大规模赛事。而此次大赛是由总督府机关报——每日申报赞助。门票分为 20 钱和 10 钱两种，虽然天气寒冷，仍有很多观众前来参加，座无虚席[21]。

虽然此次大赛是首次召开的大规模赛事，但是由于第一次应用比赛规则，所以从开赛第一天开始比赛就陷入混乱。不光是运动员，就连裁判员对比赛规则都十分陌生，因此在比赛判定上出现了很多纠纷。大赛第一天，敬新队在与培材队的交战中，就因不满裁判的不公正判决最终弃权。此后中央队在与培材队的比赛中，在得分的问题上也提出了异议，最后弃权。徽文队也是在与培材队的比赛中不满裁判的判决，最终弃权。大赛一片混乱。从大赛第一天开始，中学团体的三只队伍皆因对裁判判决的不满，最终弃权。正因为这种比赛规则的问题，第一届全朝鲜足球大赛最终成为一届没有冠军的大赛。

1922 年第二届全朝鲜足球大赛召开。第二届全朝鲜足球大赛于 1922 年 2 月 19 日开赛，为期 4 天，比赛场地为京城中学运动场。为了解决第一届大赛时出现的问题，第二届全朝鲜足球大赛设立了新的规定。特别是裁判规定的第一条就规定了裁判的最终决定权，通过赋予裁判判定的权威，防止因对裁判判定的不满和抗议引起的场内秩序混乱。

当时的参赛队伍中，中学团体包括普成高等普通学校、敬新学校、徽文高等普通学校、中央高等普通学校、平壤的崇实中学、广成高等普通学校、崇德中学、大邱的启胜中学等 8 支队伍，青年团体包括首尔的半岛青年俱乐部、崇仁体育部、维心学友会、五星同窗会、佛教青年会、健康运动部、平壤的戊午足球团、朱雀体育部、全州的完山俱乐部、海州的海州学生亲睦会、晋州青年会等 11 只队伍，总共 19 只足球队参加 [22]。

第二次大赛举办时，比赛运作层面也有了提升，例如，入场券根据日期有不同的颜色进行区分。门票也相较于第一届大赛翻了一番，分别为 40 钱和 20 钱。即便如此，从比赛的第二天早上 9 点开始，就有无数的观众蜂拥前来，比赛最后一天，学校啦啦队甚至组建了乐队给球员加油。由此，当时足球的人气可见一斑 [23]。

朝鲜体育会主办的全朝鲜足球大赛从 1921 年开始共举办了 13 年，最终 1933 年第 13 届大赛之后落下帷幕。1934 年，为了纪念体育会创建 15 周年，朝鲜体育会将过去分类别单独举办的各种竞技赛事汇总，诞生了全朝鲜综合运动会。全朝鲜足球大赛也被吸纳进来。也就是说，全朝鲜足球大赛变成了全朝鲜综合运动会的一个项目。

1929 年，朝鲜日报社提出了举办京城对平壤城市对抗赛的构想，同年 10 月 8 日，京城对平壤对抗赛在徽文高等普通学校运动场召开。在此次对抗赛中，足球最为抢眼，因为是两个城市间的对抗赛，因此吸引了全体国民的目光。京城对平壤对抗赛分为三场比赛进行。1929 年召开的第一届比赛上，平壤三战两胜一平，取得胜利，1930 年召开的第二届比赛上，京城以三战三胜的成绩，战胜平壤。但是，在这之后由于主办方朝鲜日报社的问题，1931 年到 1932 年的两年间比赛一度中断。为此，朝鲜足球协会积极斡旋，1933 年京城足球团和平壤足球团各自为纪念足球团的创立，于春天和秋天两次往返于京城和平壤之间，京城、平壤的代表们召开会议商议决定赛事的开启。这就是京·平足球对抗赛的开端 [24]。

京·平足球对抗赛就比赛实质上而言，两队势均力敌，不分上下。并且，这个比赛形成了两地区间的竞争格局，从比赛中我们也能窥探两地区的足球水平。

如上所述，即使在日本帝国主义强占期的困难状况下，正式的足球大赛也不断地举办、一脉相承，这为韩国足球的成长提供了动力。特别是在促进韩国足球的全面发展，提高整体水平等方面，足球大赛的举办起到了促进剂的作用。

四　结　语

19 世纪末，通过英国观测船 Flying Fish 号的船员，足球第一次传入韩国。各个学校相继成立足球队，举办校级对抗赛，在运动会中足球也是最受欢迎的项目。进入日本帝国主义强占期之后，在日本的统治之下，韩国足球虽然受到压制，但仍绵延继承下来。日本帝国主义强占期发展起来的足球为韩国现代足球的发展提供了基石和土壤。

因此，本文梳理了日本帝国主义强占期（日治时期）韩国足球的发展进程，揭示足球在体育史上的价值。

19 世纪末足球传入韩国，1902 年培材学堂首次建立足球队，从此开始敬新学校、普成学校、徽文义塾等许多学校相继创建足球队，足球得以普及。尤其是学校足球队通过校级对抗赛开始向大众普及足球，通过足球也向学生们宣扬了民族意识。不仅如此，毕业后的足球运动员们一同创立了健康俱乐部、佛教青年会等普通足球队，为成人足球向社会体育的转换带来了意识上的变化，发挥了巨大的作用。

1920年朝鲜体育会成立之后，体育活动活跃开展，足球也正式开始活跃起来。朝鲜体育会旨在领导并鼓励朝鲜人的体育，主办及举办了各种体育赛事。尤其是，朝鲜体育会持续举办全朝鲜足球大赛，举办全朝鲜综合运动会，这也是现在全国运动会的前身。如此，通过朝鲜体育会的努力，韩国体育逐渐体系化，开始向着近代体育不断成长。

1928年韩国足球界意识到足球相关团体建立的必要性，于是设立了朝鲜我式足球裁判协会。此后协会开展了包括制定比赛规则等多种多样的活动，1933年改名为朝鲜足球协会。朝鲜足球协会主要承担了制定比赛相关的基本方针，领导并鼓励比赛，制定比赛规则、支援比赛运动等工作。通过足球相关协会的设立，韩国足球逐渐开始组织化，并因此促进了韩国足球的全面成长。

全朝鲜足球大赛是由朝鲜体育会主办、东亚日报社赞助，于1921年开始正式召开的足球大赛。全朝鲜足球大赛从1921年开始到1934年每年召开。1934年，全朝鲜足球大赛被吸纳为全朝鲜综合运动会的一个项目，而主办全朝鲜综合运动会的朝鲜体育会在日本的压力下被强制解散，朝鲜足球协会为了使得足球大赛得以存续，举办了全朝鲜综合足球锦标赛。第一届全朝鲜综合足球锦标赛于1938年11月1日在京城运动场召开。此次比赛为了表示继承朝鲜体育会主办的综合运动会之意，将此次比赛命名为第19届全朝鲜综合足球锦标赛。如此，通过正式的足球大赛，韩国足球的竞技能力得以提升，足球专业化得以发展，韩国足球迎来了全面发展的契机。

如上所述，日本帝国主义强占期（日治时期）的韩国足球不仅仅是各个球队间的单纯的比赛，而成为全体国民团结、交流的工具。通过足球活动宣扬了民族精神，进一步强化了独立意识。并且，日治时期的韩国足球为现在韩国足球的成长奠定了基础，在体育史上有重大的价值。

注释

[1] 韩国体育史学会：《韩国体育史》，大韩媒体，2015年，第80页。

[2] 金鹏燮：《韩国近代体育的进程：1880～1904年间近代运动的传入·吸纳·扩散》，龙仁大学博士学位论文，2003年，第9～50页。

[3] 韩国体育史学会：《韩国体育史》，大韩媒体，2015年，第89页。

[4] 郭型基、李津寿、李学来、任英武：《韩国体育史》，《知识产业史》（1994），第191页。

[5] 培材100年史编纂委员会：《培材百年史》，培材学堂，1989年，第253页。

[6] 培材100年史编纂委员会：《培材百年史》，培材学堂，1989年，第255页。

[7] 大韩足球协会：《韩国足球100年史》，大韩足球协会，1986年，第150页。

[8] 大韩足球协会：《韩国足球100年史》，大韩足球协会，1986年，第151页。

[9] 大韩足球协会：《韩国足球100年史》，大韩足球协会，1986年，第151、152页。

[10] 首尔八大门中的一个"惠化门"的俗称

[11] 大韩足球协会：《韩国足球100年史》，大韩足球协会，1986年，第151～153页。

[12] 大韩足球协会：《韩国足球100年史》，大韩足球协会，1986年，第154页。

[13] 大韩足球协会：《韩国足球 100 年史》，大韩足球协会，1986 年，第 155、156 页。

[14] 大韩足球协会：《韩国足球 100 年史》，大韩足球协会，1986 年，第 172、173 页。

[15] 郭型基、李津寿、李学来、任英武：《韩国足球史》、知识产业史、第 279 ～ 286 页。

[16] 大韩足球协会：《韩国足球 100 年史》，大韩足球协会，1986 年，第 210 页。

[17] 大韩足球协会：《韩国足球 100 年史》，大韩足球协会，1986 年，第 227 页。

[18] 大韩足球协会：《韩国足球 100 年史》，大韩足球协会，1986 年，第 228、229 页。

[19] 大韩足球协会：《韩国足球 100 年史》，大韩足球协会，1986 年，第 228 页。

[20] 大韩足球协会：《韩国足球 100 年史》，大韩足球协会，1986 年，第 161 页。

[21] 大韩足球协会：《韩国足球 100 年史》，大韩足球协会，1986 年，第 162 页。

[22] 大韩足球协会：《韩国足球 100 年史》，大韩足球协会，1986 年，第 165 页。

[23] 李太雄：《日本帝国时期韩国足球相关研究》，论文集第六卷，釜山大学，第 4、5 页。

[24] 大韩足球协会：《韩国足球 100 年史》，大韩足球协会，1986 年，第 236 ～ 238 页。

古代蹴鞠中的观念文化研究

曹守和*

在文化的视域中，蹴鞠是我国古人创造的一种文化形态。参照文化的结构层次理论与分类方法，可将其划分为器物文化、动作文化、组织文化和观念文化等。观念文化是文化结构中的核心部分，对其他文化成分来说，具有重要的引领与指导作用。因而，研究蹴鞠文化中的观念文化，对人们从整体上准确地把握与认识蹴鞠文化，有着重要意义。

目前，在蹴鞠文化的研究中，蹴鞠的器物文化研究较多，组织文化也粗有涉猎，观念文化则尚未有专门的研究与论述。而蹴鞠的观念文化还可分为对蹴鞠本身的认识、对蹴鞠功能作用的认识、对蹴鞠与其他事物之间关系的认识、对蹴鞠实施方法的认识，等等。本文在现有史料的基础上，仅就蹴鞠观念文化中的蹴鞠的功能作用，进行初步的整理与分析，希望有助于蹴鞠文化的进一步研究。

一 蹴鞠的嬉戏观

据《史记·苏秦列传》或《战国策·齐策》载："临淄甚富而实，其民无不吹竽、鼓瑟、弹琴、击筑、斗鸡、走狗、六博、蹹鞠者。临淄之途，车毂击，人肩摩，连衽成帷，举袂成幕，挥汗成雨，家殷人足，志高气扬。"这条史料广为人知，也可以从不同角度进行解读。这里强调的是，此处的"蹹鞠"（即蹴鞠），是与"吹竽、鼓瑟、弹琴、击筑、斗鸡、走狗、六博"等文娱活动相提并论的，这就奠定了"蹴鞠"初起的游戏性质。

说蹴鞠是一种游戏，还见于晋代葛洪的《西京杂记》："太上皇徙长安，居深宫，悽怆不乐。高祖窃因左右问其故。以平生所好，皆屠贩少年，斗鸡、蹴踘，以此为欢。今皆无此，以故不乐。高祖乃作新丰。"[1] 这条史料说明，蹴鞠不是一般的游戏，而是一种能给人带来"欢"与"乐"的娱乐性较强的游戏。

另据桓宽《盐铁论》中说，西汉社会承平日久，"贵人之家，临渊钓鱼，放犬走兔，隆材鼎力，蹹鞠斗鸡"[2]。说明社会安定，生活富足，人们参与"临渊钓鱼，放犬走兔，隆材鼎力，蹹鞠斗鸡"等娱乐活动，已经成为一种风俗。

随着社会的发展，"放犬走兔""蹹鞠斗鸡"等活动的规模也越来越大。据《汉书》卷五六《东方朔传》记载："董君贵宠，天下莫不闻，郡国狗马、蹴鞠、剑客，辐辏董氏。常从游戏北宫，驰逐平乐，观鸡鞠之会，角狗马之足，上大欢乐之。于是上为窦太主置酒宣室，使谒者引内董君。"[3] 这里不仅将蹴鞠与狗马、斗鸡等放在一起作为游戏娱乐的内容，而且还谈到了"鸡鞠之会"。"鸡

---

* 曹守和：杭州师范大学体育与健康学院。

鞠之会"似乎是规模比较大的斗鸡与蹴鞠等游戏娱乐活动的集会。

汉以后,蹴鞠作为一种游戏活动,在世间广为流行。《蹴鞠谱》记载:"诗曰:占断风流之戏,无过蹴鞠之娱,能令刚气潜消,顿使芳心软美。"[4]这种认为"风流之戏,无过蹴鞠之娱",是对蹴鞠游戏的最高评价。而"齐云社"的"社员"们更是将这种游戏玩到了可以称奇的地步:"蹴鞠初兴黄帝为,王孙公子戏相宜,世间子弟千般戏,惟有齐云实可奇。"[5]

蹴鞠成为人类生活中的一部分,人们为了娱乐嬉戏而蹴鞠,是人类的进步与发展,而不能以"玩物丧志""业精于勤而荒于嬉"而贬之。按照著名哲学家、美学家席勒的说法"只有当人是完全意义的人的时候,他才游戏;只有当人游戏时,他才是完全的人。"因此可以说,蹴鞠游戏的发明与发展,不仅促进了人类自身的完善与发展;人们为了娱乐、嬉戏而参与蹴鞠,更是人类文明进步的重要标志之一。

二　蹴鞠的练武观

蹴鞠不仅是一种游戏活动,更是一种军事训练手段。明代陈继儒所辑《太平清话》载:"踏鞠始于轩后,军中练武之剧"。意思是说,蹴鞠始于黄帝,开始是用于军事训练的。

刘向《别录》记载:"蹴鞠者,传言黄帝所作。或曰,起战国之时。蹴鞠,兵势也。所以练武士知有材也,皆因嬉戏而讲习之。今军士无事,得使蹴鞠。有书二十五篇。"[6]另《史记·集解》引刘向《别录》曰:"蹴鞠,兵势也,所以练武士,知有材也,皆因嬉戏而讲练之。"此外,刘向《别录》还说:"蹴鞠,黄帝所造,以练武士。"《汉书》卷十《艺文志》(兵家伎巧类)记载:"《蹴鞠》二十五篇。伎巧者,习手足,便器械,主攻守之胜也。颜师古《汉书注》:蹴鞠,陈力之事,故附于兵法焉。"[7]这里谈到了蹴鞠是"军中练武之剧",因为蹴鞠有"兵势"之象征,反映了蹴鞠的另一个价值观念。

不过,"练武观"与"嬉戏观"是密不可分的,即便是"练武",也是"皆因嬉戏而讲习之",意指踢"鞠"这种很好玩的球戏也可作为练武的一种活动方式。有学者指出:"'戏'从戈,有军队、军旗、兵械之义,并引申为戏豫、戏谑(血)之义。在军旅中流行的嬉戏运动,如蹴鞠、角抵、狩猎、击球等,既是训练将士的手段,也是闲暇时的娱乐,因此嬉戏运动有时被史家列为兵书之属。如汉书艺文志将蹴鞠二十五篇列于"兵技巧十三家"之内[8]。可见,"嬉戏"是"练武"的前身与基础,而"练武"则是"嬉戏"的发展与应用。军旅兵士原本就是来自民间,退伍后再回到民间,蹴鞠活动的"嬉戏"与"练武"也如此交互流传。

蹴鞠的"练武观"的产生与发展,与历史背景紧密相连。汉时,北方的匈奴十分强盛,不时南下骚扰,严重地威胁着汉朝的边境。匈奴人从小练习骑射,弓马娴熟,以骑兵为主,来无影,去无踪,有高度的机动性。为了抗击这样的对手,汉朝在长达百年的汉匈大战中也发展起了规模宏大的骑兵集团,战国时期那种以步兵为主,车骑为辅的时代让位给了以骑兵为主的时代,骑兵成为战争胜负的决定因素。但是,骑兵由于长时间地以一种固定的姿势骑在马上,易于疲劳,腰部肌肉容易劳损,特别是汉代骑兵的马具尚不完善,还没有马鞍和马蹬,腿部易于僵麻。在这种情况下,过去只是作为娱乐活动的蹴鞠就成了绝好的军训手段,用来纠正长时间骑马给士兵身体造成的片面影响，蹴鞠不仅可以提高士兵的耐力，活动肢体，更能使因骑马而运动不足的下肢得到充分的锻炼，使战士矫健、敏捷。因此，蹴鞠在汉军中得到广泛的开展。

除此以外，蹴鞠练武主要练的是一种精神和气势。表面上看来，"蹴鞠"用于军事训练是因为它能够弥补士兵下肢运动不足和提高士兵的体力、矫健、敏捷等，以适应战争的需要，其实这只是表层的一个方面。刘向说，"蹹鞠，兵势也"。什么是"兵势"呢？最早说"兵势"的是孙子，《孙子兵法》的第五篇就叫"兵势"。孙子说的"兵势"是针对整个部队的精气神来说的，是一种气势或精神，而不是什么具体的东西。因此，可以认为通过"蹴鞠"训练这种"兵势"，是蹴鞠"练武"的主要功用。对此，《史记·卫将军骠骑列传》和《汉书·卫青霍去病列传》中，都载有汉军在塞外行军宿营时，即使在缺粮的情况下仍"穿域蹋鞠"的记载。"骠骑将军（霍去病）为人少言不泄，有气敢任。然少而侍中，贵，不省士。其在外，卒乏粮，或不使自振，而骠骑尚穿域蹋鞠。"可见，霍去病已认识到蹴鞠具有活跃兵营生活、鼓舞士气的功能。

此外，关于蹴鞠练武的史料还有："汉末，三国鼎峙，年兴金革，士以弓马为务，家以蹴鞠为学。"[9]《文选》卷一一吕延济注："言蹴鞠之徒，便僻轻脱，乘敌人之便，以求其胜，此乃如戎兵之事，考察胜否，相解而归也。"[10] 唐代严宽《温汤御毬赋》也指出："蹴鞠之戏者，盖用兵之技也，武由是存，义不可舍。"强调了蹴鞠的"武、义"。另从韦应物《寒食后北楼作》"遥闻击鼓声，蹴鞠军中乐"的句子，似乎可以看出，甚至到了唐代，还有军中"蹴鞠"的传统。

三 蹴鞠的治国观

蹴鞠有治国之象，是人们在长期的蹴鞠实践中体验出来的。最早提出"蹴鞠亦有治国之象"的是《全上古三代秦汉三国六朝文》卷四一《刘歆》："蹴鞠者，传言黄帝所作。王者宫中必左城而右平。城，犹国也，言有国当治之也。蹴鞠亦有治国之象，左城而右平。蹋鞠，兵势也。"[11] 此外，《文选》卷一一·李善注也讲到："蹴鞠亦有治国之象，左城而右平"。

此后，后汉李尤的《鞠城铭》中也提到："圆鞠方墙，仿象阴阳。法月衡对，二六相当。建长立平，其例有常。不以亲疏，不有阿私，端心平意，莫怨其非。鞠政犹然，况乎执机？"（《全上古三代秦汉三国六朝文》卷五〇《李尤》）这是当时镂刻在蹴鞠场奠基石上的铭文。文章虽短，却能较全面地反映汉代蹴鞠竞赛的基本情况。这篇铭文最早见于唐人欧阳询编辑的《艺文类聚》中，其后李善作《文选注》引用此文，《文献通考》和《李兰台集》亦引录此文。在《鞠城铭》中，李尤笔下的足球场，是"圆鞠方墙，仿像阴阳"。即"鞠"是圆形的，球场四周围着方墙，它象征着天圆地方，阴阳相对。竞赛中，效法月份，双方各六人，共12人进行对阵互相抗衡，称为"法月衡对，二六相当"。由于是有一定规则的竞赛，因而要设置裁判员建立公正的标准，对于裁判的判罚，也有约定俗成的常规。担任裁判的人，不能亲一方而疏另一方，裁判在比赛中要严肃执法，公正无私。同时，对参赛队员的要求是心平气和地服从裁判，不要报怨裁判的裁决。其健全的竞赛规则，反映出这时的蹴鞠已经具备了较高的管理水平了。小小的蹴鞠法则都是这样，更何况治理国家这样的大事呢？！

蹴鞠如何与治国相联系呢？除了规则管理的角度，还有人认为在进行蹴鞠比赛时，人们要遵守蹴鞠规则，服从裁判的裁决，这就在不知不觉中受到遵纪守法的教育，从而有利于国家的稳定，人民的安宁。而且经常与伙伴蹴鞠，还能改善人们之间的社会关系，创造"一团和气"的气氛。如诗曰："春风习习最堪夸，约友邀朋会一家，抛去气毯须请踢，一团和气总奢华。"再如："子弟元来不识羞，更无火性更无忧，一团和气逢人美，六片香毯到处游。"还有"鹧鸪天：巧匠圆缝异样花，身轻体健实堪夸，能令公子精神爽，善诱王孙礼仪加。宜富贵，逞奢华，一团和气遍天涯。""金台李氏戏作赞圆诗：蹴鞠皮圆自古传，百般博戏我为先，交朋到处加和气，会友逢场意欲谦。"[12]

此外，《文选》卷一一中的《景福殿赋》记载"其西则有左城右平，讲肄之场。二六对陈，殿翼相当。僻脱承便，盖象戎兵。察解言归，譬诸政刑。将以行令，岂唯娱情。"该卷中的吕延济注说："言蹴鞠之徒，便僻轻脱，乘敌人之便，以求其胜，此乃如戎兵之事，考察胜否，相解而归也。蹴鞠以行征法律多也，皆因戏以教法，故譬作政刑，亦将以行令也，非所以娱乐其情矣。"[13] 这里讲到的"行征法律""因戏以教法""譬作政刑""将以行令"等蹴鞠竞赛的管理，多么像一个行业乃至一个国家的管理呀！其中的"岂唯娱情""非所以娱乐其情矣"，又是画龙点睛之笔，即蹴鞠不只是娱乐其情！娱乐之中有游戏规则，娱乐者必然受到游戏规则的约束，从而收到寓教于乐、培养国民素质的效果。因此，也就难怪有"蹴鞠亦有治国之象"之说了。

"蹴鞠亦有治国之象"的言论，也反映了人们对公平管理、以法治国的一种祈盼。蹴鞠竞赛可以做到公平与法治，国家也这样治理多好呀？就像顾拜旦《体育颂》中说的："啊，体育，你就是正义！你体现了社会生活中追求不到的公平合理。"这既是对体育的"公平合理"的颂扬，也是对社会生活"公平合理"的追求。无独有偶，《中国社会病》一书的作者在论述我国未来的改革发展时，表达了这样一些观点："体育通过公开、公平、公正的原则，引导人们形成正当的社会规范。""体育文化，永远是健康文化和优秀文明的缩影！"这里更加明确地说明了体育与治国之间的联系。

由此看来，我国古人已经认识到蹴鞠运动含有先进、健康的文明因素，这种因素可以影响或引导社会的进步、国家的发展。这种"蹴鞠的治国观"，也是古代蹴鞠曾经受到重视而得以流传的一个重要原因吧。

四　蹴鞠的健体观

经常运动，有利于身体健康，这种观念早在春秋战国时期就已明确出现了。如《吕氏春秋》中就有"流水不腐，户枢不蝼，动也"的记载；后汉华佗又明确提出"人体欲得劳动，但不当使极耳。动摇则谷气得消，血脉流通，病不得生，譬犹户枢不朽是也。"

古人在长期的蹴鞠实践中，也逐渐认识到了蹴鞠的健体作用。如《蹴鞠谱》中记载："夫蹴鞠者，儒言蹴鞠，圆社曰齐云。乃昔时壮士习运之能，惯□皇朝英杰游戏之学。士夫所喜，子弟偏宜，能令刚气潜消，顿使□芳心软美，虽费衣而达食，最欺贫而灭强，身虽肥，尝习此气自如所，年乃高，频爱欺能令反壮。"[14] 类似的言论在同一本书中的《齐云·礼赋》中也说："夫气毯者，儒名蹴鞠，社曰齐云。乃昔世壮士习运之能，王朝英杰游戏之学，士夫所喜，子弟偏宜。能令血气调和，顿使身心软美，虽费衣而达食，最灭强而欺村，体虽肥胖，敬此而举履如飞，年乃隆高，频踢则身轻体健。"[15]

这里包含这样几种意思，一是蹴鞠是"昔时壮士习运之能"，仿陶侃运甓，保持体力与身体的强壮；二是蹴鞠"能令刚气潜消""顿使身心软美"，完善人的个性；三是蹴鞠能培养身体的灵活性，"体虽肥胖，敬此而举履如飞。"三是蹴鞠能"令血气调和"，老当益壮："年乃高，频爱欺能令反壮"，"年乃隆高，频踢则身轻体健"。

此外，类似的史料还有许多，如："诗曰：占断风流之戏，无过蹴鞠之娱，能令刚气潜消，顿使芳心软美。""六片香皮，暗隐着阴阳气，包藏着混沌机，血周流通泉贵五脏，调均保养元气也。曾在铜驼巷北追游，在金鼓楼西，一团和气逢知己，……桶子赚平抬去得疾，……""西江月：健体安身可美，喜笑化食堪夸，更言一事实为佳，肥风瘦痨都罢。""绝标：半拽罗衫意气豪，柳边花下兴陶陶。调和荣胃牢筋骨，肥不风瘫瘦不痨。""成功：蹴鞠成功难尽言，消食健体得安眠，本来遵演神仙法，此庙千金不易传。""鹧鸪天：巧匠圆缝异样花，身轻体健实堪夸，能令公子精神爽，善诱王孙礼仪加。宜富贵，逞奢华，一团和气遍天涯，宋祖昔日皆曾习，占断风流第一家。"[16]

其中，更有生动形象的说法，如《金台李氏戏作赞圆诗》写道："蹴鞠皮圆自古传，百般博戏我为先，交朋到处加和气，会友逢场意欲谦。能作子弟时间笑，善诱王孙眼下欢，唐人每称发汗散，宋贤异名化食丹。"[17]又如，"须知：（蹴鞠）运动肢节，善使血脉调和，有轻身健体之功，胜华佗五禽之戏。"[18]这里说蹴鞠"有轻身健体之功，胜华佗五禽之戏"，甚至把蹴鞠健体的功效比喻成"发汗散""化食丹"，十分生动形象。

因此，才有"纵有黄金千万两，有钱难买气毬泥"的说法。如"诗曰：画楼侧畔小桥西，一筑还高一筑低，纵有黄金千万两，有钱难买气毬泥。"又如"诗曰：小挑五尺未为妙，白打三间才是奇，纵有黄金千万两，有钱难买气毬泥。"[20]

既然蹴鞠对人的身体和精神有这样的好处，蹴鞠在社会上的普及与流行也就是自然而然的事了。

五　蹴鞠的风流观

在古人看来，蹴鞠不仅能娱乐、能练武、能健体，且有利于治国，还是一项风流、时尚之举。如《全元散曲·寨儿令》记载："得自由，莫刚求，茶余饭饱邀故友，谢馆秦楼，散闷消愁，唯蹴鞠最风流。"又如《齐云·礼赋》曰："世有百艺，无过蹴鞠之为先，占断风流第一。……此乃饱食暖衣之余闲，灭强欺村之模范。"又如《齐云·戒文》曰："人间博戏，争如蹴鞠风流，世上会场，只有齐云潇洒。"还有"不通：每日闲圆戏，终朝挟弹游，未通圆社礼，到老不风流。"又如"鹧鸪天：巧匠圆缝异样花，身轻体健实堪夸，能令公子精神爽，善诱王孙礼仪加。宜富贵，逞奢华，一团和气遍天涯，宋祖昔日皆曾习，占断风流第一家。"还有"四海齐云社，当场蹴气毬。作家偏着所，圆社最风流。""若论风流，无过圆社。……君知否？闲中第一，占断最风流。"[21]

这种风流、时尚的蹴鞠，更加受到人们尤其是年轻小伙们的格外喜爱。而且，小伙子的蹴鞠常常吸引姑娘们的"偷觑"或"呆观失笑"，而这时，小伙子的蹴鞠也更加投入、更加卖力。《蹴鞠谱》记载："又：香皮十二，方形地而圆象天，势若停均，高冲上而低降下，……绿杨高筑，使风流才子乐意追游，花榭争抛，令欢笑佳人有时偷觑。"又如《齐云礼赋》云："世有百艺，无过蹴鞠之为先，占断风流第一。……一来一往，使游客驻马停鞭，一上一下，令士女呆观失笑。衣沾轻汗，袜染香尘，此乃饱食暖衣之余闲，灭强欺村之模范。"再如《蹴鞠文》记载："集闲技艺，那件风流，休夸浮浪会多般，争似吾侪能蹴鞠。……紫陌上共王孙游戏，秋千下对公子盘旋，苍头围路，仕女争先，垂肩軃袖逞妖娆，实�踢虚迎曾打脚，累经宣至玉阶前，曾与王侯同游戏。"[22]

在古代的诗歌中，常将蹴鞠与秋千相提并论，似乎反映了男子蹴鞠、女子秋千都是古代最时髦、时尚的两项活动。这在唐代的诗词中多有记载。如：王维《寒食城东即事》："蹴鞠屡过飞鸟上，秋千竞出垂杨里。"曹松《钟陵寒食日与同年裴颜李先辈郑校书郊外闲游》："云间影过秋千女，地上声喧蹴鞠儿。"张鷟《寒食书情即事》："蹴踘场边芳草短，秋千树下落花多。"韦应物《寒食》："彩绳拂花去，轻球度阁来。"杜甫《清明二首》："十年蹴鞠将雏远，万里秋千习俗同"，等等。

到了宋代，蹴鞠伴秋千的现象更加多了起来，宋代诗词中体现的更加突出。如陆游《剑南诗稿》卷三九："寒食梁州十万家，鞦韆蹴鞠尚豪华。"《剑南诗稿》卷一二："蹴鞠墙东一市哗，秋千楼外两旗斜。"李开先《闲居集》："蹴鞠竞当场，秋千飞出墙，身轻风滚絮，足疾射穿杨。"《西江月》："蹴鞠场中少年，秋千架上佳人，三三两两趁芳辰，玩赏风光美景。"[23]

这些诗词不仅为我们勾画了一幅男儿蹴鞠、女子秋千的生动景象，也反映了由于青年男女对风流、时尚的追求而促进了蹴鞠活动广为开展的历史事实。

总之，我国古代蹴鞠的产生与发展，除受政治、经济、习俗等因素的影响，还与人们对蹴鞠功能作用的认识密切相关。当人们认识到蹴鞠具有嬉戏、练武、治国、健体、风流时尚等功能作用之后，就会逐步形成相应的价值观念。在这些观念文化的影响下，蹴鞠的行为文化、器物文化、组织文化等势必发生相应的变化。因此，进一步研究与解读我国古代蹴鞠的变化，应对此给予足够的关注。

注释

[1] 刘秉果编著：《中国古代足球史料专集·体育史料》第12期，华夏出版社，1987年，第75页。

[2] 刘秉果编著：《中国古代足球史料专集·体育史料》第12期，华夏出版社，1987年，第75页。

[3] 刘秉果编著：《中国古代足球史料专集·体育史料》第12期，华夏出版社，1987年，第74页。

[4] 刘秉果编著：《中国古代足球史料专集·体育史料》第12期，华夏出版社，1987年，第35页。

[5] 郑振铎：《玄览堂丛书》第3集32册《蹴鞠谱》，广陵书社，2010年。

[6] 原文引书刘向《别录》已佚，此条也见《汉书注》《文选注》等，见刘秉果编著：《中国古代足球史料专集·体育史料》第12期，华夏出版社，1987年，第71页。

[7] 刘秉果编著：《中国古代足球史料专集·体育史料》第12期，华夏出版社，1987年，第75页。

[8] 徐元民著：《中国古代体育》，品度股份有限公司，2003 年。

[9] 刘秉果编著：《中国古代足球史料专集·体育史料》第 12 期，华夏出版社，1987 年，第 7 页。

[10] 刘秉果编著：《中国古代足球史料专集·体育史料》第 12 期，华夏出版社，1987 年，第 77 页。

[11] 刘秉果编著：《中国古代足球史料专集·体育史料》第 12 期，华夏出版社，1987 年，第 73 页。

[12] 刘秉果编著：《中国古代足球史料专集·体育史料》第 12 期，华夏出版社，1987 年，第 3、4、22、37 页。

[13] 刘秉果编著：《中国古代足球史料专集·体育史料》第 12 期，华夏出版社，1987 年，第 77 页。

[14] 刘秉果编著：《中国古代足球史料专集·体育史料》第 12 期，华夏出版社，1987 年，第 1 页。

[15] 刘秉果编著：《中国古代足球史料专集·体育史料》第 12 期，华夏出版社，1987 年，第 51 页。

[16] 刘秉果编著：《中国古代足球史料专集·体育史料》第 12 期，华夏出版社，1987 年，第 35、53、5、51、16、22 页。

[17] 刘秉果编著：《中国古代足球史料专集·体育史料》第 12 期，华夏出版社，1987 年，第 37 页。

[18] 刘秉果编著：《中国古代足球史料专集·体育史料》第 12 期，华夏出版社，1987 年，第 38 页。

[19] 刘秉果编著：《中国古代足球史料专集·体育史料》第 12 期，华夏出版社，1987 年，第 12 页。

[20] 刘秉果编著：《中国古代足球史料专集·体育史料》第 12 期，华夏出版社，1987 年，第 27 页。

[21] 刘秉果编著：《中国古代足球史料专集·体育史料》第 12 期，华夏出版社，1987 年，第 90、51、21、16、22、63、64 页。

[22] 刘秉果编著：《中国古代足球史料专集·体育史料》第 12 期，华夏出版社，1987 年，第 23、51、23 页。

[23] 刘秉果编著：《中国古代足球史料专集·体育史料》第 12 期，华夏出版社，1987 年，第 89、6 页。

从齐都走出的蹴鞠文化：功能与历史演变

罗时铭*

中国古代的临淄蹴鞠，是世界最早的足球运动。在《战国策》和《史记》中，均留有以下的重要记载：临淄之中七万户。"临淄甚富而实，其民无不吹竽、鼓瑟、弹琴、击筑、斗鸡、走犬、六博、蹋鞠者。"然而值得我们注意的是，这里是对临淄已经普遍流行的足球活动的记载。也就是说，如果考察蹴鞠的产生和起源，那一定在时间上有前推的巨大空间。至于能前推到何时，这在学术界还有着诸多不同的意见。主要的有以下三种，即：起源于西安半坡石球说 [1]；起源于黄帝的发明说 [2]；起源于殷商祈雨说 [3] 等等。本文试图讨论的主题是，从功能与历史演变的视角，看齐都走出的蹴鞠文化是如何随着时代的变迁而走向多元的。

一 诅咒：蹴鞠文化的原始功能与形态

在有关蹴鞠起源的问题上，我们比较认同黄帝发明说。这不仅因为有西汉刘向《别录》的记载："蹵（蹴）鞠，黄帝作，盖因娱戏以练武士。"更因为 1973 年长沙马王堆汉墓出土的大批帛书中提供了一种比西汉更早的说法。在战国早期人写的《十六经·正乱》篇中，记载了黄帝和蚩尤部落战争的情况："于是（黄帝）出其锵钺，奋其戎兵。黄帝身禺（遇）之（蚩）尤，因而擒之。剥其口革以为干侯，使人射之，多中者赏。翦其发而建之天，名曰之（蚩）之旌，充其胃以为鞠，使之执之，多中者赏。腐其骨肉，投之苦酭，使天下嗺之。"这是一段很值得我们认真研究的重要历史信息。

因为在原始社会时期，人类社会生产力水平低下，认识能力也非常有限，在与大自然做斗争时常常感到束手无策。此时人类总幻想有一种超自然的力量，来控制和改变现状，由此便产生了巫术。

以上《十六经·正乱》中的文字，明显带有巫术中的诅咒功能。黄帝战胜了蚩尤后，为发泄心中的余恨，甚至在蚩尤死后还充其胃以为鞠，让士兵去踢。此虽神话传说，但它透露的信息则是早在原始的军事民主制时代，就已有了类似后来的"蹴鞠"活动，并作为一种巫术的诅咒行为而被认可。可以说在一定程度上，黄帝通过让士卒踢蚩尤胃做成的球，也是告诫所有的人，如果他们其中有背叛首领的行为，可能就会遇到和蚩尤同样的下场。所以法国启蒙思想家伏尔泰在《风俗论》里将凡能做到"自然做不到之事"都称为"巫术"。它是原始社会人类企图通过超自然的力量来改变和控制生活、环境等的一种愚昧表现。"严格地说，它并不把要被施加影响的客体神化，向其屈服或求告，而是用人的主观行为力图对其施加影响和控制。" [4] 是人

* 罗时铭：苏州大学体育学院。

们在蒙昧阶段对物质世界与精神世界的一种认识形式和实用手段，并直接影响到人们衣食住行的各个方面[5]。

二　休闲：蹴鞠文化的娱乐功能与民风

如果说黄帝用蚩尤胃做球踢是传说与虚拟，那么，《战国策》和《史记》中对临淄足球的记载，则是真实的客观存在。在这一段真实的文字记载中首先让我们看到的是蹴鞠文化最本真的功能——娱乐。体育是什么？体育是人类精神文化的需要，它具有心理调适的功能。人们的生活富裕了，闲暇时间增多了，必然有体育娱乐的需求。所以苏秦在临淄城所看到的历史画面：吹竽、鼓瑟、弹琴、击筑、斗鸡、走犬、六博、蹴鞠，无不属于休闲娱乐的范畴。

这种休闲娱乐的社会基础是什么？

一是其民甚富而实的城市经济依托。齐国的开国元君姜太公开创了齐国务实而又开放的农工商并重的经济思维，为齐国的富强奠定了基础。所以《史记·货殖列传》说："于是太公劝其女工，极技巧，通鱼盐，是人物归之，襁至而辐辏。故齐冠带衣履天下，海岱之间敛袂而往朝焉。"齐国经济的持续发展，使都城临淄很快成了"富冠海内"的大城市[6]。所谓"天下强国无过齐者，大臣父兄殷众富乐无过于齐者。"（《战国策》）即如司马迁《史记》所云："临淄之中七万户，……临淄之途，车毂击，人肩摩，连衽成帷，举袂成幕，挥汗成雨，家殷人足，志高而扬。"七万户，相当于几十万的人口，这在先秦时期确实是很大的城市规模了。有殷实的经济，有众多的人口，这无疑为临淄蹴鞠文化的发展与繁荣，提供了肥沃的土壤。

二是齐都民风民俗文化的有力支撑。所谓民风民俗，也称风俗，它是指特定社会文化区域内历代人们共同遵守的行为模式。一般来说，凡由自然条件不同而造成的行为规范差异，通常称之为"风"；凡由社会文化差异所造成的行为规则差异，通常称之为"俗"。所谓"百里不同风，千里不同俗"，正恰当地反映了民风民俗因地而异的基本特点。就民俗而言，齐国人有尊崇技击的民俗。所以《国语·齐语》说："庄公陈武夫，尚勇力。"《晏子春秋·外篇》说："是时齐王好勇。"特别是《荀子·议兵篇》说："齐人隆技击。"所谓隆，带有尊崇的意思。隆技击，就是尊崇技击。可见在齐国的民俗中，有着良好的尚武传统。而古代蹴鞠也具有练武的特性。刘向《别录》云："蹴鞠，兵势也。所以练武士知有才也，皆因嬉戏而讲练之。"可见，这同样为临淄蹴鞠文化的发展，提供了适宜的温床。

那么，就齐国的民风而言，那又是什么呢？司马迁曾有过恰当的描述："其民阔达多匿知，其天性也。以太公之圣，建国本，桓公之盛，修善政，以为诸侯会盟，称伯，不亦宜乎？洋洋哉，固大国之风也。"[7]所以《晏子春秋》说：齐国人非常好胜，在路上相遇后互不相让，喜欢用车轴撞击对方的车轴，并以此为乐。又有《史记》记载了将军田忌与齐威王赛马的故事，在军师孙膑的谋划下，田忌用自己的下等马对齐王的上等马，用自己的上等马对齐王中等马，用自己的中等马对齐王的下等马，结果二比一赢得比赛，获得了齐威王千金的赌金。也许正是这种喜欢娱乐的民风，为临淄蹴鞠营造了良好的生长环境。

三   训练：蹴鞠文化的替代功能与军事

如果说先秦的临淄蹴鞠还带有更多的本真文化，是娱乐，是崇尚，是人们日常生活的自然精神调味品。那么到了汉代，蹴鞠原有的文化意味则发生了很大的改变。虽然民间仍有着许多的自然足球活动，诸如贵族阶层的"鸡鞠大会"，普通民众的"穷巷蹋鞠"。但在大一统的专制社会条件下，蹴鞠更多的还是表现为军事训练服务的替代功能，从而使汉代蹴鞠成了一项重要的军事训练科目。所以在《汉书·艺文志》中有《蹴鞠》二十五篇，全部被列入兵技巧类。

这是因为汉代已经认识到蹴鞠活动可以增强体力，培养勇敢耐劳精神，是军事训练的一种很好的手段。即如西汉刘歆在《七略》中说："蹋鞠其法律多微意，皆因嬉戏以讲练士，今军士羽林无事，使得蹋鞠。"故汉将霍去病在塞外时，无论条件怎样艰苦，他也会经常通过踢足球来保持自己的乐观精神，提高将士的战斗意志。"卒乏粮，或不能自振，去病尚穿域蹋鞠也。"[8] 为什么要让士兵坚持踢足球？那是因为汉代足球是一种直接的集体对抗比赛，所谓"法月衡对，二六相当"。一边各有六个球门供人们冲抢。其比赛形式则是"僻脱乘便，盖象戎兵。"（何晏《文选·景福殿赋》）何谓"僻"？那是汉代捽跤的方法，也可用在足球场上。即无论是进攻时要摆脱对手，还是防御时要制服对手，均可用"僻"。这自然像战场上的打仗，使得蹴鞠过程具有了实践练兵的效果。所以《许昌宫赋》中有"二六对而讲功，体便捷其若飞"的句子，充分反映了汉代足球激烈对抗的情形。

不仅如此，汉代皇帝对足球比赛的观赏，亦如检阅士兵的军事校场一样，所谓"观蹴鞠亦有治国之象"就是这个意思[9]。据说汉代皇家足球场的正面设有皇帝登临观赏足球比赛的观礼台。其观礼台的形制是左戚右平。戚就是限，指阶齿。阶齿是皇帝看足球临时登用的，皇帝在最高处，其他官员按职级列左边的九级台阶上。平是平面斜坡，皇帝的辇车可以行走。观礼台上设皇帝看足球的御座，有阶梯[10]。汉代皇帝看足球比赛，是按照检阅军队的方式和规格来进行的，所以，整个蹴鞠比赛过程，实际就成了一场名副其实的军事实战演习。

四   表演：蹴鞠文化的展示功能与竞技

从齐都走出的蹴鞠，发展到唐代以后开始发生根本性改变。一方面从蹴鞠文化的表层来看，是足球器材变革所带来的技术技能的变化。例如，汉代的鞠，事实上只是一个实心球，是一个外面用皮革缝制而成、中间塞以毛发的实心球。《汉书》颜师古注："鞠，以韦为之，中实以毛，蹴踏为乐。"但汉代的鞠，应该也有不用皮缝制的。如唐人徐坚《初学记》说：鞠，"古用毛纠结为之。"这种用毛发纠结而成的鞠，叫"毛丸"。1979 年 6 月，考古人员在对汉塞河西调查中，在马圈湾烽燧遗址发现的一个鞠，就是内填丝棉，外用细麻绳和白绢搓成的绳捆扎成球状。既然是实心球，那么它的踢法只能局限于用脚使其在地上滚动。

然而唐代则完全改变了鞠的制作工艺。虽然同样是在外面用皮革缝制，但里面填充的则是一个动物尿胞，这就成了充气的鞠。所谓"八片尖裁浪作球，火中燖了水中揉，一包闲气如长在，惹踢招拳卒未休。"[11] 可见，唐代的鞠是用八片皮革缝制而成，里面有一个充气的内胆，这已类似现代的足球制作工艺。同样的信息还见于徐坚的《初学记》："蹴鞠曰球戏……。今用皮，以胞为里，嘘气闭而蹴之。"

充气球的出现，必然带来踢法和技艺的变化。例如同样用脚，充气足球可以凌空而起，所以唐代可以进行踢高比赛，所谓"蹴鞠屡过飞鸟上"[12]；可以出现"或略地以丸走，乍凌空以月圆"的比赛场面[13]。实心球则做不到。又比如，实心球只能用脚踢，而充气球还可以用膝、用肩、用头踢出各种花色，所谓"脚头千万踢，解数百千般"[14]，便是最好的说明。实心球的球门只能是洞穴类的鞠室，而充气球的球门则可以高达数丈。

另一方面，从蹴鞠文化的深层次来看，是足球在时代变迁中带来娱乐和审美观念的变化。首先，足球器材变革使它有更多的大众普及基础和可能，从而成为后世民俗活动的重要内容。如大唐开始的"寒食蹴鞠"就是典型例证，这在唐诗中可见一斑。如杜甫《清明》："十年蹴鞠将雏远，万里千秋习俗同。"王维《寒食城东即事》："蹴鞠屡过飞鸟上，秋千竞出垂杨里。"白居易《洛阳寒食日作》："蹴球尘不起，泼火雨初晴。"韦应物《寒食后北楼作》："遥闻击鼓声，蹴鞠军中乐。"李隆基《初入秦川路逢寒食》："公子途中方蹴鞠，佳人马上戏秋千。"又有王建《宫词》："寒食内人长白打，库中先散与舍钱。"韦庄《长安清明》："内官初赐清明火，上相闲分白打钱。"诗中的白打，是唐代足球的一种踢法，也称白打场户，是两人间进行的一种足球对踢游戏，主要在女子中流行。

唐代"寒食蹴鞠"的民俗，在宋代仍被继承和发展。如梅尧臣《依韵和孙都官》："蹴鞠渐知寒食近，秋千将立小鬟双。"陆游《春晚感事》："寒食梁州十万家，秋千蹴鞠尚豪华。"夏竦《寒食》："尘微蹴鞠人初散，雨细秋千索半垂。"宋庠《辇下寒食》："蹴鞠将军第，吹箫贵人家。"刘邠《许州寒食》："秋千冷风梨花雨，蹴鞠高腾燕子飞。"

其次，足球器材变革带来的技艺变化增强了蹴鞠活动的观赏性，从而使蹴鞠从自娱性不断走向娱他性，出现了最早的足球商业活动。例如在宋代，朝廷设有筑球军，隶属于教坊乐部，专为朝廷宴会进行足球比赛表演。民间有瓦舍艺人，在城里的闹市区设有固定的卖艺场所。如《东京梦华录》：正月十五元宵，"苏十、孟宣，筑球。"苏十、孟宣，都是在场子上表演蹴鞠的艺人。又《武林旧事》中记载南宋杭州城卖艺的足球艺人有："黄如意、范老儿、小孙、张明、蔡润。"还有些足球艺人是寄生在贵族的门下而维持生计。如《宋朝事实类苑·书画技艺》载："弟子学球，富贵子弟而善球者，率多贱人，每劳赐以酒，必拜谢而去。"这里有些体育打零工的味道。但是，这种打零工有时也许会飞黄腾达。例如宋代的高俅，就是一名时代的幸运儿。

由上可见，从齐都走出的蹴鞠文化，发展到我国的唐宋时期，发生了重大转型。充气足球的出现，不仅带来了足球技术的全面进步，也带来了思想观念层面的巨大变化。特别是由自娱性向娱他性的转变，使宋代的商业蹴鞠逐渐替代了由唐代而形成的民俗蹴鞠。尽管商业蹴鞠的盛行可以提高足球的专业化水准，但不容忽视的是它也同时失去了民众广泛活动的基础，从而最终敲响了古代蹴鞠从此走向消亡的丧钟。

注释

[1] 1953 年，考古工作者在西安半坡也发现过新石器时代人类的村落遗址，其中一座儿童墓葬中，一个女孩尸骨的脚

下摆放着三个石球，应为生前玩具。后来体育学者们根据石球的摆放位置推测，石球可能是用来踢着玩的。1975 年，河南新郑市观音寺镇出土了一批仰韶文化时期的石球和陶球，河南省文物考古研究所研究员蔡全法及诸多学者推测，其中的陶球可能只承担游戏功能。此外中国民间确有踢石球游戏存在，如清富察敦崇《燕京岁时记·踢球》："寒贱之子，琢石为球，以足蹴之，前后交击为胜，亦蹴鞠之类也。"

[2] 刘向《别录》中说："蹵（蹴）鞠，黄帝作，盖因娱戏以练武士。"唐蔡孚《打球篇序》："打球者，往蹴鞠古戏也，黄帝所作兵势以练武士。"

[3] 陈锡康《甲骨文字概论》中记录了一段卜辞："庚寅、卜、贞。呼（xi）舞，从雨。"已故体育史学家唐豪认为，这个字可能就是鞠，甲骨文是象形字，这个字非常像是两只光脚踢一个圆形球，这种舞蹈，应该是边踢球边挥动长袖，用来求雨。

[4] 张紫晨：《中国巫术》，上海三联书店，1990 年，第 37 页。

[5] （韩）赵容俊：《殷商巫术的研究概况》，《殷都学刊》2012 年第 2 期。

[6] 解维俊：《齐都蹴鞠》，天津百花文艺出版社，2006 年，第 35 页。

[7] （汉）司马迁：《史记》卷 32《齐太公世家》，中华书局，1959 年，第 1513 页。

[8] （汉）班固：《汉书》卷 55《卫青霍去病传》，中华书局，1962 年，第 2488 页。

[9] （唐）李善注：《文选》卷 11《景福殿赋》，中华书局，1977 年，第 177 页。

[10] 解维俊：《齐都蹴鞠》，天津百花文艺出版社，2006 年，第 67 页。

[11] （唐）归氏子：《答日休皮字诗》，《全唐诗》第 871 卷，中华书局，1960 年，第 9876 页。

[12] （唐）王维：《寒食城东即事》，《全唐诗》第 125 卷，中华书局，1960 年，第 1259 页。

[13] （唐）仲无颇：《气球赋》，《文苑英华》卷 81，中华书局，1966 年，第 371 页。

[14] 郑振铎：《玄览堂丛书》三集，第 32 册，《蹴鞠谱·一人场户诗》，中央图书馆，1947 年。

蹴鞠：从军事到娱乐的转变

杨祥全*

在体育运动中有许多中国特色的运动项目，蹴鞠就是其中富有特色的一种。作为世界第一运动足球前身的蹴鞠，它是怎样发展变化而来的、又是怎样消亡的，梳理这一运动项目的历史流变过程，对于我们了解、理解这一运动项目，以及与现代足球的对比研究等都有着重要的理论和实践意义。

一　类似足球游戏的多元产生

类似足球的游戏在中国的原始社会就应该存在，且表现为多元的特点。

石球是一种简单、原始的狩猎工具。原始人在狩猎的间隙或猎取野兽狂欢时，极有可能踢踏、抛掷石球以求庆祝、娱乐。在这里，石球就不再是简单的生产工具，而成为一种娱乐的器具，这也许就是蹴鞠、乃至其他球类运动的渊源。考古工作者在山东、山西、陕西、河南、湖北、湖南、新疆、云南等原始社会遗迹中发现了许多的石球、陶球遗物和相关的岩画资料。其中在云南沧源县境内的高山峭壁上发现的距今 3400 年前的岩画中有多人玩球的图形。这说明，中华民族很早就在不同的区域内具有了创造这种游戏的能力。踢石球的游戏至今在民间、少数民族中仍有流传。

关于蹴鞠的起源，尽管学术界还没有形成统一的意见，但概括起来主要有黄帝说、殷代说及战国说三种观点。

1. 黄帝说

"蹴踘者，传言黄帝所作"[1]，黄帝发明蹴鞠在西汉以后的文献中多被引用，但这类说法都是由刘向《别录》之中演化而来的。刘向是公元前一世纪的人，距离黄帝时期较远，只能算作一种"口述历史"。

1973 年，湖南长沙马王堆三号西汉墓出土的帛书《十大经·正乱》中有一段内容涉及到蹴鞠的起源："……黄帝身遇之（蚩）尤，因而擒之。……充其胃以为鞠，使人执之，多中者赏……"这则材料因有"充其胃以为鞠"一句而常被研究者引用，作为刘向《别录》黄帝作蹴鞠的旁证。但据唐兰先生考证，马王堆出土的帛书《十大经·正乱》写作于战国中期，距离黄帝时代有很长的一段时间，不能简单的作为信史来使用。

需要注意的是关于"执"字有不同的释读。有学者认为该字从"手"，应该不属于"足球"

---

* 杨祥全：天津体育学院武术学院。

范畴。从语义上说，如果把"鞠"视为"箭靶"或认为当时的"鞠"可以用手来戏耍或许更能说得通[2]；亦有人认为："使人执之，即使人蹋之，也就是使人踢之的意思。执、蹋古音相近。蹋，踢也。"[3] 黄帝之所以这样做，可能是为了发泄私愤或庆贺胜利。不管如何解释，文中"多中者赏"很有意义，此处尽管我们还不清楚"中"是踢中鞠、射中鞠，还是将鞠踢至指定的地方，却一定具备了游戏或竞技的规则和方法。

需要说明的是以历史人物来解释蹴鞠的起源，除黄帝外，还有不同的人物指向。如南宋岳珂所撰写的《程史》就将蹴鞠的发端者定为"无终嘉父"。

无论刘向所言，还是《正乱》所载，都只不过是一种"传言"，应与英雄崇拜和祖先崇拜有关。也许正是因为这种传言的不确定性、无从考证性，所以唐豪才"不打算把它作为研究的对象"。[4]

2. 殷代说

该说所依据的材料主要是《殷墟·文字类编·前编》文中的"庚寅卜，贞：乎品舞，从雨"这一条材料。

"卜辞"是记录殷商王室大事的典册，这条"卜辞"的主要意思是："庚寅占卜，卜得吉兆，王召唤作品舞，舞后就频频降雨。"这则材料的关键是关于"品"的释读，叶玉森和陈夕康都认为，"品"是"韦"字，与"围"相通，所以他们将"品舞"解释为"围舞"。但中国近代体育史家唐豪等认为"把它释作'围舞'是有问题的""'品'是'足 + 球'的复文，足在后而球在前，在后的两左足足指都对着球，形象二人争逐一球"，"'品'和'舞'相结合，应当释为足球舞或鞠舞"，"品字形象逐的两左足，证明殷代的足球舞由两队组成"，这种祈雨时跳的足球舞"在苏秦东说齐宣王之前，就已成为世界上最早的足球运动。"[5]

关于"品"字的释读还有另外的意见，郭沫若认为应以"征"字为是。就此问题，中国体育博物馆的崔乐泉曾经向原北京大学考古系的高明教授请教，他亦认为，将"品"字解释为我国最原始的足球运动，恐怕不准确。此字卜辞中常常用来表示征伐之意。

这样看来，把"品舞"释为"鞠舞""足球舞"并进而推演出两队竞赛，且舞且踢的说法是值得商榷的。

3. 战国说

"蹴踘者……或曰起战国之时。"[6] 关于蹴鞠起源于战国的说法，刘向《别录》《战国策·齐策》以及《史记·苏秦列传》都有记述，这是我国古籍中较早且可信的关于蹴鞠活动的记载。

通过对上述文献的分析，我们发现战国时蹴鞠活动已相当兴盛，按照发生学的观点，蹴鞠的起源应早于盛行。

黄帝说与战争有关，殷代说与农业、祭祀相联，而战国说表现出明显的游戏性、娱乐性。三者相较，本研究认为蹴鞠本源于原始人的狩猎活动、起源于原始社会的球类游戏，其起源点是多元的。而后便与军事训练发生了密切的关系。而从一种球类游戏发展为较为成熟的蹴鞠，其时间应大致在战国或更早[7]。

二 战国时期齐都临淄踏鞠活动的兴盛及延续

蹴鞠起源于何时从现有文献来看很难定论，但最早在临淄一带兴起却是不争的事实。"苏秦为赵合纵说齐宣王曰：'齐南有太山，东有琅邪，西有清河，北有渤海，此所谓四塞之国也。齐地方二千里，带甲数十万，粟如丘山，齐车之良，五家之兵，疾如锥矢，战如雷电，解如风雨。……临淄甚富而实，其民无不吹竽、鼓瑟、击筑、弹琴、斗鸡、走犬、六博、踏踘者。临淄之途，车毂击，人肩摩，连衽成帷，举袂成幕，挥污成雨，家敦而富，志高而扬。'"[8]《战国策·齐策》的这则记载在《史记》《尚书》《资治通鉴》《山东通志》中都有所描述。这幅临淄的市井图，记述了战国齐宣王时期临淄的繁华景象，这里的人民常参加八种活动，而踏踘是其中的一种。

齐都临淄成为蹴鞠活动的中兴地，是有其历史原因的，大致说来，如下几点当是不可缺少的：

1. 富足的生活、繁华的城市

经济基础决定上层建筑。当年姜太公受封建国来到此地时，采取了"通商工之业，便渔盐之利""劝女工，极技巧"等大力发展经济的政策，使齐国出现了"财盖天下""工盖天下""器盖天下""士盖天下""教盖天下""习盖天下"的大好局面，迅速成为诸侯国中的大国和富国。

"在各国的国都中，以齐国临淄规模最大，也最繁华。"[9]临淄，作为齐国都城，经过西周、春秋的发展，至战国时期，已成为一个繁华的大都市。其时，"临淄之卒，固已二十一万矣"[10]，家家富足殷实。到西汉初年居民富足的状况更是"巨于长安"，成为全国最富裕的地方，亦因此而有了"西有长安，东有临淄"的美誉。

2. 昌盛的文化、发达的科技

齐国向以文化昌盛著称于世。姜太公立国之前，齐地是东夷人的故土。姜太公立国之后，采取了"因其俗，简其礼"的治国策略，从而使齐国的文化在原来的基础上继续发展。仅以音乐而言，孔子在齐都闻齐《韶》乐后，发出了"尽善""尽美"的惊叹，竟然陶醉得"三月不知肉味"。

繁荣的经济、昌盛的文化，造就了发达的齐国科技。我国第一部手工业工艺技术典籍《考工记》属于齐国官书，这部书以临淄手工业为范例而论述手工业生产制度和管理模式。在该书中对"鞠"制作的关键技术——皮革的鞣治工艺进行了详尽的说明：

"鲍人之事。望而视之，欲其荼白也；进而握之，欲其柔而滑也；卷而抟之，欲其无迆也。视其著，欲其浅也；察其线，欲其藏也。革欲其荼白，而疾浣之，则坚；欲其柔滑，而腥脂之，则需。引而信之，欲其直也。信之而直，则取材正也；信之而枉，则是一方缓、一方急也。若苟一方缓、一方急，则及其用之也，必自其急者先裂。若苟自急者先裂，则是以博为帴也。卷而抟之而不迆，则厚薄序也；视其著而浅，则革信也；察其线而藏，则虽弊不甋。"

由此可见，齐人柔革技术之高、过程之密、要求之严。

3. 圆形崇拜及强烈的生命意识

东夷是个以鸟为图腾的古老民族，齐人认为他们的始祖神是太阳鸟，太阳鸟的化身是帝俊，他的妻子是常仪姊妹。其中一个妻子生了十个儿子，即按旬值班的十个太阳；另一个妻子生了十二个女儿，即按月值班的月亮[11]。有学者认为"这则优美的神话具有丰富的文化内涵，透视着齐人的圆形为美、运动永恒的价值观念。因而东夷人及齐人崇拜圆形和球体，因其圆形崇拜，于是便产生了口颊含球的习俗。"[12]

"自威、宣、燕昭使人入海求蓬莱、方丈、瀛洲。此三神山者，其传在渤海中，去人不远，患且至，则船风引而去。盖尝有至者，诸仙人及不死之药皆在焉。"[13]战国时期，齐国先进的生产力、发达的文化，唤起了人们对美好生活的向往，寻求长生不老成为一种时尚。正是这种强烈的生命意识，对蹴鞠的蓬勃发展起到了重要的推动作用。

富足、繁华的都市生活，昌盛的文化，发达的科技，圆形崇拜以及强烈的生命意识等为蹴鞠在临淄的产生、发展奠定了良好的基础。另外齐国人们爽朗坚强的性格、无拘无束的浪漫精神等又为蹴鞠的出现提供了助力。蹴鞠在临淄兴盛以后，随着时间的推移，不断向周边地区辐射。从文献上来看，向南至今江苏一带，刘邦的父亲喜欢蹴鞠就是例证。向西经河南传入陕西。从已发现的汉画像石来看，以河南地区最多。西汉建立后，建都长安，成为全国的政治、经济和文化中心，蹴鞠的盛行也相应地由临淄转移至长安，这也许是汉画像石在齐地少有发现的原因所在。

蹴鞠在临淄兴盛后一直传承了下来且有相关的文献记载。从《战国策·齐策》《史记·苏秦列传》对战国时期临淄地区踏鞠的描述到《史记·扁鹊仓公列传》对临淄地区西汉时期蹴鞠的记载，到南北朝时期南朝梁人吴均《边城将》一诗中"临淄重蹴鞠，曲城好击刺"[14]，到清末徐珂《清稗类钞·技勇类》所记"丘尊谦，徐州沛县人，……尝为先锋，驰逐齐鲁……，所至，辄召诸少年箕距而欢，蹴鞠为乐……"再到清代末年的《聊斋志异》，这种不同时代文献记述的连续性表明临淄蹴鞠活动的兴盛，从而使临淄成为中国蹴鞠发展演变的重要区域[15]。

三　蹴鞠在汉代的大发展

汉代，兴盛于战国时期齐国都城临淄的"踏鞠"发展为"蹴踘""蹴鞠"，受到人们的普遍喜爱，已经发展为一项非常专业化的运动项目。

（一）"鞠"的形制与蹴鞠的主要形式

在《汉书·艺文志》中的《蹴踘》二十五篇下，唐人颜师古对蹴鞠解释为："鞠以韦为之，实以物，蹴蹋之，以为戏也。"汉人扬雄在《扬子法言》中也提到"捖革为鞠"。这说明汉时的"鞠"是一种用"革"缝制、内实以毛或其他东西的圆形实心毛丸。这种球一直沿用至唐代"气球"的出现，才宣告结束。

汉代除了皮壳实心鞠之外，还有"用毛纠结为之"的"鞠"——"毛丸"，即用毛线缠绕而成的"鞠"。《太平御览》卷 754 引汉人应劭《风俗通》曰："丸毛，谓之鞠"。又引晋人郭璞的《二苍解诂》曰："鞠，毛丸耳，蹋戏。"

随着蹴鞠的普及和规范，汉代蹴鞠出现了两种主要的蹴鞠形式：

一种是以表现个人技巧的表演性蹴鞠，汉画像石、砖上的女性蹴鞠多属于这一类。这种蹴鞠方式后来发展为唐代的"白打"。随着汉代"独尊儒术"政策的实施，"乐"因有和于天地、推动人间秩序良好运行的作用而影响到蹴鞠。为此，汉代出现了在音乐伴奏下的蹴鞠表演。

一种是对抗性很强的竞技性蹴鞠，这种蹴鞠多在室外专门的球场——"鞠城""鞠域"或者室内球场——"鞠室"内进行，且有一定的规则和裁判执裁。

（二）广为普及

"士以弓马为务，家以蹴踘为学"[16]。汉代蹴鞠已广为普及，它不但是军事训练的一种手段，而且在民间得到了广泛的普及。

1. 军事上的重视

蹴鞠游戏最初肇始于民间的生活活动和娱乐，发展到汉代，随着蹴鞠技术的发展、竞技性和对抗性的加强，蹴鞠在军事上的作用得到了人们的普遍重视。

《七略》："蹴踘亦有治国之象。……蹋鞠，兵势也"[17]、"蹋鞠，其法律多微意。皆因嬉戏以讲练士，至今军士羽林无事，使得蹋鞠"[18]。李尤《鞠城铭》在强调了蹴鞠比赛的公正后说："鞠政犹然，况乎执机。"何晏《景福殿赋》在讲到蹴鞠时说："譬诸政刑，将以行令，岂惟娱情。"[19]上述几则材料都有借蹴鞠喻政、喻军事的意味，说明蹴鞠与治国、治军之间的关系。

战国以后，兵车作战的重要地位逐渐被步兵、骑兵等代替，这一变化对士兵的速度、耐力、灵敏等身体素质提出了更高的要求。而蹴鞠恰能提高士兵这些方面的素质，也许正因此，蹴鞠在军事训练中的作用逐渐得到了提升。刘向在《别录》中指出："蹴踘，兵势也。所以练武士，知有方也。令军士无事得使蹴踘"[20]、"踏鞠，兵势，所以陈之知武材也，皆因嬉戏而讲习也"[21]。唐代颜师古在《前汉书注》中指出："蹴踘，陈力之事，故附于兵法焉。"《前汉书·卫青霍去病传》亦有类似的记载：霍去病"在塞外，卒乏粮，或不能自振，而去病尚穿域踏鞠也"。"穿域踏鞠"，东汉服虔对此的解释是"穿地作鞠室也"，即挖地基修筑蹴鞠场地。由此可见，霍去病带头踢球的目的是振奋士气。

2. 社会上的普及

社会生活中，蹴鞠成为一种时尚。西汉初期，"太上皇徙长安，居深宫，凄怆不乐。高祖窃因左右问其故。以平生所好：皆屠贩少年，酤酒卖饼，斗鸡蹴踘，以此为欢。今皆无此，故以不乐。高祖乃作新丰，移诸故人实之，太上皇乃悦。"这则出自晋人葛洪所辑，旧题刘歆所撰的《西京杂记》的记载其大意为：刘邦做了皇帝后，其父亲迁居长安后，整日闷闷不乐。刘邦打听得知原来父亲在家乡时喜欢与一帮朋友喝酒、斗鸡、蹴鞠。而现在居住在长安，没有了这些朋友，也没有了这些娱乐活动，因此心中不畅。刘邦得知后便在长安仿照家乡江苏丰邑（今江苏丰县）的规模建筑了一座新城，并把父亲原来的朋友迁到这里（今陕西临潼新丰镇）。从此，刘邦的父亲又可以与他的朋友斗鸡、蹴鞠了。太上皇自然也就高兴起来了。从这则材料我们可以看出在齐国都城临淄兴盛的踏鞠此时已经普及于江苏的丰县，并经过刘邦的父亲带到了西汉的都城长安（今西安）。

汉武帝亦十分喜欢蹴鞠，汉武帝经常在宫中举行斗鸡、蹴鞠比赛。汉武帝"贵宠天下"的权臣董偃"常从游戏北宫，驰逐平乐，观鸡鞠之会、角狗马之足"[22]。其时"郡国狗马蹴鞠剑客辐凑"于董偃家中，一派歌舞升平的景象。

"太仓公者，齐太仓长，临淄人也，姓淳于氏，名意。少而喜医，方术高。……安陵阪里公乘项处病，臣意诊脉，曰：'牡疝'，臣意谓之：'慎毋为劳力事，为劳力事则必呕血死。'处后蹴鞠，要蹙寒，汗出多，即呕血。臣意复诊之，曰：'当旦日日夕死'。"[23] 从这则材料我们可以看出此时蹴鞠已经成为人们的一种生活方式，以至于有人竟然不听医生的劝告而命丧黄泉。

另外，汉画像石、画像砖上还有一些表现民间蹴鞠、女子蹴鞠[24]的画面，这些都反映出汉代蹴鞠已经成为一项大众化的运动项目。

（三）专业著述的出现

蹴鞠运动的普及，技术水平的提高，促使汉代出现了《蹴鞠》一书，这是我国、也是世界上第一部体育专业书籍。该书共二十五篇，班固在《前汉书·艺文志》中把《蹴鞠》二十五篇列入兵书中。

汉代兵书分为四类，一类是"以正守国，以奇用兵，先计而后战，兼形势、包阴阳，用技巧者也"的兵权谋类，一类是"雷动风举，后发而先至，离合背乡，变化无常，以轻疾制敌者也"的兵形势类，一类是"顺时而发，推刑德，随斗击，因五胜，假鬼神而为助者也"的兵阴阳类，一类是"习手足，便器械，积机关，以立攻守之胜者也"[25]的兵技巧类。《蹴鞠》二十五篇就属于兵技巧类，可惜的是该书已经失传了。

（四）竞赛规则的出现

汉代《蹴鞠》二十五篇已经遗矢，我们已无法得知当时的蹴鞠的具体情形。庆幸的是唐人司马贞在《史记索隐》中说："《蹴鞠》书有《域说篇》"[26]。从这里可以看出，《蹴鞠》二十五篇中至少包括对蹴鞠场地大小、规格等方面的说明，这也是竞赛规则的基本内容。

汉代，娱乐性的蹴鞠和对抗性的蹴鞠共存。竞技需要公平的规则。"圆鞠方墙，仿象阴阳。法月衡对，二六相当。建长立平，其例有常。不以亲疏，不有阿私。端心平意，莫怨其非。鞠政犹然，况乎执机。"[27]这则文献来自于东汉李尤的《鞠城铭》（最早见于欧阳询的《艺文类聚》），当时镂刻在蹴鞠场的奠基石上。铭文虽短，却能基本上反映出当时蹴鞠竞赛的情形：比赛使用的鞠为圆形，球场四周围着方墙，这象征着天圆地方，阴阳相依[28]。每队设有队长，比赛有临场的裁判来执行规则。裁判执法时要公正、公平，不能偏袒任何一方。比赛的双方也要尊重、服从裁判，不能抱怨裁判的判决。

上述释读一般没有什么疑义，但对"法月衡对，二六相当"的解释，出现了如下几种情况：

1.　关于"球门"[29]

有学者认为在球场两端，各设六个半月形的"球门"（从地面上向下挖成半月形），每个"球门"前都有一个守门员[30]；另有人认为在球场两端各设有一个月状"球门"[31]。关于"球门"的大小，从《汉书·外戚传》中吕雉摧残戚夫人的记载来看，其高度应有半人高、能容纳一个人在里面。

2.　关于竞赛人数

有学者认为竞赛人数，效法岁月，双方各六人，共 12 人在场上比试[32]；也有的学者认为参赛人数双方各有十二人，其中六人为固定的守门员，六人为进攻者[33]；另有学者认为场内不是六人、而是有若干人在进行比赛[34]。

上述说法，莫衷一是。唐人李善在《文选注》中"二六盖鞠室之数，而室有一人也"的说法并参照蹴鞠在汉代军事中的重要作用，本文比较赞同双方各"六个鞠室"的对抗方式。因为这种方式攻击目标较多，为战略战术的谋划提供了更大的空间、对参赛者的随机应变能力提供了重要的锻炼场所。因而这种比赛有明显地模拟战争的性质，具有很强的军事实用性，而自然也就成为军事训练的一种重要手段[35]。

至于竞赛人数，可参照自蹴鞠演变而出的弹棋形制。弹棋是西汉时期刘向为劝束汉成帝不要失"帝王之尊"好蹴鞠而敬献的"似不劳者"的一个游艺项目。关于弹棋的"子数"没有什么疑义。从韦应物《弹棋歌》"圆天方地局，二十四气子"、柳宗元《棋序》"置棋二十有四，贵者半、贱者半，贵曰上、贱曰下，咸自第一至十二"等来看，弹棋共有二十四子。据此本文认为汉时蹴鞠双方应各十二人、共二十四人（对应二十四节气），其中双方各六人为护"鞠室"者，各六人为场上进攻者。

李尤在东汉和帝、安帝、顺帝执政时担任朝中官员，应是根据自己的亲眼所见写就，具有一定的可信度。从《鞠城铭》可见，汉代的蹴鞠比赛已经比较完善，具备了后世足球运动的基本要素。但由于缺乏相应的文献资料，汉代蹴鞠如何判断胜负不得而知。但有一点是肯定的——以入鞠室多者为胜（有学者认为此时的蹴鞠比赛以连人带球冲入对方场地底界为胜，似战场上攻占敌营[36]）。

四　唐代充气球的发明及蹴鞠大普及

"十年蹴踘将雏远，万里秋千习俗同"[37]。唐朝是我国封建社会的鼎盛时期，经过少数民族的冲击、佛教文化的传入等因素的影响，重组后的隋唐文化呈现出多元的特点。此时由于骑兵在战争中作用的提升，"马球形成为广泛的军事体育"，作为军事训练的蹴鞠退居次要位置[38]。在这种情况下，蹴鞠的娱乐功能得到进一步强化，受到了君王、达官贵人的喜爱，文人墨客的追捧，从而在社会上兴盛起来，成为蹴鞠发展的又一个高峰。

（一）寒食蹴鞠成为南北盛行的全国性习俗

寒食起源于春秋时期的晋国，在清明节的前一天，是晋文公重耳为纪念介之推而设立的。

随着蹴鞠的发展，南北朝时南朝楚地已有寒食蹴鞠的风俗。这一点在南梁宗懔所写的《荆楚岁时记》中有明确的记载："立春之日……又为打球、秋千之戏。"隋朝杜公赡《荆楚岁时记注》中有："按刘向别录曰：'寒食蹴蹋，黄帝所造，本兵势也。'或云起于战国。案鞠与球同，古人蹋蹴以为戏也。"在这里已经出现了"寒食蹴蹋"这个词汇。

到了唐代，由于春游和寒食扫墓风俗的影响，寒食蹴鞠习俗盛行。北方气候寒冷，人们常常关门闭户待在家中。所以一到春日，人们便纷纷走出家门到郊外活动。"寒食日与其徒游于郊外，蹴蹋角力"[39]，郊外活动的过程中自然少不了蹴鞠、秋千。另外，唐代还有寒食扫墓的风俗，扫墓后，人们往往在郊外野餐，并进行蹴鞠、秋千活动。就这样，寒食蹴鞠成为一代风俗。这一点在唐代诗文中多有记述。如"蹴蹋屡过飞鸟上，秋千竞出垂杨里"（王国维《寒食城东即事》）、"蹴球尘不起，泼水雨初晴"（白居易《洛阳寒食》）、"永日迢迢无一事，隔街闻筑气球声"（韦庄《鄜州遇寒食城外醉吟》）、"遥闻击鼓声，蹴蹋军中乐"（韦应物《寒食后北楼作》）、"公子途中方蹴蹋，佳人马上戏秋千"（唐玄宗《初入秦川路逢寒食》）。

民间寒食蹴鞠还影响到皇宫，成为宫廷中的节日娱乐项目。"中尚署令一人，从七品。下丞二人，从八品。下掌供郊祀圭璧及天子器玩、后妃服饰雕文错彩之制。……岁二月献牙尺，寒食献球，五月献绶带。"《新唐书·百官志》的这则记载清楚地表明唐代有专门供应皇室用品的官职——"中尚署令"。从"寒食献球"来看，皇宫内寒食节有蹴鞠活动。

（二）充气球的发明

唐以前蹴鞠的"鞠"是"以韦为之，实以物"的实心球，球比较重，缺乏弹性。唐代开始，这种球逐渐消失，而开始以八片尖皮缝成外壳的充气球[40]。唐末归氏子弟曾以此为题写诗来嘲笑皮日休，诗云："八片尖皮砌作球，火中燖了水中揉，一包闲气如常在，惹踢招拳卒未休"[41]。从这首诗中，我们可以看出唐代蹴鞠所用的球是用八片尖皮缝制而成，里面充满了气体。

至宋代程大昌在《演繁露》中对这种演化进行了详尽的说明，其记述如下：

"今世皮球中不置毛，而皆砌合皮革，待其缝砌已周，则遂吹气满之，气既充满鞠，遂圆实。所谓火中燖了水中揉者，欲其皮宽而能受气也。详此意制当是古时实之以毛后加巧而实之以气也。吕后传曰：'太后断戚夫人手足，使居鞠域中'。师古曰：'鞠域，如踏鞠之域，谓窟室也。'今筑气球者，以脚蹙，使之飞扬上腾，不复拘于窟域矣。而军中打球之戏，则以杖拂球使之驰走，而用快马逐之，尚存鞠域之法。故疑古今因革，如予所言也。"

充气鞠不但结实、轻巧，而且富有弹性，使蹴鞠比赛的对抗性、速度得到提升，从而使该运动更激烈、紧张。

（三）无球门蹴鞠的继续发展

唐代无球门的蹴鞠继续发展，且主要的发展为如下三种形式：

1. "无打球"

"一身俱是蹴踘，旋转纵横，无施不可"[42]。这种方式又称为"一般场户"，有十种比赛方式，从"一人场"起到"十人场"止。练习或比赛时不限人数，各自独踢，踢球时身体各部分都可以触球，变换不同的花样。

2. "练白打"

蹴鞠用球由实心向空心的转化，为妇女和儿童参与蹴鞠提供了便利条件。由此女性蹴鞠由汉画像砖、石的形象表现开始出现了文献记载。"宿妆残粉未明天，总立（在）昭阳花树边。寒食内人长白打，库中先散与金钱。"[43]，此处的"白打"是一种蹴鞠方式，它是一种特别适合女性的蹴鞠方式，练习或比赛时可以两人对踢，也可以多人对踢。

蹴鞠在女性中的普及造就了一些技艺高超的蹴鞠女杰。"王超年且八十，……他日因过胜业坊北街，时春雨新霁，有三鬟女子，年可十七八，衣装褴褛，穿木屐立于道侧槐树下，值军中少年蹴踘，接而送之，直高数丈，于是观者渐众。"唐代学者康骈《剧谈录》中的这则记载就为我们描绘出一个衣服褴褛的少女因球技出众而博得人们的好评和赞美。

3. 趫鞠

"高而不远直朝天"[44]，这是一种以踢高球为主的蹴鞠方式。王维《寒食城东即事》中有"蹴踘屡过飞鸟上，秋千竞出垂杨里"的诗句，指的就是这种蹴鞠方式。

（四）设在地上的"域"发展为空中的"门"，蹴鞠演变为蹴球

更为重要的是，由于充气鞠的发明，球体变轻，为踢高创造了条件，为此唐代蹴鞠在球门的设置上进行了创造性的大胆改革，把唐以前的"穿地为域"、地面下的"鞠室"发展为地面之上带网的球门[45]。

1. 单球门蹴鞠

"蹴球，盖始于唐，植两修竹高数丈，络网于上，为门以度球。球工分左右朋，以角胜负否，岂非蹴踘之变欤。"[46]唐代蹴鞠演变为蹴球，其球门设在球场的中央，两根立起的柱子上挂一网，网上有洞——风流眼。比赛时，两队分列球门左右，由队员把球传给球头，然后由球头把球通过"风流眼"踢给对方。这种一改汉代"盖象兵戎"的直接对抗而为隔网间接对抗的方式[47]，使竞赛的对抗性降低，但对技巧的要求却大大提高了。

需要提及的是唐代的单球门高且小，这与唐代文化。唐代杂技就以惊险取胜，如顶杆有数丈高，幼童在上歌舞；抛剑高十数丈，落下后以剑鞘承之。杂技如斯，同样作为带有表演性质的唐代单球门蹴鞠球门在三丈高的球柱上也就不足为奇了。可惜的是这种高难度的蹴鞠游戏，只适合专业艺人，不能适应大众娱乐、健身的需要，由此埋下了蹴鞠消亡的伏笔。

2. 双球门蹴鞠

单球门蹴鞠以外，唐代似乎还有双球门的蹴鞠样式。唐代仲无颇《气球赋》是一篇重要的蹴鞠文献，赋中对蹴鞠的"球门设置""射球入门规则"等都有所提及。全文如下：

"气之为球，合而成质，俾腾跃而攸利，在吹嘘而取实。尽心规矩，初因方以致圆，假手弥缝，终使满而不溢。苟投足之有便，知入门而无必。时也，广场春霁，寒食景妍，交争竞逐，驰突喧阗。或略地以丸走，乍陵空以月圆，可转之功，混成之会，虽无侣而是匹，谅有皮之足贵。傅毛非取，奚资蔚矣之文，实腹可嘉，且养浩然之气。观夫浑兮无覆，块若有形，方劳击触，曾匪遑宁。其升木也，许子之瓢始挂；其坠地也，魏王之瓠斯零。惧欲挤于沟壑，将不出于户庭，智不待乎扃锁，妙乃存乎苞裹。坚强祈致，虽吐纳之在君，蕴蓄为功，信盈虚而自我。念修完之是急，如穿凿之忘可。勿怀弃掷，委质操持。舍之则藏，岂凝滞之兴消，苏而复上，犹轻举之可思。彼跳丸之与蹴踘，又何足以加之。"[48]

通过对该"赋"的分析，我们隐约感受到赋中描绘的也许是双球门蹴鞠。关于这一点，早在 1957 年，范生就根据赋中"交争竞逐"一句认定两队各有一门[49]。后来有些学者赞同这种观点。但亦有反对者，如翁士勋通过对这则赋的分析就认为这是一种单球门竞赛方式，赋中"交争竞逐，驰突喧阗"提示我们蹴鞠竞赛开始，运动员带球快速向对方场地运球，对方运动员则组织了拦截[50]。

五　宋代娱乐性蹴鞠的发展

"蹴踘成功难尽言，消食健体得安眠。本来遵演神仙法，此妙千金不易传。"[51] 宋代，随着商业的繁荣、城市的发展、市民的增加，加之统治阶级的提倡以及蹴鞠的健身作用，着眼于技巧表演、娱乐性较强的单、无球门蹴鞠方式逐渐走向高峰，成为宋代蹴鞠活动的主流。而有可能兴起于唐代、对抗性较强的双球门踢法被淘汰。

"香皮十二，方形地而圆象天。香胞一套，子母含气归其中"[52]。宋代球的制作工艺进一步提高，球壳从八片尖皮发展为"香皮十二片"，更接近于圆形。这时生产的球，工艺上要求"熟硝黄革，实料轻裁，密缝裁成"且"不露线角"[53]。球体日趋圆形以及制作工艺的提高，为蹴鞠的进一步发展奠定了基础。

宋代，蹴鞠仍然得到人们的喜爱，普及程度相当高，爱好蹴鞠的帝王和大臣不乏其人。宋太祖曾命令有关部门，每年三月在大明殿举行盛大的"会鞠"[54]。元代钱选所临宋代苏汉臣之《宋太祖蹴踘图》（现藏于上海博物馆）表现的就是太祖、太宗、赵普、郑思、楚昭辅、石守信六人在一起蹴鞠的情景。北宋宣和时的李邦彦声言自己"赏尽天下花，踢尽天下球，做尽天下官"，而被时人称为"浪子宰相"[55]。

帝王和王公大臣的喜爱使一些蹴鞠高超的人得以发迹。据刘攽《中山诗话》记载有一个叫柳三复的人，踢的一脚好球，但官运不佳。他"欲见晋公，无由。会公蹴球后园，偶进出，柳挟取之。因怀所业，戴球以见。公出书再拜者三，每拜球起复于背膂幞头间。公乃笑，而奇之，遂延于门下"[56]，而得到了较好照顾。无独有偶，施耐庵《水浒传》中的高俅也因为踢球而得到了太尉的官职。

蹴鞠活动的盛行，使民间产生了规范性、全国性的行会组织——齐云社[57]。"齐云社"秉承儒家"隆师重礼"的传统，将儒家的"仁、义、礼、智、信"融入到蹴鞠之中，制订了自己的行业规定，形成了宗法传承机制。至此可以看出，宋代蹴鞠已经完全地融入整个社会的发展，成为一项重要的社会文化现象。

在宋代理学"主静""主敬"，偏于"内省"的社会文化氛围里，为减少体力的消耗，宋代竞赛性蹴鞠还借鉴娱乐性蹴鞠的技巧花样，在隔网对抗的情况下强调在己方场地上的花样射门，场上有明显的分工，比较注重个人技艺的表现。这种蹴鞠形式在宋代烟花女子、宫廷女子中亦相当盛行，成为古代女子蹴鞠的一大特色。影响所及，宋代的一些日用器皿上就常刻绘有女子蹴鞠、男女相对踢球的图像。

六　元明清蹴鞠的曲折发展

蹴鞠的盛行，皇室的喜爱，使"贵人之家"以"临渊钓鱼，放犬走兔，隆豺鼎力，蹋鞠斗鸡"[58]为乐，一般的人家也是在"康庄驰逐，穷巷蹋鞠"[59]。这种情况引起了一些有识之士的重视。早在汉武帝时期，东方朔针对刘邦宠信董偃，过分喜欢斗鸡、蹴鞠的现象提出了批评意见，他说："陛下富于春秋，方积思于六经，留神于王事。驰骛于唐虞，折节于三代。偃不遵经劝学，反以靡丽为右，奢侈为务，尽狗马之乐，极耳目之欲，行邪枉之道，径滛辟之路，是乃国家之大贼人，主之大蜮也。"[60]西汉末期，儒家思想在主流意识形态上的地位更加巩固。群臣对于成帝喜欢蹴鞠进行了劝谏，认为"蹴蹋劳体，非至尊所宜"，成帝接受了群臣的意见，他说："朕好之，可择似不劳者奏之。""刘向作弹棋以献，帝大悦。"[61]从此，成帝"乃舍蹴蹋而习弹棋焉"[62]。但无论是东方朔的劝诫、还是刘向的弹棋都没有阻止住汉代及以后蹴鞠的流行。

1. 元代娱乐性蹴鞠的发展

"我也会围棋、会蹴蹹……你便是落了我牙、歪了我嘴、瘸了我脚、折了我手，天赐与我这几般儿歹症候，尚兀自不肯休。"[63]元代蹴鞠仍然盛行，其中在妇女中尤为流行"踢花心"的蹴鞠方式，即一个妇女居中间为"花心"，八个妇女在其周围，轮番把球给"花心"。这种方式不受场地限制，技巧性强，因此，深受元代妇女的喜欢。"绝色婵娟，毕罢了歌舞花前宴，习学成齐云天下圆，受用尽绿墙前饭饱茶余，拣择下粉墙内花阴日转。"[64]元代，许多女伎、妓女喜欢表演蹴鞠以博得人们的注意或喜爱。"得自由，莫刚求，茶余饭饱邀故友，谢馆秦楼，散闷消愁，唯蹴蹋最风流"[65]。当时一些在官宦沉浮屡遭打击的文人墨客也多有狎妓、蓄妓的恶习，他们常以观看妓女的蹴鞠表演来从中取乐、缓解心中的压抑。"若道是成就了洞房中惜玉怜香愿，媒合了翠绾内清风皓月筵，六片儿香皮做姻眷。"[66]社会娱乐的需求还使元朝产生了专门聚集和训练蹴球伎的专业机构——仕女圆社。

2. 明代蹴鞠的禁止与在民间的发展

明代中国受理学的影响，社会上重文抑武之风盛行，以至出现了"卫所官员不肯教儿子弓马"[67] 的情况。加之宋以后，蹴鞠常常与淫乐联系在一起，张士诚的弟弟张士信荒淫无度，每"出师，多携挏蒲、蹴踘，拥妇女酣宴。"[68] 也许正因为此，一向以严刑峻法著称的明朝开国皇帝朱元璋对蹴鞠采取了严厉的镇压措施，规定"如今但有学唱的割了舌头，……蹴圆的卸了脚……龙江卫指挥伏颙与小旗姚晏保蹴圆，卸了右脚。"[69]

朱元璋的圣旨只是禁止军中和朝廷宴会上的蹴鞠活动，而在社会上，蹴鞠仍进一步发展，并与中国社会的联系越来越紧密。受宗法社会的影响，中国的技艺传承讲究师承，而"不听师教，不达圆情"[70] 者属于蹴鞠三不教的范围。《蹴踘谱》开篇就讲了"拜师"的问题："凡教子弟备酒礼办筵席礼物，赠与师父。……然后请师徒之礼。……如不做圆社，亦是不曾得师开法，一般被人笑话，谓之不出汗，难上盘子。"[71]

公安派文学家袁宏道对蹴鞠并不排斥，而是把它看作一门艺术。他认为："人生何可一艺无成也。作诗不成，即当专精下棋……，又不成，即当一意蹴踘……。凡艺到极精处，皆可成名，强如世间浮泛诗文百倍。幸勿草草度日，勉之。"[72] 在这里，袁中郎大胆脱俗地将蹴鞠看作一门艺术，并放置在"浮泛诗文"以上。无独有偶，明代山东文人李开先"每日或按乐，或与童子蹴球，或斗棋，客至则命酒。"[73] 可以看出，蹴鞠已经成为李开先修身健体的一种方式。明代还出现了"蹴踘奇才"郭承仪，他"时以球为娱，久之惯熟，遂为一时绝技。或自娱一球，能使球沿身前后上下，终日飞动不坠；或兼应数球，能随诸敌缓急轻重，应接不谬。"[74]

明代对"气球"的打气法已有明确的规定，"打揎，添气也。事须易而实难，不可太坚，坚则健色浮，急蹴之损力。不可太宽，宽则健色虚，泛蹴之不起。须用九分着气，乃为适中。"[75] 这种冲气法使"鞠"踢起来更舒服，不易损害人的脚。从而更易于在宫廷和妇女、儿童中开展。此时"几回蹴罢娇无力"的女子蹴鞠仍旧兴盛。明人冯梦龙曾编辑《山歌》一书，其中有许多妓女蹴鞠的民歌，其中一首《戏球》曰："戏球儿，我爱你一团和气。我爱你有分量知高知低，知轻知重如人意。人说你走滚其中都是虚，只这脚尖儿上的风情，也教人爱煞你。"在宫廷、妇女的推动下，此时的蹴鞠活动更多的在追求花样和技巧，其社会性能在逐渐缩小。这一点在文学作品中有较好的体现。在被称为明代百科全书的小说《金瓶梅》中有一段西门庆在丽春院看妓女李桂姐踢球的事。至清代，史籍中有关蹴鞠的记载已经寥寥无几。文学中，除出生于山东淄博的清代著名文学家蒲松龄在其《聊斋志异》中有多处关于蹴鞠的描写外，其他文学作品中的关于蹴鞠的描写较少，象《红楼梦》这样一部清代百科全书式的小说，书中只有一次提到蹴鞠，而且只有一句："可巧门上小厮，在甬路底下踢球。"

3. 清代蹴鞠的发展及冰上蹴鞠的出现

明末清初，吸收了白打蹴鞠的踢毽子盛行，并开始出现取代蹴鞠的迹象。尽管如此，清代民间仍有蹴鞠者。"踏踘，始于轩后，军中练武之剧。又有衮弄飞弄之技，不知始于何人。国初，彭氏云秀，以女流清芬，挟是技游江海"[76]，从彭云秀"挟是技游江海"来看，她应当是一个职业蹴鞠艺人。李渔曾作《美人千态诗》描绘长安女子蹴鞠的身姿："蹴踘当场二月天，香风吹下两婵娟。汗沾粉面花含露，尘拂娥眉柳带烟。翠袖低垂笼玉笋，红裙曳起露金莲。几会踢去娇无语，恨煞长安美少年。"清代蹴鞠还与滑冰结合在一起发展成为"冰上蹴踘之戏"，"不仅运动性质和方法改变了，其文化含意也由中原传统民俗演化为北方民族的风俗"[77]。冰上蹴鞠在习练时间上大受限制，普及的面也比较小，只能看作在中国盛行了几千年蹴鞠活动的余韵而已。

4. 蹴鞠专业书籍的涌现

尽管宋以后蹴鞠逐渐走向衰亡，但理论整理却呈现出繁荣的景象。现能见到的四部完整中国古代蹴鞠专著基本上产生在这段历史时期。四部书的年代排列如下：宋末元初陈元靓的《事林广记·续集·卷之七》、元末明初汪云程的《蹴踘图谱》（元末明初陶宗仪《说郛》刊载）、明朝的《戏球场科范》（明陈继儒《万宝全书》刊载）以及明朝中后期的《蹴踘谱》（郑振铎《玄览堂丛书》收录）[78]。

重文轻武的社会环境、清代的弱民政策、社会娱乐范围的扩大、蹴鞠由直接对抗变为间接对抗、蹴鞠的功能由社会的节日娱乐蜕变为狎巷的宴饮娱乐[79]、内敛性的文化氛围、现代足球的引进以及西方文化的影响等诸多因素的合力作用下，中国传统的蹴鞠在清以后逐渐灭绝了。

蒲松龄在《聊斋志异·汪士秀》中写汪士秀把球踢破下落时写到："汪技痒，极力踏去，觉异常轻软。踏猛似破，腾寻丈，中有漏光下射如虹，蚩然疾落。又如经天之彗，直投水中，滚滚作沸泡声而灭"，这句话用来形容中国古代蹴鞠的发展，再恰当不过了。

清以后，蹴鞠归于沉寂。今天，蹴鞠因其悠久的历史以及与现代足球运动的相似性，而重新走近人们的视野，得到越来越多人士的关注。2004 年在亚洲杯足球赛时，国际足联宣布"足球起源于中国——中国古代的蹴鞠就是足球的起源"；[80]2005 年 9 月 12 日，山东临淄足球博物馆正式揭牌开馆；2006 年，蹴鞠成为首批国家级非物质文化遗产项目；2015 年 4 月 30 日，中国足球改革领导小组成立，由国家领导人刘延东"挂帅"，……中国足球、蹴鞠迎来的新的发展机遇。机遇难得，我们应如何做呢？临淄，做为蹴鞠的兴盛地，又该如何行动呢？由蹴鞠演化而成的蹴球，在 1999 年第六届民运会上成为正式竞赛项目，蹴鞠是否也要如此改革呢？诸如此类的问题很多很多。

习近平在写给第 22 届国际历史科学大会的贺信中说："历史研究是一切社会科学的基础，承担着'究天人之际，通古今之变'的使命。世界的今天是从世界的昨天发展而来的。今天世界遇到的很多事情可以在历史上找到影子，历史上发生的很多事情也可以作为今天的镜鉴。重视历史、研究历史、借鉴历史，可以给人类带来很多了解昨天、把握今天、开创明天的智慧""中国人自古重视历史研究，历来强调以史为鉴"。蹴鞠的大致发展过程如斯，其历史的启迪需要善于发现的眼睛。

注释

[1]（汉）刘向：《别录》，（宋）李昉：《太平御览》卷 754。

[2] 王赛时：《有关齐国故都临淄为足球发源地的历史论证》，《管子学刊》2004 年第 3 期，第 52 页。

[3]　余明光：《黄帝四经与黄老思想》，黑龙江人民出版社，1989 年。

[4]　唐豪：《我国球类运动原始遗迹初探》，见中华人民共和国体育运动委员会运动技术委员会：《中国体育史参考资料（第一辑）》，人民体育出版社，1957 年，第 24 页。

[5]　中华人民共和国体育运动委员会运动技术委员会：《中国体育史参考资料（第七、八辑）》，人民体育出版社，1959 年，第 22、23 页。

[6]　（汉）刘向：《别录》，（宋）李昉：《太平御览》卷 297。

[7]　有学者认为蹴鞠有可能产生在春秋前中期的齐创霸运动中，其本源可以远溯至旧石器时代东夷人的狩猎活动（宣兆琦：《论世界足球起源于先秦齐都临淄》，《管子学刊》2004 年第 3 期，第 33 ～ 38 页）。

[8]　《战国策·齐策》。

[9]　杨宽：《战国史》，上海人民出版社，1998 年，第 97 页。

[10]　《战国策》卷 8《齐一》。

[11]　徐北文：《齐地文学与民俗》，《文史知识》1989 年第 3 期。

[12]　宣兆琦：《论世界足球起源于先秦齐都临淄》，《管子学刊》2004 年第 3 期，第 39 页。

[13]　（汉）司马迁：《史记》卷 28《封禅书》。

[14]　（明）梅鼎祚：《古乐苑》卷 38。

[15]　2004 年 6 月 9 日至 11 日，"足球起源于临淄"专家论证会在山东省淄博市临淄区举行，与会者认为："中国古代蹴鞠（足球）起源于春秋战国时期的齐都临淄"（《足球起源于临淄专家论证会纪要》，《管子学刊》2004 年第 3 期，第 61 页）。需要说明的是论证足球起源于临淄，最早是鲁能足球俱乐部韩公政向临淄区委书记解维俊致信建议的。

[16]　（宋）李昉：《太平御览》卷 754。

[17]　（汉）刘歆：《七略》，见（唐）李善：《文选注》。

[18]　（汉）刘歆：《七略》，见（唐）李善：《文选注》卷 11。

[19]　（梁）萧统：《文选》卷十一。

[20]　（汉）刘向：《别录》，见（宋）李昉：《太平御览》卷 754。

[21]　（汉）刘向：《别录》，见（宋）李昉：《太平御览》卷 297。

[22]　（汉）班固：《前汉书》卷 65《东方朔传第三十五》。

[23]　（汉）司马迁：《史记》卷 105《扁鹊仓公列传》。这是历史文献中"蹴鞠"词的第一次出现。

[24]　至迟在汉代，我国妇女就参加蹴鞠活动了。河南省南阳汉画馆现今保存有一块汉代画像砖就有一女子踢球的形象。这是现今保存的世界上最早的女子踢球的形象。

[25]　（汉）班固：《前汉书》卷 30《艺文志第十》。

[26]　（唐）司马贞：《史记索隐》卷 24《扁鹊仓公列传第四十五》。

[27]　（明）张溥：《汉魏六朝百三家集》卷 15。

[28]　另鞠入鞠室，亦寓意阴阳相合，这是一种生殖文化的升华。现代足球的射门也有许多学者认为是生殖崇拜的升华。两者有相似之处。

[29]　球门有用"鞠室"者，崔乐泉认为"鞠室""鞠域""鞠城"有混用的现象，指的是球场而不是球门。

[30]　梁龙发、曹冬：《论汉代蹴鞠的历史地位》，《体育文史》1996 年第 2 期。

[31]　顾向明、刘晓华：《略论汉魏唐宋时期蹴鞠运动的兴起》，《临沂师范学院学报》2001 年第 1 期，第 51 页。

[32]　崔乐泉：《中国古代蹴鞠》，《管子学刊》2004 年第 3 期，第 45 页。仝晰纲、王淑琴：《汉代蹴鞠述论》，《山东师范大学学报（人文社会科学版）》2008 年第 2 期，第 106 页。

[33]　梁龙发、曹冬：《论汉代蹴鞠的历史地位》，《体育文史》1996 年第 2 期。

[34]　林琳：《古代妇女蹴鞠运动》，《零陵学院学报》2002 年第 1 期，第 81 页。

[35]　梁龙发、曹冬对此有较为深入的论述，可参阅梁龙发，曹冬：《论汉代蹴鞠的历史地位》，《体育文史》1996 年第 2 期。

[36]　翁士勋：《论我国古代足球的球门与决胜规则》，《体育科学》1998 年第 4 期，第 35 页。

[37]（唐）杜甫：《清明》。

[38] 范生：《我国古代足球概述》，见中华人民共和国体育运动委员会运动技术委员会：《中国体育史参考资料（第一辑）》第 37 页，人民体育出版社，1957 年。

[39]（唐）段成式：《酉阳杂俎续集》卷 3。

[40] 关于唐代"鞠"是否用动物的膀胱做球胆，有不同的说法。从现有文献来看，宋代才有明确的文献记载有"球胆"，唐代则没有明确的文献记载。在国外，充气球的发明出现在 11 世纪的英国，比中国晚了三四百年。

[41]（元）陶宗仪：《说郛》卷 82 上。亦有记载为"六片尖皮砌作球"（见（宋）程大昌：《演繁露》卷九）。

[42]《蹴鞠谱》，见刘秉果：《中国古代足球史料专集》，华夏出版社，1987 年，第 56 页。

[43]（唐）王建：《宫词》。

[44]《蹴鞠谱》，见刘秉果：《中国古代足球史料专集》，华夏出版社，1987 年，第 29 页。

[45] 现代足球的球门，最早仅是两根立柱和一根横梁。比赛时，往往因球速太快，裁判无法判断。1905 年在英国伦敦举行的一次比赛中，在场观战的一位渔具场老板鲍里，急中生智，把自己生产的渔网挂在球门上，从而解决了长期无法解决的争端。从此足球门网应运而生，鲍里也获得了生产球门网的专利。

[46]（宋）马端临：《文献通考》卷 147《乐考二十》。

[47] 亦有人反对这种说法，认为唐代的单球门蹴鞠也有强烈对抗性（翁士勋：《论我国古代足球的球门与决胜规则》，《体育科学》1998 年第 4 期，第 37 页）。

[48]（唐）仲无颇：《气球赋》，见（宋）李昉：《文苑英华》卷 81。

[49] 范生：《我国古代足球概述》，见中华人民共和国体育运动委员会运动技术委员会：《中国体育史参考资料（第一辑）》，人民体育出版社，1957 年，第 38 页。

[50] 翁士勋：《论我国古代足球的球门与决胜规则》，《体育科学》1998 年第 4 期，第 37 页。

[51]《蹴鞠谱》，见刘秉果：《中国古代足球史料专集》，华夏出版社，1987 年，第 16、17 页。

[52]《蹴鞠谱》，见刘秉果：《中国古代足球史料专集》，华夏出版社，1987 年，第 23 页。

[53]《蹴鞠谱》，见刘秉果：《中国古代足球史料专集》，华夏出版社，1987 年，第 38 页。

[54]（元）托克托：《宋史》卷 121《礼志第七十四》。

[55]（宋）徐梦莘：《三朝北盟会编》卷 28。

[56]（宋）刘攽：《中山诗话》。

[57] 相比之下，英国于 1857 年才成立第一个足球俱乐部，迟于南宋时期的齐云社五六百年。

[58]（汉）桓宽：《盐铁论》卷 3。

[59]（汉）桓宽：《盐铁论》卷 7。

[60]（汉）班固：《前汉书》卷 65《东方朔传第三十五》。

[61]（宋）李昉：《太平御览》卷 754。

[62]（晋）徐广：《弹棋经序》。

[63]（元）关汉卿：《不伏老》，见刘秉果：《中国古代足球史料专集》，华夏出版社，1987 年。

[64]（元）萨都剌：《妓女蹴鞠》，见刘秉果：《中国古代足球史料专集》，华夏出版社，1987 年，第 90、92、93 页。

[65]（元）关汉卿：《女校尉》，见刘秉果：《中国古代足球史料专集》，华夏出版社，1987 年，第 90 页。

[66]（元）萨都剌：《妓女蹴鞠》，见刘秉果：《中国古代足球史料专集》，华夏出版社，1987 年，第 93 页。

[67]（清）谷应泰：《明史纪事本末》卷 4。

[68]（清）谷应泰：《明史纪事本末》卷 4。

[69]（明）章潢：《图书编》卷 85《皇朝文武铨选》。

[70] 另两个"不教"为"其性于沙村，不通情性"和"人无礼乐，失其信行"（《蹴鞠谱》，见刘秉果：《中国古代足球史料专集》，华夏出版社，1987 年，第 1 页）。

[71]《蹴鞠谱》，见刘秉果：《中国古代足球史料专集》，华夏出版社，1987 年，第 2 页。

[72]（明）袁宏道：《袁中郎随笔尺牍卷》，作家出版社，1996 年，第 72 页。

[73]（明）何良俊：《四友斋丛说》。

[74]（明）沈榜：《宛署杂记·书字志遗八·遗事四·都城八绝》卷 20 转引自王淑琴：《蹴鞠与中国古代社会》，山东师范大学硕士学士论文，2008 年，第 20 页。

[75]（明）汪云程：《蹴踘图谱》，见（元）陶宗仪：《说郛》卷 110 下。

[76]（清）陈元龙：《格致镜原》卷 60。

[77] 刘秉果，赵明奇，刘怀祥：《蹴鞠——世界最古老的足球》，中华书局，2004 年，第 17 页。

[78] 明代蹴鞠文献共七部，除上述三部外，还有《千顷堂书目》著录的徽府校刻《蹴踘谱》《司马奉文献汇编一百卷》收录的徽府《蹴踘论谱》《佩文韵府》等所引录的《蹴踘谱》、焦竑等所引录的《齐云论》四部，可惜的是目前还没有发现这四部文献，是佚失，还是在民间，留待以后研究（翁士勋：《〈蹴踘谱〉是一部明朝人汇编性的著作——二评〈蹴鞠——世界最古老的足球〉》，《体育文化导刊》2005 年第 3 期，第 76 页）。

[79] 崔乐泉：《中国古代蹴鞠》，《管子学刊》2004 年第 3 期，第 48、49 页。

[80] 1975 年阿尔道舍夫·齐鲁曼在他著的《世界足球史》第一章《足球的起源》中就进行了详尽的阐述。世界足联也认可这一观点，早在 1985 年在中国举办的首届"柯达杯"世界少年足球锦标赛开幕式上，时任国际足联主席的阿维兰热在致辞中就认为足球起源于中国。2001 年，在亚洲足联举办的教练员培训班上，国际足联主席布拉特在《国际足球发展史报告》中又再一次强调"足球发愿于中国"。2004 年 2 月 4 日，国际足联副秘书长热罗姆·项帕涅又在伦敦举行的新闻发布会上正式宣布："虽然有不少国家都认为自己是足球运动的诞生地，但研究国际足球的历史学家有确切证据表明，足球最早起源于中国——中国古代的蹴鞠就是足球的起源"。

中国古代蹴鞠运动在亚洲国家的传播路径初探

刘元田*

一　中国古代蹴鞠运动在东亚的传播

1. 中国古代蹴鞠在朝鲜半岛的传播

对于蹴鞠运动何时传入朝鲜半岛这一问题，由于缺乏资料记载，很难做出准确判断。但是根据史料记载可以推断出有 3 种可能性。

第一种可能是箕子将蹴鞠运动传入朝鲜半岛。殷商卜辞中记载："庚寅卜，贞，乎品舞，从雨。"据专家考证，这段话是说，庚寅占卜，吉，呼跳"蹴鞠舞而得雨"，"品"就是蹴鞠的意思[1]。这段卜辞说明蹴鞠游戏在殷商时期就已经出现了。在《山东金文集成》一书中，有"举文父丁"四个象形文字（见图一）[2]，而父丁二字很像蹴鞠运动，这四个金文也可以说明在商代已经出现了蹴鞠活动。

根据《史记》中的《殷本纪》《周本纪》《宋微子世家》以及《汉书·地理志》中的记载，箕子因为屡谏商纣王而被囚禁。周武王将殷商灭亡以后，就把箕子从囚牢中释放出来。而箕子却不愿再入朝做事，于是就把他派遣到了现在的朝鲜一带[3]。商朝贵族箕子是否一并把祭祀礼仪的"蹴鞠舞"传入朝鲜半岛呢？这很有可能，但是尚缺乏史料证实。

第二种可能是高句丽人将蹴鞠运动传入朝鲜半岛。据《旧唐书·高句丽传》记载：高句丽人好围棋、投壶之戏，人能蹴鞠……"可见唐代时蹴鞠等体育项目在高句丽民族中已经得到了十分广泛的开展。公元前 113 年，"高句丽"作为一个地理名词出现在《汉书》中。在西汉时期，高句丽是隶属于汉玄菟郡高句丽县的一个部族，由"高句丽令主其名籍"。蹴鞠运动在汉代时得以快速普及，而这些本是汉族的体育项目是否在当时传入高句丽族虽然已经无法考证，但是存在不小的可能。

从南北朝至隋唐，高句丽一直属于中国地方行政组织。公元 2 世纪，高句丽由汉玄菟郡高句丽县统治下的部族进入朝鲜半岛。不难推测，为了锻炼国民的体魄，蹴鞠随之受到高句丽人的青睐和器重。有研究认为，蹴鞠、投壶、骑射、狩猎、摔跤等均不是高句丽人自己创造的，而是从隋唐时期的汉族、渤海、蒙古以及其他民族中引进并长期改造才形成其民族特色的。

图一　山东商代金文图

---

* 刘元田：山东省体育科学研究中心。

从中可以看出高句丽文化所受汉化程度之深，具有较强的民族融合性。

第三种可能是朝鲜半岛在与中国的交往中将蹴鞠运动主动引入的。唐代朝鲜半岛有高丽、百济、新罗三个政权。因为只有一水之隔，所以中国与这三国的交往十分频繁，政治、经济、文化各方面都有密切的联系。朝鲜半岛在礼仪文化、生活习俗的许多方面都与唐代近似，蹴鞠大概就是在唐代时期传播过去的，因为在《新唐书》《旧唐书·高丽传》和《旧唐书·东夷传》中描写朝鲜文化娱乐生活时便多了蹴鞠。

2. 中国古代蹴鞠在日本的传播与发展

日本学者认为，蹴鞠起源于中国，日本的蹴鞠是从中国传播过去的。日本体育史学者渡边融著 1994 年出版的《蹴鞠之研究》一书引用了西汉学者刘向的《别录》中的话："蹴鞠，传言黄帝所作。或曰：起战国之时。"日本古代文献《蹴鞠口传集》记载："蹴鞠之事，源起于沧海万里之异域，遍于赤县九陌之皇城。"[4] 此处的"沧海万里之异域"，指的是中国；而"赤县九陌之皇城"，则是指日本。日本古书《蹴鞠九十九条》记载："鞠，始于大唐"[5]。这些文献说明日本的蹴鞠学自中国。

中国的蹴鞠是何时传入日本的呢？于公元 720 年成书的《日本书纪》记载了最早的皇族蹴鞠，日本皇极纪三年正月，中大兄皇子在法兴寺的椿树下打毬（蹴鞠）。皇极纪三年是唐贞观十八年（公元 644 年），说明中国蹴鞠在此之前已经传入日本。

根据《史记·秦始皇本纪》中的记载，秦始皇时期的徐福东渡是我国最早开始的对外交往。虽然徐福东渡的初衷是为了寻求长生不死之药，但是徐福毕竟率童男童女数千人入海没有回来。据说，徐福东渡到了现在日本，那么蹴鞠也具备在那时一并传到日本的可能，只是这一推测缺少史料的证实。

据竹内理三等编著的《日本历史辞典》记载，从公元 630 年至 895 年间，日本朝廷一共任命了 19 次遣唐使，实际成行的有 16 次，其中 1 次抵达朝鲜，15 次到达中国。遣唐使人数规模达数百人，这些遣唐使回国后，积极传播中国文化，同时也把蹴鞠带回了日本。

之后，伴随着蹴鞠在日本的流行，蹴鞠活动受到了日本皇室的重视。日本承元二年（公元 1208 年），蹴鞠爱好者后鸟羽上皇曾举办过一次盛大的"蹴鞠竞赛会"。据日本文献记载，这个时期，传到日本的蹴鞠活动的各种仪式和制度已经基本完善了，并且有了蹴鞠专业艺人藤原世家。

此后，日本的历代天皇都喜爱蹴鞠，纷纷举办蹴鞠竞赛会。从室町时代到江户时代，蹴鞠逐渐普及到了中下层的日本平民。日本的江户城内还曾专门设立了"鞠垣"，一般的平民也在各地设立了"蹴鞠道场"，反映了蹴鞠活动的兴盛。

然而，随着现代足球的普及，传统的蹴鞠运动在日本逐渐消失。1903 年，日本明治天皇设立了蹴鞠保存会，阻止了蹴鞠在日本的消亡。目前蹴鞠运动仍然是日本皇室贵族日常游玩的游戏之一。

二　中国古代蹴鞠在中亚与西亚的传播

徐广在《弹棋经序》中云："昔汉武帝平西域，得胡人善蹴鞠者，盖炫其便捷跳跃。"[6]由此可见，蹴鞠在汉武帝时已经传播到西域。而且西域胡人踢得很好，说明蹴鞠在当时西域中已经广泛普及了。

问题的关键是，蹴鞠运动是如何传入西域的呢？根据文献记载来看，这有两种可能，一种可能是张骞出使西域，将蹴鞠运动传入西域；另一种可能是，蹴鞠运动先传入北方胡人匈奴，再由匈奴传入西域国家。

从时间上来看，张骞通西域晚于汉匈和亲。汉初，天下初定。此时"南有大汉，北有强胡。"由于士卒疲于征战，刘邦采用刘敬建议，以汉朝宗室女嫁给匈奴单于为阏氏，岁送一定量的絮、缯、酒、食等给匈奴；双方约为兄弟；开放"关市"，两族人民互通贸易。惠帝、吕后、文帝、景帝及汉武帝初年都采取了和亲政策。这一政策加强了汉匈两族的经济文化交流，由于蹴鞠运动具有祭祀礼仪、运动娱乐等功能，很有可能借汉匈和亲平台在这一时期传入北方匈奴。

根据《汉书·匈奴传》记载，匈奴单于冒顿即位之后经过一系列准备，击败东胡王，"既归，西击走月氏，南并楼烦、白羊河南王，悉复收秦所使蒙恬所夺匈奴地者，与汉关故河南塞，至朝那、肤施，遂侵燕、代。"[7]由上可见，大约在冒顿单于末年西域诸国被匈奴征服，臣属于匈奴。不排除在这一时期，蹴鞠运动由北方匈奴传入西域，但是能否通过这一途径传播到中亚确令人生疑。

相反，张骞出使西域确存在将蹴鞠运动传入中亚的人才和技术条件。公元前138年，堂邑父随张骞出使西域。堂邑父是匈奴人，战争中被俘虏，其射箭技巧精良，被释放后加入汉军，成为汉代的一名士兵。刘向《别录》对汉代蹴鞠记载："蹴鞠，兵势也，所以练武士知有材也，皆因嬉戏而讲练之。"刘向（公元前77～前6）汉代人，他对汉代蹴鞠运动的记述是兵势，是采用游戏运动的方法来锻炼士卒。《汉书·艺文志》把"蹴鞠新书"与射法，剑道等军事著作一同列入兵技巧内，也是出于这样的认识。因此，堂邑父加入汉军后，应该接受到蹴鞠训练，这个推论应该是可信的。

堂邑父随张骞经匈奴，被俘后逃脱，西行至大宛，经康居，大约在公元前128年抵达大月氏。《汉书·张骞传》记载："月氏已为匈奴所破，西击塞王。塞王南走远徙，月氏居其地。"当时的大月氏在阿姆河畔，位于中亚。司马迁在《史记》中说：张骞通西域，"于是西北国始通于汉矣。然张骞凿空，其后使往者皆称博望侯，以为质（诚信）与国外，外国由此信之。"可见张骞在当时西域国家的威信是相当高的，而张骞之所以有影响，就在于他让西域国家认识到了一个文化先进、经济繁荣、军事强盛、礼乐丰富的中国。而蹴鞠运动，是当时中国的主流运动。在堂邑父掌握蹴鞠运动技术，熟知竞赛规则的前提下，考虑到堂邑父与张骞在大月氏停留了一年多才开始返程，在这一年多的时间里，堂邑父把中国的蹴鞠运动介绍到大月氏是很有可能的，具备将蹴鞠传入中亚的政治、技术、人才等基础。

《隋书·突厥传》记载："突厥，本平凉杂胡也，女子踏鞠。"众所周知，自张骞开辟丝绸之路后，中国当时有多条道路可以通往西方、南方诸国，如从安南通天竺（印度）道等，从夏州塞外通大同云中道，从安西入西域道，对外交通的快速发展为当时蹴鞠的西传提供了条件。当时由突厥族所建立的突厥国，地域广大，东起长白山，西至里海。后来突厥分为东突厥和西突厥两个政权，西突厥又向西发展到地中海附近，将其所接受的汉文化，包括蹴鞠活动，也随之向西传播到西亚诸国。

三　小结

综上所述，张骞出使西域时具备将蹴鞠传播到中亚的政治、人才与技术条件，唐代时具备传播到西亚的交通条件，传入东亚有较好的史料证据。中国古代蹴鞠运动之所以能够在亚洲国家快速传播与发展，不仅在于其融合了军事训练、祭祀礼仪、运动娱乐等功能，还在于中国文化先进、经济繁荣、军事强盛等诸多外在因素。蹴鞠运动在亚洲国家的传播意义重大，影响深远。

注释

[1] 赵书：《满族传统体育项目蹴球》，《满族研究》2008年第2期，第121、122页。

[2] 山东省博物馆编：《山东金文集成》，齐鲁书社，2007年。

[3] 张永军等：《世界足球起源研究》，《中国体育科技》2007年第4期，第40页。

[4] 刘秉果：《我与蹴鞠》，《体育文化导刊》2005年第5期，第66、67页。

[5] 体育手册编写组：《体育手册》，少年儿童出版社，1983年，第688、689年。

[6] （宋）李昉：《太平御览》卷755《工艺部·弹棋篇》，河北教育出版社，1994年。

[7] （汉）班固：《汉书》，中华书局，1962年，第3750页。

蹴鞠在竞技与娱乐中的转变与兴衰

马国庆*

一 蹴鞠的起源与发展演进

蹴鞠，是中国古代足球运动特有的称谓，是影响了中国和世界两千多年的体育项目和娱乐方式，并在发展中对世界体育，尤其是足球运动产生了深远的影响。2004 年 7 月 15 日，国际足联、亚洲足联和中国国家体育总局文史委共同确认：中国古代的蹴鞠就是足球的起源，足球起源于中国淄博临淄。

从字面讲，"蹴"即用脚踢，"鞠"是皮制的球，"蹴鞠"就是用脚踢球的意思（kicking the ball），又叫"蹋鞠""蹴球""蹴圆""筑球""踢圆"等。蹴鞠最早的说法叫"蹋鞠"，出现在刘向的《战国策·齐策》中。蹴鞠是最普遍的叫法，最早出现在司马迁的《史记·扁鹊仓公列传》中。汉代以前的叫法是"蹋鞠"，汉代初年两词并用，汉以后才确定蹴鞠为基本叫法。

因秦统一六国和汉初战争频繁，蹴鞠曾一度沉寂。西汉建立后，又开始兴盛起来。桓宽的《盐铁论》记载，西汉社会承平日久，"贵人之家，蹋鞠斗鸡"为乐，一般百姓也是在"康庄驰逐，穷巷蹋鞠。"在汉代，蹴鞠获得了很大的发展，宫廷民间普遍盛行。

汉代葛洪写的《西京杂记》记载了一个有趣的故事：刘邦做了皇帝之后，就把父亲刘太公接到长安城的未央宫养老，但这位刘太公却并不满意。原来刘太公从小离不开蹴鞠。于是，刘邦就下了一道圣旨，在长安城东百里之处，仿照原来沛县丰邑的规模和形制，造起了一座新城，把这位刘老爷子和原来丰邑的居民全部迁住到那里，又开始"斗鸡、蹴鞠为欢"，这才心满意足。

司马迁的《史记·扁鹊仓公列传》留下了中国和世界上第一个狂热球迷的记载：西汉时临淄名医淳于意将给人看病的情况都记录在"诊籍"中，创造了世界上最早的病历。他在"诊籍"中记录一个叫项处的人，患了重病找淳于意诊治，淳于意一再嘱咐他不要从事重体力活动，否则定会吐血而死。项处不遵医嘱依然外出蹴鞠，结果出现了冒冷汗，吐血等症状。再让淳于意给他诊治的时候，淳于意料定：项处不可能活过第二天傍晚。果然，到第二天傍晚，项处就死了。

从东汉时期的画像石可以看出，从这个时期开始，女子蹴鞠开始出现，男女可同场蹴鞠并伴以鼓乐。汉代蹴鞠发展的另一个重要标志就是出现了蹴鞠的研究专著。汉代人曾写了一部《蹴鞠二十五篇》，这是我国最早的一部体育专业书籍，也是世界上的第一部有关足球的专业文献。在汉代蹴鞠有了明确的规则，东汉李尤的《鞠城铭》最早地体现了当时的蹴鞠规则，是蹴鞠走向专业化的标志。

蹴鞠在南北朝时期已经在江南传播和开展。南朝诗人吴均在他的《边城将》一诗中这样写到：

* 马国庆：山东省淄博市临淄齐文化博物院。

"临淄重蹴鞠，曲城好击刺"，这说明了临淄的蹴鞠的影响已经扩大到了江南广大地区。

唐宋时期蹴鞠进一步发展并走向成熟。出现了单球门间接对抗的蹴鞠，观赏性开始增强。就是将球门置于蹴鞠场中央，参加蹴鞠的人员分成左军和右军（或左朋、右朋）分列球门两边进行间接对抗。在保证球不着地的情况下把球度过球门网中的"风流眼"胜一筹，球着地输一筹。蹴鞠人员的角色和职责分明：球头专门负责把球度过球门网中的"风流眼"，其他如正挟、副挟、着网、骁色、散立等都使出浑身解数为球头创造度球的机会。

蹴鞠在宋代达到了发展的高潮，一个重要特征就是蹴鞠更加平民化，成为儿童的重要游乐方式。宋代画家苏汉臣的《长春百子图卷》描写了童子蹴鞠的情景。这一时期，蹴鞠用品走向成熟和商品化。

早期的鞠就是用熟牛皮做球，中间填充毛发，做成实心的球，这种鞠一直沿用到中唐。后来，唐代的人改进了做球的工艺，改填充毛发为放一个动物的尿囊，制成了充气的鞠，并增加了鞠的片数，使之更近圆形，宋代将鞠的片数增加到了十二片，将外缝线改为了内缝线。"白打"是唐宋时期普遍盛行的一种不用球门、进行散踢的蹴鞠方式，主要是表现个人踢球技巧和控球能力，以踢高踢出花样为能事，因除"鞠"之外不用其他器械，方便易行所以在民间广为流行。

在宋代出现了全国性专门的蹴鞠组织和全国性的比赛。当时的行会组织叫"齐云社"，在"齐云社"里，"督部署""教正"是总负责人，下辖三个主要部门："社司""主会"是内部事务的负责人；"知宾""节级"负责对外事务，"会干"是比赛和球队事务负责人。"齐云社"是宋代的鞠客（蹴鞠艺人）为了维护本身的利益和提高技艺组织起来的行会，是当时全国性的踢球组织足球协会。在宋代，鞠客家供奉着蹴鞠祖师——清源妙道真君。据记载，"鞠客入场踢球前先祭祀祖师，到圣前拈香祭拜完后，再与众球友见礼。当时的蹴鞠行当，讲究礼仪和规矩，有专门的制度，如："齐云戒文""十紧要""十禁戒""十不踢""十不赛"等都是当时齐云社制定的规矩。

山岳正赛是齐云社组织的确定技术等级的全国性蹴鞠比赛，因在山上举行，故叫山岳正赛。事前要发通知，赛前要敬神，比赛要收取一定的参赛费用，叫"香金"。集合完毕并相待以茶饭后分级进行比赛。在山岳正赛上要对蹴鞠者的水平进行评价和考核，过关者获得等级证书，类似于我们今天的资格证书。当时的等级证书叫"名旗"，"名旗"上写有联语："风月扬湖海，齐云冠古今"，赛后"赢者得名旗下山，输者无名旗下山"。就像今天的足球明星是足球文化的重要组成部分一样，当时蹴鞠行当也涌现了大量的蹴鞠知名人物。《武林旧事》曾记载当时皇宫宴会上的踢球名手有：苏述、孟宣、张俊、李正等；在市井瓦子里的踢球艺人有：黄如意、范老儿、小孙、张明、蔡润等。另外，大家熟悉的高俅就是因蹴鞠水平高得皇帝的欣赏而当上了殿帅府的太尉，相当于今天的国防部长。在宋代确有高俅其人、也确有其事，只不过没有小说中夸张。

中国古代的蹴鞠特别重视技巧，据汪云程的《蹴鞠图谱》记载，宋代蹴鞠时的花样和动作叫解数，每一套解数都有多种踢球的动作，如转乾坤、燕归巢、斜插花、风摆荷、叶底桃、佛顶珠、拐子流星等。

中国古代女子蹴鞠从东汉时期就开始参加蹴鞠活动，唐宋时期的女子既可以跟男子同场蹴鞠，共同游乐，同时女子蹴鞠也开始盛行，当时清明蹴鞠和荡秋千已经成为一项重要的民俗活动。

受多种因素的影响，中国古代蹴鞠在元、明、清时期停止了发展，因侧重纯娱乐化而丧失了原来的竞技性，社会性也大大减小，逐步走向衰弱。

朱元璋称帝之后，传下圣旨，严厉禁止军人蹴鞠。到了清代，蹴鞠受到更严厉的限制，晚晴时期，内忧外患，蹴鞠淡出人们的生活和视线，暗弱沉寂于历史的长河之中，晚晴时期淄博文学家蒲松龄的小说《聊斋志异》中对汪士秀蹴鞠的描写暗合了中国蹴鞠的发展轨迹："中有漏光，下射长虹，犹如经天之彗，直投水中，滚滚作沸泡声而灭。"我国古代的蹴鞠从起源到发展繁荣，曾像一颗耀眼的彗星发出闪亮的光辉，最后来只留下一点泡沫，暗落、沉寂了下来。

蹴鞠是影响了中国几千年的一个体育项目和游戏，渗透到了人们生活的方方面面，对当时和后代的文学、体育、音乐、道德礼仪、语言形式等都产生了巨大的影响。其实，蹴鞠最大的影响是通过对外传播逐渐发展成为当今世界上最具有魅力的第一运动——足球。国际足联主席布拉特在担任国际足联技术委员会主任时也曾说，足球起源于中国，后来通过战争传播到了西方。后来他又强调：足球起源于中国，并从那里传到了埃及，而后又从那里传到了希腊、罗马、法国，最后才传到了英国。

二　蹴鞠的起源、发展与齐化的深刻渊源

《管子·形势》曰："蛟龙得水，而神又立地；虎豹托幽，而威可载也。"从文化发生学的观点看，任何社会现象的发生与发展都有着其深刻的社会背景与渊源，蹴鞠也不例外，起源于临淄与临淄独特的自然、人文环境有着千丝万缕的关系，其与生俱来的本源性的竞技特点与齐文化的总体特征暗合。

1. 地理环境特征与开放的文化特质

就像人的生存环境与人的性格交互影响一样，地理环境与文化的形成与特征是双向同构关系。著名学者冯天瑜认为：地理环境是文化产生创造与形成的自然基础，它不是文化的消极衬托，是锻冶和滋养文化基本元素。齐国故都临淄地处海岱之间，北临大海，南依高山，内靠平原。这个山海相连，海天一体，山环水绕的地方，称为"齐地"，也就是常说的"海岱之间"。

《史记·齐太公世家》记载，春秋时期管仲讨伐楚国时曾对楚国代表说："赐我先君履，东至海，西至河，南至穆陵，北至无棣。"就指出了当时齐国四境，也暗示出了齐国的地利。临淄东北对海，西北阻河，背靠山地，濒临淄水，有山川之险，有鱼盐之利。战国时期苏秦组织合纵抗秦时，在临淄对齐宣王说："齐，南有泰山，东有琅琊，西有清河（漳水），北有渤海，此所谓四塞之国也。"战国时期齐国的疆域范围包括了除鲁西南外的山东大部和河北、江苏部分地区。"海岱之间"泛指以东海和泰山为主要地貌特征的山东地区。在公元前十一世纪立国筑城之初，姜太公以道术治国，"因其俗，简其礼"，滨海夷人文化的影响是显而易见的。从有关资料看，除经济上的"通商工，便鱼盐"之外，民间盛行的海仙传说、八神祀的风习以及战国、秦汉间大量方士的出现都是其突出表现。同时，临淄还有可能是最早与海外开展交往和文化交流的东

方大城市之一，因为据有关资料显示，山东半岛一带至迟在春秋战国以前就有与韩国、日本及东北亚其他地区，甚至包括北美洲之间存在移民流动和文化交往的情况，所以临淄城受海外文化的影响也是必然的，临淄较之内陆诸多名城所独有的滨海文化的特点，有着鲜明的海洋文明的特征，而开放是海洋文明的基本元素。临淄南面有号称"五岳独尊"的泰山，自传说中的炎、黄二帝开始，这里就是古代帝王封禅祭天地的地方，宗教、巫风活动一直比较盛行。

汇集海洋开放与泰山宗教文化的辐射与影响，商业文明的高度发达，齐文化一开始就多元融合，兼收并蓄，充满活力，形成具有开放性、民主性的、创造性的文化特质，富有人文关怀精神。在足球起源问题上，临淄有着文化渊源上的独特优势。

2. 商业文明的发达与蹴鞠的诞生

生产方式从某种层面上决定着人民的行为和思维方式，从而影响并决定着地域行民俗和文化特征，商品交换是基于平等的交易，这也影响了齐文化的基因中含有的平等、民主的价值文化。齐国发达的商业奠基于由姜太公的"通工商之业，便鱼盐之利""劝其女工，极技巧"发展商品经济的治国方略，在管桓改革时得到极大发展，在战国时代最为繁盛。随之发展起来的对外经济文化交流，是同时代的其他诸侯国所不能比拟的。根据研究，当时齐国进出口贸易繁盛，和沿海地区及日本之间有一条海上丝绸之路。

从史料记载和考古发掘来看，这条海上丝绸之路是存在的。日本在公元前三至四世纪时，还处于绳文化时期（日本的新石器时代），没有铜、铁和纺织品，而在左贺县高来郡三会树景化园的墓葬中，却发掘出了纺织品随葬物，经测定为日本弥生文化时期（相当于我国战国末年）的产物，而且经纬线及织造工艺与齐地所产丝绢极为相似。据专家推断，这可能是齐国商民为中日文化交流留下的原始记录。

这条东方海上丝绸之路，开辟于战国时期的齐国，发展于秦汉，盛行于唐宋，繁荣于明清，是中、朝、日人民自古以来友好往来和经济文化交流的见证。至今，日本的羽田、波多、羽太、八田等姓氏日语发音为"八夕"（意为"机织人"）。他们曾自豪地称自己的祖先是来自中国的移民。许多日本人以从事采桑养蚕和纺织为生，故日本又称"扶桑"。

齐国金属货币的铸造技术先进，流通广泛，促进了城市商品经济的发展，经过历代齐国人的经营，临淄成为当时冠盖四海的工商业大都市。

齐币为"刀币"，据不完全统计，出土齐刀范的地方只有齐故城小城的安合村。出土齐刀币的地方有小城内的西关、大城内的阚家寨，城外有临淄三中、敬仲镇的张王村、南三镇的南仇村。在临淄城附近还出土过齐明刀，其中一枚有"齐化共金"四字钱文。此外，在齐故城大城北出土燕明刀范。齐都的西石桥村、谭家庙、河崖头出土过燕尖首货币和燕明刀。山东省内如济南的历城、长清、章丘、青岛海阳、崂山，日照的莒县等县市也有齐刀币出土。同时山东省境外也曾发现过齐刀币，如河北承德地区就出过四千多枚齐刀币。

现已出土的齐刀币中，有从临淄、安阳、即墨等地铸造、发行。"齐之法化""安阳之法化""节墨之法化""齐建邦夅法化""齐法化"，前三种为姜齐铸币，后二种系田齐铸币。除此之外，还有姜田之间地方私铸币"节墨法化"和"谭邦法化"。

金属铸币的出现和流通，是和商品经济的发展相互平衡的，并起着促进商品生产发展的作用。齐刀币主要在齐国境内使用，在齐境外出土，或燕明刀、尖首刀币是商业贸易的结果。

作为当时发达的商业城市，临淄商贾云集。春秋时期，在齐国临淄，商贾不但有很高的经济地位，而且还有很高的社会地位，与士、农、工同被视为"国之四民"，当时有六处专门供商贾们居住和经营的"工商乡"（《国语·齐语》载"工商之乡六"）。商贾们"以其所有，易其所无，市贱鬻贵，旦暮从事于此，以饬其子弟，相语以利，相示以赖，相陈以知贾，少而习焉，其心安焉，不见异物而迁焉，是故其父兄之教不肃而成，其子弟之学不劳而能。夫是，故商之子恒为商。"到了战国时期，齐国的商品经济更加发达，出现了"千金之贾""万金之贾"等一批大商人。商人阶层在拥有了雄厚的经济基础后，迫切地追求文化娱乐等精神生活就是很自然而又必然的事情了。大凡一种游戏，总是基于平等一时的竞争，而蹴鞠诞生在这方土地上就再自然不过的了。

3. 齐风齐俗与蹴鞠的诞生

古代齐国地处海岱之间，地理位置和自然条件都非常优越，适宜人类生存、居住。也正是因为这样，也使这块土地自古以来就是被争夺的对象，经常陷入战争的漩涡。当在赖以生存的土地和家园遭到侵略时，生活在这里的东夷族奋起反抗、殊死斗争。所以从远古时期的东夷族开始，这里的人们就是一个勇敢的民族，他们在部族领袖的率领下进行过无数次的战斗，人人都成为斗士。他们身材高大、强健，性格豪放，热爱自由，崇拜英雄。在长期的渔猎生活方式中磨炼得机智灵活，具有搏击的优势。

传说中东夷族的首领蚩尤，就是一个勇猛善战的英雄。他发明了冶炼术和金属兵器，增强了东夷族的战斗力。蚩尤在与黄帝的大战中死后，天下大乱，黄帝只好命人画蚩尤像威吓八方，天下才复归平静。东夷人的另一个首领是大力士后羿，传说他发明了弓箭且射术精湛，他曾射落天上多余的九个太阳和山泽中的吃人怪兽，为民除害。传说是现实的折射，东夷族自古就具备爱国的英雄主义和战斗精神。

通过现代的史籍研究和考古发现证实，东夷人创造了灿烂的史前文化，他们最先使用弓箭和金属兵器使人类结束了只能以木棒、石块作为武器的历史，是冷兵器时代军事技术的一个革命性飞跃。所以蚩尤、后羿受到东夷人和华夏民族的崇拜，被尊为神祇。蚩尤是"东方八神"之首的"兵祖"（又称兵主、武祖），后羿是八神中的箭神，尤其是受到秦始皇、汉武帝这样有为的重视武功的帝王的顶礼膜拜。另外，考古发现东夷原始宗教中有含球的习俗。含球者年龄有老有少，最小的只有六岁，球体一般在 15 ~ 20 毫米，说明东夷祖先对圆形物体有原始崇拜的习俗和情结。

东夷人民曾长期抵抗夏、商统治者的镇压，在周统治者怀柔政策的感召下，渐渐融入后来齐国，成为齐人的主要成分。公元前 1045 年，姜太公封齐建立齐国，采取了"因其俗，简其礼"的治国方略。东夷人尚武、好勇、好田猎、擅技击的习战传统和剽悍性格，也被齐人继承、发扬。

现代汉语中"齐"字是个象形字，解释为三个排列整齐的箭头。在中国的文献中，把生活在齐地的先民称为"东夷人"，《说文通训定声》中说："夷，东方之人也，东方夷人好战，好猎，故字从大持弓会意。大，人也。"就是说，"夷"是个会意字，像一个人背着弓箭。如前所说，传说中箭射太阳的后羿就是东夷人。《诗经》中的《卢令》等篇章就描写了当时齐人放犬打猎的生活。

齐人的尚武传统在统治者的大力倡导和激励下，更加发扬光大。春秋战国之际，齐人以勇武著称，历代齐君都喜爱善斗之士。《国语·齐语》说："庄公陈武夫，尚勇力。"《晏子春秋·外篇》说："是时齐王好勇。"

《荀子》《孙膑兵法》等都记载了齐人尊崇、擅长技击的事实。《荀子·议兵篇》说："齐人隆技击。""隆"就是尊崇的意思，齐地的人素有尊崇技击的民俗。《汉书·刑法志》说："齐愍以技击强。"非常肯定地说明了齐人的技击水平。《管子·七发篇》更是总结了齐人技击的水平和能力："举之如飞鸟，动之如闪电，发之如风雨，莫当其前，莫害其后，独出独入，莫敢禁圉。以能击不能，以教卒练士驱白徒，故十战十胜，百战百胜。"齐国的技击水平达到并代表了很高的境界。

由于时代和社会的需要、统治者的励精图治、军事文化的普及、人民群众的尚武习战等因素的结合，使齐国始终保持了强大的兵力和战斗力。春秋齐桓公时，经管仲的改革，齐国已拥有三万士兵和左、中、右三军编制，千辆战车，相当于天子之师的规模。

受传统的影响齐地居民酷爱练武竞技和研究兵法，赛马、比剑、比射、角力等成为他们生活的重要内容。齐人的好胜心还体现在他们爱好娱乐体育竞技上，《管子》说"齐民贪粗而好勇"，"士民贵勇武而贱利"，就是对齐民尚武好技击、好勇力习俗的注解。

正是这种尚武的渊源和长期战争的实践，齐国还成为我国古代兵学的中心。在齐国八百多年的历史中，涌现了一大批军事家和著名将领，如：姜太公、管仲、孙武、孙膑、司马穰苴、田单等，还诞生了《六韬》《孙子兵法》《孙膑兵法》《司马穰苴兵法》等中国十大兵书中近乎一半的作品。

刘向在《别录》中说："蹴鞠，兵势也，所以练武士知有才也，皆因嬉戏而讲练之。"蹴鞠是军事训练科目，靠它来检验士兵的训练水平，并且是通过嬉戏游乐的方法来讲练，这与春秋中期齐国宰相管仲在《管子·小匡》中"春搜秋弥以治兵"的阐述是一致。

尚武、好勇、好田猎、擅技击正是竞技和游乐活动的内在驱动力和精神内涵。可以说，齐地尚武、好勇、好田猎、擅技击的民风和深厚的军事文化背景为蹴鞠在临淄的诞生奠定了深厚的传统和民俗基础。

4. 发达的经济和文化为蹴鞠的诞生奠定基础条件

公元前 779 年，周幽王为博美人一笑，烽火戏诸侯结果身死国灭，直接导致了王室衰微，礼崩乐坏，戎狄入侵，天下处于一种无序的状态。在这种局面下，齐桓公在管仲的辅佐下，审时度势，打出了"尊王攘夷"的大旗，以安定、匡正一个无序的时代。

管仲相齐四十年，辅佐齐桓公内行改革，兴邦安民，富国强兵；外抚天下，尊王攘夷，存亡续绝，从而使齐国"九和诸侯，一匡天下"成为春秋五霸之首。既匡正了一个无序的时代，也使华夏文明得以存续和发展，其历史意义和影响，远远超出了我们今天的想象。

公元前 1045 年姜太公封地建齐的时候，这里的自然条件并不好，经济不发达，物质财富也不丰富。《史记·货殖列传》说："太公望封于营丘，地泻卤，人民寡，于是太公劝其女工，极技巧，通鱼盐，是人物归之，繦至而辐凑。故齐冠带衣履天下，海岱之间敛袂而往朝焉。"姜太公在建国之初就开创了齐国务实而又开放的农、工、商并重的经济思维，为齐国的富强奠定了基础。齐桓公和管仲发展了这一经济思想，并以"强国必先富民"的经济视角，为齐国的富强做出了历史性贡献，采取了大力发展经济、优商惠贾的一系列措施，齐国一跃而成为东方大国和富国。

在这个靠霸业匡正无序政治局势的时代，齐桓公在宰相管仲的辅佐下，首先提出"强国必先富民""仓廪实而知礼节"的思想，对齐国和临淄城的经济、社会和文化结构实行"四民分业""参其国而伍其鄙"等重大改革与调整。在齐桓公和管仲看来，要匡正天下，首先要"财盖天下"就是财富要最充足；还要"工盖天下"——科学技术要最发达；还要"器盖天下"——各种工具要最先进；还要"士盖天下"——必须有天下最优秀的人才；另外还要"教盖天下、习盖天下"——要对民众进行教化，形成良好的社会风尚，只有这样才能"正天下"。

正是基于这样的认识，在春秋时期的创霸活动中，齐国采取了一系列发展经济的措施：均田分力，相地衰征；官山海，实行盐、铁专卖；铸行货币，繁荣市场；优惠工商、发展贸易。

管仲提出了"天下之宝，壹为我用"的发展外贸基本原则。采取诸多优惠工商的政策发展贸易。比如，不准重复征税和免征税："征于关者，勿征于市，征于市者，勿征于关；虚车勿索，徒负勿入，以来远人。"再如减轻关税，其税率规定为五十分之一。还有，为来齐国经商的人提供优质服务。齐国设立了专门的机构"有司"，负责外商来齐国的有关服务事宜。规定：每30 里设置一个驿站，储备物品供外商休息和食用。凡诸侯国来齐国交涉办事，对从行官吏要派人派车接送，安排住宿，吃饭。外国商人来齐经商，规定：来一辆马车的免费吃饭，来三辆马车的除免费吃饭外，还外加供应马的饲料；有五辆马车的，不但免费吃饭，供应马的饲料，还配给 5 个服务人员，专供使唤。另外，管仲还在商人居住的地方设立"女闾"即娼妓居住的地方。以安置远道而来，又长时间不能回家的商人。有"宫中七市，女闾七百"的记载。

为了加强商品的流通，齐国制定了一系列优商惠贾的政策促进商品贸易的发展。管桓时期，齐国继续推行"来民""留民""富民""教民"和"来天下之人"的政策，所以出现了天下之民"归之若流水"的局面。因而《汉书·地理志》说："临淄海岱之间一都会也，……其中居五民。"五民者，表明临淄居民成分的复杂性。文献记载临淄城设有若干市肆，专供商品交易。齐国的刀币在齐地各处和周边诸侯国地区大量出土，都说明临淄商业流通业的发达。

优惠的政策吸引了各国商贾来齐，数年后天下商人来齐如流水。春秋时期，曾辅佐越王勾践在吴越争霸中称雄的名相范蠡功成名就后退而到齐国从商，成为一代富豪和商家典范，十九年之中，三至千金，因此被誉为"陶朱公"。由于管仲发展经济的政治措施符合齐国地理环境和百姓生产的实际，不仅充分利用了齐国的资源，也调动了百姓的生产积极性，很快就达到了民富国强，为齐桓公称霸奠定了丰厚的经济基础，齐国"九合诸侯，一匡天下"，成为春秋五霸之首。齐国的经济发展，不仅给齐国百姓的社会生活带来深刻的变化，而对其他诸侯国也产生了影响。《汉书·地理志》云："桓公用管仲，设轻重以富国，合诸侯成伯功，身在陪臣而取三归，故其俗弥侈。织作冰纨绮绣纯丽之物，号为冠带衣履天下。"

这实际上已经完成了齐国的霸业，完成了经济、社会、文化上的霸业，政治上的霸业便水到渠成。

至战国时代，齐国厚实的物质基础、深广的文化内涵、丰富的智慧资源，使其在列国都城中展现出特异的光彩和雄奇的形象，齐国的经济、社会和文化等的发展达到了鼎盛时期。齐国发展成为一个"膏壤二千里""粟如丘山"、拥有"千金贾""万金之贾""家敦而富，志高而扬"的无比富庶的国度。在"战国七雄"中，齐国的齐威王任用邹忌等人进行改革，通过桂陵之战和马陵之战，成为中原最富有和最强大的国家。

史籍多有记载。《战国策·齐策》中除借苏秦的说辞详陈"临淄城中七万户"及繁荣盛况外，还借张仪之口道出："天下强国无过齐者，大臣父兄殷众富乐无过齐者"，也足见当时临淄城的繁荣状况。《史记·齐悼惠王世家》载："齐临淄十万户，市租千金，人众殷富，锯于长安。"《三王世家》及诸先生补记："关东之国无大于齐者，齐东负海而城郭大，古时独临淄中十万户，天下膏腴地莫胜于齐者。"《盐铁论》中亦称齐之临淄与涿蓟等"富冠海内，皆天下之都。"这都足以说明，战国与西汉时期的临淄城其规模之大、文化之盛、影响之巨，确非那个时代的其他城市能够比肩。

作为"春秋五霸之首，战国七雄之一"齐国首都，当时临淄农业、手工业、工商业等高度发达，经济、军事、体育、文化等事业昌盛，是一个有着三十万人口的东方大都市，是一个著名的工商业大都市，被誉为"海内名都"。是"富冠海内"的东方大都市。当司马迁来到故齐之地时，情不自禁地赞叹道："司适齐、自泰山属之琅邪，北被于海，膏壤二千里，其民阔达多匿知，其天性也。以太公之圣，建国本，桓公之盛，修善政，以为诸侯会盟，称伯，不亦宜乎？泱泱哉，固大国之风也！"

任何一种历史和文化现象的发生、形成和发展都需要以一定的政治、经济、文化背景为依托。正是齐国繁荣的经济为文化娱乐活动的活跃提供了肥沃的土壤，蹴鞠就是依托这样的经济基础和社会文化背景诞生的。

5. 先进的手工业水平与蹴鞠的诞生

远古时期，齐地先民东夷人的手工业技术就达到了很高水平，经过历代齐国人的经营和发展，临淄的各种手工业技术水平都相当高，其标志就是出现了中国第一部手工业著作——《周礼·考工记》。

《周礼·考工记》是目前中国和世界上最早的手工业技术文献，是齐国的官书。这部书以临淄手工业为范例论述了手工业的生产制度和管理模式，其中"攻皮"一节讲述了各类皮革的鞣制工艺。《考工记·鲍人》这样写道：

"鲍人之事。望而视之，欲其荼白也；进而握之，欲其柔而滑也；卷而抟之，欲其无迤也。视其著，欲其浅也；察其线，欲其藏也。革欲其荼白，而疾浣之，则坚；欲其柔滑，而脂之，则需。引而信之，欲其直也。信之而直，则取材正也；信之而枉，则是一方缓、一方急也。若苟一方缓、一方急，则及其用之也，必自其急者先裂。若苟自急者先裂，则是以博为也。卷击抟之而不迤，则厚薄序也；视而著其浅，则革信也；察其线而藏，则虽敝不。"

意思是：鲍人的事情，鲍人鞣制的韦革，远看颜色要像菅茅的花一样白；走近用手握捏，要觉得很柔滑；把它卷紧，两边要齐整不斜；再看两皮相缝合的地方，一定要浅狭；察看缝合的线，一定要藏而不露。韦革要像菅茅的花一样白，在水里洗涤，动作要快，不能太久，那就会很坚牢的。韦革要十分柔滑，涂上厚脂，那就会很柔软了。把它拉伸开来要平直，伸展开来很平直，那是裁取的革理齐正之故。如果伸展开来歪斜而不平直，必定是一边太松，一边太紧。如果一边太松，一边太紧，那么到了使用的时候，太紧的地方一定会先断裂，不得不剪除，这样阔革只能当狭革使用了。把革卷紧而不歪斜，它的厚薄就是均匀的。看上去两皮缝合的地方浅狭，革就不易伸缩变形。细看结合韦革的缝线不露出来，韦革虽然用得破旧了，缝线也不会损伤。由此可见，当时的鲍人（皮革鞣制工官）制革，能够把握高难度的技术尺寸，把皮革缝制得天衣无缝："进而握之，欲其柔而滑也；卷而抟之，欲其无迤也；视起著，欲其浅也；察其浅，欲其藏也。"

当时的鲍人（皮革鞣制工官）在制革的时候，能够把握高难度的技术尺寸，把皮革缝制得天衣无缝，反映了当时齐国"工盖天下"的手工业水平。齐人鞣革技术之高，过程之密，要求之严，无与伦比。

文献记载和考古发现都证明春秋时期齐国已经有了较大规模的冶铁业。据《国语·齐语》记载，管仲曾向齐桓公提出用甲兵赎罪的建议，说："美金以铸剑戟，试诸狗马；恶金以铸钼夷斤属，试诸壤土。"郭沫若先生认为"美金是指青铜，恶金是指铁。"《管子·海王》说："今铁官之数曰：'一女必有一针一刀，若其立事。耕者必有一耒一耜一铫，若其立事。行服连轺辇必有一斤一锯一锥一凿，若其立事。不尔而成事者，天下无有。'"并提到发卒徒取"山铁之利"。北宋宣和年间临淄出土叔夷钟铭文有齐灵公令叔夷管理"造铁徒四千"，都说明齐国已经在采矿炼铁了。管仲实行的"管山海"，主张由政府控制盐铁的生产，为国家开辟了重要的财源。

20世纪60年代中叶，在临淄齐故城的勘探中，发现了六处冶铁作坊遗址。其中最少有两处是属于东周时期的。规模最大的两处遗址的面积都在40万平方米左右。齐国冶铁业的发展情况，由此可见一斑。在1958年的考古调查中，采集了锛、斧、锄、凿、犁、锯等十八件铁农具和铁工具。其中有不少铁器属于东周时期。1972年在发掘郎家墓时，出土了战国早期的两件铁削。

由于齐地负海舄卤，不宜农耕，故原住民多以捕鱼煮盐、养蚕织业为业。姜太公封齐，"劝其女工，极技巧，通鱼盐，"就是因地制宜、扬长避短的重要举措。正是官府的重视和扶持，大大刺激了齐国桑蚕丝织业迅速发展，使齐国成为我国古代第一个桑蚕丝织业中心。

晏婴相齐时，由于丝织业的发展，曾一度再现原材料供应不足的困难，不得不从北方的燕国输入蚕丝。从出土的丝织品分析，当时临淄的纺织手工业工人不仅能在平纹素织的基础上，经过经纬线的捻度、密度等的不同变化，织造出适合不同需要的如纱、罗、缣、纨、缟、縠等丝织品种，而且织造有如绮、锦等较为复杂的几何花纹织物。

齐国的丝织品，不但品种多，而且数量大、质量高，这些产品除了满足自给，更多的是作为商品，经贸易渠道输往各诸侯国。临淄是丝麻织物的集散地，为获厚利前往临淄贩运丝麻织物的商人络绎不绝。太史公对此称赞不已，说："齐冠带衣履天下，海岱之间敛袂而往朝焉。"从这里不难看出齐国桑蚕丝麻织业的发达程度。

《墨子·节葬篇》中王公大人在埋葬时，"衣衾必多，文绣必繁。"在临淄大夫贯战国墓出土的丝织品还保存了原来的色泽，并有一定的抗拉强度。

任何文化体育项目的开展和进步都是与先进的手工业制作水平密切联系的，齐国先进手工业制作水平为蹴鞠在临淄的诞生奠定了良好的科学技术基础。

6. 灵活的军政体制与蹴鞠的诞生

公元前 685 年，齐桓公公子小白继齐国王位，任管仲为相，实施富国强兵的战略改革：三其国而五其鄙，分国都临淄为二十一乡，其中士农之乡十五，工商之乡六，寄内政于军令，实行军政合一的管理体制。

所谓"寄内政于军令"，就是按照军事组织系统建立行政组织体系，把两者融为一体。十五个士农乡和六个工商乡分别集中居住，免除工商乡的兵役，使专事本业，承担军备和人民生产、生活必需品的生产与销售。十五个士农乡则各按轨、里、连、乡建立行政组织体系，同时又是伍、小戎、卒、旅的军队组织体系。五家为一轨，每家出一兵，五人为一伍，由轨长率领；十轨为一里，共五十人为一小戎，由里司率领；四里为一连，共二百人，由连长率领；十连为一乡，共两千人为一旅，由乡良人率领，五乡共一万人成一军，士农十五乡编为三军，由桓公和高子、国子两位上卿分别统帅。十五个士农乡平时务农习武，战时应征参战，这就是管仲的"寓兵于农"的农战政策，其核心在于行政组织体系和军队组织体系的合一。

把行政组织与军队的编制融为一体，这就使作为兵源的士农，平时能够按军队编制进行习武，组织训练。最早的蹴鞠比赛是六人制，与齐国底层的军事行政编制"五"（五人）、"轨"（五家）有深刻的渊源关系。专家考证：最初的蹴鞠比赛是伍长或轨长率领五人参加，故为六人制，只有齐国最有可能使这种军事训练项目走向民间。有趣的是，后来与蹴鞠一起在中国大地上广为盛行并形成民间习俗的"秋千"就是公元前六世纪齐桓公和管仲北伐山戎的时候带回齐国并逐渐流行起来的。

7. 丰富的文化生活与蹴鞠的诞生

蹴鞠诞生在临淄不是偶然和孤立的，经济的繁荣和物质的富足，促使市民拥有丰富多彩的精神文化追求。作为二千多年前的东方泱泱大国的首都，临淄是生活丰富多彩的文化之都，各种文化活动已居于同时代其他地区的领先地位。

《晏子春秋》载："齐人甚好毂击，相犯以为乐，禁之不止。"齐国人非常好胜，喜欢"毂击"。在路上相遇后互不相让，用车轴撞击对方的车轴并以此为乐趣。

所谓"穷文富武"，春秋战国时期的临淄不仅盛行蹴鞠、吹竽、技击、击筑等游戏，还非常盛行一项高费用的赛马游戏。临淄经常举行驷车大赛，国君也参加。司马迁的《史记》中记载了这样一个故事：田忌与齐威王赛马，起先，田忌都赛输了，"于是孙子谓田忌曰：'以君之下驷与彼上驷，取君上驷与彼中驷，取君中驷与彼下驷。'既驰三辈毕，而田忌一不胜而再胜，卒得王千金。"

《史记》记载的就是著名的"田忌赛马"的故事：将军田忌与齐威王赛马，起先，田忌都赛输了。

于是军师孙膑对田忌说："用你的下等马去对国王的上等马，用你的上等马去对国王的中等马，用你的中等马去对国王的下等马。结果田忌胜两场输一场，总分三比二获胜，赢得了齐威王"千金"的赌注。

作为一个文化之都，当时的临淄乐器多样且普及，古乐流传，俗乐盛行，音乐活动兴盛。在文献和考古发现中齐国有十多种乐器，孔子在齐闻韶"三月不知肉味"的故事足以说明古乐在齐国的演奏水平之高和流行之广。《韩非子》还记载了当时齐宣王在宫中设有数百人的吹竽队伍，"滥竽充数"的故事说明当时齐王豢养着一个庞大的娱乐团队。

《战国策·齐策》除了记载音乐活动外，还记载临淄"其民无不……斗鸡、走犬、六博、蹋鞠者"，在当时，各种竞技、游乐活动及专业文化团体相继出现，各种各样的竞技游乐活动在临淄城中盛行一时。

齐地（今山东沂南北寨村）出土的汉代《乐舞百戏图》画像石就反映了这一事实。此画像石处于古齐国属地的沂南地区，画像内容有飞剑跳丸、戴竿之戏、踏鼓、七盘舞、乐人奏乐、绳技、马戏等各种娱乐场面。

姜太公立国，首倡"尊贤尚功"的人才政策，齐国代代相因、步步完善，营造出了一种重视人才、尊贤用能的良好环境和风气，使齐国形成了举贤不避卑贱的选人、用人汇聚天下英才的传统。齐国对人才的重视程度在战国之时达到了前所未有的程度，其显著的标志就是在临淄创设稷下学宫，开百家争鸣之先河，文化活动异常活跃。

《史记》等史料为我们大致提供了临淄人才荟萃的情况：人才云集，成百上千；名家荟萃，品次极高；人尽其用，对齐国内外影响甚大。细研齐国当时的人才政策，其措施力度都见出齐统治者的匠心：首先，给学者以很高的政治待遇，封以"上大夫"之职，而又"不治而议论"，让其静心议时政、研学术；其次，提供优厚的生活条件，"高门大屋"，府第壮观，居住优越，备受尊崇；其三是提供宽松自由的政治环境，让他们"百家争鸣"，来去自由。

根据近些年学术界对稷下学宫的研究，先秦诸子百家，大多数学者都到过稷下学宫，这里不但是齐国的人才库，也是战国学术争鸣的中心。临淄为中国文化发展做贡献的同时，也使其成为享誉中外的文化之都。

足球起源于临淄，是一个很复杂的历史现象，有着深刻的文化动因和深厚的文化背景。人才荟萃、文化活动活跃是诞生和形成像蹴鞠这样文化、体育项目不可缺少的智力资源。

8. 足球起源临淄的论证依据

作为世界第一运动，其起源问题一直受到国际各界人士的关注。20 世纪 70 年代以来，国际体育史学界专家多次指出，诞生于两千三百多年前的中国古代蹴鞠，是当今足球运动的起源。1985 年，时任国际足联主席的阿维兰热博士说：足球最早起源于中国，并且有两千多年的发展历史，这是无可争议的。1984 年，担任国际足联技术委员会主任的布拉特说，足球起源于中国，后来通过战争传播到了西方。2004 年 2 月 4 日，国际足联官员在伦敦宣布："虽然不少国家认为自己是足球发源地，但历史学家以确切的证据表明，足球起源于中国的蹴鞠。"这些说法与多年来齐文化研究的成果契合，但由于多种历史原因，这一结论没有引起普遍的关注。

世界足球起源于中国,中国足球起源于何地? 对中国足球的发祥脉络亟待作科学探讨。为此,"足球起源"专家论证会于 2004 年 6 月 9～11 日在山东省淄博市临淄区举行。中国体育史学、考古学和齐文化研究领域的专家和中国足球协会、国家体育总局文史工作委员会负责人共计 36 人参加了论证会。专家们以古代文献史料和考古学资料为依据,对中国古代蹴鞠的起源、形成和发展进行了多角度的论证。初步达成了共识,纪要如下:

其一,刘向整理战国文献资料编著的《战国策·齐策》和司马迁的《史记》等古籍,记载了蹴鞠最早成型于战国时期的齐国一带。当时的临淄是齐国的首都,这表明公元前三百余年前,蹴鞠已经成为齐国的文化娱乐活动之一。这是我国史书对"蹋鞠""蹴鞠"最早的记载。

其二,春秋战国时期的齐国,是春秋五霸之首,战国七雄之一。战国时的齐都临淄,手工业高度发达,商业繁荣,是全国最大的工商业都市,"甚富而实",民众具有"蹴鞠"的物质基础。齐国皮革制造等工商业发达,缝"鞠"(皮制球)具备了技术可能。

其三,《史记·扁鹊仓公列传》记载,西汉时,"安陵阪里公乘"项处是一位非常痴迷的球迷,因迷恋"蹴鞠",虽患重病仍不遵医嘱外出蹴鞠,结果不治身亡。这表明直到汉代,临淄一带的民间仍然盛行蹴鞠。

其四,中国是一个注重文献记述的国家,对中国历史上有着较大影响的历史现象,都有文献记述,对蹴鞠的记述也不例外。从最早的《战国策·齐策》《史记·苏秦列传》对临淄地区战国时期蹋鞠的描述,到《史记·扁鹊仓公列传》对临淄地区西汉时期蹴鞠的记载,到南北朝时期的南朝人吴均《边城将》一诗中"临淄重蹴鞠,曲城好击刺"(清人王士禛辑《古诗笺》五言诗卷),再到清末徐珂《清稗类钞·技勇类》所记:"丘尊谦,徐州沛县人,……尝为先锋,驰驱齐鲁……,所至,辄召诸少年箕距而饮,蹴鞠为乐……"直到清代末年的《聊斋志异》,不同时代的文献和文学作品对临淄一带盛行的蹴鞠活动的演进过程的记述没有间断,这在其他地区是没有的。

基于上述论证,根据现有的文献史料和考古发现,与会者认为:中国古代蹴鞠(足球)起源于春秋战国时期的齐都临淄。

专家对临淄足球起源地的认定,是从最早记载得翔实可靠、经济和社会发展的基础条件,蹴鞠对外传播的依据等多方面的因素分析得来的,其中,特别强调,齐地对蹴鞠活动的有关记载从来没有间断过,这在全国和全世界范围内是没有的。

三　蹴鞠走向暗弱与沉寂的原因探析

受多种因素的影响,中国古代蹴鞠在元、明、清时期停止了发展,因侧重纯娱乐化而丧失了原来的竞技性,社会性也大大减小,逐步走向衰弱。到清代末年,史籍和文学作品中已经很少再提到蹴鞠了。像《红楼梦》这样一部封建社会的百科大全,书中只有一次提到蹴鞠,而且也只有一句,即"可巧门上小厮在甬路底下踢球"(《红楼梦》第二十八回《蒋玉菡情赠茜香罗　薛宝钗羞笼红麝串》)。淄博文学家蒲松龄的小说《聊斋志异》中对汪士秀蹴鞠的描写暗合了中国蹴鞠的发展轨迹。

蒲松龄在写被汪士秀踢破的皮球下落时，用了一段非常精彩的话来形容："中有漏光，下射长虹，犹如经天之彗，直投水中，滚滚作沸泡声而灭。"我国古代的蹴鞠从起源到发展繁荣，曾像一颗耀眼的彗星发出闪亮的光辉，到后来只留下一点泡沫，暗落、沉寂了下来。

1. 蹴鞠沉寂的思想根源

蹴鞠没有在中国发展为现代意义上的足球，自有其深刻的思想根源。从蹴鞠发展演变过程来看，蹴鞠的演进是在中国传统思想的影响下进行的，被打上了深深的儒家思想的烙印。

一种游戏形制发展变化是靠人的思想来完成的。儒家思想强调的是"仁"和"礼"，讲究善良、谦恭、温顺和次序，讲究中庸和不偏不倚，拒绝激烈、血腥和冒险、竞争及竞争中的自我张扬，而这些恰恰是现代足球的重要内涵。儒家认为"君子有勇而无义为乱"，所以中国古代蹴鞠的形制越来越淡化对抗。公元前 685 年，齐桓公公子小白继齐国王位，任管仲为相，实施富国强兵的战略改革：三其国而五其鄙，分国都临淄为二十一乡，其中士农之乡十五，工商之乡六，寄内政于军令，实行军政合一的管理体制。

所谓"寄内政于军令"，就是按照军事组织系统建立行政组织体系，把两者融为一体。十五个士农乡平时务农习武，战时应征参战，这就是管仲的"寓兵于农"的农战政策，其核心在于行政组织体系和军队组织体系的合一。

把行政组织与军队的编制融为一体，这就使作为兵源的士农，平时能够按军队编制进行习武，组织训练。最早的蹴鞠比赛是六人制，与齐国底层的军事行政编制"五"（五人）、"轨"（五家）有深刻的渊源关系。专家考证：最初的蹴鞠比赛是伍长或轨长率领五人参加，故为六人制，只有齐国最有可能使这种军事训练项目走向民间。有趣的是，后来与蹴鞠一起在中国大地上广为盛行并形成民间习俗的"秋千"就是公元前六世纪齐桓公和管仲北伐山戎的时候带回齐国并逐渐流行起来的。

到了汉代，蹴鞠激烈的直接冲撞式对抗。汉代的蹴鞠城面积相当于现在的半个足球场大小，四周围有城墙垛口状矮墙，两对边与地面连接处设有月牙状、装饰得象小房子样的两个对称的球门，即"鞠室"。蹴鞠场的正面设有皇帝登临观蹴鞠的观礼台类似于我们今天的检阅台。汉皇帝讲究"观蹴鞠亦有治国之象"，观礼台的形制是：左戚右平。戚，就是"限"，也就是阶齿。天子殿高九尺，喻指皇帝在九天之上；阶九尺，各九级，喻指人分九等。阶齿是皇帝观蹴鞠时登临用的，而皇帝在最高处，地位是最高的；其他官员按职位列左边的九级台阶上。平就是平面斜坡，皇帝的辇车可以行走。观礼台上专设皇帝观蹴鞠的御座，有阶梯。整个"鞠城"就像一座小城。汉代的蹴鞠是一项重要的军事训练项目，汉代的皇帝在蹴鞠城中观蹴鞠也是按照检阅军队的方式和规格来进行的，整个蹴鞠城就像一个校军场。

场上蹴鞠队员进行得是激烈的直接对抗式蹴鞠，双方分队比赛，直接对抗。何晏在《景福殿赋》中说：当时这种蹴鞠形式"僻脱乘便，盖象戎兵。""僻"是汉代捽跤的方法，也可用到蹴鞠场上，想获得进攻的机会就要摆脱对方，而摆脱对方时可以有推捽动作，而躲避推捽就要快速奔跑，就像打仗一样，类似于今天橄榄球场上的激烈争夺。《许昌宫赋》中有"二六对而讲功，体便捷其若飞"的句子，足以概括这种激烈对抗蹴鞠情形。

　　根据历史记载，唐朝的皇帝大多喜欢蹴鞠，尤其是唐太宗李世民和唐玄宗李隆基。当时皇帝宫中的蹴鞠活动很多，朝廷的教坊司和皇宫中的内园还有专业的蹴鞠艺人，专门在寒食节和皇帝举行宴会的时候表演。

　　宋代的皇帝和宫廷中依然盛行蹴鞠，并且宋朝的礼乐制度中还明确规定了蹴鞠为表演项目。宋代《蹴鞠谱》中有一首词，词牌叫《鹧鸪天》，概括了当时蹴鞠的特点："巧匠圆缝异样花，身体轻贱实堪夸。能令公子精神爽，曾诱王孙礼义加。宜富贵，逞奢华，一团和气遍天涯，宋祖昔日皆曾习，占断风流第一家。"把做鞠的手法、蹴鞠的社会功能和当时蹴鞠的社会影响都写到了，特别还提到了宋太祖蹴鞠。

　　宋代的画家苏汉臣是宋徽宗时画院的待诏，他绘制了一幅《宋太祖蹴鞠图》就描绘了宋太祖赵匡胤、宋太宗赵匡义和近臣赵普、党进、石守信、楚昭辅等蹴鞠的情景，明代的画家钱选临摹了这幅画，我们今天还可以看到。明朝人王恭在《题宋太祖蹴鞠图》中说："天上欢娱蹴画球。何事军中乐未休。"形象地说明了宋代开国君臣在军务繁忙的时候还忙里偷闲娱乐活动就是蹴鞠。

　　唐宋时期蹴鞠变为单球门间接蹴鞠。比赛的场地不需要太大，富人家的花园、射圃，农家的场院、闲地都非常合适，宫廷和军队中就更容易找到合适的地方，比赛时蹴鞠门放置于球场中央。在球场中埋木制蹴鞠门就成为固定球场，宋代朝廷大宴中的蹴鞠表演赛是临时设立蹴鞠门的，有专门的人员负责起立蹴鞠门。早期和民间的做法是"植两修竹，高数丈，网络为门以度球"。到了宋代，蹴鞠门的规格已经定型，"殿前旋立球门，约高三丈许。杂彩结络，留门一尺"。宋元时期留下的蹴鞠专业书籍中附有当时标准蹴鞠门的图样。从中可以看出，两球门柱之间宽九尺五寸。门柱高三丈二尺。球门直径两尺八寸。两柱之上设日月旗，蹴鞠门上有伞罩，门柱从上到下都有彩饰。

　　因在中间隔了蹴鞠门，这种形式的蹴鞠，双方没有直接的身体接触。蹴鞠队员分成左军和右军（或左、右朋）分列球门两边进行对抗，上场人数不定，一般是七人。在球不着地的前提下将球度过球门网中的"风流眼""数多者胜"为胜。

　　这种蹴鞠形式输赢的关键是球头最后的射门，射过便能会输，射不过便一定会输，所以球头和度球是这种蹴鞠形式的关键人物和环节，是比赛最大的看头。明代末年，还曾演变为非对抗性的射门比赛和表演。从足球技术来说，是一种发展，而间接对抗，却是足球运动的一个退步。

　　发展到唐宋时期中间隔着球门的间接对抗，再到以踢高踢出花样为能事的白打，都在淡化对抗和竞争，强调技巧，无形中留下了受传统儒家思想影响的痕迹。

　　受传统儒家思想的影响，蹴鞠不强调激烈的竞争，逐渐发展为一项温文尔雅的活动，讲究礼仪和修养。齐云社规矩中就讲究的"无仁者不可同行，无义者不可同商，无礼者不可同居，无智者不可同谋，无信者不可同谈"等条文把儒家思想和做人准则"仁、义、礼、智、信"都融到了蹴鞠活动中。蹴鞠的教育功能也就成了"能令公子精神爽，曾诱王孙礼义加"和"一团和气遍天涯"。

　　在这种情况下，人们蹴鞠是为了健身、进身和娱乐，而当健身功能被更好的手段代替，进身不再成为可能时，蹴鞠就仅仅成为妇女和儿童中的娱乐活动了。

在人类历史上，以儒家文化为基础的中华文明是唯一没有中断过的古代文明。在过去两千多年时间里，儒家文化及其价值观已经成为中华民族精神的重要因素，在潜移默化中传布到社会生活的各个角落。《说文解字》对"儒"的解释是："儒，柔也，术士之称。从人，需声。"

孔子作为儒学的开拓者，在中国从奴隶制社会向封建社会过渡的社会大变革的时代对礼乐文化进行反思，把有生命力的原则发掘出来，建构了儒家学说体系。儒家思想是一种人类社会道德伦理规范的学说。它最基本的理论基础是"性善论"。主张人的本性是向善的，是好的，只因为后天生活习惯和环境的变化，才造成了各种行为的差异，导致背离"善"的现象。所以，儒家轻法制，重道德。"仁"和"礼"是儒家思想的核心，是儒家一切理论的出发点。儒家不重武力，儒者毕生追求的是"君子"——那种集"仁"与"信""智"与"直"于一身，内在涵养与外在处世都和谐，永远不失"中庸"的君子强调清醒自制、静观自身、含而不露、压抑激情的圣人。儒家注重自身修养约束，亦注重社会秩序的制约。当儒教自身特性与封建社会本质相融合之后，便出现了"罢黜百家，独尊儒术。"儒家思想最初被汉代君主所重，逐渐奉为经典，扶为正教，大力推广，以其社会伦理观自上而下全面推及，使之渗入社会每个角落。从此儒家便真正在中国的历史上确定了其高于百家之上的至尊地位，成为千百年来中国封建社会之文化主流。

儒家思想为社会制定了许多具体的礼节，具体表现为"三纲五常"。三纲指"君为臣纲、父为子纲、夫为妻纲"，要求为臣、为子、为妻者绝对服从于君、父、夫；为君、为父、为夫者为臣、子、妻做出表率。五常指"仁、义、礼、智、信"，是用以调整君臣、父子、兄弟、夫妇、朋友关系的行为规范。三纲、五常语出西汉董仲舒著《春秋繁露》，但其思想内容则源孔子的"君君、臣臣、父父、子子"之说。韩非称"臣事君、子事父、妻事夫"为"天下之常道"，是中国封建社会基本道德规范。

2. 蹴鞠走向沉寂的社会根源

社会环境的优劣，影响文化体育项目的兴衰。蹴鞠在汉唐和宋代之所以能够兴盛，是和统治者的政策提倡分不开的，同样蹴鞠在元明清时期的暗弱与沉寂也是如此。蹴鞠在汉代是重要的军事训练手段，皇帝都亲临观看，上有所好，下必甚焉，于是相沿成风，广泛开展，唐宋时期蹴鞠的兴盛更离不开这样的因素。

元代的蒙古族是一个马背上的民族，对汉民族的游戏和体育项目不适应，也不提倡。从元刊本的《事林广记》插图中我们可以看出元代的蹴鞠活动延续了唐宋时期的蹴鞠形式，沿袭了唐宋时期就非常盛行的三人场户的白打，因宫廷不再提倡，蹴鞠开始逐渐成为民间的纯娱乐化活动。《明史》记载，拥兵三吴、称兵割据的吴王张士诚弟弟张士信，"每出师，不问军事，辄携樗蒲（一种赌具）、蹴鞠，拥妇女酣宴。"可见蹴鞠已和赌博与淫乐联系在一起了。被称为明代社会百科大全的小说《金瓶梅》中，有一段描写西门庆在丽春院看妓女李桂姐踢球的事：西门庆吃了一回酒，出来外面院子里先踢，又教桂姐与两个圆社踢。"一个捎头，一个对障，拗踢拐打之间，无不假喝彩奉承。"很能表明明代踢球的纯娱乐化性质。

也正是由于蹴鞠活动越来越纯娱乐化的倾向，朱元璋称帝之后，洪武二十六年曾下旨："学唱的割舌头，下棋打双陆的断手腕，蹴圆者卸脚。"严厉禁止军人蹴鞠。但因传统的惯性和蹴鞠本身的魅力所在，蹴鞠在民间依然盛行，很多人依然热爱蹴鞠活动，尤其是唐宋以来的白打蹴鞠，明代的宫廷当中也照样存在。

明人画的《宣宗行乐图》卷的一部分，就描绘了明宣宗朱瞻基看大臣蹴鞠的情景。这时候，蹴鞠艺人的社会地位已远非从前。当时有一个名叫王敏的军卒，因擅长蹴鞠而被明宣宗朱瞻基看中。王敏随即被强行阉割，成为随侍左右的内侍，在宫内专陪朱瞻基蹴鞠。蹴鞠艺人的命运蒙上了浓浓的悲剧色彩，在唐宋时期，"名园欢散后，又向玉街游"是多少剧客梦寐以求的事情，当时的蹴鞠活动曾经"风流富贵真难比，曾遇宣呼到御前。"今非昔比，往日的风光与荣耀已经不再属于他们。

清代的满族以射猎为谋生和征战手段，骑射便成为满族男子基本的生活本领，也是征战取胜的战斗技能。清朝统一中国定都北京后对本民族的游乐项目大力提倡，对汉民族的蹴鞠实行禁止和改造的政策。

清朝定都北京后，顺治就曾口谕禁止踢球，对于蹴鞠要"即行严禁"。清廷为保持其本民族骑射文化的传统，不惜花费大量钱财和精力。康熙二十二年（1683 年）清廷在承德建立了木兰围场，周围一千三百余里，"林木葱郁，水草葆茂，群兽聚孳畜焉。"每年在那里进行秋猎大典，为的是保持八旗子弟练武健身风俗，保存骑射文化的传统"政纲"。

满族居住在冰天雪地的北国，将冰嬉（滑冰）确定为"国俗"，每年在西苑举行一次冰嬉检阅，而将蹴鞠改造成了"冰上蹴鞠"。

到乾隆皇帝时就明令禁止蹴鞠活动，蹴鞠活动仅在民间受到百姓喜欢，尤其是儿童。到了晚清时期，鸦片输入中国，中国陷入了无休止的内忧和外患之中，列强更是把中国人当作"东亚病夫"而随意欺凌，人们饥寒奔波，再难见到蹴鞠者矫健、灵巧的身影了。

3. 蹴鞠走向沉寂的文化根源

儒家文化在整个封建社会的中后期居于统治地位，主张以仁爱治天下。因此，儒家思想重文治而轻武功，重修心而轻练力。汉唐时期崇尚武勇侠烈的社会文化被逐渐改变了，这是蹴鞠等古代体育衰落的根本原因。

汉唐时期，封建社会处于上升阶段，统治阶段需要开疆拓土，征服周边民族，军事武力不能削弱，社会上是文武并重，民间有浓厚的练力尚武风俗。到了宋代，国土面积缩小，周边敌国不断入侵，宋统治者不仅外惧强敌，而且害怕人民造反，不许人民练武，不许民间私有兵器，激烈危险的活动都不开展了，或很少开展，体育向表演性方向发展，体育运动鼓荡气血、激扬精神的作用便不能发挥，社会上奋发前进的朝气便日益减退了。"捐身赴国难，视死忽如归"的精神和风骨也消退殆尽。健身练武，立功边陲，并不受人称赞，文人不积极参加蹴鞠，与武勇紧密相连的体育逐渐衰弱。

传统文化压制个性也是蹴鞠走向暗弱与沉寂，没有突破性发展的重要原因。中国封建的宗法体制、伦理文化、礼仪禁忌等历史文化传统，给中国人带来了负荷沉重的心理积淀，致使个人的生命冲动几乎在条条框框里窒息而死。于是人们努力成为温良恭谨、庄重敦厚的君子，努力去寻找精神平衡，成为一个把自己纳入等级秩序的人，恪守中庸的人、缺乏个体意识的人。人们不愿意赤裸自我，而宁愿保持中和形象。

这样，蹴鞠是以一种"泛体育"的形象存在并延续着，它之所以没有体现出"公平"和"竞争"这一核心思想的体育观，与传统体制和文化的束缚有直接关系。在那种等级森严、尊卑分明的体制影响下，蹴鞠不可能发展为规则统一、公平竞争和推崇个性、以民为尊的竞技体育运动。在传统文化尊严凛然、精神平衡、不求自我的影响下，也根本不可能再现更快、更高、更强的体育精神。中国的蹴鞠没有嬗变为现代足球，其根本原因是受体制和文化的压制。

在这种大的文化环境中，蹴鞠既显现出中国人的睿智，又显示出蹴鞠在中国封建体制和传统文化的压制下，形成了一种逆体育内涵的发展趋势。

从这种文化的角度分析，蹴鞠诞生在具有"以人为本"，崇尚人文思想和极具开放、包容、务实品格的齐文化发祥地——临淄就是再自然不过的事情了。而蹴鞠暗弱、沉寂于保守、中庸，讲究礼仪禁忌和等级尊严的传统文化中也是再自然不过的事情。

4. 蹴鞠走向暗弱沉寂的自身原因

"少年博戏日益新，古事不复传今人"，文化娱乐活动是在不断除旧更新的，不随世而变以适应时代的游戏和娱乐项目就会自绝前途。

唐宋时期创造单球门间接对抗蹴鞠时，没能照顾普及的需要，只向专业艺人表演的道路发展，球门太高（三丈二尺），只有专业的艺人才能完成表演，失去了群众基础，这也是单球门间接对抗蹴鞠没有在民间普及而白打蹴鞠却在民间广泛盛行的原因。

片面地强调技巧，而这种强调技巧的特点又被不正确的社会风气利用时，蹴鞠就偏离了正确的发展方向。明代的张士信"蓄声妓，恣荒淫，不问军事，拥妇女酣宴、蹴鞠"和《金瓶梅》中西门庆在丽春院看妓女蹴鞠就是如此。进而蹴鞠开始成为"谢馆秦楼"中"绝色婵娟们"的娱客手段，就开始与放荡行为相联系在一起了，蹴鞠走上了一条与现代精神和体育内涵不太和谐的发展道路，不和谐的音符越来越多，越来越失去了原来的慷慨、大气、英武的风貌和特征。人们从直接参与蹴鞠到间接观赏蹴鞠，再到欣赏女子蹴鞠婀娜的姿态，由英武到灵巧，到浮躁，最后走向了轻浮。

"金屋无人见泪痕"，在明代，宫廷女子蹴鞠有一定发展，逐渐成她们适情休闲、排愁解闷的方式，王誉昌的《崇祯宫词》写道：

锦骭平铺界紫庭，裙彩风度压娉婷。

天边自结齐云社，一簇彩云飞便停。

贵族和民间的女子蹴鞠开始带有一些轻浮的味道。明代留下的一幅黑漆彩螺钿仕女游艺图屏风上就描绘了妇女在公众场合蹴鞠的场景，明刊本的《金瓶梅》第十五回插图就描写了西门庆和妇女蹴鞠的情景。明代翰林修撰钱福是位欣赏女子蹴鞠的男球迷，他曾写《蹴鞠》诗道：

蹴鞠当场二月天，仙风吹下两婵娟。

汗沾粉面花含露，尘扑蛾眉柳带烟。

翠袖低垂笼玉笋，红裙斜曳露金莲。

几回蹴罢娇无力，恨杀长安美少年。

蹴鞠从军事训练的勇力型到了技巧型，最后又发展到了观赏型。人们开始关注和欣赏女子"彩楼红扇相当开，美人凌波蹴月来"和"微风来，放娇态，舞裙带"的娇艳之姿，轻薄之气随之而来，越来越甚。明代金陵一妓女还写了一首《踢球》诗，已经无论如何也让人看不到先前蹴鞠带给人们的精神了：

腰肢袅袅力微微，滚滚红尘指羽衣。

偃月鬓边星欲坠，石榴裙底凤比飞。

在汉代，"蹴鞠亦有治国之象"，在唐宋"万人同向青霄望，鼓笛声中度彩球"，而到了明清时期竟然是"腰肢袅袅"，"滚滚红尘"的景况！这些字眼在汉唐和宋代的蹴鞠文献中是找不到的，最后人们在"石榴裙底""偃月鬓边"看到了"星欲坠"的景象，给蹴鞠的衰弱与沉寂写下了再生动形象不过的注脚。

四　古代蹴鞠与现代足球兴衰的启迪和思考

历史惊人的巧合，蹴鞠的诞生与中国封建时代的发展脉络是一脉相承得的，而现代足球的兴起也是与欧洲资本主义的发展脉络一脉相承的，或者说，蹴鞠和现代足球的发展是中国封建和欧洲资本主义经济、社会和文化发展的产物和见证。

任何事物的诞生都脱离不了文化。欧洲的中世纪是个特别"黑暗的时代"。基督教教会成了当时封建社会的精神支柱，它建立了一套严格的等级制度，把上帝当做绝对的权威。文学、艺术、哲学一切都得遵照基督教的经典——《圣经》的教义，谁都不可违背，否则，宗教法庭就要对他制裁，甚至处以死刑。《圣经》里说，"人类的祖先是亚当和夏娃。由于他们违背了上帝的禁令，偷吃了乐园的禁果，因而犯了大罪，从此罪就降临到了世界。"在教会的管制下，中世纪的文学艺术死气沉沉，万马齐喑，科学技术也没有什么进展。黑死病在欧洲的蔓延，也加剧了人们心中的恐慌，使得人们开始怀疑宗教神学的绝对权威。

文艺复兴运动就是"需要巨人而产生了巨人的时代"。是正在形成中的资产阶级在复兴希腊罗马古典文化的名义下发起的弘扬资产阶级思想和文化的运动。随着生产力的发展，新兴的资产阶级不满教会对精神世界的控制。文艺复兴精神的核心是提出以人为中心而不是以神为中心，肯定人的价值和尊严。主张人生的目的是追求现实生活中的幸福，倡导个性解放，反对愚昧迷信的神学思想，认为人是现实生活的创造者和主人。十六世纪在欧洲盛行的一场思想文化运动，带来一段科学与艺术革命时期，揭开了近代欧洲历史的序幕，被认为是中古时代和近代的分界，马克思主义史学家认为是封建主义时代和资本主义时代的分界。于十三世纪末叶在资本主义率先萌芽的意大利各城市兴起，以后扩展到西欧各国。中世纪末期，随着奥斯曼对东罗马帝国的不断侵略，东罗马人民在逃难的同时，将大量的古希腊、古罗马文化典籍和艺术珍品带到了意大利商业发达的城市。新兴的资产阶级中的一些先进的知识分子借助研究古希腊、古罗马的艺术文化，通过文艺创作来宣传人文精神，打破了神学都人们思想的禁锢，迎来了产业文明的曙光。

但丁被誉为旧时代的最后一位诗人，同时又是新时代的最初一位诗人。他所创作的长诗《神曲》，明确表达了自己对天主教会的厌恶，率先对教会提出批评。达·芬奇《最后的晚餐》《蒙娜丽莎》都表现了都人的赞美，莎士比亚《哈姆雷特》《罗密欧与朱丽叶》等都体现了资产阶级人性的赞美和呼唤。

文艺复兴运动作为一场弘扬新兴资产阶级文化的思想解放运动，在传播过程中为早期的资本主义萌芽发展奠定了深厚基础，也同时为早期的资产阶级积累了原始财富。文艺复兴运动首发于意大利，后经传播由地中海沿岸转移到大西洋沿岸，出现了著名的城市如罗马，佛罗伦萨，威尼斯以及尼德兰等一系列新型城市，资本主义工商业开始茁壮发展，资本也开始源源涌入新兴资产阶级的囊中，为同时进行的新航路开辟，宗教改革以及今后的资产阶级革命或改革提供了必要条件。

文艺复兴运动使正处在传统的封建神学的束缚中慢慢解放，人们开始从宗教外衣之下慢慢探索人的价值，作为人，这一个新的具体存在，而不是封建主以及宗教主的人身依附和精神依附的新时代。文艺复兴运动充分的肯定了人的价值，重视人性，成为人们冲破中世纪的层层纱幕的有力号召。文艺复兴运动对当时的政治，科学，经济，哲学，神学世界观都产生了极大影响。是新兴资产阶级在意识形态领域里一场革命风暴，确立了人的地位和作用，赞美人的探索精神，地理大发现，一系列的工业发明和创造随即开始，推动欧洲进入产业文明时代。

就像文艺复兴最早在意大利诞生，而产业革命和资本主义最早在英国发展一样，足球在英国的兴起也不是偶然的。现代足球集中体现了当时人们追求自由，个性解放，崇尚公平竞争的时代精神，实际上还是人的作用和价值的体现。

现代足球的发展和场上所展示的精神与时代精神的演进一脉相承。大机器和大航海时代需要和呼唤的是集体合作意识，足球的核心精神也是如此；人解放和人的价值与足球场上队员的精湛的技艺暗合；公平竞争需要的规则，现代足球的规则发展也印证了这一点；人文精神崇尚探索，于是现代足球场上不断在创造着新的阵型和打法及技艺。总之，现代足球所追求的是作为人的价值的实现与时代精神的体现，而这些精神也在现代足球场上找到了它生动的注脚。

民国时期，中国足球独霸亚洲，球王李惠堂是与贝利齐名的一代球星，先后十次远东运动会九次获得冠军，一次亚军。岂不知，当时的中国内忧外患，人们把强体与强国相提并论，从内心的深处希望通过足球的强大推动国家的强大，为国家的强大奋斗，这是一种精神，正是这种精神支撑了他们强大的内心。为此，1936年参加奥运会是没有经费，他们就到国外踢球募捐，换言之"要饭去踢球"，为此他们争得了全世界的尊重。故而，足球的强大是内心的强大，是精神的强大，是文化上的强大。

所以，我们探索足球水平的高低也不能仅仅停留在技艺层面上，而应该探索更深层次的精神和文化原因。中国足球的落后绝不是体能各技艺而是文化。因为文化决定精神，精神决定人格，我们更应该从文化上去探索中国足球的发展和改革。

参考文献

[1] （明）汪云程：《蹴鞠图谱》，见（元）陶宗仪：《说郛》卷 110 下。

[2] 郑振铎：《玄览堂丛书》第 3 集《蹴鞠谱》，广陵书社，2010 年。

[3] 李新泰：《齐文化大观》，中共中央党校出版社，1992 年。

[4] 崔乐泉：《中国体育文化图录》，中华书局，2000 年。

[5] 解维俊：《走进齐都》，天津百花文艺出版社，2006 年。

[6] 解维俊：《足球起源地探索》，中华书局，2004 年。

中国汉代马球存在的信息研究

李重申*

马球自汉唐一直传衍到明末清初，其名称也种种不一。蹴鞠、击鞠、鞠戏、打球、马球等，但大致离不开竞技的属性。马球本体的发生，体现了"本体"寓于"具体"之中的道理。我们可以看到游牧民族掌握育马、骑马的技能，才能逐步构成马球本体发生的最初内涵，它使我们认识到马球必须立足于马技和身体能力的超常开发。

从汉唐经宋元而至明清的中国城市，物质文化发展迅速。出现在汉唐宫廷或都市内街坊的马球已成为人们的一种文化生活。尤其在唐代，马球和狩猎已成为宫廷帝皇与权贵们日常生活的重要内容，也是军队训练士兵的主要手段之一，马球更有运动的特征，更有审美的功用。马球开始一步步向质变迈出了令人欣喜的足迹。

宫廷文化是马球发展的基本土壤，它与狩猎和军事文化的交融，推进了鞠戏向马球运动的发展。皇室对宫廷马球的重视，在某种程度上也对马球的成熟与发展产生了影响。马球的起源与游牧狩猎文化和军事文化的汇聚有关联，与马镫、马鞍的发明有关联，与轭具在中国鞠戏中的运用有关联。同时，从宫廷文化、民间文化与军事文化的融合对马球所产生的影响，以及从人类对游戏、娱乐、竞争的心理需求与生理需求的视角来探讨马球的发展，并与中亚一带游牧民族所进行的骑术军事训练，以及狩猎、马伎与所开展的马球运动的关系等进行综合研究，有利于史料的互补，也有助于进一步弄清马球的真实面貌。

一　汉代流行的鞠戏

汉代历经四百余年的发展，以雄伟的国力、恢弘的气势占据了我国历史辉煌的一页。汉代既继承了先秦的遗产，又发扬了楚文化的浪漫精神。汉代经过"文景之治"，国力逐日强盛，到武帝时期，经济富庶，文化繁荣，军事强盛，国家蒸蒸日上，成为一统天下的泱泱大国。为进一步适应现实政治的需要，采取了黄老之学、经学、谶纬学等儒家和道家思想为"治国安民"的指导方针。同时，随着豪强地主势力的不断扩张，出现了一种新的经济模式——田园经济，它在当时的国民经济中占有相当重要的地位。

蹴鞠从地理和时间的历史空间来看，蹴鞠的起源时间可以追溯到公元前8000～6000年黄河下游齐鲁地区滞留的东夷人就是彝族。直到秦汉时期就得以风行，并成为汉代重要的军事训练和提高将士身体素质及愉悦身心的重要手段。汉将霍去病驻守河西时，曾亲自率领将士们练习蹴鞠。《汉书·艺文志》把有关蹴鞠活动的著作附在兵器之后，列入兵器十三家，作为重要

---

* 李重申：兰州理工大学丝绸之路文化研究所。

的军事参考书。据《会稽典录》记载，西汉长安城的一般老百姓也"以蹴鞠为学"，喜蹴鞠之戏。西汉长安流行的蹴鞠有两种不同的游戏方法：一种是不用专门的鞠场，是一个人或几个人踢球表演为主的游戏；另一种是有专门场地和一定规则的蹴鞠竞赛。

东汉时期，民间的蹴鞠活动已经普遍发展起来，并已成为寒食节的一项重要娱乐活动。随着蹴鞠的风行，鞠戏又迁移出了多种形式，如击鞠（马球）、步打球、捶丸等。首先，两汉时期，不仅有了发达的养马业，而且还积累了丰富的育马、驯马、相马的经验。由于长期的游牧、狩猎、战争、军事训练的文化凝聚，使人们对马的性能和骑马的技术也越来越熟悉。在此基础上，人们出于本体精神的需要，先后出现了马伎表演、赛马比赛和走马击鞠等活动。

东汉（25～220 年）末年，曹植曾写过一篇《名都篇》的诗中载："连翩击鞠壤，七捷惟万端。"其中"连翩"指的是形容马上"击鞠"的姿态。"击"根据《辞源》注释，本义是打、敲。"鞠"根据郭璞《三苍解诂》载："毛丸，可蹋戏。""壤"即土地、场地的意思。但由于证据乏力，加之学者们对《名都篇》有着不同的解释，对是否写马球提出了疑问，因此更需要有确凿的资料再加论证。唐代诗人蔡孚参考当时尚未佚失的汉代文献记载写成了《打毬篇》，诗中对东汉时期洛阳"德阳宫北苑东头"进行马毬比赛的场景，作了形象的描绘。而诗中提到的窦融和梁冀两位宦官都酷爱打毬，并是马毬高手。但仅此来考证马球在东汉的存在难免论证力量尚显得单薄。陆机《鞠歌行》载："按汉宫阁有含章鞠室、灵芝鞠室。"此外，还有《蹙鞠》二十五篇著录于《汉书·艺文志》中。该书虽已亡佚，但从后人记述中可得知《蹙鞠》一书有《域说篇》，其中载有："即今之打毬也……又以杖打，亦有限域也。"这说明，《蹙鞠》二十五篇，应为打马毬专著毫无疑义。此外，东汉人李尤曾著有《鞠城铭》，其内容载："围鞠方墙，依仿阴阳……"这说明此毬场因三边设墙，亦应是马毬场。文中还记述了打马毬的规则。可以说，我国自战国时期，由于征战不息，各诸侯国均拥有骑兵，战国中期成书的《孙膑兵法》中有"险则多其骑"。赵武灵王为了强壮兵力，十分重视骑兵的训练，并提倡改穿"胡服"。当时的骑兵，常于训练之余，骑着受过专门训练的骏马，挥着铁制的戈戟（此戈戟顶端有偃月形的弯曲部分，颇似击鞠用的球仗）击打"以韦为之一，实以物"的皮制软球，进行嬉戏。另据元末熊梦祥《析津志·风俗》载："击球者，今之古典，而我朝演武亦自不废。""先以一马前驰，掷大皮缝软球子于地，群马争聚，各以长藤柄球杖争接之。"可见使用"以韦为之"的软球遗风，元末仍存。汉代为了抗击匈奴，不仅引进了大批优良种马，而且大力发展养马业，同时，为了培养精锐的骑兵部队，把蹴鞠迁移为马上击鞠，并将其规则和比赛方法移植于马球之中。这说明马球有可能源于蹴鞠，甚至连规则和方法都与蹴鞠一样。从运动迁移之学说推断，战国时期所盛行的鞠戏，可以根据人类的需要演变成各种形式的游戏，可以说鞠戏是马球的母体，亦是其摇篮。但上述记载也许是作者主观臆造和后人解读失误的可能。因此，在马球是否源于汉代这个问题上，这些文献的记载也只能算是辅证。如果要证实汉代确有马球的存在那还必须依靠考古发掘来拿出铁证。

二　汉代的厚葬习俗与马球

两汉时期，由于庄园经济的持续发展不仅为当时的厚葬习俗提供了可能，而且也为汉画艺术提供了创作题材。"厚葬"为汉人所崇尚，除了社会中竞争奢华的压力之外，在思想方面则有孝道思想的推波助澜。据文献记载，两汉时，宫省、官府和学校，乃至私人住宅，都十分注重以壁画为装饰。这意味着自西汉盛行的墓葬砖画与东汉豪门权贵的壁画装饰宅第有着一定的联系，反映了汉代盛行的绘画艺术不仅源于生活，而且也用于生活。此外，又在汉人"事死如生"的观念影响下，地下墓穴越来越接近地上的居室。除墓室构筑发生转变之外，墓葬壁画或画像砖的内容也主要撷取于现实生活。壁画或画像砖中的乐舞、百戏、庖厨、鹰猎、农耕、采桑、宴饮、出行、橦技、叠案、弄丸、六博、围棋、马术、马球、战争、武库、养老……等等，无一不是对现实生活的真实写照。这也意味着，墓葬壁画或画像砖映射出了当时社会生活的景况。而这些题材内容也完全是为了墓主人设计的，或专为死者身后享用的。

2011 年初，闻知北京邮电大学的唱婉和中国文物学会的陈楠二位先生从 20 世纪七八十年代在江苏徐州一带征集收藏了数百方汉代画像石、砖等，其中不少绘画与体育有关，如百戏、博弈、乐兵团、角抵、马术等。但最令人惊喜的是有六块从睢宁巨山东汉古墓出土的打马球画像砖。2012 年第 12 期《社会科学战线》刊登了由唱婉、陈楠撰写的《新见东汉打马球画像砖分析》一文。详细阐述了砖画的出处、年代、特征、内容及砖的形状和面积等。画像砖为我们思考我国东汉时期就已存在马球的事实提供了物证。

三　汉将季布与马球

在 20 世纪初的敦煌藏经洞所发现的文献中，有不少变文的卷子，其中有一篇《捉季布传文》变文卷子，目前共存有十个写本，卷号为 S.1156、S.2056、S.5439、S.5440、S.5441、P.2648、P.2747、P.3197、P.3386、P.3697 等。《捉季布传文》是据《汉书》卷三十七《季布栾布田叔传第七》编纂的故事。《史记》卷一百中也有记载。变文中有一段描写季布打马球，骑射、舞枪弄剑的身姿和武艺。录文如下：

> 试交骑马捻毬杖，忽然击拂便过人，
> 马上盘枪兼弄剑，弯弓倍射胜陵君。
> 勒辔邀鞍双走马，跣身独立似生神。
> 挥鞭再骋堂堂貌，敲蹬重夸檀檀身，
> 南北盘旋如掣电，东西怀协似风云。

从这篇变文的语境中可知季布身手不凡的马球技艺，并映照出汉代已有比较成熟的马球运动。另外，把变文《捉季布传文》中描述的"跣身独立似生神""敲蹬重夸檀檀身""南北盘旋如掣电""东西怀协似风云"与江苏睢宁墓葬出土的六块打马球浮雕图像所表现出的正面击球、转身击球、立马击球、持杖追逐球丸等图像相印证，发现它们之间打马球的身姿有着十分相似的神韵。同时说明，汉代的马球技艺的难度性和审美性已趋向成熟和完善。所以，从《捉季布传文》所描述的西汉大将季布打马球的历史真实性完全是有一定的依据。另从徐州睢宁出土的六块东汉打马球砖文物，无疑是对马球存在于汉代提供了新的证据。

此外在敦煌卷子中还有记载：

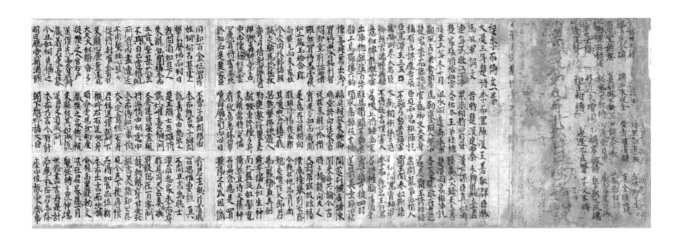

　　除以上所提供的有关马球的信息之外，1979年10月，甘肃省博物馆文物考古队，在位于敦煌市西北的马圈湾汉代烽燧遗址中发现了1件西汉中期的球形实物。根据考古报告的记载："体育用具1件。蹴鞠1件。标本T12：01；内填丝棉，外用细麻绳和白绢搓成的绳，捆扎成球形。直径5.5厘米。"根据器物的形状和材质，结合文献印证，无疑是一种球丸。我们认为，这种由丝麻等制成的球体较小，与文献中所描述蹴鞠的体积大小不同，其体积与现代马球十分接近，而现代曲棍球和马球一般其内部仍层层缠有粗毛绳或软木，外面用熟皮缝制而成。所以，我们根据球的形制、结构、大小，结合文献记载和现代马球的规则要求，认为此球是当时打马球所使用的球。这也可为马球源于汉代之说，提供一件新的物证。

四　结语

　　本文从春秋出现的蹴鞠游戏，直到汉唐时期鞠戏的盛行，并迁移出马球、步打球、捶丸等多种形式的球戏。汉代文献中对马球的记载；敦煌文献《捉季布传文》中对汉将季布打马球身姿的描述；江苏睢宁出土的东汉打马球砖画；甘肃敦煌马圈湾出土的汉代球丸等，为我国汉代确实存在马球提供了实证。而马球的演进历史作为一种文化现象，放到中国古代民族文化的整体加以考察。把马球起源作为一种文化关系和文化过程加以考察，我们可以看到，马球的源头，并非单一、平面的观照所能把握。马球的起源，不仅是多元的，而且是漫长的，它是逐层凝聚，并与特定的文化圈发生特定的关系。因此，对马球的考证不能仅靠一二个考古发现来验证，也不能仅靠辅证来说明问题。随着科学的不断进步，我们希望能有更多的证据来论述马球的源头和马球产生的时间，这是一个较有难度的学术问题，需要学者坚持不懈的探索和研究，更需要时间和空间来完成这一历史使命。

注释

[1] 唐豪：《中国古代马球运动·东汉到六朝的马球》，人民体育出版社，1959年。

[2] 崔乐泉：《中国古代体育图录》，中华书局，2000年。

[3] 唱婉、陈楠：《新见东汉打马球画像砖分析》，《社会科学战线》2012年第11期。

[4] 李银德：《徐州楚汉文化遗存及其特点》，作家出版社，2006 年。

[5] 张涌泉校注：《敦煌变文校注》，中华书局，1997 年。

[6] 吴骧、李永良、马建华：《敦煌马圈湾汉代烽燧遗址发掘报告》，甘肃人民出版社，1991 年。

[7] 李金梅、郑志刚：《中国古代马球源流新考》，《敦煌学辑刊》2014 年第 1 期。

[8] 李重申：《中国马球史》，甘肃教育出版社，2009 年。

[9] 姚颂平：《大辞海·体育卷》，上海辞书出版社，2008 年。

[10] 崔乐泉：《中国体育通史》，人民体育出版社，2008 年。

汉画像石上的蹴鞠图像研究

李金梅*

一　前言

汉画像石是伴随我国丧葬习俗而出现的一种艺术形式，是由原始的明器从葬、人畜殉葬等习俗发展而来，是原始人灵魂不灭观念的延续和发展。汉画像石在表现上具有多层次的社会生活面，除了表现神话、历史、达官显贵生活外，还夹杂了许多平民生活的反映。尤其是在一些神话题材中，有的也与一些生活情节相融汇，如将西王母与百戏、乐舞、蹴鞠融一画面。使神话题材与生活相结合，扩大了表现空间。汉画像石构图严谨、完整、具有装饰性，以突出人物为主，充分体现了着眼点的博大和浑厚，同时也体现了汉代共同的审美心理。

关于蹴鞠的起源问题，西汉刘向在他的《别录》一书中载："蹴鞠者，传言黄帝所作，或曰起战国之时。蹋鞠，兵也，所以讲武知有材也。"[1] 这种起自民间的蹴鞠活动，到了汉代得到了继承与发展，不仅宫廷贵族仿效，而且在军中作为一项锻炼将士体力的重要手段，如刘向所说的"所以讲武知有材也。"但也有个别将领由于自己嗜好蹴鞠，行之无度，荒废政事。如名将霍去病酷爱蹴鞠，而不爱惜士卒，就是一个很典型的例子[2]。

汉代画像石是我国文化遗产中的瑰宝，是今人研究汉代体育史料的重要实物资料。尤其是蹴鞠之事在汉代已大为流行，但是，由于这种早期的、原始的足球是皮革缝制的，借助考古发掘是难以寻觅的，好在汉画像石在历经数千年，因其材料之坚硬，加上大都深埋地下，故得以幸存。自 20 世纪以来，河南南阳、山东平阴县、陕北榆林等地区考古相继出土问世的汉画像石，其中不乏有许多有关蹴鞠的反映。因其蹴鞠是项动态活动，其技巧又复杂多变，文字描述难尽其态，而图像却能显示其真实、具体形象，能为蹴鞠文字史料作形象而真实的注释，使人们能清晰地了解汉代蹴鞠活动的开展情况。因此，本文对汉画像石的蹴鞠图像作图像学的分析，研究蹴鞠图像中符号系统的象征意义，着眼点主要落在对蹴鞠图像的"表征功能"和"意义世界"的探讨。从理论上揭示汉代蹴鞠符号系统的"所指"，分析出蹴鞠图像的叙事语言的独特形式。同时，我们还必须认识到汉画像石中的蹴鞠图像不仅是对社会生活的形象反映，而且是对当时人们审美幻想的含蓄体现，而这种审美幻想又反映出人们当时的意识形态，这种看似虚幻的意识形态以符号的方式在当时的视觉图像中得到了象征性的表现。但是，"象征"是中国体育文化中最为普遍但又未被充分重视和理解的文化现象之一。中国体育文化的一个很大的特点就在于它的象征性，了解古代体育文化首先就是要从人类大量的历史材料中去梳理出一条象征符号的线索，从体育考古方面来确定其象征的内涵。随着汉画像石的大量出土，为我们从一个新的视角研究蹴鞠提供了新的研究对象，其丰富，其灿烂，不是文字研究可以取而代之的，而图像

却能破译其文化意义和内涵。在进入读图时代的今天,运用图像的视觉观照古代蹴鞠的发展历史,将会对我们从更深的层次去了解和认识蹴鞠的演变具有十分重大的意义。

二 汉画像石上的蹴鞠图像

汉画像石大都是在墓穴中挖掘出来的文物,它是安葬死者而施行装饰并置于封闭门扉之后不再开放的幽冥世界之中。汉画像石不是给生人观赏的,而是给死者组成一个形象天地,体现了汉代社会所流行的生死观念的象征。

汉代是我国古代经济、文化与科学比较发达的兴盛时期。河南南阳汉画像石的出土,对我们了解汉代的历史、文化等均有重要的价值。

南阳汉画像石表现的"蹴鞠"图像是极为生动的,可说是记录汉代辉煌体育成就的形象资料。其中,一幅是乐舞百戏,画面刻有二人作长袖折腰舞,两人上下叠置,左侧是乐队,右侧是倒立等表演。两人起舞时,下面的舞者足下有四个球体,双足踩在两个球体之上,进行踏鞠而舞(图一)。另一幅是鼓舞,在连鼓的两侧,鼓者与舞者,所蹴的是鞠,他们一人一鞠,各自以蹴鞠为戏[3]。当然,它是以舞蹈形式出现,仍该属于乐舞百戏的性质,与带有竞技性质的游戏或运动还有所不同,只能说是受到蹴鞠游戏的影响,丰富了表演的项目,可以反映汉时期蹴鞠的盛行,但还不能说就是作为早期体育活动蹴鞠的本身。还有在南阳县石桥东关汉墓出土了女子进行蹴鞠舞蹈的汉画像石。一幅表现一名头挽高髻,舞动着长袖的女舞者,她一边蹴鞠,一边舞蹈。另一幅的画面刻有一名女子,头梳双髻,舞长袖,足盘双球(图二)。1987年山东平阴县孟庄考古发现一座东汉晚期的画像石墓,在墓柱上刻有两组人物在作蹴鞠的游戏,一组六人,一组七人。六人组的画面反映了三人抬足作踢鞠之状,另三人停立,两臂分开上举,球体被踢之后在空中运转,变化无常,参与者个个神情贯注,显得这种运动的激烈性。七人组的蹴鞠图像与六人组邻近,上部四人,球体在右起第一与第二人之间,这四个人姿态各不相同,正在积极参与蹴鞠的竞技活动之中;下部还有三人也好似参与者。画面反映出蹴鞠活动参与者情绪的热烈,兴趣的浓烈,精神的饱满的生活形象。1956年在陕西北部榆林绥德县汉墓出土的画像石中,有三幅反映蹴鞠活动的画面,其中有二幅是两人踢三球图,内容一样。画面上,两人相对,手舞足蹈,三球置于中间。另一幅是两人踢五球图,画面反映了两人正在作蹴鞠之戏,地上放置四个小球,其中两人前脚掌各踩一球,两人之间还有一个正飞动在空间的大球。

以上对南阳、山东、陕西北部等地区考古出土的汉画像石中镌刻的蹴鞠图介绍,充分反映出汉画像石上蹴鞠的几个特点:一是常与音乐、舞蹈、杂技场面合在一起,蹴鞠者有男有女,常常是边舞蹈,边蹴鞠;二是蹴鞠以单人蹴一球居多,但也有单人蹴两球、两人各蹴一球、蹴小球之外还蹴大球等不同表现;三是

图一 击鼓蹴鞠图
(采自《汉画像石中的体育活动研究》)

图二　长袖舞蹴鞠图
（采自《汉画像石中的体育活动研究》）

除用脚踢外，还可用脚踩，并能用身体的其他部位蹴鞠。

汉画像石的"蹴鞠图"，应该说是迄今所知中国最早的蹴鞠图像了，资料难得，很值得重视。就蹴鞠图像所特具的那种粗犷雄浑、简洁质朴、神形兼备、形象生动，对于如实反映蹴鞠作为一种起自民间的体育运动，活动量之巨大，与参与者情绪的热烈，自然流露出来那种人类所表现出的生存需要、心理满足和审美情趣。

三　结语

画像石是在汉代经济、文化发展，厚葬习俗的背景下，遵循一定的艺术规律，并受其他多种艺术的影响和促进，而产生、发展，并走向繁荣的。

画像石的题材内容十分广泛，可以说是表现汉代人们生产、生活以及风俗习惯、科学文化、思想观念的百科全书，它在人们面前展现了一幅幅或真实、或虚幻、或质朴，生活感人，绚丽多姿的画卷。而以蹴鞠运动为题材的画像石，它以蹴鞠舞的表现形式，把舞蹈与蹴鞠融在一起，产生一种动势气韵，这实际上是唐、宋时流行白打踢法的滥觞。它不仅弥补了文献记载之不足，而且也为研究汉魏时期蹴鞠的历史提供了珍贵、形象的实物资料及新的思考。

在艺术上，汉画像石所表现出博大而不纤腻，质朴而不浮华，规范而不做作，足以体现我国民族的优良气质，因而十分辉煌。汉画像石不仅具有很高的历史艺术价值，同时也具有深厚的民族、民俗文化的内涵。正如鲁迅先生指出的："唯汉人石刻，气魄深沉雄大，粗犷豪迈，浑朴古拙。"所以，对汉画像石的历史价值、艺术价值、文化价值、体育价值不能低估，它将为人类文化的发展，作出更伟大的贡献。

汉画像石以其丰富的象征形式，表现了汉民族的审美的意识形态。尤其是"蹴鞠图"比起文字来更接近人类审美的本源，我们通过视觉图像的符号去破译其象征的内涵，以求达到对古代蹴鞠的发展进行更深层的理悟。

汉画像石的"蹴鞠图像"，对我国足球史研究具有极重要的意义。透过汉画像石所提供的蹴鞠活动的环境、人物、技巧、服饰、球体的空间运作等形象资料，将对于研究汉代蹴鞠发展的面貌，更具有文字史料所不能提供的价值。因此，它值得我们去发掘、去探索、去研究。

注释

[1]（南朝·宋）范晔：《后汉书》卷34《梁统传》，中华书局，1997年，第1178页。

[2]（汉）班固：《汉书》卷55《卫青霍去病传第二十五》，中华书局，1997年，第2488页。

[3] 闪修山：《南阳画像石》，河南美术出版社，1989年，第68页。

从契丹"击鞠"到达斡尔"贝阔"演变的历史考察

丛密林[*]

　　"贝阔"亦是达斡尔族传统曲棍球,是达斡尔语"是达斡尔族传统的汉音,区别于现代曲棍球,是最具达斡尔族民族特色的传统体育项目。1983 年,内蒙古自治区莫力达瓦达斡尔族自治旗被原国家体委命名为"中国曲棍球之乡",2006 年,"达斡尔族传统曲棍球竞技"被列入第一批国家级非物质文化遗产名录。"击鞠"是骑马打曲棍球,古代称为"马球",史籍中又称"击毬(球)"或"打毬(球)"等。唐朝时期盛行打"马球",后来出现"驴鞠"(骑驴打曲棍球)、"步打球"(陆地曲棍球)等;宋朝时期流行打"马球"和"步击",但后期出现了对抗性不强的"捶丸"项目;辽金时期"马球"多称"击鞠"堪称是国球,是宫廷和民间重要的娱乐健身、练兵强体的重要手段。元、明、清时期逐渐退出了历史的舞台。达斡尔族是在清朝初期被载入史册,随之"贝阔"产生直至发展演变至今。据笔者陋见,在现有的关于契丹和达斡尔族之间关系的研究成果中,基本认同达斡尔族是契丹族后裔的观点。但对契丹击鞠为何演变成达斡尔贝阔以及达斡尔贝阔发展演变过程等问题并未看到相关研究。为此,笔者将对辽亡以后到达斡尔民族出现的历史空白期,击鞠演变成贝阔的历史原因进行考察分析并对达斡尔族出现后贝阔的发展演变等方面问题进行全面考述。通过这一思路的研究,旨在理清契丹击鞠演变成达斡尔贝阔的历史原因及脉络,同时也通过达斡尔贝阔与契丹击鞠的渊源关系来考证"达斡尔族是契丹后裔"这一观点。

一　达斡尔族与契丹族的渊源关系

　　辽亡以后,契丹人并没有消失,而是分裂成三部分。一部分是在长城和幽云十六州的契丹人,他们有的投降金国做了官,有的贵族不肯屈服逃亡远方以图复国。契丹普通人中有的当了金国的士兵,有的成了当地的百姓,这部分契丹人逐渐与汉人融合而成为华北汉族;另一部分契丹人,在耶律大石带领下,来到新疆西部一带,建立了西辽王朝,1218 年被蒙古帝国所灭,这部分契丹人逐渐成为中亚地区的各族成员;还有一部分是辽上京辽河流域临潢府附近及以北的契丹人,他们在一些贵族的率领下,向额尔古纳河、黑龙江迁移,这部分契丹人有一些人曾投靠元朝而南征,成为现云南境内的"本人"。其他留守的契丹人以及元朝灭亡后北迁的契丹人成为现代达斡尔族的先人,他们沿着河流陆续建立了村落,过着半农半牧和渔猎生活,在语言、生产方式、社会组织制度、生产技术、宗教、风俗习惯等方面都沿袭着契丹人的习俗。因此,现今的达斡尔族是由辽亡和元亡后北迁的契丹人构成,达斡尔族是契丹族的后裔。

---

　　* 丛密林:内蒙古民族大学民族研究院民族体育中心。

相关史料亦可以证明契丹与达斡尔族的渊源关系。宣统元年（1909 年）的《呼兰府志·人物略》记载："达呼尔，本契丹种，辽亡徙黑龙江北境，为打牲部落。"民国二十一年（1932 年）的《黑龙江志稿·经政志》记载："达呼尔，一作达呼里，又讹为打虎儿，契丹贵族，辽亡徙黑龙江北境，与索伦部杂居于精奇里江（俄罗斯称结雅河，黑河对岸）。"清朝光绪六年（1880 年），清政府曾派人到达斡尔地区调查其渊源，结论是"达斡尔族是契丹后裔。"新中国成立以后，陈述先生是我国第一个权威论述契丹与达斡尔族族源关系的学者，在《试论达斡尔的族源问题》一文中，从传说、语言、地理故迹、歌谣和历史故事、生产技术、氏族制度、人物、人名及屯名、宗教、风俗习惯、组名的由来及意义、经济生活等 12 个方面阐述达斡尔源于契丹。[1] 之后，专家学者从民族学、民俗学、文化学、历史学、考古学、文学、语言学、社会学、经济学等角度对其族源问题进行考述，从单纯的人文社会科学研究过渡到运用 DNA 检测的分子考古学研究，相继出现了一批质量较高的学术论著。目前，官方、学术界及达斡尔本族人基本认同达斡尔族是契丹后裔这一观点。

二　契丹击鞠演变成达斡尔族贝阔的原因分析

契丹的击鞠（马球）是马上体育项目，达斡尔族的贝阔（传统竞技曲棍球）是陆地体育项目，两者之间存在一定差异，但也有很大相似之处。在我国 56 个民族中唯有达斡尔族存在贝阔这项传统体育项目，达斡尔族既然是契丹的后裔，那么契丹击鞠演变成达斡尔族贝阔的历史原因是值得考述的。

1. 受到当时契丹周边民族政权的影响

契丹建辽前，击鞠的产生可能源于唐、渤海国和突厥。建辽后契丹的击鞠受到当时周边民族政权马球文化的影响，是官民中最为普及的一项运动，并成为辽朝的"国球"。唐宋时期，马球盛行，但因其对马匹、场地要求比较高，再加上妇孺自身身体条件的限制，逐渐出现了马球的衍生项目——驴鞠、步打球和宋代的步击、捶丸等。

唐代宗大历十年（775 年），王建亲眼目睹了宫廷在寒食节当举行了步打球活动，并赋诗一首："东风泼火雨新休，昇尽春泥扫雪沟。走马牵车当御路，汉阳宫主进鸡球。殿前铺设两边楼，寒食宫人步打球。一半走来争跪拜，上棚先谢得头筹。"[2] 花蕊夫人的诗句："朱雀门高花外开，球场空阔净尘埃。预排白兔兼苍狗，等候君王按鹘来。殿前铺设两边楼，寒食宫人步打球。一半走来争跪拜，上棚先谢得头筹。"[3] 女诗人鱼玄机也作关于描述步打球的诗句："坚圆净滑一星流，月杖争敲未拟休。无滞碍时从拨弄，有遮拦处任勾留。不辞宛转长随手，却恐相将不到头。毕竟入门应始了，顾君争取最上筹。"[4] 据明末清初人胡震亨编纂的《唐音癸签》记载："唐朝贞观年间，大臣魏征曾经尊奉皇帝诏书编创了一种名为'打毡乐'的步打球舞曲，起舞时要求'舞衣四色，窄袖罗襦，银带簇花，折上巾，顺风脚，执毡杖。'"到唐玄宗李隆基将"打毡乐"这个步打球伴奏舞曲改为"羯鼓曲"，直到宋代仍然存在。[5]

到了宋代"步打球"习惯称为"步击"，《宋史》卷 121《军礼》中曾有一段关于当时步击的记载："又有步击者，时令供奉朋戏以为乐。"[6] 宋朝名画《蕉阴击球图》绘制的是宋代儿童的步打球运动。但因宋朝是中原王朝，相对于北方的游牧民族显得更加文雅，"步击"由对抗性项目逐渐变成非对抗性项目，把球门取消以球穴代替，最后演变成"捶丸"。因此，可以推断契丹的击鞠演变成达斡尔族的贝阔是受到唐宋时期步打球的启发而形成的。

2. 与辽亡北迁避难密切相关

辽瓦解后，有一部分以库烈儿为首领北逃的契丹人，一直不肯附金，退出了金的统治势力范围，保存着较多的契丹生活方式和组织形式的部落，过着射猎打牲和粗放的耕种生活。在成吉思汗时期，大部分北逃的契丹人随蒙古军队参加了南征。未随南征留守的和元末由临潢地带北撤的契丹人居住在库烈儿山、根河、斡嫩河等北方地区，明朝的兵力并没有伸入此地，他们依然延续着契丹人的生活方式。明末清初，根河地带的达斡尔酋长根特木儿曾被通古斯人称为契丹酋长。此后，关于达斡尔族的记载进入了史册。

从契丹北迁逃亡了历史脉络可以看出，他们主要是因避难而来到北方，远离金朝、明朝的势力统治。契丹人擅长击鞠，并作为军队一项练兵娱乐的手段，但击鞠对马匹、场地要求较高，在背井离乡的情况下，再开展此项运动，实属违背常理。但契丹人曾受唐、宋步打球、步击的影响与启发，在基本条件不具备的条件下，就地取材，把击鞠进行改变，形成了规则简单、场地随意、娱乐性强的衍生项目。这样既沿袭了契丹旧俗，又可以躲避当朝统治集团的关注，逐渐形成了达斡尔族老少皆宜并喜闻乐见的"贝阔"。

三 清初以来达斡尔贝阔的发展演变

1. 达斡尔族及其贝阔出现时间考证

《清实录》记载："天聪元年（1627年），十一月辛巳，萨哈尔察部落六十人来朝，贡貂、狐、猞狸狲皮。"[6] 萨哈尔察部（满语黑色貂皮）是以巴尔达齐为首的一个达斡尔族部落，这是最早记录达斡尔族活动的文献。1953年秋季，中央民族学院调查组在呼伦贝尔地区发现了达斡尔族4大姓氏之一"郭贝勒氏"的"家传"（《勤勇公纪恩录》，满文），记载了先人乌默特的四世祖萨吉达库就居住在精奇里江（俄称"结雅河"）东岸布丹河北的"郭贝勒阿彦"。乌默特于1640年投清，按照这个计算，四世祖萨吉达库应该在明正德年间（16世纪初），已经定居在精奇里江了。[7] 另外，在莫力达瓦达斡尔自治旗博物馆里陈列着清代满文达斡尔族郭氏祖谱，也可印证这一观点。

上述是关于达斡尔族最早出现的考证材料，但关于达斡尔族贝阔的最早文献记载却无法考证。达斡尔族是个有语言没有文字的民族，文化的传承靠代代口述相传，查阅历史书籍至今未发现有关达斡尔贝阔的记载，为此笔者曾对莫旗达斡尔学会的相关专家进行访问，亦无结果。但在对达斡尔老人的访谈中确得到了很有价值的信息。"很多达斡尔老人回忆，他们小时候开始就非常喜欢玩贝阔，并从他们家族长辈口中得知达斡尔族清朝年间已经打贝阔了。"据八旬高龄的达斡尔族老人苏都日·图木热回忆说："我从小就喜爱打曲棍球，现在也经常参加旗（县）

里组织的表演赛，小时候经常听老人们说起达斡尔人骑马打曲棍球的事情，所用的球为毛球，球棍与现在的曲棍球球棍基本一致，就是细一些、长一些。"另外，在阿勒坦噶塔《达斡尔蒙古考》（成书于 1931 年初，1933 年 1 月由奉天关东印书馆印刷，东布特哈八旗筹办处发行）一书中曾有一段关于达斡尔贝阔的描述："男子每于春季，相聚数十，作打射石阿（即畜首之髀骨）或打球之戏。其打射石阿之方式，将石阿横列于地，距十数步，击以灌铜之石阿，或数十步以箭射之。中者胜，否则败。及其打球之方式，如西洋 polo 球之类，惟不乘马，徒步击之。此球名曰扑烈（以木或毡制之）。打球之棒，名曰博依阔（贝阔）。球场两首，相距半里之遥。队分二组，各十数人，置镇营一人（即守大门），守门二人（即看二门），余者以人数之多寡，分为前锋及后援队。球由场中发，打进营门（即大门）为胜。营门名曰'义日阿玛莎尔'（即洞口之义）。惟球击时，飞鸣空中，时有碰头流血之虞。危险之急烈，较之他球，大有天壤之别。"[8] 据笔者考证，书中这段描述是关于达斡尔贝阔的最早文字记载。

2. 清初以来达斡尔族贝阔的发展演变

（1）阔在达斡尔族中的发展

贝阔具有就地取材、规则简单、人数不限和趣味性强的特点，自产生以来，深受达斡尔族人的喜爱。空闲时间在大街小巷、田间地头都可以打贝阔。每逢春秋年节达斡尔族各部落、村寨都要进行不同形式的贝阔比赛。内蒙古自治区莫力达瓦达斡尔族自治旗每年都要进行各种形式的"贝阔"表演赛或对抗比赛。亦有通过舞剧、电视、电影、报纸等媒介，对达斡尔族贝阔进行专题宣传介绍。辽宁歌舞团曾编演过反映达斡尔族青年为协助抗联游击队，借玩贝阔（火球）而炸掉日本弹药库的舞剧。电影《傲蕾·一兰》，也有描述达斡尔人用打贝阔的方式同沙俄侵略者进行斗争场面。迎北京 2008 奥运专题片《千年一击》，是在莫力达瓦达斡尔族自治旗阿尔拉镇哈力村拍摄的，该片曾在中央电视台播出，并向全球发行，这使得达斡尔族传统体育项目"贝阔"登上了奥运宣传的大舞台。

在达斡尔族中，有许多与"贝阔"有关的谚语流传。如："帽子怎能像曲棍球一样到处乱扔"；对不上进的人常说："一块歪木，只配做曲棍球球棍"；对那些无能之辈常说"连曲棍球都不会，别的还能改什么"。可见，"贝阔"已深入达斡尔族心中，在人民生活中占有重要地位。达斡尔族姑娘出嫁，有时也要带上一根精美的球棍送给新郎，以表示对心上人的赞美和期望。现今的莫力达瓦达斡尔自治旗到处充满着贝阔的文化气息，街道、城标、建筑等都能看到贝阔的影子，甚至在莫旗达斡尔族博物馆里专设 1 个贝阔展厅来展示达斡尔族独特的体育文化。

（2）从达斡尔贝阔到现代曲棍球的发展历程

贝阔已成达斡尔族人生活中的一部分，同时也为我国现代曲棍球的发展做出了突出贡献。1957 年，达斡尔青年曲棍球队在内蒙古自治区成立十周年的庆祝会上，进行了表演并被收编在《中国体育史参考资料》中；1974 年，国家体委在内蒙古莫力达瓦自治旗群众贝阔活动的基础上，组建了青年业余集训队，并引进现代曲棍球的技术和规则，使达斡尔贝阔得到进一步的发展；1975 年，国家体委派 5 人赴巴基斯坦进行考察；1976 年在莫旗和北京体育学院进行现代曲棍球试点；同年 10 月，莫旗队同北京大学体育学院队先后进行了 8 场公开表演赛，首次把曲棍球向观众展示；1978 年，举办了第 1 届全国曲棍球比赛，参赛队伍共有 3 支，分别是莫旗队、北京体育学院队和齐齐哈尔队；1980 年，我国加入国际曲棍球联合会，同年，以北京体育学院和莫旗队联合组建的中国队，第一次参加亚洲杯预选赛，并取得参加决赛的资格；1982 年亚洲杯决赛中，中国队以 2∶1 战胜马来西亚队，获得亚洲杯的第 3 名；1983 年，第 5 届全运会上，男子曲棍球被列入正式比赛项目；1983 年，全国首次开展女子曲棍球比赛，莫旗队、呼浩特市队和江西队参加了比赛，江西队首获冠军；1987 年第 6 届全运会增设了女子曲棍球比赛；2006 年多哈亚运会上，中国男子曲棍球队勇夺银牌，其中有 4 名主力队员来自莫旗；2008 年北京奥运会上，来自（莫旗）的 7 名主力队员向世人展示了高超的球技。在达斡尔贝阔的基础上，内蒙古自治区莫力达瓦达斡尔自治旗成为我国的"曲棍球之乡"和国家曲棍球培训基地，为我国输送了大批现代曲棍球人才，并在各级各类赛事上屡创佳绩。

四　结语

辽亡和元亡后，部分北迁避难的契丹人是达斡尔族的先人；契丹人受到当时唐宋时期步打球、步击的启发以及北迁避难所处的特殊环境是达斡尔贝阔形成的主要原因；达斡尔族在清初首次被载入史册，贝阔最早记载出现在阿勒坦噶塔 1933 年出版的《达斡尔蒙古考》一书中；贝阔产生以来就成为达斡尔族最普及最流行的传统体育项目，并作为达斡尔族文化的象征符号，为现代曲棍球的发展做出了突出贡献。其研究目的在理清契丹击鞠演变成达斡尔贝阔的历史原因及脉络以及贝阔在达斡尔族中的重要地位，同时也通过达斡尔贝阔与契丹击鞠的渊源关系来考证"达斡尔族是契丹后裔"这一观点。

注释

[1] 陈述：《试论达斡尔的族源问题》，《民族研究》1959 年第 8 期，第 41～46 页。

[2]（清）彭定求等编：《全唐诗》卷 302《宫词一百首》，中华书局，1999 年，第 3442 页。

[3]（清）彭定求等编：《全唐诗》卷 798《宫词（梨园子弟以下四十一首一作王珪诗）》，中华书局，1999 年第 9073、9074 页。

[4]（清）彭定求等编：《全唐诗》卷 804《打球作鱼玄机》，中华书局，1999 年，第 9147 页。

[5] 韩培霞：《唐代步打球探微》，《兰台世界》2012 年第 7 期，第 82、83 页。

[6]（元）脱脱等：《宋史》卷 121《军礼》，中华书局，1977 年，第 2842 页。

[7]《清实录》第二册《太宗实录》卷 3，中华书局影印版，1986 年，第 54 页。

[8] 傅乐焕：《辽史丛考》，中华书局，1984 年，第 338 页。

[9] 阿勒坦噶塔：《达斡尔蒙古考》，奉天关东印书馆，1933 年，第 409 页。

论中国古代蹴鞠史上的"蹴鞠打毬社""齐云社"与"圆社"

崔乐泉*

中国古代蹴鞠在宋代发展的标志之一，就是城市中出现了以表演蹴鞠为职业的蹴鞠艺人。其中，与此有关系的"蹴鞠打毬社""齐云社"和"圆社"这些名称也常见诸史籍，为此有些学者认为这些名称当为宋代蹴鞠艺人的蹴鞠行业组织或协会，是蹴鞠活动在宋代盛行的重要标志。这种说法是否符合历史事实？本文试图通过对相关文献的解读，对此作一探析。

一 文献中"蹴鞠打毬社""齐云社"与"圆社"的最早记载

"蹴鞠打毬社"一名最早出于南宋后期耐得翁写于南宋端平二年（公元 1235 年）的《都城纪胜·社会》，其中记"有蹴鞠打毬社"。至南宋咸淳十年（公元 1274 年）吴自牧的《梦粱录·社会》中，也"更有蹴鞠打毬、射水弩社"的记述。

"齐云社"一名最早出于周密（1232～1298 年）的《武林旧事·社会》。其中有"齐云社（蹴毬）"的记载。周密系南宋遗老，入元后追怀乾、淳旧事，撰述了《武林旧事》此书。

"圆社"一词最早出现于宋末元初陈元靓编《事林广记·续集·齐云社规》，其中有"……侧边依拐，在肩使肩，在膝使膝，是搭使搭，当嗛即嗛，并要步活眼亲，两手如提重物，方为圆社"记载。

二 "社"的发展与演化

社，本义是"土地之神"。《说文解字》说："社，地主也。从示土。"《春秋传》曰："共工之子句龙为社神。……"《左传·昭二十九年》记载："共工氏有子曰句龙，为后土，……后土为社。"祭土神亦称作"社"，因此"社"最早是指祭祀土神的地方。与此同时，社在古代还是一种地方基层行政单位，古制二十五家称为社，如《左传·哀公十五年》注云："二十五家为一社，籍书而致之。"《管子·乘马第五》亦说："方六里，名之为社。"但在后来的发展中，"社"字的含义逐渐发生了变化，如在中国古代记载蹴鞠活动的古籍里，就常常见到"蹴鞠打毬社""齐云社"与"圆社"等涉及"社"字的名称，因而对"社"发展与演化的了解，就成为我们研究中国古代蹴鞠发展不可缺少的一个方面。

1. "社"最早是指祭祀土神的地方，故又称"社日"

《左传·昭公十七年》曾有"伐鼓于社"的记载，这里的社是"社日"的简称，为古代祀神之日。

---

* 崔乐泉：中国体育史学会。

《宋诗钞》·卷二载徐铉《骑省集钞·寒食日作》有诗:"过社纷纷燕,新晴淡淡霞。"这里的"社",指的也是"社日"。

"社日",汉以前有"春社"。汉以后始分有"春社""秋社"。南朝梁·宗懔《荆楚岁时记》说:"社日,四邻并结宗会社,宰牲牢为屋于树下,先祭神,然后享其胙。"

古时周代遗俗,一年农事既毕,陈酒食以报土地之神,聚饮作乐。而这时围绕"社日"就会有很多习俗活动,人们称这种社日活动为"社会"。唐宋时有称"赛社"或"赛神"的,后称作"赛会",亦称"赛神会"。这在宋代高承的《事物纪原·赛神》中就有记载。

2. "社"作为一种古代赛会形式,又称为"社会"

《辞源》说:"古时社日,里社举行的赛会。后泛指节日演艺集会。"陆澹安《小说词语汇释》说:"社会,社日的集会。"耐得翁《都城纪胜·社会》、吴自牧《梦粱录·社会》、周密《武林旧事·社会》等记载的"社会",均指社日的集会,应是一种传统的民间节庆盛大活动。因为这种集会是在寺庙节日时举行,多设在寺庙内或寺庙附近,所以后来又称"社会"为"庙会",是集宗教、商贸、民俗文化娱乐活动于一体的民间盛大的节日,千百年来,经久不衰。

至宋、元、明时期,"社会"有了分化,参加社日集会的,既有"社",又有"会"。其中"社"是指参加节庆"社会"活动时所组织的各种百戏群体(自愿结合的演出班子);而"会"则是"聚会""集会""赛会"的意思,泛指节日演艺集会(见《词源》),并不具有行业组织意义的"行会"或"会社"等含义。

《都城纪胜·社会》中就介绍了当时这种"社""会"的情况,其中讲到:"……又有蹴鞠打毬社、川弩射弓社。奉佛则有上天竺寺光明会。……又有茶汤会。……七宝考古社,皆中外奇珍异货;马社,豪贵绯绿;清乐社,此社风流最胜。"《梦粱录·社会》亦说:"……更有蹴鞠打毬、射水弩社,……奉道者有灵宝会每月富室当供持诵正一经卷。如正月初九日玉皇上帝诞日,杭城行香诸富室,就承天观阁上建会。"还有"子弟绯绿清音社、十闲等社"。周密《武林旧事·社会》也说:"二月八日为桐川张王生辰,……百戏竞集,如绯绿社(杂剧),齐云社(蹴鞠),遏云社(唱赚),同文社(耍词),角抵社(相扑)。"

南宋出现的这些"绯绿社""蹴鞠打毬社""齐云社"等等,显然都不是指"行会"或"会社",只不过是百戏艺人为参加欢庆"社会(社日的集会)"时表演(演出)而临时结合的群体(班子),"社"字之前的名称是百戏等各种表演技艺的分类。

明朝高濂在《遵生八笺·四时调摄笺·三月社会》中把《武林旧事》中所记的这些"齐云社""绯绿社"等称为"社会名色"。色,是古代教坊乐工分类名称,"社会名色"就是百戏艺人参加"社日集会"活动表演(演出)的各种群体(班子)的名称。而"蹴鞠打毬社""齐云社"等就是表演蹴鞠技艺的一个演出群体(班子)。这些"社"类似于当今参加"春节晚会"的各个不同类别的演出群体(班子)。

清代,民间合群结社之风更盛。清朝况周颐《餐樱庑随笔》说:"合群结社之风,莫盛于武林,由来旧矣。《月令广义》云:'武林,社有曰锦绣社,花绣也;绯绿社,杂剧也;齐云社,蹴鞠也;角抵社,相扑也。'"这种"合群结社之风",盛于南宋,在明朝发展到"无乎不社"。

如明末冯梦龙（1574～1645 年）《醒世恒言·郑节使立功神臂弓》说："只听得街上锣响，一个小节级同个茶保，把着团书来请张员外团社。……员外同几个社友，离了家中，迤逦前去。"这里"社会"的成员，称为"社友"。顾学颉先生校注云："团书、团社：团，聚会。'社'，多人聚会的团体，这里指朝山敬神的团体。'团书'，聚会的通知书。"可见，这类社是一种具有明显的松散性和随意性的自由结合的群体，非行会性质。

3. "社"又是一种为节庆日表演（演出）临时性的"合群结社"，称为"社火"

"社火"，指节日迎神赛会中以扮演为主的各种演出，在北宋就已出现。"社火"亦简称"社"。南宋诗人范成大《石湖居士集·上元纪吴中节物俳谐体三十二韵》："轻薄行歌过，颠狂社舞呈。"原注云："民间鼓乐谓之社火，不可悉记，大抵以滑稽取笑。"这里的"社"，即"社火"。"社舞呈"就是"社火呈舞"。

《东京梦华录》卷八说及六月六日崔府君生日，二十四日灌口二郎生日时说："天晓，诸司及诸行百姓献送甚多。其社火呈于露台之上，所献之物，动以万数"，自早至暮，"呈拽百戏"不尽。可见，"社火"是指众多、热闹的各种游艺表演（演出）。

明朝顾起元《说略》卷二十四说："今人看街坊杂戏场曰社夥，盖南宋遗风也。宋之百戏皆以社名，如杂剧曰绯绿社、蹴毬曰齐云社……见《武林旧事》。夥者，《说文》：多也。《方言》：凡物盛而多也。或作社火，言如火然一烘即过也。"这些在节庆日表演（演出）的，是一种临时合作的班子，表演（演出）活动过后便分手，跟当时娱乐场所"瓦舍"性质相适应。《梦粱录》卷十九说"瓦舍者，谓其'来时瓦合，去时瓦解'之义，易聚易散也"。"言火然一烘即过"，就是说这种表演（演出）的合作形式不是长期固定的。可见当时这些所谓"社"，是一种为节庆日表演（演出）临时性的"合群结社"，不是一种行业组织。

在清朝，"社火"仍在民间流行。陈元龙在《格致镜原》卷五十中说："……或祭赛神庙，则有社火，鳌山台阁、戏剧滚灯烟火。"这种"社火"一直流传至今，在我国北方仍有一年一度的"社火"。元宵节前"闹社火"成为民间传统习俗。

三　早期的"蹴鞠打毬社""齐云社"不是球戏行会组织

综上对"社"之含义及其演变过程的分析，古代的"社"无论是本意还是延伸意，皆无行会之意。再结合《东京梦华录》《都城纪胜》《梦粱录》《西湖老人繁胜录》《武林旧事》等"蹴鞠打毬社"和"齐云社"的描述可以看出，宋代出现的"蹴鞠打毬社"和"齐云社"，并不是一种行会，更非有些学者所说的是一类早期的具有职业俱乐部性质的"行业俱乐部"或者"行业协会"。由其特点分析，它们是一种具有明显的松散性和随意性的自由结合的群体。

不过，随着社会的发展，这一类的"合群结社"，在元明时期开始逐渐向固定的结合团体演变，并在发展过程中形成了内部的一些规则和体制。在《事林广记·续集·三锦》中记载的"齐云社"有"齐云社规""毬门社规""白打社规"等。但这些"社规"只不过是对踢球技艺上的一些要求，还没有涉及组织体制与人事方面的结构。明朝初期的《蹴鞠图谱》中也只有"毬门社规"，文中连"齐云社"的名称都没有。陈继儒收录的《戏毬场科范》一书，也增加了对蹴鞠艺人在人品要求和蹴鞠意义方面的阐述。但也只是一本类似足球球艺指导的书。

发展至明朝后期，在当时出现的《蹴鞠谱》这本汇编性的蹴鞠专业文献中，开始对蹴鞠技艺、组织体制、人事结构、考核方法、人品思想要求、蹴鞠作用意义进行了比较完善的阐说。但文献中讲述的"齐云社"，此时已是今非昔比，有较繁琐的行规，可以说，到这时的"齐云社"才算是形成了一定规模的行会性质的球戏组织。与其他行业组织一样，"齐云社"还请出"清源妙道真君"作自己组织的祖师爷，定期祭祀饮宴，借以联系同乡、同行情谊。"齐云社"这种蹴鞠艺人组织的健全，给蹴鞠艺人的权利和生活带来了某种程度的保证。但是好景不长，在这大社会洪流中，随着蹴鞠于清朝中期以后逐渐无声消亡，在清一代的文献中很难看到有关这种球戏组织的记载了。

到近代、现代，这种"社"才逐渐演变成具有一定鲜明目的性而成立的行业团体或组织，出现了诸如工会、协会、学会等名称和名词。

四　"园社"不是球戏行会组织，指的是蹴鞠艺人

既然"蹴鞠打毬社"和"齐云社"不是早期的蹴鞠行会组织，那么同时期出现的"圆社"是一种什么性质的称谓，它是不是宋时的一种球戏行会组织呢？

前已说过，"圆社"一词最早出现于宋末元初陈元靓编的《事林广记·续集》卷七中。在这部专门记述古代日用百科的民间类书中，共有 5 处的记述出现了"园社"一词：

《事林广记·续集·圆社摸场》中有"四海齐云社，当场蹴气毬。作家偏着所，圆社最风流"的记载。这里的"齐云社"与"圆社"两者意义并不重复。"齐云社"，指蹴鞠艺人参加"社会"欢庆活动时演出班子，而在古代蹴鞠文献中的"圆社"，指的是蹴鞠艺人。末二句是互文，"作家"与"圆社"均指人。

《事林广记·续集·满庭芳》有"若论风流，无过圆社，拐膁蹬蹑搭齐全"词。这里的"若论风流，无过圆社"与"圆社最风流"两句子语意相同。"拐膁蹬蹑搭齐全"则修饰"若论风流，无过圆社"中的"圆社"一词，就是说，"圆社"在踢毬技艺上的全面。"拐膁蹬蹑搭齐全"是作"圆社"的定语。古汉语上称为"定语后置"，其作用是为了强调这定语。这也正证明"圆社"是指蹴鞠者。

《事林广记·续集·齐云社规》中有"以鼻为界分左右，是在左使左，在右使右。侧边依拐，在肩使肩，在膝使膝，是搭使搭，当膁即膁，并要步活眼亲，两手如提重物，方为圆社"的描述。此段文字中"圆社"指蹴鞠者甚明。只有遵守齐云社规者，方为圆社。

《事林广记·续集·圆社市语》中有"圆社市语"，意思是蹴鞠艺人说的行话。

通过上面的记载，和前后连贯意思的分析不难看出，"圆社"均指的是蹴鞠艺人。

除了《事林广记》卷七的记载，在此后的其他文献中，也有着关于"园社"的记载。元代邓玉宾的散曲《仕女圆社气毬双关》中，有"似这般女校尉从来较少，随圆社常将蹴鞠抱抛，占场儿陪伴了些英豪"的曲辞。"仕女圆社"是同位语。"圆社"在曲中所指是指蹴鞠艺人，

也非常明白。

元末明初施耐庵（1296～1370 年）《水浒全传》第二回第 14～16 页中有"圆社"一处："俺道是甚么高殿帅，却原来正是东京帮闲的'圆社'高二。""圆社高二"，在汉语语法上称为同位词组，意思即"蹴鞠人高二"。

在大家所熟知的明朝长篇小说《金瓶梅》中，也有五处涉及"圆社"的描述：

第十五回："见三个穿青衣，黄板鞭者，谓之圆社，手里捧着一双烧鹅……"

"于是由桌上拾了四盘嘎饭，一大壶酒，一碟点心，打发众圆社吃了，整理气毬侍候。"

"教桂姐上来与两个圆社踢。"

"教玳安儿拿了一两五钱银子打发了三个圆社。"

第六十八回："只见几个青衣圆社，听见西门庆在郑家吃酒，走来门首伺候，探头舒脑，不敢进去。"

上述五处圆社指蹴鞠人就更明确了。

明朝后期陈继儒（1558～1639 年）《万宝全书》编入的《戏毬场科范》中，也有"圆社"两处：

"初学蹴鞠法"："鞋袜须整齐，衣冠须齐楚；性格柔耐，容仪温雅，逊让为先，不失规矩，方为圆社。"

"诗曰"："圆社江湖雅气多，风流富贵是如何。"句中的"圆社"词义与《事林广记》说的相同，只有人才具有"雅气"。

此两处"圆社"，当指蹴鞠艺人无疑。

在明朝后期无名氏汇集的《蹴鞠谱》中，对蹴鞠术语的运用比较广泛。其中，有"圆社"处，指的均是蹴鞠一人。

由上述的记载，并结合前后连贯关系的整体描述就能很明显地看出，文中"圆社"的词义均是指蹴鞠艺人，并不是像有些学者所说的是一类早期的蹴鞠行会专业组织。

同时需要明确的是，"圆社"不同于"齐云社"。在我国古代文献中看不到称"宋时球戏组织"为"圆社"者，也没有"圆社亦称齐云社"这样说法。

元代女子蹴鞠的研究

林　春　刘天明*

一　前言

从古至今,游戏、娱乐、竞技向来是人们所沉醉的欢愉的一种身体文化,无论是男性还是女性,都拥有同等的"玩心"。然而中国古代社会文化重在维护男权统治,强调男女有别,认为妇女只是男人的附属品。这种文化内涵最终导致了男尊女卑观的形成。在长达几千年的封建社会中,"女子卑下"等歧视女子的观念一起充斥于社会之中。"男主外、女主内"的传统观念认定,女性应该担任顾家的角色,不宜到户外抛头露面。从生物学的角度来讲,男性的确拥有比女性较占优势的体能条件,但不能因为这种先天的生理差异而剥夺女性的体育参与权,两性参与体育的权利应该是平等的。女性随着青春期的身心变化,对游戏、娱乐与竞技会有更多的期望,她们与男人一样,同样愿意利用闲暇去体验或观赏。尤其是汉唐盛世,由于社会思想、文化观念、价值观的多元与开放,女性对体育及休闲娱乐采取更为热情的态度,积极参与并从中感受力量和快乐。

自汉唐以来,广大女性在正月十五外出观灯。在立春时节,和风乍暖还寒的日子里,宫苑的贵族女子在观赏亭内切磋博弈。在寒食节和清明节,妇女们纷纷踏青扫墓,并通过蹴鞠、马球、驴鞠、捶丸、秋千之类的活动,放飞快乐的心情。在端午节,妇女们划舟出行。在乞巧节,妇女们乞求智慧和女工技艺。在八月中秋,皓月当空之际,妇女们登临琼楼,吟诗赏月,企盼阖家团圆。在秋高气爽的重阳节,妇女们闲庭信步品花赏菊,登高远眺以畅秋志。在腊月隆冬时节,妇女们踏雪寻诗,抒发浪漫的情怀。随着社会的进步与发展,游戏、娱乐与竞技活动越来越丰富,逐渐出现了女子蹴鞠、马球、驴鞠、步打、捶丸、相扑、游泳、投壶、风筝、斗草、走百病、剑器、胡旋舞,等等。可见,中国古代妇女的闲情逸致胜于今人,她们的休闲方式也别出心裁。

蹴鞠自春秋以来,一直是中国古代民众最普遍、最有竞技性的民俗体育活动。尤其通过元曲,寻绎元代女子蹴鞠的发生发展,从中体会作为人之本能的蹴鞠带给元代妇女的欢愉,以及元代妇女对休闲娱乐生活的追求,具有浓烈的民族特色和时代烙印,是我们了解元代妇女生活和精神风貌的一个鲜活窗口。

二　元代的蹴鞠活动

蹴鞠,即古代足球,又称为踢鞠、蹋鞠、蹴球等。"蹴"即用脚踢,"鞠"系皮制的球,"蹴鞠"就是用脚踢球,是我国古代的一种"足球"游戏。蹴鞠在诗赋、散文词曲、长短篇小说中都有

---

* 林春:兰州理工大学丝绸之路文化研究所。刘天明:兰州理工大学体育教学研究部在读硕士。

记载，这说明蹴鞠在整个中国古代社会中的传承绵延不断，影响范围广大。蹴鞠，这一具有撼人心弦魅力的游戏，在汉代也出现在女子当中。如河南嵩山启母阙上的"蹴鞠图"，画面有一蹴鞠女头挽高髻，两臂摆动，双足跳起，弯腰躬身正在踢球，舞动的长袖轻盈飘动，后片罗裙向上翻卷，形态优美，栩栩如生。女子两旁各站立一人，击鼓伴奏[1]，表现出其踢球的技巧之高。其他还有河南南阳、山东平阳、陕北榆林地区考古相继出土问世汉画像石、砖中不乏有许多有关蹴鞠的反映。此类汉画像石大多反映的是现实中人们的日常生活和休闲娱乐，蹴鞠女子在汉画像石出现，它对了解我国汉代女子蹴鞠的发生发展有着积极的作用。唐时期，蹴鞠逐步走向民俗化、娱乐化、游戏化和竞技化。当时的主要形式有两种，一种是无球门的蹴鞠活动，另一种是带球门的蹴鞠比赛。宋代，蹴鞠成为一种带有浓厚商业气息的体育活动，更成为一种普及性很强的社会全民性的娱乐活动，得到了上自帝王，下至庶民、士兵甚至妇女的喜爱。蹴鞠成为一种象征地位与风度的高尚游艺。蹴鞠的比赛风格、方法、人员都有了改进，女子蹴鞠也在这种历史背景下蓬勃发展起来。元代，蹴鞠常常是"茶余饭饱邀故友，散闷消愁，唯蹴鞠最风流"[2]的一种娱乐活动。据熊梦祥《析津志·岁纪》载，每年二月的大都，"游玩无虚日。上自内苑，中至宰执，下至士庶……香风并架，花靴与绣鞋同蹴，锦带与珠襦共飘；纵河朔之娉婷，散闺闼之旖妮，此游赏之胜事也。"[3] 元代人也将此习俗写进元曲里，元曲中有不少当时市民蹴鞠的描写，如石君宝杂剧《李亚仙诗酒曲江池》第一折李亚仙唱词：

"你看那王孙蹴鞠，仕女秋千，画履踏残红杏雨，绿裙佛散绿杨烟。"[4]

贾仲明杂剧《李素兰风月玉壶春》第一折中李素兰清明节去郊外踏青赏玩，看到：

"一攒攒蹴鞠场，一处处秋千院，一行行品竹调弦。"[5]

乔吉杂剧《李太白匹配金钱记》第一折写三月三九龙池：

"宽绰绰翠亭边蹴鞠场，笑呷呷甲粉墙外秋千架，香馥馥麝兰薰罗绮交加。"[6]

无名氏杂剧《逞风流王焕百花亭》里的王焕擅长"蹴鞠打诨"，"靴染气球泥"。剧中描写清明时节的郊外景致时说：

"你看这郊外，果然是好景致。只见香车宝马，仕女王孙，蹴鞠千秋，管弦鼓乐，好不富贵也呵！"[7]

汤舜民小令《双调·寿阳曲·蹴鞠》记录了贵族子弟踢球的情景：

"软履香泥润，轻衫香雾湿，几追陪五陵豪贵。脚到处春风步步随，占人间一团和气。"[8]

这些描述让我们真切地了解到元代蹴鞠游的盛行：蹴鞠在元代是男女老少都喜爱的一种球戏活动。在春天里，竟然到了"一攒攒蹴鞠场，一处处秋千院"的地步。元代人们纷纷奔向园圃踢球，男女老少都成了蹴鞠的对手，你来我往，流星一点。身体强健的观念已深入到百姓市民中间。蹴鞠形成了当时社会全民健身的时尚。

三　元代女子蹴鞠

元曲中有很多关于女子蹴鞠的描述，邓玉宾套数《仙吕·村里迓古·仕女圆社气球双关》生动地描绘了一位英姿勃勃、技巧高超的女校尉的精彩表演：

"包藏着一团儿和气，踢弄出百般可妙。共子弟每轻赚痛膝，海将来怀儿中搂抱。你看那里勾外赚，虚挑实蹴，亚股剪刀。他来的你论道儿真，寻的你查头儿是，安排的科范儿牢。子弟呵知呷他踢疼了你多多少少。

【元和令】露金莲些娘大小，掉赚强抢炮。蝉云肩轻摇动小蛮腰，海棠花风外袅。那踪换步，做弄出殢人娇，巧丹青难画描。

【上马娇】身段儿直，掖样儿娇，挺拖更妖娆。你看他拐儿捎尖儿挑舌儿哨。子弟敲，腾的将范儿挑。

【胜葫芦】却便似孤凤求凰下九霄，赚儿靠手儿招，撇演的个庞儿慌张了。他划地穿臁抹膝，摩肩擦背，偷入步暗勾挑。

【幺篇】抵多少对舞《霓裳》按《六幺》，惯摇摆会躯劳，支打猜拿直恁般巧。你看他行针走线，拈花摘叶，即世里带着虚嚣。

【后庭花】你看他打揝拾云外飘，蹬圆光当面绕。玉女双飞鬓，仙人大过桥。那丰标！勤将水哨。把闲家扎垫的饱，六老儿睃趁的早，脚步儿赶趁的巧。只休教细褪了，永团圆直到老。

【青歌儿】呀！六踢儿收拾、枚拾的稳到，科范儿掣荡、掣荡的坚牢，步步相随节节高。场户儿宽绰，步骤儿虚嚣，声誉儿蓬勃，解数儿崎哓。一会家脚砒鲸鳌，背掣猿猱，乱下风雹，浪滚波涛。直踢的腮儿红脸儿热，眼儿涎腰儿软。那里管汗湿酥胸，香消粉脸，尘拂蛾眉。由古自抖搜着精神倒拖鞭，三跳涧。滴溜溜瑶台上，莺落架燕归巢。他铲地加勔节乘欢笑。

【寄生草】回避着鸳鸯拐，堤防着左右抄。跷跟儿掩映着真圈套，里勾儿藏掖着深窟窍，过肩儿撒放下虚笼罩。挑尖儿快似点钢枪，凿膝儿紧似连珠炮。

【幺篇】本足座风流社，翻做了莺燕巢。扳揍儿搂定肩儿靠，锁腰儿锁住膝儿掉，折跂儿跂住臁儿跷，俊庞儿压尽满园春，刀麻儿踢倒寰中俏。

【尾声】解卸了一团儿娇，稍遍起浑身儿俏。似这般女校尉从来较少。随圆社常将蹴鞠抱抛，占场儿陪伴子些英豪。那丰标！体态妖娆。错认范的郎君他跟前入一脚，点着范轻轻的过了，打重他微微含笑。那姐姐见球来忙把脚儿跷。[9]

鞠在她的脚下变化无穷，千姿百态，令人眼花缭乱；鸳鸯拐、左右抄、跷跟、里勾、过肩等动作，均是蹴鞠高难度的技巧动作，由此我们可以得知当时女子蹴鞠水平之高，技巧性之强。

关汉卿套数《越调·斗鹌鹑·蹴鞠》描绘了蹴鞠场上女子蹴鞠比赛的场景：

"蹴鞠场中，鸣珂巷里，南北驰名，寰中可意。夹缝堪夸，抛声尽喜。那换活，煞整齐。款侧金莲，微那玉体；唐裙轻荡，绣带斜飘，舞袖低垂。"

【紫花儿序】打得个桶子臁特硬，合扇拐偏疾。有一千来揝拾。上下泛匀匀的，论道儿直。使得个插肩未可喜，板揍巢杂，足窝儿零利。

【小桃红】装跷委实用心机，不杇了夸强会，女辈丛中最为贵。煞曾习，沾身那取着田地。赶起了白踢，诸余里快收拾。

【调笑令】喷鼻，异香吹，罗袜长粘见色泥，天生艺性诸般儿会。折末你转花枝勘臁当对，鸳鸯叩体样如画的，到啜赚得校尉每疑惑。

【秃厮儿】粉汗湿珍珠乱滴，宝髻偏鸦玉斜堆。虚蹬落实拾蹶起，侧身动，柳腰脆，丸惜。

【圣药王】甚旖旎，解数儿希，左盘右折煞曾习。甚整齐，省气力，旁行侧脚步频移，来往似粉蝶儿飞。

【尾】不离了花前柳影闲田地，半白打官场小踢。竿网下世无双，全场儿占了第一。[10]

开始一段描写了整个蹴鞠场中的笑声欢语，一个漂亮的女球员在球场上来回奔跑，用各种踢法把球传给其他队员。出现了专门的蹴鞠术语，如"合扇拐""掐拾""鸳鸯拐""左右沙""担枪拐""跷跟""三鲍敲""里勾""五花气""过肩""竿网""勘赚""转花枝""插肩""抄杂""虚蹬""拾蹋"等等。

在另一首《女校尉》中关汉卿也以满腔热忱盛赞了踢球女艺人娴熟的技艺：

"换步那踪，趋前退后，侧脚傍行，垂肩觯袖。若说过论茶头，赚答板搂，入来的掩，出去的兜。子要论道儿着人，不要无拽样顺纽。

【紫花儿序】打的个桶子赚特顺，暗足窝妆腰，不揪拐回头。不要那看的每侧面，子弟每凝眸。非是我胡诌，上下泛前后左右瞅，过论的圆就。三鲍敲失落，五花气从头。

【天净沙】平生肥马轻裘，何须锦带吴钩？百岁光阴转首，休闲生受，叹功名似水上浮沤。

【寨儿令】得自由，莫刚求。茶余饭饱邀故友，谢馆秦楼，散闷消愁，惟蹴鞠最风流。演习得踢打温柔，施逞得解数滑熟。引脚蹋龙斩眼，担枪拐凤摇头。一左一右，折叠拐鹘胜游。

【尾】锦缠腕、叶底桃、鸳鸯叩，入脚面带黄河逆流。斗白打赛官场，三场儿尽皆有。[11]

"女校尉""茶头""子弟"，是当时"三人场户"的女子蹴鞠运动员；"换步那踪"，蹴鞠的基本步法；"过论"，传球；"赚答扳搂"，蹴鞠的几种基本踢法；"掩"，隐蔽性的接球动作；"桶子赚"，小腿平端的一种踢法；"暗足窝"，用脚掌处理球的一种踢法；"泛"，球踢到了目标；"圆就"，恰到好处；"三鲍敲""五花气"，指蹴鞠的成套踢法；"担枪拐""凤摇头""鹘胜游"，是当时球场中变衍出来的花样动作；"叶底桃"是鞠的名称。

萨都剌套数【南昌·一枝花】《妓女蹴鞠》描写女子踢蹴时的种种风情和她们的优美身姿更是恣情纵色：

"红香脸衬霞，玉润钗横燕。月弯眉敛翠，云觯鬓堆蝉，绝色婵娟。毕罢了歌舞花前宴，习学成齐云天下圆。受用尽绿窗前饭饱茶余，拣择下粉墙内花阴日转。"

【梁州】素罗衫垂彩袖低笼玉笋，锦勒袜衬乌靴款蹴金莲。占官场立站下人争羡。似月殿里飞来的素女，甚天风吹落的神仙。拂花露榴裙荏苒，滚香尘绣带蹁跹。打着对合扇拐全不斜偏，踢着对鸳鸯扣且是轻便。对泛处使穿赚抹膝的撺搭。摆处使拂袖沾衣的撒演，妆翘处使回身出鬓的披肩。猛然，笑喘。红尘两袖纤腰倦，越丰韵越娇软，罗帕香匀粉汗妍，拂落花钿。

【尾声】若道是成就了洞房中惜玉怜香愿，媒合了翠馆内清风皓月筵，六片儿香皮做姻眷。荼蘼架边，蔷薇洞前，管教你到底团圆不离了半步儿远。[12]

这些"占场儿陪伴了些英豪"的女子，大都是风月秦楼中的"绝色婵娟"，可见在那个时代蹴鞠和歌舞一样，成为她们专门从事的一项供人欣赏的艺术表演项目。妓女将蹴鞠作为一门谋生的职业，成了元代商品经济较发达的城市街头卖艺的经济性节目之一。

元代女子蹴鞠当时已经有了专门聚集和训练的机构——仕女圆社。"齐云社"，亦称"圆社""蹴鞠社"，是宋代出现的专业的民间足球组织。"齐云"的意思是蹴鞠踢高上与云齐，也含有吉祥之意，祝愿蹴鞠艺人前途青云直上，高与云齐。"圆社"是因球是圆的，蹴鞠艺人处理人际关系也要"因圆情而识之"[13]，面面俱到，所以称为圆社。随着社会娱乐的需求以及对女子蹴鞠的高标准要求，元代时出现了专门聚集和训练女子球技的专业机构"仕女圆社"。在萨都刺套数，《南吕·一枝花·妓女蹴鞠》中可以看到当时女子蹴鞠者在圆社中的训练情况和生活特色："毕罢了歌舞花前宴，习学成齐云天下圆。受用尽绿窗前饭饱茶余，拣择下粉墙内花阴日转。"可见元代在仕女圆社的训练是十分认真和艰苦的，甚至从早到晚都不能休息。

【球戏】戏球儿，我爱你一团和气，我爱你有分量知高识低，知轻知量如人意。人说你走滚其中都是虚，只这脚尖上的风情，也教人爱煞你。

"伎女蹴鞠一直延续到清初才逐渐消沉。"[14]

总之，元曲中大量的"蹴鞠"记录和描绘，构筑起元曲游戏中的"蹴鞠"文化。这一文化与元代文化其他组成部分一样，放射着经久不衰的奇光异彩。

四　结语

元代以面向社会现实的视角，记录了逝去的元代女子蹴鞠历史，尤其对女子蹴鞠技艺的描绘更是具体生动。它不仅为我们提供了许多当时蹴鞠比赛的名词术语，而且还让人们了解到元代妇女的生活风貌和娱乐情趣，及浓郁的文化意蕴。

元代对当时女子蹴鞠在社会盛行的演绎，彰显出元代妇女的主体意识和生命冲动。以及元代妇女摆脱封建的束缚，自由地为自身存在而选择了闲情逸致的休闲方式，这也正是现代人的休闲生活的本质所在。

元代在蹴鞠盛行，在很大程度上得益于宋代的积淀。虽然元代女子蹴鞠已遁离我们而去，但在今天中国女子足球运动中仍能见到它影影绰绰的身影。本文的论述，将为研究元代体育提供了重要文献资料。

注释

[1] 刘祝环：《蹴鞠天地人》，中国社会出版社，2009 年，第 9 页。

[2]（元）关汉卿：《越调·斗鹌鹑·女校尉》。

[3]（元）熊梦祥：《析津志辑佚》，北京图书馆善本组辑，北京古籍出版社，1983 年，第 216 页。

[4]（元）石君宝，杂剧《李亚仙诗酒柏江池》，张月中、王纲《全元曲》，中州古籍出版社，1996 年 9 月第一版，第 73 7 页。

[5]（元）贾仲明，杂剧《李素兰风月玉壶春》，张月中、王纲《全元曲》，中州古籍出版社，1996 年 9 月第一版，第 1454 页。

[6]（元）乔吉，杂剧《李太白匹配金钱记》，张月中、王纲《全元曲》，中州古籍出版社，1996 年 9 月第一版，第 1210 页。

[7] 无名氏，杂剧《逞风流王焕百花亭》，张月中、王纲《全元曲》，中州古籍出版社，1996 年 9 月第一版，第 1949 页。

[8]（元）汤舜民，小令 [双调·寿阳曲]《蹴鞠》，张月中、王纲《全元曲》，中州古籍出版社，1996 年 9 月第一版，第 986 页。

[9]（元）邓玉宾，套数 (仙吕·村里迓古)《仕女圆社气球双关》，张月中、王纲《全元曲》，中州古籍出版社，1996 年 9 月第一版，第 3028 页。

[10]（元）关汉卿，套数 [越调·斗鹌鹑]《蹴鞠》，张月中、王纲《全元曲》，中州古籍出版社，1996 年 9 月第一版，

第 2450 页。

[11]　（元）关汉卿，套数 [越调·斗鹌鹑]《女校尉》，张月中、王纲《全元曲》，中州古籍出版社，1996 年 9 月第一版，第 2450 页。

[12]　（元）萨都刺，套数 [南吕·一枝花]《妓女蹴鞠》，张月中、王纲《全元曲》，中州古籍出版社，1996 年 9 月第一版，第 2664 页。

[13]　刘秉果：《中国古代踢球》，齐鲁书社，2008 年，第 116 页。

[14]　王赛时：《元明时期的伎女蹴鞠》，《寻根》2004 年第 6 期。

齐国休闲体育活动的文化学分析

袁　宏[*]

经济的繁荣与思想较少束缚造就了齐国民间娱乐活动的兴起。根据文献资料记载，齐地的民间休闲娱乐活动有田猎、射箭、投壶、斗鸡、走狗、秋千、飞鸢、蹴鞠、棋类六博、登山、游水、手博、角力、奔跑、跳跃、投石、逾矩以及百戏舞蹈等，种类繁多，形式多样。我国古代的休闲娱乐活动几乎都可以在齐国找到活动的痕迹。齐国建国之初对本土东夷文化与周王室中原文化采取了"因其俗，简其礼"的策略，以本土文化为主体，融合外来文化建设齐文化，短期之内解决了文化的冲突与适应问题。齐国成为霸主，临淄成为繁华富庶的大都市，体现了齐国在政治、经济、思想、民风民俗上的文化创新。对于文治与武备、崇礼与尚武二者，齐国偏重于武备，尚武之风盛行；弱于文治，礼教束缚较弱，休闲娱乐观念未受到太大压抑，为休闲体育活动的开展提供了适宜的土壤。

一　多元文化融合为休闲体育活动提供了文化土壤

从文化源流来看，齐文化融合了东夷文化与中原文化。东夷文化主要分布在"河南东部、江苏北部以及整个山东地区"[1]，是齐文化的主要来源。东夷文化形成过程中主要形成了北辛文化、大汶口文化、龙山文化，通过相关考古资料证实，东夷文化历史悠久且内容丰富，在石器、陶器、音乐、文字等方面都有卓越的成就。太公吕尚由周王分封到齐地，带来了周人的中原文化。中原文化是以黄帝、炎帝两系合流的华夏文化。齐国建国之初，东夷各国势力强大，东夷文化根深蒂固，太公因地制宜，采用了"因其俗，简其礼"的文化政策，有效地缓解了东夷文化与中原文化的矛盾与冲突，以开放、融合的姿态建设齐文化。在太公文化政策的引导性，齐国建设卓有成效，很快就具有了大国风范。

从地域来看，齐文化融合了内陆文化与海洋文化。齐国建国之初建都营丘，方圆只有百里。通过对周围各国的征讨杀伐，疆域扩大"东至海，西至河，南至穆棱，北至无棣"，东至大海，西至黄河，南到穆棱，指穆陵关，在今山东临朐县东南大岘山上，北到无棣，之无棣水，在今河北盐山县南[2]。齐国地域广阔，"膏壤两千里"（《史记·齐太公世家》）。太公充分发挥了齐国内陆与沿海各自的地理优势，不仅大力发展农业，而且发展沿海的渔业、盐业以及工商业，"通商工之业，便鱼盐之利"（《史记·齐太公世家》），把"负海舄卤，少五谷而人民寡"（《汉书·地理志》）的齐国发展为诸侯国中最富庶的国家。

东夷文化与中原文化、内陆农业文化与海洋文化的融合是太公根据齐国的历史渊源和地理

* 袁宏：山东体育学院。

环境确定的发展策略，稷下学则是战国时期田齐为齐国争霸做出的主动选择。战国时期各诸侯礼贤下士，争夺人才，形成了以"士"争霸的风气，士"去齐齐轻，附秦秦重，得士者昌，失士者亡"[3]。齐国建立稷下学宫，以开放、自由的文化传统和优厚的待遇吸引天下贤士。"齐国人才荟萃，群贤毕集，人人握灵蛇之珠，家家抱荆山之玉，议论风发，高潮迭起，争鸣齐放，精彩纷呈，著述之丰，汗牛充栋，学风浓厚，冠于诸国。儒、道、名、墨、法、兵、阴阳诸派并列，淳于髡、尹文、田骈、慎到、孟轲、邹衍、荀况等大家辈出，齐国文化界、思想界呈现出一派全方位开放、蓬蓬勃勃、兴旺发达的局面。"[4]诸子百家争鸣的盛况成为中国文化史上前所未有的繁荣景象，对中国文化、思想的发展影响深远。

休闲体育活动是身心放松愉悦的重要方式，而相对自由的文化思想是其产生的前提。在融合东夷文化与中原文化、内陆农业文化与海洋文化的基础上，吸纳诸子百家思想而形成的齐文化具有多元融合的品格，为休闲体育活动的产生与发展提供了宽松的文化环境。

二　开放务实、注重谋略为休闲体育活动开展提供了智力支撑

休闲体育活动的兴起不仅需要相对宽松的文化氛围，而且需要完善的规则与技巧，这需要一定的理性精神与智谋方能实现。齐文化开放务实、注重谋略的特质有助于休闲体育活动相关制度规则及技术战术的制定与实践。

齐国是诸侯国中的大国、强国，在长达八百余年的历史中，几度称霸诸侯。姜齐时期，齐桓公是中原第一个霸主；田齐时期，齐威王在诸侯中首先称王，齐国成就霸业主要源于其开放务实、注重谋略的文化特征。

齐国的开国君主太公吕尚善用谋略。据《史记·齐太公世家》记载，周王朝之所以能够推翻殷商并让天下诸侯归顺是由于太公的谋略："周西伯昌之脱羑里归，与吕尚阴谋修德以倾商政，其事多兵权与奇计，故后世之言兵及周之阴权皆宗太公为本谋……天下三分，其二归周者，太公之谋计居多"。太公到营丘建齐，面对土地贫瘠、人们贫困常遭东夷人侵犯的状况，制订了"因其俗，简其礼"的民族文化融合政策、"通商工之业，便鱼盐之利"的经济发展政策、"举贤而尚功"的用人方针，受封仅五个月，就向周公报告其政绩，得到了周公的高度赞赏。周王朝建立之初，边远地区的蛮夷地区尚未安抚，朝中管叔蔡叔争权作乱，太公积极参与叛乱的平定。鉴于此，周王给予太公"东至海，西至河，南至穆陵，北至无棣"这一区域内的征伐大权，所有五等诸侯、九州长官，只要是不服从周王的命令，太公都有权力征讨。齐国的疆域迅速扩大，成为诸侯中的大国。

姜齐桓公霸业的成就由于管仲的谋略。管仲坚持以民为本，依法治国，在政治、经济、军事、外交等方面提出了一系列的方略，成效显著。管仲提出"予而后取，藏富于民"（《管子·牧民》）的观点，只有百姓富裕安居乐业，国家才能富足强大；"圣人之所以圣人，善分民也"（《管子·乘马》），圣人善于分利于民；反对国家向百姓收受赋税，建议通过官家控制盐铁来增加国库收入，"官山海"（《管子·海王》）。管仲重视农业，"五谷粟米，民之司命也"，并对农业发展提出了具体的发展策略。管仲不仅重视农业，而且提出了加强工商业的主张，"务本饬末则富"（《管子·幼

官》），认为工商贸易是国富民富的重要途径，并提出了"买贱鬻贵"的经营规律。为了贸易的繁荣，管仲提出了"侈靡之术"（《管子·侈靡》），鼓励百姓致富并提倡高消费。在国家管理上，管仲提出了"利出一孔"，国家要进行宏观调控，"国有十年之蓄"（《管子·国蓄》），应"取之有度，用之有止"（《管子·权修》）等。为了发展齐国经济，减少人们的贫富差异，加强了货币流通的管理，提出了"轻重"理论。管仲的治国方略秉承了太公开放务实的原则，未被周礼所束缚，因地制宜，因势利导，是根据齐地齐民的实际状况提出的。管子之论"卑而易行"（《史记·管晏列传》），且务实有效，在管仲的辅佐下，齐国国富民强，齐桓公成为中原霸主。

晏婴是齐国名相之一，辅佐齐灵公、庄公、景公三世，倍受齐人推重。晏婴不仅节俭，礼贤下士，勤于政事，而且睿智，能言善辩，在外交活动中不辱使命，提高了齐国在诸侯国中的地位。晏婴对于政事及齐国卿大夫复杂的权力之争，国君有话问他，他就严肃的回答；不向他问话，他就严肃的办事。国家有道时，顺命办事；无道时权衡办事，"其在朝，君语及之，即危言；语不及之，即危行。国有道，即顺命；无道，即衡命"（《史记·管晏列传》）。晏婴事齐王三世，在于凡事能权衡度量之后去做，不仅坚持了自己的原则，而且保全了自己。

田氏几代人坚持不懈地策划筹谋最终取代姜齐。驺忌子因弹琴的技艺见到齐威王，以乐理比拟政事，齐威王任其为相；虚心听从淳于髡的教导，齐威王也越发重用他，并封其为侯。齐国从太公到管仲，从姜齐到田齐，从晏婴到驺忌子，重谋略尚实务成为齐文化的重要内容，也造就了齐人足智多谋的性格特点。齐人对于休闲体育活动，制定了规则、完善了技术与战术、进行了有效的组织与管理，齐国临淄各种休闲活动开展甚为广泛，这是齐人实践与智慧的结果。

三 尚武、尚奢的民风是休闲体育活动开展的民俗基础

尚武、尚奢民风影响下齐人有足够的经济实力去休闲娱乐，热衷于斗鸡、走狗、蹴鞠、田猎、武射等富有时代特色的休闲活动。

东夷尚武传统在齐文化中得到传承。东夷人身材高大魁梧，勇武善战，在远古时期艰苦的生活环境和氏族部落的战争中顽强地生存下来，形成了尚武传统。在东夷尚武传统影响下，齐国君臣百姓皆以武勇为荣。管仲曰："其民贪粗而好勇"（《管子·水地》）；吴起曰"夫齐性刚"（《吴子·料敌》）；《晏子春秋·内篇杂下》云："齐人甚好毂击，相犯以为乐，禁之不止。"齐国国君崇尚武勇，有的国君喜爱在田猎中尽显勇士风采，有的则以武勇作为选臣荐士的基本要求。《公孙龙子·迹府》云："是时齐（愍）王好勇，于是尹文曰：'使此人广庭大众之中，见侵侮而终不敢斗，王将以为臣乎？'王曰：'讵士也，见侮而不斗，辱也！辱则寡人不以为臣矣。'"齐湣王认为在大庭广众之下受辱而不敢与之决斗的怯懦之人，是没有资格做臣子的。

齐人尚武习俗不仅是对东夷人尚武传统的传承，而且是齐国政治军事文化的产物。"民富国强，称霸诸侯"是管仲治理齐国的目标，国家强大不仅是国家富庶，还需要有强大的军事力量。为加强齐国的军事战备，与"藏富于民"一样，管仲采用寓兵于民的策略，将士兵训练与农民生产有机地结合起来，以民富民强来实现国富国强。寓兵于民的策略培养了百姓健身强体、

保家卫国的意识，尚武习俗盛行。

齐国民殷国富的治国政策与开放自由的思想文化氛围，造就了齐国的霸主地位与繁荣富庶。受周礼思想的影响，齐国君王成就霸业不仅仅依靠强大的国力与武力，而是通过文治教化的方式征服诸侯国。齐桓公对内藏富于民，对外广施恩惠，在齐国面前，大国自惭不如，小国纷纷归附，甲盾刀剑封存收藏不用，诸侯列国形成了以齐桓公为中心的和谐的秩序。同时齐国在管仲的影响下，注重工商贸易的发展，提倡奢侈富贵的生活。强大的国力与礼治文饰下的霸主地位涵养了齐国泱泱大国的风范，也形成了尚奢的民风民俗。

齐国是诸侯国中最富有、生活最奢华的国家。管仲倡导"侈靡"生活，认为"侈靡"不仅可以刺激消费，促进经济的发展，而且是教化百姓的重要策略。让老百姓衣食富足是教化他们的重要方式，"仓廪实则知礼节，衣食足而知荣辱"（《管子·牧民》）；饮食享乐是老百姓的愿望，满足他们的愿望就可以管理他们。"莫善于侈靡。贱有实，敬无用，则人可刑也"（《管子·侈靡》）。侈靡是不看重"有实"之物，而看重"无用"之物，尚侈靡则齐民利于就犯管教。管仲的治政理念被齐人所接受，随着齐国国势的强大和经济的繁荣，奢侈之风也逐渐形成。"管仲富拟于公室，有三归、反坫，齐人不以为侈。管仲卒，齐国遵其政，常强于诸侯。"（《史记·管晏列传》）管仲富贵可以和齐国国君相比，有诸侯才可以享用的三归高台和祭祀燕饮反坫台，但齐人并不认为管仲奢侈。管仲去世后，齐国依然遵循他制定的政令，齐国也因此常常强大于其他诸侯国。齐国的富庶与侈靡在苏秦的描述中可见一斑："临淄甚富而实，其民无不吹竽、鼓瑟、击筑、弹琴、斗鸡、走犬、六博、蹋鞠者；临淄之途，车毂击，人肩摩，连衽成帷，举袂成幕，挥汗成雨；家敦而富，志高而扬。"（《战国策·齐策》）在铺排夸张的言辞中可以感受到齐国临淄繁华享乐的景象。

尚武、尚奢的民俗促使王公贵族的休闲娱乐活动逐渐走向市井民间，开展的范围广阔了，参与的群体扩大了。齐民的富有成为参与各种娱乐活动的经济基础，思想的开放自由激发了齐民参与的热情，丰富多样的休闲娱乐活动成为齐都临淄独有的文化现象。

四　小结

齐国的富庶经济是休闲体育活动开展的必要前提，但休闲体育活动尚须有文化精神的支撑和参与者个体的诉求与热情。齐文化多元融合、开放务实的品格是休闲体育活动开展的文化内因，尚武、尚奢的民风民俗则是休闲者个体诉求的集中体现。战国时期的齐国临淄是繁华富庶的大都市，其经济的繁荣、思想的自由开放与融合，使其具有了现代大都市的休闲气质，民众的休闲意愿是休闲体育活动兴起与发展的内在动力。

注释

[1] 孟天运：《齐文化通论》，《社会科学战线》1999年第2期，第106页。

[2] 李晓杰：《战国时期齐国疆域变迁考述》，《史林》2008年第4期，第99页。

[3] 孟天运：《齐文化通论》，《社会科学战线》1999年第2期，第110页。

[4] 孟天运：《齐文化通论》，《社会科学战线》1999年第2期，第110页。

齐鲁区域体育非物质文化遗产分布特征与文化解读

张红霞*

体育非物质文化遗产，是体育文化的重要组成部分，是非物质文化遗产中的一类重要表现形式，包括民俗体育、民间体育和民族体育等三大领域。博大精深，源远流长的齐鲁文化滋生蕴育了丰富多彩的传统民间民俗体育文化。本文运用文献资料、田野调查等方法从区域体育文化视角出发，依据齐鲁区域地理位置、自然环境等特征和国务院公布的1～4批非物质文化遗产名录，从鲁北与鲁西北、鲁南与鲁西南、鲁东、鲁中四大区域对其体育非物质文化遗产资源进行筛选与整理，探讨其分布特征，解读其文化特质，旨在为传承与弘扬我国优秀传统体育文化与助推我国区域体育文化研究提供有利参考。

一　齐鲁区域体育非物质文化遗产概况与文化解读

齐鲁文化是中华文明的重要发祥地之一，是中华民族传统文化中的瑰宝。齐鲁体育非物质文化遗产是齐鲁大地历史文化发展的产物，也是齐鲁大地政治、经济、文化、生活的一种特殊反映，是指先秦时期在齐国和鲁国成长起来的，在以后有所发展并形成一定影响的传统体育文化资源的总称，它主要包括三方面的内容：以武术为代表的军事体育文化；以孔子体育思想为代表的体育养生文化；以蹴鞠、风筝为代表的娱乐体育文化。齐鲁体育非物质文化遗产的形成主要受四方面的影响：军事战争活动、经济政治制度兵器、冶金技术的发展、学术教育活动，具有历史性、传统性、艺术性、教育性、交融性、健身性、阶层性和传承性等文化特征。它从体育的角度展现了齐鲁人民的日常生活和心理状态，生动地反映了齐鲁人民的社会生活和历史面貌，具有传承文化、健身和艺术观赏等价值。通过调查统计国务院公布的1～4批非物质文化遗产名录可知，齐鲁区域省级以上的体育非遗项目共计55项，其中，国家级10项，省级45项，传统舞蹈类项目25项，传统体育两类项目30项。

二　齐鲁区域体育非物质文化遗产分布特征分析

依据齐鲁区域地理位置、自然环境等特征和本研究的需要，将其划分为鲁西北地区、鲁东地区、鲁南与鲁西南地区、鲁中地区分别对其分布特征与文化特质进行分析（见图一、二）。

1. 鲁西北地区体育非物质文化遗产分布特征

鲁西北地区是指齐鲁境内位于黄河以北的地区，包括德州市、聊城市、滨州市（不包括邹

* 张红霞：山东滨州学院体育文化研究基地。

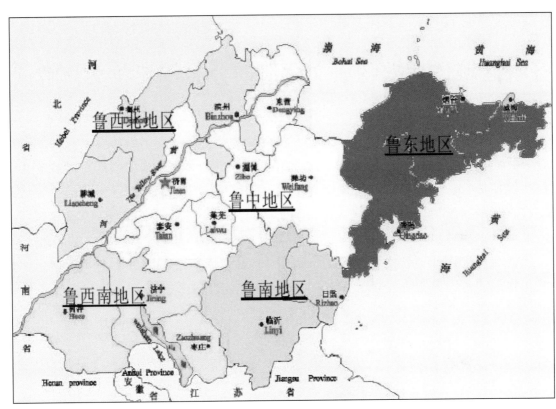

图一　齐鲁区域规划图

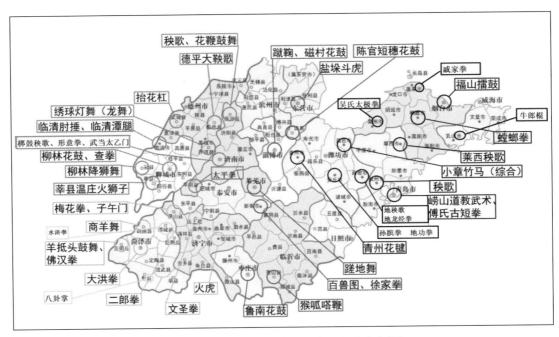

图二　齐鲁体育非遗部分项目地理分布图

平县和博兴县）以及济南市的商河县、济阳县和东营市。现有国家级与省（直辖市）级体育非物质文化遗产项目 14 项，其中传统舞蹈类项目 11 项，占整个齐鲁区域总项目的 44%，充分体现了鲁西北人粗犷豪放，喜善舞蹈的性格。

2. 鲁东地区体育非物质文化遗产分布特征

鲁东地区包括威海、烟台、青岛三市的地域范围，现有国家级与省（直辖市）级体育非物质文化遗产项目9项，其中传统体育类项目6项，传统舞蹈类项目3项，均为秧歌类项目。

3. 鲁南与鲁西南地区体育非物质文化遗产分布特征

鲁南与鲁西南地区包括临沂、日照、菏泽、济宁、枣庄5市的地域范围。现有国家级与省（直辖市）级体育非物质文化遗产项目17项，其中传统舞蹈类项目8项，传统体育类项目9项，被誉为"全国武术之乡"的菏泽市省级以上体育非遗项目共计8项，其中传统体育拳类项目7项。

4. 鲁中地区体育非物质文化遗产分布特征

鲁中地区主要包括济南(商河县、济阳县除外)泰安、莱芜、淄博、潍坊四市以及滨州市邹平县、博兴县地域范围，是齐鲁文化腹地，蕴藏着大量优秀传统体育文化。现有国家级与省（直辖市）级体育非物质文化遗产项目14项，其中传统体育与游艺类项目多达9项，民间舞蹈项目仅5项，呈现项目多样性特征，代表的有国家级名录项目蹴鞠和青州花键。

5. 齐鲁区域体育非物质文化遗产文化特质分析

"齐鲁"一词的由来，缘起于先秦齐、鲁两国，是齐国和鲁国的合称，原本是国家概念。到战国末年，随着政治、经济、文化的发展，民族融合和人文同化的基本完成，齐、鲁两国文化也逐渐融合为一体，因为文化的交流，齐、鲁两国内部联系便逐步加强，"齐鲁"形成一个统一的文化圈，由统一的文化圈形成了"齐鲁"的地域概念[1]。齐鲁文化是指齐鲁人民在几千年的历史发展进程中所创造的文化。由于所处的地理环境、自然条件、历史传统和文化渊源，特别是治国方针的差异，鲁国产生了以孔子为代表的儒家思想学说，齐国吸收了东夷文化并加以发展，形成了不同风格、不同流派的学术文化，东夷文化背景基础之上形成的齐鲁文化才能够成为中国早期体育娱乐活动的基本文化渊源[2]。相对来说，齐文化尚功利，鲁文化重伦理；齐文化讲求革新，鲁文化尊重传统，两种文化在发展中逐渐有机地融合在一起，形成了具有丰富历史内涵的齐鲁文化。其文化精髓与特质体现在自强不息的刚健精神、崇尚气节的爱国精神、经世致用的救世精神、人定胜天的能动精神、民贵君轻的民本精神、厚德仁民的人道精神、大公无私的群体精神、勤谨睿智的创造精神八个方面。

注释

[1] 马敏卿、张燕霞：《地域文化对武术拳种的产生和发展的影响》，《北京体育大学学报》2006年第10期，第1340～1342页。

[2] 王京龙：《从齐鲁文化看中国早期体育娱乐活动的文化渊源》，《北京体育大学学报》2006年第5期。

创新型"地排球"运动在我国高等师范院校开展的可行性分析
——以洛阳师范学院为例

周明华　任塘珂*

一　前言

综观现代排球运动的发展历史，威廉·摩根最初发明排球运动的目的，就是因为人们需要一种运动量适中、对抗性不高、突出娱乐性特征的新型运动。但是排球运动发展至今，在其竞技化道路不断前进的同时却逐渐脱离了群众，已经变成了必须具有一定的高度、熟练的技术、良好身体素质的少数人参与的高技巧性运动。在国家体育发展战略重心向全民健身倾移的新时代，如何促进群众性的大众健身运动有效开展，是现阶段我国体育发展的方向与潮流。全民健身战略的进一步实施已迫在眉睫，这一问题摆在我们的面前。我们时常思考，如何改变目前不利于排球运动深入开展的现状，并寻求通过改革现有体育运动形式来满足人们的不同运动健身需要的方法。经过常年的教学实践经验，我们发现将排球与网球相结合，能够给排球运动注入新的活力，产生一项新型的、更加生动有趣的运动形式——"地排球"。

二　研究对象与方法

1. 研究对象

洛阳师范学院体育学院体育教育专业 2008、2010 届，运动训练专业 2010 届排球专修班学生共 46 名。

2. 研究方法

（1）文献资料法

查阅国内外相关文献资料，对国内外排球多元化发展研究的现状、主要成果、存在问题和发展动向进行专题研究与分析，通过对现有的排球运动理论体系反复思考与推论，初步形成"地排球"运动的理论体系雏形。

（2）实验对比法

排球专选班的学生分为实验组和对照组，进行多次"地排球"运动相关实验；评价学生的学习主动性和成就感，通过比较得出一套完善的"地排球"运动形式和推广运作模式。

---

* 周明华、任塘珂：洛阳师范学院体育学院。

（3）观察法

在实验过程中观察学习者的综合表现，对"地排球"运动教学比赛中出现的问题进行不断的思考，寻找出问题的所在，为"地排球"运动健康发展打下良好的基础。

（4）专家访谈法

访谈有关排球专家，对"地排球"运动相关概念的定义及理论体系进行专业咨询。

（5）逻辑分析法

对所获数据资料进行分析对比，发现其内在发展规律。

三　结果与分析

1. 现"排球运动"在高等师范院校开展的不利因素

排球竞技比赛更加精彩、更加激烈，吸引着越来越多人们对排球的关注和热爱。但由于排球运动的入门门槛太高，致使在高校中普及排球运动时，不得不面对排球运动技巧性高、技术全面、对抗激烈以及球的硬度和场地设施要求较高等难题，这些不利因素都注定了现有的排球运动项目在推广中受到不同程度的制约。

（1）高技巧性和技术全面性制约排球在高校中的普及与发展

在高校中所有参与排球运动的人都必须面对一个事实：传统的三大球运动中，排球入门难度大，对排球初学者来说起点太高。当初学者被精彩纷呈的排球比赛所感动时，接下来带给他们的就是挫败感，因为排球有着高度的技巧性，所有触球部分的技术都在空中完成，并且对技术的要求非常全面，不但要会发球、扣球进攻，还要掌握反应迅速快捷的防守技术，并且，初学者在排球比赛时常变成"捡球游戏"或者"发球比赛"，这些都会造成排球爱好者不断流失的重要原因之一。

（2）球体的不适应和场地设施高要求限制着排球运动的群众普及

标准排球即使按照现有新规则降低了球的气压和使用了相对柔软的材质，但是对于初学者来说，球还是硬度太过。当很多女生面对快速来球的第一反应都是闪躲，即使是勇敢的初学者经过一段时间的练习，他们的手臂都会出现不同程度的表皮受损现象。老师们不断的鼓励他们，使之继续坚持勇于克服困难，但是真正坚持下来练习又有多少能完全体会到排球的乐趣呢？

场地是另一个制约因素。排球的场地是立体的，不但有平面上的界内界外，还有空中高度和网上两端标志杆上的界定，这些对于初学者来说，有些过于复杂化，而且排球的地面界线对人和球的限制也过于繁琐，进攻线既限制进攻者也限制扣球的高度，中线和网在有些情况下非常重要，但是在某些情况下又可以触碰踩踏，排球的边线限制球的落点，人却可以在界外进行击球和救球，这些都不同于篮球和足球相对简单好记的规则。当初学者第一次站在排球场上时，总有不知所措的感觉。

（3）排球的时空特征是限制着排球运动群众普及的瓶颈

不停留、不落地是现行排球运动不变的定律，球不能停留、不能落地必定把排球技术的高技巧性摆在突出的位置上来；球不能停留即意味着击球时需快速准确地将球击出，球不能停留也意味着所有击球也必须在空中完成。可见，参加排球运动的人们需要多大的勇气，它的确是限制着排球运动向所在群众普及的重要因素。

2.　"地排球"运动的研究现状

（1）"地排球"运动的概述

通过长期的体育教学实践，在查阅大量文献资料的基础上，本研究团队于 2005 年已开始探索一种新的排球运动方式，并不断的进行探索与实验，通过 2008 年体育学院排球课程组学习研讨活动，大家对改革现有排球运动格局、促进大众健身的发展方向的观点和看法进行了充分的交流，与会同仁的意见得到了高度统一。通过这次富有意义的研讨，加之对北京体育大学的葛春林教授前期相关研究作参考，更加坚定了我们改革现有排球运动的坚定信心。在已有的排球教学实践中，我们格外留意将排球与网球相结合，改革现有排球运动形式。经过多次细心设计、核查资料、对比分析，确定了初步运动形式的构成。由于此项运动是排球与网球运动有密切的关联，在改变了比赛场地规格、变革了球网高度的基础上，对球体及球网等器材材质属性、比赛制度和参赛人数都做了相应改革。由于此项活动形式是以排球为主要运动形式，打破了原运动空间特有属性，结合了网球运动的特点与打法，具有球触地反弹后接球的显著特征，所以大家最后将它命名为"地排球"。

（2）"地排球"运动的因素分析

"地排球"运动兼具有排球和网球的诸多特点，它与排球的技术、器材和打法更为接近。"地排球"运动比赛场地与排球大体相近，但是地排球与传统排球项目的最大不同是，允许球落在限定的区域内一次，可反弹后接起，一次落地既作为一次击球，按照规则在 3 次击球内将球击过球网；同时对扣球和场地、比赛方法都做了大胆的改进，让"地排球"的比赛更简单容易，更有趣味性，来回球次数更多，比赛更加精彩，同时身体锻炼的效果也大大增强，可以说"地排球"运动是一项集多项运动特点与优势于一体的全新运动项目。

（3）"地排球"运动基本竞赛规则简释

发球：

站在主场区端线以外的发球区一次性将球击向对方主场区；每人每一轮发球时，只允许有一次发球失误的机会；发球形式不限，发球擦网有效。比赛中，每局双方运动员必须交替使用发球权，发球次序采用相互交替和按顺时针方向轮转的方式发球。

击球：

在二人制和四人制的比赛中，双方运动员在每一回合中必须在三次击球中将球击过球网。双方运动员在每一比赛回合中，球只有落地一次的机会，并且球落地次数计入三次击球次数之列。击球过程中双方队员击球不能出现"连击"，但允许在救球时有轻微的"持球"现象出现。

失分：

将球击出或击出主场地界外、发球违例、击球不过网、四次击球、连击、持球、明显停球、触网、进入对方场区、过网击球、在快攻区内完成强攻行为等现象均判失一分。

得分：

比赛采用每球得分制，对方失一分既为本方得一分。

换人、换位：

换人次数为上场比赛队员的次数，可以一次全换，也可一一替换。每场比赛中，每局交换一次场地并交换发球权，同时，每场比赛进行到决胜局的第 8 分时双方交换场地。比赛中，场上队员没有站位轮转的要求，可以自由换位移动而不受规则限制。比赛中，运动员因非自身原因造成意外伤害而不能正常比赛时，必须进行合法的替换。如果不能进行合法替换时，可进行非合法替换，由主裁判裁判可给予受伤队员不超过 3 分钟的休息与治疗时间，超过规定时间仍不能比赛的，则判该名运动员弃权比赛的权力。由于运动员自身原因造成的伤害不能暂停比赛。

场间休息与场外指导：

每局比赛结束后，运动员有一分钟的休息时间，同时可接受场外技术指导。休息期间运动员不可离开比赛场地两米以外区域，可接受教练员的场外指导。比赛过程中不得接受任何非正常行为的相关指导。

比赛暂停：

比赛中的暂停采用自由暂停为主的原则，每局每队各有两次自由暂停的机会，两次自由暂停可分开使用，也可一次性集中使用。在每局双方比分达到 12 分时进行技术暂停；每场比赛，暂停可由场上队长或教练员提出。因比赛无法正常进行时，主裁判员有权提出中断比赛。

赛事制度：

方案一：三局两胜制。每局实行 21 分制，胜方需超过对方 2 分；决胜局采用 15 分制（8 分时双方运动员交换场区）。

方案二：三盘两胜制。每盘三局两胜制；每局实行 21 分制，胜方需超过对方 2 分；决胜局采用 15 分制（8 分是双方运动员变换场区）。

3. "地排球"运动在高等师范院校中开展的优势分析

（1）开展"地排球"运动的理论意义

对"地排球"运动的开发与研究，属于完全的自主创新。

"地排球"运动是一项具有良好发展前景的新型健身球类运动项目，它不但易于推广，而且兼具娱乐性与竞技性，可以将其发展为体育产业，从而带来可观的经济价值。

"地排球"运动形式新颖，能够突破发展的困扰。

"地排球"运动较好的结合了排球与网球的运动形式与特点，并突破了限制现有排球运动发展的瓶颈，在降低入门难度的同时还具有良好的锻炼价值和娱乐价值，使之能被更多的高等师范院校的参与者接受并喜爱。

"地排球"运动创新开发的研究，使体育项目大家庭中又添新成员。

在促进排球运动朝着大众化、多元化的发展的道路上又前进一步，为今后同类型的相关研究起到借鉴与引导的作用。

（2）高等师范院校开展"地排球"运动的优势因素分析

"地排球"运动开展的形式多变。

通过参加"地排球"运动，可以全面提高六人竞技排球的各项技术。为了能打好"沙滩排球"，更能克服与改变"软式排球"不宜控球的矛盾，运动员和教练员都会积极地去进行练熟掌握全面技术，在比赛中取到立竿见影的效果。这样训练和比赛就能够体现出良性循环的特征，对基本技术更加牢固掌握非常有益。开展"地排球"运动可以有效地促进高等学校学生积极参与排球健身活动，有利于练习者向着高水平的境界迈进。

"地排球"运动可以丰富校园文化生活。

体育活动是校园文化生活的重要组成部分，将"地排球"运动引入高等学校，既能丰富学校体育课程内容，又能充分开发和利用自然环境，拓展体育课程的空间。它不仅能够使学生了解和掌握"地排球"运动的知识和技巧，培养学生自我锻炼的兴趣、习惯和能力，而且还能丰富校园文化生活，成为高等学校"全民健身"活动开展的有益补充。

"地排球"运动可以推动高等师范院校排球运动的基地建设。

为促进排球人口的增加和全民健身活动的开展，高等学校有必要引进新兴的"地排球"运动。学校是体育人口密集度较大的特殊区域，是普及"地排球"运动的重要途径和有效阵地。由于大学生文化素质高、体育意识强，较容易普及和推广"地排球"运动。大学生与群众交往密切，易于推进"地排球"运动的普及范围。广大学生毕业后走向社会可把校园中形成的体育意识和体育活动习惯带到基层更广阔的地域，从而实现积极推动"地排球"运动传播与普及的目的。

"地排球"运动有利于排球人口的增加，促进"全民健身"运动的蓬勃发展。

由于受其他时尚运动的影响，排球运动开展的难度日趋加大，人们正想方设法在广大群众中积极推广排球运动，尤其是把"地排球"运动作为当务之急的发展任务。在排球运动的大家庭中，经常开展软式排球、沙滩排球、地排球等不同层面、不同年龄适合开展的衍生项目，有利于我国高等学校排球人口基数的增加，对提高基层排球的整体水平，推动我国排球运动事业的可持续发展作出贡献。

四　结　论

"地排球"运动比赛中来回球次数多，不定性因素增大、变数大，入门容易，男女老幼皆宜；"地排球"运动具有广泛的群众基础，趣味性和比赛观赏性较强的特征；"地排球"运动具有良好的健身效果，而且易操作，便于在高等学校推广和普及。

"地排球"运动是自主创新研发的运动形式，在高等师范院校开展有着诸多的优势因素存在，是一项在高等学校具有良好发展前景的新型健身球类运动项目。

"地排球"运动在我国高等师范院校的开展，有利于我国高等师范院校排球人口基数的增加，对有利于提高基层排球的整体水平，对推动我国排球运动事业的可持续发展有着积极的促进作用。

参考文献

[1] 中华人民共和国国家体育运动会委员：《软式排球竞赛规则》，人民体育出版社，1998 年。

[2] 高峰等：《软式排球话题种种》，《中国排球》2004 年第 2 期。

[3] 孙平：《软式排球》，中国财经经济出版社，2002 年。

[4] 葛春林、张兴林：《体制改革举措》，《中国排球》2000 年第 5 期。

[5] 李雷、王志刚：《软式排球在我国开展的可行性研究》，《成都体育学院报》1999 年第 1 期。

[6] 肖德生：《软式排球游戏 100 例》，北京体育大学出版社，2000 年。

[7] 周明华、潘峰等：《地排球运动》，白山出版社，2014 年。

论战国时期田齐灭亡的经济原因

柿沼阳平*

战国时期，齐国占据了山东半岛及其周边区域，并成为跻身于战国七雄的大国。

商周革命时，西周王朝的大臣太公望吕尚因功勋卓著，被允许在此地封建。然而，公元前五世纪，齐国大臣田氏（田和）谋逆夺取了吕氏的统治权，因之战国时期的齐国又被称为田齐。公元前 350 年，田齐处于齐威王统治时期，在军事领域起用田忌、孙膑，经过桂陵、马陵之战击败魏国庞涓，并于首都临淄集合诸子百家在政治、外交、学术、文化等方面进行探讨（即稷下之学）。此后的宣王时期，田齐的国力更加强盛，湣王率领泗水流域各路诸侯，强行干预燕国政治，并灭掉了当时的强国宋。但是，公元前二八四年前后，燕国乐毅带领燕、秦、赵、魏、韩联军对田齐发动闪击，临淄沦陷，湣王在逃亡途中被杀。之后，田齐依靠田单的努力再次夺回领土，在君王后（襄王遗孀，齐王田建生母）的协助下，迎来了齐王田建治理的相对和平时期，直至田齐最终被秦灭国，这就是田齐史的大致内容。

那么，田氏是如何篡逆并从吕氏手中夺取政权的？田氏在此后尝试建立一个强大的齐国，但为什么仍在田建时期被秦所灭？本文并不想如上所述那样单纯叙述田齐史，而是立足于以往研究之上 [1]，阐明田齐盛衰背后的因果关系，着重通过经济史的观点对其失败的原因进行新的解读。

一 关于田齐灭亡的几个看法

关于田齐灭亡的原因，在史书上最常见的便是田齐失天命这一说法。例如《史记》中便有这种将天人合一与诸国兴亡相结合的史观 [2]。《史记·六国年表》认为秦之所以能吞并六国，其根本原因并不在于秦国所处的优越的地理位置，而是由于其有天命。反之也可以说是包括田齐在内的其他诸国都失去了天命所致。然而，《史记》所云的"天"属于超越了人类智慧的概念，其是一种神秘的未知论。而避开这一观点对田齐灭亡原因进行说明的以往研究主要有以下几个 [3]。

第一是对侵占领土缺乏有效、持续的支配（即"凝"）之说。杨宽对于秦国之所以能胜利，认为：①成功的掌握了人心（解决了军队主要成分农民和地主阶级之间的矛盾）。②对侵占领土进行合理的管理（赦免其侵占领土的罪人并驱逐既得利益阶级）。③社会经济的发展。④民意支持统一。杨宽在论述②时，特别列举了表明田齐失败原因的事例（田齐宣王在占领燕国时暴虐不堪，从而导致兼并燕国失败）。在此基础上，杨宽认为，相较于秦国通过采取"赦免罪人并在新占

---

* 柿沼阳平：日本帝京大学。

领地补充劳动力"及"占领他国土地后驱逐城中贵族、大商人"政策从而对侵占领土成功"凝"而言，田齐由于未采取这一政策而导致最终失败。杨宽还指出，在中国自古以来大多数河流都是自西向东流，上流的国家往往利用这一点恶意拦截河流，形成洪水，对东边诸国形成伤害，并指出田齐受害的事例 [4]。然而，根据籾山明的研究，③④只是战国后半阶段的一般趋势，而②也无法断定秦对于过去的楚地进行的支配是顺利的。①的说明仅流于表面，未能说明秦这一方面的实情 [5]。而且，田齐虽然未能对燕国进行长期有效的支配，但其吞并了西周以来的诸多小国，还在战国中期以后吞并了宋。这说明田齐并非始终都在"凝"上是失败的。另外，对于河流形成洪水问题，其也有筑堤坝以作应对之举（《汉书·沟洫志》）。

　　第二是宣王及湣王时期的弊政之说。姜祖英在将宣王时期看作是田齐最强盛的时期的同时，也指出宣王始终摇摆于仁政的"王道"及以武力的"霸道"之间，最终无法停止武力，并与诸国的合纵失败，以致无法与秦对抗，这些都形成了田齐灭亡的前奏 [6]。此外，莫文则认为田齐的最强盛时期是湣王统治时期，只是由于湣王最终没有合理任用人才，并过度对外进行扩张，无法吸取谏言，招致人心背离及外交困境，被燕国击败后，国力迅速衰退，从而导致被秦所灭 [7]。然而，在当时实施所谓"霸道"的并非宣王一人，且宣王也实现了合纵（《战国策·齐策卷一一八》）[8]。虽然湣王的具体用人方法目前并不明确，但其所进行的对外扩张的规模及次数也不及秦国。湣王不听取意见，率意而为这一点也颇存疑点。如果这么说，湣王怎么能够无视其大臣、说客？而若说其独断专行是事实，则表明湣王在中央集权化上取得了成功，这又与下面要说的"变法失败论"相矛盾。因此可以说，并不能单纯将田齐的灭亡归于宣王、湣王个人身上。

　　第三是田齐因乐毅的侵略而受到毁灭性打击，其后政治上的腐败程度也日益严重之说 [9]。的确，在史料中常可以看到，田齐最后的齐王建因听从佞臣谗言与其他国家合纵而不与秦直接交战从而被灭 [10]、王建因秦军从出其不意的方向入侵而失败 [11]、王建"不贤"等记载 [12]。常有研究者将其背景列为政治上的腐败 [13]。然而，田齐在乐毅失势后重新全部收回了领土，因此其所受打击是否为"毁灭性"实在值得商榷。此外，政治上腐败的标准甚为模糊，这一腐败在湣王以后依然持续的原因也不明确。田齐在湣王死后又延续了约六十年，若考虑到齐王建统治期间并无内乱，君王后也实施了善政等因素，则乐毅侵略的影响和政治腐败的具体程度与田齐灭亡间的关系仍值得推敲。

　　第四是变法（中央集权化政策）失败之说。战国时期各国都尝试变法，魏国的李克、楚国的吴起、秦国的商鞅、韩国的申不害等都是其倡导者。顾炎武认为相较于宗姓氏族繁荣的春秋时代以前，战国时代的君权因变法而一概得以强化（《日知录·周末风俗》），然而，不论春秋时代 [14]，战国时代各国中央集权化的程度各有差异这一看法近年来逐年增多 [15]。认为田齐失败的人也不少，其中也有人将此归于田齐灭亡的真正原因。特别是太田幸男认为，拥有庞大的"客（宾客）"的靖郭君田婴、孟尝君田文父子式的"小家父长君主（拥有家父长权的小君主）"产生于齐国内，其阻碍到齐王的家父长权，因此田齐注定会自我倾覆。太田幸男认为，"家父长权"其原意是指家族共同体或小家族内部的年长男性所享有的各种支配权及对外交涉权。随着家族的不断扩大及分解，各集团的家父长势力上升后，齐王为防止国家分裂，向他们予以较大恩惠从而获取他们的支持，使他们重新具备了行使家父长权的必要性。然而，田婴及孟尝君违背了齐王的意图，其与民之间另外构建了家父长式的关系。太田幸男将之看作是齐国中央集权化失败的原因。但当时封君仅承认三代以内继承关系，因此出现了抑制出现小家父长式君主的社会潮流[16]。事实上，田齐的封君仅为支配多个邑并掌控中央政府的实力派，封君的数量与其他国家相比极少，史书上仅记载了五名（靖郭君田婴、孟尝君田文、安平君田单、无盐君钟离春、成侯邹忌）[17]。他们的世袭也仅被认可至第三代。而且太田幸男将孟尝君等人称作"小家父长君主"这一点也存在疑点。因为宾客是处于孟尝君作为齐国宰相这一身份才聚集在其麾下的，其动机并非因"任侠关系"，而是各有小九九，彼此间不是持久、世袭的契约关系或基于薪水的臣属关系，更不存在血缘关系或虚拟的家族关系。宾客以外的居民及孟尝君之间也非血缘或虚拟的血缘关系。

　　第五是田齐的地理条件不好之说。在《史记·秦始皇本纪》所引《过秦论》中，贾谊认为秦的胜利原因并非历代秦王的精明，而是秦占据有地利，前引《史记·六国年表》也是以秦在地缘政治学的优势为前提。西汉文帝时期的贾山也曾探索带有"秦地之固"的秦帝国败于陈涉、刘邦的原因（《汉书·贾山传》），其前提是将秦国视为"秦地之固"。西汉高祖刘邦听从娄敬、张良的进言，结合地缘政治学而将首都定为长安（《史记·刘敬列传》）。这样看来，秦地易于防守是战国秦汉时代的共识。反之也可以认为，田齐不具备如秦国这样的地利。诚然，田齐接壤燕国、中山国、赵国、魏国、宋国、楚国、越国，有后背受攻的潜在危险，事实上其也曾受合纵军的攻击。然而，前引《过秦论》中将秦之所以灭亡的重要原因归咎于其缺乏"仁义"，认为地理上的因素并不是秦的制胜因素。从秦末陈胜、吴广进入函谷关，项羽、刘邦等人灭秦来看，秦的地缘政治并非如想象的那么优越，其极为有限。而且田肯曾对高祖刘邦说过，齐国的地理位置不亚于秦国[18]。现实中，田齐是被泰山、琅邪、清河、渤海、济水、长城[19]、钜防所围绕的"四塞之国"[20]，其西方有"列城（由多个城池所构建的防御线）"[21]。从齐国出土的武器铭文可以看出，齐国在三十五个城邑中都有武库，与长城相连以备外敌[22]。可以说，我们并不能断言田齐的地理位置是造成其失败的决定性因素。相较而言，据《史记·张仪列传》中的"齐，负海之国也"及《商君书·兵守》所云"负海之国，贵攻战"的记载，田齐一直处于应该进行对外战争的地势。即便如此，如下文所述，齐王建依然听从宾客的谏言采取了守势，这才是其败因之一。

　　第六是田齐所抱的稷下之学是无用之物之说。张玉书、李东霞认为，田齐的稷下学宫中虽然集有诸子百家，但维持这一规模需要庞大的经费，而且这些人无须为现实提供任何积极政策，也对其不负任何责任[23]。华晓黎、张杰也认为，虽然田齐积极地采取尊贤（起用贤人）政策，但却做不到用能（将起用的贤人用于现实政治上），导致稷下的学士讨论没有责任和意义的空谈，这加速了田齐的灭亡。此外，其还指出，孟尝君与湣王对立而成为宰相，孟尝君的势力提升来自于威王以来对宗室的重视政策，而秦国则正相反，采取了不重用宗室及近亲的法律，因而走上了强国之路[24]。然而，稷下学宫的维持费在史料上并不明确。此外，稷下之学虽然在威王、湣王时期曾一度繁荣，但威王时期是田齐的全盛时期，而湣王时期则大败于乐毅，可见稷下学宫的有无与战争胜败并无直接关系。甚至稷下学士推荐的士曾成为官员，稷下的活动与国家利益并非毫无关系。而且在当时，宾客普遍存在于田齐以外的地方，秦正是因为拥有许多宾客而获胜。因此问题不在于学士、宾客的有无。

本节对关于齐国失败原因的相关说法进行了探讨。可以说，这些说法仍存在值得商榷之处，并不具备田齐失败的真正条件。接下来，笔者会探求更为重要的田齐失败的原因，对田齐史进行重新探讨。

二　田齐的经济基础

1. 田齐灭亡与客的关系

关于田齐的历史有许多书籍和研究，其中罗列有几乎所有与田齐有关的史料，杨宽对其以编年体的形式作了整理研究[25]。还有根据《马王堆帛书·战国纵横家书》及《银雀山汉简·孙膑兵法》等出土文字资料所进行的译注[26]。因此，我们现在并不需要网罗收集相关史料，而是确定该如何对这些史料进行整合并加以分析，从而摸清田齐灭亡的真实原因。在此，有一条史料值得关注，《史记·田敬仲完世家》记载如下：

"始君王后贤，事秦谨，与诸侯信，齐亦东边海上，秦日夜攻三晋、燕、楚、五国各自救于秦，以故王建立四十余年不受兵。君王后死，后胜相齐，多受秦间金，多使宾客入秦。秦又多予金，客皆为反间，劝王去从朝秦，不修攻战之备，不助五国攻秦。秦以故得灭五国。五国已亡，秦兵卒入临淄，民莫敢格者。王建遂降，迁于共。故齐人怨王建不蚤与诸侯合从攻秦，听奸臣宾客以亡其国，歌之曰'松耶柏耶，住建共者客耶。'疾建用客之不详也。"

据此可知，田齐原本有数量庞大的宾客，后胜成为宰相后，从秦国收取大量贿赂，将许多宾客租借于秦国。秦又对这些宾客予以庞大的赠予，于是，宾客皆将对秦有利的情报传回齐国，劝阻齐王脱离合纵，造成田齐并未与其他五国联合攻秦，对秦的强国化进程选择了沉默。也就是说，齐王是被宾客所误。因此《史记》才评论齐王建"用客之不详"。类似的文章在《战国策》中也能见到。那么，客（或宾客）究竟是何人？

如同笔者在另文所述，"客"是指往来于诸国间的知识分子、商人、剑客等寄居于某一国家中实权派之处的游民。"客"也被称作"旅"，除此之外，还有被称作"寄（或羁）"的人群。两者虽在秦律中有所区别，但《说文·宀部》作"客，寄也"，具体不详。不管怎样，寄（羁）、客（旅）都被总称为"旅人"。他们因为对在所逗留之地受到的待遇及政治形态不满，从而移居他国，或采取改善状况的行动。因此，对各国的内部发展而言，吸收宾客的"谏言"，防止宾客的逃离便十分重要。政治无法得以改善，人才便会流失出去。因此，有才能的宾客通常都会受到厚待。而且，由于宾客常巡游各国，往往手中掌握有其他国家的珍贵情报。这样一来，在各国之间便产生了争夺宾客与情报的情况[27]。

那么，田齐如此优遇宾客，为何还会被背叛？的确，由于宾客是外国人，因此常存在背叛君主的危险。事实上，几乎同时期的秦国也对此有所防范，秦王政还发布了逐客令。因为李斯说明了宾客的必要性，才使得逐客令被废止，正因此，秦才能依靠宾客的力量成功统一国家。那么，为什么田齐会被宾客所背叛？根据《史记》的记载，秦与田齐在这一点上有所不同，即据前引史料，其原因是田齐的宰相后胜收取间金（贿赂）使宾客流往秦，这些宾客被秦所收买。

对于毫无爱国心的宾客而言，在获取报酬后立即变节是理所当然的，这样的例子不胜枚举。例如，田骈不断向齐王主张于现实政策毫无建树的道术，并从齐王那里获取巨额经济支持[28]。因此，可以说，左右秦、田齐命运的宾客的动向的根本在于两国经济实力的差距[29]。事实上，《战国策》秦卷一一一中描述了顿弱从秦王政那里获取"万金"，并用这一资金游说韩、魏、燕、赵，使秦王建入秦朝见，让韩、魏、燕、赵服从的始末。那么，接下来，本文对田齐的经济基础拟以确认。

2. 田齐的人口及兵力

由于人口的多寡支撑着经济实力根基，因此确认田齐经济实力的基础是其人口，人口也决定其兵力的多寡。关于战国时期的总人口有一千五百万人至二千万人说[30]、二千万人说[31]、三千万人说[32]，很难判断田齐占其中几成。

重新审视《史记》《战国策》可知[33]，战国中期的燕、齐、赵、魏、韩有数十万"带甲"和武士（《战国策》齐卷一二六、齐卷一五八、齐卷一七二、魏卷三五八、韩卷三八七、韩卷三九三、魏卷三一一、魏卷三二八、燕卷四四二）、楚国有百万"持戟""奋击""带甲"（《战国策》秦卷一〇八、秦卷四七、秦卷九四、《史记·苏秦列传》《史记·楚世家》）、赵有"带甲百余万"（《战国策》赵卷二七六）、秦有"带甲百余万""虎贲之士百万"（《战国策》楚卷一九六）或"名师数百万"（《战国策》秦卷一〇七）。虽然上述战国七雄兵力的记载有相当的夸大成分，但依然能为我们了解其兵力占比状况提供参考。从中可以看出，田齐的兵力与燕、赵、魏、韩大致相当，稍劣于全盛时期的赵、楚和秦。此外，再来看出土文字资料，战国中期的魏兵及楚兵的实际人数约为二十万到三十万之间[34]。那么，结合上面的比例来看，齐兵的人数也可以推测为二十到三十万左右。事实上，根据《史记·苏秦列传》及《战国策》齐卷一二六的记载，田齐首都临淄有七万户，平均每户有三人以上的男性，最大可以动员约二十一万兵员。首都临淄为特大城市，在齐国没有其他城市能与临淄比肩[35]，因此，最盛时期的田齐，其最大动员兵力在二十一万的基础上加数万的规模。而秦在公元前 224 年灭楚国时约有六十万大军（《史记·王翦列传》）。当时的秦已征服三晋（韩、魏、赵），也就是说，这六十万兵力包含有三晋的士兵。因此，在三晋灭亡之前，秦国的兵力会更少于这一数字。根据上述比例来看，战国中期秦国的兵力最多也不会超过四十万人。

通过以上分析可知，田齐在君王后死后的公元前 250 年左右，其兵力与秦相差不大，最多也不过三比四左右。因此，两国总人口的比重也不会超过这一比例太多。将这些差别以具体的数字来演绎有相当困难。齐国有不嫁女而使其从事娘家的祭祀这一风俗（《汉书·地理志下》），这也制约了人口的发展。然而，并不能因此便说田齐的人口与其他国家相比有太多差距，相较于燕等国来说，其在人口上占有优势（《史记·苏秦列传》《史记·乐毅列传》）。因此，秦齐两国在对于"客"的资金实力差别方面，其根本原因并非在支撑经济的人口差别。接下来，本文重新立足于经济史观点对田齐史历史进行回顾，确认田齐的经济基础状况。

3. 田齐成立的经济背景

齐国面向大海，是海盐的产地。春秋时代以前，河东的盐池并未得到充分开发，其时最大的盐产地便是齐[36]。王青认为齐国产盐地域大部分位于山东半岛北部。学界一般认为商周时期的海盐生产仍局限在滨海地带进行，但现代研究表明，海水的实际含盐量并不高，若直接煮海水提取食盐，燃料消耗很大，效率相当低。反之，山东半岛北海岸线太古以来从北到南渐退，春秋战国时期的其地原来在海底，土地含有卤水。所以齐人为了食盐不必去海岸而在其地煮卤水[37]。根据《史记·齐太公世家》等的记载，商周革命后，被封建到齐的吕氏通过发展工商业、渔业、盐业迅速壮大。其后，齐桓公还曾以捕鱼及产盐帮助贫民。可见，齐国从很早开始便经营渔业和盐业。但是齐国的物产远不止于此。根据原宗子的研究，《管子·地员篇》描写有齐地的自然环境，那里有农业以外多种多样的产业。在齐地之中有"中性地下水可以灌溉之地、种植丰富树木之地、大量砍伐树木以作畜牧、燃料之用及造林共同竞争之地、以水分及微酸性土壤为必要环境的麦作之地、出产蓝铜矿及石墨并可能发现恐龙化石的冲积土壤之地"等多种土地性质并存[38]。但是相较于有限的森林、矿山、畜牧地等而言，海盐（如王青所说，严格来讲是在山东半岛北部陆地被挖掘而被煮的卤水）是取之不尽的。因此，确保海盐，对齐国来说具有重大利益。

原本，国内有海岸的国家不止于齐国。燕、吴、越等都是有海岸线的国家。然而，燕国多为狩猎、畜牧民，他们通过食肉可以取得足够的盐分。吴、越位于相当遥远的东南，向中原诸国运送盐时的距离太远。随着战国时期中原诸国逐渐限制狩猎民的活动，提高定居农业的依存度[39]，农民们不再需要通过食肉获取盐分，而需要购买食盐，这样一来食盐（特别是齐国的海盐）的重要性便与日俱增。

虽然如此，但盐的大部分收入都由公族所支配。齐在景公时期（公元前六世纪后半至公元前五世纪），设置有掌管木材的"衡鹿"、掌管芦苇的"舟鲛"、掌管柴薪的"虞候"、掌管食盐、鱼贝的"祈望"等官[40]，还有民对关卡及市场进行控制[41]。"工贾"也在姜姓高氏的管理之下（《管子·大匡篇》）。因为身处边缘的民都叫到国都进行劳作（《左传·昭公二十年》），海岸周边的居住人口减少。根据江村治树对都市遗址分布的研究，齐国除首都临淄之外，几乎没有其他大规模的城市[42]。也就是说，齐国有意识的将人口集中于临淄，将盐场交予祈望官进行管理，从而对从沿海的盐地运往首都临淄的盐课以较高的关税，公族因此得到大量的盐业收入。

然而随后，田氏取代了一直以来将工商业、渔业、盐业控制于己手的姜姓吕氏。公元前380年，田和将君主康公移到海岸边，自己掌控了齐国的实权，并获得东周安王的封建，成为齐侯。那么，对于掌控有巨大经济利益的姜姓吕氏，田氏是如何做到取而代之的？根据谢乃和的研究，吕氏的齐与鲁等相比，其任用的异姓者较多，其公臣多由异姓荣登贵族阶级构成，而贵族的私臣中也有不少级别较低的异姓者[43]。因此，作为原因之一，田氏才有可能进入齐的政治顶层。

众所周知，春秋时期，齐国的君主吕氏及其周围的国氏、高氏、襄氏、隰氏、崔氏、庆氏均为姜姓。而田氏在文献中也作陈氏，虽然关于其缘由有陈国说及不明两种说法，但田氏＝陈氏＝陈国的公族这种说法似乎更为妥当[44]。齐桓公之时，从陈国内乱中逃脱的陈的公族（妫姓）田敬仲或许由于其名望而在齐国受到了厚遇，被任命为工正（掌管百工之官）。

　　根据太田幸男的研究，田氏在此后很快便与吕氏结为姻亲。齐发生了公族内斗，姜姓公族纷纷失势，特别是庆氏失势后，非姜姓的田氏及妫姓的鲍氏地位迅速提升。作为体现此时政治变化的一个记载，《左传·昭公三年》曰："齐公孙灶卒。司马灶见晏子曰：又丧子雅矣。晏子曰：惜也，子旗不免，殆哉。姜族弱矣。而妫将始昌……"。"妫"即为妫姓，说明了田氏的势力上升。此后，田氏获得了姜姓庆氏的"木百车（百辆搭载木材的车）"（《左传·襄公二十八年》），显示出田氏欲夺取庆氏管理的山林。太田幸男根据上述田氏势力上升的经过，引用汉代御史大夫桑弘羊的话，认为由于吕氏并未合理利用鱼盐之利，才使得田氏夺取了政权。

　　大夫曰："今夫越之具区、楚之云梦、宋之钜野、齐之孟诸，有国之富而霸王之资也。人君统而守之则强、不禁则亡。齐以其肠胃予人，家强而不制，枝大而折干，以专巨海之富而擅鱼盐之利也。势足以使众，恩足以卹下，是以齐国内倍而外附。权移于臣、政坠于家，公室卑而田宗强，转毂游海者盖三千乘，失之于本而末不可救。"（《盐铁论·刺权》）。

　　该史料确实反映了支配了鱼盐的田氏消灭吕氏这一历史认识。增渊龙夫据此指出，战国时代君主权以山林薮泽为其经济基础[45]，正是如此。

　　那么，田氏是如何获取鱼盐之利的？值得注意的是田敬仲担任"工正"掌管百工这一点。工负责铸造青铜器及建筑物的建造，并负责作为燃料及资材的木材，田桓子（陈无宇）在公元前 532 年以前曾以海岸旁的莒为其据点（《左传·昭公十年》），这都说明田氏家族熟于掌管木材及盐等自然资源。田氏所任"工正"与掌管木材的"衡鹿"、掌管芦苇的"舟鲛"、掌管柴薪的"虞候"、掌管食盐、鱼贝的"祈望"之间有何种关系不明。但从现存的战国时代工所铸造的青铜器及建筑物资来看，掌管工的工正与木材、柴薪等燃料关系密切。而且煮卤水的木材数量有限。从这个意义上来说，田氏掌管负责木材等的百工，并且夺取庆氏木材这一点极为重要。前引《盐铁论》的记载也显示田氏获得的孟诸（山林薮泽之一），其不仅是建筑材料，也是制盐业所必需的材料。或许，田氏为避免直接向姜姓公族的制盐出手从而引起公族不满，而通过夺取山林来间接取得公族的盐业收入。

　　《韩非子·说林上》记载有鸱夷子皮曾侍奉田常。鸱夷子皮是范蠡的别名，其从越转移到齐居住并因此发迹（《史记·越王勾践世家》）。因此，鸱夷子皮范蠡才是田氏的金库看守，在海边掌控盐业。

三　田齐灭亡的经济要因

1. 田常的妙计

　　正如太田幸男所指出的，获得巨大盐业收入的田氏通过大肆向民贷款，并延缓还款日期的"厚施"政策，从而赢得了支持。在受到田氏经济援助的人里，同时还有子山、子商、子城、子公、公孙捷等姜姓吕氏（《左传·昭公十年》）。田氏将山林、鱼贝类在市场进行批发，以在原产地的山林和海滨同等的价格出售，逐渐掌握了山林和鱼贝类的销售网。太田幸男认为这样促使很多民众回到田氏的封邑内。这种"厚施"政策特别是在田厘子与田常时期被采用（《史记·田敬仲完世家》）。

此外，田氏的封邑地逐渐扩充，莒与高唐等大城市也被其纳入，到平公时期（公元前481～前457年在位），自安平至其东方到琅琊这一广大区域均属田氏，已经超过了吕氏的平公（《史记·田敬仲完世家》）。安平在临淄之东（《史记·田单列传·集解》引《徐广注》），琅琊则在安平之东，因此田氏的封邑多集中于临淄以东的沿海地带。

接下来，掌握了齐国实权的田常采取了下面的行动：

"田常乃选齐国中女子长七尺以上为后宫，后宫以百数，而使宾客、舍人出入后宫者不禁。及田常卒，有七十余男。田常卒，子襄子盘代立，相齐。常谥为成子。田襄子既相齐宣公。三晋杀知伯，分其地。襄子使其兄弟宗人尽为齐都邑大夫，与三晋通使，且以有齐国"（《史记·田敬仲完世家》）。

关于这条史料，太田幸男作如下解释：田常选取身材高的女性为自己的后宫，并许可宾客、舍人出入后宫，默许他们与田常的夫人们来往，并最终生下七十余子。他们当中其实不少是与宾客、舍人的孩子，但在名义上都是田氏之子，而集成田常的田襄子将他们都任命为"都邑大夫"。结果导致田氏集团内部混有非血缘者，原本纯粹的田氏家族被特殊对待，并成为家父长权的基础。另外，伴随着君主家父长权的强化，都邑大夫（原则上为田氏之子）转为田齐的官僚。

原来如此，田常将身高七尺[46]（约161厘米）的健康女性纳入后宫，正是为了多生子嗣。"都邑大夫"或"邑大夫"这一称呼在其他先秦文献中看不到[47]，其应是"都大夫（《银雀山汉简·孙膑兵法》）"的别名。由于"都"相当于后世的县城[48]，因此田常之子及宗人被任命为类似于各县长官这样的官职。

然而，如果田常的目的只是为了增加田氏人口的话，应从田常的兄弟宗族中选配女性让其生子，或索性直接从兄弟宗族中指定养子便已足够。滋贺秀三认为，战国时期以来的宗族是从共同的祖先那里分支出来的男系血统的总称，各宗为加以区别而有自己的姓。其规模因中心及共同祖先的不同有所差别。男性无法从同宗娶妻（同姓不婚），也不能从异姓那里收取养子（异姓不养），从而将从祖先传来的血脉及气（生命）通过男系子孙不断的传下去[49]。也就是说，根据同姓不婚原则，田氏的子裔会随着一代一代的传播而逐渐疏远，根据异姓不养的原则，田常也无法直接从异姓的宾客、舍人那里指定养子。然而，同为田氏，只要不同宗便可以结婚，也可以从其他宗内收取养子。即便如此，田常依然让宾客、舍人与后宫女性通奸，以他子为己子，这是为什么？作为推测，有可能是因为①田常意图通过疏远其他田氏使直系子孙更加昌盛。②不得已将非田氏（特别是姜姓吕氏的一部分）拉入己方阵营。

事实上，当时的田氏并非铁板一块。身处田氏集团内部的田常的地位十分不安定。比如，田豹侍奉于与田常敌对的监止（或称阚止），监止曾提出拥立田豹为新宗主取代田常的计划，田豹得知后立即将此密告于田常（《史记·田敬仲完世家》）。正如太田幸男所指出的，这表明田豹很可能原来是田常这边的间谍。但是如果田氏家族的团结是人尽皆知的事实的话，监止不大可能将田豹置于身侧。从这个意义上来说，这个实例不得不引起人们对田氏内部是否团结的疑问。

监止和田常的对立发端于田逆杀人后，监止将其逮捕，而田氏团结起来营救田逆这一事件。因此，最恨监止之人便是田逆，因此田逆常鼓动田常诛伐监止，还扬言如若不然就将其从宗主位置上拽下（《左传·哀公十四年》）。田逆还因监止手下的一人（大陆子方，即姜姓的东郭贾）是其朋友而对其进行过营救，可见田逆的话语权之强。因此，田常为保持对其他田氏（包括同宗的田逆）的优越性，利用宾客、舍人增加自己的直系子孙，企图根据田常的直系子孙实现其中央集权化的进程。

对于试图篡权的田常而言，最大的敌人即是作为公族的姜姓吕氏。其成员极为庞大，且在各地担任"都邑大夫"。然而，如前所述，姜姓吕氏中的一部分人由于已经收到田氏的经济支持，从而有可能演变为田氏的势力。特别是没有封邑，受到冷遇的姜姓吕氏也并不在少数。但是，他们只要冠有"姜姓吕氏"的帽子，就可能有随时挑起齐复兴运动的危险。因此，为了不引起大规模内乱，实现权力的顺利过渡，允许他们出入于田常后宫，将他们的孩子变为田氏便十分必要了。正是因为了解这一意图，田常之子田襄子才将"兄弟宗族"变为"都邑大夫"，只有这样才有可能顺利对上述史料进行解读。

2. 脆弱的家族纽带及强势君权

这样一来，田常的子孙占据核心并拉开了田齐历史的帷幕。田常的七十余子均占据都（县城级要职[50]。田齐的城邑有一百二〇（《战国策》齐卷一一九）及七十余（《史记·乐毅列传》《战国策》齐卷一六一），从出土文字资料来看有五十九城[51]，这些城邑的大多数都由田常的直系子孙所占据。战国初期的田齐犹如家族经营企业一样。

对此太田幸男认为，随着世代交替，田氏家族逐渐变得疏远。因此，齐王（特别是威王）虽然对田常的直系子孙有家父长式的权力，但以靖郭君田婴、孟尝君田文父子为例的小家父长君主也在其国内出现，随着其转为当地领主，必将导致田齐的自我坍塌。虽然这一说法有值得商榷之处（前述），但很多事例都表明田氏的家族纽带逐渐弱化，其征兆早在田襄子的孙子这一代便已出现。

第一，田襄子之孙的时代，田会在廪丘叛乱。田会在《史记·田敬仲完世家》的《索隐》中被写作"公孙会"，《水经·瓠子水注》引《古本竹书纪年》载"晋烈公十一年，田悼子卒，田布杀其大夫公孙孙，公孙会以廪丘叛于赵。田布围廪丘，翟角、赵孔屑、韩师救廪丘，及田布战于龙泽，田师败逋，"田会与翟、赵、韩联合击败田布。这印证了田常试图将姜姓吕氏争取到己方这一推论，但由于其纽带脆弱，不久后便出现了背叛田氏者。

第二，战国中期的威王称赞莒的大夫行善政，同时将自肥的阿的大夫及其拥护者烹杀。虽然都邑大夫应是田氏，但显然对威王而言，其虽是家族成员，但更是大臣。

第三，将军田忌与孙膑与魏交战，对不顺从的齐城（临淄）及高唐的"都大夫"进行诱骗。孙膑预测他们已大败，他们其实大败于魏（《银雀山汉简·孙膑兵法·禽庞涓》）。自威王时期以来，高唐的大夫是田盼（《史记·田敬仲完世家》）。田盼在此后的马陵之战中也十分活跃（《史记·六国年表》《史记·魏世家》的《索隐》引《竹书纪年》）。可见，被田忌等人陷害的正是田盼。此外，田盼与田婴也颇不谐（《战国策》齐卷一二四）。

第四，面对乐毅等的攻击，发生了"齐皆守城（不顾齐王的安危而自守）"的现象，导致齐国失去即墨及莒之外的七十余城（《史记·乐毅列传》）。或许因为即墨是威王时期成功开发的大城市，莒是田桓子之后田氏的据点，因此才能最终守住。然而，其余的都邑大夫虽然多是田常的直系子孙，但均早早举起白旗，背叛了齐王。这都说明田氏家族的纽带十分脆弱。

第五，楚汉战争时期田齐一复国，齐王建的弟弟田假等便与田儋、田横等进行了激烈的王位之争。这也表明田氏内部的不和一直持续到汉初。

上面的例子均表示田氏家族内部缺乏团结。但这并不等于齐王在政治上其君权的脆弱，也并非表明有封君凌驾于王之上。值得关注的是上述第四个例子。虽然受到乐毅的攻击，田齐的七十余城均早早投降，但在此背后还隐藏着别的原因。其典型例子便是田单。田单并未向乐毅投降，而是带着田氏的矜持，逃亡于其他城市，最终固守于即墨。即墨是与齐王居住的莒所不同的城市。也就是说，在田氏中，有人由于七十余城防守能力不足，而逃到了相对坚固的城市。宫崎市定与江村治树认为，除了临淄以外，田齐之地缺乏大规模都市遗址，因此乐毅所陷之七十余城均非牢固的城池，很容易攻击[52]。

那么，田齐的都邑为何都并不那么坚固？具有参考意义的是靖郭君田婴的故事。田婴在威王时期颇受宠信，其有许多宾客，以薛为据点，其富有闻名天下。田婴曾因楚王提出以楚之土地交换薛，而滞留于薛（《战国策》齐卷一三九、《吕氏春秋·季春纪·知士》），这表明田婴拥有无需王命许可便可私自更改居城的自主权。然而如果没有齐国作为后盾，薛并不具备足够的防守实力。因此，当田婴决定筑城时，宾客建议"君若无齐，城薛犹且无镴也"。当时田婴被齐王看作潜在威胁，由于其筑城会被怀疑谋反，因此田婴最终停止筑城（《史记·孟尝君列传》）。这样一来，齐地少有战国城郭的原因便已明了。田齐的封君（比如田婴）由于担心受到齐王怀疑而忌讳筑城。据此可以推断，齐王的君权并不弱，周边的都邑都对其十分顺从。

田齐统一铸造青铜货币这一点也需要留意。江村治树认为，齐地主要出土齐大刀、切首刀、方孔圆钱（賹化钱）。特别是齐大刀尺寸较大，厚重，且有周郭，钱文的百分之九十以上皆为齐大刀。形状基本均衡，是继"齐之大刀""即墨之大刀""安阳之大刀"之后很短时间内铸造出来的。由于其常与战国后期的賹化钱一起出土，可见其与賹化钱是属于本位、辅助关系的战国后期货币。由于①与齐大刀同属本位、辅助的賹化钱的"賹"并非城市名；②几乎所有的齐大刀都以"齐大刀"的铭文统一起来；③临淄出土了许多陶制铸造模型，因此钱文中的"齐"并非是城市名，而应是国家名称。也就是说，齐大刀与地方城市的特定目的货币（齐之大刀、即墨之大刀、安阳之大刀等）不同，是国家统一发行的货币。或许齐大刀被作为齐威王进行大规模军事活动的军费或外交费用时用来筹备黄金而铸造的，随后与小面值的賹化钱一同转化为一般流通货币。江村治树认为，田齐各城市间军事、经济并不像三晋的城市那样相互独立，其往往受到中央政府实施的货币统一政策影响[53]。这一点从田齐的政治中央集权化也可窥见。

上文对田齐以田常的直系子孙（含姜姓吕氏）为轴心形成、田氏的家族团结较弱、齐王的君主权较强、由于封君顾虑到齐王的反应而不敢筑城并因此导致乐毅轻而易举攻破城池这几点进行了讨论。如前所述，在孟尝君死后，薛即被齐国所灭。封君不被允许世袭三代以上是当时的惯例[54]，这些都印证出齐王君权之强。靖郭君、孟尝君也不例外。因此，田齐因小家父长君主的崛起而必然导致分裂的说法并不能成立。那么，依靠盐业、渔业而坐拥巨大财富的田氏虽然在政治上成功实现中央集权化，但为什么仍会陷入资金不足的困境？

3. 因田齐所导致的经济圈间交易失败

值得注意的是田齐最后没能确立经济圈之间的交易及田氏的实力派个人经济自立化趋势。原本，田齐在威王、宣王之时迎来其全盛期 [55]。根据金文（集成四六四九），陈侯（之后的威王）当初以辅佐神农的黄帝、辅佐周王朝的齐桓公与晋文公为榜样，自比春秋时代的霸者。其时代背景是由于战国时代常常举行会盟 [56]，在此后继续进行强国化进程的田齐于公元前 334 年号称"王"，并加大了对外扩张的步伐。但是田齐并没有最终囊括多重"经济圈"。正如笔者在另文所述，当时的中国存在多个"经济圈"。这里所说的"经济圈"是《史记·货殖列传》中所记载的有不同特产的区域，各经济圈范围相当模糊，其并不一定等同于战国时期诸国的国境线。在各经济圈内生产的产品除在国内消费外，还被运往其他经济圈产生更大的经济利益。因此，实现经济圈之间的交易与国家经济利益息息相关。田齐虽然在威王至湣王时期一度扩大其领土范围，但基本仍处于"山东经济圈"内，并没有将其他经济圈纳入其版图之中。如另文所述，秦在公园前三世纪初占领了"关中经济圈""西羌经济圈""巴蜀经济圈"的大半，赵截至公元前三世纪中期拥有"山西经济圈"全域及"洛阳经济圈""燕经济圈"的一部分 [57]，楚则拥有"楚经济圈"及"吴经济圈" [58]，与之相比，田齐无法将其渔业、盐业、丝织业的利益最大化。

对此，采取果断措施的是湣王时期。湣王以天子为目标，预备僭称帝号，并干预燕的政治。但此后燕国依然存在，田齐并未完全将"燕经济圈"握入手中。另外泗水流域的诸侯们也纷纷向湣王称臣 [59]。田齐还在此时获得了宋的土地。宋的农业、漆业、织物业、工业发达，是交易要道的必经之地 [60]，其与"洛阳经济圈""楚经济圈""吴经济圈"相接。这样一来，田齐将"山东经济圈"与"燕经济圈""洛阳经济圈""楚经济圈""吴经济圈"进行连接，从而得以有效的将海盐、鱼、织物等利益最大化。

但是震恐于田齐之强大的诸国很快便组成联军，在田齐利用经济圈之间贸易获取利益之前，在济西讨伐田齐。导致田齐失败的原因之一在于怨恨田齐的燕王起用乐毅等名将。再加上湣王时期数次对外战争已经将对赵国进行防卫的据点济西及对燕国的防卫据点河北的兵员耗尽 [61]，济西早已没有足够的兵力进行防守。但更重要的是，田齐没有来得及完成利用各经济圈间贸易发展经济大国的道路，其缺乏让合纵解体的外交资金及临时征兵的军费。之后，凭借田单的努力，田齐虽然取回了全部领土，但也仅是"山东经济圈"及宋地。而与此同时，秦已拥有"关中""巴蜀""西羌""楚"四个经济圈，两国在经济上拉开了很大距离。

同时，田氏的实力派也纷纷呈现出经济独立的趋势。换句话说，以齐王为核心的一元化经济体制并不完善。需要注意的是，在西汉前半期的首都圈（长安周边）的许多富商均是田氏这一点（《史记·货殖列传》）。齐地的田氏多在汉初被强行迁往长安周边居住（《汉书·高帝纪》），长安周边的田氏便是田齐王族的末裔。这表明田氏的分支在田齐灭亡后，丧失地位，从而转为经商。换句话说，他们为确保不失去田齐灭亡时的私人财富和既得权益，没有与齐王一起殉死，是因为他们早已与田齐中央政府保持了一定距离。这也和前文所说的田齐的家族纽带很薄弱，各支间也存在不和的结论相吻合。因此，可以说他们在田齐时代便已私下进行商业运作了。

但是田齐对封君势力的崛起有较强限制，齐王的政治权力也不可轻视。在这样的情况下，他们是如何获得个人经济利益的？在此十分重要的是，他们都并非大的土地所有者。根据上文来看，①田氏的封君不能世袭三代以上、②活跃于汉代的田氏为商人、③齐地最大的特产是海盐、鱼类、织物。那么，他们的收入源头应该都是无需土地的盐业、渔业和织物业。这些业种即便不是封君和国相也能从事，很难受到国家的管制，所得收入也只以自行纳税的人为对象，很容易造成偷税。如此一来，田氏家族更加朝解体的方向发展，他们无需向齐王表示自己的忠诚，因此从事自由经济活动的人越来越多。事实上，在《史记·货殖列传》中载有"（齐人）其俗宽缓阔达而足智，好议论。地重，难动摇。怯于众斗，勇于持刺。故多劫人者"，齐人不喜众斗（集团战斗），长于持刺（个人的武勇）。这也暗示齐人重视个人利益的性格。因此，田氏的分支无论在盐业、渔业、织物业、商业中取得多大的利益，其都并不一定体现在中央财政之中。这也是造成田齐资金不足的原因。

四　结语

本文对战国七雄之一的田齐的兴衰及其因果关系进行了探讨。特别是关于田齐最终被秦所灭的原因，一直以来除了丧失天命之说外，还有其对于非武力征服之地缺乏长期安定的有效支配（凝）之说、宣王、湣王的弊政说、田齐被乐毅侵略遭受毁灭性打击，其后腐败又日益严重之说、变法（中央集权制政策）失败说、地理位置恶劣说、稷下之学浪费大量财富却毫无用处所致等说法。在本文中，对田齐的失败原因从其资金不足着手，探明了其之所以会陷入资金不足的原因。

原本田齐面向大海，是海盐的产地，其经济实力较其他国家占有优势。但自陈国的公族田氏（陈氏）进入姜姓吕氏政权后，通过管理制盐所必须的木材，而将掌控盐业的姜姓公族击败，其中起用善于经商的鸱夷子皮范蠡或许也发挥了作用。田常用剩余的资金采取优厚政策（对民借款并宽限还款日期），并选取身高较高的女性充实后宫，许可自己的宾客、舍人自由出入后宫，并默许他们之间交往，最终产生了七十多位儿子。他们中虽然多为宾客、舍人之子，但在名义上却是田常之子，因此皆被任命为都大夫。其目的可能是，①当时的田氏集团内部并非铁板一块，田常通过增加自己的直系子孙，试图建立田常的直系子孙所构成的中央集权化。②吸收一部分姜姓吕氏，使得政权得以平稳从齐过渡到田齐手中。这样一来，在以田齐直系子孙为中心的构造下，拉开了田齐的历史帷幕。

然而，随着世代的交替，田氏家族的彼此联系也开始变得疏远。一方面，为限制凌驾于王之上的封君的出现，田齐很早便推行政治上的中央集权化，并实施了青铜货币(纳税手段)的统一。在此基础上，试图从霸者向王、帝转身的田齐逐渐扩大领土范围。但即使在威王、宣王时期，其支配地域仍停留在"山东经济圈"，没能将其他经济圈纳入版图之中。

在随后的湣王时期，其强力干预燕国政治，并消灭宋国，从而开拓出相连的"燕经济圈""洛阳经济圈""楚经济圈""吴经济圈"。但此时，意识到威胁的诸国组成合纵军，击败还处于初期阶段的田齐。其后，虽然田齐恢复了领土，但其势力范围仍然仅停留在"山东经济圈"，并没能继续扩大。而田氏的实力派则纷纷开始出现经济独立的趋势。他们以无需较大土地的盐业、渔业、织物业和商业为主要收入，追求自身利益。而这些利益无论规模多大，都没有反映进中央财政。与此同时，秦向田齐的宾客投资大量资金使其叛变，让其唆使齐王对秦采取从属政策，对战国诸国的合纵进行了有效的防备。在此期间，战国五国相继被灭，最后被孤立的田齐也被灭国。这正是导致田齐失败的重要因素。

注释

[1] 太田幸男：《中国古代国家形成史论》，汲古书院，2007 年。以下太田幸男的观点均引自本书。

[2] 藤田胜久：《史料学よりみた战国七国の地域的特色》，《史记战国史料の研究》，东京大学出版会，1997 年。

[3]《吕氏春秋·先识览》曰："白圭之中山，中山之王欲留之，白圭固辞，乘舆而去。又之齐，齐王欲留之仕，又辞而去。人问其故。曰，之二国者皆将亡。所学有五尽。何谓五尽。曰，莫之必则信尽矣，莫之誉则名尽矣，莫之爱则亲尽矣，行者无粮、居者无食则财尽矣，不能用人又不能自用则功尽矣。国有此五者，无幸必亡。中山、齐皆当此。"没有接受齐王邀请的白圭陈述其理由时说，齐缺乏信、名、亲、财、功。白圭是魏惠王时期人，因此此处的齐王应是威王、宣王、愍王之中的一位吧。但这种说法过于含糊，而且在此之后，田齐依然存续超过六十年之久。

[4] 杨宽：《战国史（一九九七增订版）》，商务印书馆，1997 年。

[5] 籾山明：《批评·绍介杨宽著〈战国史（新版）〉》，《东洋史研究》第 41 卷第 3 号，1982 年。

[6] 姜祖英：《齐宣王简论》，《临沂师专学报》1992 年第 3 期。

[7] 莫文：《略论齐宣王·齐闵王的霸王之业》，《管子学刊》2004 年第 4 期。

[8]《战国策》版本问题比较复杂。本文参考日本明治书院新释汉文大系版及其卷数。

[9] 徐勇：《先秦时代齐国参加的主要战争述略》，《烟台大学学报（哲学社会科学版）》1997 年第 2 期。

[10]《史记·田敬仲完世家》："四十四年，秦兵击齐。齐王听相后胜计，不战，以兵降秦。秦虏王建，迁之共。遂灭齐为郡。天下一并于秦，秦王政立号为皇帝。始，君王后贤，事秦谨，与诸侯信，齐亦东边海上，秦日夜攻三晋、燕、楚，五国各自救于秦，以故王建立四十余年不受兵。君王后死，后……故齐人怨王建不蚤与诸侯合从攻秦，听奸臣宾客以亡其国。"

[11]《史记·秦始皇本纪》："二十六年，齐王建与其相后胜发兵守其西界，不通秦。秦使将军王贲从燕南攻齐，得齐王建。"

[12]《淮南子·泰族训》："齐王建有三过人之巧，而身虏于秦者，不知贤也。"

[13] 作为田齐衰退的重要原因，王阁森、唐致卿主编：《齐国史》，山东人民出版社，1992 年，认为是由于不彻底的国内改革、政治腐败、对内外失策、齐王建采取孤立主义政策、王志民：《齐文化概论》，山东人民出版社，1997 年认为由于政治腐败、军事失利，《齐文化发展史》，兰州大学出版社，2002 年认为是政治腐败、外交失策、王京龙、高新镇、马立华：《齐国兴亡浅说》，《管子学刊》2003 年第 2 期认为是国家管理不当、政治腐败和外交失利。

[14] 郡县制源自春秋时期，有作为彰显君权的场所的看法也有反对意见。参见土口史记：《春秋时代の领域支配》，《先秦时代の领域支配》京都大学学术出版会，2011 年等。

[15] 杨宽：《战国史（一九九七年增订版）》，商务印书馆，1997 年。

[16] 下田诚：《中国古代国家形成史论と青铜兵器研究》，《中国古代国家の形成と青铜兵器》汲古书院，2008 年。

[17] 钱林书：《战国时期齐国的封君及封邑》，《复旦学报（社会科学版）》1999 年第 2 期。

[18] 秦形胜之国，带河山之险，县隔千里，持载百万，秦得百二焉。地势便利，其以下兵于诸侯，譬犹居高屋之上建瓴水也。夫齐东有琅邪、即墨之饶，南有泰山之固，西有浊河之限，北有勃海之利。地方二千里，持载百万，县隔千里之外，齐得十二焉。故此东西秦也（《史记·高祖本纪》）。

[19] 关于长城及鉅防，参见王献唐：《山东周代的齐国长城》，《社会科学战线》1979 年第 4 期。此外，对齐长城进行实地调查并对关于长城的清华简"系年"进行讨论的有陈民镇：《齐长城新研——从清华简"系年"看齐长城的若干问题》，《中国史研究》2013 年第 3 期等。

[20] 齐南有泰山，东有琅邪，西有清河，北有勃海，此所谓四塞之国也。齐地二千余里，带甲数十万，粟如丘山。三军之良，五家之兵，进如锋矢，战如雷霆，解如风雨。即有军役，未尝倍泰山，绝清河，涉勃海也（《史记·苏秦列传》），齐有清济，浊河可以为固，长城、鉅防足以为塞（同传）。

[21]《水经·汶水注》引《古本竹书纪年》"梁惠成王二十年，齐筑防以为长城。"（愍王时期其一部分被秦攻陷）。

[22] 孙敬明：《齐长城在齐国军事防御战略中的地位》，《泰山学院学报》第 27 卷第 4 号，2005 年。

[23] 张玉书·李东霞：《稷下学士与齐国的灭亡》，《管子学刊》2002 年第 2 期。

[24] 华晓黎、张杰：《齐国的用人政策与齐国的兴衰》，《管子学刊》2002 年第 1 期。

[25] 杨宽：《战国史料编年辑证》，商务印书馆，2002 年。

[26] 工藤元男、早苗良雄、藤田胜久译注：《战国纵横家书：马王堆帛书》，朋友书店，1993 年。金谷治译注：《孙膑兵法》，筑摩书房，2008 年。

[27] Kakinuma, Yohei. 2014. The Emergence and Spread of Coins in China from the Spring and Autumn Period to the Warring States Period. In. Bernholz, P. & Vaubel, R. eds. Explaining Monetary and Financial Innovation： A Historical Analysis. Switzerland：Springer. 下文如无特别说明，均引自本文。

[28] 苗润田：《田骈述论》，《齐鲁学刊》1985 年第 1 期。

[29] 大西克也：《上海博物馆藏战国楚竹书〈曹沫之陈〉译注》庄公问陈章（简 12-13-14-17-18-19-20）载："不惜财产与女人赠予（敌人）的身旁，是从内部进行防御的手段"，齐人不会没有注意到用钱收买客这一点。

[30] 葛剑雄：《西汉人口地理》，人民出版社，1986 年。林甘泉编：《中国经济通史·秦汉经济卷》，经济日报出版社，1999 年等。

[31] 范文澜：《中国通史简编（修订本）》，人民出版社，1964、1965 年等。

[32] 梁启超：《饮冰室文集》第十册。

[33] 《战国策》的卷数据林秀一校订的新释汉文大系版（基于鲍彪十卷本，附记有姚宏校注本的卷数）。

[34] 柿沼阳平：《战国时代における楚の都市と经济》，《东洋文化研究》2015 年第 17 号。

[35] 柿沼阳平：《战国时代における楚の都市と经济》，《东洋文化研究》2015 年第 17 号。

[36] 影山刚：《中国古代の盐业の成立とその发展》，《中国古代の商工业と专卖制》，东京大学出版会，1984 年。另外，宫崎市定：《贾の起源に就いて》，《宫崎市定全集五史记》，岩波书店，1991 年很早就注意到盐的重要性，认为中国商业的起源便是盐的交易。但前引影山前著作（Ⅲ章）也曾说过，关于盐业、盐商的记载在战国以后的史料中较多，在此之前的情况并不明朗。

[37] 王青：《环境考古与盐业考古探索》，科学出版社，2014 年。

[38] 原宗子：《古代中国の开发と环境——《管子》地员篇研究——》，研文出版，1994 年。

[39] 原宗子：《终章》，《〈农本〉主义と〈黄土〉の发生古代中国の开发と环境二》，研文出版，2005 年。

[40] 《左传》昭公二十年和《晏子春秋》外篇第七"山林之木，衡鹿守之。泽之萑蒲，舟鲛守之。薮之薪蒸，虞候守之。海之盐蜃，祈望守之"，杜预注"衡鹿、舟鲛、虞候、祈望，皆官名也"，孔颖达疏"《周礼》山泽之官皆名为虞。"

[41] 上海博楚简《竞公疟》（第八简）中也有几乎类似的记载，仅没有与"海之盐蜃，祈望守之"对应的内容。

[42] 江村治树：《战国时代の都市の性格》，《春秋战国秦汉时代出土文字资料の研究》，汲古书院，2000 年。后晓荣：《战国政区地理》，文物出版社，2013 年。

[43] 谢乃和：《中国上古官僚制起源的一个新线索——以春秋时期齐国家臣制为中心的考察》，《西北师大学报（社会科学版）》第四九卷第四号，2012 年。

[44] 《左传·庄公二二年》和《史记·陈杞世家》将陈国公族田敬仲因陈国内乱逃往齐国作为齐国田氏的开始。《左传》记载，原本齐桓公任命田敬仲为卿，遭到田敬仲拒绝，因此才就任工正。太田幸男氏认为，由于①上述田敬仲的相关史料缺乏可信性、②当时卿位已满，田敬仲不可能被荐为卿、③此后没有史料显示齐与陈有特殊关系、④在金文中，陈国作"敶"，陈氏作"墬"，两者有所区别、⑤金文（集成四六四九）中威王自己说其祖为黄帝，这与《史记·陈杞世家》"陈公之祖＝舜"的记载矛盾、⑥工正是桓公推行的中央集权化中担任中枢的官职，并非新加入者可以担当的，因此"田氏＝陈氏＝陈国公族"这一说法不能成立，并提出"田敬仲＝桓公推行官僚体制强化政策时受到提拔的一人"。然而，并不能因此将田敬仲的相关史料全部否定。因为，虽然在齐国的卿中，上卿已经饱和，但下卿的人数却不受限制。③的史料缺乏，因此并不能据此认定陈国与田氏毫无关联。关于④的金文，有祭祀齐的高都令陈氏（集成一一六五三）及妫姓的陈侯（集成七〇五、一〇一五七）作"陈"字的例子。⑤原本是后藤均平：《陈について》，《中国古代の社会と文化》，东京大学出版会，一九五七年中提出的说法，这种说法存在两点错误。第一、"陈公之祖＝舜"与"陈公之祖＝黄帝"并不矛盾。

因此，舜本身便是黄帝的子孙（《史记》五帝本纪）。第二、据郭沫若：《两周金文辞大系图录考释（二）》，科学出版社，2002 年。高新华：《齐威王"高祖黄帝"再认识》，《齐鲁文化研究》2008 年第 7 期。周生春、孔祥来：《田齐"高祖黄帝"考辨》，《浙江社会科学》2012 年第 12 期，前引金文（集成四六四九）中的"高祖黄帝"为以黄帝能令诸侯追随为榜样之意。⑥的工正和中央集权化的关系也不甚明了。因此，笔者支持以前引金文（集成七〇五、一〇一五七）为依据的"田氏＝陈氏＝陈国公族"说。

[45] 增渊龙夫：《先秦时代の山林薮沢と秦の公田》，《新版中国古代の社会と国家》，岩波书店，1996 年。

[46] 丘光明：《中国历代度量衡考》，科学出版社，1992 年。

[47] 土口史记：《包山楚简の邑と邑大夫——战国楚の行政单位と"郡县"》，《先秦时代の领域支配》，京都大学学术出版会，2011 年。

[48] 赵庆门：《齐国置"五都"说邹议》，《中国历史地理论丛》第 24 卷第 4 辑，2009 年。

[49] 滋贺秀三：《中国家族法の原理》，创文社，1967 年。

[50] 赵庆门：《齐国置"五都" 说邹议》，《中国历史地理论丛》第 24 卷第 4 辑，2009 年。

[51] 后晓荣：《战国政区地理》，文物出版社，2013 年。

[52] 宫崎市定：《战国时代の都市》，《宫崎市定全集三古代》，岩波书店，1991 年。江村治树：《战国时代の都市の性格》，《春秋战国秦汉时代出土文字资料の研究》，汲古书院，2000 年。

[53] 江村治树：《春秋战国时代青铜货币の生成と展开》，汲古书院，2011 年。

[54] 钱林书：《战国时期齐国的封君及封邑》，《复旦学报（社会科学版）》1999 年第 2 期。

[55] 该时期的记录较繁复，各史料也存在年代矛盾。因此在以往研究中，平势隆郎：《史记の"正统"》，讲谈社，2007 年怀疑是否存在三王，应只有威宣王和潜宣王二人，史料中的宣王是其中之一。本文虽使用威王、宣王、愍王的用语，但仍需注意到当时的编年十分困难这一点。

[56] 工藤元男：《战国の会盟と符——马王堆汉墓帛书〈战国纵横家书〉二〇章をめぐって》，《东洋史研究》第 53 卷第 1 号，1994 年。

[57] 柿沼阳平：《战国赵武灵王の诸改革》，《日本秦汉史研究》第 13 号，2013 年。

[58] 柿沼阳平：《战国时代における楚の都市と经济》，《东洋文化研究》第 17 号，2015 年。

[59] 于是齐遂伐宋，宋王出亡，死于温。齐南割楚之淮北，西侵三晋，欲以并周室，为天子。泗上诸侯邹鲁之君皆称臣，诸侯恐惧（《史记·田敬仲完世家》）。

[60] 宇都宫清吉：《西汉时代的都市》，《汉代社会经济史研究（补订版）》，弘文堂书房，1967 年。史念海：《释〈史·货殖列传〉所说的"陶为天下之中"兼论战国时代的经济都会》，《河山集》，三联书店，1963 年。新民：《春秋战国时期的宋国经济》，《商丘师专学报（社会科学版）》1988 年第 4 期。

[61] （苏代谓燕王曰）今夫齐，长主而自用也。南攻楚五年，畜聚竭。西困秦三年，士卒罢敝。北与燕人战，覆三军，得二将。然而以其余兵南面举五千乘之大宋，而包十二诸侯。此其君欲得，其民力竭，恶足取乎。……且异日济西不师，所以备赵也。河北不师，所以备燕也。今济西、河北尽已役矣，封内敝矣……（《史记·苏秦列传》）。

从上博简《孔子诗论》看《毛诗·齐风》的诗意
——以《东方未明》《猗嗟》为中心

薮敏裕　刘海宇 译*

　　《孔子诗论》收录在《上海博物馆藏战国楚竹书（一）》（下文简称《上博简》）[1]，编者马承源认为是孔子所作。不论《孔子诗论》是否孔子本人所作，作为战国时代的出土资料，是迄今最早与《诗》相关的文献，在先秦《诗》解释史上具有重要的意义。《孔子诗论》[2]中，涉及今本《毛诗·齐风·东方未明》[3]篇的内容见于第十七简，《齐风·猗嗟》篇则见于第二十一简和第二十二简。为了便于下文的讨论，兹引两诗原文如次：

　　第十七简：《东方未明》有利訶（词）。《牆（将）中》之言不可不韦（畏）也。《汤（扬）之水》丌（其）爱妇悊。《菜（采）萬（葛）》之爱妇……

　　第二十一简：……贵也。《䜌（将）大车》之嚻也，则以为不可女（如）可（何）也。《审（湛）蓉（露）》之賹也，丌（其）猷轮（酡）与。孔_（孔子）曰：《萺（宛）丘》，虗（吾）善之。《於（猗）差（嗟）》，虗（吾）憙（喜）之。《尸（鸤）鴝（鸠）》，虗（吾）信之。《文王》，虗（吾）兇（美）之。清……

　　第二十二简：……之。《萺（宛）丘》曰：訇（洵）又（有）情，而亡（无）望。虗（吾）善之。《於（猗）差（嗟）》曰：四矢弁（反），㠯（以）御乱。虗（吾）憙（喜）之。《尸（鸤）鴝（鸠）》曰：丌（其）义（仪）一氏（兮），心女（如）结也。虗（吾）信之。《文王》曰：文王在上，於邵（昭）于天。虗（吾）兇（美）之。

　　如果马承源的断代正确的话，这些资料提供了战国中期对于《齐风》的理解。本文以上博简所见《齐风》的解释为中心，探讨其与先秦至汉代传世文献以及毛序的关系，进一步考察今本《毛诗》特别是《毛序》成立的必然性及其性质。

一　关于《毛诗·齐风》

　　《毛诗》的国风（上博简中称"邦风"）为什么以周南、召南、邶风、鄘风、卫风、王风、郑风、齐风、魏风、唐风、秦风、桧风、陈风、曹风、豳风十五国风的名称和顺序排列，据管见所知，尚未有定论。在汉代出土资料中，与《诗经》相关的材料有西汉时代的阜阳汉简和东汉熹平石经的鲁诗，根据两者可以确知，汉代已有十五国风，但却不见《毛序》的存在。在战国资料《孔子诗论》中，除鄘风、魏风、秦风、豳风之外，《毛诗》的其他国风均已出现。如果不管正风与变风的不同，仅就地理概念看，可以考虑鄘风与卫风相同，魏风与唐风相同，秦风、豳风与

　　* 薮敏裕：日本岩手大学教育学部。刘海宇（翻译）：日本岩手大学平泉文化研究中心。

召南相同。在现有资料情况下，还不能判断究竟是有关郦风、魏风、秦风、豳风等国风的竹简偶尔没有被发现，还是战国时代这些国风尚不存在。

众所周知，《诗经·齐风》在《毛诗》中由以下十一篇构成：《鸡鸣》《还》《著》《东方之日》《东方未明》《南山》《甫田》《卢令》《敝笱》《载驱》《猗嗟》。关于这十一篇被编在《齐风》中的理由，可以考虑《还》篇的"猺"山、《南山》篇与《敝笱》篇所见的"齐子"、《载驱》篇所见的"汶水"等字句均与齐有关，或者《还》篇的篇名"还"与"营"通假，即营丘（临淄），也可作为旁证。这正与《邶风·泉水》篇、《鄘风·桑中》篇、《卫风·淇奥》篇等中的"淇（淇水）"，《郑风·溱洧》篇与《寒裳》篇中的"溱（溱水）"与"洧（洧水）"，《唐风·扬之水》篇的"沃""鹄（汾水下游地名）"等一样，各篇均出现了各国（邦）的地名等，因此才被编在各自国风里面。

在此不烦引《齐风》各篇的原文。《毛诗》各篇之前均附有序文，被称为《毛序》。为方便下文的探讨，兹摘录出《齐风》各篇的《毛序》如次：

"鸡鸣，思贤妃也。哀公荒淫怠慢，故陈贤妃贞女，夙夜警戒相成之道焉。

还，刺荒也。哀公好田猎，从禽兽而无厌。国人化之，遂成风俗。习于田猎谓之贤，闲于驰逐谓之好焉。

著，刺时也。时不亲迎也。

东方之日，刺衰也。君臣失道，男女淫奔，不能以礼化也。

东方未明，刺无节也。朝廷兴居无节，号令不时，挈壶氏不能掌其职焉。

南山，刺襄公也。鸟兽之行，淫乎其妹。大夫遇是恶，作诗而去之。

甫田，大夫刺襄公也。无礼义而求大功，不修德而求诸侯，志大心劳，所以求者非其道也。

卢令，刺荒也。襄公好田猎毕弋，而不脩民事，百姓苦之，故陈古以风焉。

敝笱，刺文姜也。齐人恶鲁桓公微弱，不能防闲文姜，使至淫乱，为二国患焉。

载驱，齐人刺襄公也。无礼义，故盛其车服，疾驱于通道大都，与文姜淫播其恶于万民焉。

猗嗟，刺鲁庄公也。齐人伤鲁庄公有威仪技艺，然而不能以礼防闲其母，失子之道，人以为齐侯之子焉。"

在《毛诗·大序》中，齐风被当作王道衰退时代（具体指与政治安定的正风时代不同的统治衰退时期的变风时代）的诗，多被解释为当时的诗人讽刺混乱政治的内容，与《左传》以及《史记·齐太公世家》等齐国相关资料关系密切。上引《毛序》认为，《鸡鸣》篇、《还》篇刺哀公，《著》篇、《东方之日》篇、《东方未明》篇刺哀公统治下齐国的混乱，《南山》篇、《甫田》篇、《卢令》篇、《载驱》篇刺襄公，《敝笱》刺襄公与其妹文姜其有不正当的男女关系，《猗嗟》篇刺文姜之子鲁庄公。

下面以上博简《孔子诗论》为中心，探讨《毛诗·齐风》中所见的《东方未明》篇与《猗嗟》篇。

二　上博简《孔子诗论》所见的东方未明篇

首先，第十七简以"《东方未明》有利詞（词）""《牆（将）中》之言不可不韦（畏）也"[4]、"《汤（扬）之水》丌（其）爱妇悡""《菜（采）萬（葛）》之爱妇"分别评价《齐风·东方未明》篇、

《郑风·将仲子》篇、《郑风·扬之水》篇[5]以及《王风·采葛》篇。评价《东方未明》篇云"有利词"，这里的"利"字应怎样解释？马承源云"'利词'是诗句直言朝政无序。……此言'公'令群官未明而朝，所谓起居无节，早晚失常。'利词'当指此等诗句。"他认为，"利词"是"直言朝政无序"，虽未明言，从文意看，他把"利"理解为"刺"，释为直言（或批判）时政之义[6]。从竹简图版看，此字隶定为"利"没有问题，"利"也可以训为"刺"，但还有没别的可能呢？

　　我们探讨一下"利"字在其他楚简中的使用情况。郭店楚墓竹简《性自命出》四十五简至四十六简云"人之巧言利訂（词）者，不又（有）夫诎诎之心则流"[7]，关于此"利词"的训释，《郭店楚简校释》云"人口齿伶俐，如果没有质朴淳厚之心，就会夸诞不实"[8]，释"利"为舌锋犀利。郭店简中，"巧言利词"与"诎诎之心"对言，"巧言"之"巧"意为"口巧"，同样"利词"之"利"也应释为善于言辞之义。如果此说可以成立，则《孔子诗论》第十七简"《东方未明》有利词"可释为《齐风·东方未明》篇言辞巧妙。另外，战国文献《孟子·尽心篇下》"利口，多言而不实者"以及成立时代不明的《论语·阳货》"恶利口，恐其乱信也"中的"利"均指言过其实的浮夸之词。可见，"利"字有"刺"即讽刺、责难之义，也有善于言辞或利口巧辞的意义。那么，《毛传》《毛序》以及传世文献对《东方未明》篇是如何解释的呢？

三　《毛传》及传世文献中《东方未明》的理解

　　《齐风·东方未明》篇共三章，每章四句，兹引如下：

　　"东方未明，颠倒衣裳。颠之倒之，自公召之。

　　东方未晞，颠倒裳衣。倒之颠之，自公令之。

　　折柳樊圃，狂夫瞿瞿。不能辰夜，不夙则莫。"

　　根据《毛传》，第一章中"上曰衣，下曰裳"，第二章中"晞"为"明之始升"，"令"为"告也"，第三章中"折柳樊圃，狂夫瞿瞿"注为"柳，柔脆之木。樊，藩也。圃，菜园也。折柳以为藩园，无益于禁矣。瞿瞿，无守之貌。古者有挈壶氏，以水火分日夜，以告时于朝"[9]，"不能辰夜，不夙则莫"注云"辰，时。夙，早。莫，晚也。"据《毛传》的训释，整体诗意可作如下理解：

　　"夜尚未明，（家臣）穿衣上下颠倒。颠倒穿衣是因为主君的召唤不以其时。

　　天还未亮，（家臣）穿衣颠倒上下。穿衣颠倒是因为主君的命令不以其时。

　　虽以柔软的柳木做成菜园的藩篱，狂夫也能翻垣而入。主君的召集如此昼夜失常，以致挈壶氏无法管理时间，不是太早即是太晚。"

　　诗歌讽喻主君不以其时的荒唐召唤导致家臣对应失常。虽然在细微的地方稍有不同，这大致与《毛序》"刺无节也。朝廷兴居无节，号令不时，挈壶氏不能掌其职焉"的解释比较接近，上博简马承源注也承袭了此种观点。

　　《齐风·东方未明》篇在传世文献中见引于《荀子·大略》篇。

　　"诸侯召其臣，臣不俟驾，颠倒衣裳而走，礼也。"《诗》曰："颠之倒之，自公召之。"天子召诸侯，诸侯辇舆就马，礼也。《诗》曰："我出我舆，于彼牧矣。自天子所，谓我来矣。"

　　又见于《说苑·奉使》篇。

"魏文侯遣张仓唐赐太子衣一袭，敕以鸡鸣时至。太子发箧视衣，尽颠倒。太子曰：《诗》云：'东方未明，颠倒衣裳。颠之倒之，自公召之。'遂西至谒，文侯大喜。"

《荀子》与《说苑》均叙述如有诸侯召唤，家臣应颠倒衣裳促遽朝见，引《东方未明》篇以说明群臣颠倒衣裳急速而至是合乎礼仪的。虽有断章取义之嫌，两者均认为诗中的"公"指诸侯，描写家臣如礼颠倒衣裳促遽朝见的状态。而《毛序》云"刺无节也"，批判因公命无序才导致家臣在休息时间朝见时颠倒衣裳，马承源亦支持此说，《毛传》亦认为是批评当时的君主，但这种理解不见于其他的传世文献。

《孟子·万章下》载"万章曰'孔子，君命召，不俟驾而行。然则孔子非与？'曰'孔子当仕有官职，而以其官召之也。'"孟子不见诸侯，受到弟子万章的责问，孟子做出说明。孟子认为，臣下与庶民不同，庶民虽然应该为国家或君主服一定时间的劳役，但是与君主没有私交，所以没有义务应承君主的召见。接着出现上面一段对话，万章又诘问即使孔子受到君主的召见，也匆忙赶去，孟子先生为什么说不应该去。孟子答复，因为孔子当时不是庶人，而是家臣。孟子认为，服务于君主的家臣和不仕的庶人在权利与义务上有很大的差别。对于《孟子》的这段话，东汉赵岐注曰"孟子言，孔子所以不待驾者，孔子当仕位，有官职之事，君以其官名召之，岂得不颠倒。"《诗》云："颠之倒之，自公召之。不谓贤者无位而君欲召见也。"孔子当时有官位，所以才会匆忙应召，而作为庶民的贤者没有官位则没有必要应承君主的召见，赵岐引《东方未明》篇加以证明。可见，即便在东汉时代，《东方未明》篇也被理解作如有君主召唤家臣应促遽朝见，这和《荀子》《说苑》中的理解是一样的。虽然东汉是今文经典强势的时代，但古文经《毛诗》也会有一定的地位，可是《毛序》所谓讽刺朝廷政事"无节"的解释却不见于赵岐的注释。

引用《东方未明》篇的传世文献中，从战国时期的《荀子》到西汉时代的《说苑》再到东汉时代的赵岐注都认为，对于君主的召见家臣衣服颠倒促遽朝见才符合礼仪，这种解释虽然稍显滑稽，但这在当时是普遍性的一般认识，而《毛序》所说批判政治的见解则没有普遍性。

四　《东方未明》篇的本义解释与《孔子诗论》

关于《东方未明》篇的本义，闻一多首先提出此诗描述的是妇女思念丈夫的内容。《毛传》《毛序》把诗作者设定为批评时政的君子，把颠倒衣服的人设定为家臣，以闻一多为代表的诗本义派解释与此不同，他们把诗作者理解为妇女，把"狂夫"理解为受公命而整日忙碌的丈夫，把整篇诗意解释为妻子思念丈夫的诗。例如，闻一多在《风诗类钞》中说"夫之在家，从不能守夜之正时，非出太早，即归太晚。妇人称夫为狂夫。"[10] 程俊英《诗经译注》亦云"以一个妇女的口吻，写她当小官吏的丈夫忙于公事，早晚不得休息，对自己的妻子还不放心，引起了女主人的怨意。"[11] 根据这种解释，诗意可能描述妇女（作者）抱怨丈夫（狂夫）因主君（公）的召唤而整日忙碌，难以与己两厢厮守。据此，整篇诗意可作如下理解：

"夜尚未明，你穿衣上下颠倒。颠倒穿衣是因为主君的召唤不以其时。

天还未亮，你穿衣颠倒上下。穿衣颠倒是因为主君的命令不以其时。

虽以柔软的柳木做成菜园的藩篱，狂夫也能翻垣而入。主君的召集如此昼夜失常，不是太早即是太晚（使我感到悲苦）。"

需要指出的是，这种诗本义解释几乎不见于战国至汉代的文献。但是，即使把此诗解释成妇女思念因公事忙碌的丈夫的诗歌，"瞿瞿"也可以解释作《毛序》所说的"无守"。

此外，在最新的诗本义研究中还存在其他的解释。关于诗中的"狂夫"，可以考虑其与《郑风·山有扶苏》篇[12]"狂且""狂童"[13]与《郑风·褰裳》篇[14]"狂童之狂"中的"狂"字意义相同，是女性称呼亲近自己的男性愚笨之类的戏谑性表现[15]。如果《东方未明》篇也可以作这种解释的话，诗意则是女性（作者）表述对夜晚闯进家里的男性（即诗中的公或狂夫）的思绪，可作如下理解：

"夜尚未明，我穿衣上下颠倒。颠倒穿衣是因为你的召唤不以其时。

天还未亮，我穿衣颠倒上下。穿衣颠倒是因为你的命令不以其时。

虽然居所周围作了藩篱，傻傻的你也能翻垣而入。也不分白天黑夜，不是太早就是太晚。"

可见，《东方未明》篇或可解释成女性戏谑对自己追缠不休的男性的诗歌。通过以上考察可知，如果根据闻一多或最新的诗本义解释，《东方未明》篇还可能具有其他的理解。

《孔子诗论》第十七简"《东方未明》有利词"对《东方未明》篇作何种解释呢？第十七简除《东方未明》篇之外还同时引用了《将仲子》篇、《扬之水》篇、《采葛》篇等三篇诗。作者同时引用这三篇诗，这些诗篇应具有某些共通性。《扬之水》篇同时见于《郑风》《王风》《唐风》，难以确指[16]。《采葛》一般理解为《王风·采葛》篇[17]。因篇幅所限，在此仅对《将仲子》篇做一探讨。《将仲子》篇是《毛诗·郑风》的第二篇，全文如下：

"将仲子兮，无踰我里。无折我树杞，岂敢爱之。

畏我父母，仲可怀也。父母之言，亦可畏也。

将仲子兮，无踰我墙。无折我树桑，岂敢爱之。

畏我诸兄，仲可怀也。诸兄之言，亦可畏也。

将仲子兮，无踰我园。无折我树檀，岂敢爱之。

畏人之多言，仲可怀也。人之多言，亦可畏也。"

全诗共分三章，每章八句。诗歌采用叠咏体，三章内容基本相同，故仅以第一章为例加以考察。《毛序》认为"刺庄公也。不胜其母以害其弟，弟叔失道而公弗制。蔡仲谏而公弗听。小不忍以致大乱焉。"与《东方未明》的《毛序》一样，均属于政治性解释。而朱子则认为，"此淫奔者之辞"，否定了《毛序》，在某种程度上对诗的本义有所理解。字词解释方面，"将"训"请""仲"，《毛传》认为指"蔡仲"，意为年轻男子，"杞"，《毛传》释为"木之名"。第一章的诗意可作如下理解：

"拜托！仲子。不要翻越我里的垣墙！不要攀折我家的杞树！我不是珍惜树木，是害怕我的父母。仲！我很挂念你。但是父母的责骂，也很令人畏惧。"

《毛序》的解释多根据《左传》等文献，有不少牵强附会而且后起的解释，朱子已不信其说，所以在考察先秦时代的诗意时，《毛序》难以为据。此诗的本义可以理解为，女性告诫向自己求爱的男性（仲子），在父母面前的表现不要太露骨。

根据上述解释，《孔子诗论》第十七简同时引用《东方未明》篇与《将仲子》篇的理由已经非常明确。根据家井真的最新本义解释，《东方未明》篇第三章第一句与第二句"折柳樊圃，狂夫瞿瞿"的本义可以理解为，"虽然居所之外作了藩篱，愚笨的你也能翻垣而入"，这与《将仲子》篇以"无踰我里"告诫年轻男子要顾忌外人看见不要翻越垣墙的内容有共通之处，都表现出女性对男性的微妙心情。《孔子诗论》的作者与《毛序》及其他传世文献的理解不同，或一定程度上已认识到诗的本义。如果这种推测正确的话，上博简评述《东方未明》篇"利词"的意义或可能是指受到男子求婚时年轻女子羞怯心情的巧妙言辞。

五　上博简《孔子诗论》中《猗嗟》篇的理解

在第二十一简后半段，孔子云："《甬（宛）丘》，虗（吾）善之。《於（猗）差（嗟）》，虗（吾）憙（喜）之。《尸（鸤）鵭（鸠）》，虗（吾）信之。《文王》，虗（吾）兊（美）之。清（庙？）……"，同时评述了今本《毛诗》的《宛丘》篇、《猗嗟》篇、《鸤鸠》篇、《文王》篇。第二十二简与此相关联，进一步引用各篇的部分诗句进行评价，"《甬（宛）丘》曰：詢（洵）又（有）情，而亡（无）望，虗（吾）善之。《於（猗）差（嗟）》曰：四矢弁（反），吕（以）御乱，虗（吾）憙（喜）之。《尸（鸤）鵭（鸠）》曰：丌（其）义（仪）一氏（兮），心女（如）结也，虗（吾）信之。《文王》曰：文王在上，於邵（昭）于天，虗（吾）兊（美）之。"此处引用了今本《毛诗·齐风·猗嗟》篇。第二十一简仅引篇名并作一字评价，马承源云"此组诗篇，孔子皆以主管断语作一字评价。"而在第二十二简中，如马承源所说"此简之文申述之所以'吾善之''吾喜之''吾信之'等的缘由"，引用篇名和部分诗句，以说明二十一简一字评价的理由[18]。所见篇名和诗句与今本《毛诗》基本相同，可见战国时代存在与今本《毛诗》相近的《猗嗟》篇。为便于讨论，兹引《猗嗟》篇全诗内容如下：[19]

"猗嗟昌兮，颀而长兮。抑若扬兮，美目扬兮。巧趋跄兮，射则臧兮。

猗嗟名兮，美目清兮，仪既成兮。终日射侯，不出正兮，展我甥兮。

猗嗟娈兮，清扬婉兮。舞则选兮，射则贯兮。四矢反兮，以御乱兮。"

《毛传》的训释如下，"猗嗟"训"叹辞"，"昌"训"盛也"，"颀"训"长貌"，"抑"训"美色"。"（抑若）扬"《毛传》训"广扬"，马瑞辰云"扬当读如'扬休'之扬，谓美貌也，不必如传训为广扬"，释为"美貌"。"（美目）扬"，《毛传》训"好目扬眉"，谓眉清目秀惹人注目。"跄"，《毛传》训"巧趋貌"，指射箭时的美好仪容。"臧"，《郑笺》云"善"。"猗嗟名兮，美目清兮"，《毛传》训"目上为名，目下为清。""正"，《毛传》云"二尺曰正"，指二尺见方的靶心。"展"，朱子《集传》释"诚"。"甥"，《毛传》训"外孙曰甥"。"娈"，《毛传》训"壮好貌"。"婉"，《毛传》训"好美目也"。"选"，《毛传》训"齐"。"贯"，《毛传》训"中也"，指射中。"四矢"，《毛传》训"乘矢"。整体诗意可作如下理解：

"啊，多么出色！身材高挑，额头美好，秀目清扬，步姿巧妙，射仪绝佳。

啊，多么优秀！美目清扬，射仪齐正，终日射箭，每箭均不离靶心，不愧为我的外孙。

啊，多么壮美！眉目清婉，舞姿整齐，射则中的，四箭连中靶心，足以防御国家的不虞之乱。"

《猗嗟》篇描写的是射仪时的舞姿。《礼记·射仪》篇云"此天子之所以养诸侯，而兵不用，诸侯自为正之具也"，这是诸侯统治的重要手段。石川解释此诗的主旨云，"通过向降临的神灵和祖灵歌唱参加射仪之人的美妙舞姿，宣告国家的稳定，祈祷更大的福祚，这是一首伴随歌舞的宗教诗。"[20] 境武男认为，"三章均言射事，舞亦为射时之舞（马瑞辰），描述勇士矫健的体态。"[21]

《孔子诗论》第二十一简中，孔子云"《猗嗟》吾喜之"，第二十二简所引《猗嗟》篇诗句"四矢反，以御乱"，与今本《毛诗》"四矢反兮，以御乱兮"相比，简文虽少两个"兮"字，无疑应是《猗嗟》篇第三章最后两句。《毛序》云"猗嗟，刺鲁庄公也。齐人伤鲁庄公有威仪技艺，然而不能以礼防闲其母，失子之道，人以为齐侯之子焉。"认为诗篇是讽刺鲁庄公不能防止其母文姜与兄齐襄公密会的诗，这仅仅是一种政治性解释，是对《左传》与《史记》的穿凿附会，《毛序》所谓的讽刺意不见于上博简。《毛诗》的"反"字，简文作"夏"，马承源云"《曾侯乙编钟》铭'变商'、'变徵'之'变'作'韇'，从音，以夏为声符。"马瑞辰云"反，古音如变，故韩诗借作'四矢变兮'，反通作变，犹卞通作反也。"[22] 可见，"反"与"夏"为假借关系，应无疑问。因此，《孔子诗论》也把诗句理解为四矢连中靶心足以防御国家的不虞之患，所以才会有"喜之"的评价。

从上述对《猗嗟》篇的分析可知，《毛序》据《左传》等文献得出的所谓讽刺意不见于上博简文。自朱熹乃至近代的闻一多，已经在较早的时代意识到此诗为恋爱诗，这种理解与《孔子诗论》在一定程度上是相通的。

六　结语

综上所述，我们探讨了上博简《孔子诗论》对《毛诗·齐风·东方未明》篇与《猗嗟》篇的解释。关于第十七简所引《东方未明》篇，我们推测不具有与《毛序》等解释的讽刺意，《孔子诗论》的作者或已经认识到诗篇的原义是咏唱女子对于追求自己男子的思绪，第十七简的《将仲子》篇"不可不韦（畏）也"、《扬之水》篇"爱妇悡"、《采葛》篇"爱妇"等亦可作为旁证。第二十一简和第二十二简评价《猗嗟》篇"吾喜之"，《孔子诗论》理解为四矢连中靶心的射艺足以防御国家的不虞之乱，所以才会令人高兴。《毛序》所谓"刺鲁庄公也。齐人伤鲁庄公有威仪技艺，然而不能以礼防闲其母，失子之道，人以为齐侯之子焉"，这种讽刺鲁庄公的解释完全不见于《孔子诗论》。

本文以《孔子诗论》对《齐风》两诗的解释为中心，主要与《毛序》的解释进行了比较。我们发现，仅就《齐风》而言，《毛序》与《孔子诗论》的解释很不一致。笔者曾经就《郭店楚简》以及《马王堆帛书》等所引诗说所受《毛序》的影响进行了探讨，也考察了传世文献中先秦至西汉文献所引用的《诗》，其结论是引《诗》的诸文献基本不见《毛序》的影响[23]。关于《毛序》经何人之手以什么目的写成的这一问题，《孔子诗论》中不见任何线索，今后有必要做进一步的研究。

注释

[1] 《孔子诗论》的名称据马承源主编《上海博物馆藏战国楚竹书（一）》（上海古籍出版社，2001 年 11 月）。关于马承源所排《孔子诗论》的简序，郑玉珊撰写、季旭昇订改的《孔子诗论译释》（季旭昇主编《上海博物馆藏战国楚竹书（一）读本》，万卷楼图书股份有限公司，2007 年所收）第三页探讨了现有诸说，迄今尚未见到更合适的排序。在尚有其他竹简未发表以及残损严重的情况下，这也无可奈何。本文不讨论简序问题，只探讨每只简内的文句，整体的意义，留待今后进一步研究。但，正如多数学者所指出的那样，二十一简与二十二简是相关联的。

[2] 文字的隶定与假借原则上据马承源《上博简》释文，部分做适当修改。

[3] 本文所引《毛诗》均据十三经注疏本。

[4] 马承源隶定为"韦"字。但是，竹简图版很不清楚，难以确认。在此，暂从马承源说。

[5] 《扬之水》篇在《毛诗》中见于《郑风》《王风》《唐风》三处。我们认为，此《扬之水》属于《郑风》或《王风》的可能性很大，其结论容日后另稿详论。

[6] 《上海博物馆藏战国楚竹书（一）读本》亦认为"是刺君令不时之怨辞，然婉转咎及司夜者，既不失其温柔敦厚，闻之者又足以戒之"，与马承源看法基本一致，"利"释为"刺"。董莲池云"此句是言《东方未明》一诗有苛讽之词"、黄人二云"为刺国君与居无节、号令不时之语，殆即原文'利词'"，亦与马承源的意见近似。其他意见尚有不少，例如：李零释"词"为"始"、俞志慧云"生动笔法而言"、王志平读"利"为"戾"、张金良读"利"为"黎"。参见迟林华《〈孔子诗论〉集释》，华东师范大学硕士论文，2011 年，第 242、243 页。

[7] 刘信芳在《孔子诗论述学》中提及"利词"与郭店楚简《性自命出》的关系，但他主张"'利词'是对《诗·齐风·东方未明》语言风格的准确概括，'利'之本义言锋利"，释为尖锐责难之义，云"马承源释'利词'是也"，支持马承源说。参见刘信芳：《孔子诗论述学》，安徽大学出版社，2003 年，第 199 页。

[8] 刘钊：《郭店楚简校释》，福建人民出版社，2005 年，第 102 页。

[9] 此外，朱熹训"瞿瞿"为"惊顾之貌"，释为因吃惊而环顾四周，不能翻越藩篱。

[10] 闻一多：《风诗类钞》，出自《闻一多全集（四）》，香港开明书店，1947 年，第 50 页。

[11] 程俊英：《诗经译注》，上海古籍出版社，2004 年，第 146 页。

[12] 《毛序》云："山有扶苏，刺忽也。所美非美然"，把《山有扶苏》篇理解为讽刺郑昭公忽的诗。而朱熹云："淫女刺其所私者"，理解为女性戏谑心上人的淫诗。最新的本义解释是家井真所说的"初夏对歌时女性戏谑心上人的诗"（家井真《诗经の原義の研究》，研文出版，2004 年 3 月，第 231 页）。

[13] 裴学海云："山有扶苏篇'乃见狂且'，狂且读为狂子。且与兹通，子亦与兹通，故得假且为子。与下章之狂童同义。"（裴学海《古书虚字集释》，广文书局有限公司，1974 年，第 652 页。）家井真认为，"狂且""狂童"均为对男子的戏称（《诗经の原義の研究》，第 230 页）。

[14] 《毛序》云："褰裳，思见正也。狂童恣行，国人思大国之正己也"，采取国人思正的政治性解释。朱熹云"淫女语其所私者"，释为女性思念心上人的淫诗。最新的本义解释中，家井真云"与祭祀相关的礼仪或祭祀本身的意义被逐渐忘却，祭礼本身成为促生集团内部宗教歌谣的基础。这有时会以一种戏谑歌谣的形式出现。……'溱水'与'洧水'原本均是祭祀水神祈祷丰收的场所，诗意却远离祭祀意义，只保存了对歌场地的意义。"（《诗经の原義の研究》，第 255、256 页）他认为，诗歌已经完全脱离了宗教的本义。家井分析了以"渡河"为兴词或有兴类修辞的八篇诗的成立与展开，它们是《周南·汉广》篇、《邶风·匏有苦叶》篇、《邶风·谷风》篇、《卫风·氓》篇、《卫风·河广》篇、《郑风·褰裳》篇、《郑风·溱洧》篇、《秦风·蒹葭》篇。他认为，最古老的《汉广》篇、《蒹葭》篇、《匏有苦叶》篇是祭祀水神礼仪预演时的歌谣，《褰裳》《溱洧》二篇是祈祷多子多孙的婚姻恋歌，《氓》《河广》二篇是只言婚姻的歌谣，最后《谷风》篇则仅保留了渡河的词句。

[15] 参见石川忠久：《诗经（上）》，明治书院，1998 年，第 228 页。

[16] 以《扬之水》为篇名的诗在《毛诗》中同见于《王风》《郑风》《唐风》。马承源认为属于《王风》，黄人二、周凤五从之。李零认为属于《郑风》。有关于此，我们拟另稿考察。

[17] "葛"字，原作"萬"，从艸、禹声。裘锡圭认为，"禹"与"害"古音相近，可以通假（《裘锡圭学术文集·甲骨文卷》，复旦大学出版社，2012 年，第 209 页）。"害"与"曷"例可通假，无需赘言。

[18]　关于这段评述，马承源云："但是孔子所述的不是整篇诗意，而是引用诗中精辟的辞句，这也是孔子时代的常见方式。"简中的评述究竟是针对整篇诗意还是针对部分诗句，从第二十一简仅举篇名来考虑，尚不能作出判断。这值得今后进一步研究。

[19]　仅从诗本义方面看，如上述《东方未明》篇中，《毛序》及其他传世文献与《孔子诗论》关系不太密切，鉴于此，在此仅就《猗嗟》篇的本义加以探讨。

[20]　石川忠久：《诗经（上）》，明治书院，1998 年，第 283 页。

[21]　境武男：《诗经全释》，汲古书院，1984 年，第 261 页。

[22]　马瑞辰：《毛诗传笺通释》，中华书局，1989 年，第 316 页。

[23]　薮敏裕：《〈郭店楚簡〉から見た〈毛序〉の成立－小雅·都人士篇を中心として》，岩手大学教育学部研究年报第六十一卷第二号（2002），第 21 ～ 28 页。薮敏裕《〈诗〉的最初意义与郭店楚简〈缁衣〉篇》，《清华大学学报》2002 年第 2 期，第 79 ～ 84 页。薮敏裕《上海博物館藏战国楚竹书〈孔子诗论〉所引の〈诗〉理解－周颂·清庙之什·清庙篇を中心として－》，《岩手大学教育学部研究年报》，第六十三卷第一号，2003 年 2 月，第 188 ～ 193 页。薮敏裕《〈诗经〉所见的祖灵崇拜－以〈周颂·清庙之什〉的祖灵崇拜为中心－》，《2011 第四届世界儒学大会論文集》，百花文艺出版社，2011 年，第 646 ～ 648 页。等等。

齐国鲍氏金文研究

刘海宇*

　　鲍氏是东周齐国的望族，因鲍叔牙而显于世。《史记·管晏列传》云："（鲍叔）子孙世禄于齐，有封邑者十余世，常为名大夫。"[1]鲍叔牙助齐桓公得国，又荐管仲为相，从而成就齐国的霸业，在历史上受到极高的评价。鲍叔牙的事迹多见于传世文献，其后裔的事迹仅散见于《左传》《国语》《韩非子》《史记》等史籍中，但鲍叔牙之后的世系不清，不成系统。在出土简帛文献中，有关鲍叔牙的记载见于《上海博物馆藏战国楚竹书（五）》竞建内之篇以及鲍叔牙与隰朋之谏篇等，这两篇竹书文献大概抄写于战国时代中期，其成书的年代应该更早些[2]。迄今所见鲍叔牙的后裔所作青铜器共三件：《鎛鎛》《齐鲍氏钟》《鲍子鼎》，分属春秋时代中晚期。这三件铜器铭文为研究齐国鲍氏的世系、婚姻、封邑、官职等提供了重要的史料，值得作进一步的深入研究。

一　齐国鲍氏金文资料

　　为了便于下文的讨论，我们首先把鲍氏所作铜器铭文胪列出来。经过几代金石学者的不断努力，这些铭文的字词考释已经基本解决。为了避免烦琐，这里就不一一罗列释文的出处，如有必要，随文标注。铭文采用宽式隶定，尽可能使用通行文字。

1. 鎛鎛（《集成》271）[3]

　　据光绪版《山西通志》记载，此器在清同治庚午年（1870年）四月因山西荣河县（今万荣县荣河镇）后土祠旁河岸崩塌而偶然出土，当时共出古钟十二件，先归荣河县人寻鑾泰，后归潘祖荫攀古楼[4]。新中国建立后，器归上海博物馆，今藏中国国家博物馆。器物自名"鎛"，兽形纽，是春秋时代流行的特悬钟的一种。《仪礼·大射礼》郑玄注曰"鎛，如钟而大。"[5]此鎛旧称齐子中姜鎛、齐侯鎛等，现一般以作器者名"鎛"而称之为《鎛鎛》。器物通高67、铣间44厘米，重62.5公斤。铭文字数达170余字，笔画纤细，为錾刻而成。铭文叙述了作器者"鎛"的世系、作器的目的以及齐侯对"鎛"的祖父"有成惠叔"的赏赐等内容。铭文拓本、摹本以及器影见图一[6]：

　　"唯王五月初吉丁亥，齐辟鲍叔之孙、遹仲之子鎛乍（作）子中（仲）姜宝鎛。用旂（祈）侯氏永命万年。鎛保其身。用享用孝于皇祖圣叔、皇妣圣姜，于皇祖又（有）成惠叔、皇妣又（有）成惠姜、皇考遹仲、皇母。用旂寿老毋死，保吾兄弟。用求考命弥生，肃肃义（仪）政，保吾子姓。鲍叔又（有）成，劳于齐邦，侯氏易（赐）之邑二百又九十又九邑，与鄩之民人、都鄙。侯氏从告之曰：'世万至于以孙子，勿或渝改。'鲍子鬻曰：'余弥心畏忌，余四事是以，余为大攻（工）尼、大吏（史）、大述（遂）、大宰，是以可使。'子子孙孙永保用享。"

"鲍"字，铭文作"鞄"形，一般隶定作"鞄"。学者多引杨树达"鞄叔"即"鲍叔"为说，杨氏《积微居金文说》谓铭文"鞄"乃"鞄"字或体，据《说文》"鞄"即"鲍"字，"近日思之，鞄叔盖即鲍叔也"[7]。实际上，清末山西学者杨笃早有此说。郭沫若《两周金文辞大系》新版时已在页眉标注"《山西通志·金石记》引杨笃说'鞄当为鞄，通鲍。鞄叔即鲍叔。'"[8]白川静《金文通释》引郭氏说时误作《山东通志金石记》[9]。杨笃，清末山西乡宁县人，精通训诂，擅长金石之学，是光绪版《山西通志·金石记》的主要纂修者[10]。《山西通志·金石记一》详载杨笃之说，杨笃谓"鞄"字"当为鞄，通鲍"，引经典详考匋、陶、鲍、鞄诸字的通假关系，指出"窃谓此铭鞄叔即鲍叔。鞄，鞄本字，鲍其借字。"此说已经得到学术界的一致认同。

"遳仲"之"遳"，潘祖荫认为是谥号，并引《逸周书·谥法》"执心克庄曰齐"云"齐"应读如"齎"，所以才会加"辵"以示区别[11]。《礼记·曲礼下》"生曰父、曰母、曰妻，死曰考、曰妣、曰嫔。"铭文称"遳仲"为"皇考"，则"遳仲"已经过世。齐器《叔夷镈》亦有"遳"字，辞例为"是悄恭遳"，马承源谓"遳"与"齐"通，义近于"恭"[12]，其说可信。谥号"齐"字加"辵"为"遳"不必是因读如"齎"，而应是为了区别国号"齐"而已。正如齐国陈氏的"陈"字在金文中加"土"写作"墬"，以区别于其出身的陈国之"陈"（或作"敶"）。《鬻镈》铭文中，"鬻"称始祖为"圣叔"，亚祖为"惠叔"，可见鲍氏大宗世代均称"叔"[13]，但称其父为"仲"而不是"叔"，这表明其父"遳仲"极有可能并没有继承担任过鲍氏大宗的宗主。

作器者名"鬻"，此字从素从命。古文字中，"命"与"令"同字，两字用作偏旁时亦无别，则"鬻"与"綮"同字。"綮"字或从索从令，作"綮"，见于甲骨卜辞，作"綮"（《合集》32919）或"綮"（《合集》27887）形[14]。在金文中，"綮"字见于以下几件铜器：西周中期《师訇鼎》（《集成》2830），辞例为"陷（邻）明綮辟前王"；西周晚期《师克盨盖》（《集成》4468），辞例为"克綮臣先王"；西周晚期《默簋》（《集成》4317），辞例为"用綮保

图一　《鬻镈》铭文拓本、摹本以及照片

我家"；春秋早期《秦公钟》（《集成》263），辞例为"其畯龄在位"。从这几件铜器的辞例看，"龄"均应读作"令"，可以看作"令"的异体字。不过，作为人名，《黼镈》中的该字还是原字隶定为妥。

　　关于"子仲姜"的身份，杨树达、白川静等认为是作器者"黼"的母亲，陈洁认为是"黼"的妻子[15]。我们认为陈说当属可信。"黼"的曾祖母被称为"皇妣圣姜"，祖母被称为"皇妣有成惠姜"，均承其丈夫的谥号，唯有其母亲仅称"皇母"。两周金文中一般"皇祖"与"皇妣"并称，"妣"指祖母或祖母辈以上的女性祖先，不烦举例。同时，"皇考"与"皇母"并称，母亲尚在世或已去世均可称"母"，这与上引《礼记·曲礼下》的说法不同。《黼镈》铭文中，"皇母"与皇考、皇祖、皇妣并称，是"用享用孝"的对象，可见"皇母"也已是故人。也就是说"子仲姜"不会是"黼"的母亲，而只能是"黼"的妻子。"子仲姜"出身高贵，是齐侯之女，"黼"为齐侯之婿，所以才会祈求"侯氏永命万年"。下文"寿老毋死，保吾兄弟"与"考命弥生，肃肃仪政，保吾子姓"的祈求对象均应是"侯氏"，只有"侯氏"才有此等权势，这是显而易见的。

　　"黼"所担任官职中的"⿰术辵"字释读历来有多种意见，例如：杨笃、潘祖荫、郭沫若等作"徒"，《集成》隶作"遒"读如"徒"，马承源《铭文选》隶定作"遄"谓"大遄具体司职不详"。李家浩认为此字从辵从术，读如"遂"[16]。孙刚隶定为"逑"[17]。我们认为此字应直接隶定为"述"，读为"遂"。西周金文中的"述"字，《大盂鼎》作"⿰术彳"、《趞盂》作"⿰术辵"[18]。战国楚简文字一般作"⿰术辵"（郭店五行 34 号简）、"⿰术辵"（上博二容成氏 41 号简）等形[19]。《郭店楚简·语丛一》42 号简作"⿰术辵"形[20]，字形与《黼镈》近似。传抄古文作"⿰术辵"形[21]，应是讹变字形。《长沙子弹库战国楚帛书》乙篇 12.28 的"述"字，饶宗颐等摹作"⿰术辵"形[22]，滕壬生《楚系简帛文字编》摹作"⿰术辵"形，细审图版，饶宗颐等的摹本更接近真实。楚帛书的字形"⿰术辵"与《黼镈》的字形极为近似，所以"⿰术辵"字隶定作"述"应无疑问。上古音中，"述"与"遂"物部叠韵，声母相近，经典文献和出土文献中通假的例子很多[23]，兹不烦举。

　　"遂"是齐国甸野的一种行政区划单位，《周礼·地官》有遂人之职，云"五家为邻，五邻为里，四里为酂，五酂为鄙，五鄙为县，五县为遂。"可知每遂一万二千五百家。遂人掌六遂之事，其下属有遂师、遂大夫、县正、鄙师、酂长、里宰、邻长等官职。前引李家浩《齐国文字中的"遂"》已经指出"黼"所担任"大遂"的地位与执掌大概和《周礼·地官》中的遂人一职相当，这无疑是正确的。

2. 齐鲍氏钟（《集成》142）

　　据罗振玉《贞松堂集古遗文》记载，《齐鲍氏钟》原为四明赵时棡宝松阁旧藏[24]。赵时棡，字叔孺，清末民国时期著名的书画篆刻家，中年以后寓居上海，一时与吴昌硕齐名[25]。该器出土情况不详，现所在不明，亦不存器影。铭文 50 余字，内容如下（铭文拓本、摹本见图二）：

　　"唯正月初吉丁亥，齐鲍氏孙□择其吉金，自作酥钟。卑鸣支好。用享以孝于台皇且（祖）文考。用匽（宴）用喜，用乐嘉宾，及我朋友。子子孙孙永保鼓之。"

"鲍氏孙"的名字，罗振玉《贞松堂》摹作"   "，《集成》摹作"   "，拓本模糊，不能判明，今付之阙如。

"卑鸣"的"鸣"字，罗振玉《贞松堂》摹作" "未作隶定，《集成》摹作" "隶作"勾"，马承源《铭文选》、白川静《金文通释》等隶作"鸣"。"勾"，西周晚期《多友鼎》作" "、战国晚期《土勾瓶》作" "[26]，与本器残字不协。我们细审拓本，字的左侧确有"口"的上半部残画，罗振玉的摹本更可信，应依《铭文选》等隶作"鸣"字。"卑鸣"的"卑"字，《集成》《铭文选》等均读为"俾"。我们认为"卑"当读如字，春秋晚期《王孙遗者钟》（《集成》261）有"元鸣孔皇"，春秋前期《谌邡编钟》（《近出》96）[27]有"中鸣媞好"。"元鸣"即是"大鸣"。钟的大小不同，其鸣声有"大鸣""中鸣""卑鸣"的区别应属常理。《齐鲍氏钟》两器合而成文，两钟为一肆，推测应是小型的编钟。

"支好"，《铭文选》释为"大好"，《集成》读"支"为"赴"，郭沫若曰"（支）当读为颇或溥，言甚好也。""支"，《说文》训为"小击也"，我们认为此器"支"当读如字，与"卑鸣"相对应，"卑鸣"的小钟自应"小击"为好。

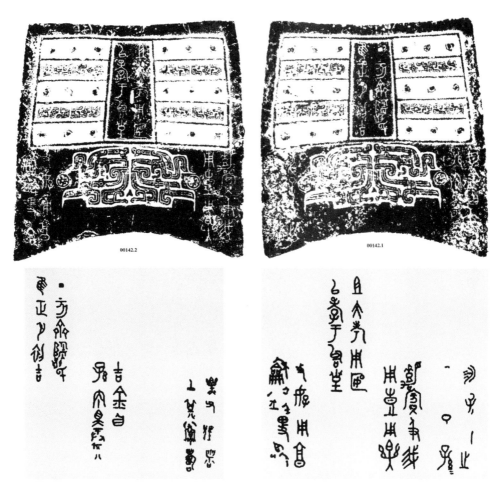

图二 《齐鲍氏钟》铭文拓本与摹本

拓本取自《殷周金文集成》，摹本取自《贞松堂集古遗文》

3. 鲍子鼎

据吴镇烽《鲍子鼎铭文考释》（以下简称吴文）的介绍，《鲍子鼎》2007 年 4 月发现于西安，是春秋晚期齐国望族鲍氏宗主为"仲匋姒"出嫁所做的媵器。器物"通高 33.9、口径 27.8、腹深 15.8 厘米，重 12 公斤。"[28] 其后，又有几位学者对此铭文进行了补释和讨论[29]。《鲍子鼎》内壁铸有铭文 45 字（重文 3 字），器影、铭文照片和拓本见图三（均取自吴文）：

"鲍子乍（作）媵中（仲）匋姒，其隻（获）者（诸）男子，勿或柬（阑）巳（已），它＝（它它）配＝（熙熙），男女无期。中（仲）匋姒及子思，其寿君毋死，保而兄弟，子孙＝（孙孙）永保用。"

吴文认为"匋"是姒姓鲍氏所嫁妇女的名字，"鲍子"为鲍牧，齐国鲍氏以采邑地名为氏，"子思"即是郑献公和声公时期的重要人物郑国大夫国参。涂白奎认为，"子思"为郑大夫的可能性极小，推测其应为齐国的世家大族[30]。从春秋时代媵器类金文看，妇女的私名多位于族姓之后，例如：春秋早期《鲁伯愈父鬲》（《集成》690）"鲁伯愈父作邾姬仁媵羞鬲"，表示鲁国姬姓之女"仁"嫁与邾国；春秋晚期《蔡大师鼎》（《集成》2738）蔡大师"媵许叔姬可母飤繁"，表明蔡国姬姓之女"可母"嫁与许国；此类例子甚多。所以，"仲匋姒"的"匋"似不应理解为私名，或为该女子父家族氏名，正如西周春秋金文多见"王姬""蔡姬""鲁姬""邢姬"之例。淅川下寺楚墓出土《孟縢姬浴缶》云"孟縢姬择其吉金，自作浴缶"[31]，"縢"应读作"滕"，"孟縢姬"或应理解为姬姓滕国之长女。我们认为，"仲匋姒"之"匋"应读作鲍氏之"鲍"，此处写作"匋"应为了避免与前出"䜌"字的重复[32]，"仲匋姒"应理解为姒姓鲍氏之仲女。

图三　《鲍子鼎》照片与铭文

二　齐国鲍氏世系与婚媾

关于鲍氏的世系，杨笃有如下见解：

"作器者乃叔牙之孙、庄子之父也。……《国语》韦昭注叔牙姒姓之后，鲍敬叔之子。敬叔当即铭中圣叔，音义并通。且三世皆取于姜，其非公族可知。《史记》言其子孙世禄于齐，有封邑者十余世。铭中备述赐邑事亦与之合，惜《世本》阙其谱系。见于《春秋传》者仅有叔牙之曾孙庄子牵、文子国及国之孙牧，而其子若孙无可稽，赖此镈始得详其世次，又知其易名为惠，古器之可宝贵如此。"

杨笃据《国语·齐语》韦昭注指出鲍氏姒姓，确不可易。《左传·昭公二十五年》载鲁国"季公鸟娶妻于齐鲍文子"，其妻被称为"季姒"。上述新见《鲍子鼎》是鲍氏宗主为"仲匋姒"所作的媵器，鲍氏女子被称为"仲匋姒"。这些均是齐国鲍氏为姒姓的确证。

我们先看一下文献所载的鲍氏世系。《左传》中，鲍叔牙的事迹见于庄公八年（公元前686年）、九年（公元前685年），又有昭公十三年（公元前529年）韩宣子对于鲍叔牙辅佐齐桓公的评价。鲍牵见于成公十七年（公元前574年），杜预注以其为鲍叔牙之曾孙。鲍牵因向国武子告发庆克与齐灵公之母声孟子私通，声孟子遂谗言于灵公，致使鲍牵被灵公处以刖刑。《左传》引孔子之言曰"鲍庄子之知不如葵，葵犹能卫其足。"可见，鲍牵即鲍庄子。之后，齐人召回在鲁国担任施孝叔家臣的鲍国而立为鲍氏宗主。杜预注认为鲍国是鲍牵之弟，即后来的鲍文子。昭公十四年（公元前528年），齐景公派鲍文子赴鲁国归还先前叛鲁归齐的费邑，得到鲁国的礼遇。昭公二十一年（公元前521年）鲍文子致费之事又被写作"鲍国归费"。由此可见，杜预所注鲍国即鲍文子是正确的。致费事件发生时据鲍国继承鲍氏宗主之位已经过去了46年，如果按鲍国二十岁继承宗主之位计算的话，此时已是近七十岁的高龄。到定公九年（公元前501年），季孙氏家臣阳虎叛鲁奔齐，欲请齐师伐鲁，鲍文子以自己年轻时在施氏任家臣的经验主张鲁不可伐。如果此项记载可信，这时鲍国已经担任鲍氏宗主达73年，其也应已过九十岁。其后，鲍牧见于哀公六年（公元前489年），与陈乞联合讨伐国氏，拥立公子阳生为齐悼公。哀公八年（公元前487年），鲍牧率师伐鲁，之后因与悼公不和而被杀。杜预注认为鲍牧为鲍国之孙。哀公十一年（公元前484年），伍子胥出使齐国时，把自己的儿子托付给齐国鲍氏，不见此鲍氏之名，也不知他与鲍牧是兄弟关系还是父子关系。鲍氏在《左传》中的记载终止于此。

根据杜预所注的鲍氏世系，我们整理《左传》中所见鲍氏世系如下。

鲍叔牙→□→□→庄子鲍牵、文子鲍国兄弟两人→□→鲍牧

三国时的韦昭对鲍氏的世系有不同的说法。《国语·齐语》韦昭注云鲍叔牙之父为鲍敬叔，《国语·鲁语上》又见鲍国在施氏为臣时与子叔声伯的对话，韦昭注鲍国为叔牙之玄孙[33]。根据《国语》韦昭注的说法，鲍氏的世系可以表示如下。

鲍敬叔→鲍叔牙→□→□→□→鲍国（文子）

此外，《晏子春秋·内篇杂下》载齐栾氏、高氏欲驱逐田氏、鲍氏的故事，孙星衍云鲍氏为文子鲍国[34]。《韩非子·难四》亦见鲍文子谏齐景公云阳虎背主贪富不可信从的记载[35]。

《史记·齐太公世家》所载的鲍氏人物有齐桓公时期的鲍叔牙、景公三年的鲍氏与四十七年的鲍子以及悼公时期的鲍牧，其中有齐悼公四年鲍牧弑悼公[36]，《卫康叔世家》与《田敬仲完世家》亦载鲍子弑悼公，这与《左传》所载的悼公杀鲍牧有重大差异。《史记·伍子胥列传》明确记载伍子胥出使齐国时，"属其子于齐鲍牧"，能够让伍子胥托付后代的鲍牧肯定在齐国位高权重。而《左传》载伍子胥所托付后代于齐鲍氏是在鲍牧死后三年，此时的鲍氏继承宗主

不久，能否保护伍子胥的子孙尚不可知。我们认为，《史记》记载鲍牧弑悼公和伍子胥托付子孙于鲍牧的说法更可靠些。鲍牧弑齐悼公之后，齐人共立悼公之子为简公，数年后田常弑简公立其弟平公，在此废立大事期间史书中不见鲍牧的记载，估计鲍牧已过世。《史记·田敬仲完世家》载平公在位时，田常专权，尽诛鲍氏、晏氏后裔。此后，史籍中再难见到有关鲍氏后裔的记载。

　　下面我们看一下《齮镈》所载的鲍氏世系。作器者名"齮"，其父遹仲，其祖有成惠叔，曾祖圣叔。上引杨笃认为"圣"与"敬"通，圣叔即文献中说的敬叔，有成惠叔即为鲍叔牙，叔牙之子为遹仲，"齮"则为鲍叔牙之孙，鲍庄子之父。杨树达大致持同样的观点。白川静认为如果"齮"为鲍叔牙之孙的话，则《齮镈》铭文"保吾兄弟"会没有着落，所以"齮"应为鲍牵（庄子），其兄弟为鲍国（文子），也就是说"齮"为鲍叔牙的玄孙。他给出的鲍氏世系是"鲍敬叔—鲍叔牙—圣叔—又成惠叔—遹仲—齮（牵、庄子）"。

　　白川静的说法是经不起推敲的。关于鲍叔牙的卒年，文献中有两种说法，一是卒于管仲之前，见于《说苑·复恩》，"鲍叔死，管仲举上衽而哭之。"[37] 另一种说法是死于管仲之后，《韩非子·十过》《吕氏春秋·贵公》[38] 等文献见管仲病危时齐桓公询问鲍叔牙能否继之为相的故事。《史记》记载管仲去世于齐桓公四十一年（公元前 645 年），那么鲍叔牙极有可能死于此年的前后。鲍牵于成公十七年（公元前 574 年）年被施以刖刑，此年其弟鲍国继承宗主之位，此时据鲍叔牙离世大约 70 年。古人一世大约三十年，鲍牵为鲍叔曾孙尚属合理，如是玄孙则年数相距太近。另外，不能根据文献仅记载鲍牵、鲍国为兄弟就确定鲍氏其余各代为单传，何况鲍牵、鲍国是兄弟还是父子文献记载尚不统一。白川静自己也说，齐国鲍氏在拥立桓公即位时已是齐国大族，古之大族必定多有兄弟子侄，例如《史记·田敬仲完世家》记载齐国田氏为求子嗣乃至不禁宾客舍人出入后宫。所以，白川静关于鲍氏世系的说法并不可据。

　　吕文郁在《周代的采邑制度研究》一书中认为，鲍叔牙之子遹仲即为鲍圣叔[39]，这大概是错误的。《齮镈》铭文中，齮自述其祖先谱系的顺序是"皇祖圣叔、皇妣圣姜，于皇祖又（有）成惠叔、皇妣又（有）成惠姜、皇考遹仲、皇母"，则"圣叔"是鲍氏的始祖、遹仲的祖父。前引潘祖荫说认为，"遹仲"之"遹"是谥号，这当是可信的。根据《齮镈》的叙述，"齐辟鲍叔"即为齮的"皇祖有成惠叔"，杨树达云有封邑之君可称辟，则"齐辟"可理解为齐国之封君，"有成"指立有功勋，西周金文多见"休有成事"等语，可见，"齐辟鲍叔"与"有成惠叔"无疑指鲍叔牙。

　　关于齐国鲍氏的婚媾，文献中只见《左传·昭公二十五年》载鲁公族季公鸟娶鲍文子之女"季姒"，金文则提供了比较丰富的信息。《齮镈》载鲍氏始祖鲍圣叔夫人为圣姜、鲍叔牙夫人为惠姜、齮的夫人为仲姜，只有齮之母族姓不明，圣姜与惠姜虽不能完全肯定为齐侯之女，但两人至少是齐公族之女，则毫无疑问鲍叔牙及其父鲍圣叔均娶齐公族之女，从铭文"齮作子仲姜宝镈，用祈侯氏永命万年"看，齮之夫人仲姜为齐侯之女无疑，这些记载均可补史籍之缺。《鲍子鼎》仅载鲍氏女之夫名"子思"，吴文谓"子思"即是郑献公和声公时期的重要人物郑国大夫国参，此说并没有确凿的证据，仅凭铭文尚难明子思的出自。

　　据金文以及文献中的记载，兹把鲍氏世系与婚媾列做下表（图四）。《鲍子鼎》中的"鲍子"，吴文以为指"鲍牧"，"仲匋姒"与"鲍子"为兄妹关系，今暂从之。因文献不足，鲍牧之后的世系已不可考，唯有付之阙如。

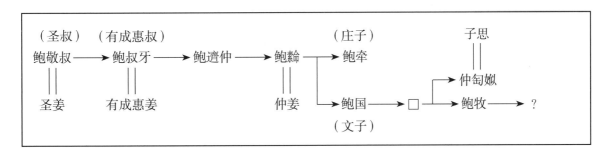

图四　齐国鲍氏世系与婚媾

三　齐国鲍氏的得氏方式与封邑

关于齐国鲍氏的得氏方式，迄今为止大致有两种说法。

其一，传统说法认为以采邑的地名为氏。唐代林宝《元和姓纂》谓"夏禹之后有鲍叔，仕齐，食采于鲍，因氏焉。敬叔生叔牙，曾孙国，代为齐卿。"[40]宋代郑樵《通志·氏族略三》云"有鲍叔仕齐，食采于鲍，因以为氏。"[41]《左传》杜预注与《国语》韦昭注并没有齐鲍氏以邑为氏的说法，唐代文献始有此说，颇令人生疑。

其二，自近代以来有鲍叔以官为氏的说法。章太炎《春秋左传读》云"鲍"是"保"字的假借，鲍叔牙为公子小白之傅，"傅者，师保之通称，牙当以为保氏之官而氏保，借作鲍也。"[42]杨树达则认为鲍叔因担任柔革之工"鲍氏"官职而得氏，他说"鲍氏古有专官，鲍叔盖以官为氏，其字本作鞄即《说文》之鞄。经传假用鲍鱼之鲍为鞄叔之鞄，犹《周礼》假鲍鱼之鲍为柔革工之鞄或鞄也。"但是，他没有给出令人信服的证据。白川静引杨树达说也认为鲍氏应是以皮革为职业的齐国贵族。

章炳麟以鲍氏为保氏之官的说法并不可据，因为古代保傅制度中，保与傅自古不同职，《大戴礼记》云"昔者，周成王幼，在襁褓之中，召公为太保，周公为太傅，太公为太师。保，保其身体；傅，傅其德义；师，导之教顺，此三公之职也。"[43]鲍叔牙为公子小白之傅，非为其保，章氏之说混同保、傅二职，流于臆断。只有杨树达所谓鲍叔担任柔革之工的"鲍氏"之官的说法比较合理，其理由详见下文"大工厄"职官的考释。

鲍氏采邑在哪里呢？文献记载鲍氏采邑在济南东鲍山脚下的鲍城，宋代《太平寰宇记》云"鲍城在（历城）县东三十四里。《三齐记》云：鲍叔牙所食邑也。"[44]《路史》卷二十七也有类似的记载。《齐乘》卷四记述颇详，云"鲍城，济南东三十里鲍山下。禹裔有鲍叔，仕齐，食采于鲍，因以为氏。鲍叔生叔牙，进管仲于齐桓，其后世为齐卿。鲍城见《三齐记》，山因城名。"清人顾栋高《春秋大事表》云"历城县东三十里有鲍城，在鲍山下，为鲍叔牙采邑，山因城名。"[45]其地即今济南钢铁总厂生活区鲍山公园，山脚下有鲍叔牙墓，该墓始建年代不详，1995年被指定为济南市文物重点保护单位[46]。如前文所述，齐鲍氏采邑在鲍城的说法并没有早期文献的支持，我们认为只有根据鲍氏金文资料才能得出令人信服的结论。

《鲍缚》记载鲍的祖父鲍叔牙有功于齐，谥号"有成惠叔"。"有成"应指立有战功，西

周晚期《禹鼎》（《集成》2833）载禹征伐南国，擒获鄂君，自称"有成"。战国中期中山王
𰻞方壶（《集成》9735）载伐燕以定其君臣之位，"休有成功"。《鲍镈》云齐侯赏赐以"邑
二百又九十又九邑，与鄩之民人、都鄙"，这二百九十九邑是鲍叔的采邑，《公羊传》襄公
十五年何注云"所谓采者，不得有其土地人民，采取其租税尔。"《周礼·天官·太宰》"以
八则治都鄙"，郑注云"都之所居曰鄙"，孙诒让正义曰"鄙即家居治之邑，通界域言之则曰
都鄙"[47]，也就是说，公卿采地的治所之城位于国之边境，故曰都鄙。铭文说齐侯的赐予包括"鄩
之民人、都鄙"，强调的是不同一般的恩典，同时也说明这二百九十九邑应为鄩地之邑。换句
话说，鲍叔牙的采邑极有可能是鄩地的二百九十九邑及其百姓、城池。"有成惠叔"的"有成"
或指鲍叔的灭鄩之战功，这与受赏赐的内容是一致的。

　　春秋时代的鄩地之所在尚有迹可循。山东临朐县嵩山公社泉头村于 1981 年 4 月发现一座春
秋早期墓葬，出土了《鄩仲盘》和《鄩仲匜》各一件[48]。从铭文内容看，这两件铜器均是鄩仲
为嫁女所作的媵器。孙敬明等认为鄩氏为姒姓夏人后裔，地望在今山东昌潍一带[49]。陈絜根据《鄩
伯匜》等金文资料认为周代鄩氏为子姓商族的后裔，又据征人方卜辞推测商周时期的鄩地应"在
今济南市和济阳县附近"[50]。实际情况极有可能是，齐鲍氏封于鄩地，后人因称其地为鲍。

四　际鲍的官职

　　《鲍镈》记载鲍有四个官职："大攻（工）𢀸、大吏、大述（遂）、大宰"，下面分项考述。

　　1. "大述"一职，我们已经在前文考证应读为"大遂"，其地位、执掌大概与《周礼·地官》
中的遂人一职相当。据《周礼·地官》的记载，每遂一万二千五百家，遂人掌六遂之事，其下
属有遂师、遂大夫、县正、鄙师、酂长、里宰、邻长等官。兹不再作赘述。

　　2. "大攻（工）𢀸"一职，杨树达以为即是"大工"，疑同于《左传》中的"工正"。马
承源以为"𢀸是驾车时套在牲口脖子上的曲木，所以大工𢀸应是舆人、辀人一类的职务"。据
《周礼·考工记》，舆人是造车之工，辀人为造车辕之工，又《左传》昭公四年载"舆人纳之，
隶人藏之"，杜注云"舆、隶皆贱官"，我们认为"舆人、辀人"之类的卑职殊与鲍鲍的高贵
身份不合，"𢀸"字之义应别求之。

　　"𢀸"，《鲍镈》中作"𢀸"形，是《说文》训"辕前也"的"𫐇（軶）"字的象形本字，
上古音影母锡部，可以读为见母职部的"革"字，影母与见母邻纽，锡部与职部旁转，两字古
音可通。文献中，"𢀸"与"鬲"通假，《说文》训为"把也"的"搹"的或体字作"扼"，《说文》"槅"
字训为"大车枙"，段注以为"枙"应作"軶"，《西京赋》"商旅联槅"中的"槅"为"軶"
的假借字[51]。经典文献中，"槅"与"鬲"两字互借，《周礼·考工记》"鬲长六尺"，孙诒让《周
礼正义》谓"鬲"是训为车轭的"槅"的假借字，《仪礼·士丧礼》"苴绖大鬲"，《经典释文》
云"鬲又作槅"。而在文献中"鬲"字正可通作"革"字，《国语·晋语》中的"胶鬲"在《路史·国
名纪》中记作"胶革"[52]。所以，我们认为"大攻（工）𢀸"当读为"大攻（工）革"，所谓"攻
（工）革"应为《周礼·考工记》中的"攻皮之工"。《说文》云"剥取兽革谓之皮"，段注
指出"皮"与"革"二字对文则分别，散文则通用。《说文》引《周礼》"柔皮之工鲍氏"云"鞄，

柔革工也"，柔革之工等同于柔皮之工。换句话说，攻皮之工亦等同于攻革之工。"攻皮之工"包含"函、鲍、韗、韦、裘"等五个工种，专门负责制作兵甲、皮服、军鼓等与皮革有关的器物。《周礼·天官·冢宰》中大冢宰的下属有掌皮、司裘等职，掌皮的职责是"掌秋敛皮，冬敛革，春献之。遂以式法颁皮革于百工"，司裘的职责是"凡邦之皮事，掌之。"可见，"大攻（工）革"应是掌管全国的皮革加工、流通、储藏与使用的要职，这也与鲍鬺同时担任大宰之职是相符合的。

另外，需要特别指出的是，在东周时代的齐国，皮革经济占有重要的位置。根据王青先生的研究，齐国贵族对名贵毛皮的需求量很大，其官营皮革手工业很发达，齐国获取皮革原材料大致有三种途径：一是境内自产，二是他国馈赠，三是外地贸易，《管子》所载"发、朝鲜之文皮"和山东半岛出土东北文化圈曲刃短剑的考古发现等均表明与辽东半岛和朝鲜半岛的贸易是齐国获取名贵毛皮制品的重要途径[53]。《史记·管晏列传》[54]以及《说苑·复恩》[55]所载管鲍之交的故事也表明鲍叔牙自年轻时就是一位善于经营的商人。

3．"大吏"之职即为"大史"，古文字中"吏""史""事""使"混用不别。大史是《礼记·曲礼》所载天子所建天官六大之一，"天子建天官，先六大：曰大宰、大宗、大史、大祝、大士、大卜。"《周礼·春官·宗伯》载大史执掌"建邦之六典，以逆邦国之治，"掌管邦国的约剂、颁朔、祀典等与文书有关的职责。

4．"大宰"，又称太宰、冢宰，为天官六大之长。《周礼·天官·冢宰》载大宰执掌"建邦之六典，以佐王治邦国。"六典包括治典、教典、礼典、政典、刑典、事典，可知大宰是百官之长，辅佐君王治邦国百事，一般由卿担任。鲍叔牙担任齐桓公时的大宰见于史籍，《国语·齐语》云"桓公自莒反于齐，使鲍叔为宰。"韦昭注曰"宰，大宰也。"后世学者多疑韦注不确，例如：清人董增龄谓鲍叔牙担任的应是司徒之下的小宰，陈奂亦认为"注云大宰，失之"[56]。西周晚期金文多见周王"申就乃令，令汝司乃祖旧官"（《师嫠簋》，《集成》4324）之类的册命辞令，这说明周代贵族官职大多世系，鬺的大宰之职极有可能世袭自其祖父鲍叔牙，则鲍叔牙确有可能在齐桓公时任大宰之职。

五　结语

本文以三件齐国鲍氏金文为主要研究对象，探讨了齐国鲍氏的世系与婚媾、得氏方式与封邑、"鬺"的官职等诸问题，兹就所得新认识总结如下。

在字词释读方面，我们认为《鬺镈》中的"庀"字应读为"革"，"𢆶"应隶为"述"，读为"遂"，鬺的官职"大工庀"即大工革，"大述"即"大遂"。《齐鲍氏钟》中的"卑"与"支"均应读如字，"卑鸣"与金文所见"大鸣""中鸣"相对应，指小型编钟鸣声纤细，"支好"的"支"训为"小击"，"卑鸣"的小钟自应"小击"为好。《鲍子鼎》中的"仲匋姒"应理解为姒姓鲍氏之仲女，迄今金文中鲍氏之"鲍"可见"鼙"与"匋"两种写法。

关于齐国鲍氏的世系与婚媾，如图四所示。鲍氏始祖"圣叔"即文献中的鲍敬叔，"有成惠叔"为鲍叔牙，两人均娶齐公族之女为妻。鬺之夫人仲姜亦应为齐侯之女无疑。

关于鲍氏的得氏方式与封邑，我们认为《鬺镈》所载"大工革"一职与《周礼》"攻皮之工"

以及"掌皮""司裘"之职有关，是掌管全国的皮革加工、流通、储藏与使用的要职，鲍氏应是以官为氏。鲍叔牙的封邑为鄩地的二百九十九邑与百姓、城池，鄩地的地望可能在今济南市附近，后人因称其封地为鲍，唐代以后鲍氏以地为氏的说法或许是本末倒置的。

《鲍镈》载鲍的官职有四：大工革、大史、大遂、大宰，大工革掌管全国与皮革有关的政事，大史执掌邦国的约剂、颁朔、祀典等与文书有关的职责，大遂一职的地位与执掌大概和《周礼·地官》中的遂人一职相当，大宰为百官之长，辅佐君王治邦国百事。鲍的执掌可能世袭自其祖父鲍叔牙，《国语·齐语》所载鲍叔牙曾担任齐桓公时的太宰应是可信的。

注释

[1] 司马迁：《史记》，中华书局，1959 年，第 2132 页。下文所引《史记》均据此版，不再加注。

[2] 马承源主编：《上海博物馆藏战国楚竹书（五）》，上海古籍出版社，2005 年，第 163～192 页。

[3] 中国社会科学院考古研究所编：《殷周金文集成（增补修订本）》第一册，中华书局，2007 年，第 320、321 页。简称《集成》。下文《集成》均据此版，不再加注。

[4] 杨笃：《山西通志》卷 89《金石记一》，光绪十八（1892）年刻本，第 11～16 页。本文所引杨笃说均据此，不再加注。

[5] 阮元校刻：《十三经注疏》，中华书局，1980 年，第 1028 页。本文所引十三经均据此版，不加注。

[6] 拓本、摹本取自《集成》，照片取自曹玮主编《泱泱大国：齐国历史文化展》，三秦出版社，2015 年，第 67 页。

[7] 杨树达：《积微居金文说》，科学出版社，1959 年，第 100 页。本文所引杨树达说均据此，不再加注。

[8] 郭沫若：《两周金文辞大系图录考释》，科学出版社，1957 年，第 210 页。本文所引郭说均据此，不再加注。

[9] 白川静：《金文通释 4》，日本平凡社，2004 年，第 381 页（初见于《白鹤美术馆志》第三八辑，1972 年 9 月）。本文所引白川静说均据此，不再加注。

[10] 顾文若：《王轩、杨笃与〈山西通志〉》，《编辑之友》2011 年第 1 期，第 121～124 页。

[11] 潘祖荫：《攀古楼彝器款识（下册）》，刘庆柱等编《金文文献集成（第七册）》，线装书局，2005 年，第 593 页。

[12] 马承源：《商周青铜器铭文选》，文物出版社，1990 年，第 543 页。下文简称《铭文选》，不再加注。

[13] 春秋时代，这种例子不少，例如鲁国的三桓氏，世代均称孟孙、叔孙、季孙。

[14] 字形取自刘钊等编纂：《新甲骨文编》，福建人民出版社，2009 年，第 716 页。

[15] 陈洁著：《商周姓氏制度研究》，商务印书馆，2007 年，第 320 页。

[16] 李家浩：《齐国文字中的"遂"》，《湖北大学学报》1992 年第 3 期，第 30～37 页。

[17] 孙刚编纂：《齐文字编》，福建人民出版社，2010 年，第 34、35 页。

[18] 董莲池编著：《新金文编》，作家出版社，2011 年，第 172 页。

[19] 滕壬生：《楚系简帛文字编（增订本）》，湖北教育出版社，2008 年，第 151 页。

[20] 荆门市博物馆：《郭店楚墓竹简》，文物出版社，1998 年，第 80 页。

[21] 徐在国编：《传抄古文字编》，线装书局，2006 年，第 152 页。

[22] 饶宗颐等：《楚地出土文献三种研究》，中华书局，1993 年，图版六六。

[23] 参见高亨纂著：《古字通假会典》，齐鲁书社，1989 年，第 555 页。白於蓝编著《战国秦汉简帛古书通假字汇纂》，福建人民出版社，2012 年，第 561、562 页。

[24] 罗振玉：《贞松堂集古遗文》，石印本，1930 年，刘庆柱等编《金文文献集成》第二四册，线装书局，2005 年，第 21 页。下文简称《贞松堂》。

[25] 冠玉堂：《赵叔孺：书印双绝秀雅精美》，《青少年书法》2006 年第 5 期，第 6、7 页。

[26] 字形取自《新金文编》，第 1327、1328 页。

[27] 刘雨、卢岩：《近出殷周金文集录（第一册）》，中华书局，2002 年，第 235、236 页。简称《近出》。

[28] 吴镇烽：《鲍子鼎铭文考释》，《中国历史文物》2009 年第 2 期，第 50～55 页。以下简称为吴文。

[29] 何景成：《鲍子鼎铭文补释》，复旦大学出土文献与古文字研究中心网站，2009 年 9 月 18 日。侯乃峰：《鲍子鼎铭文补说》，《中国历史文物》2010 年第 2 期。程燕：《鲍子鼎铭文补释——兼论郤子姜首盘铭文中的"及"》，《中国历史文物》2010 年第 2 期。袁金平：《鲍子鼎铭文考释商兑》，《出土文献》第二辑，中西书局，2011 年 11 月。涂白奎：《鲍子鼎别解——兼谈郤公典盘"及"字的问题》，复旦大学出土文献与古文字研究中心网站，2012 年 2 月 15 日。张崇礼：《读鲍子鼎铭文劄记》，复旦大学出土文献与古文字研究中心网站，2012 年 3 月 24 日。

[30] 涂白奎：《鲍子鼎别解——兼谈郤公典盘"及"字的问题》，复旦大学出土文献与古文字研究中心网站，2012 年 2 月 15 日。

[31] 河南省文物研究所等：《淅川下寺春秋楚墓》，文物出版社，1991 年，第 65 ～ 69 页。

[32] 参见徐宝贵：《商周青铜器铭文避复研究》，《考古学报》2002 年第 3 期，第 261 ～ 276 页。

[33] 徐元浩：《国语集解》，中华书局，2002 年，第 215、171、172 页。下文《国语》均据此版，不再加注。

[34] 吴则虞：《晏子春秋集释》，中华书局，1962 年，第 402、403 页。

[35] 王先慎：《韩非子集解》，中华书局，1998 年，第 382、383 页。本文所引《韩非子》均据此，不再加注。

[36] 司马迁：《史记》，中华书局，1959 年。本文所引《史记》均据此，不再加注。

[37] 向宗鲁：《说苑校证》，中华书局，1987 年，第 131 页。下文《说苑》均据此版，不再加注。

[38] 王利器：《吕氏春秋注疏》，巴蜀书社，2002 年，第 110 ～ 114 页。

[39] 吕文郁：《周代的采邑制度研究》，社会科学文献出版社，2006 年，第 188 页。

[40] 林宝撰：《元和姓纂》，中华书局，1994 年，第 1025 页。

[41] 郑樵：《通志》，中华书局，1987 年，第 456 页。

[42] 章太炎：《春秋左传读》，《章太炎全集（第二册）》，上海人民出版社，1982 年，第 186、187 页。

[43] 王聘珍：《大戴礼记解诂》，中华书局，1983 年，第 49、50 页。

[44] 王文楚等点校：《太平寰宇记》，中华书局，2007 年，第 385 页。

[45] 顾栋高辑：《春秋大事表》，中华书局，1993 年，第 625 页。

[46] 参见山东省情网 http：//sd.infobase.gov.cn/bin/mse.exe？seachword=&K=b1&A=18&rec=124&run=13。

[47] 孙诒让：《周礼正义》，中华书局，1987 年，第 67、68 页。下文《周礼正义》均据此，不再加注。

[48] 临朐县文化馆等：《山东临朐发现齐、鄩、曾诸国铜器》，《文物》1983 年第 12 期，第 1 ～ 6 页。

[49] 孙敬明、何琳仪、黄锡全：《山东临朐新出铜器铭文考释及有关问题》，《文物》1983 年第 12 期，第 13 ～ 17 页。

[50] 陈絜：《鄩氏诸器铭文及其相关历史问题》，《故宫博物院院刊》2009 年第 2 期，第 13 ～ 26 页。

[51] 段玉裁：《说文解字注》，上海古籍出版社，1981 年，第 266 页。简称段注，下文不再加注。

[52] 参见高亨编著：《古字通假会典》，齐鲁书社，1989 年，第 472、385 页。

[53] 王青：《〈管子〉"发、朝鲜之文皮"的考古学探索——兼论东周时期齐国与海北的贸易与交通》，《东方考古（第 11 辑）》，2015 年，第 215 ～ 236 页。

[54] 《史记·管晏列传》：管仲曰："吾始困时，尝与鲍叔贾，分财利多自与，鲍叔不以我为贪，知我贫也。吾尝为鲍叔谋事而更穷困，鲍叔不以我为愚，知时有利不利也。吾尝三仕三见逐于君，鲍叔不以我为不肖，知我不遭时也。吾尝三战三走，鲍叔不以我怯，知我有老母也。公子纠败，召忽死之，吾幽囚受辱，鲍叔不以我为无耻，知我不羞小节而耻功名不显于天下也。生我者父母，知我者鲍子也。"

[55] 《说苑·复恩》：鲍叔死，管仲举上衽而哭之，泣下如雨，从者曰："非君父子也，此亦有说乎？"管仲曰："非夫子所知也，吾尝与鲍子负贩于南阳，吾三辱于市，鲍子不以我为怯，知我之欲有所明也。鲍子尝与我有所说王者，而三不见听，鲍子不以我为不肖，知我之不遇明君也。鲍子尝与我临财分货，吾自取多者三，鲍子不以我为贪，知我之不足于财也。生我者父母，知我者鲍子也。士为知己者死，而况为之哀乎！"

[56] 徐元浩：《国语集解》，中华书局，2002 年，第 215、216 页。

齐国盐业的考古学探索

王　青*

最近十多年来，山东北部商周时期盐业考古工作取得了很大进展，为研究齐国盐业发展史提供了大量实物资料。本文以这些资料为基础，并结合相关文献史料，对齐国盐业的几个问题做初步探索。

一　主要考古发现概述

考古发掘：2001 年以来共发掘 4 处，寿光大荒北央、阳信李屋、东营南河崖、寿光双王城，其中前 3 处为晚商至西周早中期，地域上很可能属于齐国境内，李屋属于晚商时期，暂不论。

考古调查：近十多年来进行了多次盐业考古专项调查，发现商周时期的煮盐遗址近千处，主要集中在小清河下游地带。

二　海盐生产工艺与制盐季节研究

西周早中期：2008 年以来，随着南河崖和双王城发掘出土的大型煮盐作坊和盐灶、卤坑、摊场等遗存（图一），为研究晚商至西周中期的煮盐工艺流程提供了难得机遇，主要有两种观点。这两种观点都认为制盐原料是开采地下卤水，但在如何看待草木灰等问题上还存在不同认识。笔者根据田野资料认为，草木灰平整堆积的地段应是后来文献提到的制卤摊场。

双王城的发掘者对盐灶的煮盐过程也做了复原，即在盐灶的前后两个煎卤室中搭设网状架子，网口铺设草拌泥，其上放置盔形器，一个盐灶可放 150～200 个盔形器。笔者在此基础上以南河崖 4 号盐灶为原型，并借用元代《熬波图》的人物形象，对这一煮盐场景做了初步的想象复原（图二）。同时也不能排除西周早中期使用铜盘煮盐的可能性。

春秋时期：近些年来几家单位进行的考古调查和发掘都发现一个明显的奇怪现象，就是东周时期的盐业遗存绝大多数都属于战国时期，几乎不见春秋时期的遗存（只有少量属春秋晚期），不仅盔形器消失不见，连日用陶器也基本未有发现。这一现象迄今无法圆满解答，因为根据《管子》等文献记载，这时期正是齐国盐业大发展的时期，按理会有大量盐业遗址存在。这个谜团用铜盘煮盐来解释可能比较合理，因为铜盘煮盐不会产生大量生产垃圾，破损了也可回收重铸，不像陶器煮盐那样会留下厚厚的废弃堆积，容易被我们辨识出来。

战国时期：胶东半岛西侧沿海早年曾在蓬莱西庄、掖县（今莱州）路宿村等地采集到铜盘，

---

* 王青：山东大学历史文化学院。

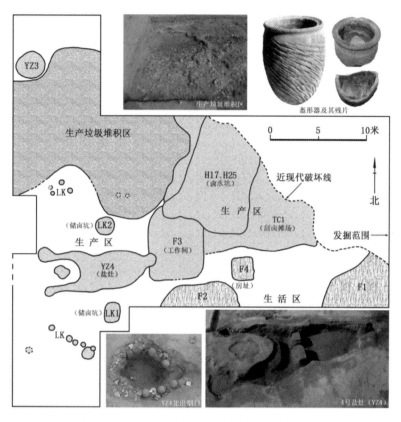

图一　东营南河崖西周中期煮盐遗址的发掘遗存布局图

图二　晚商至西周煮盐盐灶的两种复原方案（以南河崖 4 号盐灶为原型）

发现者推断为宋元时期的煮盐盐盘。我们认为年代可能会更早，从形制来看很可能应在春秋及战国时期。它们的口径都在 1.2 米左右，重达 110 公斤左右，且腹部都另铸有錾耳以利于安在灶上，这与东周的日用铜盘不同，属于煮盐的盐盘应无疑问。因此，不能排除战国时期也使用铜盘煮盐的可能性。

制盐季节：《管子·轻重》：“十月始正，至於正月，成盐三万六千钟。……孟春既至，农事且起，北海之众无得聚庸而煮盐。”南河崖的发掘发现，诸多煮盐遗迹大都有几层较纯净的细沙相隔，表明煮盐活动有间歇的时段。南河崖的发掘出土了较多文蛤等海生贝壳，当是制盐人捕捞食用的，对文蛤的切片观察和生长线分析表明，应是在深秋至来年春季死亡的，表明煮盐是在这一时段进行的。

三　盐业聚落形态与盐政体制研究

西周早中期聚落形态：遗址分布非常密集，多呈簇团聚群分布，每群包含的遗址数量有几十个，单个遗址群的面积较大，动辄达到数平方千米乃至十几平方千米，单个遗址的面积较小，多数只有几千平方米，甚至只有几百平方米，上万平方米的很少（图三）。采集物主要是煮盐陶器盔形器，一般可占所有出土陶器的 90% 以上。

东周时期聚落形态：东周时期的盐业遗址中多数为战国时期，罕见春秋时期，单个遗址和遗址群的面积都比上一阶段有所增加，诸遗址群的整体分布区域向东西方向有较大扩展（图四），主要采集物为大型陶瓮（可能还有陶盆），盔形器消失不见，陶瓮的形制与盔形器比较相近，但形体硕大。

西周早中期盐政体制：只负责采办和供给贵族阶层及官府手工业的用盐，至于庶民人等用盐，很可能是任由自处、自制自用，可称为初步的“官办制”。笔者发掘的寿光大荒北央和东营南河崖等西周前期煮盐遗址，都出土了典型的周人风格陶器，还有较多土著夷人的陶器，说明应是齐国等国派人役使被征服的土著夷人到沿海地带煮盐，成品盐运回都城供贵族阶层使用。章丘龙山镇的“懒水井”可点豆腐，应含有镁及钠离子，与点豆腐的“老卤”的化学成分氯化镁有相似之处，若加以适当处理，应该能制出质量不高的盐。这说明，内陆地带出土盔形器的遗址，可能是民间自制食盐的村落。

春秋时期的盐政体制：《管子》记载，管仲曾以国家力量“官山海”垄断盐产，又制定“盐筴”实行食盐专卖，尽管学界对其成书年代有所争议，但基本都肯定管仲是“食盐官营”制度的首创者，大大促进了齐国盐业的生产和发展，与汉代以后相比，可称为初步的“官营制”。煮盐作坊可能会设在沿海地带南部、靠近内陆的区域，遗址内涵可能会有大量红烧土、草木灰或沉淀物硬面等。至于制卤摊场，可能仍在滨海地带，草木灰分布的范围很大，但制卤所需器具较少（有些还是木器），单纯的地面调查很难发现，需要结合勘探和发掘才能予以确认。这些都不失为今后寻找此类遗址的线索。

战国时期的盐政体制：战国时期是商品经济空前繁荣的时期，史载“通流财物粟米，无有滞留，使相归移也，四海之内若一家”，其中贩于中原地区的天下财货就有来自东方的“紫紶、

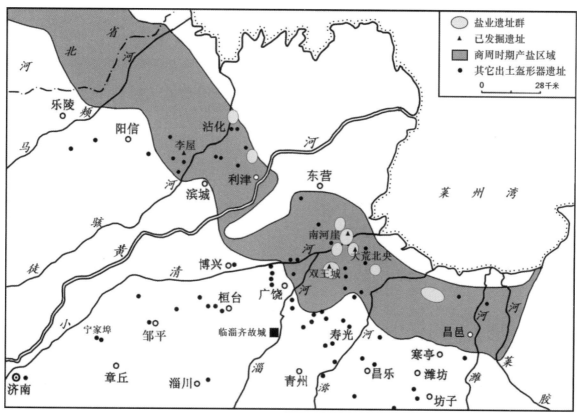

图三　晚商至西周时期盐业遗址分布图

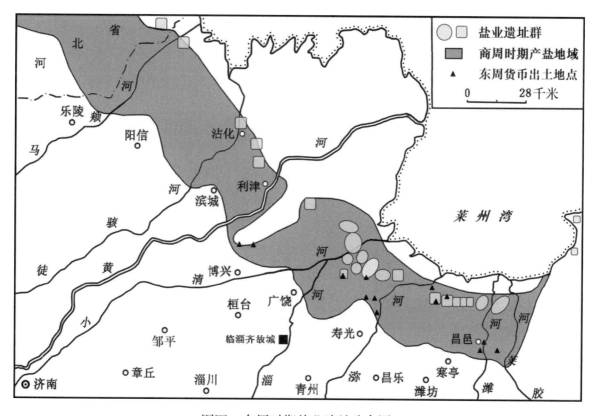

图四　东周时期盐业遗址分布图

鱼盐"（《荀子·王制》）。在这一历史背景之下，我们推测，齐国春秋时期实行的食盐官营政策到战国时期很可能已经废弛，盐政体制因商品经济和商人推动而变得灵活，如此才能解释沿海盐业遗址大量涌现、重又活跃的现象。近年笔者在小清河下游的田野工作中，曾在一些盐业遗址中发现来自临淄齐故城的戳印陶文的陶豆、盂等，历年还在产盐区发现了不少战国时期的齐国刀币，并甄别出齐国用于海盐运输流通中征税的官印"徙盐之玺"。综合这些我们认为，战国时期在国内外形势尤其是商品经济大潮的影响下，齐国很可能改变了此前的食盐官营政策，充分发挥了商人在盐业生产和运销过程中的关键作用，官府主要负责管理和征收盐税，可称为初步的"包商制"。

四　制盐人的身份问题

从"孟春既至，农事且起"可以推断，制盐人应是居住在内陆地带农闲时的农人，这也是与制盐有季节性相符合的。还应注意的是，在专论齐国官府手工业的官书《考工记》中，也没有出现"煮盐之工"，很显然，制盐尽管是受官府重视的产业，但制盐人并不在"工商食官"的专业工匠"六工"之列，而只能是农闲时的农人。因此，齐国的制盐人是农闲时的农人，他们西周被官府役使、东周则受雇于官府或商人，在农闲时节从内陆来到沿海从事煮盐一线生产。这与唐至五代才出现的身份世袭、定居盐场、全年制盐的专业盐户（或称亭户、灶户等）是有本质不同的，那种设想商周时期就已出现专业盐工及其专属聚居村落的观点，是不符合史实的。

五　结语

第一，2001 年以来盐业考古工作取得了重要进展，共调查发现商周时期盐业遗址近千处，发掘 4 处，获得大批实物遗存，为研究齐国盐业史提供了丰富资料；

第二，制盐工艺，西周时期为盔形器（或铜盘）制盐，春秋时期可能是铜盘制盐，战国时期可能为陶瓮（或铜盘）制盐；

第三，制盐季节，季节性明显，应在深秋至来年春季，春秋时期在冬季；

第四，聚落形态，西周和战国时期遗址数量较多，并多聚群分布，在沿海地带广布，春秋时期的盐业遗址基本不见；

第五，盐政体制，西周实行初步的官办制，春秋时期实行初步的官营制，战国时期实行初步的包商制；

第六，制盐人身份，为农闲时的农人，他们先是被官府役使、后来受雇于官府或商人，在农闲时节从内陆来到沿海煮盐，与后世很晚才出现的专业盐户不同。

关于出土文献与齐文化研究的思考

于孔宝[*]

王国维曾说过："古来新学问之起，大都由于新发现。"近些年来出土文献不断发现，特别是郭店楚简、上博简、清华简等竹书的出土，具有重要的意义。对郭店简、上博简的研究，取得了可喜的成绩，比如早期儒学的研究，尤其是对思孟学派的研究取得了新进展，解决了孔孟之间的问题；战国时期儒道关系研究，通过对这些文献的研究可以看出，儒、道并非如传世文献记载的水火不融，而是既有对立，又有一定程度的融合；黄老思想的形成和发展。通过对出土文献的研究，深化了对黄老学派的研究等等。而清华简记录的内容大多为前所未见的"经、史"类书，李学勤先生说："这将极大地改变中国古史研究的面貌，价值难以估计。"

以 1982 年 10 月召开全国稷下学讨论会的召开为标志，30 多年来，齐文化研究方兴未艾，不仅产出了一大批学术成果，而且建立了相关研究机构，为齐文化的弘扬与传承奠定的基础。齐文化研究已深入到文明起源、哲学、教育、文旅、体育、法律、艺术以及应用于社会等各个方面，并且有一大批研究成果出现。然而齐文化经过多年的研究，虽然取得了长足的发展，但也存在一定的问题，主要表现为历史、哲学、思想、文献等方面的研究成果较为突出，但对齐国的早起历史与齐文化的起源尤其是与考古资料、出土文献资料的结合不够，对近年来出土的文献资料与齐文化的结合研究不够充分。自 20 世纪 70 年代以来，陆续发掘并出土了大量的与齐文化关系密切的文献资料，主要有：山东临沂银雀山汉简、长沙马王堆汉墓帛书、河北定县八角廊汉简、湖北荆门郭店楚简、上海博物馆藏楚竹书、清华大学藏战国竹简、安徽省阜阳双古堆汉简、四川成都老官山汉墓出土西汉简牍、山东新泰田齐陶文、山东高青陈庄西周遗址铭文、青海大通上孙家寨汉墓汉简等。新出土文献的发现，为齐文化的研究提供了新的资料，开辟了新的领域，带来新的学术增长点。

1. 奠定了先秦齐兵学的中心地位。山东临沂银雀山汉墓出土的《孙子兵法》、《孙膑兵法》、《尉缭子》、《六韬》等兵学著作，不但解决了《孙膑兵法》是否存在、孙武与孙膑是否是一人的历史悬案，同时为认识齐兵学在先秦兵学中的中心地位增添了新佐证。

2. 推动了稷下学的研究。湖北荆门郭店楚简的出土，不但为我们重新认识早期儒道关系提供了新材料，而且也对它与稷下学宫的关系提供了线索。比如有学者考证郭店一号楚墓的墓主是稷下先生慎到或环渊，竹简《老子》应为稷下道家传本的摘抄本，《太一生水》是稷下学宫中黄老学派的著作。清华简《汤处于汤丘》《汤在啻门》两篇文献，大致处于早期黄老文献向后来较成熟的黄老文献过渡的节点上。上海博物馆藏楚竹书，内容涉及早期儒学、道家、黄老学派等。而长沙马王堆汉墓出土的帛书《老子》乙本卷前之《经法》等四篇古佚书，被学者冠名

* 于孔宝：山东理工大学。

为《黄老帛书》《黄帝四经》《皇帝书》等，据考证为黄老学派的代表作。

3. 助力了对姜太公及齐国早期历史的探讨。河北定县八角廊汉墓"简本《太公》共发现篇题 13 个，内容比今天能见到的有关太公的书广泛，其中只有《治乱之要》等 3 篇的内容见于传本《六韬》及《群书治要》等所引佚文；另有一些简文内容见于传本《六韬》等，但未见篇题。"山东高青陈庄西周遗址出土的青铜器铭文，尤其是铭文中的"齐公"字样，为金文资料中首次发现，对于认识太公与周初齐国早期历史文化提供了新材料，有重要价值。正如北京大学李伯谦教授说："齐公即是文献记载封于营丘的姜太公，是齐国的第一代君王。两座带墓道的甲字形大墓，都将由此揭开齐国开国的秘密，复原山东商周之际这段扑朔迷离的历史。"陈庄遗址的考古发掘在许多方面填补了山东周代考古的空白，是半个世纪以来山东周代考古特别是齐国历史考古的突破性进展。

4. 齐派医学典籍的发现。战国齐人扁鹊，发明"四诊"，奠基脉学；提出"六不治"，反对巫术；传授生徒，创齐派医学；传播医术，创民间医学。由于扁鹊杰出的医学贡献，被誉为"医学宗师"和中国医学的奠基人。2013 年成都老官山汉墓简牍扁鹊医书的出土，对齐派医学与中国医学的奠基有了新的认识。

5. 新泰出土的田齐陶文与齐史的研究。据《新泰出土田齐陶文》介绍，2002 年，山东省新泰市城区之内出土有文陶器或陶片七百多件，为春秋末年到战国时期的田齐陶文。这是目前田齐陶文数量大程度的一批，而且官营"立事"陶文和民营非"立事"陶文齐全，更为重要的是这里还有陶窑遗迹，产地明确，像这样全面、系统、科学的资料在田齐陶文中首见。不仅对古代史、地理沿革、度量衡制度、古文字研究，而且对于工官制度、姓氏制度等研究也具重要意义。

在研究出土文献方面也存在一定的问题，主要表现在：其一，对出土文献的解释、注释资料偏多，而对其中的问题的研究相对较弱；其二，从哲学或思想史的角度研究的偏多，而从地域文化的角度研究得相对较少。如学者对出土文献中儒家的思孟学派、战国时期的黄老学派以及儒家的心性问题、道家的宇宙生成论问题研究得较多，而对出土文献与地域文献中的楚文化、齐文化的关系研究得较少，对与齐文化的关系研究得更为少见，其研究成果除了对《孙膑兵法》、《守法守令等十三篇》、《晏子春秋》等文献的注释，仅有少数学者撰文涉及出土文献与稷下学宫、《管子》书、管仲、鲍叔牙等。

出土文献与齐文化研究应在原有的齐文化及出土文献的研究基础上，立足地域文化，又跳出齐文化，站在中华文明的高度上来审视，充分利用出土文献来研究齐文化在中华文明早期发展所做的贡献及所起的作用。比如，稷下学宫与先秦文化的整合与传承，齐国兵学与中国军事文化的关系，齐派医学与中国医学的奠基，齐国的盐铁考古发现的历史意义、齐长城的防御与商贸功能等。

齐国故都文化与世界足球起源

王志民[*]

在当今世界上，最具有神奇魔力的体育运动，大概莫过于足球了。由于现代传媒的参与，足球吸引着全世界人们的注意力。相当多的人，不分种族、国度，也不分高低贵贱、男女老幼，都是足球运动的狂热爱好者。人们关注足球的赛事，关注它的发展和未来，当然，也十分关注它的历史和起源，关注它的"第一个"。探究、论证、确立它的发源地，是人们的渴望，也是历史的呼唤。

从世界足球运动历史的角度看，足球运动实际上应该分为"现代足球"和"古代足球"两类。

"现代足球"——亦即按照现代足球规则举行的体育运动，起源于英国。1863 年 10 月 26 日，英格兰足球协会宣告成立，并通过了世界上第一部较为完善的竞赛规则，这一天也被称作为"现代足球运动诞生日"。

"古代足球"——亦即"用脚踢球"的体育运动，起源于何处？足球史专家在经过多年的探索和研究后，把足球的起源地确定为世界四大文明古国之一——中国。早在 1975 年欧洲人齐鲁曼所著的《世界足球史》明确指出："众多的资料表明，中国古代足球的出现比欧洲及美洲地区要早得多，在公元前 2697 年的黄帝时代，足球就已经在中国出现了，其名字叫'蹴鞠'"[1]。2004 年 2 月 4 日，国际足联副秘书长热罗姆·项帕涅在伦敦举行的新闻发布会上正式宣布："虽然有不少国家都认为自己是足球运动的诞生地，但研究国际足球的历史学家有确切证据表明，足球最早起源于中国——中国古代的蹴鞠就是足球的起源"[2]。近些年来，许多国内外学者从体育史学、历史学、考古学、文化史学等不同的视角又都把目光聚集到了先秦齐国故都临淄，使这一重大问题的解决获得了突破性进展。这是一个在学术研究基础上的历史的认定。

一　认定过程

一、2004 年 6 月 9 日至 11 日，"世界足球起源于临淄"专家学者论证会在临淄召开。来自全国 18 所高等院校、科研单位的 19 名学者组成的专家委员会，在主任委员、中国体育博物馆馆长、中国体育史学会会长袁大任教授主持下，进行了认真研讨、论证，发表了《"足球起源于临淄"专家论证会会议纪要》，宣布："根据现有的文献史料和考古发现，与会者认为：中国古代蹴鞠（足球）起源于春秋战国时期的齐国临淄"。

二、2004 年 7 月 15 日，第三届中国国际足球博览会在北京举行。国际足联主席布拉特宣布：世界足球起源于中国。随后在"探索足球起源地新闻发布会"上，亚洲足联秘书长维拉潘代表国际足球组织宣布：中国淄博临淄是世界足球发源地。人民日报、新华社、中央人民广播电台、中央电视台等 74 家媒体都参加了新闻发布会并发布了消息。

三、2005 年 5 月 20 日，应国际足联布拉特主席的邀请，淄博市临淄区足球起源地代表团赴瑞士参加了国际足联百年庆典闭幕式，闭幕式上，布拉特主席向淄博临淄颁发了"足球起源地认定书"，并赠送了百年庆典纪念匾牌。

二　文献解读

1. 文献记载蹴鞠的出现时间

一种观点认为蹴鞠出现最早的时代是黄帝之时。前面提到的齐鲁曼《世界足球史》就是采信这种说法。这一观点的文献支持，主要有两条：

一是汉刘向《别录》引《史记集解》："蹴鞠，传言黄帝所作，或曰起于战国之时。"黄帝是传说中的古代的帝王，生活年代大约相当于山东的大汶口、龙山文化时期，约在 4600 年以前。但刘向所见，此为"传言"，而且他同时又提到了蹴鞠起源时间的另一说：战国时期。

二是 1973 年湖南长沙马王堆三号西汉墓出土的帛书《十六经·正乱》中记载了黄帝战胜并擒杀蚩尤的事："黄帝身禺（遇）之（蚩）尤，因而擒之，充其胃以为鞠，使人执之，多中者赏。"这是说黄帝痛恨蚩尤，杀掉蚩尤之后，将他的胃剖出填充以毛发之类东西做成球，让士兵踢打以为泄恨。这条记载进一步证明，在汉代确实已有黄帝时代踢球的传说。但同样，这条出自汉代的记载，未能说明古代蹴鞠形成的具体时代和地点，只是向我们透露了这样一个信息：据汉代人的传说，蹴鞠作为一种运动形式在中国的确发生很早。

2. "蹴鞠"运动最早的文献记载

"蹴鞠"作为一项运动的名称被记录下来的最早文献是著录于战国，编订于汉代的《战国策》。

《战国策·齐策》中有如下明确的记载："临淄之中七万户……临淄甚富而实，其民无不吹竽鼓瑟，弹琴击筑，斗鸡走犬，六博蹋鞠者。临淄之途，车毂击，人肩摩，连衽成帷，举袂成幕，挥汗成雨，家敦而富，志高而扬。"文中"蹋鞠"即指足球。《史记·苏秦列传》也大致有相同的记载。这段记载中，既写出了产生"蹴鞠"的物质基础，也写出了产生蹴鞠的社会基础和文化基础。多位学者从不同角度进行了缜密论证，直接和间接的众多资料都在论证一个历史的真实——两千年前的战国时代，临淄城中产生了运动形式——（蹋）鞠，这在当时，也许是一项相当普通的文化活动，将其放在世界足球运动史上，却具有了极其重要的开创性意义。

世界足球起源于临淄，虽已得到足球界和学术界的公认，然而，就这个问题进行的学术研究却不能也不应该停止，与此相关的诸多学术问题需要我们去更深入探讨和研究。而其中一个很重要的课题，就是要更加深入、更加全面地探讨为什么足球起源于战国时代的临淄城而非其他城市？临淄产生足球运动的条件和背景是什么？在这个问题上，我个人认为，以下三个方面的论证和深化研究是十分必要的。

三　深化研究

1. 临淄在中国早期城市中的突出地位

临淄城的建设，从公元前十一世纪的封齐建都开始，到秦统一中国，其作为先秦齐国的故都长达八百余年。秦汉以后，虽然国都地位不再，但作为重要的王侯封地，临淄的繁荣直到公元三世纪西晋末年的战乱才衰败下来，沦为一般郡县之治所。其繁荣发展的历史前后长达一千四百余年。在这漫长的历史时期内，临淄始终是我国规模、人口、影响力最大的城市之一。根据二十世纪以来对先秦时期列国都城遗址的考古挖掘证明：除河北燕下都比临淄大外（但燕下都中间有河横穿，城市面貌欠详），就城市规模和人口数量看，说临淄是那个时代第一大城市也是符合实际的。从临淄城市发展的历史来看，其最繁荣和鼎盛的时期是战国至西汉这五百年间。在此期间，临淄的繁荣盛况，史籍多有记载。《战国策·齐策》中除借苏秦的说辞详陈"临淄城中七万户"及繁荣盛况外，还借张仪之口道出："天下强国无过齐者，大臣父兄殷众富乐无过齐者"[3]，亦可作为前述临淄繁荣状况的补充。《史记·货殖列传》称"临淄亦海岱之间一都会也。"《史记·齐悼王世家》载："齐临淄十万户，市租千金，人众殷富，巨于长安。"《三王世家》及褚先生补记："关东大国无大于齐者，齐东负海而城郭大，古时独临淄中十万户，天下膏腴地莫胜于齐者。"《盐铁论》中亦称齐之临淄与燕之涿蓟等"富冠海内，皆天下名都"，这都足以说明，战国与西汉时期的临淄城其规模之大、文化之盛、影响之巨，确非那个时代的其他城市能够比肩的。这在中国早期城市发展史上不能不说是一个奇迹。足球起源于这样一个大城市之中，应该有其相当的历史必然性。因而关于临淄城市史及其地位的研究，应成为足球起源研究的重要组成部分。

2. 临淄在文化渊源上的独特优势

临淄地处海岱之间，北邻渤海，东接山东半岛。在立国筑城之初，姜太公以道术治国，"因其俗，简其礼"[4]，滨海夷人文化的影响是显而易见的。从有关资料看，除经济上的"通工商，便鱼盐"[5]之外，民间盛行的海仙传说、八神祠风习盛行以及战国秦汉间大量方士的出现，都是其滨海文化特征的突出表现。同时，临淄还有可能是最早与海外开展交往和文化交流的东方大城市之一。因为据有关资料显示：山东半岛一带至迟在春秋战国以前就有与韩国、日本以及东北亚其他地区甚至包括北美洲之间存在移民流动和文化交往的情况。由此亦可知，临淄城受海外文化的影响也是必然的。临淄较之内陆诸多名城所独有的滨海文化的特点，于此可见一斑。

临淄的西面，是中华文明的摇篮——黄河流经的地方。虽然目前学术界比较公认，中华文明形成是多元的，但是，以山东段为主要的黄河下游一带是中华文明最早的发源地之一，同样也是考古和文化研究界的共识。而这一区域就包括临淄所处的以潍、淄流域为腹地的海岱之间。临淄以西五十里处就是著名的龙山文化首次发掘之地章丘龙山镇城子崖，在临淄近郊和周围地区分别发现的临淄桐林、邹平丁公村、寿光边线王龙山文化城遗址以及精妙绝伦的蛋壳黑陶为代表的龙山文化陶器和最早文字刻片的出土，都充分证明：在临淄建城一千五百年以前的龙山文化时代，这里就是一个文化发达的文明发祥地。如此深厚的文化积淀和源远流长的文化传统，对临淄的文化构建不可能不产生深远的影响。

临淄的南面有号称"五岳独尊"的泰山,一座被确定为世界文化、自然双遗产的历史文化名山。自传说中的炎、黄二帝开始,这里就是古代帝王封禅祭天的地方,《史记·封禅书》中即列出十二个古代帝王封禅泰山的事。许多学者都认为泰山自上古以来就是一个上层的宗教活动中心。王献唐先生更认为:"中国原始民族起于东方,东方尤以泰、岱为其故土,木本水源,血统所出,泰山巍然,同族仰镜。故凡得天下者,易姓而后,必告泰宗,示以不忘,犹其祭告宗庙之义。"而不管泰岱所祀为何,其宗庙活动于临淄齐地应该是属于一个系统的。《史记·封禅书》所记齐地的八神祠中,一曰天,主祠在临淄南郊之天齐渊;二曰地,主祠即在泰山、梁父。可见,泰山、临淄大致属于一个宗教文化活动圈。在宗教、巫风活动一直比较盛行的齐国,临淄的宗教文化活动受泰山宗教文化活动中心的强烈影响和辐射,其作用也是不可轻估的。

汇集泰山宗教文化的辐射与影响,并多元融合,使临淄城市文化的建构从一开始就充满活力,易于形成一种具有创造性的文化特质。

3. 临淄产生足球运动的深厚基础

临淄作为东方大国齐国都城,经数百年的经营,尤其经春秋时期管仲对临淄城的经济、文化结构实行"四民分业""参其国而伍其鄙"等重大改革与调整之后,临淄城的发展更进入一个新的历史时期,至战国时代已达全面繁荣之境。其厚实的物质基础、深广的文化内涵、丰富的智慧资源,使其在列国都城中展现出特异的大国之都丰采,在以下三个方面尤为突出:

(1)物资富足的工商业城市

临淄的工商业号称发达,首起姜太公制定的"通商工之业,便鱼盐之利"的立国之策。后经管仲治齐,实行"士农工商,四民分业"之策,进一步对工商业确立了地位,加强了管理,实施了专业化,促进了临淄工商业的繁荣。战国之世,临淄工商业发展更进入鼎盛的时期。从主要的方面看,一是冶铁铸造业的发达。据近几十年来对临淄故城遗址的发掘探明:城内冶铁遗址6处、冶铜遗址2处、制钱遗址2处。制骨遗址4处,足见城内手工制造业所占比重之大。1964年于临淄出土的战国时代嵌金银镶绿松石大铜镜,其制作之精美,属铜镜中罕见的珍品,亦足见铸造业工艺水平之高。二是丝织业的兴盛。齐国丝织业素有悠久的历史,太公立国,即有"劝女工,极技巧"之策来发展丝织业。战国时期,临淄一带的丝织名产"齐纨"誉满天下,号称"冠带衣履天下",充分说明齐国丝织业的发达。20世纪70年代所出《临淄郎家庄一号东周殉人墓报告》中,所列出土的丝织品有绢、锦、刺绣残片、丝编织物等,亦足证战国临淄丝织业的发达。三是制陶业的发展。临淄城内发现的制陶工场中出土的各种日用器皿和有题铭的陶器,都说明这一点。四是商品贸易的发达。四十年前,就有学者从全省三十余个县市出土的战国齐币中发现:临淄形成了东到半岛、西至中原、南达吴楚、北通燕赵的商品贸易交通线[6]。临淄的手工业,还有制漆、制骨、琢玉等,这些都在文献和考古中得到证明。临淄手工业和商业的发达带来了物质财富的充盈和城市物质生活的富足。春秋末期齐景公"侈为宫室,广为台榭","一衣而五采俱","君之马百乘,无不披绣衣而食粟者",从其奢侈享乐中,已见临淄物质商品的丰饶。战国之世,临淄之民号称"甚富而实","家敦而富,志高而扬",更反映出临淄作为一个工商业城市物质的富足和繁荣。

（2）生活丰富多彩的文化之都

战国之世，临淄城市经济的繁荣和物质的富足，让市民拥有了丰富多彩的精神文化生活。仅从现有资料看，其文体娱乐活动也是丰富多彩的。

其一，音乐活动的兴盛和普及。一是乐器的多样与普及使用。现知，见于文献记载的齐国乐器有磬、埙、钟、镛、铙、铃、筑等十余种之多。《战国策·齐策》说："其民无不吹竽、鼓瑟、击筑、弹琴，"可见多种乐器的使用已相当普及。二是古乐的流传。《论语》上所说的"子在齐闻《韶》，三月不知肉味"，《韶》乐即是相传舜的乐舞，其在齐国的流行很广，演奏水平亦高，说明其传统音乐的流行相当广泛。三是俗乐盛行。《列子·汤问》篇记载的韩娥到临淄卖歌讨食，过雍门，竟然余音绕梁，三日不绝，引起临淄百姓的轰动，而且使"雍门之人至今善歌哭、放娥之遗声"，可见临淄人对俗乐的爱好。齐宣王说："寡人非能好先王之乐，直好世俗之乐耳。"也说明俗乐在临淄无分朝野人皆好之。

其二，各种竞技、游乐活动及专业文化团体的出现。《战国策·齐策》除记载音乐活动外，还记"其民无不……斗鸡、走犬、六博、蹴鞠者"，可见各种各样的竞技游乐活动在临淄城中盛行一时。尤其值得一提的是，《韩非子》所记的"滥竽充数"故事中，齐宣王宫中竟设有数百人的吹竽队伍，已是一个庞大的娱乐团队；而《史记·孔子世家》载齐鲁夹谷之会时，齐国演奏"宫中之乐"的"优倡侏儒为戏而前"，以及"选齐国中女子好者八十人，皆衣文衣而舞康乐"则说明早在春秋末期，临淄就有了文化专业队伍的雏形。

限于资料的缺乏，临淄丰富多彩的文化生活尽管难以更全面、更详尽地描述，但其文化之都的特色还是十分鲜明的。

（3）人才荟萃的古代"硅谷"

太公立国，以"尊贤尚功"为号召，此后，齐国历代有为国君，都大力提倡尊贤用才，使齐国对人才的重视在战国之世达到了前所未有的程度。其显著的标志就是在临淄创设稷下学宫，广揽人才，使其成为以稷下学宫为依托的战国人才的"硅谷"。据《史记·田敬仲完世家》载："齐宣王喜文学游说之士，自如驺衍、淳于髡、田骈、接予、慎到、环渊之徒七十六人，皆赐列第为上大夫，不治而议论，是以齐稷下学士复盛，且数百千人"。又据《史记·孟子荀卿列传》，各国学者齐集临淄，"于是齐王嘉之，自如淳于髡以下皆命曰列大夫，为开第康庄之衢，高门大屋尊宠之。览天下诸侯宾客，言齐能致天下贤士也"。

上述记载为我们大致提供了临淄人才荟萃的情况：一是人才云集，成百上千；二是名家荟萃，品次极高；三是人尽其用，对齐国内外影响甚大。而细研齐国当时的人才政策，其措施力度都见出齐统治者的匠心：首先，给学者以很高的政治待遇，封以"上大夫"之职，而又"不治而议论"，让其静心议时政，研学术；其次，提供优厚的生活条件，"高门大屋"，府第壮观，居住优越；其三，提供宽松自由的政治环境，让他们来去自由，备受尊崇。

根据近些年学术界对稷下学宫的研究看，先秦诸子百家，大多数学者都到过稷下，这里不但是齐国的人才库，也是战国学术争鸣的中心。临淄为中国文化发展作出贡献的同时，也成为享誉中外的人才之都。

以上抛砖引玉式的粗浅勾勒，借以说明，足球起源于临淄，是一个很复杂的历史现象，有着宽广的文化背景。齐国经济文化的发达，临淄深厚的文化积淀和城市生活的繁荣多彩，以及人才的汇聚和创造力的迸发，使临淄成为当时中国乃至世界史上最具体育文化优势的城市，根于此，世界足球起源地也就非临淄莫属了。

注释

[1] 转引自解维俊主编：《足球运动起源地探索》，中华书局，2004 年，第 14、15 页。

[2] 转引自解维俊主编：《足球运动起源地探索》，中华书局，2004 年，第 14、15 页。

[3] （汉）司马迁：《史记》卷 70《张仪列传第十》。

[4] （汉）司马迁：《史记》卷 32《齐太公世家第二》。

[5] （汉）司马迁：《史记》卷 32《齐太公世家第二》。

[6] 宣兆琦：《齐文化丛书·中国论文集》，齐鲁书社，1997 年，第 200～205 页。

沂源东里东台地一号战国墓及相关问题的思考

任相宏　郑德平　苏琪　杨中华*

2010 年 9 月，山东沂源东里镇东里东村在其村东东台地上对年久失修的水塔进行拆建过程中，意外地发现了一座战国墓，在得知消息后淄博市文物局、沂源县文化局立即组织人员对墓葬进行了抢救发掘。应邀请，笔者也参加并主持了这次发掘工作。

墓葬为带一条墓道的"甲"字型，保存基本安好，棺椁未朽，出土了一批珍贵的竹、木、丝麻等有机质器皿和丝织品，颇具学术价值。结合卫星会议齐文化考古新进展的议题，本文拟将墓葬的情况略作介绍，并就其年代、规格、地望、性质、棺束与棺饰等问题谈一下我们的看法，以推进齐文化研究的进展。

一　墓葬概况

墓葬位于沂源县东里镇东里东村东侧的台地上，东距东安故城西城墙 1 千米，西北距离沂源县城 23 千米（图一）。

图一　2010 沂源东里东台地一号战国墓位置示意图

1. 形制结构

墓葬封土在 20 世纪 80 年代初期修建水塔时已经破坏，具体情况不详。封土之下部分保存尚好，形制结构清晰，为带一条墓道的"甲"字型土坑竖穴木椁墓，由墓道、墓室、椁室、下葬的二层台和壁龛等几部分构成。墓道在南，墓室位北，坐北朝南。方向6°。

墓室为略呈长方形的竖穴式，墓口略大于墓底。墓壁经过修整，表面整洁光滑，但不见修整的工具痕迹。修整后的四壁再经装饰，先贴壁抹一层厚 1 厘米左右的黄色细澄泥，然后再在其表面涂刷一层青灰色泥浆。墓口南北长 8.15、东西宽 6.3、深 4.9 米。

墓道位于墓室南壁中心，南部在修水塔建水池时已遭到破坏，原始情况不详。墓道口略大于墓道底，有收分，与墓室一致。墓道壁也经过修整和装饰，与墓室壁相同。墓道南北残长 1.6 米，里口上部东西宽 3.5、底部东西宽 2.55、深 1.9 米（图二；彩版 28）。

* 任相宏：山东大学历史文化学院。郑德平、苏琪、杨中华：沂源县文物管理所。

椁室由木质椁板构成，为长方形的盒式，位于墓室底部中心，南边与墓道对应，且其高度与墓道底部持平。椁室南北长 4.5、东西宽 3.6、深 3 米。椁室顶距离墓室口 1.9 米。

下葬的二层台围绕着椁室外围四周，台面与椁室口形成同一平面。二层台部分为生土，部分为回填的凿墓花土，但近椁板处则均为青膏泥。二层台的台面宽窄不一，其中东台宽 0.9、南二台宽 0.94、西台宽 0.5、北台宽 1 米。

壁龛 3 个，其中 2 个位于墓室北壁的东

图二　2010 沂源东里东台地一号战国墓
清理现场（由北向南拍摄）

西两侧，1 个位于东壁的北侧。壁龛均凿墓壁而成，形状不甚规则，但其底却都较为平整，且与二层台齐平。由北壁到东壁，自西而东依次编号为 1 号龛、2 号龛和 3 号龛。1 号龛高 1.4、宽 1.2、进深 1.05 米；2 号龛高 1.7、宽 1.22、进深 1.2 米；3 号龛高 0.4 ～ 0.45、宽 2.66、进深 0.7 米。

2. 葬具与葬式

葬具主要为一椁二棺。棺椁均为木质板材，共由 141 块构成。除少量椁盖板略有腐朽外其余都保存完好，尤以内棺为突出，犹如新作。因此，不仅棺椁的结构清晰，而且其装饰也十分清楚。

椁由 73 块椁板构成，其中“亚”字型口部框架木板 4 块，上层盖板 10 块，下层盖板 11 块，边板和堵板各 9 块，底板 12 块。盖板、堵板和底板为东西向，其余为南北向。椁南北长 3.6、东西宽 2.9、深 2.75 米。

棺都是长方形的盒式，为内外两棺，外棺套装内棺，且均为悬棺。悬棺，即由悬方木榫卯结构于棺边板的下部使棺底悬起，从而形成一个棺下暗箱。外棺由 49 块棺板构成，其中盖板 8 块，边板和堵板各 8 块，底板 7 块，悬木 2 块。外棺长 2.48、宽 1.76、高 1.96 米。棺底悬起 0.45 米。

图三　2010 沂源东里东台地一号战国墓
棺椁清理现场（由北向南拍摄）

内棺由 19 块棺板构成，其中盖板 3 块，边板和堵板各 3 块，底板 2 块，悬木 2 块。内棺长 2.14、宽 0.81、高 0.98 米。棺板除堵板和悬方木外，均南北向（图三；彩版 29）。

椁棺木板均经拼接组合，但其间拼接的方式却有着明显的不同。椁板只是边板、堵板的两端进行半榫卯结构，盖板和底板则是平铺于椁口“亚”字型木框架半榫卯口上和墓室的底部，中间不见榫卯结构，其加固力主要是依靠椁板、盖板外侧回填的墓土和膏泥来完成的，较为简单；棺的盖板、边板、堵板、底板和悬方木等则都是根据不同的需求，分别使用了燕尾

图四　2010 沂源东里东台地一号战国墓内棺西边板底部内侧

榫卯、半开榫卯、半透榫卯和全透榫卯等结合方式，结构颇为复杂，其结合力完全来自榫卯的扣合（图四；彩版 30）。板材形制周正规范，板面平整光洁，榫卯咬合严密。

棺板材为柏木和柞木，但内棺木质细腻，无明显纹理，硬度较大却比重不大，明显与椁、外棺的木质不同，尚不能鉴别。

现场初步鉴定，椁、外棺板材为柏木和柞木，但内棺木质细腻，无明显纹理，硬度较大却比重不大，明显与椁、外棺的木质不同，尚不能鉴别。

椁板、外棺上下内外均髹黑色漆，无图案，但内棺却没有进行任何装饰，所有棺板均为原木的浅黄褐色。

棺椁之外，在这里值得一提的葬具还有以往难得一见的下葬桩和棺束。下葬桩共有 4 个，都位于下葬的二层台上，椁室东西两边各 2 个，均匀布局（图五；彩版 31）。下葬桩为圆形的独木柏木，清理时只有椁室西边北侧的保存较好，其余均已腐朽。此桩稍加修整，粗细不均，表面也较为粗糙，但却经过黑色髹漆。残长 1.4、直径 0.25 米左右。下葬桩深埋于二层台以下 1.2 米，台面以上尚保留 0.4 米的高度。4 个下葬桩，分别与外棺边板底部的凹槽缺口、外棺盖板边棱上的斜凹口相对应。凹槽缺口、斜凹口是用来横穿、固定棺束的。

棺束外棺和内棺都有，但其间有明显的不同。外棺棺束见于外棺外围的四周，以及盖板顶面和棺底。由于腐朽、悬空和重力等共同作用，外棺四周的部分已经断开并脱落至棺椁之间的底部，只有盖板之上和棺底下有所保留。但是，由于水浮的漂移作用，盖板上的位置和结构已发生了变化，只有棺底板下面的部分既清晰又精准，保持了下葬时的原始状态。据此可知，棺束围绕着外棺顶面、底面作纵二横二"井"字型结构捆扎，即南北向 2 道东西向 2 道。每道棺束均穿过外棺边板、堵板底部的凹槽缺口，这样不仅使得棺束布局均匀，而且还更加稳固，从而便于下葬（图六；彩版 32）。

棺束的绳子有粗细两种，除上述 4 道粗绳外还有一种细绳。但细绳只见于东西横向的 2 道之中，且都是 3 条，南北向的不见。如此，横二的棺束就都由 1 条组绳和 3 条细绳组成，共 4 条，为组合式棺束。无论是粗绳还是细绳，都由两股绳上劲合成，而每股又由两股搓成。

图五　2010 沂源东里东台地一号战国墓下葬桩及壁龛位置图（由南向北拍摄）

图六　2010 沂源东里东台地一号战国墓外棺底部（暗箱）下葬绳（由东向西拍摄）

图七　现在生长于墓葬附近的蒯草

图八　2010 沂源东里东台地一号战国墓内、
外棺底间入敛绳（由东向西拍摄）

凡在棺束的相交处，都用竹篾进行捆扎拢固。

棺束的质地粗细间有着明显的区别，粗绳纤维粗糙，细绳则较为纤细。现场初步鉴定，粗绳为蒯草草绳，细绳则为麻绳。蒯草当地人也称为拽死驴，为多年生草本植物，细茎，长叶，喜潮湿，多生长在河傍或是山上的洼地之处，现在当地分布依然十分广泛（图七；彩版 33）。20 世纪的当地人都非常熟悉蒯草草绳的特性，结实耐腐、拉力大弹性小，以前当地大都用来作牛拉犁翻地的耕绳。草绳部分经麻布包裹。

内棺棺束见于内棺外围的四周，以及盖板顶面和棺底下。与外棺棺束同样，由于腐朽、悬空和重力等的共同作用，内棺四周的绝大部分也已经断开并脱落至内外棺之间的底部，只有内棺的盖板上面和棺底下有所保留（图八；彩版 34）。同样由于水浮的漂移作用，内棺盖板上面棺束的位置、结构也已发生了变化，只有内棺底板下面的还有所保留，并且非常清晰，基本是保持了入棺时的原有状态。据此可知，内棺棺束为纵一横三捆扎，即居棺中南北向 1 道，东西向平均布局 3 道。

内棺棺束的绳子也有粗细之分，细绳只见于纵一横三的每道棺束，且都是由 2 条细绳组成。粗绳只见于横向的棺束，但只见于南、北两端的 2 道之中，中间则不见。由此，横向的南、北两端的棺束就由 2 条细绳和 2 条粗绳组成。每条细绳都由两股上劲搓成，但粗绳则是由 3 股合成。无论细绳还是粗绳，每股绳的表面都使用丝织物进行包裹，与外棺草绳棺束包裹绳子的方式不同。凡在每道棺束的相交处，都进行盘绕加以固定，而不是捆扎，其方法与外棺棺束不同。

内棺棺束绳子的纤维较为纤细，看上去较为柔软，且韧劲、拉力也大，现场我们初步鉴定粗绳为麻绳，细绳为丝绳。

内棺内墓主人骨架一具，为单人葬。骨骼未腐，骨架未散，但因水浮漂移四肢已经移位，略显零乱。头向北，面向西，葬式为仰身直肢葬。现场初步鉴定，墓主为女性，年龄 50 岁左右。

3. 随葬品

随葬品颇为丰厚，有马车、荒帷、陶俑，以及陶器、青铜器、玉石器和大量的竹、木、丝麻等有机质器皿和丝织品等，共计 106 件（套），1000 余件。

（1）马车

2 辆。车舆、车轮拆分开来分别放置。车舆放置于椁室盖板之上，车辕向南朝向墓道，前后一字排开。车轮分别放置于二层台上的壁龛处，斜靠在壁龛口部的墓壁上。北边 1、2 号壁龛口处各放置 1 个车轮，东边 3 号壁龛口处放置 2 个车轮。

（2）荒帷

1架。为竹制骨架，作长方形体，四阿式顶，罩在外棺外围。荒帷的顶部铺设竹席等，并悬挂20多枚青铜铃。周围为丝织纱缦，并缀以玉环、玉管等装饰物（图九；彩版35）。

（3）陶俑

一组，数量近50件。都放置在1号壁龛内，从北到南明显由三部分组成。北边部分居中者是墓主人俑，东西两侧为侍从俑。中间部分为舞俑、钟俑和磬俑，由中心和西、南、东侧4个单元组成。中心单元，即墓主人俑的正南边是舞俑。舞俑东西排列，计3排；西侧单元，即舞俑的西侧是钮钟俑。钮钟俑南北排列，为一套钮编钟和一组对应的敲钟俑；南侧单元，即舞俑的西南侧为镈钟俑。镈钟俑东西向排列，为一套镈编钟和一组对应的敲钟俑；东侧单元，即舞俑的东侧为磬俑。磬俑南北排列，为一套编磬和一组对应的击磬俑。南边部分为动物俑，其中以马为主。之外，在东西两侧靠近壁龛壁处还有零散的击鼓俑、弹琴俑等（图一〇；彩版36）。

陶俑均捏塑削面，着装上色，低温烧制而成。高度大都在10厘米左右，小巧玲珑。陶俑虽小，场面也不大，但排列有序，层次分明，主题明确，场景恢弘。墓主人坐北面南，编钟、编磬三面而悬，中间舞者翩翩起舞，两侧侍从周到侍奉，俨然墓主人生前钟鸣鼎食、歌舞升平宴飨场景的真实微缩写照，瞬间凝结。陶俑周围填充黏性较大、数量较多的青膏泥，位置难以移动，而弧形的壁龛顶部又没有完全坍塌对陶俑造成多大损伤或是移位，因而这样一个场景的布局是毋庸置疑的，完全保持了下葬时的原始状态。

（4）陶器

多为仿铜彩绘陶礼器，器形有鼎、豆、壶、敦、盘、匜等。这些陶器均放置在2号和3号壁龛之内。

（5）青铜器

有鼎、敦、豆、提梁壶、提梁罐、盘、舟等；玉石器有玉环、滑石管、水晶项饰等；竹器有方竹筒、圆竹筒等；漆木器有筝、梳、簪、绕弦棒等；丝织

图九　2010沂源东里东台地一号战国墓荒帷出现情况（由南向北拍摄）

图一〇　2010沂源东里东台地一号战国1号壁龛内陶俑（由南向北拍摄）

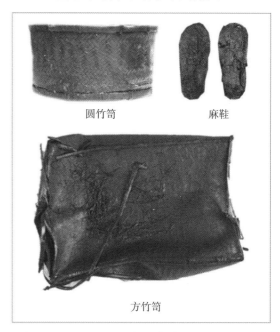

圆竹筒　　　　麻鞋

方竹筒

图一一　2010沂源东里东台地一号战国墓出土部分竹筒和麻鞋

品有服装和大量的鞋子等（图一一；彩版 37）。这些随葬品除去少量的随墓主人放置在棺内和棺椁之间外，其余绝大部分都放置在外棺之下的暗箱之内。

二　相关问题的思考

1. 年代与规格

墓葬的年代虽然没有发现明确的纪年证据来表明，但墓葬的形制、葬俗清楚，且出土随葬品丰厚，与以往同类墓葬及其随葬品稍作比较就可发现，其时代特征极为鲜明，还是比较容易推断和清晰的。

从墓葬形制、随葬品等诸方面情况来观察，与之最为接近的墓葬应当是 1990 年济青公路文物考古队绣惠分队发掘的山东章丘绣惠女郎山一号战国墓 [1]。尤为难得的是，在战国齐墓被盗破坏十分严重的情况下，两座墓葬居然还都不曾被盗扰，保存较为完好且出土遗物颇为丰厚，资料系统、完整科学，从而提高了其可比性，年代也更趋于精确和可信。

两座墓葬都是带一条墓道的"甲"字型墓，且又都是墓道在南，墓室位北，方向坐北朝南，墓葬的形制和方向完全一致。

两座墓葬随葬品的基本组合，如青铜器的鼎、豆、壶、盘、舟和陶器的鼎、豆、壶、盘、匜完全相同。而且，部分器形的形制、装饰也一致，具有共同的特征。例如：青铜鼎均作三个环形钮的半球状器盖，子母口，腹耳，鼓腹，小平底，蹄形足，素面；青铜盖豆均作三个环形钮的半球状器盖，子母口，鼓腹，近口部都有 2 个环形钮，圜形底，细高柄，小喇叭圈足，素面；青铜提梁壶均作链形提梁，两个带环形钮的器盖，子母口，高颈，圆鼓腹，小平底；青铜盘均作敞口，平沿，折腹，平底，矮圈足，素面；青铜舟均作近椭圆体，盖面隆起并附环形钮，子母口，腹微鼓，一侧附一环形钮，平底，素面。再如，陶鼎、陶豆、陶壶、陶盘等，由于这些陶器都是仿铜陶礼器，所以其形制甚至是装饰也都与同种器形的相一致。

值得关注的是，两座墓葬中出土的陶俑不仅其制作技法、大小和造型相同，而且其着色的色彩和手法也几乎是完全一致，更具共同特征。

同一地域之内这种墓葬形制的一致性和随葬品的共同特征，只能是时代上的一种直接反映，表明两座墓葬的年代是同时的。章丘女郎山一号战国墓的年代发掘者将其推断在战国中期，那么沂源东里东台地一号战国墓葬的年代据此也就可以确定在战国中期。具有共同特征的两墓中的这些随葬品几乎都是明器，而明器又是专作随葬品用于供死者亡灵使用的器具，较之实用器更具时代特征，所以这一年代只要章丘女郎山一号战国墓推断无误，那么沂源东里东台地一号战国墓也不会有太大出入。

但是，其间也有一些区别，如沂源东里东台地一号战国墓中出土的仿铜陶礼器方座簠和花口壶等（图一二；彩版 38），则不见于章丘女郎山一号战国墓。这些陶器最显著的特点是花瓣形的捉钮和壶口，形制繁缛而华丽。这种陶簠和装饰也见于临淄齐都文化城的东孙战国墓，流行于临淄战国齐墓的第一期，第二期和第三期则罕见。而临淄战国齐墓的分期则将第一期的年代推断在战国早期，第二期和第三期为战国的中期和晚期 [2]。据此，沂源东里东台地一号战国

图一二　2010 沂源东里东台地一号战国墓出土陶簋、陶壶

墓的年代就可推进到战国早期。

不过，墓葬所在的周围还分布着一些战国墓地，而且这些墓地中的个别墓葬规模与一号战国墓不相上下，但其方向却是东西向，与一号墓完全不同。从随葬器观察，这些墓葬的年代要比一号墓为早，但也超不出战国的积年。据此，我们认为将沂源东里东台地一号战国墓葬的年代，推定在战国中期偏早阶段是比较符合历史事实的。

墓葬的规格从墓葬的形制、棺椁制度等方面来观察，还是比较清晰的。《左传·僖公二十五年》："戊午，晋侯朝王，王飨醴，命之宥。请隧，弗许，曰：'王章也。未有代德而有二王，亦叔父之所恶也。'与之阳樊、温、原、欑茅之田。晋于是始启南阳。"杜预注："阙地通路曰隧，王之葬礼也。"隧，即墓道。由此看来，墓道在当时礼制等级中的重要性，要超过南阳阳樊、温、原、欑茅之田。我们发掘的长清仙人台六号墓，虽为春秋邿国国君之墓，但不仅墓葬规模较小，而且也没有墓道。可见，这一葬制在当时实行得还是很严格的。战国时期虽然已是礼崩乐坏，但一条墓道也足见墓主人生前地位之显赫。考虑到墓葬所在之地非王都所在，所以墓葬的规格绝不会高到诸侯王的高度，但也不会低到士的级别，应是大夫一级。

沂源东里东台地一号战国墓的棺椁极其清楚，虽然椁的盖板分为上下两层，貌似双椁双棺，但实质上椁的边板、堵板都是一层，为一椁二棺，共计三重。《庄子·杂篇·天下》云："古之丧礼，贵贱有仪，上下有等。天子棺椁七重，诸侯五重，大夫三重，士再重。"《荀子·礼论》也有同样的记载。庄子、荀子都是战国时期之人，生存的年代与墓葬的年代相去不远，非常相近，所以这些说法应当是可信的。结合实物资料，赵化成先生将这一制度概括为"天子三椁四棺，诸侯二椁三棺，大夫一椁二棺，士一椁一棺"[3]。依此来衡量，沂源东里东台地一号战国墓葬的规格也刚好是大夫级别，与墓葬形制所反映的级别一致。

陶俑虽小场面也不大，且是墓主人生前真实生活的写照，而其中三悬乐器的使用也凸显出墓葬的规格和墓主人生前地位之显赫。《左传·成公二年》："卫人赏之（卫国大夫于奚）以邑，辞。请曲县、繁缨以朝，许之。仲尼闻之曰：'惜也，不如多与之邑。'"杜预注："轩县也。周礼：天子乐，宫县，四周；诸侯轩县，阙南方。"《周礼·春官·小胥》："正乐县之位：王宫县，诸侯轩县，卿大夫判县，士特县。"郑玄注引郑司农云："宫县，四面县，轩县去其一面，判县又去其一面，特县又去其一面。四面象宫室，四面有墙，故谓之宫县。"在孔夫子看来，这一用乐制度与墓葬的隧制同样重要，要重过采邑。依照这一制度来衡量，沂源东里东台地一号战国墓的规格应等同于诸侯。但是，从细微的布局来看，南面编镈俑的位置显然并非正南方，而是偏于西边，与其北侧的钮编钟俑大致处于一个方位。如此一来，乐器俑就非三悬而是二悬，与大夫的级别又趋向一致。

用乐制度与舞佾之间有着严格的比配，关系非常密切。《论语·八佾》："孔子谓季氏：'八佾舞於庭，是可忍也，孰不可忍也！’”朱熹集注：“佾，舞列也：天子八，诸侯六，大夫四，士二。”八佾，即 64 位舞者。依此类推，六佾 36 位，四佾 16 位，二佾 4 位。沂源东里东台地一号战国墓陶俑，其中可以肯定的舞俑为 12 个，但还有疑似的 4 个正在清理保护中，如果这 4 个也能够确定，那么这又与大夫级别相吻合。

墓葬的形制、棺椁、乐器和舞佾都清晰地表明，沂源东里东台地一号战国墓葬的规格无疑就是大夫级别，墓主人的地位还是比较显赫的。

然而，青铜礼器所反映出来的规格却是与之相去甚远。青铜礼器出土共计 12 件，其中鼎 1 件，敦 4 件，豆 2 件，提梁壶 1 件，提梁罐 2 件，盘、舟各 1 件。青铜礼器的使用在周代也有严格的规定，其中最为重要的就是用鼎制度。《公羊传·桓公二年》何休注：“天子九鼎，诸侯七，大夫五，元士三也。”这一制度文献中多有记载，同时也得到了考古的证明，已经比较清晰[4]。并且，鼎与簋的配制也非常清楚，即九鼎八簋，七鼎六簋，五鼎四簋，三鼎二簋。依照这一制度，大夫级别的这座墓葬应当是五鼎四簋，但只有一鼎，明显不配套，与礼制不相符。如果说敦代替了簋，那么四敦也应当是五鼎，也不只是一鼎。这种现象，显然与上述各项情况反映出来的级别形成了明显的反差。何况，这时已是礼崩乐坏，僭越现象非常普遍。

这种反常的现象，我们考虑应当是与墓主人的性别和身份有关。墓主人是位女性，应为大夫之夫人，而非大夫。妇随夫贵，如此一来既可享用其夫大夫的规制，但又不能与之完全等同，特别是“器以藏礼”代表等级、反映规格的核心性器形青铜鼎，毕竟还是夫人。如果从这一角度来思考，那么这种反常的现象也就不再反常，很正常。

紧邻一号墓葬的西侧还有一座同时期的二号战国墓，其形制、方向、规模等都与一号墓葬相同或是相近，但是此墓早期就被盗掘，而且破坏极其严重，棺椁都曾被火烧过，随葬品几乎无存。不过，从随葬有马车和殉人来看，其规格显然要比一号墓葬为高。二号墓葬的墓主人应是一号墓主之夫，两墓是同茔不同穴的夫妇并葬墓。

2. 地望与性质

沂源东里东台地一号战国墓就位于东安故城的西侧，所以墓葬为东安故城的一部分无疑，两者是一体的。战国时期的东安故城，文献记载为齐国的盖邑，并且与齐国的大夫陈戴和王驩关系密切。

《孟子·滕文公下》：“仲子齐之世家也，兄戴，盖禄万锺，以兄之禄，为不义之禄而不食也。以兄之室，为不义之室而不居也。避兄离母，处于于陵。”赵岐注：“孟子言仲子齐之世卿大夫之家，兄名戴，为齐卿食采于盖，禄万锺。”又，《孟子·公孙丑下》：“孟子为卿于齐，出吊于滕，王使盖大夫王驩为辅行。”赵岐注：“盖，齐下邑也，王以治盖大夫王驩为辅行。辅，副使也。王驩，齐之诏人，有宠于齐，后为右师。”

上述两条文献都明确地告诉我们，盖不仅是战国时期齐国的采邑，而且陈戴和王驩都曾食采于盖，是盖邑的盖大夫。

《齐乘》古迹盖城条目下：“沂水西（北）八十里，盖公先国。陈仲子兄戴盖禄万锺即此，汉为县。”《读史方舆纪要》沂水盖城条目下：“县西北七十里，齐邑也，陈仲子兄戴盖禄万锺，又王驩为盖大夫，即此。汉置盖县，属泰山郡。"清康熙、道光《沂水县志》都有同样的记载，都认为战国时期齐国的盖邑即汉代泰山郡的盖县，其治所在沂水西北，正如其前《太平寰宇记》河南道沂州府沂水条目下所说，"汉盖县城，在城西北八十里，本齐邑，汉以为县。"

对此，史学界从无疑义，只是在对具体地点的认知上存在着分歧，从而导致出现了七十里、八十里，甚至是百二十里之说。《续山东考古录》沂水条下："盖县故城在西北百二十里今盖邑庄，寰宇记作八十里，误。"《水经注疏》秉承了这一观点。沂源于1944年建县，辖区主要来自之前沂水县西北边陲的沂河上游，所以名为沂源。无论七十里、八十里或是百二十里，哪种观点都不出现在沂源辖区。七十里、八十里指的是现在的沂源东安故城，百二十里指的则是现在沂源的盖冶村。因此，距离上说法虽然不一致，但实质上观点只有两个，即盖冶村和东安故城。

《汉书·地理志》泰山郡条目下："县二十四：奉高、博、茌、卢、肥城、蛇丘、刚、柴、盖、梁父、东平阳、南武阳、莱芜、巨平、嬴、牟、蒙阴、华、宁阳、乘丘、富阳、桃山、桃乡、式。"盖县下自注："沂水南至下邳乡入泗，过郡五，行六百里。"《后汉书·郡国志》泰山郡条目下："十二城，奉高、博、梁甫、巨平、嬴、山茌、莱芜、盖、南武阳、南城、费、牟。"盖城下自注："沂水出。"

《水经注》沂水条下："沂水出泰山盖县艾山……又东南，螳螂水入焉，出鲁山，东南流，右注沂水，水又经盖县故城南，东会连绵之水，水发连绵山，南流，经盖城东而南入沂。沂水又东径浮来之山，《春秋经》书公及莒人盟于浮来者也，即公来山也，在邳乡西，故号曰邳来之间也。浮来之水注之，其水左控三川，右会甘，而注于沂。"

这里地处沂蒙山区腹地，山川亘古未变，河道与现在沂河的行径完全吻合，一清二楚。对号入座，我们就可以确知螳螂水即今沂源县城西侧源于鲁山的螳螂河，盖县故城即今盖冶村，连绵水即今水北河，连绵山即今亳山，浮来水即今红水河，邳乡即今沂水沙沟镇的邳乡故城（图一三）。这一地理环境，也与《汉书·地理志》泰山郡盖县条目下自注相一致。由此可见，盖冶村之说当源于《水经注》，甚至早到《汉书·地理志》。

笔者对盖冶进行过多次调查，结果没有发现任何故城之类的遗迹现象，倒是见到了大量的汉代冶铁遗存，如红烧土、范块、矿石、炼碴等。在盖冶村西的变质岩山上，至今还保留有采矿的老坑和老窟，据说以前更多。这些采矿的老坑和老窟，正处在莱芜莱钢——沂源华联的矿脉线上。据此可以确定，这里应当是一处规模较大的汉代矿冶遗址。而且，从采矿、冶炼到铸造，涵盖了整个矿冶的生产过程。

意外的是，调查过程中我们在村中二郎庙的墙体上发现了一通明嘉靖年间的功德石碑。上面的文字虽不工整优雅，但却是非常清晰，内容也很有意思。碑文为：

图一三　《水经注》盖县故城位置示意图

图一四　沂源盖冶二郎庙功德碑

"沂城治西北离县九十里，沂源乡中庄社盖冶庄中间修盖二郎庙一所，祈保风调雨顺，六畜兴隆，田蚕茂盛，遗传后代。云年，嘉靖四十三年（1564年）十一月初二立……（图一四；彩版39）"

据此可知，盖冶距离沂水并非百二十里，而是九十里，相差甚远。并且，村名在明嘉靖年间就是盖冶，与现今同名，而非清时的盖邑。盖冶，应是源于当地古地名与矿冶生产的综合体，为古老村名。冶、邑当地发音相同，而"邑"在一些文史专家眼里又极富有诱惑力和想象力，于是清时冶就讹化成了邑，出现了与战国时期齐国密切相联系的盖邑之名。

东安故城不仅有数量较多、规模较大的战国墓，而且其中东里东村东台地的规格又与盖大夫一致，更重要的是还有与之相一致的城址，所以东安故城才是战国时期齐国的盖邑，而非盖冶村。再说，这里的距离与《太平寰宇记》《齐乘》所说的一致。至于《读史方舆纪要》所谓的七十里，当是不精确的概数。

如此一来，那么沂源东里东台地一号战国墓葬的性质自然就清楚了，为战国齐国盖大夫之夫人。从年代上推测，最大的可能是王驩之夫人，或是其家族中的贵夫人。反之，无论是王驩或是陈戴都是战国中期前后之人，那么也证明上述墓葬年代的推断是可信的。

3. 棺束与棺饰

《礼记·檀弓上》："棺束，缩二衡三，衽每束一。"郑氏注："衡亦当横，衽，今小要。"缩二衡三比较容易理解，也有实例为证，所以目前学术界的看法比较一致。但是，对于衽的认识却存在着较大分歧，或认为衽的接缝处全系榫卯相接，不另按设后世所谓的细要[5]；或认为棺的四边及底边结合处的燕尾榫为棺衽[6]；或认为不应指棺板相连接的木梢（榫），应是棺盖与墙板连件[7]。沂源东里东台地一号战国墓的棺木保存完好，且榫卯结构及其使用情况也非常清晰，从而为衽的理解提供了新的机遇。

除去边板与堵板、悬方木与边板相接使用了半透榫卯和全透榫卯之外，无论是外棺、内棺边板、堵板的自身拼接，还是边板、堵板与盖板的扣合，都使用了半透卯的燕尾榫。外棺、内棺边板、堵板、盖板燕尾榫的结构一致，都是三行。其中，板外面为两行，位于板面两端的接缝处；里面一行，位于板面中央的接缝处。其数量由棺板的数量而定，不等。但是，燕尾榫的形状却是全部一律，都是两头宽中间窄的燕尾形。不过，榫的一边是直边，另一边为燕尾形，并非对称，与所谓的细腰不同（图一五；彩版40）。

《礼记·檀弓上》孔疏云："衽每束一者，衽，小要也。其形两头广，中央小也。即不用钉棺，但先凿棺边及两头合际处作坎形，则以小要连之，令固棺，并相对，每束之处以一行之衽连之。

若竖束之处，则竖著其衽以连棺。盖及底之木，使与棺头尾之材相固。汉时呼衽为小要也。"依照这一解释，东里东台地一号战国墓棺木上的燕尾榫无疑就是郑氏所说的小要。

除去小要之外，沂源东里东台地一号战国墓的棺木还使用了凹槽缺口。但是，凹槽缺口只见于外棺，内棺则不见。凹槽缺口共计8个，均见于外棺边板和堵板的底部，东西边板和南北堵板各2个。

《礼记·丧大记》："君盖用漆，三衽三束；大夫盖用漆，二衽二束；士盖不用漆，二衽二束。"郑氏注："用漆者，涂合牝牡之中也。"孔疏："三衽三束者，衽谓燕尾合棺缝之际也，束谓以皮革束棺也。棺两边各三衽，每当衽上辄以牛皮束之，故云三衽三束也。大夫盖用漆，二衽二束者，亦漆衽合缝处也。大夫、士横衽有束，每衽有束，故云二衽二束也。士盖不用漆，二衽二束者，士卑，故不用漆也，言二衽二束，与大夫同。"沂源东里东台地一号战国墓的外棺盖板与棺板的结合处不仅用过漆，而且其棺束还通过凹槽缺口为缩二横二，正与大夫的棺束相吻合。

图一五　2010沂源东里东台地一号战国墓外棺盖板小要

图一六　2010沂源东里东台地一号战国墓外棺盖板斜凹口及小要（由东向西拍摄）

不过，除去凹槽缺口之外，外棺还使用了斜凹口。斜凹口也只见于外棺，内棺不见，与凹槽缺口相同。但是，斜凹口只见于外棺盖板东西两侧的棱角处，底部不见，即是盖板的南北棱角处也不见，又与凹槽缺口不同。斜凹口共计4个，棺盖板东西两侧各2个，并且与外棺盖板上面、边板外面上的小要相对应，处在同一条直线上。如此，4个斜凹口也正与横向的棺束相一致（图一六；彩版41）。

缩二横二的外棺棺束，有粗壮的草绳和较细的麻绳两种。较细的麻绳纵束中不见，只见于横二的棺束之中，且有3条，正与斜凹口相重合，并组合在一起。由此，我们认为麻绳才是严格意义上的棺束，而草绳则应当是下葬绳。如此一来，衽与束就是一致的，也就是"衽每束一""衽二束二"的真正含义。

至于内棺缩一横三的棺束，考虑到其与外棺二衽二束的区别，我们怀疑或许与入敛的"缩一横三"的布绞有关。内外两棺在出殡前必然进行装敛，完成套装。严格意义上来说，其中较细的"缩一横三"的细绳才是棺束，而横三中两端的粗绳应当是装敛内棺的绳子，功能与外棺的下葬绳相同。小敛于户内，大敛于阼。两棺相套，空间狭窄，如果没有装敛的绳子，难以想象。

如果上述推断无误的话，那么外棺横二的草绳应当就是下葬的绋，而下葬桩就是木碑。《礼记·丧大记》：“凡封，用綍去碑负引。”孔疏：“凡封，用綍去碑负引者。封当为窆，窆谓下棺。下棺之时，将綍一头以系棺缄，又将一头绕碑间辘轳，所引之人在碑外，背碑而立。负引者渐渐应鼓声而下，故云用綍去碑负引也。”缄，郑氏注“今齐人谓棺束为缄绳。”沂源东里东台地一号战国墓横二的草绳，上端正好与下葬桩相对应，而下端则正与横二的棺束相组合，照此理解，那么下葬的草绳无疑就是綍，而下葬的桩就为碑。下葬桩既然为木桩，那么碑也当为木碑。

外棺缩二的草绳与横二的不同，既没有麻绳相组合，也没有斜凹口相固定，更没有相对应的木碑，应当是大夫、士以封的缄。《礼记·丧大记》：“君封以衡，大夫、士以缄。”孔疏：“君封以衡者，诸侯礼大物多，棺重，恐棺不正，下棺之时别以大木为衡，贯穿棺束之缄，平持而下，备倾顿也。大夫、士以缄者，大夫、士无衡，使人以綍直系棺束之缄，而下於君也。”外棺盖板上，清理时尚留有唯一的一段草绳，而且保存较为完好。草绳以竹篾捆扎，并且还使用竹席、麻布包裹过，明显与横二的草绳不同（图一七；彩版 42）。这一草绳既然不是用綍去碑负引的綍，而又非严格意义上的束，那么只能是上述孔疏大夫、士以封的缄。

《礼记·丧大记》：“饰棺：君龙帷、三池、振容、黼荒，火三列，黼三列，素锦褚，加伪荒；纁纽六，齐五采，五贝；黼翣二、黻翣二、画翣二，皆戴圭；鱼跃拂池。君纁戴六，纁披六。大夫画帷，二池，不振容；画荒，火三列，黻三列，素锦褚；纁纽二，玄纽二，齐三采，三贝；黻翣二，画翣二，皆戴绥；鱼跃拂池。大夫戴前纁后玄，披亦如之。士布帷，布荒，一池，揄绞；纁纽二，缁纽二，齐三采，一贝，画翣二，皆戴绥。士戴前纁后缁，二披用纁。”除去荒帷之外，沂源东里东台地一号战国墓外棺盖板上面还发现有竹编网格框架和 20 多枚小青铜铃（图一八；彩版 43），以及大量的滑石管等，这些当与上述帷荒、池、振容等棺饰密不可分。目前，出土的棺束、棺饰等文物正在保护和整理过程中，具体详情还有待深入研究。

由于受到地理环境、保存条件等方面的影响，目前所见保存较为完好的棺束和棺饰几乎都见于南方，且以楚地为集中，常见于东周时期的楚墓中[8]，北方则极为罕见，严格讲目前仅沂源东里东台地一号战国墓这一处。就目前资料观察，楚墓中棺束的材料多为麻绳，其次是麻布，再次是丝绳或是丝绵，另外还有少量的竹篾绳和皮革，而沂源东里东台地一号战国墓的棺束则以草绳和麻绳为主，不见麻布、丝绵之类，其间的区别极为明显。就棺饰而言，楚墓中的荒帷多为帐式“绢荒”，棺多彩绘神秘的图案，而沂源东里东台地一号战国墓中的荒帷则是四阿式的竹质框架，并挂有 20 多枚小青铜铃，内棺则为素棺，其间的区别也极其明显。三礼中的棺束与棺饰很大程度上指的是中原地区而非南方的楚国，所以沂源东里东台地一号战国墓的棺束与棺饰与三礼中的棺束与棺饰应更为贴近。

总之，沂源东里东台地一号战国墓不仅

图一七　2010 沂源东里东台地一号战国墓
外棺盖上草绳

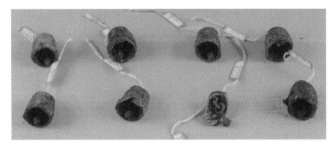

图一八　2010 沂源东里东台地一号战国墓
外棺盖板顶部出土的部分小青铜铃

年代、规格清晰，而且地望、性质也明确，为战国中期较早阶段盖邑盖大夫之夫人。更为重要的是墓葬未被盗掘，棺椁保存完好，还出土了大量的丝织品、麻织品和竹编器等有机质文物，在北方地区可谓绝无仅有，其学术价值和意义不言而喻！

注释

[1] 济青公路文物考古队绣惠分队：《章丘绣惠女郎山一号战国大墓发掘报告》，《济青高级公路章丘工段考古发掘报告集》，齐鲁书社，1993 年。

[2] 山东省文物考古研究所：《临淄齐墓（第一集）》，文物出版社，2007 年。

[3] 赵化成：《周代棺椁多重制度研究》，《国学研究（第五卷）》，北京大学出版社，1998 年。

[4] 俞伟超：《周代用鼎制度研究》，《先秦两汉考古学论著》，文物出版社，1985 年。

[5] 陈公柔：《士丧礼、既夕礼中所记载的丧葬制度》，《考古学报》1956 年第 4 期。

[6] 彭浩：《江陵马砖一号墓所见葬俗略述》，《文物》1982 年第 10 期。

[7] 王从礼：《楚墓葬制分析》，《江汉考古》1988 年第 2 期。

[8] 高崇文：《浅谈楚墓中的棺束》，《中原文物》1990 年第 1 期。江奇艳：《战国时期楚国丧礼中的棺束与棺饰》，《考古》2004 年第 6 期。

齐文化大型城址考古的又一重大发现
——高青狄城城址的勘探与试掘

张光明　徐学琳*

一　概况

城址位于鲁北平原，坐落于高青县高青镇信家村、陈窑村和西关村之间（图一）。该区域属黄河冲积平原，地势低平，由东南向西北倾斜。古城址墙体西北拐角被部分信家村居民房占压。经勘探，城址东西长约 800、南北宽约 700 米，总面积约 56 万平方米。墙体及城内文化堆积被淤积层叠压，墙体大部分距地表 0.3～1.6、残高 1.4～4.2 米，城内文化堆积南薄北厚，普遍覆盖厚 1.8～2.8 米不等的沙土和黏土层。此次试掘所见文化内涵早至岳石文化至商周时期，尤以春秋战国、汉代遗存最为丰富，也有少量唐、宋、金时期的遗物。

为摸清狄城城址分布范围、规模和面积、形制和性质、整体结构、功能分区、文化内涵及时代特征、文化堆积层次等情况。2013 年 12 月～2014 年 6 月由淄博市文物局考古工作队，联合高青县文物局重点对城址范围区域进行勘探。经勘探已探明城址的范围和布局，面积和时代，形制和性质以及地下遗迹埋藏情况，并在城内发现了建筑基址及大量灰坑等重要遗迹。

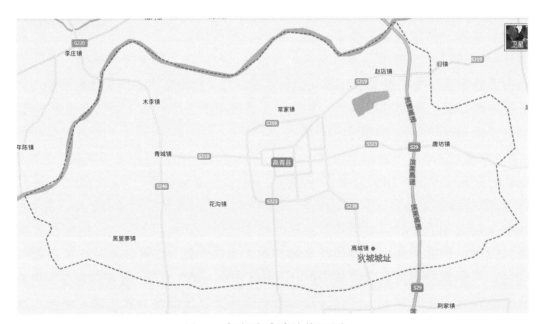

图一　高青狄城城址位置图

* 张光明：山东省淄博市文物局。徐学琳：辽宁师范大学考古学博士。

二　地形和地址概况

1. 地形地貌

高青县地处华北平原坳陷区（Ⅰ级构造）、济阳坳陷区（Ⅱ级构造）的南部，为一大型沉积盆地的一部分。境内以新生界及其发育为特征，全被第四系黄土覆盖。从西北向东南，分别属济阳坳陷区的惠民凹陷（Ⅲ级构造，青城、常家以北）、青城凸起（Ⅲ级构造，田镇、青城南、黑里寨北）、东营凹陷（Ⅲ级构造，樊家林、高城、唐坊一带）构造区。褶皱构造不明显，以断裂构造为主。高青县位于黄河、小清河之间，地势西高东低，地面坡降为 1：7000；北高南低，坡降为 1：5200；由西北向东南倾斜。西部马扎子地面高程海拔 16.5、东部姚家套海拔 7.5、平均海拔为 12 米。属河流冲积平原，由于黄河多次改道、决口，致使泥砂沉积，反复冲切，相互叠压，逐渐形成缓岗地、微斜平地和浅平洼地。内河、沟渠纵横，被分割成不规则块状。黄河大堤蜿蜒曲折、气势磅礴、岸内有 3 个大滩，以马扎子、刘春家为分界线。境内自南向北依次有金铃、银铃、铁岭缓岗地横贯，缓岗间为微斜平地、浅平洼地，另有决口扇形地、河滩高低。

2. 水系

境内有济水、小清河、支脉河、北支新河四条东西横贯的大中型河道和库容达 3000 万立方米的大芦湖水库。年降水量 600 毫米，地下水资源 12175 万立方米，建有引黄闸两座、年引黄河水 5 亿立方米。

黄河沿北部边缘过境，境内长度为 45.6 千米。

小清河，位于山东省济南市郊区北部，黄河南侧。源于济南西郊睦里闸，纳玉符河下游分流之水，东西向流至济南北园，又汇市内诸泉，流经历城、章丘、邹平等地，由羊角沟入海。该河唐以前为济水残渠，金时刘豫疏导入海。

济水是一条古老的自然水系，曾经与长江、黄河、淮河齐名，并称"四渎"。发源于河南省济源市，流经山东入渤海。发源处称沇水，东流为济水。隋唐以后，济水逐渐衰微，尤其是济水下游，由于泥沙淤积，大多河段断流。古济水对山东的古地理起过更大的影响作用，到今济水古道河床、河岸清晰可辨。我省的一些地名如济南、济阳、临济、济宁等，都是以济水的相对位置而形成的。古济水横穿高青县，由唐口入境，流经河西、程家、小套、大张、堤西李南，由堤西李南北折穿越高城西关，再经高城城里东北角，北关南至上刘、堰头入境博兴县境。因而文献记载在高城西北、济水北岸建立了鄋瞒的都邑——狄邑。

三　历史沿革及文物分布概况

高青县主要包括原高苑县和原青城县。考古发现证明：大约六千年前的新石器时代大汶口文化时期，人类已开始在这里繁衍生息并创造了辉煌的原始文明，商代晚期属薄姑国。

公元前 1046 年，周成王封姜尚于齐，建立齐国，高青地属齐。约公元前 800 年，长狄人入侵，在济水北建鄋瞒国，都狄邑，或曰长狄所居（今高城西北 1 千米处有遗址）。春秋初，今高城北仍为鄋瞒国地。公元前685～前643年，齐桓公将今高城及邹平的苑城一带辟为苑囿，更名高苑，故址在今邹平的苑城店。高城及南部为高苑地，高城北为狄城地。公元前607年，齐王子成父打败长狄，高青复为齐地。战国时期，高青地属齐。

秦朝，置狄县（今高城一带）。高青东部隶临淄郡，今青城西部、黑里寨大部属济北郡。

西汉置千乘郡，故城在今高城北25千米（今旧镇地）。又置千乘县（今唐坊镇孙集东南1.5千米有遗址）。《齐记》："千乘城在齐城西北百五十里，有南北二城，相去二十余里，其一城县治，一城太守治，此二城即千乘县及千乘郡治。又置东邹县（今花沟镇一带）。"公元前201年（汉高祖六年），刘邦封丙倩为高宛侯，后为高宛县。公元前125年（西汉元朔四年），汉武帝封齐孝王子燕为被阳侯。汉高帝封娄敬为建信侯，后为建信县（今木李镇内杨一带）。时高青属高宛、被阳侯国地。后为狄县、被阳县、高宛县地，均属千乘郡。当时狄城在今高城西北，被阳城（今高城址）在狄城东南，隔沨水（济水）与狄城相望。高青西部主要为东邹县、建信县地，皆隶千乘郡。最西部为邹平县地，属济南郡。王莽新政时，狄城更名利居（图二）。

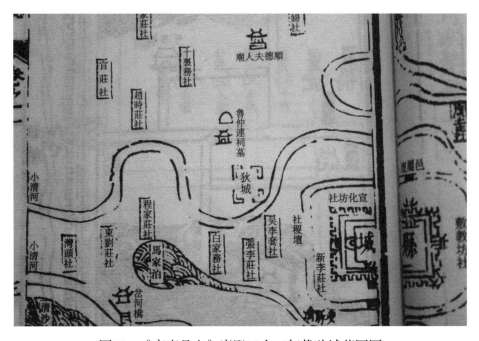

图二　《高青县志》康熙二十三年载狄城范围图

四　工作简况

城址勘探工作分二期进行（图三），自2013年12月25日至2014年4月4日、2014年5月20日至6月15日，共计80余天。

勘探范围：西起高青县高城镇陈窑村西、东至高城卫生院、北起信家村、南至付家村。勘探面积东西约800、南北约700米，约56万平方米。

考古钻探严格按照《田野考古操作规程》进行。按照钻探范围、现场地形地貌及钻探对象

图三　勘探队员钻探

划分区域布设测绘基点和探孔网格。根据钻探对象的不同分别采用梅花孔、平行孔等方式等距布孔。根据地层土质变化情况，及时调整孔距、深度，确保钻探科学合理，勘探结果真实有效。探孔孔距可根据地下遗迹的复杂程度进行调整。墙体钻探采取排距 50、孔距 5 米，横向方式布孔，城内钻探采取排距、孔距 10 米 ×10 米平行方式布孔，对于门址、灰坑等小型遗迹分布密集区域采用 3 米 ×3 米中间加 1 孔的方式布孔。重要遗迹采集土样及器物标本。勘探采取普探和密探相结合的方法，勘探深度以勘探到生土为止，遇到遗迹现象时，则根据不同遗迹的要求适当加大勘探密度，力求即达到准确无误，又尽量减少对遗迹现象的破坏，每排每孔都有详尽的钻探记录，每日做好照相绘图文字记录工作。

五　主要收获

1. 城址

城址呈长方形，城址东西长约 800、南北宽约 700 米，面积 56 万平方米。西、北两面城墙保存较好，现顶部宽 14～18、残高 2.6～4.2 米（图四）。东墙大部分缺失、尚存中北部 150、残高 1.4～3.2 米。南墙西段保存较好、东段被济水冲掉。东南、东北拐角也遭破坏。西北拐角叠压于信家村下，城墙四角 GPS 坐标，西北角 37 角西段保存较好、117 角西段保存较好、高程 12 米；西南角 37 南角段保存较好、117 南角段保存较好，高程 17 米；南墙东端消失处 37 南墙东端消失处、117 墙东端消失处好，高程 14 米；东北角 37 东北角端消失处、117 北角端消失处好、高程 13 米。城墙东南段大部分的缺失，可能与古济水冲刷有关。北墙、西墙中部均发现缺口，可能是城门，宽 12～15 米。东墙、南墙因被破坏较甚没发现缺口，若按先秦筑城规制，东、南城墙也应有城门，该城应有东、南、西、北四个城门。墙体东、西、北三面外侧有壕沟环绕，与墙体间距 4～6、现宽 17～25、最深距地表约 4.4 米。南墙外侧济水河应为自然护城河。

为了解城址的年代、废弃过程及墙体修筑技术、壕沟的结构和年代，报请文物主要部门批准，

图四　狄城城址平面图

在城址的西南角利用坑塘北壁对西墙进行了刮面解剖。墙体开口于耕土层下，墙体外侧斜坡被多层坡状堆积叠压（彩版 44）。根据夯层叠压打破关系及出土遗物城墙可分为两期。

　　一期分夯 1 层、夯 2 层。被二期城墙叠压和打破。夯 1 为夯 2 的内侧修补，被 H7 打破，现残留墙体较少。夯层①～⑥层，层厚 11～14 厘米，墙体残高 70 厘米，层内无包含物。夯 2 为一期城墙的主体，打破生土，被灰坑 H5、H6、H8、H9、H10、H11 打破。西部挖基槽由下而上分层夯筑而成。有 23 层夯层堆积，基本呈水平状，上下叠压，经加工，夯层可辨，夯窝不明，层厚 15～25 厘米。墙体宽 15、高 3 米。①～⑥层为黑土，结构紧密，出土器物以罐片为主，纹饰为绳纹，陶质有灰陶、红陶；⑦～⑫层深灰褐色泛红，结构紧密，出土器物有鬲足、罐腹片，纹饰为绳纹，附加堆纹、⑬～㉓层为黄褐色夯土，内含较多红黏土斑块，略松，包含物少而碎。根据城墙夯筑情况以及打破一期城墙的 H5、H6、H7、H8、H9、H10、H11 等灰坑均为春秋战国时期的遗迹，一期城墙与二期城墙筑建间隔时间较长。又据夯层内出土器物及打破城墙灰坑内出土的器物标本，一期城墙的筑建年代断为春秋时期。从打破一期城墙灰坑 H7 出土的方形石斧、红陶小口罐等岳石文化遗物，另据文献记载夯土层内出土有商代和西周时期遗物，证明此地从岳石文化时期始有人居住，推断城址的始建年代应早至商周时期，此还有待今后的考古发掘工作进一步证明。

　　二期分夯 1 层、夯 2 层、夯 3 层。夯 3 为主体，夯 1 为夯 3 外侧加固修补层，挖基槽由下而上分层夯筑而成。夯 2 为夯 3 内侧修补层。夯 1 夯层分①～㉚层，夯层厚 15～25 厘米。

墙体宽 2.5～3.8、高 4.2 米。夯层明显，夯窝清晰，呈馒头状，直径 7～9 厘米。根据土质土色分 4 个地点取土夯筑而成。①～②层黄褐色沙土，③～⑧层深灰褐色夯土，层内包含有春秋、战国时期遗物。⑨～⑪层黄色沙质土，层内包含物较少，有春战国时期遗物。⑫～⑮层灰褐色夯土，层内包含物较多，有西周至战国时期遗物。⑯、⑰层黄褐色夯土，层内包含物较少，有春秋、战国时期遗物，⑱～㉑层黄褐色夯土，层内包含物较多，有商代晚期、西周至战国时期遗物。㉒～㉚层黄褐色黏土夯筑而成，包含物较少，有西周至战国时期遗物。夯 2 夯层分①～⑪层，夯层厚 15～25 厘米。墙体宽 2.7～4.8、高 1.4 米。夯层明显，夯窝清晰，呈馒头状，直径 7～9 厘米。其包含物以战国时期为主，有少量春秋西周陶片。夯 3 为二期墙体的主体，夯 3 夯层分①～⑪层，夯层厚 15～25 厘米。墙体宽 8～10、高 1.6 米。夯层明显，夯窝清晰，呈馒头状，直径 7～9 厘米。包含物以战国时期为主，有少量西周和春秋时期的陶片。

　　二期墙体内、外侧堆积被西汉晚期墓葬 M1、M2、M3、M5 打破，故城墙夯筑时期应早于西汉中期。推测二期城墙筑建年代应为战国至西汉早期。

　　壕沟位于墙体外侧，由于早期多次开挖清淤以及被晚期遗迹打破和破坏，只残留壕沟的底部。

2. 大型建筑基址

　　在城内中心探明大型建筑基址（图五）。南北 90、东西 80 米，面积约 7000 平方米。东至原油棉厂路西 50 米处、南至陈窑东西村路北 40 米、西临陈窑村东北角、北过东西生产路 20 米。GPS 坐标，东南角 37，东南角村东北、117 东南角村东北角，高程 15 米；东北角 37东北角角村东北、117 北角角村东北角，高程 12 米；西北角 37 西北角角村东北、117 北角角村东北角，高程 10 米；西南角 37 西南角角村东北、117 南角角村东北角，高程 9 米。

图五　建筑基址位置区域

基址为灰褐色夯土，内含黄褐土及红烧土颗粒。质地结构紧密、较硬。距地表 2.8～3.3、厚 0.8～1.2 米。

3. 灰坑

　　发现灰坑共 30 余个。大小深浅不一，坑内堆积为灰褐土，内含红烧土颗粒，包含物多为灰色器物陶片（图六；彩版 45、46）。分布于整个城内中北部。距地表深达 4.5 米。

4. 地层堆积

　　城内地层堆积可分 8 层。

第①层：现代耕土层，厚约 0.2 ～ 0.25 米。

第②层：红褐色黏土层，厚约 0.2 ～ 0.4 米。时代约属清代。

第③层：浅灰色粉沙土，厚约 0.1 ～ 0.15 米。

第④层：黄褐色粉沙土，厚约 0.2 ～ 0.4 米。

1.H4

2.H5

3.H6

4.H7 ①

5.H7 ②

6.H8

图六　灰坑出土遗物

第⑤层：灰褐色粉沙土，厚约 0.1 ～ 0.3 米。时代约属唐宋时期。

第⑥层：深灰褐色粉砂土，内含炭屑、红烧土颗粒，厚约 0.4 米，层内包含大量陶片，时代约属汉代时期。

第⑦层：灰褐色粉沙土，质地略紧密，厚 0.1 ～ 0.3 米，层内包含大量陶片。时代约属东周时期。

第⑧层：黄褐色粉沙土，南部高，北部低。绝大部分被破坏，现存厚度及距地表深浅不一，距地表约 2.3 ～ 3.5、厚约 0.4 ～ 1 米。城内夯土建筑基址皆直接叠压该堆积。

六　城址勘探试掘的基本收获

第一，狄城城址的考古勘探发现了总面积约 56 万平方米的早期城垣遗迹，基本上了解了城址的规模、年代和文化性质，是齐国腹心地区早期大型城又一新的重要发现，填补了齐国早期城址的区域空白，且在城内发现了约 7000 平方米的夯土建筑基址，为确认该城址的性质提供了重要线索，此次勘探试掘取得了阶段性重要成果。

第二，狄城西南角坑塘北壁清理的剖面显示该段城墙，由二期夯土组成：其中，一期夯土约当西周晚期至春秋时期，二期夯土约当战国时期，城垣的废弃年代下限约当西汉中期。解剖城墙东部有约 20 米未发掘，从夯层出土遗物分析城址的始建年代有可能要早至商周时期。

第三，勘探在夯土层内出土了部分陶、石、骨、蚌、铜等出土遗物，年代包括岳石、商代、西周、春秋、战国和西汉以后等不同时期的遗物。为比较明确的推断狄城城址的早期始建年代和文化发展脉络提供了科学依据。

第四，狄城城址西距新发现的陈庄西周城址[1]5 千米左右，同处济水北崖的高台地上。陈庄西周城址因面积较小和多发现贵族墓葬、祭坛而被学界认为是齐国西周时期的王侯陵园[2]，又因贵族墓出土的青铜器有"齐公"铭文而被认为是姜太公后裔王墓[3]。此次发现的狄城城址有着面积大、时代早、延续使用时间长，城墙保存完好的特点；且发现了战国时期的大型宫殿建筑基址，故而有可能该城为早期齐王（侯）所居，此为探寻齐国初都营丘城址提供了重要的科学线索。再者，狄城城址的勘探成果对夏商时期齐地的夷狄民族关系以及西周至春秋时期齐国早期历史的综合研究具有重要意义，此与我们以前推论的齐国初都营丘都当在周初分封齐国西周时期疆域之腹心地区的方圆"百里"之内[4]和高青陈庄西周早期城址的发现对探寻营丘都城的地望所在具有坐标意义或营丘城就在此近邻[5]的结论也是相吻合的。

第五，高青县人民政府正与山东大学联合成立"齐文化考古研究实践基地"，将重点对狄城城址展开全面的考古发掘工作，并以高青县为中心，辐射整个鲁北地区全面系统的展开对齐国遗迹的系统区域性考古调查工作，相信在今后不远的将来齐文化的全面深入研究工作一定会有所进展和突破。

狄城城址的勘探试掘工作得到了高青县委、县政府、县文物局、高城镇政府、信家村委、陈尧村委、西关村委的大力支持，在此表示感谢。领队由张光明研究员担任，执笔由于崇远、李新、徐学琳、吕福海完成，摄影由李新、高峰完成，文稿完成后由张光明统稿定稿。

高青狄城城址勘探队人员：

领队：张光明。

钻探人员：徐学琳、李新、崔来临、凌国彬、于世珍、姜新光、吴峰、高峰、李永康。

报告执笔：李新。

摄影：李新、高峰。

审核：宓传庆、于崇远。

注释

[1] 山东省文物考古研究所：《山东省高青陈庄西周遗址》，《考古》2010 年第 8 期。

[2] 张光明、徐义华主编：《李学勤在山东高青陈庄西周城址专家北京访谈会纪要》，《甲骨学暨高青陈庄西周城址重大发现国际学术研讨会论文集》，齐鲁书社，2014 年。

[3] 任相宏、张光明：《高青陈庄遗址 M18 出土丰簋铭文考释及相关问题探讨》，《管子学刊》2010 年第 2 期。

[4] 张光明：《齐文化文物考古资料研究概论》，《文物考古与齐文化研究》，山东大学出版社，1996 年。

[5] 中国殷商文化学会：《高青陈庄西周城址论证意见》，《甲骨学暨高青陈庄西周城址重大发现国际学术研讨会论文集》，齐鲁书社，2014 年。

济南齐长城的几个问题

张华松*

齐长城是春秋战国时期齐国修筑的军事防御工程，是齐国特殊地缘政治和对外军事斗争的产物，更是广义上的齐文化的产物。它西起济水（今黄河）之畔，沿泰沂山地南北分水岭蜿蜒东行，斜跨胶南高地，终止于黄海之滨，沿途行经今山东省济南、泰安、莱芜、淄博、临沂、潍坊、日照、青岛 8 个地级市及所属的 18 个县级行政区，全长 500 多千米。在上述 8 个地级市中，以济南境内齐长城长度最长、兴建时间最早。济南境内齐长城最具典型意义——夯土长城（巨防）皆位于山涧谷地，它们缘起于水利工程的堤防，或者参照堤防的建制而兴建；石砌长城一般建在泰山分水岭上，体现出很高的科学性和技术性。济南齐长城战略地位最为突出，见于历史记载的齐长城攻防战也大多发生在济南地区，后世齐长城的重建和修复，也以济南段齐长城最为宏伟壮观。齐长城是中国长城的鼻祖，济南是中国长城文化的发源地，作为中国四大民间传说之一的孟姜女哭崩长城的传说，最初也产生在济南。

一　齐长城兴建的背景

大凡一切长城，从功能性质上说，都属于防御工程，都是军事上采取守势战术或战略的体现。作为春秋五霸之首、战国七雄之一的齐国，其在诸侯列国中率先修筑长城，既有自然地理方面的背景，也有地缘政治的背景；既是对外军事斗争的产物，也是广义上的齐文化的产物。

齐国僻处"大东"，以国都临淄为中心的淄潍平原为其腹地。淄潍平原的西面和北面是济水和黄河，东北、东南是渤海、黄海，南面则有逶迤起伏的泰沂山系横亘东西。齐国战略地理得天独厚，然而淄潍平原平衍狭窄，缺少战略纵深，一旦外敌突破环绕平原的山水屏障，即可长驱直入，兵临齐都城下。因为这个缘故，齐国十分重视四境上的天然屏障，利用它们来构筑自己的国防线。

在齐国四境的国防线中，尤以南面的山地防御以及西南方的河防和东南方的海防最为重要，因为齐国的主要敌国如晋国以及后来从晋国分化出来的三晋（韩、赵、魏），鲁国、莒国以及分别被鲁、莒引为奥援的吴国、越国，还有楚国、秦国等等，都位于齐国的西南方、南方和东南方。

因此，仅从自然地理和地缘政治的角度看，齐国为有效保护国家安全，不惜动用大量人力物力，在南部泰沂山区修筑一道西起济水东到黄海的长城，实在是可以理解的事情。

倘若由此深入考察，齐国修建长城还有深远的历史文化背景：

* 张华松：济南社会科学院。

其一，"怯于众斗"的国民性格。齐以工商立国，"家殷人足"，是诸侯中最富庶的国家。"夫民富则不可以禄使也。"[1]利诱难以驱使富裕的人民去冲锋陷阵，更何况齐国军功制又存在很大缺陷。按照齐国的军功制，斩获敌人一个首级，就能得到八两黄金的赏赐，却得不到田地的赏赐。这样，倘若敌人脆弱，还可以暂时同敌人较量一番；倘若敌人强劲，就会顷刻之间涣然瓦解，若鸟兽散。倾侧反复无日，这是足以葬送国家社稷的军队[2]。因此诚如司马迁所言，齐人"勇于持刺"，却又"怯于众斗"[3]。就个体的齐国士兵而言，人人精于搏击格斗之术，但是就整体的齐国军队而言，往往又不堪一击。而事实正复如此——齐国军师孙膑说"齐号为怯"，魏国将军庞涓说"我固知齐军怯"[4]，秦将李信也有"齐人怯"的评价[5]。"怯于众斗"的国民性格决定了齐国基本上是以保守的姿态出现在国际军事舞台上的，齐国历代统治者给予国防工程建设以极高的重视，也就不足为怪了。

其二，"霸政"的政治文化。考察齐国政治史，不难发现齐桓公以后的姜齐君主一般都有复兴桓公霸业的强烈愿望。战国时代的田齐诸王，更是深受齐国固有的"霸政"文化传统的影响。齐威王的最高理想是"迄嗣桓、文，朝问诸侯"[6]，也就是继承齐桓公、晋文公的霸业，使诸侯都来朝贡齐国；齐宣王最感兴趣的也是"齐桓、晋文之事"，他最大的欲望便是"辟土地，朝秦、楚，莅中国，而抚四夷也"[7]。其中，开疆拓土当然是王霸之业题中应有之义，却不是主要内容；主要内容仍在于使秦、楚等大国朝贡齐国，也就是要做秦、楚等各国诸侯的共主。这种政治理念在齐国是比较普遍的，比如孙膑就曾对齐威王说："夫兵者，……战胜，则所以存亡国而继绝世也。"[8]兴亡继绝，正是霸政的核心内容。"霸政"的政治文化传统使齐国统治者的对外领土要求比较有限，而更倾向于筑城以自守。

其三，防御至上的兵家思想。以孙武和孙膑为代表的齐国兵家，其兵法思想的核心内容是不战而屈人之兵的全胜战略，他们所强调的首先是防御，自己立于不败之地，然后通过"伐谋""伐交"等手段而制敌取胜。就以《孙子兵法》为例，《形》篇："昔之善战者，先为不可胜，以待敌之可胜。不可胜在己，可胜在敌。故善战者，能为不可胜，不能使敌可胜。故曰：胜可知，而不可为。不可胜，守也；可胜，攻也。守则有余，攻则不足。"《虚实》："凡先处战地而待敌者佚，后处战地而趋战者劳。故善战者，致人而不致于人。"《九变》："故用兵之法，无恃其不来，恃吾有以待也；无恃其不攻，恃吾有所不可攻也。"所强调的军事战略的最高原则，一言以蔽之，即防御至上，不打无把握之仗。齐长城正是在这一军事理论的指导下兴建的。

其四，发达的科学技术。齐是先秦科学技术最发达的国度，由传世文献资料和出土考古资料看，齐国拥有修建长城所需的各种知识和技术。比如齐长城涉水跨山，行经千余里，没有足够的地理地形知识和勘查测绘技术是很难完成的。而齐国在这一方面恰恰是特别发达的，《管子》"度地""地员""地图"诸篇，《孙子》"地形""行军""九变""九地"诸篇就是明证。此外，如兴建夯土长城（巨防），需要筑防（堤坝）的知识和技术，兴建石砌长城，需要冶铁技术和采石技术。这一切，齐国也是十分发达的。

二 济右走廊上的巨防

齐国背倚大海面向中原，从春秋开始，它的主要敌国如晋国以及后来从晋国分化出来的三晋（韩、赵、魏），总是从西南方向来进攻齐国的。

齐国与中原诸国之间的最重要的通道有两条，一条是济水（今济南境内历城以西、东阿鱼山以东的黄河大致就是济水故道）；一条是济水与泰山西北山地之间的条状低地——济右走廊。为了保护济右走廊的安全，早在春秋前期，齐国就在走廊上经营多座重镇，其中尤以分处走廊南北两端历下邑（位于今济南市老城区）和平阴邑最为重要。

平阴邑，坐落在济南市长清区孝里镇南面四里的东张一带。这里地当济右走廊南端，襟山带水，形势险要。其南十里为陶山，春秋中前期曾是齐、鲁两国的界山，所以平阴邑一开始就是作为齐国西南边陲重镇出现的。

平阴邑地势低洼，容易受到济水泛滥的侵扰，为此齐人在平阴邑南面修建了一道拦水的"防"，也就是今天所说的堤坝。堤坝上辟有供车马行人出入往来的门阙，便是所谓的"防门"。

齐灵公二十七年（公元前555年）冬，在鲁国和卫国的要求下，以晋国为首的诸侯联军沿着济右走廊进犯齐国。为御敌于国门之外，齐灵公坐镇平阴，并下令"堑防门而守之广里"[9]。

所谓"守之广里"，就是以平阴城南的广里作为抗战的依托[10]；"堑防门"，就是在广里以南堤防门阙（防门）的外侧挖掘堑壕，引济水以为城池[11]。从堑壕中挖出的泥土当然要加筑在堤防上，使堤防更宽更高更为坚固，于是平阴城南的这道水利工程的堤防一跃成为军事防御工程的巨防，也就是夯土长城。

这就是齐长城的缘起，也是中国长城的缘起。正因为齐长城缘起于水利工程的防，所以它本来的名字就叫"巨防"，即便到了战国时代，"长城"的名字叫响之后，"巨防"依然是齐长城的别称。

至于泰山以西其他几段夯土长城，也应是在防门之战前夕兴建的。

泰山主峰以西至济右走廊的广大山地，分水岭明显，连贯性也很强，自西而东分别为：陶山—牛山—五道岭—黄巢寨山—界首高地。这一线实际上也正是今日长清与肥城、泰安的界山。整条千里齐长城基本建在山东半岛南北分水岭上，这是齐长城借助地形地势地利的一个最为突出的特点。然而泰山以西长城却有违常理，常常不走分水岭，而是绕道分水岭以北，跨过数条谷地河流——清水沟、黄崖河、南大沙河（古名汶宾谷水）、北大沙河（古名中川水）等。这些山涧谷地中的长城当然也是夯土的，我们推测，其中有的是在一般堤防的基础上修建的，有的则是参照堤防的建制而兴建的。而且，还可以推测，这些夯土长城修建的时间大致与平阴邑南侧的巨防同时，否则平阴南边的巨防也就失去了拒敌于国门之外的意义。

以上推断，虽然缺少直接的文献证据，但是郱国存亡的历史可以提供了有力的佐证。

郱国，妘姓，是附庸于鲁国的小诸侯国。根据新近的考古发掘资料，其都城应该在今长清五峰、张夏一带，其疆域大致相当于今长清中东部山区。《左传》记载，齐灵公二十二年（公元前560年）夏天，郱国发生内乱，一分为三，鲁国打着救郱的旗号，发兵占领了郱国。然而没过多久，齐国就将鲁国的势力驱逐出去，郱从此成为齐国的一个城邑。为什么这样说呢？因为齐灵公二十七年（公元前 555 年）冬天，以晋国为首的诸侯联军攻陷平阴之后，在鲁国和卫国的请求下，又兵分数路，进攻齐国在平阴附近的其他几个重镇，其中的一个城邑就是郡，可见此时的郡国旧地已经纳入了齐国版图。至于齐国夺取郡国故地的具体时间，从《春秋》经传的记载来考察，当在齐灵公二十五年（公元前 557 年）。

在郡国独立和被鲁国占领期间，齐国不可能在郡国的地盘上修建自己的夯土长城。因此可以肯定泰山西侧各山涧谷地夯土长城的兴建，也是平阴之战爆发前数年之间的事，亦即齐灵公二十五年（公元前 557 年）至二十七年（公元前 555 年）之间的事。而且还可以肯定这几段夯土长城所在的位置，当时正处在齐国（夺取郡国故地之后）与鲁国的边界线上。

谈到这里，如何看待近年公布的清华简《系年》有关齐长城的文字记载呢？

《系年》载有明文，晋敬公十一年（公元前 441 年），"齐人焉始为长城于济，自南山属之北海"。

有学者据此认为齐国在横亘齐鲁大地南北分水岭之上的齐长城之外，还建有另外一道齐长城，这道齐长城沿着济水河道向东北延伸，一直到达"北海"，也就是渤海。姑且称之济岸长城。

那么，事实究竟怎样呢？我们姑且假设春秋末年齐人在济水岸边（右岸）修建一道长达数百千米的夯土长城，那么这道长城必定有所凭借，或者说借助原有的堤防。我们知道有这么一个说法，叫作济清河浊。济水不同于河水，济水以河道深切、水色清湛而闻名，中古时依然如此。那么，在济水沿岸是不需要大规模修筑堤防的。齐与赵、魏以河水为界，双方以邻为壑，都在各自的河岸上修建长堤，这是战国时的事情。所以，如果说，齐国出于军事目的，在原有堤防的基础上修建一条长达数百千米长的夯土长城，那么这道夯土长城只能在古黄河岸边，而不可能在古济水岸边。如果古济水岸边果真曾有这么一道夯土长城，两千多年间是不会不见于记载的。总之，就现有证据看，济岸长城是不存在的。

我们再来看《系年》文字本身。首先，如果为济岸长城，就不应该表述为"始为长城于济"——从济水开始起筑长城；其次，既然为济岸长城，就不应该出现"自南山"三字。"自南山属之北海"，明明是说长城之山海相连。这也说明，济岸长城是不存在的。

然而学者之所以提出济岸长城的假说，主要是因为将《系年》中的"北海"落实为山东半岛北面的渤海了。

在古代，北海与渤海同义，却又有广义狭义之分。狭义讲，指今天的渤海；广义讲，不仅包括渤海，也包括黄海在内。《山海经·海内东经》："琅邪台在渤海间。"琅邪台明明在黄海间，却说成在渤海间，就是明证。所以《系年》中的"北海"，应该涵盖山东半岛南侧的黄海。齐桓公征讨楚国，楚怀王派使臣对他说："君处北海，寡人处南海。"北海显然是泛指齐国周边海域，非仅限于今渤海。

鉴于以上所述，我的观点，《系年》长城就是今日西起黄河之滨（济水东岸），绵延于泰沂山地南北分水岭（所谓南山），东至黄海（所谓北海）的齐长城。

那么，根据《系年》，是否可以认定齐长城始建于晋敬公十一年（公元前 441 年）呢？我认为齐长城作为全局性、永备性、战略性的防御工程，可以说始建于此年，但是作为局部性、临时性、战术性的防御工程，则可以上溯到春秋后期偏早些时候的齐晋防门之战前夕，也就是公元前 557～前 555 年之间。

齐长城缘起于水利工程的堤防，或者是参照堤防的建制修建的[12]。因此要了解夯土长城的建筑特点，就必须弄清堤防的建筑特点。

《晏子春秋》卷五《内篇杂上》记载：一日，齐景公登上齐都临淄城东门外的大堤，看到来往行人要费好大力气才能爬上大堤，就对随行的大臣们说：这道大堤太高太陡了，为什么不降低六尺呢？晏子回答说：我们的先君桓公是圣明的君主，管仲是贤明的宰相。因为有贤明的宰相辅佐圣明的君主，所以东门大堤才能保留到今天。从前不降低堤防的高度，是有道理的。前些年，淄水汹涌而来，进入广门，水位就在堤下六尺。如果过去把堤防降低六尺，那么齐都早就被洪水淹没了。所谓的古人不轻易改变常法，说的就是这个道理啊。由此可见，在古代齐国，堤防建筑是有常法可循的。

关于齐国筑防的常法，齐国文献有比较详备的记载，如《考工记·匠人》记载了齐人修筑堤防的设计要求和工程技术，《管子·度地》则借管仲之口详论修建和维护堤防所应注意的事项。据此，可将齐国修筑堤防的制度归纳为：

第一，三月是施工的最佳时节。

第二，施工之前，工程负责人员要勘测地形地势，并根据对生产率的评估预测，制定切实可行的总体计划。

第三，堤防建设有严格的工程标准：下宽上窄，顶阔与体高相等，防体两侧坡度均为1∶1.5；高大的堤防，坡度还要平缓一些。

第四，工程完工后，还要在堤防上栽植荆棘树木用以加固防体。

第五，堤防防护分段责成贫户看守，管理监督则由专职水官负责。

总之，齐国人在修筑堤防方面很早就总结出许多的经验，有着严格的技术要求。他们对于土料的工程特性、流体力学原理以及系统工程，都有相当深刻的认识。

济南境内现存齐国夯土长城遗址也足以表明齐人对于夯筑技术有着很高的要求，即以齐长城起始地长清广里村北夯土长城为例，地表暴露的城墙剖面部分，大致呈梯形结构，夯土都是就近挖取的清一色的黄褐土；夯土系由圆木棍夯而成，结构致密坚硬；夯层大致都呈水平状分布，厚度基本相等，每层在12～13厘米之间；夯窝俱呈口圆底圜的锅底状，直径5～6、深1～1.2厘米；夯窝比较密集，夯距7～10厘米不等[13]。

济南段夯土长城遗址上一般都布满盘根交错的棘丛，这些棘丛可能原本就存在，因为如上所述，齐人在堤防竣工时是要在堤防上栽植荆棘的。《孙膑兵法·地葆》说："五草之胜曰：藩、棘、楛、茅、莎。"在巨防上栽植荆棘，不仅是出于加固墙体的目的，也是出于阻滞敌人攀爬的需要。

三　泰山分水岭上的石砌长城

《孙子兵法·地形》说："夫地形者，兵之助也。"齐长城作为齐国历史上陆续修建时间最长、规模最大的军事防御工程，它是如何充分利用形胜之便的呢？

清初著名学者顾炎武在《山东考古录》中说，"大约齐之边境，青州以南，则守在大岘；济南以南，则守在泰山。"意思是说，齐国边境的防御重点有两处，一处在沂山东侧的大岘关（又称作穆陵关，在今临朐与沂水两县接境处），一处在泰山。然而两相比较，尤以泰山为防御重点，因为正如上文所述，春秋战国时代，齐国的主要劲敌大多来自西南方向的中原。

泰山海拔 1545 米，不仅是山东，也是整个华东地区的第一高山，然而泰山地区南北分水岭却不在泰山主峰，而是在泰山主峰北侧。乾隆《历城县志》卷六说："泰山之后为长城岭。……历城之山无虑皆分自长城岭矣。岭南水皆南流，其北水皆北流，故又名分流山。"其实何止历城县，整个济南府也皆如此。道光《济南府志》卷五说："今府属与泰安分界之山，起于长清，中于历城，讫于章丘，其起讫皆以长城岭。……岭南水皆南流，其北水皆北流，故又名分流山。"泰山分水岭的南侧，主要河流是大汶河（汶水）；北侧，主要河流自西而东主要有：南大沙河（古名汉宾谷水）、北大沙河（古名中川水）、三锦川（锦云川、锦阳川、锦绣川，古名玉水）、西巴漏河（古名爪漏河）、巨野河（古名巨河、巨合水）等。

泰山分水岭东西绵延 200 多米，岭上高度相近，绝对高度一般为 600 ～ 800 米左右，相对高度在 300 ～ 400 米以上，这在我国第三阶梯里，属于中山类型，特点是沟谷切割比较严重，自山麓至山脊区外缘，往往是悬崖峭壁，陡险异常，这样的地形地势，且不说战车，就是徒步攀登也是不易。因此，就齐国来说，泰山分水岭原本就是一道天然的军事屏障，借助山险来组织防御也就不足为怪了。

我们知道，战国中期以前，列国间的战争以车战为主。战车受地理环境局限很大，机动性能比较差，因此各国诸侯只要在边境关隘上据险设塞，一般就能拒敌于国门之外，而这也正是那时"要塞防御战术是远远走在要塞进攻战术前面的"根本原因了[14]。可是自战国中期开始，作战方式出现了革命性的变化，继赵武灵王胡服骑射之后，列强无不将骑兵作为主力广泛投入战场。骑兵翻山越岭如履平地，原先单纯的要塞防御战术已不能适应形势发展的需要，于是全线防御的战略设想应运而生。在这一背景下，各国纷纷兴建长城，一时蔚然成风[15]。齐国作为率先修筑长城的国家，当然也不例外。

《史记·楚世家·正义》引《齐记》："齐宣王乘山岭之上筑长城，东至海，西至济州千余里，以备楚。"可见整条齐长城只是到了齐宣王的时候才全线大功告成的，当时对于齐国来说，最强大的敌人是来自南方的荆楚。

齐宣王"乘山岭之上筑长城"，重点在于以前不需设防的高山长岭，当然也包括泰山分水岭在内。分水岭上土少石多，只能因地制宜，以石砌城。建筑石砌长城，需要大规模开山采石，而大规模开山采石，是需要物质技术保障的。

中国铁制工具的广泛使用，在战国中期而非初期。著名历史学家杨宽在《战国史》一书中说，"战国时代开始广泛使用冶铁的工具，但是早期的铸铁，是质脆而硬的白口铁，很容易折断，不耐用。因此，当时劳动人民从生产实践中创造了两种柔化铸铁的技术……"。又说，"由于冶铁技术的创造和发明，由于铁矿的开发，由于冶铁手工业的逐渐发展，到战国中期以后各种农业和手工业的工具已普遍用铁制"[16]。不难想象，若无冶铁技术的高度发达和铁制工具的普及使用，那么就不可能有大规模的石砌长城的兴建。所以齐国石砌长城的大规模兴建只能在进入战国中期的齐宣王时期（公元前 319 ～前 301 年），而这也与《齐记》"齐宣王乘山岭之上筑长城"的记载正复吻合。

现在再来谈谈泰山分水岭石砌长城的建筑特点。

泰山地区分水岭有一个特点，即北坡比南坡要高峻陡险，这在一定程度上增加了长城有效御敌的难度。为了解决这一问题，齐长城一般不是建在岭脊区的最高线上，而是建在岭脊区南侧缘边一线。换句话说就是长城至岭脊线之间还有一段距离。这是齐国石砌长城建筑的一大特点，体现出高度的科学性，表现在：

第一，可以节约大量人力物力。由于长城建于岭脊区外缘陡险处，长城内侧地势比外侧（南侧）高出许多，因此往往在外墙内侧填充三、四米宽的沙土、碎石，便可以与山顶地面取平。因为这个缘故，很多地段的石砌长城只有外墙，而没有内墙；即便有内墙，也比较低矮。

第二，可以充分利用山险墙。长城岭脊区外侧缘边一线，往往是悬崖陡壁，自悬崖陡壁之上俯瞰，大有高屋建瓴之势；自悬崖陡壁之下仰望，则令人有不可企及之叹。因此很多地段，悬崖陡壁之上根本没有筑城设防，如长清、历城、泰安三地交界的清阳台一带，历城东南的天马顶一带，章丘东南与莱芜东北的长城岭一带，都是用山险来代替城墙的。凡此种种，都说明齐长城在设计修建时，是把山险墙作为长城防线的组成部分来对待的，而事实上，山险墙的军事防御功能要超过人工修建的城墙。利用山险墙，也是齐长城的一大建筑特点。

第三，充分体现了《孙子兵法·行军》篇"丘陵堤防，必处其阳而右背之"的军事原则。作为我国第三阶梯的中山和低山丘陵，长城岭岭脊区的地势，一般说来是比较平衍坦荡的，中部略微凸起，便是所谓的岭脊线。把长城筑于岭脊区外缘一线，则长城与岭脊线之间的平阔之地，正适宜于安置营寨戍所，屯驻士卒；岭脊线上视控范围极开阔的地方，又是建立烽燧的理想之地。

总之，泰山分水岭石砌长城建筑具有很高的科学性和技术性，充分体现了古代齐国人民高超的智慧和惊人的创造力。

四　长城防御战略及攻防战

战国时人论及齐之国防屏障，总要提到长城巨防。如《战国策·秦策一》载张仪语云："济清河浊足以为限，长城巨防足以为塞。"《燕策一》载燕王语云："吾闻齐有清济浊河可以为固，有长城巨防足以为塞。"可见，总体而言齐长城防御战略是成功的。齐长城防线是齐国最重要的防线。

济南地区齐长城防御战略的重点在于各关隘要塞，这些关隘要塞自西向东主要有：

平阴要塞，地处济右走廊上，由平阴城、城南的巨防和防门，以及巨防西侧的济水，东侧的山岭和山岭上的石砌长城组成，平阴城既是平阴要塞的核心部分，又是巨防长城防御的战略支撑点。

大石关，位于长清与肥城交界的五道岭上。五道岭由五道南北走向的山岭组成，山岭之间皆有通道，大石关为其中之一。清初肥城诗人李廷桂有诗赞道："连峰开五岭，绵亘绕重关。曲径随流水，长城锁乱山。"[17]曲径重关，形势险要，由此可见一斑。关北便是南北纵深近20千米的马山谷地，谷地的北部有复线长城经过。

长城铺，地处地质学上闻名遐迩的张夏地垒的南端，左右皆崇山峻岭，战略地位相当重要。

由于这一带地势比较低洼，视野不阔，所以通报敌情的斥候烽燧的设置便显得尤其重要。长城铺南面数里的垫台，正因古齐烽火台所在而得名；长城铺北面 2.5 千米设有一处土夯烽火台，遗址今高 6 米。

锦阳关，原名近阳关，以地近阳关（今山东泰安市东南约 60 里）而得名。关址位于今章丘正南，莱芜正北，海拔 689 米的磨池岭与 603 米的曹曹峪顶雄峙东西，关隘南北各有一条谷地，宽广坦荡。为此，锦阳关自古就是南北交通咽喉，兵家必争之地。

黄石关，位于今天章丘阎家峪乡北王庄南、莱芜茶业乡南王庄北，左右都是海拔 600 米以上的陡峭山岭，山岭上建有团城。光绪《山东通志》卷四十九说，"莱芜、黄石、青石二关，不容车马"；当地流传的一句民谣也说，"走过九关九口，不敢从黄石关走一走"。可见形势险要。

以上关隘或要塞是齐长城山地防御的据点，它们一般都控制着一条重要的交通线，是交通线上真正的封锁堡。依托这些关隘要塞，左右又有城墙向两翼山岭延伸，这样便能扼守附近的制高点，瞰制一定的防御地幅，形成点线结合、互为依托的防御阵地。

还要注意的是，这些关隘要塞，总是连接着内地的一个或几个重要城邑，它们之间的战略依存关系主要表现为前者是后者的屏障，后者是前者的依托。另外，由于泰山分水岭为东西走向，横向看，无论是长城以北各城邑之间，还是长城各关隘要塞之间，一般都有古道相连，这样又极便于长城各防御点兵力的机动，相互策应和支援，使敌人难以避实击虚、集中兵力攻其一点。

总之，这些以左右城墙为两翼、以内地城邑为依托的关隘要塞是抵挡敌人进攻的真正盾牌。它们就好像是长长铁链上的把把锁钥，将整个泰山分水岭紧紧封锁起来。

济南地区齐长城山地防御的西端，还承担着济水防御的重任。济水防御的重点便是济右走廊上的平阴要塞。《水经注·济水》引京相璠的话说："平阴城南有长城，东至海，西至济，河道所由名防门，去平阴三里，齐侯堑防门，即此也。"防门毗邻济水而建，不仅是扼守陆上的通道，也是扼守水上的通道。这是济水的一道关隘。

另一道关隘在平阴邑西南十数里的石门。《水经注·济水》说："（济）水有石门，以石为之，故济水之门也。"《左传》鲁隐公三年（公元前 720 年）记载，当年冬天，齐僖公与郑庄公为重温旧好而在石门相会，不曾想一阵狂风袭来，竟把郑庄公的马车给刮进了济水。可见夹济水而立的石门，可能早在春秋初期就存在了。

石门和防门一前一后，应该都是平阴要塞的有机组成部分。齐国在济水之上设立这两座水门，目的在于防止敌船顺流而下，威胁齐国安全。

济南地区齐长城防御战略的第二个特点，便是以攻为守的积极防御战略。

齐长城各段兴建之初，往往建在边境线上，也就是说国防线与边境线大致是重合的。比如《国语·齐语》记载齐桓公时齐疆之四至，其中"南至陶阴"。陶阴即陶山之阴，古平阴防门长城正位于陶山之阴。又《管子·小匡》记载桓公曾归还诸侯侵地，"正其封疆，地南至于岱阴"。岱阴即泰山之阴，而长城正是在泰山之阴的长城岭上经过的。

然而随着时间的推移，齐长城的积极防御战略逐渐体现出来。齐人以长城尤其长城上的各关隘要塞为依托，不断向长城以南开疆拓土，边防线也随着不断向南推移。其间过程相当复杂，又时有反复，但大致情况是：春秋中期以后，边防线游移于汶水一线，嬴（今莱芜西北）、博（今泰安东南旧县村）二邑便是这道边防线上的两座重镇。到了春秋晚期，齐国夺取鲁国汶、泗之间的两座名关要塞——阳关、海陉之后，汶水防线则愈发牢固了。战国时代，边防线有时游移于泗水一线[18]，有时向南推移到今天费县与滕州之间的南城（又名武城）一带[19]。

齐国边防线的不断南移，是齐长城积极防御战略实施的结果。齐长城防线尤其各关隘要塞在这种积极防御战略实施过程中对边防线南移所起到的巨大作用，大致可以概括为两点：其一，长城关隘要塞是齐军向南开拓进取的基地和跳板，是向远方前线输送军队和给养的兵站和仓库。其二，长城关隘要塞是从前线溃退下来的齐国军队的避难地。

当然，齐国的长城积极防御战略也充分保障了长城防线的安全。因为长城以南的防线事实上是作为长城防线的屏障出现的，这些防线上的军事据点如南方的嬴邑、博邑、阳关（今宁阳东北）、郈邑（今宁阳东北）、武城、薛邑（今滕州官桥南）等，西南方的阿邑（今阳谷东北）、鄄邑（今鄄城北）、廪丘（今郓城西北）、平陆（今汶上北）、无盐（今东平东）、郿邑（今东平东南）等等，都是军事重镇，且配备有铸造和储备兵器的武库[20]，与泰山分水岭上的长城共同构成一个庞大而完整战略防御区。

齐长城以南防线对于齐长城的确起到了屏蔽的作用，外国军队很难进抵长城一线，故而历史上齐长城攻防战也就很少发生。从传世文献看，仅有的几次长城攻防战大多发生在济南境内的济右走廊上。

前文说过，为抵御以晋国为首的诸侯联军的进攻，齐灵公将平阴城南的堤防加固成军事防御工程的巨防，也就是夯土长城。

齐灵公二十七年（公元前555年）十月，诸侯联军沿济右走廊北上，受阻于新建的巨防，于是只好集中兵力，强行攻击巨防上唯一的进出口——防门。齐国将士顽强抵抗，死伤惨重，联军不能越雷池一步。在这一背景下，晋人通过军事讹诈、攻心战术以及疑兵战术，才迫使齐国守军于十月二十九日夜放弃平阴和防门，向内地撤退。联军兵不血刃过长城、入平阴，然后一路尾追齐军，连克京兹（大约在长清东南，确址不详）、邿邑（在今长清五峰山一带），并于十二月围攻齐都临淄。

这是济右走廊巨防的首度失陷。

济右走廊巨防再度失陷，发生在150年之后。齐宣公五十一年（公元前405年），齐国执政田悼子去世，田和出任齐国国相。另一个田氏贵族田会凭据廪丘（今郓城西北），举兵叛齐，投靠赵国。

廪丘是战国时期齐国西南边陲战略重镇，田会的叛国引起齐国朝野极大震动。为了夺回廪丘，齐国派遣大夫田布率领大军前去围攻廪丘。田会见寡不敌众，忙派人向赵、魏、韩三国求援。于是赵将孔屑、魏将翟角各自率领本国军队，并会同韩国军队，火速增援廪丘，与廪丘城内的田会内外夹击，一举解除了廪丘之围，然后乘胜追击，在龙泽（雷泽，今山东鄄城郓城间）附近大败齐军，田布战死，齐军死亡多达三万人，损失兵车两千多辆[21]。

这是齐国历史上继艾陵战役之后的又一次大败仗。次年（公元前404年），韩景侯、赵烈侯以及魏将翟角共同率领三晋联军攻陷济右走廊巨防，并占领了平阴城，俘获了齐宣公。关于此次战役，今本《竹书纪年》以及1928年河南洛阳金村战国初年韩国墓地出土的骉羌编钟铭文都有记载[22]。

济右走廊巨防的第三次失陷，发生在齐威王即位前后。《史记·赵世家》记载，赵成侯五年（公元前 370 年），赵国攻打齐国，兵锋直抵鄄城。七年（公元前 368 年），赵军再度进攻齐国，抵达济右走廊长城一线。赵国兵锋受挫于长城，只能经略长城以外地区，所以《赵世家》接下去又说，"九年，与齐战阿下。十年，攻卫，去鄄。……十五年，助魏攻齐。"可能正是在此时或稍后不久，赵军攻占了齐国西南境长城。《史记·田齐世家》记载，齐威王九年（公元前 348 年），齐国"起兵西击赵、卫，败魏于浊泽而围惠王。惠王请献观以和解，赵人归我长城。"

可见，赵国占领古平阴一带齐长城，时间可能长达十年之久。

以上提到的长城攻防战都发生在古平阴邑，可见在战国中期以前，济右走廊夯土长城承受的军事压力远大于其他段落的齐长城。

五　齐长城在后世的利用和修复

秦始皇二十六年（公元前 221 年），秦国军队占领了六国中最后一个王国——齐国，终于统一了天下。

齐国的灭亡，标志着齐长城完成了其历史使命。然而，在秦汉以后兵荒马乱的年代，或者南北对峙的时期，出于军事的目的，齐长城上的一些关隘有时会被重加利用，或者加以维修和重建。至于济南地区齐长城的大规模修复，则发生在近代御捻战争期间。

清朝咸丰十年（1860 年）秋，淮北捻军七八万人兵分三路，深入山东的泰沂山系以南地区。捻军这次军事行动，声势浩大，合股而至，分股而回，绕行千余里，"兖、沂、曹、济、泰各属二十六州县纷纷告警"，清廷大震，于当年十一月二十二日发布上谕，命令"著就现有兵力，会合东省兵勇，将北路各要隘，严密布置，毋任匪踪阑入"[23]。在这种背景下，清朝统治者自然想到了山东的齐长城，因为齐长城的一大特点是建筑在整个泰沂山区南北分水岭上，原本就是山东中部的一道天然屏障，更何况又有古代的长城巨防可资凭借利用。于是齐长城的许多段落尤其关隘要塞，便重修作为抵御捻军的工程。

济南齐长城的修复和重建，主要集中在泰山西侧的长清段和泰山东侧的章丘段。

长清毗邻鲁西南，地处捻军进入山东腹地的要冲。咸丰十一年（1861 年）二月，赵浩然率捻军黑白旗各部，由东平戴庙渡运河，分头袭扰汶上、泰安等县，前锋直扑肥城、长清交界一带，窥伺省城济南。山东巡抚清盛见状，慌忙截留本要调赴武定等地的 1000 名官兵，改赴长清五道岭进行防御，同时征调当地民团前往长清南境，协同官军扼守。八月，10 万捻军由泰安分股窜至长城及下巴等处，长清知县丁兆基带领团勇分道截击。同治五年（1866 年）三月和八月，又先后有两股捻军由长清张夏过境。

咸丰同治年间扼守长清县南境的官军和民团，为有效抵御捻军进攻，对齐长城一些重要段落以及关隘要塞如大石关所在的五道岭长城、长城铺所在的张夏谷地长城等，进行过维修或重建。

另外，为了躲避战乱，御捻战争期间，长城沿线的人民还修筑了许多山寨，如大峰山上的石寨为齐长城西端的东张人修建，故又名东张寨。双泉谷地北侧的杜庄山寨，则为杜庄人所建，山寨总面积约为 15000 平方米，是齐长城沿线规模最宏伟、设计最奇特、防御最严密、保存最完好的一处城堡。

捻军由泰安一带进入泰山以北地区的另一条重要通道是东趋莱芜，然后向北翻越长城岭进入章丘或博山。章丘方面防御的重点在锦阳关等几个重要的关口。

咸丰十一年（1861年）春，捻军进入莱芜，准备北上章丘，章丘人防守长城岭，邑境得免于难。捻军退后，章丘知县、易州陈来忠应县民之请，启动重修长城岭长城的工程，"凡山径之可以出入非常者，皆墙而堵之，自仲夏迄仲秋，三阅月而工始竣"[24]。

章丘县此次重修长城，工程浩大，自县城（绣惠）以南广袤数十里的几乎所有村庄都参与其事，捐资出力，罔不踊跃。每一段工程皆有承修的村庄，其中锦阳关、鲁地关、北门关、天门关、胡多罗岭、狼虎岭、燕窝子等处是重点修复的区段，尤以锦阳关因地处南北通衢，工程量最大，技术要求最高。如今，虽然时过 150 余年，锦阳关长城依然保存比较完整。关西侧石砌墙体全长 750 米，最高处近 5、厚 5 米；女墙高 2、宽 1.8、厚 0.8 米；垛口间隔 1.2 米；瞭望孔宽 0.3、高 0.2 米。在地势较陡的斜坡处，女墙和站墙都随陡坡呈阶梯状逐渐升高；站墙北面建有人行道。北墙根，每隔一段距离，有石屋一处。所有建筑石材都是就地开凿，至今长城内侧还有大片的采石场遗址。

锦阳关东西长城之间原有以青石砌成的关门楼，也为咸丰同治之际所建，1921 年重修，1938 年毁于日寇侵华战火。据考，关楼通高 8 米，拱形门洞高 6、宽 4、进深 8 米。大门用厚厚的荆木板制成，门上方镶嵌一青石匾，匾上镌刻"锦阳关"三个大字。关门的顶部建有敌楼和关帝庙。

晚清御捻长城主要集中在齐长城的西段，因为捻军每次深入山东腹地，都来自鲁西南或鲁南，济南境内齐长城首当其冲；而撤离山东腹地时，又大多取道东段齐长城，尤其胶南高地濒海地区，因此东段齐长城也就失去了利用和重修的价值。

至于济南御捻长城的建筑特点，除了锦阳关长城筑得异常高大雄伟之外，其他大多属于单墙式，既窄又矮，无论是体积规模，还是建筑技术和风格，都与古齐石砌长城迥然有别。之所以如此，原因不外乎三点：其一，新修长城属于临时性的防御工程，时间紧，工期短，工程量不宜过大；其二，捻军攻坚能力比较弱，因此不需要建筑特别高大坚固的防御工事；其三，利用齐长城坍塌的石块重修长城时，由于墙体中间不再填充碎石沙土，不得不大大缩小城墙的体积。

六　齐长城与孟姜女的传说

济南有关齐长城的民间传说丰富多彩，且具有浓郁的地方特色，尤其作为中国四大民间传说之一的孟姜女哭长城传说更是以济南为发源地。与此相关，历史上齐长城沿线孟姜女庙也全部集中在济南一带。

（一）济南地区的齐长城传说

在济南地区，民间流传的有关齐长城的传说，一般都以秦朝为背景，因为在古代，人们习惯将齐长城系于秦始皇的名下。

历城和长清流传着钉日神针和十个（或十二个）太阳轮流转的故事。前者说的是，秦始皇有一根钉日神针，能钉住太阳使之停止运行，这样一来，火辣辣的太阳总是高悬天空，修筑长城的民工就永无歇息之时了；后者说的是，秦始皇的时候，天上有十个（一说为十二个）太阳轮流值班，于是只有白天而没有黑夜，筑城的民工累死者不计其数。

长清东南有座名唤"钉头崖"的山峰，属于泰山西北的余脉，险峻挺拔，壁立千仞，据山民们说，那悬崖峭壁上曾楔有一根粗粗的铁橛子，后来不知被谁拔了去。关于钉头崖，当地流传着一句民谣："长城修到钉头崖，一犟四十里。"传说，当年长城修到这里，由于山高势险，没法施工，长城修不上去，秦始皇就把监工的将军杀了，并把他的头颅钉在悬崖峭壁上示众，督促兵民继续修长城。可是长城还是修不上去，就把另一位监工的脑袋也砍下来钉在悬崖上。就这样一连处死了几个监工，可是长城还是无法修上去，秦始皇见状，只好作罢。因为这个缘故，钉头崖以东二三十里的高山长岭就没有修建长城。而事实上，钉头崖以东二三十里的长城岭上，基本上是以山险代替城墙，几乎有长城建筑的遗址或遗存。

以上传说故事反映了修筑长城时，工役之繁重、役民之酷烈。

如上文所述，泰山西侧巨防长城缘起于水利工程的堤防，因为有这层缘故，长清一带过去流行这样一句民谚：秦始皇"北修长城挡大兵（应写作"鞑兵"），南修长城挡大水。"在当地百姓看来，河谷中的夯土长城，除了堵水，实在别无他用。

为此，长清齐长城的民间传说往往与洪水有关。其中一个传说为《水淹金山县》，大意是说：秦始皇的时候，今长清万德镇归属金山县管辖，县城就在凤凰台南边。县里有个小山村，兄弟二人出夫去修长城，一个在东山膀儿，一个在西山膀儿。寒冬腊月，老妈妈东拼西借，只做了一件棉袄，待走到十字路口却犯了愁，到底该把棉袄送给大儿还是小儿呢？正在犹疑不定的时候，秦始皇视察长城工地来到这里，得知老妈妈犯愁的缘由，便试探着问道："秦始皇叫老百姓遭恁么大的罪，真是个无道的昏君！"老妈妈摇摇头说："秦始皇叫咱修长城是为咱老百姓能过安生日子啊，叫我说秦始皇还真不孬哩。"秦始皇听了满心欢喜，回去后下了道圣旨，免除金山县修长城的徭役。金山县老百姓烧香磕头感激秦始皇，却惊动了天爷爷，就发了一场大水，水头一两丈高，跑起来嗷嗷地跟牛叫似的。由于这一带长城修的时候民夫太少，长城闹得又矮又松，一冲就毁。等水消了，再看金山县，只剩下一大片破砖乱瓦和半边长城。

总之，济南地区与齐长城有关的民间传说是丰富多彩的，它们是齐长城历史文化的重要组成部分，具有重要的学术价值。

（二）济南——孟姜女哭长城传说的起源地

孟姜女哭长城为我国古代四大民间传说之一，其同齐长城存在着一定的渊源关系。如此推测，是基于以下三个方面的考虑：

第一，孟姜女的原型是齐人杞梁之妻。《左传》襄公二十三年（公元前 550 年）记载，齐庄公偷袭莒国，杞梁战死。庄公回国，在郊外遇见杞梁妻，向她吊唁，她以不合礼法而断然拒绝。庄公不得已，只好到她家里举行了祭吊之礼。《礼记·檀弓》载曾子语，杞梁妻"迎其柩于路而哭之哀"。因为这个缘故，到了战国，齐人就把杞梁妻作为善唱哭调的歌手来谈论了，《孟子·告子下》引淳于髡语，"杞梁之妻善哭其夫而变国俗"。

第二，杞梁妻哭夫崩城的故事最初发生在齐地。西汉后期刘向《列女传》说，杞梁妻"乃枕其夫之尸于城下而哭之……十日而城为之崩……遂赴淄水而死"。故事中所哭崩的城墙显然是指齐都临淄的城墙。东汉王充《论衡》与北魏郦道元《水经注》，又分别有哭崩杞城（在今山东安丘东北三十六里齐城村）和莒国都城（今山东莒县）之说。

第三，以齐地美女之泛称"孟姜"作为杞梁妻之专名。晚唐敦煌曲子词《捣练子》："孟姜女，杞梁妻，一去烟山更不归。造得寒衣无人送，不免自家送征衣。"就传世文献看，以"孟姜"为杞梁妻的专名，可以上溯到中唐以前。因为至迟唐玄宗天宝六年（747年）成书的《雕玉集》引《同贤记》，杞良（梁）之妻为孟仲姿，稍后成书的《文选集注》，于曹植《求通亲亲表》注文中，又作"孟姿"，而从情理上推测，唐代杞梁妻三个名字出现的次第应该是"先为孟姜，变为孟姿，再变为仲姿"[25]。

由以上三个方面，可以推测传说中孟姜女哭崩的长城原本应指齐长城，而非始自《同贤记》的秦始皇长城。

这一推测如今得到了一个有力的证据的支持，便是泰山学者周郢发现的《优婆夷阿刘造石浮图铭》石刻[26]。

该石刻原藏于长清齐长城起点以南十里的陶山幽栖寺。碑文云：

"有清信优婆夷阿刘，为亡过夫、亡过男，在禅院内敬造七级浮图一所。前瞻古堞，梁妻大哭之城；却背孝堂，郭巨埋金之地。西临驲驿，共飞云而竞远；东望天孙，耸崇岩而切汉。"

阿刘为死去的丈夫和儿子祈求冥福，在禅院内敬造七级佛塔。从佛塔上，向前看古老的城堞，那是当年杞梁之妻恸哭的长城；背依孝堂山，那是郭巨埋儿获金的地方；西边紧邻驿站，驿道上的车马与飞云竞奔远方；东边远望泰山（天孙为泰山的别号），峰岩高耸直插霄汉。由此可知，禅院佛塔所处位置是十分明确的，即长清孝堂山之南，巨防长城之北，西临驿道和驿站，向东远眺则是泰山。那么佛塔原本就在古平阴城是确定无疑的了。光绪《肥城县志》记载，东障有一座古塔，"四面刻佛像，极精工"，或许正是阿刘所敬造的那座佛塔。至于《阿刘造石浮图铭》碑石，应是后世迁移到陶山幽栖寺的。

此碑刻镌立于唐玄宗开元八年（720年），是现存最早的有关孟姜女哭长城传说的文献资料，足以证明传说杞梁妻哭崩的长城，原本指齐长城，孟姜女哭长城的传说最初应该发生在齐长城沿线，具体说应该是齐长城起始区的长清一带。至于当时是否已将齐长城置于秦始皇的名下，尚不得而知，不过可以肯定的是，随着后出的杞梁妻哭崩燕山长城（万里长城）故事的盛传，民间也将齐长城视作秦长城了。因为这个缘故，齐长城沿线流传的有关孟姜女哭长城的故事也都以秦朝为背景，故事的基本结构和主要内容也与唐宋以来流行于全国各地的孟姜女故事大致相同，不同的是，所哭崩的长城一般是指齐长城（故事中是作为秦长城来看待的）。

比如长清一带民间流传的《孟姜女哭长城》略谓：孟姜女葫芦里出生，因那葫芦种在孟家，长在姜家，所以就取名为"孟姜"。孟姜女长大后，嫁与范喜良。范喜良被征去修长城，累死后尸体给筑在长城里。孟姜女为丈夫送棉衣，听说丈夫已死，悲痛欲绝，哭崩了长城，露出许多尸骨。秦始皇本欲惩罚孟姜女，因见其美貌无双，便想纳之为妃。孟姜女提出两个条件，一是秦始皇替她安葬范喜良，一是秦始皇要披麻戴孝。秦始皇一一做了，正准备接孟姜女进宫，不曾想孟姜女却自杀殉夫。

（三）济南齐长城沿线的孟姜女庙

顾颉刚先生曾指出："山东省的中部（淄水到泰山）是一个孟姜女故事的区域。"[27] 其实不仅孟姜女故事，就是孟姜女庙也都集中在西段齐长城沿线，具体说集中在济南地区齐长城沿线。

齐长城沿线孟姜女庙一般建在一些关口要道上，共计五处，自西向东分别是：

1. 长清区万德镇长城铺孟姜女庙

长城铺位于张夏谷地，过去是一处重要驿站递铺，齐长城从村北横穿而过，故名。关于长城铺孟姜女庙的缘起，《山东通志》《济南府志》《长清县志》都说：土人（当地人）因长城而建孟姜女庙。顾炎武在《山东考古录》中说："余过长清县之长城铺，见有杞梁妻祠，乃列圣母娘娘诸像不下十数，而人尚呼之为孟姜女。"可见清朝初年，这里的孟姜女庙已经有些名实不符，圣母娘娘等神祇喧宾夺主，抢占了庙里的香火，以至到了 20 世纪初，孟姜女牌位前的香火已是不绝如缕了。清末民初著名地理学家张相文游历来到长城铺，他在《齐鲁旅行记》中记述长城铺风土民情颇详，然而对孟姜女庙却只字未提，足以证明那时孟姜女信仰的确是衰落了。

1958 年，孟姜女庙被拆毁。据当地老人追忆，庙址原在长城阁子东南侧，庙内正殿坐北朝南三大间，并建有东西配殿，正殿内塑有孟姜女的神像，墙上绘有孟姜女故事的壁画，庙前还建有一座三步两孔桥。

至今，长城铺人仍盛传孟姜女是本地人，长城铺的三户姜姓人家，据称还是孟姜女本家的后裔。长城铺村东有一条河流，古名中川水，今名北大沙河，当地人却给了它一个很有诗情画意的名字，叫"红石江"。人们说，杞梁因修长城累死，埋在长城脚下。孟姜女守着丈夫坟头，一连哭了七天七夜，直哭得日头无光，阴云四起，下起了瓢泼大雨，平地下就有胳膊拜深的水，长城呼隆一声坍了好几里。末后，孟姜女就在这里投河自尽了。

2. 历城区西营镇王家村南孟姜女庙

王家庄位于梯子山东北三里处。梯子山海拔 975 米，锦绣川发源于此。道光《济南府志》卷六十八引顾炎武《长城考》："……至梯子山，历城与莱芜接界处，为长城岭，亦有孟姜女庙。"此庙，20 世纪 50 年代初尚在，庙中供奉泥塑孟姜女像。每逢正月十六，附近山民纷纷来此进香，煞是热闹。

3. 历城区西营镇藕池村东

藕池村东三里的山口，是泰莱山区进入历城东南境的重要通道，山口残存的石砌长城宽5 ～ 7、高 3 ～ 4 米。孟姜女庙坐落在山口西侧谷地中。20 世纪 60 年代初被拆毁。

4. 锦阳关孟姜女庙

道光《章丘县志》卷二记载："长城岭在县南百余里……旧有孟姜女庙。"《章丘地名志》"第一部分"有文云："锦阳关附近原有孟姜女庙。《济南府志》载：'（长城岭），土人又谓长春岭，旧有孟姜女庙'。"锦阳关一带历史上有孟姜女庙是确定无疑的，不过由于清道光年间就已不复存在，故而很难确知其具体位置。

锦阳关上有村曰娘娘庙（地属莱芜），康熙十一年莱芜知县叶方恒《长城岭新村碑记》云："且经灾荒地震之后，岭半仅存一古庙，竟无居人。"[28]叶氏所谓的古庙，应该就是娘娘庙，而这座娘娘庙，当地民众称之为"和娘娘庙"，庙中除了和娘娘外，还有泰山娘娘、观音娘娘等十多位娘娘，其中大概也有孟姜娘娘。《济南府志》所谓的锦阳关孟姜女庙是否指此，待考。

济南齐长城沿线孟姜庙，除了以上几处，还有一处姜女阁，在平阴洪范池泉群的姜女池畔。据传为明万历年间礼部尚书兼东阁大学士于慎行居家时创建，从遗存的历代碑刻榜题来看，崇祯五年、乾隆二十九年、嘉庆十五年先后予以重修。姜女阁旧时有门联云："秦皇安在哉万里长城筑怨；姜女未亡也千秋□□铭贞。"

平阴洪范姜女阁是山东境内现存唯一的孟姜女祠，是齐长城孟姜女文化的唯一物质载体，弥足珍贵。此外，距姜女阁不远的狼溪河畔，还有一处姜女坟。可见平阴孟姜女文化底蕴也十分深厚。

七　济南地区齐长城的历史地位

齐长城无论作为战术防御工程始建于公元前555年，还是作为战略工程始建于公元前441年，它都是中国长城的鼻祖。中国历史上绵延长久的筑城自守的和平主义的文化传统是从齐长城开始的。而相对于齐长城其他段落，济南地区齐长城具有更为突出的历史地位和意义，大致可以归纳概括如下：

第一，济南地区齐长城空间跨度最长。

济南地区齐长城，可以分为三段：长清段，西起长清区孝里镇广里村北，东到长清区东南境的牛山口；历城段，自牛山口，沿历城与泰安交境的长城岭东偏北行，一直到四界首；章丘段，自四界首，沿章丘与莱芜交境的长城岭（又名长林岭）婉转东行，至霹雳尖山出境。济南地区齐长城全长为414华里，占齐长城全线三分之一强，高居各地市之首。

第二，济南地区齐长城兴建时间最早。

齐长城是在春秋后期的姜齐灵公至战国中期的田齐宣王长达数百年的时间里分期逐段完成的。大致说来，西段长城早于东段长城，谷地低地夯土长城早于山岭上的石砌长城。也就是说，济南地区夯土长城兴建时间最早，以齐灵公二十七年（公元前555年）为始建之年，距今有2566年。济南是齐长城的始发地，也是中国长城的起源地。

第三，济南境内齐长城战略地位突出。

无论从时间顺序上来说，还是从危险程度上说，齐国的劲敌皆首先是来自西南方的中原，然后才是南方的楚国和东南沿海的吴越。因此，济南一带齐长城的战略地位尤显突出。另外，中原诸国进攻齐国，总要突破泰山西侧长城防线，然后取道历下（济南），才能进入齐国腹地。从现有资料看，诸侯国突破齐长城防线一共有三次，都发生在济南段齐长城一线。这也从反面证明了济南段齐长城战略地位的重要。

第四，济南地区齐长城最具典型意义。

由于济南地区齐长城兴建时间早，战略地位突出，兼之所经地形多种多样，故而最具有典型意义。具体说，既有典型的夯土长城，又有典型的石砌长城。石砌长城既有单面墙体的，也有双面墙体的，无论单面墙体还是双面墙体，长城总是建在分水岭上，而且建在分水岭岭脊区外侧缘边一线最陡险处，这是齐长城借助地形地势的一大特点。此外，复线长城、山险墙以及作为长城附属设施的障垣、烽燧，在济南地区也是颇具典型意义的。

第五，济南地区齐长城遗址保存较好。

济南地区夯土长城虽然多处在交通要道上，来自自然和人为的破坏很严重，但是由于夯打坚实、土质凝固性强，墙体上又长满茂密的荆棘，所以不乏保存较好的遗址。至于石砌长城，由于大多建于崇山峻岭之上，远离人烟之地，所以遗址保存也比较好。长清万德镇大鳌顶后的一段长城长 35、高有 4 米。武庄乡张庄南山长城长达 3 里，宽 6～7、高 3～4 米。历城南境长城岭上的长城遗址，高 2 米左右者比比皆是。章丘垛庄南山长城长达 5 里，宽 4～5、高 3～4 米。这样的石砌长城遗存是比较接近长城原貌的。

第六，济南地区后世修复的长城最宏伟壮观。

就现存遗址规模看，后世在齐长城基础上修建的宏伟壮观的工程大多在济南境内。比如最有代表性的御捻长城为章丘南境的锦阳关长城，可谓是我国清代长城的代表；后世在齐长城原址上修建的寨堡，论及规模之宏大、设计之奇特、防御之严密、保存之完好，长清双泉谷地北侧的杜庄山寨当属第一。

第七，济南地区是孟姜女哭长城传说的起源地。

作为哀婉动人的千古绝唱，孟姜女哭崩长城的故事在我国家喻户晓，妇孺皆知，然而追溯历史，考察原委，孟姜女的原型是齐人杞梁之妻，杞梁妻哭夫崩城的故事最初发生在齐地，而哭崩长城的故事最初则发生在齐长城起始区的长清一带。济南地区是孟姜女哭长城传说的起源地，故而历史上存在许多孟姜女庙，而有关孟姜女和齐长城的民间传说也颇具代表性。

总之，中国的长城文化发端于山东，而山东的长城文化则发端于济南。

注释

[1]　《管子·国蓄》。

[2]　详见《荀子·议兵》。

[3]　司马迁：《史记》卷 129《货殖列传第六十九》。

[4]　司马迁：《史记》卷 65《孙子吴起列传第五》。

[5]　《太平御览》卷 437，引严尤：《三将论》，中华书局，1960 年，第 2011 页。

[6]　见《郭沫若全集（第二卷）》，人民出版社，1983 年，第 155 页。

[7]　《孟子·梁惠王上》。

[8]　《孙膑兵法·见威王》。

[9]　《左传·襄公十八年》。

[10]　《水经注·济水》引京相璠语云："防门北有光里，齐人言广音与光同。"可见广里是防门北侧的一个聚落，至于现今广里位于巨防以南山麓高敞之地，那是近古以来迁徙以躲避水患的结果。

[11]　《水经注·济水》引京相璠语："其水引济，故渎尚存。"

[12]　《竹书纪年》记载："梁惠成王二十年，齐筑防以为长城。"梁惠成王二十年，为齐威王二十八年。证明时至齐威王时期，仍然是参照水利工程的堤防的建制来修建长城。

[13]　任相宏：《齐长城源头建置考》，《东方考古（第一集）》，科学出版社，2004年。

[14]　蓝永蔚：《春秋时期的步兵》，中华书局，1979年，第245页。

[15]　战国各国"长城的修建，大都集中于公元前300年前后这一时期"。详见彭曦：《战国秦长城考察与研究》，西北大学出版社，1990年，第273页。

[16]　杨宽：《战国史》，上海人民出版社，1980年，第26、34页。

[17]　（嘉庆）《肥城县新志》卷18。

[18]　《新序·善谋上》载黄歇语："齐南以泗水为境，东负海，北依河，而无后患。"

[19]　《史记·田敬仲完世家》载齐威王语："吾臣有檀子者，使守南城，则楚人不敢为寇东取，泗上十二诸侯皆来朝。"

[20]　参见孙敬明：《齐境武库分布述略》，《孙子学刊》1992年第2期。

[21]　《吕氏春秋·不广》。

[22]　方诗铭、王修龄：《古本竹书纪年辑证》附录王国维《今本竹书纪年疏证》，上海古籍出版社，1981年，第278页。《骊氏编钟铭》及考释，见《徐仲舒历史论文选辑》，中华书局，1998年，第210～216页。

[23]　《清文宗实录》卷336。

[24]　（清）吴载勋：《章丘县修筑长城岭石墙记》，见孙继昌主编《大寨村志》，中国国际文化出版社，2011年，第408页。

[25]　顾颉刚：《唐代的孟姜女故事的传说》，《孟姜女故事研究集》，上海古籍出版社，1984年，第283、284页。

[26]　周郢：《孟姜女故事与泰山》，《文史知识》2008年第6期。

[27]　顾颉刚编著：《孟姜女故事研究集》，上海古籍出版社，1984年，第255页。

[28]　（康熙）《莱芜县志》卷8。

"世界足球起源于临淄"的思想文化基础

王京龙[*]

　　齐文化作为民族与国家的宝贵文化遗产和重要文化软实力资源，在国家与民族的自身发展和促进世界文明进步的过程中，有着巨大的历史性贡献。从体育学的角度看，足球被誉为世界第一运动，郭希汾先生早就提出了"蹴鞠为吾国足球之滥觞"，明确指出了"战国之时，齐民尤奢此戏"[1]的观点。2004年世界足联宣布世界足球起源于临淄之后，进一步推动了人们以足球为中心从体育学的角度对齐文化的深入认识。

一　蹴鞠研究的简要回顾

　　简单来看，近代以来的蹴鞠研究，总体上可谓成果丰硕，问题明显。突出的成就主要有两大项：

　　一是从体育活动发展的角度剥离并凸显出了中国古代足球发展的历史轨迹。我们知道，不管是《黄老帛书》中黄帝士卒取之以为乐的蹴鞠，还是《史记》《战国策》中记载的战国时期临淄城中与吹竽、鼓瑟、弹琴、击筑、斗鸡、走狗、六博混迹于一体的蹴鞠，作为市民的娱乐活动项目之一，不可否认的是，最初的蹴鞠就是一种普普通通的生活娱乐活动。在本质上就是体育活动的一种滥觞。至于后来的发展与足球连在了一起，成为足球的滥觞，则是由蹴鞠本身后来的发展态势决定的。其后来的发展过程虽然跌宕起伏，盛衰不一，但其自身的发展轨迹和发展特征，与现代的足球运动是基本一致的，至少是大致相仿的。因而，把古代作为普通社会活动的蹴鞠活动剥离出来，与现代的足球运动结合在一起，形成的中国古代蹴鞠的发展轨迹，也就是中国古代的足球发展历史。这一学术结论，对中国古代足球历史发展过程的凸显，是近代以来蹴鞠研究的重大成果。

　　二是从历史学发展的角度确立了"世界足球起源于临淄"的重大品牌。关于世界足球起源的研究，全世界有好多种观点，把足球在中国的起源发展与足球在世界的起源发展结合起来，从而形成了"世界足球起源于临淄"的学术结论，并得到了世界足联的认可。这不仅是一个巨大的学术进步，而且是一个重大的品牌建设成就。当今社会，足球不仅是一项伟大的体育运动，而且已经形成了一个十分庞大的经济产业。足球的魅力和能量都是不可估量的，南非前总统曼德拉认为，足球有着改变世界的力量。所以，"世界足球起源于临淄"这一重大品牌的确立，不仅在中国，就是在全世界来说，也是一个了不起的理论成果。"世界足球起源于临淄"所能够产生的巨大品牌价值实在是不可估量的。

　　存在的问题主要有两个方面：

---

　　* 王京龙：山东理工大学齐文化研究院。

一是从体育史学角度，对中国古代蹴鞠发展与世界其他国家和地区足球发展的关联研究相对不足。长期以来，我们对于足球本身在中国古代发展的研究是比较充分的，中国古代蹴鞠整体发展的延绵一系，以及相关的支离末节，都有着比较深入的研究。这是需要充分肯定的。但中国古代的蹴鞠发展与世界其他国家和地区的足球发展究竟存在着什么样的关系，对于这一问题的研究，不管是学术深度还是视角广度，都有着明显的不足。这一研究的相对薄弱，使得我们面对世界足球起源于临淄的众多挑战，应对力量明显不足，很有捉襟见肘之嫌。

二是从历史学、社会学等多学科结合的角度，对"世界足球起源于临淄"文化基础的研究相对薄弱。任何一种社会活动的产生与发展都是有着广泛文化基础的，而"文化"又是一个极其宽泛的社会概念，既涉及政治学、社会学、经济学等方面的外延，也涉及诸如体育学、军事学等方面的外延。长期以来，我们对于"世界足球起源于临淄"的文化基础研究，在政治、经济、社会活动等方面的文化基础研究比较充分，但对于思想文化基础的研究，虽然多见有涉及，但很有些蜻蜓点水的味道。总体上看，对于"世界足球起源于临淄"文化基础，在学术研究的系统性和理论认识的深刻性上，都显现着明显的相对不足。这一缺陷，一方面使得我们对"世界足球起源于临淄"的研究在整体上显现出了明显的软肋，同时，面对国外一些对于"世界足球起源于临淄"的质疑和挑战，也缺乏更强的理论说服力。

二 "世界足球起源于临淄"的文化基础

足球的起源本身就是一种社会文化发展的结晶。因而，世界"足球起源于临淄"是一种特定文化场共振的产物。宏观上看，这个文化场的大致结构，也就是世界足球起源于临淄的文化基础的主要表现，可以分为三个方面：

一是以功利文化为主导的社会文化基础。中华文明的起源有三个大的基本源头，一是西部的炎黄文明，二是东部的东夷文明，三是南部的苗蛮文明。东夷文明与炎黄文明同期发源，苗蛮文明相对较晚，周代开始逐渐混而为一，构成了中国传统文化早期的发展主体。就其源流而言，由于齐鲁文化成为中国传统文化的主干，而鲁文化更多的传承了炎黄文明而"尚德"，齐文化更多的传承了东夷文明而"尚功"。"尚功"与"尚德"遂成了中国传统文化发展中两个极其重要的文化理念。蹴鞠在战国时期临淄的盛行，是在齐文化背景下形成的文化现象，自然更多的是在吸收了功利文化滋润的土壤中出现的。

二是以经济繁荣为前提的体育文化基础。蹴鞠作为体育活动的滥觞，实际上是人类社会精神文化活动的一部分。而精神文化活动的发展水平，是以物质文化水平为基本前提条件的，这就是《管子》书里边提到的"仓廪实则知礼节，衣食足则知荣辱。"齐国从太公时期"因其俗，简其礼，通商工之业，便鱼盐之利"（《史记·齐太公世家》），到齐桓公时期"贵轻重，慎权衡"（《史记·管晏列传》）首霸春秋，再到齐威王时期的"齐最强于诸侯，自称为王，以令天下。"（《史记·田敬仲完世家》）齐国的经济发展一直是当时天下诸侯之翘楚。社会经济的长期繁荣发展，为体育文化的繁荣发展提供了坚实的经济基础。正是在这一坚实的经济基础之上，到战国时期才出现了诸如吹竽鼓瑟、弹琴击筑、斗鸡走狗、六博蹴鞠之类体育活动的繁荣与发展。从《史记》

《战国策》等众多的文献记载来看，体育活动在当时已经成了临淄城中繁荣的城市文化中的重要组成部分。应当说，体育文化在齐国城市文化繁荣过程中的发展，既是对齐国经济繁荣的折射，更是蹴鞠在齐国流行不可或缺的基本经济文化基础。

三是以稷下学术繁荣为背景的思想文化基础。战国时期齐国的稷下学宫是中国古代思想文化发展史上的第一个高峰，英国学者李约瑟认为与柏拉图学院同期 [2]，实际上可能比柏拉图学院还要早一些。稷下学宫的繁荣与发展，吸纳了当时诸侯列国中几乎所有的思想巨子，《史记·孟子荀卿列传》记载他们在这里的职责是"不治而议论"，"各著书言治乱之事，以干世主。"围绕齐国的发展，创造了极度繁荣的学术文化。当时齐国思想文化的兼容并蓄，不仅创造了中国思想文化史上的经典原创的辉煌时代，同时也为齐国走上战国霸主地位提供了巨大的思想动力支持。后人所谓"阴阳、儒、墨、名、法、道德，此务为治者也"（《史记·太史公自序》）和"百家殊业，皆务于治"（《淮南子·泛论训》）的评价，充分肯定了这一时期诸子之学对社会发展的积极贡献。这些思想巨子在齐国汇聚的同时，也带来了四面八方的异域风采和多姿多彩的思想观念。开放、前卫的思想文化观念，这是体育文化发展繁荣的重要推动力，是蹴鞠在齐国流行并充分发展的根本性思想文化基础。

三 "世界足球起源于临淄"的思想文化基础

世界足球起源于临淄的思想文化基础，最为直接的便是战国百家争鸣过程中形成的稷下学术繁荣。而稷下学术繁荣的形成又是有着传统的思想文化发展为基础的，这就是东夷文明背景下发展起来的齐文化传统。总体上看，"世界足球起源于临淄"的思想文化基础，大致上可以概括为四个层面。

一是以"人"为本的民俗文化。齐文化有着突出的务实性。这在齐太公时期的"因其俗，简其礼"以及桓公称霸时期的"政之所行（兴），在顺民心；政之所废，在逆民心。"（《管子·牧民》）战国时期孟子在齐国对齐宣王说的"民为贵，社稷次之，君为轻"（《孟子·尽心下》），等各个重要历史时期的发展实践中都可以清楚地看得出来。从整体上看，齐文化的思想文化主流与后来的道家文化的特征比较吻合，重民意，顺民心，法自然之道。因而形成了浓厚的以"人"为本的民俗文化。这是足球在齐国得以滥觞，并开启后世延绵发展之路的基本思想文化基础。

二是以"智"为本的军事文化。整个先秦时期，就军事著作、经典战例、军事名家而言，齐国有着无可比拟的优势，谓之"齐国兵学甲天下"并非虚妄夸饰之词。以《孙子兵法》为代表的由齐国人创造出来的军事思想文化，最为突出的思想文化表象特征就是"智"，所以，司马迁在考察了齐国的民风习俗之后也就有了"其民阔达多匿知，其天性也"（《史记·齐太公世家》）的感叹。战国时期"智谋"文化的社会发展已经非常突出，《列子·杨朱》篇中甚至总结出了一个"尚智而不恃力"的特征。以"智"为本的军事思想文化在齐国的发展，不仅为中国传统文化中的智谋文化发展奠定了坚实的理论基础，直至今日，体育文化的发展仍然在广泛的借鉴与运用，蹴鞠在战国时临淄的发展，乃至于后来足球在世界发展，到处都有智谋文化的影子。由此也可反射出战国时期蹴鞠在临淄发展的智谋文化影响。

三是以"治"为本的诸子文化。齐国稷下学宫的繁荣，"诸侯力政，争相并"（《史记·秦本纪》）的天下大势所趋是最为根本的动因，其海纳百川、兼容并蓄的包容态度，是齐国在这一时期崛起而强大起来的关键推动力。战国百家争鸣高峰在这一时期的齐国的形成，以诸子学说的纷争为标志，积累了十分丰富的治国理论，梁启超说："今天下言治术者，有最要之名词数四焉：曰国家思想也，曰法治精神也，曰地方制度也，曰经济竞争也，曰帝国主义也。此数者皆近二三百年来之产物，新萌芽而新发达者，欧美人所以雄于天下者，曰惟有此之故。中国人所以弱于天下者，曰惟无此之故。中国人果无此乎？曰恶，是何言？吾见吾中国人之发达是而萌芽是，有更先于欧美者。谓余不信，请语管子。"[3] 蹴鞠作为社会精神文化发展的一部分，应当是齐国当政者治国思想理念的重要组成。这一点，实际上早在春秋末期的孔子提出的"成人"教育思想理念中，体育娱乐活动就已经被纳入到了治国安邦的管理实践中来了[4]。这一理念后来在《吕氏春秋·审分》中被总结为"夫治身与治国，一理之术也"。后人所谓"圆鞠方墙，仿象阴阳"（《蹴鞠铭》）"蹴鞠亦有治国之象"的观点，实际上都是这一理念的进一步深化："蹴鞠者，传言黄帝所作。王者宫中，必左城而右平。城犹国也。言有国当治之也。蹴鞠亦有治国之象，左城而右平。"（《文选》卷十一，《景福殿赋》注）以"治"为本的诸子思想文化在齐国的汇聚与发展，作为国家观念理念在齐国的发展，在推动着齐国体育文化发展的同时，也为蹴鞠的发展提供了丰富的精神食粮。

四是以"变"为本的社会文化。齐文化本身所具有的功利性文化特征，相对于社会发展的整体需要而言，本身存在着"变"的需求，孔子讲："齐一变，至于鲁；鲁一变，至于道。"（《论语·雍也》）齐文化"尚功"，在物质层面上有着突出的优势，但在精神层面上却潜藏着很大的问题，鲁文化"尚德"，但在物质层面上存在着明显的问题。齐文化对于功利的积极追求，在突出表现出了一种"不慕古，不留今，与时变，与俗化"（《管子·正世》）的积极变革精神。"变"的文化精神，既是一种文化特征，同时也反映着深刻的民族文化机智，也正是体育文化发展繁荣的基本精神之所需。

四　"世界足球起源于临淄"的潜在价值

"世界足球起源于临淄"这一结论，从中国的学术殿堂走到世界足联的行政认可，不仅是中国体育史学界的一个巨大学术成就，尤其重要的是，这个行政决策结论转移了全世界对于世界足球起源地的目光聚焦，进而为中国足球及其相关产业的发展带来了巨大的潜在利益，这就是"世界足球起源于临淄"的巨大潜在价值。概括地说，这一巨大潜在价值的具体表现突出有四个方面：

首先，品牌价值。"中国古代蹴鞠就是足球的起源，世界足球起源于中国的淄博临淄"这一结论的形成，在形式上构成了明确的排他性。从而使得这一结论变成了一个实实在在的品牌标志，具有了明确的品牌价值。但我们在认识"世界足球起源于临淄"的同时，必须要首先认识博大精神的中国传统文化，"世界足球起源于临淄"是中国传统文化发展的必然产物，而不是体育娱乐活动的某种偶然。"世界足球起源于临淄"的品牌价值，虽然源自于"足球"，但事实上要远大于"足球",是完全可以值得放置于国家和民族利益基础之上作以深入的研究发掘。

其次,体育价值。体育不仅可以塑造美丽的人生,而且"拥有改变世界的力量"[5]。足球是公认的"世界第一运动","世界足球起源于临淄"源起于"足球",因而它的品牌价值很重要的一个方面便是其作为体育运动本身所应有的体育价值。对于这一品牌的体育价值的深入发掘,更好地服务于中国体育强国战略的实施。

其三,经济价值。足球的狂热使得足球发展,在全世界范围内形成了一个巨大的足球经济产业圈,"世界杯"足球赛被认为是足以与奥运会相媲美的体育经济的盛典。当代社会的发展,足球经济的蛋糕究竟有多大谁也不知道,究竟能够做多大,更是谁也不可预知的事情。近年来,西方世界早已开始了对足球经济进行深入的研究,甚至出现了足球经济学。"世界足球起源于临淄"这一品牌的经济价值的发掘与研究,是一个需要我们国家足球战略甚或体育强国战略中全社会给予高度关注的事情。

其四,文化价值。足球不仅是一种体育运动形式,而且已经是一种有着深厚底蕴和无穷魅力的体育文化。关于足球文化的研究,在中国,学术界对汉代[6]、宋代[7]的蹴鞠文化特色多有研究,不乏新论。对当代足球文化的发展研究,也提出了"努力发展健康向上的足球文化"的鲜明观点[8]。由于近代以来中国足球的发展并不尽人意,因而学习借鉴国外足球文化的研究成果尤其突出。在中国,从古代的蹴鞠到现代的足球,是一个既有着悠久的发展历史,又有着深厚文化底蕴的文化链条,"世界足球起源于临淄"的发掘与利用,借力于国家足球战略的实施,一方面可以在民族文化发扬光大的基础上实现传统文化的传承与弘扬,一方面可以在国家发展战略实施中谋求中国传统文化与世界其他民族文化的融合与发展,从而进一步开拓足球文化价值的发展领域。这是一项极其重要的基础性研究工作,历史学界、文化界肩负着义不容辞的历史责任。

注释

[1] 郭希汾:《中国体育史》,商务印书馆,1919 年,第 104 页。

[2] (英)李约瑟:《中国科学技术史(第一卷)》,科学出版社,上海古籍出版社,1990 年,第 95 页。

[3] (清)戴望:《管子校正·管子评传》,上海书店,1986 年,第 1 页。

[4] 王京龙:《从〈论语〉看孔子的体育思想观念》,《体育科学》2012 年第 1 期,第 77 ~ 80 页。

[5] 南非前总统曼德拉 2000 年在"劳伦斯世界体育奖"颁奖典礼上的讲话。

[6] 李鹏程:《汉代蹴鞠文化》,《牡丹江大学学报》2010 年第 12 期,第 17 ~ 19 页。

[7] 任慧一:《宋代蹴鞠文化考究》,《体育学刊》2013 年第 5 期,第 131 ~ 134 页。

[8] 国家体育总局足球运动管理中心:《努力发展健康向上的足球文化》,《体育文化导刊》2011 年第 9 期,第 8、9 页。

考古所见周代齐国的盐业

燕生东[*]

一　引言

　　包含莱州湾沿岸和古今黄河三角洲的渤海南岸地区，两周时期大部分属于齐国的疆域，这里地下蕴藏着丰富的、易开采的、盐度是海水 3～6 倍的制盐原料——浅层地下卤水[1]。海滩及河旁、洼地、湖沼内还生长着茂盛的煮盐燃料柽柳、茅草、芦苇等植物。滨海平原面积广阔、地势平坦，淤泥粉砂土结构细密，渗透率小，是开滩建场的理想场所。该地四季分明，干燥多风，年蒸发量远大于年降水量，光照充足，不仅有利于盐场的建设和维护、而且便于卤水的蒸发。沿海平原以南、以西的内陆地区是宽达数十千米、土地肥沃、适于农耕的河冲积平原，绵延数百千米的山地丘陵和宽阔的山谷，可为大规模盐业生产提供丰富的粮食、木材、用具等生产和生活物资。这里交通便利，盐制品外运方便。众多发达的水系和宽平的平原也便于生活、生产物资及盐制品的短途和长途流动（可保证在本地区物流的顺畅），沿古黄河支津、古济水、古漯河等河流溯流向上可直达中原腹地[2]。

　　但是，这里特殊的地理环境也不太利于盐业的大规模化生产。生活和生产物资如粮食、石器、铜器、铁器、陶器、木材等几乎全部需要从内陆运输，淡水的极度匮乏（仅在贝壳堤上可提供少许淡水资源）、恶劣的气候严重影响盐工们的日常生活和定居；地势低洼，夏季雨水集中、下游河道河水漫流、洪灾频发，大型河流如黄河尾闾的左右摆动，将给盐场建设和盐工生活带来诸多不便；十年、几十年一遇的、侵入内陆二三十千米的暴风潮，将造成对该地区盐场设施、盐工生活居住地甚至生命安全将带来灾难性破坏。因此，特殊的自然环境和盐业资源迫使大规模制盐活动如滩场建设、盐业生产、盐制品外运及生产和生活流动必须有个统一的社会组织来管理、控制、运作，需团结一致共同抵御自然灾害，承担损失，完成盐业生产、盐制品外运以及生产和生活物资的贸易活动。从这一角度而言，环境因素可能是该地最早出现盐业官营的主要原因之一。

　　周代齐国以工商业立国，其中素以鱼盐之业发达闻名于天下。周汉时期，齐地北部沿海地区就已成为人们所熟知的、著名的盐业生产基地[3]。古文献反复提及了该地区的盐业，如"青州贡盐""幽州鱼盐""北海之盐""渠展之盐""东莱鱼盐""齐国鱼盐之地三百里""齐之海隅鱼盐之地"等。《左传》《战国策》及《管子》轻重诸篇等文献则明确了记载齐国产盐之地、盐业规模、制盐方法及盐业生产在齐国的地位。在战国、汉代政客和史学家眼里，齐地的"鱼盐之地"（渠展之盐）是当时天下最有价值的物质资源之一，是齐国财富的象征；齐国

　　* 燕生东：山东师范大学齐鲁文化研究院。

始封君姜太公的"便鱼盐之利"和管仲"设轻重鱼盐之利"政策是齐国富民强的主要条件之一。制盐业遂成为齐国最重要的产业之一。此外，对中国古代盐政发展有着巨大影响的盐业官营制度也起源于齐国。从《管子》轻重篇的有关记录可以看出，东周时期齐国所施行的"食盐官营"，包括食盐的民产、官征收、食盐官府专运专销、按人口卖盐征税等制度[4]。在后人眼里，齐国的官营盐业制度还可追溯到周初的姜太公。齐国盐业在中国盐业发展史上占有重要地位，齐国食盐官营制度对中国古代盐政的发展有着巨大影响。

齐国盐业是史学界和考古学界比较关心的问题。渤海南岸地区的盐业考古工作始于 20 世纪 50 年代，以后陆续有规模不一的调查、钻探和试掘工作。自 2003 年以来，尤其是教育部人文社会科学重点研究基地北京大学中国考古学研究中心重大课题"鲁北沿海地区先秦盐业考古研究"、配合南水北调东线山东东段工程建设、山东大学考古系学生教学实习以及全国第三次文物普查工作开展以来，文物考古部门对莱州湾沿岸地区的潍坊市滨海开发区、昌邑、寒亭、寿光、广饶、博兴和黄河三角洲地区的东营、利津、沾化、无棣、庆云、滨城、河北海兴、黄骅等县市的盐业遗存进行了长达十年的系统田野考古勘查工作，发现了龙山时期、殷墟时期至西周早期、东周、汉魏和宋元时期的上千处制盐遗存，并在配合基本建设工程和教学实习中大规模发掘了多处盐业遗址[5]。

考古发现和研究表明，殷墟时期至西周早期、东周时期是渤海南岸地区两个盐业生产高峰期，而这两个时期也都与齐国盐业有关。这些考古资料或证实了文献记录，或改变了学术界已有认识。

二　西周早期盐业遗存

就盐业遗址的分布和制盐工具而言，殷墟时期至西周早期是渤海南岸地区第一个盐业生产高峰期。目前，已发现了 20 余处规模巨大的这时期盐业遗址群，300 多处盐业遗址[6]，大规模发掘了寿光市双王城[7]、大荒北央[8] 和广饶县南河崖[9] 盐业遗址群中的 5 处盐业遗存。至此，对这时期盐业遗址的分布情况、生产规模、生产性质以及制盐工艺流程等有了初步了解。

关于殷墟时期渤海南岸地区盐业生产性质。在盐业遗址和内陆盐工定居地与制盐工具伴出的其他生产和生活遗存属于殷商文化系统。此时，当商王朝的势力在北方、西方、南方和东南部退缩时，唯有以山东为中心的东方地区成为整个商王朝境内人口最为密集，经济、文化最为发达地区之一，并发展成商王朝最稳定的大后方。基于沿海地区盐业等资源的开发，与之相邻的咸淡水分界线和内陆腹地的聚落与人口空前增多，社会、经济与文化得到了充分发展，内陆和沿海地区还形成了以沿海盐业与盐工定居地为导向的聚落分布格局。无论是考古资料还是文字都显示，渤海南岸地区商代制盐业表现的是有组织的规模化、集约化和专业化生产，这里是殷墟时期商王朝的盐业生产中心[10]。

1. 分布范围与年代

目前，已发现的西周早期盐业遗址群有山东省昌邑市西利渔、潍坊市滨海开发区东利渔、烽台、固堤场，寿光市王家庄、双王城、大荒北央，广饶县南河崖、坡家庄，东营市刘集，垦利县刘庄，利津县洋江，沾化县杨家，无棣县车镇和河北省海兴县东南部等十几处，分布范围非常大，东至昌邑的虞河，经潍坊市滨海开发区、寿光、广饶，向西过小清河，再向北经东营、利津、沾化、无棣等县市，最北至河北的海兴县、黄骅市一带，横跨250余千米（图一）。

盐业遗址群内，与制盐工具同出的陶器为绳纹鬲、绳纹甗、素面鬲、素面甗、簋、罐、瓮、盆、豆等鲁北地区西周早期典型陶器群，其所反映的考古学文化面貌较为复杂既有殷商文化的延续，又有当地文化的因素，还开始出现了周文化的特征。而在盐业遗址及内陆地区西周中、晚期聚落内未见到同时期的制盐工具盔形器。因此，这些盐业遗址的时代均为西周早期。

2. 盐业归属问题

即渤海南岸地区的西周早期盐场属于哪国所有。

先秦两汉文献说齐太公受封于鲁北营丘一带，国号"齐"，之后丁公、乙公、癸公、哀公四君均都于此。早期都城（营丘）所在位置，有临淄齐故城、昌乐县营陵、章丘市东平陵附近、寿光市窝宋台、昌乐县河西、青州市臧台等说；或者说，姜太公分封到商代早已存在的齐国之地，因而称之为"齐"国；或者说，周人灭掉了位于鲁北地区济水下游的薄姑，姜太公拥有的薄姑故地（文献上说在山东博兴寨卜或嫌城一带），并在那里建立齐国。越来越多的证据表明"齐"国国名的来历应与古济水有关。近年来，古济水北侧的山东省高青县陈庄，发现了西周早期的

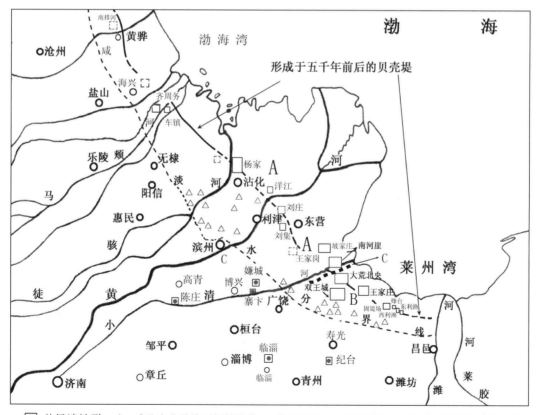

图一 渤海南岸地区发现的西周早期盐业遗址群分布示意图

城墙、齐国贵族墓葬、若干座大型殉马车坑和西周中晚期掌握齐国军事大权的引族墓地。青铜器铭文记录了丰肇这个人为齐太公铸作了铜卣、铜簋宝尊彝器，可以证明齐国初封就在这一带，而且，齐国都城营丘应与此不远[11]。而掌握齐国军事大权的引族墓地的发现则表明西周中晚期该地仍是齐国的核心区域。综合商末周初鲁北古国、族群分布和文化发展态势看，齐国的领土范围应在古济水下游一带。换句话说，今黄河三角洲及小清河一带应属于西周早期的齐国疆域。

周汉文献记载也证实了这一点。《左传·僖公四年》记载了周初齐国的征伐范围，"东至于海，西至于河，南至于穆陵，北至于无棣"，《史记·齐太公世家》也有类似的叙述[12]。无棣为今河北南皮、盐山及山东省庆云诸县一带[13]。《国语·齐语》还明确提到了春秋早期及之前的齐国疆域范围，"地南至于陶（岱）阴，西至于济，北至于河，东至于纪酅"[14]。酅，纪国城邑，在临淄齐国故城东 18 里的安平故城；黄河，西周、春秋时期大约在今天津市静海区一带入海[15]。待齐襄公五年（公元前 693 年）"齐师迁纪郱、鄑、郚"（《春秋·庄公元年》），齐襄公八年（公元前 690 年）逼迫"纪侯大去其国"（《春秋·庄公四年》）[16]后，纪国的莱州湾沿岸东半部分才属于齐国。因此，就文献记录而言，在西周早期至春秋初期，今河北省盐山、海兴县以南，山东广饶以北的沿海地区属于齐国疆域应当没问题。

因此，今黄河三角洲地区、古济水入海口两侧（今小清河北岸）的西周早期盐场应多属于齐国所有（图一）。而莱州湾南岸的盐场应为纪国、莱国以及从商代末期延续下来的一些古国所控制。目前看来，周初齐、纪、逄等姜姓国东封，很可能就是控制和继承鲁北地区殷商人聚落、人口、社会及沿海地区的盐业。

3. 盐场遗址与制盐工具

西周早期齐国盐场分布在海拔 3 米左右的滨海平原上，多以群的形式出现。每处遗址群的面积从上十几平方千米至数平方千米不等，规模宏大，每群大约有 60 处至 5、6 处盐业遗址不等（图二）。单个遗址的规模不是很大，除少部分面积在 1～3 万平方米外，多数一般在 4～6.5 千平方米之间。文化堆积多不厚，一般在 0.50～1.00 米。勘察、钻探和发掘表明，各遗址均见卤水坑井、坑池、盐灶、灶棚、工作间、灰坑以及烧土、盔形器碎片与草木灰混杂在一起的生产垃圾等遗存。所见遗物主要是烧土、草木灰和陶制盐工具。盔形器所占陶器总数比例在 95% 以上，生活器皿则少见。

这个时期的制盐工具盔形器，莱州湾沿岸多见夹砂灰陶、黄河三角洲多有泥质灰陶。盔形器唇面内凹，敞口，斜直腹，尖圆底或尖底（图三，1～4）。腹上拍印粗而深的斜绳纹。口径 16～24、通高 22～26 厘米。器胎壁非常厚，一般 2～3、底部厚 4～6、部分竟达 8 厘米。

4. 制盐单元结构与制盐工艺

若干处制盐遗址发掘、调查和钻探情况显示，每个制盐单元结构为（图四）：卤水坑井（图五）、盐灶、灶棚以及附属于盐灶的工作间、储卤坑（图六）等位于地势最高的中部，以之为中轴线，卤水沟以及成组的沉淀坑池和蒸发池对称分布在南北两侧，而生产垃圾如盔形器碎片、

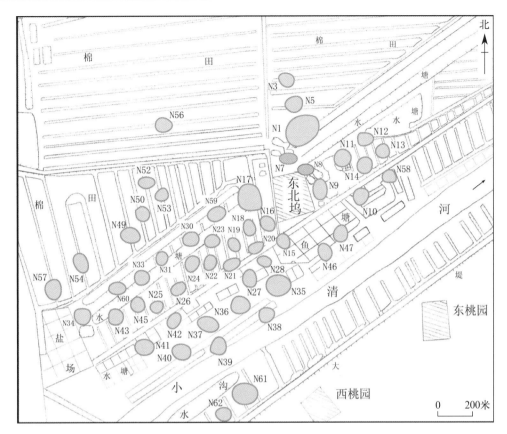

图二 山东省广饶县南河崖西周早期盐业遗址群分布图

（据 2008Google Earth 太空卫星照片改绘）

图三 西周早期制盐工具陶盔形器

1、2. 山东省寿光市双王城盐业遗址出土 3. 山东省广饶县大桓村遗址出土 4. 山东省寿光市薛家遗址出土

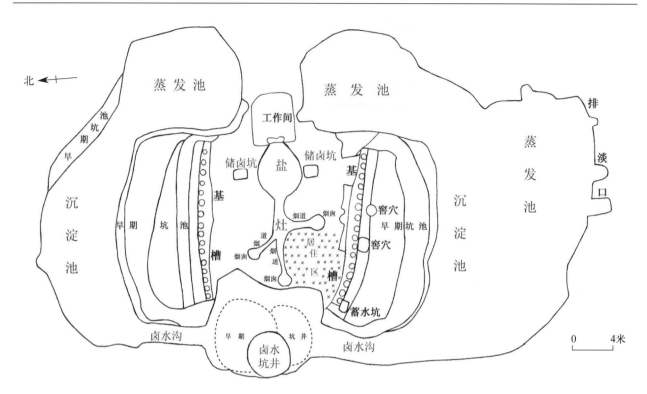

图四　西周早期制盐单元结构示意图
（以山东省寿光市双王城 014A 遗址为例）

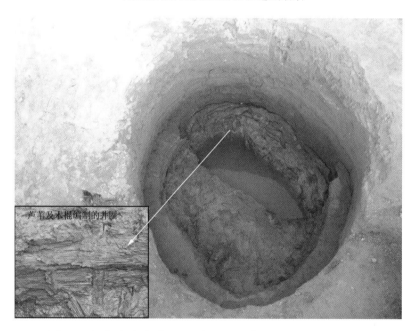

图五　山东省寿光市双王城 014A 遗址发现的卤水坑井

烧土和草木灰则倾倒在盐灶周围空地和废弃的坑池、灰坑内。此外，灶棚内的空地可以作为盐工的临时住所以及仓储使用，具有房屋的功能。每个制盐单元的占地面积在 2 千平方米，加上倾倒的生产、生活、建筑垃圾以及生活（产）活动范围，面积在 5 千平方米上下。每个制盐单位内部结构非常合理，各个盐业遗址群的布局又如此相似，显然有一定的统一规制。

图六　山东省寿光市双王城014B遗址发现的储卤坑及废弃的盔形器

目前看来，每处盐业遗址即制盐作坊的规模较大，一般在4000～6500平方米之间，有一个制盐单元。一个制盐作坊内只有一处制盐单元是当时的常例。少部分面积在数万平方米、制盐作坊内则包含2～4处制盐单元。每处制盐作坊的延续年代较短，仅一、两个期段，约几十年。

盐灶由工作间、烧火坑、火门、椭圆形大型灶室、长条状灶室、若干条烟道和圆形烟囱以及左右两个储卤坑组成。盐灶的规模非常大，总长在17、宽8米以上，主体灶室长达4.5、南北宽3.6米（图七）。

从制盐单元的结构和相关遗存的科学分析，可了解当时的制盐流程。制盐原料为浓度较高的地下卤水而非海水。春季，盐工从卤水坑井内（图五）取出卤水后经卤水沟流入沉淀池过滤、沉淀、净化，卤水在此得到初步蒸发，再流入蒸发池内风吹日晒，形成高浓度的卤水，在这个过程中，部分碳酸镁钙析出，卤水还得到了纯化。盐工把制好的卤水放入盐灶两侧的储卤坑（图六）。在椭圆形和长方（条）形灶室（图七）上搭设网状架子，网口内铺垫草拌泥，其上置放盔形器（图八）。在工作间内点火，往盔形器内添加卤水，卤水通过慢火加热蒸发后，不断向盔形器内添加卤水。熬煮盐过程中还要撇去漂浮着的碳酸钙、硫酸钙、碳酸镁钾等杂质。盐块满至盔形器口沿时，停火。待盐块冷却后，打碎盔形器，取出盐块。最后把生产垃圾（盔形器、烧土、草木灰）倾倒在一侧。夏初雨季来临之前，盐工们把煮好的盐制品运出，撤离制盐场所，回到咸淡水分界线两侧的定居地内。盐业生产的时间集中在每年的春季至夏初，其特征有规律的、固定性的、周而复始的季节性制盐[17]。

5. 生产性质

每个盐灶的面积在30～40平方米。据测量和计算，一个盐灶同时可以放置150～200个盔形器（图八），每个盔形器至少能容2.5～3.5公斤盐，每作坊区（灶）一次举火可获则达上千斤盐。盐灶的面积在不同盐场群、不同时段都是基本一致的，换言之，不同地区的盐灶每次

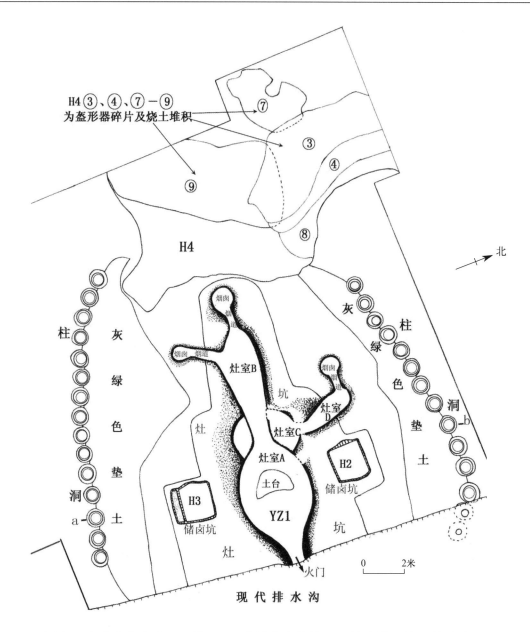

图七　山东省寿光市双王城 014B 遗址发现的盐灶、储卤坑、柱洞等遗存

举火煮盐，所获盐数都在 1 千斤左右。这不仅是由生产方式决定的，而且主要可能反映的是一种定制的存在。广饶县南河崖同时存在着 30 多座大型盐灶，也就是说，仅那一带每年的产盐量就达 3 万多斤。根据调查和推测，在黄河三角洲齐地内至少有 10 个南河崖这样的盐业遗址群，可见当时的年产量是相当大的。据制卤和煮盐过程、运送盐制品和盔形器所需人数推算，每个制盐单位有盐工 10 人左右。如是，整个齐地直接参与盐业生产的人数应在数千人以上。繁琐的制盐工艺流程需要盐工们掌握一定的技术和经验，一个制盐单元内部还需要分工好、协调好。而且，一个个规模巨大的盐业作坊群内的盐业生产更需要有人来组织好、管理好。每年至少数十万斤盐制品需向内陆输送，数百万斤粮食和其他生活、生产物资向沿海制盐基地输送。这些显然更需要一个更强有力的社会组织来协调、统筹和管理[18]。

因此，可以这么说，齐地所见西周早期盐业遗存所反映的是某种程度的官营性质。

6. 盐业生产衰落原因

渤海南岸地区齐国和纪国等疆域内，西周早期延续了商代晚期的制盐作坊和生产方式，但是盐场群和制盐单元数量突然减少。西周早期后段，黄河三角洲一带齐地已基本不见这个时期的盐业生产了，莱州湾沿岸纪国的制盐作坊和制盐单元数量也明显减少，还出现了多个盐业聚落群合并、整合的现象。西周中期至春秋晚期，齐地规模化的盐业生产已经消失。这些现象的出现可能与当时的政治格局发生了变

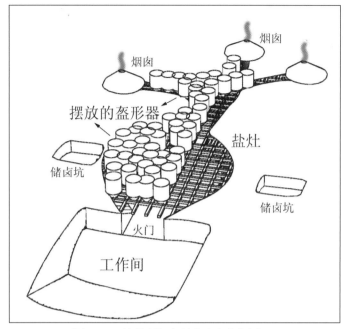

图八 西周早期煮盐复原示意图

化有关。周王朝取代了商王朝后，国家的政治、经济、人口中心由东方迁至西部的关中地区，其他地区（比如晋南盐池）制盐业的兴起，渤海南岸地区由国家控制盐业生产中心变为区域生产中心。随着盐制品供应范围的缩小，需要量也减少，盐业生产规模也就随之缩小，乃至制盐业最后衰落。

齐地制盐业的再次崛起要等到春秋末期、战国时期了。

7. 与文献记录的关系

最早提及西周时期齐国盐业的是西汉时期文献。如《史记·齐太公世家》说"太公至国，修政，因其俗，简其礼，通商工之业，便鱼盐之利，而人民多归齐。齐为大国"[19]；《史记·货殖列传》云"故太公望封于营丘，地舄卤，人民寡，于是太公劝其女功，极技巧，通鱼盐，则人物归之，襁至而辐凑。故齐冠带衣履天下，海岱之闲敛袂而往朝焉"[20]；《盐铁论·轻重篇》记载了御史们的讲话，"昔太公封于营丘，辟草莱而居焉。地薄人少，于是通利末之道，极女工之巧。是以邻国交于齐，财畜货殖，世为强国"[21]，并说汉武帝的盐政是祖太公、管仲之法。《汉书·地理志》也沿用这一说法，"古有分土，亡分民。太公以齐地负海舄卤，少五谷而人民寡，乃劝以女工之业，通鱼盐之利，而人物辐凑"[22]。在汉人眼里，姜太公通过解决食盐的生产、运输和销售，促进了商业的发展，最终使齐发展为国强民富的东方泱泱大国。而且后来的齐桓公、汉武帝只是承继了姜太公的盐政制度而已。

后世的关于齐国早期盐业文献记录虽与目前考古所发现相契合，但也不排除西汉文献记录者是基于战国时期齐国盐业发达就想象齐国盐业自古就有了的可能。

三　东周时期盐业遗存

渤海南岸地区第二个盐业生产高峰期即东周时期，所发现盐业遗址群规模和数量远超过上一阶段、聚落堆积形态和制盐工具也不同。

1. 分布范围与年代

东周时期盐业遗址群分布上多与第一个高峰期盐业遗址群重合，部分或更靠北、靠东些（即更靠近今海岸线），大体坐落在形成于五千年前后的贝壳堤上或两侧、海拔2～3米的滨海平原上。东周盐业遗址群的分布范围非常广大，向东跨过胶莱河到达山东省莱州市，经昌邑、寒亭、寿光、广饶县市，向西过小清河，再向北经东营、利津、沾化、无棣等县市，最北至河北省海兴县、黄骅市和天津市静海区一带，横跨350余千米。目前已确定的盐业遗址群有莱州市海仓、西大宋、昌邑市唐央—火道、辛庄、廒里、东利渔，潍坊市滨海开发区西利渔、烽台、固堤场、韩家庙子，寿光市单家庄、王家庄、官台、大荒北央、清水泊，广饶县东马楼、南河崖、东赵，东营市刘集、刘庄，利津县南望参、洋江，沾化县杨家，无棣县邢家山子，海兴县杨埕，黄骅市郛堤等近30处（图九），单个盐业遗址达上千处。目前看来，东周时期盐业遗址群的分布范围、整体规模、盐场总数已远远超过了殷墟时期。显然，渤海南岸地区盐业生产又进入了一个鼎盛期[23]。

关于盐业遗址群的具体时代。盐业遗址群内与出土的日用陶器鬲、釜、豆、盂、盆、壶、盒、高颈罐等的年代最早为春秋末年，主要属战国时期各阶段，少部分晚至西汉早期。因此，这些盐业遗址群的时代从春秋末期延续至整个战国时期，个别到了西汉初期。

2. 盐业归属问题

即渤海南岸地区的东周时期盐业生产归属哪个国家所有。

可首先考察下东周时期齐国的疆域特别是海疆变迁情况。

春秋早中期之际，齐国灭掉纪国后，整个潍河以西的莱州湾沿岸已经属于齐国了。春秋晚期，齐灵公15年（公元前567年）灭掉胶东半岛的莱国[24]。从此，整个包括莱州市一带的莱州湾沿岸也就都属于齐国的领土范围了。

周汉文献中曾提及了春秋晚期和战国时期齐国北境的舒（徐）州、清河等。如，《春秋经·哀公十四年》"夏四月，齐陈恒执其君，寘于舒州。六月……齐人弑其君壬于舒州中"[25]，《史记·齐太公世家》"田常执简公于徐州"[26]，《史记·田敬仲完世家》"田氏之徒追执简公于徐州"，《史记·田敬仲完世家》中齐威王答梁惠王，"吾吏有黔夫者，使守徐州，则燕人祭北门，赵人祭西门。徒而從者七千余家"[27]。看来，舒（徐）州非鲁南薛邑附近的徐州，而是齐国的北境——北徐州。关于舒（徐）州的位置，江永在《春秋地理考实》中认为在今河北廊坊地区大城县界，似太偏北；《史记正义》云："齐之西北界上地名，在渤海郡东舒县"，即为战国晚期的平舒和东汉时期的东平舒县。文物工作者曾在天津静海区的西钓台遗址，发现了延绵近三千米长的战国至汉代墓地。该遗址出土了"舒"印陶豆以及典型齐系题铭"陈和（概）志（恐）左廪"量器；附近南港区沙井子村遗址（墓地）还出土了"平阳散戈""平舒散戈"齐铭戈。看来，这里应是战国时期

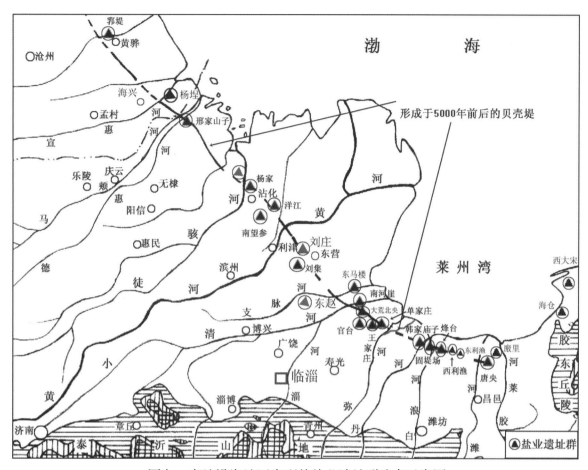

图九　齐地沿海地区发现的盐业遗址群分布示意图

的平舒所在，也就是齐国的北界边城——舒（徐）州[28]。此外，海河以南的天津静海区王口、沧县肖家楼等地出土过数千枚齐式明刀币[29]，巨葛庄遗址也出土过"区釜"陶制齐国量器，这一带遗址内均普遍出土了齐式陶器等，说明战国时期这一带属齐国领土。可以这么说，春秋晚期至战国晚期齐国的北部边界在天津静海一带。

《战国策》等文献所提及的齐国西北边界清河，如，《战国策·齐策一》"齐南有太山，东有琅邪，西有清河，北有渤海，此所谓四塞之国也。齐地方二千里，带甲数十万，粟如丘山。……即有军役，未尝倍太山、绝清河、涉渤海。"[30]《战国策·秦策一》张议说秦王，"昔者齐南破荆，中破宋，西服秦，北破燕，中使韩、魏之君，地广而兵强，战胜攻取，诏令天下，济清河浊，足以为限。"[31]据研究，清河就是指黄骅以北废弃的黄河，因为周定王五年即公元前602年黄河发生历史性向南大迁移，由天津入海变为海兴、盐山、无棣一带入海[32]，原黄河故道河水由浊变清，故曰清河。

另外，《汉书·地理志》也记录了齐国之北界，"北有千乘，清河以南，渤海之高城、高乐、重合、阳信"[33]。西汉时期高城、高乐、重合、阳信诸县在今山东省无棣、乐陵以北，河北省黄骅、沧州以南区域[34]。

此外，盐业遗址群出土的生活器皿形体特征，发现的墓葬其形制、随葬品组合及特点与齐国内陆地区完全相同，说明其物质文化属于齐文化范畴。

总之，春秋末年和战国时期，渤海南岸地区即古今黄河三角洲和莱州湾沿岸属于齐国的北部疆域。换句话说，目前在该地区所发现的东周时期盐业遗址群应是齐国的制盐遗存。

3. 制盐遗址堆积特点与工艺流程

单个盐业遗址规模都在 2 万平方米左右，遗址文化层厚在 0.6 ～ 2.00 米之间，普遍堆积着大量的草木灰层。遗址内（除了墓地）都见成片、成堆的制盐工具——小口或中口圜底薄胎瓮、大口圜底厚胎罐（盆）形器（图一○，1、2）。这两种器物占整个陶器的 70%～ 80% 以上。瓮、罐多为夹砂（部分为泥制）灰陶或红褐陶，烧制坚硬，形体硕大，口径 30 ～ 50、高 50 ～ 100 厘米（相比而言，商代和西周早期的煮盐工具盔形器口径仅 20、高 25 厘米左右），鼓腹下垂，圜底，内壁均戳印和拍印方格、菱形、圆形、椭圆形等几何纹饰（图一一，1、2）。内壁多附着煮盐后留下的白色垢状物。

目前在韩家庙子、固堤场、烽台、唐央—火道、廒里、东利渔、寿光林场北等遗址群发现了卤水坑井、沉淀坑、盐灶等制盐遗存。盐井口呈圆形，径 4 ～ 6、深 3 米以上，上部口部较大，下部小，井周壁和底部均围以用韧性较好的宽扁植物茎叶编制的井圈。井圈便于卤水净化、渗透和聚集，并防止井壁塌陷、流沙淤塞（西周早期卤水坑井多呈圆筒形，井圈系在井底周围放置木桩，再将编制的芦苇圈填入木桩四周而成）。卤水过滤坑面积不大，直径在 3 米以内，有些坑底部铺垫碎陶片和碎贝壳，坑内均堆积呈水平层理的淤沙和淤泥。盐灶位于盐井一侧，个别遗址内还存有煮盐工具瓮或罐，盐灶呈三角形，长在 3 ～ 5 米左右，每个盐灶可放一二十个大口圜底罐（瓮）煮盐工具。

盐业遗址内还普遍发现房屋和院落建筑遗迹，遗址内还见较多的生活器皿如陶鬲、釜、豆、盂、盆、罐、壶等陶器。每个盐业遗址内都堆积着包含大量文蛤、青蛤和蚬类等的生活垃圾，说明当时人们还利用近海滩涂地和河流入海处的海洋资源来维持生计。在沾化杨家 1 号遗址、广饶南河崖 N1 遗址、东北坞 HT1 遗址、广饶莱央子、潍坊滨海开发区固堤场 G1 号遗址、G23 号遗址、昌邑东利渔等地都发现了这个时期墓葬（地），这些墓地多位于盐业遗址群一侧或附近。墓葬形制有竖穴土坑木棺椁墓、积贝和积陶墓三类，其中积贝墓的数量较多，还见儿童瓮罐葬，随葬品主要是陶豆、小罐、盂、壶、盒及贝币、夔纹玉璧等，个别墓葬内还出土了青铜剑、戈、编钟、铃和容（礼）器等，这些器物均常见于齐国内陆地区的墓葬内。这些说明，盐工就居住和生活在盐场周围。

东周时期盐业遗存虽未经过大规模发掘，但就目前所了解的资料而言，可大体复原这个时期的制盐流程：盐工从井里提出浓度较高的地下卤水放在坑内（或中口圜底瓮）稍加净化，并提高卤水浓度，把制好的高浓度卤水放到中口圜底大型瓮储存，最后把卤水放在大口圜底罐（盆）形器内慢火熬煮成盐。每个盐场都发现了生活垃圾堆积和墓地，表明盐工们长期生活在盐场一带，在收割燃薪后的秋冬季节以及春夏之交都可以煮盐。

以上也可看出，渤海南岸地区东周时期盐场分布、规模、盐井和盐灶的构造、制盐工具的形态和种类与殷墟时期、西周早期有异，制盐工艺流程也不太一样，聚落形态所反映的盐工生活和居住方式更不相同。

图一〇　齐地沿海出土的东周时期煮盐工具陶瓮、罐

1. 山东省昌邑市唐央遗址出土　2. 河北省黄骅市康庄遗址出土

图一一　东周时期煮盐工具陶瓮（罐）内壁几何纹饰

1. 山东省寿光市大荒北央遗址出土　2. 山东省潍坊市烽台遗址出土

4. 生产性质与盐制品外运

在考古工作较为多的莱州湾沿岸地区，如在广饶县东北和寿光市西北长 35、宽 4 千米范围内发现了单家庄子、王家庄子、官台、大荒北央、南河崖、东马楼六处东周时期盐业遗址群；在潍坊滨海开发区央子办事处和昌邑市西北部长约 25 千米、宽 3 千米范围内就发现了韩家庙子、固堤场、烽台、西利渔、东利渔五处东周时期大型盐业遗址群，在昌邑市下营镇火道村东南、辛庄、廒里村西北周围大约 50 平方千米范围已发现辛庄、廒里、唐央—火道三处盐业遗址群，上百处盐业遗址。这些遗址群之间相隔 2～5 千米。我们还注意到整个莱州湾南岸地区的盐场群至少分为四大群，四大群之间相距 10 千米左右，排列非常有规律，虽有河流的切割自然因素，但更像人为规划的结果。

经过全面系统调查的王家庄、韩家庙子、固堤场、烽台遗址、大荒北央、南河崖、东利渔、唐央—火道、辛庄、廒里等遗址群，每群规模多在 10 平方千米以内，遗址分布非常密集，也非常集中。

王家庄、东利渔、唐央—火道、辛庄、厥里等遗址群保存较好，调查工作最为详尽，发现每处盐业遗址 50 处左右（图一二），其他盐业遗址群虽遭破坏，每处也发现盐业遗址在 30 处以上，说明当时每群的盐业遗址数量在 40 ～ 50 处应是当时的常数。如是，整个渤海南岸地区齐国的盐业遗址达上千处。每个盐业遗址就是一个制盐作坊，单个作坊面积在 2 万平方米上下。每处作坊内存在的数口盐井和多个盐灶，这说明每处作坊内可分为若干个制盐单元。渤海南岸地区存在着成千上万个制盐单元，可见生产规模是相当大的，年产量也是相当客观的。

渤海南岸地区齐地长 3 百多千米、宽 10 千米广大区域内盐场群同时出现，每处盐场群的分布、数量、规模和内部结构非常一致，出土制盐工具的形态与容量也大致相同，这显然是统一或整体规划的结果。

盐场内那些随葬陶器的小型墓，其主人应是盐工及家属，而那些随葬青铜兵器、礼器、乐器和玉器的较大型墓葬，其主人应是贵族和武士，他们可能是盐业生产和盐场的管理者、保护者和食盐的征收者。齐地发现的规模如此大的盐场群，不仅盐业生产需要组织和统筹规划，而且大量食盐外运、盐工和管理者的生活生产物资（粮食、生产工具如建筑原料木材、石器、金属用具等）都需要从内陆地区大量运往盐场，这更需要统一的组织和管理。换句话说，就考古资料而言，齐地盐业生产和食盐运销应是由国家统一组织、控制和管理下的。

此外，盐业遗址群多位于古河道两侧，应是便于盐制品的外运。如，目前，在天津以南、今黄河以北的地区（今黄骅、海兴、无棣、庆云、沾化、利津一带）的古黄河及支津（或者九河）故道两侧已发现了郭堤、杨埕、邢家山子、杨家、南望参、洋江等盐场群，这里生产的食盐可循黄河及支津运往赵、卫、濮阳一带。在现小清河、黄河之间古济水和漯水两侧发现了刘集、东马楼和南河崖盐场群，这里生产的食盐可通过济水运往河南中东部。而莱州湾沿岸滩、淄河等诸水系入海口两侧数量众多的盐场群，生产的盐制品可通过河流可直接运往齐国都城及内陆腹地。

5. 与相关文献记录的关系

最早提及齐国盐业情况的是战国早期文献《左传》，所谈及齐国盐业和盐政出现在春秋末年。《左传·昭公三年》说田氏为笼络百姓、收买人心，"鱼、盐、蜃、蛤，弗加于海"[35]。这显示当时田氏施行了与姜齐不同的政策——食盐销售过程不另加赋税的惠民策略。据《左传·昭公二十年》记载，晏子批评齐景公暴征其私，连齐国海边的盐业生产也由祈望官看守和管理着，"海之盐、蜃，祈望守之"，在晏子的劝说下，齐景公才"使有司宽政，毁关，去禁"[36]。这些说明春秋末年齐国的盐业生产和盐制品销售确实曾受到过政府的严格控制。文献中齐国盐业生产出现的时间和盐业制度与考古资料所显现的情况是一致的。

齐国对食盐在国内外销售过程不征税政策和对盐业生产按时封禁或开放，还见于战国文献《国语·齐语》《管子·小匡》和《管子·戒》等篇，只是把时代提早到管仲、齐桓公那个时代。由于考古资料并没有发现齐桓公时期的规模化制盐遗存，这些文本又都形成于战国时期，显然，这些文献的编著者很可能以"当下（战国）"盐业生产情况来想象或建构"齐桓公"那个时代的制盐业了。

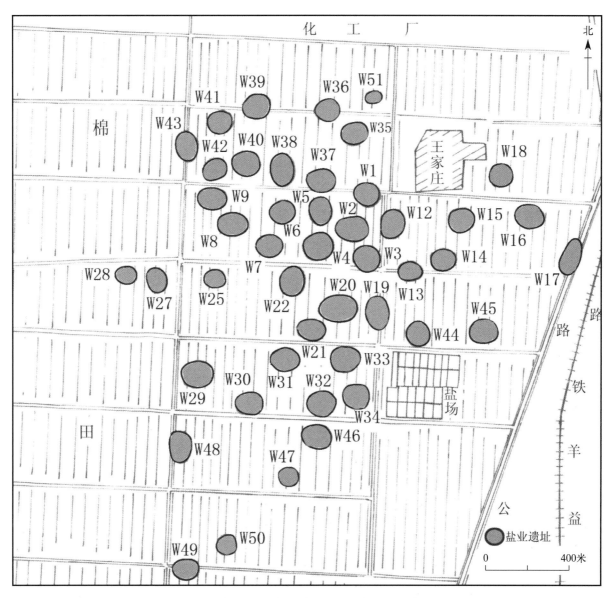

图一二　山东省寿光市王家庄盐业遗址群分布示意图

（据 2010Google Earth 太空卫星照片改绘）

　　战国晚期和两汉文献记载齐国制盐的资料才多了起来。《战国策》明确记载齐国盐业规模、产盐之地和盐业生产在齐国之地位。《战国策·齐策一》提及齐国"鱼盐之地三百（里）"[37]。鱼盐之地无论是"三百里"还是"三百个"，都显示出齐国鱼盐之地的范围之大，盐场之众多。《战国策·赵策二》谈到齐国"海隅（边）鱼盐之地"[38]，说明齐鱼盐之地在海边。《战国策·赵策二》，张仪为秦连横游说赵王，齐国已"献鱼盐之地"于秦，臣服了秦国，此举将斩断赵国的右臂[39]。在战国纵横家说客张仪和苏秦眼里，齐之"鱼盐之地"不仅是齐国的财富，也是齐国社稷的象征。这些记录与目前在齐国北部沿海地区发现的绵延三百多千米的齐国盐场规模是完全相符的。

　　而两汉时期文献内也多提及齐国盐业问题，只是把齐国的盐政制度提早到姜太公和齐桓公、管仲那个时代了。

6. 与《管子》轻重篇所记盐业的关系

《管子》轻重诸篇内提及了食盐专营制度和盐业生产情况。学界早有过概括性论述，并多认为属于齐国桓公、管仲那个时代的盐业制度改革，但有些学者视为汉代吴王刘濞垄断盐业，通过市场价格控制获得收入的社会情境的反映，或者说是汉武帝任用桑弘羊施行盐铁官营、盐铁均输制度的情况。至于《管子》轻重诸篇非管子自撰，几无争论，但其形成年代是战国（晚期）还是西汉时期（含王莽），学界争议素来比较大[40]。

《管子》轻重诸篇如《海王》《山国轨》《地数》《揆度》《轻重甲》《轻重乙》《轻重丁》等都提到了齐国盐业问题，直接或间接涉及了齐国盐业生产地域在齐国北部与黄河三角洲，制盐原料为地下卤水而非海水，制盐工艺为煮盐，制盐季节在秋末、冬季及春季，年产量近两千万公斤，食盐可以还通过济水、漯河等黄河支津外运至中原诸国，盐业生产、盐制品销售受到严格控制等等。这些情况与目前在渤海南岸地区发现的东周时期齐国盐业遗存基本相符[41]。而西汉时期，作为制盐中心的渤海南岸地区已经转移到胶东半岛及东南沿海一带[42]，换句话说，《管子》轻重诸篇所载的齐国盐业也不可能是西汉时期盐业情势的反映。

因此，《管子》轻重篇所呈现的以盐业生产和食盐专营制度为代表的财政经济思想是春秋末年至战国时期齐国的社会时情，但不是齐桓公、管仲那个时代，更不是西汉时期。就这一角度而言，《管子》轻重篇的思想内容是管子学派基于当下（战国时期）社会实情来想象或建构的春秋早中期齐国盐政财经制度，而该书的形成年代也应在战国时期或者稍后。

四 结 论

目前在齐国北部沿海地区即渤海南岸地区发现规模巨大的西周早期和春秋末年至战国时期盐业遗址群，遗址群数量达数十处，单个盐业遗址数量超过上千处。考古发掘还完整地清理了包含地下卤水坑井、沉淀池、蒸发池、储卤坑、大型盐灶、灶棚等制盐遗存，结合科技分析成果，可以复原当时的煮盐工艺流程。这些考古资料为研究齐国的盐业生产和盐政制度提供了实物依据。

通过已有的考古材料，让我们对齐国盐业生产的起始年代、分布区域，生产规模、煮盐工具、制盐工艺流程、生产性质及所反映的盐政等经济思想内容有更深入的了解，对春秋末期、战国时期齐国盐业的发达程度以及《管子》轻重诸篇等文献形成背景和成书时代有了新的认识视角。

同时，这些盐业考古发现，有些契合了文献记录，如产盐之地在齐国北部沿海地区，盐业生产规模巨大，盐业生产和外销由国家直接控制等。但更多的是改变了学者原有认识，比如，齐国西周早期盐业继承了商王朝的制盐中心；齐国规模化的盐业生产只见于西周早期和春秋末年至战国时期，而文献屡次提及齐国盐业官营制度形成的春秋早中期即齐桓公时代，盐业生产并不发达；制盐原料是高浓度的地下卤水而非海水；西周早期与东周时期齐国的盐场分布、规模、制盐作坊面积、制盐单元内部结构乃至盐井和盐灶的构造、提高卤水浓度的形式、煮盐工具的形态不仅有异（西周早期为形态较小的陶制盔形器，春秋时期为硕大的陶瓮或罐），而且制盐工艺流程和煮盐季节也不太一样，聚落形态所反映的盐工生活和居住方式更不相同，等等。

（教育部人文社会科学重点研究基地重大项目"齐鲁文化与中华文明传承创新"阶段性成果）

注释

[1] 韩有松等：《中国北方沿海第四纪地下卤水》，科学出版社，1994 年。孔庆友等编：《山东矿床》，山东科学技术出版社，2006 年。

[2] 燕生东：《商周时期渤海南岸地区的盐业》，环境与资源篇，文物出版社，2013 年。

[3] 燕生东：《山东地区早期盐业的文献叙述》，《中原文物》2009 年第 2 期。

[4] 郭正忠：《中国盐政史》，人民出版社，1999 年。

[5] 燕生东：《渤海南岸地区商周时期盐业考古发现与研究》，王志民主编：《齐鲁文化研究》总第 8 辑，泰山出版社，2009 年。

[6] 鲁北沿海地区先秦盐业考古课题组：《鲁北沿海地区先秦盐业遗址 2007 年调查简报》，《文物》2012 年第 7 期。

[7] 山东省文物考古研究所、北京大学中国考古学研究中心等：《山东寿光市双王城盐业遗址 2008 年的发掘》，《考古》2010 年第 3 期。

[8] 山东大学东方考古研究中心、寿光市博物馆：《山东寿光市大荒北央西周遗址的发掘》，《考古》2005 年第 12 期。

[9] 山东大学考古系、山东省文物考古研究所等：《山东东营市南河崖西周煮盐遗址》，《考古》2010 年第 3 期。

[10] 燕生东：《渤海南岸地区殷墟时期盐业生产的性质》，《东方考古》第 9 集（下册），科学出版社，2012 年。

[11] 山东省文物考古研究所：《山东高青县陈庄西周遗址》，《考古》2010 年第 8 期。山东省文物考古研究所：《山东高青县陈庄西周遗存发掘简报》，《考古》2011 年第 2 期。李学勤、刘庆柱等：《山东高青县陈庄西周遗址笔谈》，《考古》2011 年第 2 期。

[12] 《史记·齐太公世家》记齐桓公二十年伐楚，管仲对楚成王的回答也引叙了该段，见司马迁：《史记》卷 32《齐太公世家》，中华书局，1987 年。

[13] 杨伯峻编著：《春秋左传注》（修订本），中华书局，1990 年第二版。

[14] 《国语》卷 6《桓公帅诸侯而朝天子》，上海古籍出版社，1988 年。

[15] 吴忱、许清海等：《黄河下游河道变迁的古河道证据及河道整治研究》，《历史地理（第十七辑）》，上海人民出版社，2001 年。韩嘉谷：《记第一次到天津入海的古黄河》，《北方考古（四）》，中州出版社，1999 年。

[16] 杨伯峻编著：《春秋左传注》（修订本），中华书局，1990 年。

[17] 山东省文物考古研究所、北京大学中国考古学研究中心等：《山东寿光市双王城盐业遗址 2008 年的发掘》，《考古》2010 年第 3 期。崔剑锋、燕生东等：《山东寿光市双王城遗址古代制盐工艺的几个问题》，《考古》2010 年第 3 期。

[18] 燕生东：《渤海南岸地区商周时期盐业遗址群结构研究》，《古代文明（第 8 卷）》，文物出版社，2010 年。

[19] 司马迁：《史记》卷 32《齐太公世家》，中华书局，1987 年。

[20] 司马迁：《史记》卷 129《货殖列传》，中华书局，1987 年。

[21] 王利器校注：《盐铁论校注》（定本）卷 3《轻重篇》，中华书局，1996 年。

[22] 班固：《汉书》卷 28《地理志》，中华书局，1995 年。

[23] 燕生东、田永德、赵金、王德明：《渤海南岸地区发现的东周时期盐业遗存》，《中国国家博物馆馆刊》2011 年第 9 期。

[24] 杨伯峻编著：《春秋左传注》（修订本），中华书局，1990 年。

[25] 杨伯峻编著：《春秋左传注》（修订本），中华书局，1990 年。

[26] 司马迁：《史记》卷 32《齐太公世家》，中华书局，1987 年。

[27] 司马迁：《史记》卷 46《田敬仲完世家》，中华书局，1987 年。

[28] 刘幼铮：《春秋战国时期天津地区沿革考》，《天津社会科学》1983 年第 2 期。华向荣、刘幼铮：《静海县西钓台古城址的调查与考证》，《天津社会科学》1983 年第 4 期。韩嘉谷：《一万年来渤海西岸环境变迁对古文化发展的影响》，《平舒戈、舒豆和平舒地理》，《北方考古（四）》，中州古籍出版社，1997 年。

[29] 韩嘉谷：《天津地区出土的刀币》，《北方考古（四）》，中州古籍出版社，1997 年。

[30] 何建章注释：《战国策注释》，《齐策·苏秦为赵合从说齐宣王》篇，中华书局，1990 年。

[31] 何建章注释：《战国策注释》，《秦策·张议说秦王》篇，中华书局，1990 年。

[32] 韩嘉谷：《记第一次到天津入海的古黄河》，《北方考古（四）》，中州古籍出版社，1997 年。

[33] 班固：《汉书》卷 25 卷《地理志》，中华书局，1995 年。

[34] 谭其骧主编：《中国历史地图集（第二册）》，中国地图出版社，1996 年。

[35] 杨伯峻：《春秋左传注》（修订本），中华书局，1990 年第二版。

[36] 杨伯峻：《春秋左传注》（修订本），中华书局，1990 年第二版

[37] 何建章注释：《战国策注释》，《张仪为秦连横说齐王章》篇，中华书局，1990 年。

[38] 何建章注释：《战国策注释》，《苏秦从燕之赵章》篇，中华书局，1990 年。

[39] 何建章注释：《战国策注释》，《张仪为秦连横说赵王章》篇，中华书局，1990 年。

[40] 巩曰国：《百年来〈管子·轻重〉年代问题研究述评》，见王志民主编：《齐鲁文化研究》总第四辑，山东文艺出版社，2005 年。

[41] 燕生东：《从盐业考古新发现看〈管子〉轻重诸篇》，《古代文明（第 9 卷）》，文物出版社，2013 年。

[42] 陈伯桢：《中国早期盐的使用及其社会意义的转变》，《新史学》第 17 卷第 4 期。

齐文化遗产在体验中保值增值之我见

刘玉平*

两千多年来，山东淄博留下丰富的文化遗产：临淄古城遗址、稷下学宫遗址、齐桓公、婴晏、《管子》《考工记》、蹴鞠、齐《韶》、孟姜女传说、阁子里芯子、鹧鸪戏、临淄花边等等。早在春秋战国时期，齐文化就被称作"尽善尽美"。今天，这些十分丰富的文化遗产，对于我们有重要的价值和意义，因此既要妥善保护好又要合理利用好。从文化经济学和文化产业角度说，也就是齐文化遗产的保值增值问题，这是一个很大的课题。下面仅从体验这个小环节和方面入手，谈一点个人见解，就教于各位方家雅士。

一　体验教育与体验经济

体验，顾名思义就是体察、考察、实验、检验、感悟、领会，也就是亲身经历，通过亲身实践获得经验和对周围事物的认识。体验是感性与理性兼具的，是一个人达到情感、体力、精神的某一特定状态时，他的意识中产生的独特感觉。因而体验既是人们外向的考察和认知的过程，也是人们内向的自我感觉和接受教育的过程。作家深入群众中获取第一手创作素材和灵感，叫做体验生活。

体验既是一种重要的认识方式和实践活动方式，也是一种重要的教育方式。

体验教育理论，可以追溯到卢梭、杜威、皮亚杰等人的教育思想之中。卢梭从教育人性化的本质特性出发，提出"自然主义"教育观，主张以行求知，在体验中学习。杜威认为，"从做中学"是儿童的天然欲望的表现，教育者应该对儿童的这种天然欲望加以引导和发展。"从做中学"也就是"从活动中学""从经验中学"。皮亚杰提出了著名的认知发展阶段论，他把从婴儿到青春期的认知发展分为感知活动、前运演、具体运演和形式运演四个阶段，其中包含着对体验认知的肯定和重视。中国近现代教育家也关注体验教育理论，例如，著名的陶行知先生，结合中国的国情，认为杜威"从做中学"，就是体验教育，他提出了独特的生活教育思想，强调教育即生活。

体验教育之所以必要和重要，首先在于人的情感情绪、道德操守、意志品格必须凭亲身体验、依个人经历、靠反复实践来逐渐熏陶和养成，而不能仅仅凭依口头或书面的知识传授。同时还在于，人们通过读书得到学识、学生通过课堂获得知识，这个过程不是孤立的，而是需要体验为辅助，过程的结果即获得的知识，需要通过体验来检验和巩固。知、情、意统一于行，三者都在行中得以体验和检验。"纸上得来终觉浅，绝知此事要躬行"，这样的诗句恰切地诠释了"知行合一"观点。两千五百多年前的孔子，将教育置于生活情境之中，非常善于与弟子们在生活

* 刘玉平：山东大学历史文化学院。

体验中学习长进、在相互讨论和交流中增智弘毅，为后世一代代教育者树立楷模，对今天我们搞好传统文化教育仍有重要启发和借鉴意义。

优秀传统文化体验，就是体验教育结合于、落实于传统文化教育过程。其中，体验是出发点和核心，传统文化的学习和掌握是内容，立德树人是最终目标。中华传统文化源远流长、博大精深，怎样了解、学习、掌握传统文化，如何使优秀传统文化入脑入心，是十分复杂而艰巨的课题。事实表明，着力于"体验"，强化体验教育，是行之有效的方式和方法。

传统文化体验教育中蕴含着经济，也就是文化经济。因为经济活动的主体是人，人的活动产生经济效益，体验教育使自然人变成社会人和文化人，使人达到"知行合一"。传统文化体验教育，通过源远流长的中华传统文化滋润广大青少年和社会大众的心田，似春风化雨，入脑入心，最终达到立德树人的目标。人的素质特别是文化（人文）素质提升，是文化经济的基础和前提。在迄今为止的人类社会发展进程中，文化还没有像今天这样成为直接推动社会变革和社会进步的生产力。所谓文化经济，就是指以交易和创意的方式进行文化生产，通过文化消费和流通，改变社会财富的形成、来源和结构，最终实现人的自由发展和人类社会的文明进步。文化经济的一种重要表现就是体验经济。

体验经济是围绕主题设计而实施的、以满足人们的体验而形成的一种新型经济。其灵魂和核心是主题体验设计，而成功的主题体验设计必然能够有效地促进体验经济的发展。一般说来，体验经济的基本特征是：互动性、非生产性、短周期性、不可替代性等。

例如对企业而言，在体验经济中，"工作就是剧院"，"每一个企业都是一个舞台"。体验经济就是以商品为道具，以服务为舞台、环绕着消费者，创设出令人值得回忆的环境和活动。其中的商品是有形的，服务却是无形的，而创造出的体验是令人难忘的。

体验经济还有若干具体体现，例如，立足于消费者的感官、情绪、思考、行动等方面设计的营销方式，注重消费者在消费前、消费中、消费后的体验，叫做体验式营销。

西方人认为体验经济是继农业经济、工业经济和服务经济之后的人类的第四个经济生活阶段，或称为服务经济的延伸。因特网、旅游业等已成为成长最快的体验经济业态。

显然，无论怎样来界定体验经济，有一点是无可置疑的，就是任何的体验经济都是通过人的体验来实现的。在此意义上可以说，没有人的体验活动就没有体验经济。与过去的商品和服务不同，体验经济强调体验作为核心环节是内在的，触动于个人心灵深处，是个人在身体、情绪、知识上参与后所获得的感受，是来自个人的内在心境与外在事件的互动。这就是文化，文化是人区别于动物的特有生存和生活方式。因而，体验经济内在地包含着体验教育，包含着文化体验和传统文化体验。

传统文化是一个涵盖面很宽的概念，文化遗产属于传统文化的基础和重要组成部分。毫无疑问，传统文化体验，包括文化遗产的体验。

二　齐文化遗产的价值及其保值增值

文化遗产，也称文化资产，是指具有历史、艺术、科学等文化保存价值，经由政府机构或国际组织指定或者登录之物品和技艺，一般分为物质文化遗产和非物质文化遗产两大类。

物质文化遗产指古代的遗址、墓葬、建筑、石刻、壁画、石窟寺，近现代重要史迹及代表性建筑等不可移动类文物；历史上各时代遗留的重要实物、工具、艺术品、图书、文献、手稿等可移动类文物；以及在建筑式样、分布合理或与环境特点结合方面具有突出价值的历史文化名城（也包括街区、村镇）。

非物质文化遗产包括被各团体、群体或个人视为其文化遗产的各种实践、表现形式、表演、知识和技能。主要有：口头传说和表述，作为传播媒介的语言；表演艺术；社会的风俗、礼仪、节庆；有关自然界和宇宙的知识及实践；传统的手工艺技能等。

对于每一个个体生命来说，对于整个民族来说，我们都无法割断与历史的联系。文化遗产，可以说是一处历史遗迹，或是一处古建筑，或是一部古籍经典，或可说是历代先贤圣哲及其思想，或是工艺、表演、风俗、礼仪……这些都成了历史与文化。文化遗产给予我们的是一种传统。文化遗产作为传统，使零散、疏离的人们具有了集体经验、共同情感和文化认同。传统作为民族文化，这些文化因子，就像血液一样流淌于每个生命的个体之中，通过它们才使我们每一个生命个体作为一个大写的"人"鼎立于天地之间。在传统文化的陪伴下，人的内心才变得厚重和宽广，人与人之间才有和谐与温暖！我们正是在民族文化的氛围中自由呼吸、发挥精神的创造力。

临淄是齐国故都、齐文化的发祥地、国家历史文化名城、世界足球起源地，拥有丰富多彩的物质文化遗产和非物质文化遗产，文化底蕴深厚。《临淄区非物质文化遗产名录》，分两批公布了临淄区非物质文化遗产名录 180 项，系统梳理汇总了 2400 多条线索、416 个重点项目。其中，蹴鞠、孟姜女传说、阁子里芯子已被列入国家级非物质文化遗产名录（淄博市拥有国家级重点文物保护单位 18 处，国家级非物质文化遗产 10 项）。这些都是几千年来在这片热土上生生不息的人民群众勤劳智慧的结晶，是人们世代相承的文化精粹。这些结晶和精粹都具有丰厚的价值，具体体现在以下几方面。

1. 历史价值

文化遗产的价值首先是历史价值，表现在史料考据和证明的意义上，也可以理解为科学价值和知识性价值。由于文字记载的脆弱性和片面性，历史真实往往湮没在时光的尘埃里。文化遗产的存在和被发现，则为我们提供了找回失去的历史记忆的可能性。例如，河南偃师二里头遗址的发掘，就为夏商周断代工程和对民族历史基本面貌提供了有说服力的证据。又如，长沙马王堆的发现，学术界公认明晰了帛书《周易》的价值以及与通行本的关系。临淄丰富的文化遗产，对于齐国故都、齐文化的发祥地，毫无疑问具有重大历史价值。问题在于，这种历史价值需要保值与进一步科学确认，尤其需要在当今时代加以挖掘、充分彰显，才不至于湮没在时光的尘埃中。

2. 经济价值

文化遗产本身是独一无二的存在，即因为其独特性而具有经济价值，有的甚至成为稀世珍宝。同时，文化遗产还可以通过文化事业和文化产业而得以开发利用，为国家、社会和一代代人源源不断地创造财富,这就是文化经济。当然,文化遗产的经济价值往往需要设计和创意来实现。文化遗产体验经济就是通过主题设计而实施的,而任何成功的主题体验设计一定能够有效地促进体验经济的发展。例如,迪士尼公司运用中国古代故事融入美国精神加以创意设计的动画片《花木兰》,在全球放映狂卷三亿美元。台儿庄古城以古运河文化为主线,在两千米范围内将古村庄遗产与大战遗迹结合起来,八种建筑风格融为一体,几十座庙宇汇于一城,创意情景体验设计与精致营造,以运河沿线鲁南非物质文化遗产展示、国内高端品牌的茶楼、酒吧、客栈为主要运营业态,也获得了相当可观的经济效益。近年来淄博市围绕齐文化资源开展工作,旅游产业也有了明显发展。但从遗产资源的丰富性角度、与国内外成功案例比较,这种开发利用的成效还有差距,经济价值提升尚有很大空间,迫切需要增值。

3. 文化价值

文化遗产作为民族的精神记忆和符号,是整个文化系统的基因和基石。任何一种文化遗产都具有其文化价值。优秀的文化遗产闪耀着真、善、美的光辉,蕴含着文学、艺术、美学、哲学、宗教等丰富的民族文化价值。"文化是民族的血脉,是人民的精神家园",十八大以来,党中央和习近平总书记多次强调中华优秀传统文化在国民教育中的重要的文化价值,立足中华优秀传统文化,培育和弘扬社会主义核心价值观,从延续民族文化血脉中开拓前进,实现中国梦。

从历史与文化起源的意义上看,齐文化是以东夷文化为主、以周文化为辅而形成的一种文化系统。经济上,从齐地靠海、土地瘠薄的实际情况出发,除了继承周的"重农"传统外,又大力实行"通商工之业,便鱼盐之利"的政策,以农业为主,农、工、商并举;政治上,不囿于周之"尊尊而亲亲"的宗法原则,而是"举贤而尚功";文化上,主张宽松自由,兼容并包,"因其俗,简其礼"。齐文化最终发展成为一种合时俗、务实际,具有革新性、进取性、开放性和包容性的功利型文化传统。齐文化遗产是整个齐文化系统的基因和基石,对于后来与鲁文化融合形成齐鲁文化,进而奠定和形成黄河文化、中原文化和华夏文化,发挥了基础性作用。当前和今后,应当从中华优秀传统文化形成、从民族复兴和崛起的伟大事业的高度,深入研究、挖掘和提炼齐文化遗产,并且要运用传统媒体与新媒体(互联网、手机、数字化等)相结合,大力彰显、普及、传播、弘扬其文化价值,大力发挥其育人作用。这既是一个保值的过程,也是一个增值的过程。

4. 社会价值

除了上述历史价值、经济价值、文化价值,文化遗产的社会价值也不可忽视,主要体现在普及人们的文化知识、丰富人民群众精神生活,增强人文修养、提高文化素养和艺术鉴赏水平,协调和改善人际关系、构建和谐社会,促进地区之间、国与国之间的交往和交流、提升国际影响力和竞争力,等等。正如联合国《保护非物质文化遗产公约》中所说:"非物质文化遗产是密切人与人之间的关系以及他们之间进行交流和了解的要素,它的作用是不可估量的。"任何文化遗产都有上述多方面的社会价值,齐文化遗产也不例外。从现实状况看,由于前些年我国经济高速增长而文化建设相对滞后,社会中出现物质上富有而精神层面苍白是比较普遍的现象,齐文化遗产在临淄和淄博地区的社会价值实现尚有差距和不足，在山东的社会价值实现也还有空间，更遑论在整个中国、乃至世界的知名度、影响力和美誉度。

因此对社会大众来说，丰富精神生活、培养健康审美情趣、提高文化素养，在崇尚真善美的同时拒斥假恶丑，文化遗产相对于泛滥的快餐文化，其价值就显而易见、更加凸显。可见，齐文化遗产的保值增值已经成为不容忽视的问题。临淄和淄博市的文化产业大有文章可做。

三　着力在文化遗产体验上下功夫

齐文化遗产的保值增值，是一个很大的课题，需要从多学科多角度做深入细致研究，也需要政府管理层在实施和经费上加大投入。前些年已有理论和实践结合的研究成果，例如山东大学和临淄区文化、旅游、齐文化研究中心等部门组成的课题组经过调研，形成了调研报告《经营遗产：齐文化开发与齐故城遗址公园建设研究》。

应当看到，从文化经济学和文化产业角度，开展齐文化遗产的保值增值研究，不仅是必要的，而且是十分迫切的。文化产业因其具有资源消耗低、技术含量高、环境污染少诸特点，作为一种知识密集型产业与绿色朝阳产业，它已经成为一种特殊的文化形态和经济形态。在中国经济进入新常态下，习近平总书记指出三个特点，即从高速增长转为中高速增长，经济结构不断优化升级，从要素驱动、投资驱动转向创新驱动。无论在传统文化资源的保护和开发利用方面，还是以数字化为代表的现代传媒、新业态及区域文化产业发展诸方面，都需要大力加强文化产业和文化经济学研究。其中，从体验与体验经济这个环节和方面入手，是一个独特的视角，具有理论上的不可替代性与鲜明的实践可操作性。

1. 着力于齐文化遗产体验应把握的基本方向和原则
（1）创意主题设计方向

体验设计的灵魂是主题，主题贵在创意。不论是影视动漫游戏，还是旅游休闲消费，凡是成功的体验模式，都是富有新意的设计。以设计研发和营销服务为时尚产业链"微笑曲线"的两端，带动整个产业链的效益提升，形成文、商、旅相互融合的产业集群和商圈，是推动文化产业与旅游业的联动的一个重要模式。意大利米兰作为全球五大时尚中心，就是一个以创意设计带动旅游业发展的典型案例。齐文化体验需要富有新意的创意设计，才能带来良好的经济效益和社会效益。

（2）遗产传承与整合营销方向

整合营销是以消费者为核心重组企业行为和市场行为，综合、协调使用各种形式的营销方式，核心在于对准一致的目标，树立一致的品牌形象，有效实现营销效果的最大化。这一种模式对齐文化而言，就是以人文精神的提炼和文化价值保值增值为核心，以各种遗产为体验客体，以农耕文化、民俗文化、乡土文化传承为基础，以高质量的开发项目为龙头，把文化创意与淄博的自然和人文多种资源整合起来，把影视、动漫游戏、演艺、美食、休闲、观光、健身等多种行业集聚起来，形成一个产业集聚区和产业联动机制。西安大唐芙蓉园、泰安"太阳部落"

和方特欢乐世界景区的设计是这样，齐文化遗产的传承与体验营销也应当如此。

（3）大众参与性原则

遗产传承要体现共享性、群体性原则。山东大学中华传统文化研究与体验基地设置汉服拜孔、琴棋书画、民俗百态等 11 个文化场景和 100 多种文化体验环节，受到各国广大留学生、教育界领导普遍欢迎和好评。齐文化遗产体验面向社会大众，大众具有广泛参与性。不是局限于某些特定群体，不应仅为官方管理层和学界而服务。设计和创建不仅要吸引本地客源，还要努力吸引本省、全国乃至国际客源。从一级客源到二、三级客源，如湖水之涟漪，形成层次叠加扩展的客源圈。

（4）身心互动性原则

互动性是体验的根本特征，齐文化遗产体验是身心互动。首先是体验主体与客体的互动、交流、交感，而不仅是一般静态的"看"和观光，其二也包括主体亲身实践，身体四肢接触、感官感受，大脑感悟反思，而不仅是某一方面的单纯被动接受。到过台湾佛光山的人，参观佛陀纪念馆，无不为其中精心设计的互动环节所吸引，惟妙惟肖的体验活动令人流连忘返，此情此景之中静心慈悲、中道圆融、诸恶莫作、众善奉行等观念悄然萌发于心田。

（5）生活化常态化原则

活态传承是非物质文化遗产传承的重要原则。文化体验不应当是一次性完成，只有生活化和经常化，才能实现文化的育人功能，才能实现其经济价值、社会价值。齐文化遗产的许多方面，就像蹴鞠、习俗等，都应当在本地区与健身活动和文明生活结合起来，走入大众，常态化开展。这样，丰厚的齐文化才能活起来发挥效益，才能如春风化雨、润物无声。

按照上述"二方向三原则"，需要系统的创意策划，下面分别举例说明。

2. 非物质文化遗产的体验——以蹴鞠为例

蹴鞠，又名"蹋鞠""蹴球""蹴圆""踢圆""筑球"等，"蹴"即用脚踢，"鞠"系皮制的球，合起来就是用脚踢球。最早记载于《史记·苏秦列传》，苏秦游说齐宣王时形容临淄："临苗甚富而实，其民无不吹竽、鼓瑟、蹋鞠者"，并把蹋鞠看作当时训练士兵、考察兵将体格的方式。另一典籍《战国策》则描述了 2300 多年前的春秋时期，齐国古城临淄流行蹴鞠活动。作为中国一项古老的体育运动，蹴鞠有直接对抗、间接对抗和白打三种形式。西汉把蹴鞠活动视为"治国习武"之道，不仅在军队中广泛展开，而且在宫廷贵族中普遍流行。唐宋时期蹴鞠运动达到顶峰，经常出现"球终日不坠"，"球不离足，足不离球，华庭观赏，万人瞻仰"的情景。直至清代中期，这项体育运动最终在中国逐渐消亡。国际足联在 2004 年确认蹴鞠是最早的足球，起源于中国淄博，并获得世界认可。作为非物质文化遗产，蹴鞠在 2006 年经国务院批准列入第一批国家级非物质文化遗产名录。

蹴鞠概况大家是形成共识的。问题是在当下当地，作为文化产业如何创意体验？

（1）定位转换

古老的体育运动和宫廷游戏，在 21 世纪的淄博可以转变为群众性的健身运动和民间游戏。这需要创意策划。

（2）一体两翼

一体即蹴鞠文化，作为技艺承载了古老的齐文化，核心是体验健身和娱乐，身心受益。两翼：之一为表演仪式，力求以古老技艺和服饰（汉服、唐装）呈现，满足当代人的欣赏；之二为现代体育运动和游戏，力求按照适宜和美观要求设计服装和音乐，沿用传统皮制蹴鞠，创意运动和游戏技艺，达到大众健体和娱乐目的。

（3）运营模式

考虑有三种：之一为地方政府推广，临淄区和淄博市政府在专家指导下在当地学校、机关率先推广，组织比赛、观摩和评估；之二为群众自发组织学习和锻炼，生活化常态化，类似广场舞的盛行；之三为旅游整合营销，在淄博主要旅游景点设置蹴鞠项目，在导游带领下练习该运动和游戏，互动体验，身心受益。这三种策划模式均以体验为核心，共同效果即大众传播蹴鞠文化。

3. 物质文化遗产的体验——以稷下学宫遗址为例

稷下是齐国国都城门，位于临淄稷门附近。齐的第三代国君田午为聚集人才，在临淄西门外创建稷下学宫，将学者封为"大夫"。此为中国第一所官方举办、私家主持的特殊形式的高等学府。威王、宣王时期达到鼎盛。它基本与田齐政权相始终，随着秦灭齐而消亡，历时大约150年左右。儒、道、名、法、墨、阴阳、小说、纵横、兵家、农家等各家学派林立，学者们聚集一堂，如孟子、淳于髡、邹衍、田骈、慎到、接予、季真、环渊、彭蒙、尹文、田巴、鲁仲连、邹奭、荀子等。荀子曾三次担任过学宫的"祭酒"（学宫之长）。围绕着天人之际、古今之变、礼法、王霸、义利等话题，展开辩论，相互吸收、融合，共同发展。司马光《稷下赋》有评论："致千里之奇士，总百家之伟说。"由于实行"不任职而论国事""不治而议论""无官守，无言责"的方针，稷下学宫学术氛围之浓厚，思想之自由，成果之丰硕，独一无二。堪称世界最早的大学与高等教育。

稷下学宫的历史和文化，学界多数人是了解的。问题是在当下当地，作为文化产业如何创意体验策划？

（1）遗址修复

遗址位置经考证确定，政府立有石碑。在政府的主持和学界专家指导下，应当按照"修旧如旧"的原则将遗址加以尽快修复。可以采取政府财政支持、企业资助、社会力量捐助等方式，追求创意设计，规模合理适度，讲求建筑质量和品位档次，注重体验应用性和观赏性紧密结合、有机统一。

（2）功能定位

也可以说一体两翼：一体即稷下学宫遗址所承载的博大精深的齐文化，核心是务实进取、开放包容、自由论辩。两翼：之一为最具特色的齐文化遗址创意呈现；之二为当代中国高等学校的学术会议场所和体验地。

（3）运营模式

考虑也有三种：之一为国家、省级和本地政府组织的重要学术会议举办，这是纯行政安排和财政支持，如本届国际历史科学大会就可以在此召开。之二为当代中国及世界高等学校的学术会议组织，也是当前高等教育学术讨论、自由论辩体验。高校和学者、师生是体验主体，博大精深的齐文化是体验客体，体验方式灵活多样，例如可以模拟学者主持、展现学术自由论辩场景魅力等。之三为大众旅游观光、文化体验，借鉴体验式营销模式，创意设计服装、道具，发挥导游的能动性，使海内外广大游客（如近期对港澳台、对东亚、东南亚，以及西亚、欧美、拉非）互动体验，感悟体悟，身心受益。这三种策划模式除了主题会议和一般旅游，也辅以体验活动，目标在于达到大众体悟和传播齐文化的效果。

这里，仅以稷下学宫遗址和蹴鞠为例，分别就物质文化遗产与非物质文化遗产的体验，草拟一个大概的"纲要"框架，试图提出笔者初步的创意。齐文化遗产的体验设计与策划，是一篇"大文章"，需要今后在调研基础上下大功夫。

参考文献

[1] 彭兆荣：《旅游消费：家园遗产中"看不见的手"》，《社会科学战线》2008 年第 7 期。

[2] 花建：《论文化产业与旅游联动发展的五大模式》，《东岳论丛》2011 年第 4 期。

[3] 程明、姜帆：《整合营销传播背景下广告产业形态的重构》，《武汉大学学报》2009 年第 4 期。

[4] 刘玉平、王晓鹏：《文化产业文献导读》，福建人民出版社，2013 年。

[5] 王德刚、王素洁：《经营遗产：齐文化开发与齐故城遗址公园建设研究》，山东大学出版社，2005 年。

景区文化旅游形象：内涵、定位及塑造策略

江　凌　陈雪萍*

21 世纪以来，国际旅游业由"旅游观光时代"到"旅游文化时代"的转变，文化成为旅游业发展的核心和灵魂。从某种意义上说，景区旅游就旅游消费者对景区文化的诉求，是一种高层次的文化生活体验和精神审美。

文化旅游是当今我国文化产业发展的重要方向，是培育地方文化消费市场乃至经济社会发展的新的经济增长点，也是推进国际文化交流、传播中华文化软实力的重要形态。《中共中央关于深化文化体制改革 推动社会主义文化大发展大繁荣若干重大问题的决定》中指出："旅游文化为广大游客提供个性化、分众化的文化产品和服务，是新的文化消费增长点。……旅游文化拓展大众文化消费市场，开发特色文化消费，扩大文化服务消费，提高文化消费水平，增加文化消费总量，是一种文化产业发展的内生动力。"[1]"旅游景点文化是我国文明、民主、开放、进步的形象之一，对于开展对外文化交流，参与世界文明对话，促进文化相互借鉴，增强中华文化在世界上的感召力和影响力具有重要作用。"[2]在当今国内外旅游市场竞争日益激烈的形势下，景区文化旅游形象的定位和塑造，以及景区文化品牌构建，在旅游景区文化消费和产业发展、景区文化传播与交流、景区文化软实力建设中具有重要的意义。

一　景区文化旅游形象的基本内涵

关于景区文化形象的概念和内涵，之前不少学者曾进行过论述。比如，曾妮娜在《浅议旅游文化品牌的建设》一文中指出，"景区的经营者识别和选择适合的文化理念并将其贯穿于旅游产品设计、市场定位、包装广告、公关形象、促销服务等营销活动中，将景区文化的潜在价值转化为现实的旅游价值，建立景区文化形象。"[3]白加德的《浅谈旅游景点文化品牌塑造》一文云："景区的文化形象是景点的核心竞争力，以其自然美、惊险美、悲壮美、艺术美、科教美等彰显景区特色，加深旅游者对景区历史文化的了解。"[4]郭胜在《旅游文化的功能及其品牌塑造》一文中指出："旅游文化塑造是通过分析和评价旅游地的文化背景，立足旅游文化的民族特色和地方特色，来确定旅游文化的主题。"[5]郭氏这一界定仅仅从景点自身出发，并未涉及旅游消费者即游客的感受反馈。笔者将景区"文化旅游形象"定义为：以景区文化资源和文化特色为根基，提炼景区核心的文化价值观念、审美意象和文化传播形象，并以旅游文化消费者为对象，结合游客对景区的旅游消费体验、文化审美感受，使消费者形成强烈的景区文化印象、文化体验或文化集体记忆。从主体性来讲，景区文化旅游形象包括景区独特的文化资

---

* 江凌、陈雪萍：上海交通大学媒体与传播学院。

源和文化景观、文化意识形态或价值观念、文化审美意象的表达和传播技巧等方面，这三个方面是其基本内涵。

在景区旅游文化同质化程度越来越高的今天，基于地方文化资源特色的景区文化旅游形象的定位与塑造越来越被重视，构建独特的文化旅游形象是提升景区文化软实力、旅游文化品牌附加值和竞争力的主要手段之一。著名文化人类学家马凌诺斯基说过："在人类社会生活中，一切生物的需要已转化为文化的需要。"[6] 游客在短暂的景区旅游文化消费过程中，所追求的也主要是文化的体验和审美享受。

景区独具特色的文化旅游形象，如以历史考古、帝王遗址与黄土风情文化为主的秦始皇兵马俑，以深厚的皇家文化为主的故宫、颐和园等名胜古迹，都能给游人留下深刻厚重的文化印象。景区的文化旅游形象内涵，主要在于景区在历史中逐渐形成的人文底蕴。某一时期人们在与景区文化的对话交流中所做的社会化创造，往往会留下时代的烙印，而这些烙印会由于地域和文化的差异，而具有独特性。人们在构建景区文化旅游形象的过程中，会注入具有当地特色的文化传统、生活方式、风俗习惯、风土人情和独特的审美意趣。从理论上来说，每一景区甚至每一景点都可以发掘出自身的独具特色的文化资源，都具有其独特的文化内涵和文化旅游形象。

独特的旅游文化是旅游目的地吸引力的源泉 [7]。一个景区文化旅游形象的塑造成功与否，是决定该景区能否具有游客吸引力的关键因素。旅游文化品牌是旅游文化本身重要性的必然反映，文化意蕴、文化质量是旅游文化品牌的基础。景区文化旅游形象和文化品牌一旦形成之后，将具有持续的生命力，可以提升景区的知名度和美誉度，产生品牌效应。

二　景区文化旅游形象的定位依据

景区文化旅游形象的定位要从需求侧和供给侧两方面思考。就需求侧而言，明确当下的旅游受众市场现状，对客源市场进行适当的细分，了解不同的客源市场需要怎样的旅游文化产品和服务，总体上要开发怎样的旅游文化产品组合才能获得较大的旅游文化消费市场占有率。如果定位不准确，开发没有特色的旅游文化资源、服务设施和旅游文化产品，差异化营销不足，特色文化产品较少，就会导致旅游文化消费市场竞争力不足。景区旅游文化产品或服务品种少，种类单一，将难以满足游客多样化和多层次的文化消费需求。就供给侧而言，要对景区自身所拥有的历史文化资源进行准确的评估和合理化开发，首先应对其自然资源和人文资源的特色和优势进行科学客观的分析，挖掘其文化内涵，突出其文化精神，再结合地区或者民族特色，形成景区文化的独特性优势。有些景区的旅游文化资源禀赋和品相较高，特色明显，完全有潜力塑造文化底蕴厚、审美形象好的景区文化旅游形象，打造成良好的景区旅游文化品牌；但实际情况是，一些旅游文化资源禀赋、品相较高的景区不太注重文化旅游形象的挖掘与塑造，对景区自然资源和文化资源的保护性开发力度不足，特色定位不明显，因而缺乏文化凝聚力、吸引力和市场号召力；再如，当下，不少景区文化资源开发的同质化、趋同性明显，缺乏文化特色和创意设计，文化特色不鲜明，景区文化资源的潜在优势未发挥出来，文化旅游形象、旅游品牌平庸而无特色，也容易被其他景区或景点所复制。

除兼顾需求和供给两侧的文化特色外，景区文化旅游形象定位还需要市民、景区周边区域居民和游客的广泛认同度。除了受众的自然、形象、符号、身份认同外，更重要的是他们的文化认同，这比自然、形象和身份、符号认同层次更高。要取得受众广泛的景区文化认同度，需要设计景区文化主题形象方案，包括文化旅游形象的主题、文化旅游形象的标语、文化旅游营销的关键词等等，并就设计方案进行广泛的受众调查，可以在政府、企业、市民、游客层面进行，通过调查访谈，不断修正文化旅游形象的设计和营销方案，达到取得受众广泛的文化认同度的目标。

三　景区文化旅游形象的塑造及其意义

1. 景区文化旅游形象的塑造

首先，整理和总结景区的历史传统、文化特色等旅游文化内涵，提取最有价值、最具有传播力的旅游文化主题、亮点和文化传播符号。每个景区或景点在以往的历史发展过程中都会形成自己特有的文化传统、风俗习惯、生活方式、风土人情等，进行文化旅游形象塑造之前，要对景区的历史文化主题特色进行提炼，抓住主流、特色、价值大、具有吸引力和传播力的关键文化元素。如山东文化旅游整体形象和主要文化特色是泰山和孔府、孔庙、孔林——儒家文化，北京文化旅游的主要特色是故宫、长城、城墙、皇家园林、大宅门、胡同等——皇家文化和城墙、胡同文化，山西文化旅游的主要特色是晋商大院、晋祠、平遥古城——晋商文化和戏曲文化，等等。这些景区因其文化独特性而成为地方文化旅游形象的典型代表。但是，景区在挖掘自身自然资源和文化资源特色的同时，要注意文化主题不能过于杂乱，每个景区都需要有少数几个（甚至一两个）颇具代表性的文化特色作为支撑，但不宜过多。文化特色主题过多，不容易显示出其最重要的文化价值，以及文化的独有性和可记忆性。

其次，有了少数几个"特色主题"这一核心，还需要有景区配套的环境、文化产品和服务设施予以支持。景区的硬件设施是景区文化旅游主题的重要载体，是游客容易直接感受到的物质符号层面的景区文化，也是最直观、最形象和最易感知的景区文化旅游特色。好的景区环境和基础设施在为游客体验景区文化内涵、文化特色提供方便的同时，还可以提高游客对景区的整体文化认同度。景区的硬件设施与服务包括景区的文化景观建造、基础设施（如道路交通、医疗卫生、购物网点设施等），以及服务质量（包括热情度、突发或紧急事件处理、投诉率和投诉处理是否及时等），景区文化景观的设计和建设要经过一系列的规划，特别是旅游文化消费市场调查和科学合理的分析研究，体现一定的文化特色和文化品味，突出景区的场所精神，充分反映受众的文化认同度，不能盲目乱建，要与整个景区文化环境、文化总体规划、文化氛围相一致，不能为了求新求异而破坏景区特色文化的整体美感。景区基础设施的作用主要是给游客提供便利，因此，在设计规划中尤其需要注重美感、舒适、便利和人文关怀，比如，景区道路交通规划就要考虑到道路绿化、绿色通道、设施美感和游客的文化心理和体力承受等因素。

再者，有了相应的文化配套设施之后，景区还需要通过一系列的文化主题活动或者文化事件来进一步塑造景区的文化旅游形象和文化品牌。有些景区对具有区域文化特色或者民族特色的民俗风情、节日庆典等民俗文化资源进行整合，构建主题性、特色性明显的文化符号、文化话语和场所精神，在文化旅游形象塑造方面取得了明显效果。比如，三峡景区除了其优越的自然和人文景观——两岸青山、葱葱毛竹、清澈碧水、美丽的神话传说外，还把当地居民的日常民俗生活融入景区文化旅游中。像刚进山门时那铿锵有力的渔夫号子，身背小竹篓打着一把花伞的红衣少女，娇滴滴、羞答答，站在船头劳作；书生少年，一袭黄衫，笛声荡漾，池边鸭鹅觅食，村姑槌布洗衣；苗族抢亲戏，简洁大方，生动活泼，既有趣味性，又有知识性；整个三峡人家景点处处体现着生活在水乡的苗族人民的民俗民情和日常生活方式，人文故事、民俗文化资源与自然景观融为一体，绘就了一幅秀丽壮美的水乡图画[8]。

最后，还要对设计和定位的主题文化旅游形象积极地进行营销传播。在当今时代，任何旅游文化资源和文化产品不论其自身条件多么卓越，还是需要搭配现代化的营销手段，尤其互联网新媒体营销手段，进行营销推广和文化旅游形象传播。不仅要充分发挥报刊、广播、电视、网络等传播媒介的作用，还要利用微博、微信、博客等新网络互动媒体平台的优势，让景区的文化旅游形象、文化品牌多渠道、多层次地传递给芸芸受众。此外，还可以借助其他文化产品、文化媒介进行二次、三次、多次传播和推广，如景区电视剧的拍摄可以有力提升景区或景点的文化知名度、美誉度和影响力。比如，电影《大红灯笼高高挂》和电视剧《乔家大院》的上映和热播，让山西乔家大院这一景区声名鹊起，游人如织，成为广大游客了解晋商文化和晋商日常生活的窗口。文学作品、景区承办或冠名的文化主题活动、主题形象宣传、名人代言等形式，也可以为景区文化旅游形象的传播和文化品牌的塑造发挥巨大的作用。

2. 景区文化旅游形象塑造的意义

品牌产品（或服务）总是比普通产品（或服务）更能吸引受众的眼球，获得更多的经济价值回报，产生品牌效应。因为在受众眼中，品牌产品（或服务）意味着比普通产品具有更好的质量、更好的消费体验、更好的服务、更好的知名度和美誉度等等，所以他们愿意为品牌产品（或服务）投入更多的经济付出。景区文化旅游形象和文化品牌的塑造亦如此。具有鲜明的文化旅游形象、形成文化品牌的景区比普通的、没有鲜明文化特色的景区更能吸引游客的注意力，并从文化旅游形象的"注意力经济"转化为"影响力经济"，从而使游客愿意进行文化消费付出。旅游地的文化旅游资源各不相同，每一个景区从本质上来说都是独一无二的，都有自己的资源优势和文化特色，但目前并非每个景区都具有鲜明的文化旅游形象和文化符号名片，更遑论文化旅游品牌了。而文化旅游形象和文化旅游品牌能使某些景区具有持久不衰的生命力和社会影响力。

景区塑造自己的主题文化旅游形象和文化旅游品牌可以增加其旅游附加值，获得游客更高的身份和文化认同度、美誉度。文化认同度不仅是身份认同、符号认同、价值认同的更深层次，也是社会身份地位象征。在传统物质消费领域，社会阶层的区分以消费品的价格（或价值）层级为主要考量依据，通常人们以奢侈品或其他价格较高、价值较大的消费品之消费（亦称炫耀性消费或夸饰性消费）作为抬高自己社会身份地位的主要手段；而在文化消费领域，高雅文化、本真文化的文化认同和消费则是区隔消费者文化身份和地位的主要依据，也是追求文化品味和审美艺术情趣的游客的消费潮流。比如，品味红色文化的游客要去井冈山、延安体验革命文化，热衷于生态文化的旅游者去张家界、九寨沟品味本真文化和自然生态之美，等等。这些景区因为有了良好的文化资源特色和文化旅游形象、文化旅游品牌，而具有较高的品牌附加值。

景区塑造自身的文化旅游形象和文化品牌可以提升景区的文化层次和文化价值，"品牌"景区就像名牌的消费产品一样，在"购买"时会成为游客的首选，也会拥有更高的知名度和美誉度。同时，景区的主题文化旅游形象和文化旅游品牌还能为景区的营销宣传提供便利，景区文化旅游形象、文化品牌是景区历史文化资源特色的精华所在，其表现形式，如朗朗上口的文化标语、颇具代表性的文学或电视剧作品等，被赋予了内涵丰富的符号意义和文化记忆，很容易在游客心中留下深深的印象，从而得到游客的文化心理认同和社会群体认同。

四 南京玄武湖景区的文化旅游形象定位及其塑造策略

李娜、赵玲玲和黄相羽的《南京市玄武湖景区游客满意度评价实证研究》[9]一文曾对南京玄武湖的游客满意度进行过深度调查。该文将影响游客满意度的指标分为景区交通、景区环境与文物保护、旅游服务设施、景区安全等几个方面。调查结果显示（详见表1）：游客对玄武湖景区环境和文物保护、景区安全的满意度较高，而对景区服务设施、景区交通的满意度稍弱。其中餐饮、购物的不满意度最高，其他旅游设施也因不齐全、数量较少、标识不醒目、布局不合理等因素，不满意度较高。景区交通主要因码头泊位过少而差强人意。

表1 玄武湖景区游客满意度调查结果

	陈述项	满意	较满意	不满意
对景区交通的满意度	1 抵达景区的方便程度	62%	36%	2%
	2. 景区内部浏览线路的合理性	44%	54%	2%
	3. 景区泊车满意度	41%	47%	12%
对景区环境和文物保护的满意度	4. 景区环境满意度	70%	30%	0%
	5. 景区文物古迹、古建筑保护满意度	44%	52%	4%
	6. 景区内建筑与周围环境的协调性	49%	48%	3%
	7. 景区标识牌的齐全性	44%	49%	7%
	8. 景区休息设施满意度	53%	40%	7%
	9. 景区公厕满意度	39%	44%	17%
	10. 景区内特殊人群服务设施的齐备	37%	45%	18%
	11. 景区餐饮条件和服务满意度	29%	44%	27%
	12. 景区内旅游商品及购物环境满意度	29%	49%	22%
对景区安全的满意度	13. 景区安全满意度	53%	44%	3%

资料来源：李娜、赵玲玲、黄相羽：《南京市玄武湖景区游客满意度评价实证研究》，《中国证券期货》2011年第6期，第170、171页。

　　此外，在玄武湖景区的官方网站上，景区的文化旅游形象和宣传标语是"金陵明珠——玄武湖"，这一定位只是突出了玄武湖所在的地理位置和她在南京的重要地位——南京的"明珠"，并没有很好地对玄武湖自身的文化资源特色和主题文化内涵做精炼的概括和整合，所以，这一主题文化形象的定位是不成功的，达不到预期效果。

　　事实上，玄武湖景区的文化资源特色在于：一是作为皇家园林，贤君明臣辈出，政治文化资源丰厚，贤君明臣和伟人孙中山的文化底蕴丰厚；二是玄武湖五洲景区自然风景优美，四季鸟语花香，因此，在主题文化旅游形象的定位和塑造上，玄武湖景区打"贤君伟人文化"和"五洲绿色生态文化区"的牌将更加有效。玄武湖景区内五个洲景点植被良好，植物种类丰富，因此景区植被生态的季节性、固定性的主题花事活动开展得较好，具有浓郁的绿色生态文化特色。春季有"百花闹春"（主打樱花），夏季有"玄武湖之夏"（主打荷花），秋季有"菊花大会"（主打菊花），力求打造自己的花文化主题活动形象和品牌。鉴于以上两方面文化优势及特色，笔者对玄武湖的文化旅游主题形象定位是"皇都贤君竞风流，玄武五洲交朋友"。前一句主要侧重于景区的皇家特色和名人文化、伟人文化的特色，后一句的"五洲"既指玄武湖的五个洲景区，也泛指广交世界五大洲的朋友，具有敞开胸怀结交朋友和游客的亲和力。主题形象营销口号可定位为："玄武泱泱，贤君气象；才子佳人，皇都花香"（明君——孙权、朱元璋、孙中山；才子佳人——一指玄武湖历代明臣，二指玄武湖边的浪漫的情侣园——约会的浪漫；皇都花香，指作为皇家园林的玄武湖一年四季持续的花事活动。）抑或"桨声灯影，秦淮艳唱；贤君气象，玄武花香"（可作为南京整体的主题文化旅游形象定位）、"贤君气象，五洲花香——玄武五洲交朋友"，等等。

　　基于南京玄武湖景区周边自然和人文环境、历史和文脉，结合玄武湖自身拥有的自然和人文资源优势，以及景区文化旅游形象塑造的相关理念，本文借鉴西湖的成功经验，以南京钟山风景区作为玄武湖景区旅游发展的参照系，从名人文化、区域特色文化、主题文化活动三个方面对玄武湖的文化旅游形象和文化品牌塑造提出建议。钟山风景区本是以钟山（紫金山）和玄武湖两个景区为中心，包括明城垣以及山湖的连接地带。山光水色皆有，无论是自然景观还是人文资源，钟山风景区都与玄武湖风景区有着天然的文化接近性。

1. 名人文化形象与品牌塑造

　　与西湖风景区相比，玄武湖景区在历史名人资源和文脉（文人骚客的文化遗存）上并不丰富，它多为贤君明臣等政治官员，除少数明君外，其他官宦的知名度和影响力并不大，美誉度也不高。但是，如果把钟山风景区作为玄武湖景区文化旅游发展的依托，则会为玄武湖景区的主题文化旅游形象锦上添花。钟山景区的中山陵、明孝陵和梅花山等都能给玄武湖景区增加丰厚的名人文化底蕴和伟人文化特色。中山陵，位于紫金山南，由我国著名设计师吕彦直设计，文化风格中西交融，庄严简朴，气势恢宏；孙中山先生是我国近代伟大的政治家和民主革命的先行者，在我国近代史上具有举足轻重的地位，中山陵的伟人文化特色明显。明孝陵，是明朝开国皇帝朱元璋及马皇后的陵墓，是明代帝陵中规模最大的一座，总体布局气势恢宏，建筑雄伟壮观；明太祖朱元璋贫农出身，起义胜利后于南京称帝，建立了全国统一的封建政权。梅花山处于明孝陵神道环绕中，旧名孙陵岗，亦名吴王坟，因东吴的孙权葬在这里而成名；孙权是三国东吴政权的建立者，他安定江东，发展了江南的经济，是一代有所作为的明君，"生子当如孙仲谋"成为千古佳话。可见，中山陵景区的皇家文化特色也比较突出。

不论是近代伟人孙中山、明太祖朱元璋，还是三国明君孙权，这些明君伟人都能成为玄武湖景区文化旅游形象和文化旅游品牌塑造可以利用的名人文化资源。玄武湖景区可以依托钟山景区这些名君伟人的文学作品、民间传说、历史典故设计主题文化旅游形象，打造名人文化品牌。此外，在影视剧作品中，三国政权群雄争霸、明朝皇家风云、民国革命事迹题材和故事十分丰赡，文化底蕴深厚，如果玄武湖景区能恰如其分地植入或者利用文学作品、影视剧作和网络资源进行营销推广，更能为玄武湖景区的文化旅游形象和文化品牌塑造锦上添花。具体可从以下三方面进行名人文化形象和文化品牌塑造：

（1）名人塑像、名人馆、名人廊

建设名人塑像园、名人馆、名人廊等名人文化景点，旨在通过具体的名人文化形象塑造，让游客对玄武湖区的名人文化有具象的、直观的感知和体验。在玄武湖景区内打造名人文化长廊，展示一系列与玄武湖景区相关的贤君名人，介绍其生平事迹和相关的逸闻趣事。这种文化构建和文化展示，在一定程度上可以加强景区和名人文化的关联性，提升景区的名人文化内涵、名人知名度和美誉度，尤其是"省（直辖市）级名人文化资源"以下的"市级名人文化资源"和"县（区）级名人文化资源"，因为与景区具有文化接近性，更需要深入挖掘和开发利用。此外，玄武湖景区位于南京火车站附近，来到南京的旅客首先参观的南京旅游景点就是玄武湖景区，名人长廊内可加入与南京相关的名人文化资源，将名人长廊打造成南京的名人文化品牌。

（2）创作相关的文学作品

以名人文化为题材的文学作品创作和传播效应可以助力玄武湖景区名人文化旅游形象的塑造和名人文化品牌的推广。目前，与玄武湖景区题材相关的文学作品数量不多，知名度和影响力不高。而与玄武湖景区同属于南京滨水景区的秦淮河，以文学作品为特色的文化资源丰富，不仅有知名度和影响力很高的《桨声灯影里的秦淮河》，还有很多现当代作家创作的与秦淮河相关的回忆录，如南京作家叶兆言所著的《老南京——旧影秦淮》等。玄武湖景区可以借鉴秦淮河滨水景区经验，邀请一些南京和域外知名作家，打造如《旧影秦淮》那样的文学文本、回忆录等，让这些知名作家（名作家本身也是名人文化资源）把与玄武湖景区文化相关的故事书写下来，加以传播推广，以提升玄武湖景区文化的知名度和影响力。

除了文学文本，玄武湖景区还可以借鉴西湖的经验，利用知名学者的力量，整理出版景区的历史、文化资源，并予以现当代诠释。比如，学者盛久远的《情归西湖——西湖名人墓探寻》收录了西湖周边94个文化名人墓，是第一本汇聚和考证西湖名人墓的书籍；学者孙跃的《西湖的历史星空》将杭州历史上那些重要的历史和人文故事的细节、城市发展脉络，以及人们生活的历史痕迹，真切地展示出来，勾起市民和游客的集体回忆，让受众感受到西湖景区文化独特的魅力。玄武湖景区也可以组织知名专家学者，深入挖掘其丰富的政治文化、皇贤名人文化资源，为人们认知玄武湖的名人文化内涵，塑造玄武湖名人文化旅游形象插上文化的翅膀。

（3）拍摄相关的影视剧作品

在当下的声、光、电和网络媒介时代，影视剧作品因为其可视性、大众性和文化亲和力，比文学作品更容易为受众接受，具有更强的传播力和影响力。在玄武湖景区所拥有的一系列名人文化资源中，应充分挖掘那些可以被拍成影视剧的名人题材故事，如与玄武湖景区有关的历史名人传说，讲述忠良贤臣忠心为主却因其刚正不阿、不与恶势力同流合污而被奸佞杀害的故事较多，这些题材故事可以拍摄成历史影视剧；又如，在当下影视剧市场中，谍战剧较受欢迎，而与玄武湖景区名人文化相关的部分名人正是民国革命运动的先驱者，这些人物故事可以被改编成谍战题材电视剧。总之，玄武湖景区以名人文化题材的影视剧创作和改编潜力巨大，值得发掘。

历史名人题材影视剧的创作、改编和传播对于玄武湖景区文化的传播推广作用是相对间接的，而景区的文化旅游形象宣传片对传播推广景区知名度、美誉度的作用则是直接而有力的。玄武湖景区的文化旅游形象宣传片于 2011 年启动开拍（尽管时间有点晚）[10]，用一年时间拍下景区的四季生态美景。该文化形象宣传片主要采用了数字虚拟展示，场景美轮美奂但不太真实，文化旅游形象宣传片最后还展示了景区整治后的变化及华丽的五洲灯光秀。但从景区文化形象宣传片的文化内涵和主题深度来说，该片展现的人文精神较少，只是展示了两首并不为人熟知的诗词，其他像玄武湖景区的名人文化资源、六朝变迁的历史文化内涵等，都没有在文化旅游形象宣传片中得以体现。总的来说，该形象宣传片的制作内容差强人意，在人文底蕴和文化特色方面还需要加强。

2. 玄武湖景区的特色文化旅游形象与文化品牌塑造

玄武湖景区具有悠久的历史与政治文化资源，虽然西湖景区因为其亲民文化和风花雪月的浪漫故事而具有广泛的知名度和影响力。但是，政治文化特色鲜明不能说明玄武湖景区的旅游文化不能得到更好的发展。比如，国内众多的红色旅游景点或景区，都与近现代民主革命的政治文化息息相关，其文化旅游形象和文化品牌却一样取得了较好的效果，产生了区域经济文化发展的综合正效应。

西湖景区以才子佳人、浪漫爱情故事的人文景观和柔山软水的自然生态景观闻名于世，而玄武湖景区位居政治文化和脂粉气兼具的金陵古都，玄武湖景区如果能利用好自己的政治文化资源，结合钟山风景区的中山陵、明孝陵、梅花山孙权等一系列名人文化景点，打造一个相对伟岸绝然、英气非凡的景区，不失为在软语脂粉的江南地区矗立一个具有特色文化旅游形象和文化品牌的刚阳、伟岸的名人文化景区。

玄武湖的山，秀丽挺拔；玄武湖的水，阴柔纯美。西湖景区因为水美，重点在"水文化"上做文章，在文化旅游形象和文化品牌建设上偏向于阴柔的水文化，因此整个景区的文化旅游形象也更为温情柔软。玄武湖景区可以依托钟山风景区，将伟岸的名人文化、秀丽的山文化和柔美的水文化特色有机结合，使景区的文化旅游形象刚柔相济，既突出山势的巍然和伟人、明君的伟岸，又突出景区内五洲的阴柔美丽。在塑造名人和山势的伟岸形象的同时，注重湖区五大洲景点的规划布局，突出湿地、水洲地的休憩娱乐功能，这样可以分散水上游客的数量，平衡景区的游客承载力。

打造景区特色文化旅游形象和文化品牌，除了将玄武湖景区依托于钟山风景区这一总体思路外，还需要进一步完善玄武湖景区的规划设计和基础设施。

（1）景区基础设施建设

目前，玄武湖景区内的商店、饭店、饮食摊点相对集中且消费较高，可以增加更多的分散商店、饭店、饮食摊点，在商品和食物价格上可以更平价、更平民一些；景区内的购物点集中于工艺品特色街区，游客的选择也较多，主要有雨花石、工艺铁牌、紫砂制品、陶笛乐器、苗银首饰、盆栽花卉等旅游文化附加产品，但是在购物点设施的分散度上还需要改进；景区内的公共卫生设施数量较少，这为景区内游客带来了不便，应增加其数量，提高分布密度。当然，这些新的基础设施（如建筑外观、建筑文化符号等）在文化旅游形象上应与玄武湖景区的整体文化特色相吻合。理想的境界是，这些硬件设施像文化景点一样，既有伟岸挺拔的一面，又有阴柔温情的一面；既有文化韵味又能便利游客；从外观上具有审美趣味和观赏价值，从内部布局和情调布景上具有玄武湖的名人文化特色，且不失温情和浪漫。

（2）景区交通路线规划设计

玄武湖景区目前推荐的游览线路有三条：自然景观游、历史文化游和休闲游。这样的分类太宽泛。事实上，景区可以构思几条分类相对细小且具有特色的文化旅游线路，比如，名人文化游路线（可以看到更多与玄武湖相关的名人遗迹路线）、情侣路线（选取景区内相对温馨、场景浪漫的景点，如情侣园等）和家庭旅游路线（选择景区内的开阔场地和对家庭、孩子具有文化教育价值的景点）等，还可以根据游览时间的不同，分为两小时路线、三小时路线、半天路线等。

此外，景区内的主要娱乐设施——游船，在数量、质量和服务体验感上相对较好，但景区的特色文化色彩不浓，而且码头的分布不合理，五个洲拥有的码头数量参差不齐，翠洲和菱洲几乎没有码头，这不仅给游客带来不便，而且降低了游客的文化旅游审美体验。因此，需要加强文化码头布局的规划和建设。

3. 景区文化主题活动的文化旅游形象塑造

玄武湖景区在塑造自身文化旅游形象和文化品牌的过程中，需要通过相关的文化主题活动来构建和巩固。开展和举办这样的文化主题活动需要注意两点：一是要与景区的自然生态和文化特色紧密地联系在一起，不能太脱节、太离谱。以玄武湖景区举办过的文化活动为例，四季传统的花节日是与玄武湖景区自然生态景观联系较为紧密的，而"第三届亚洲跳伞锦标赛"的举办就与景区文化资源和文化特色的关联度较小，举办类似这种与玄武湖自然生态文化和名人文化特色关联度不高的文化主题活动，对景区文化旅游形象的塑造和文化品牌建设所产生的作用是微乎其微的。虽然这样的文化主题活动在知名度、影响力方面较高，但人们却很难将这样的体育文化主题活动和举办地联系在一起，关注赛事的人可能并不关心或了解赛事是在哪里举办的，更遑论举办地的文化资源特色了。

目前，玄武湖景区在举办主题文化形象营销活动，以期塑造自己的文化旅游形象、文化品牌方面做得并不出色，虽然景区举办的各种主题文化活动数量不少，但是文化主题风格杂乱并不统一,不像西湖景区举办的文化主题活动那样,比较符合西湖景区浪漫又不失风韵的柔性文化。因此,景区文化主题活动营销要注意的第二点是,主题文化活动的举办要与景区文化的总体特色和氛围相近或相统一。不同于西湖等江南景区柔美的风花雪月故事,玄武湖景区的文化特色相对更英气伟岸一些,所以在主题文化活动的选择上,应注意偏重于政治文化名人类、皇家风情类、革命文化纪念等主题性文化活动。以玄武湖景区举办的"第六届中国南京赏石展暨国际赏石展"为例,在文化内涵上,奇石文化是南京和玄武湖景区的文化特色,刚硬坚毅的名人文化与奇石文化可以融为一体;"龙聚玄武六朝风大型灯展"主题文化营销活动与景区皇家文化和古都文化风格相近,在活动命名上也与景区文化特色相关连,能体现出景区的历史文化内涵,有利于塑造景区文化旅游形象和文化品牌。

鉴于前文对玄武湖的文化旅游形象定位是"贤君明主竞风流,玄武五洲交朋友。"因此,在玄武湖景区的主题文化营销活动方面,可以从"花文化"活动和"帆船赛事"体育文化活动两方面加强:

一是"花文化"活动。玄武湖景区的应季花文化活动有春季的"百花闹春"(主打樱花),夏季的"玄武湖之夏"(主打荷花),秋季的"菊花大会"(主打菊花),这些花文化活动是玄武湖景区的持续性、长久性的季节性活动,时间上较为固定,但是知名度、美誉度却并不高,对南京市以外的受众产生的影响力并不大。所以玄武湖景区的花文化活动应在营销宣传与传播推广上下功夫,特别是要善于制造话题,并赋予其文化内涵,利用全媒体、新媒体工具全方位营销。目前,景区花文化主题活动的主要推广措施是"摄影作品有奖征集",这一方面可以鼓励人们来玄武湖景区摄影游览,另一方面通过展示和传播优秀的摄影作品,让更多的受众看到玄武湖景区的伟岸和美丽。景区方面可以借势而动,利用官方微博、微信等媒介,将花展信息和获奖作品在社交网上进行互动传播,或者辅以有奖互动等形式,让更多的受众参与进来。玄武湖景区的自然生态美景和花文化活动每年都会吸引一部分摄影爱好者云集而来,玄武湖景区需要以此为契机,定期举办景区摄影比赛、摄影展,鼓励摄影爱好者们把玄武湖的自然生态和人文魅力用图片记录下来,把玄武湖的摄影文化活动打造成特色文化品牌,提升景区的知名度和美誉度。在这一过程中,也因应了景区文化旅游形象口号——"玄武五洲交朋友"的特色。

二是"帆船赛事"体育文化活动。2013 年,中国城际内湖帆船赛于 5 月 31 日至 6 月 2 日在玄武湖景区举行,这是继 2011 太湖帆船邀请赛、2012 金鸡湖帆船邀请赛之后,城际内湖帆船赛、帆船体育文化被引入六朝古都的南京玄武湖景区。这届赛事规模较之前几届更大,吸引了来自国内外百余名选手参赛。实际上,玄武湖景区与帆船体育文化的结缘并不是从这届帆船赛才开始的,玄武湖景区的东面水域是南京水上运动学校的训练区,常年吸引着全国各地的帆船运动爱好者。玄武湖景区可以以此为契机,与南京唯一一家帆船俱乐部"风之曲"合作,定期举办帆船文化主题活动,把长三角周围的帆船爱好者集中过来,不仅可以实现"五洲交朋友"的文化旅游形象特色,还可以在竞争比赛中塑造"刚劲挺拔、互竞风流"的体育文化底蕴,开掘新的文化旅游形象增长点,以提升景区的文化旅游形象,塑造景区文化旅游品牌,增强景区的文化知名度、美誉度、辐射力、影响力。

注释

[1] 新华社：《中共中央关于深化文化体制改革　推动社会主义文化大发展大繁荣若干重大问题的决定》，http：//www.gov.cn/jrzg/2011−10/25/content_1978202.htm，2011 年 10 月 25 日。

[2] 新华社：《中共中央关于深化文化体制改革 推动社会主义文化大发展大繁荣若干重大问题的决定》，http：//www.gov.cn/jrzg/2011−10/25/content_1978202.htm，2011 年 10 月 25 日。

[3] 曾妮娜：《浅议旅游文化品牌的建设》《市场论坛》2011 年第 3 期，第 67、68 页。

[4] 白加德：《浅谈旅游景点文化品牌塑造》，《山西农业大学学报（社会科学版）》2012 年第 5 期，第 537 ～ 540 页。

[5] 郭胜：《旅游文化的功能及其品牌塑造》，《社会科学家》2007 年第 6 期，第 117 ～ 119 页。

[6] 白加德：《浅谈旅游景点文化品牌塑造》，《山西农业大学学报（社会科学版）》2012 年第 5 期，第 537 ～ 540 页。

[7] 郭胜：《旅游文化的功能及其品牌塑造》，《社会科学家》2007 年第 6 期，第 117 ～ 119 页。

[8] 白加德：《浅谈旅游景点文化品牌塑造》，《山西农业大学学报（社会科学版）》2012 年第 5 期，第 537 ～ 540 页。

[9] 李娜、赵玲玲、黄相羽：《南京市玄武湖景区游客满意度评价实证研究》，《中国证券期货》2011 年第 6 期，第 170、171 页。

[10] 钱淑湘、李子俊：《玄武湖形象宣传片开机》，http：//news.cqnews.net/html/2011−11/24/content_10357249.htm.2013 年 6 月 8 日。

娱乐精神与齐文化产业

孔令顺*

改革开放以来，花样繁多的娱乐形式日益丰富，且发展势头方兴未艾。这些形式在满足人们日益高涨的娱乐审美需求的同时，也几乎不可避免地带来诸多社会问题。由此，国家主管部门疲于规范，专家学者应接不暇，普通民众也逐渐审美疲劳。那么，休闲娱乐究竟有无存在的必要性和必然性，我们到底又需要什么样的休闲娱乐？本文拟从娱乐精神的逻辑起点上对该问题进行论述，希望能够明其源流、正其视听。并在此基础上，探索齐文化产业发展的多种路径与可能，以及需要处理的各种复杂关系。

一 娱乐不仅是手段，更是目的

据考证，"娱乐"一词，早在司马迁的《史记·廉颇蔺相如列传》中就已经出现了："蔺相如前曰：'赵王窃闻秦王善为秦声，请奉盆缶秦王，以相娱乐。'"当然娱乐的内涵与外延千百年来有着自身的演变过程。至于"娱乐"一词当下的准确含义，《现代汉语词典》是这样解释的：使人快乐，消遣；快乐有趣的活动。从这两层意义上来理解，无论是作为动词还是作为名词，娱乐显然都属中性词汇，不含有任何贬义色彩。

鲁迅在《且介亭杂文》中谈到文艺起源时认为："我们的祖先原始人，原是连话也不会说的，为了共同劳作，必须发表意见，才渐渐地练出复杂的声音来。假如那时大家抬木头，都觉得吃力了，却想不到发表，其中有一个叫道'杭育杭育，'那么这就是创作……他当然就是作家，也是文学家，是'杭育杭育派'。"可见，即使通过这种简单的"杭育杭育"，劳作者都不仅协调了节奏，减轻了劳累，甚至于收获了快乐。

民俗学家钟敬文曾经专门撰文《论娱乐》认为：娱乐是人的自然情绪的流露，只有当人们高兴或有闲暇时，才有兴致来进行娱乐活动。娱乐是人类生活要求的反映，生活的一些现象通过人们的提炼、总结，使之成为娱乐或竞技的内容，成为一种新的娱乐方式，之后，又慢慢地脱离了原来的生活形态，成为艺术化的生活形态[1]。可见，不管是较浅层次的娱乐还是较高层次的艺术，都是源于生活的需要。娱乐的形式和手段虽然多种多样、五花八门，但其最终目的都是为了快乐，娱乐显然并不是庸俗浅薄和玩物丧志的代名词。

但是毋庸讳言，娱乐还是有着不同的层次和品位之分的。康德曾经把人的愉快归纳为两类：一是经由感官或者鉴赏获得的"感性的愉快"；二是通过概念或者理念表现出来的"智性的愉快"。李泽厚则从美感产生的阶段和层次把美感分析为三个层次：首先是悦耳悦目，身心愉悦；

---

* 孔令顺：山东大学文学与新闻传播学院。

其次是悦心悦意，它包含无意识的本能满足，包括性本能、情欲、行为、心境、理念的被压抑，通过审美获得解放和宣泄，达到心意的满足和愉悦；最高层次的境界就是悦志悦神，它是道德基础上达到某种超道德的人生感性境界，是整个生命和存在的全部投入。

从学理上来讲，也许我们应当承认并非所有的娱乐都可以上升为一种审美活动。因此，就娱乐而言，似乎也可大致分为纯粹的娱乐与审美的娱乐两种。"纯粹的娱乐是一种'以娱乐为手段，旨在逃避现实生活和调节世俗心理之目的'的娱乐方式，它注重文化消费层面上的游戏、欢娱。而审美的娱乐是'观众沿着感受力的光谱深入而灵活的做出反应'，是一种审美层次上的心灵的愉悦。"[2]前者是一种浅表层的感官娱乐，属于快餐式的娱乐；后者是内核层面的精神娱乐，值得反复品味、甚至有历久弥新之感。而在当下，大众在理解和使用"娱乐"的概念时普遍偏离了"娱乐"精神的本性特点，只是将"娱乐"贬抑为仅仅满足于人的感官享受的低级活动。这显然是对娱乐的刻板印象，也是我们必须要界定清晰的概念。

中国是一个以道德伦理为核心价值的社会，中国传统的以德为先的教育是一个主张以道德的"超我"来抑制快乐的"本我"的过程。反映到影视媒体上，由于我国长期以来较为片面地强调其喉舌与导向功能，其强大的娱乐功能始终没有得到充分发挥。在相当长的一段时间里，只有影视剧和歌舞类综艺节目在弘扬主旋律的大前提下承载着部分娱乐的功能。可以说在我国，影视娱乐节目是从传统的文艺晚会中脱胎出来的。改革开放以后尤其是新世纪以来，随着影视的日益市场化和观众娱乐需求的提升，中国的影视娱乐节目才逐渐发展起来，并最终大面积地占据影视荧屏。在当代社会，影视文化以感性、轻松的内容和形式释放了一直以来压抑在中国人心灵深处的快乐"本我"，从某种意义上来讲，它比过去的任何文化形式都具有民主性和解放性的特点，因此引发了广大受众的心理共鸣。

从影视发展的历史维度进行观照，我们发现，自从影视这类媒介诞生以后，几乎所有的娱乐活动都尝试着与其结缘，可以说，影视为娱乐方式的发展提供了一个最好的载体：它以人自身作为传播符号，实现了对感官的全方位调动；它与观众之间有着最直接的通道，让人以一种整体状态进入娱乐节目当中；它在交流互动中还原了人最初始的人性化娱乐状态，并以这种人际亲密的放松状态舒展了人的天性，与人的生命状态相和谐。同时由于影视时空与生活时空的伴随状态，使得影视娱乐节目成为人们生活流程中的一部分，构建了大众娱乐的同一时空。通过影视，娱乐游戏更加社会化，成为现代人类生存的减压阀[3]。影视娱乐节目在一定程度上疏解了人们在现实生活中的心理紧张和内在焦虑，也强化了个体对社会的认同感和安全感，这对于转型期的中国民众心理压力的释放、社会的和谐稳定都有着较为明显的作用。

我们是否可以进一步把娱乐看成是美好生活的一个组成部分，而不仅仅是劳动或其他生存困境的避风港。因为在困境中，人们寻求的往往是精神（如宗教）的支持，而非娱乐。美国社会学家赫伯特·甘斯（HerbertGans）对波士顿贫穷社区的研究表明，大部分人都不认为娱乐的目的是为逃避，而是他们向往人生的一种追求。不可否认，娱乐和烟酒、暴力、性一样有一定的"遁世"功能，但社会学家Veblen提出的模仿理论也认为，经济贫困阶层的目标往往不止于物质富裕，他们同时也向往有闲阶层的休闲生活，以他们多姿多彩的生活作为自己的模仿对象。影视媒介则将以前可能只属于权贵们的娱乐形式搬上了大众荧屏，娱乐从此被移植到大众社会的宏阔范畴。

文化研究学者理查·戴尔（Richard Dyer）曾经指出："对娱乐的两种想当然的描述乃是'逃避'和'满足'，这两种描述指向了娱乐的核心要旨，即乌托邦主义。娱乐提供的形象是可以逃避进去的'更好之物'，或者我们深切希望而日常生活无法提供之物。"[4] 换言之，娱乐行为是以乌托邦主义为旨归的。娱乐是人类的天性。人们需要一种轻松的娱乐，以形成对劳动的调剂和补偿，并在二者的动态平衡中满足生存的整体需求。通过娱乐节目，进入一个虚幻的空间，获得暂时的轻松感，减轻和缓释现实生活所带来的心理压力，进而在虚幻空间和现实空间的比较中获得某种相对的优越感、替代性的满足和虚幻的英雄感或成就感，最后达成内心颠覆的欲望的实现，是观众不断地收看娱乐节目时心理轨迹的三个层级[5]。"而事实上，作为一种哲学范畴的娱乐，其游戏本质恰恰蕴涵了人类追求自由解放的全部含义。娱乐是为了更好地工作，这是 20 世纪的理念，而 21 世纪的常识则是：我们更勤奋地工作，就是为了更好地娱乐，或者干脆说，工作本身就是娱乐。"[6]

二　受众不仅是看客，更是主角

随着中国城市化进程的加快，现代社会中快节奏、高强度的工作和生活常常让生活于其中的人们身心疲惫。人们希望能够在紧张忙碌之余得到片刻的松弛和解脱，于是休闲方式越来越呈现出一种娱乐化的趋势。狂欢节是一种广场上的聚会，自由自在，无拘无束，它的一个最重要的特点就是不把表演者和观众区分开来，这种整体性与全民性是狂欢化精神中的宝贵资源。费斯克（John Fiske）曾把大众文化定义为"生产者式文本"，强调了大众接受大众文化的主动性，能够自主地从大众文本中解读出不同的意义、快感和社会身份。大众文化产生于大众之中，任何"宰制力量"都不能剥夺大众接受大众文本的主动性。从传播心理学上来看，这种通过自我的解读得出不同结论的方式，能够使受众体验到更大的审美快感。

俄国文艺理论家巴赫金对狂欢节的仪式加以抽象，并把表现在文学艺术中的狂欢精神名之为"狂欢化"。他认为，日常生活主要遵循的与狂欢化活动完全相反的规则（诸如法律、规范、禁忌等等），都在狂欢化中被"悬挂"起来而失去了效力。换句话说，一切在人民中存在的"间隔"或"间距"都在狂欢化中被消除掉，人民在狂欢化中完成了自己与各种枷锁、限制和规范的决裂。因此，狂欢化也将"神圣"与"世俗"、"崇高"与"低俗"、"伟大"与"渺小"、"智慧"与"愚蠢"等一切相互对立的东西，统统连接在一起，将它们彻底地消除在狂欢化的快乐中，狂欢的真正意义在于打破禁忌，在特殊的文化场域中尽情地"狂"和"欢"，尽兴地放浪形骸[7]。

狂欢节创造了人类的第二生活，其核心是狂欢世界感受，它可以召唤沉迷于日常生活和等级制度中的人们在狂欢化中绽露开放、完整的人性。"在狂欢节进行当中，除了狂欢节的生活以外谁也没有另一种生活，人们无从躲避它，因为狂欢节没有空间界限……狂欢节具有宇宙的性质，这是整个世界的一种特殊状态，这是人人都参加的世界的再生和更新。"巴赫金一再强调自由接触是体验狂欢化世界精神的关键："人民的这个节日组织首先是深刻的、具体的、感性的……个体感受到自己是整体不可分割的一部分，是巨大的人民肉体的成员。在这个整体中，个别肉体在相当大的程度上不再是自身了：仿佛可以相互交换肉体、更新（化妆、假面具）。就在这个时间里，人民感觉到了自身具体感性的物质肉体的统一与共性。"[8]

在当下的我国，以影视媒体为代表的大众文化正从娱乐精英向娱乐平民转变。以往娱乐的主角是专业演员，而受众只是"局外人"和"看客"。"电视逐渐从对公众的训导和启蒙转向了娱乐和消遣，但这娱乐和消遣却是由原来的精英来承担的，大众仍然将电视看成是与日常生活相对立的另一个世界。"[9]当普通人成为舞台的主角，他们通过一种自娱和娱人式的"作秀"，在给别人带来愉悦的同时也给自己带来快乐。作秀本身不在于你有多优秀，而在于你有没有自我欣赏的勇敢，每一个超级女生正是在"想唱就唱"的感召下，勇敢地走到镜头前展现自我的。真正的"秀时代"的来临使得一种被动观看式的娱乐模式转向一种主动参与式的娱乐模式。

2005年的"超级女声"，创下了15万人报名海选、3000万人短信投票、近5亿观众高度关注的空前盛况，甚至成就了中国的第一个电视狂欢节。对于未能亲自报名参加选秀的年轻人来讲，通过短信或者网络投票无疑也是一种极具吸引力的参与方式。长期以来只能做被动观众的他们，今天竟然也可以通过自己的努力而影响以至于改变选秀的结果。受众的主观能动性被极大地激活，个人的存在和价值由此得到了体现和彰显。由此可见，这种选秀类节目，通过审美的形式所呈现的思想观念和价值取向，极大地契合了也培养了普通民众心目中的平民意识形态。此时，他们已经不再是冷眼旁观的看客，而变成了热情洋溢的参与者，甚至体验到了舍我其谁的主角状态。

与以往传统的观赏性文艺节目不同的是，当代影视的受众不再仅仅满足于流光溢彩的轻歌曼舞，他们在娱乐节目这种特定情境、氛围中需要的是一种彻底的宣泄，以此来释放在其他有目的性的活动中所无法释放的自我，也就是说人们在参与性娱乐节目中需求的不再是一个灯塔式的道德或艺术指引，而只是一群能够一起放松和狂欢的朋友和伙伴。从某种意义上来讲，节目精彩与否已经不再重要，重要的是荧屏内外的互动与酣畅。由此观之，当前很多娱乐节目的成功正是在于紧紧抓住"狂欢为王"的核心竞争力，从而打造了一场场的娱乐盛宴和全民狂欢。

对话性是狂欢节最重要的特征之一。狂欢节期间各种等级的人平等地融合在一起，各种语言在这里平等地交流，使对话成为可能。正如有的学者所指出的："'狂欢化'这一概念……作为一种话语资源，其更重要的意义在于对社会转型期文化特征的概括上。它揭示了某些非官方的民间话语合理存在的必要性，还为拒斥权威专制话语提供了不可多得的理论依据。在隐喻意义上，狂欢化实际上隐喻着文化多元化时代不同话语在权威话语消解之际的平等对话。"[10]我们是否可以认为，具有狂欢化色彩的电视娱乐节目的兴起表现出了一种强烈的反权威、反主流意识和争取平等和民主的倾向，体现出一种并不完全清晰的自我意识的觉醒。

伴随着日常生活电视化抑或是电视日常生活化，娱乐逐渐成为20世纪90年代尤其是新世纪以来审美文化和日常生活的一种普遍景观和重要特征。不管是"快乐中国"还是"娱乐至死"，我们正无可逃避地置身于以电视娱乐节目为代表的娱乐浪潮之中。从以往的"娱乐匮乏"到今天的"娱乐过度"，电视娱乐节目呈现出一种长期遭受挤压后的强烈反弹。这种娱乐化现象的生成既有市场的力量，也从某种角度上表达了日益成长的公民社会的民主化需求，因此简单地否定、限制或完全的放任自流显然都是不负责任的。

影视应该是娱乐的，也必须是娱乐的，但是这种娱乐不是拒绝责任的无为嬉戏，而应该是潜在着必要建设力量的娱乐。"健康的娱乐是不放弃基本道德要求的娱乐，是能够产生审美价值和审美愉悦的娱乐，同时更应该是能够引导社会和谐的娱乐。"[11] 随着受众文化水平的提高，他们更需要有深度的消遣，从浅层的简单娱乐走向深度娱乐，是影视娱乐发展的一条重要出路，同时也是娱乐节目对社会责任担负的必然要求。

三　文化不仅是事业，更是产业

齐文化底蕴深厚、资源丰富，是历史留给中国的最具世界性的文化品牌之一，是中华文化乃至东方文明的名片，完全可以做成一个大的产业体系。但是，从目前来看，文化资源的优势还没有充分转化为文化产业发展的竞争力，大多文化产业的开发也还是较为初级和表面的，因此亟待从更大的深度和广度上进行有规划有步骤的整合与开发。

1. 文化传承与产业开发

倾力打造齐文化品牌，引领文化产业的大发展，对于推动地方政治、经济、文化的全面协调发展和产业结构的进一步升级，建设经济文化强省，以至于应对目前全球金融危机，有效刺激内需，都具有十分深远的意义和价值。

知识经济时代的到来表明，文化产业的优势正在取代自然资源的优势，国际经济竞争已远远超出了传统意义上的简单物质占有。特别是在当前的全球化背景下，中国文化企业在文化资源的开发上将直接与国际文化产业大鳄面对面地进行较量，如果我们不能及时和有效地开发自身丰厚的文化资源，就很可能在国外文化资本大举进攻前丧失最先开发的机会和权利。因为，如齐文化这样的历史文化资源，并不单纯地属于哪个地区和哪个民族，而是属于全人类的共同财富。我们可以占有齐文化物质性的文化遗存，但却很难独占非物质性的文化遗产。

以美国为代表的发达国家不断抢占全世界的文化资源和文化市场，这种抢占不仅会造成新形式的财富掠夺，而且其大规模的思想文化、价值观念的咄咄逼人的进攻和渗透，也会动摇和破坏我们的价值体系和人文信念。为有效开发和利用文化资源，占领文化市场，同时又避免文化资源的惊人破坏、损害和流失，迫切需要从维护国家和民族利益的高度，深刻认识和破解文化资源的可持续开发问题。[12] 可以说，好莱坞版的《花木兰》和《功夫熊猫》已经为我们敲响了警钟，说不定哪天蹴鞠、聊斋等齐文化资源也将进入他们的视野，更不用说频频与中国争夺文化遗产的近邻韩国了。

2. 全球化思维与本土化战略

随着交通和通讯技术的迅猛发展，世界越来越平坦化。在这样一个急剧变化的时代，需要我们具有全球化的视野和互联网的思维。全球化思维与本土化战略是一对辩证的统一体，需要很好地进行协调。缺乏全球化思维，难免夜郎自大或妄自菲薄；而忽视本土化策略，又容易在全球化的浪潮中迷失自我，从而成为面目模糊的他者。越是民族的，就越是世界的，对地域文化而言尤其如此。同时，全球化的布局也需要本土化的落实，这样才能因地制宜接地气，"为您而变"的肯德基为我们提供了极佳的案例。而所谓的互联网思维，虽然由于各自的出发点和目的性不同而众说纷纭，但大致可以归纳为娱乐与共享。草根支撑的互联网极具娱乐精神，需要传统机构很好地总结借鉴。同时，互联网强调共享，摒弃独占，"独乐乐不如众乐乐"，这种精神也需要在文化产业的开发中很好地运用。

在全球化语境下，齐文化如何借助现代信息技术进行传承和发展成为一个日益迫切的理论与现实命题。在全面分析和甄别的基础上，齐文化进行传承和开发可以细分为保护、宣传、吸收、改造和发展五个层面，同时这也可以成为五条可资借鉴的操作路径。

3. 迎进来与走出去

在齐文化产业的开发中，我们需要妥善处理好迎进来与走出去的辩证关系。迎进来的是各方客人与通行的规则，而走出去的则是文化产品与文化精神。在此过程中，需要进行整合营销传播。

当下，齐文化资源和管理大都分散在各地方政府或行政部门中。由于部门归属和管理壁垒的原因，这些对齐文化品牌的开发从总体来看还是规模小、实力弱、资源整合度低。这种分散性和封闭性已经严重地阻碍了齐文化产业的发展，尽快实现资源的整合是产业发展的迫切要求。这一整合，从企业层面看，可以解决文化企业生产经营规模小、重复建设严重、资源利用率低的突出问题；从受众层面看，可以以较低的成本获得更好的文化产品或服务；从国家层面看，可以在全球化背景下增强国家的文化软实力，实现政治、经济和文化等领域的综合效益。

整合营销传播即 IMC 的核心思想就是将与企业进行市场营销有关的一切传播活动一元化。一方面把广告、促销、公关、直销、CI、包装、新闻媒体等一切传播活动都涵盖到营销活动的范围之内；另一方面则使企业能够将统一的传播资讯传达给消费者。所以，整合营销传播也被称为 Speak With One Voice（用一个声音说话），即营销传播的一元化策略。美国学者托马斯·罗索和罗纳德·莱恩认为，整合营销传播"对每一条信息都应使之整体化和相互呼应，以支持其他关于品牌的信息或印象，如果这一过程成功，它将通过向消费者传达同样的品牌信息而建立起品牌资产"。

齐文化源远流长，内涵丰富，这是优势，但若处理不当，某种程度上也可能转变为对外传播的劣势，因为一旦贪多求全，就难免文化面目不清晰。蹴鞠被认定为世界足球的起源。2004年 7 月 15 日，国际足联主席布拉特在北京宣布："中国古代蹴鞠就是足球的起源，足球起源于2300 多年前的淄博临淄"；2005 年 5 月 20 日，布拉特向临淄颁发了足球起源地认定证书，赠送了百年庆典纪念牌匾。因此，打响齐文化的蹴鞠牌应当是当下理性的选择。第 22 届世界历史科学大会淄博卫星会议确定"蹴鞠与齐文化"的主题，当然也是非常正确的一个决定。

注释

[1] 钟敬文：《论娱乐》，《浙江学刊》1999 年第 5 期。
[2] 周伟莉：《纯粹的娱乐与审美的娱乐——析电视媒体未来的发展趋势》，《吉林艺术学院学报》2007 年第 1 期。

[3] 朱羽君、殷乐：《减压阀：电视娱乐节目——电视节目形态研究之一》，《现代传播》2001 年第 1 期。

[4] 理查·戴尔著，宋伟杰译：《娱乐与乌托邦》，《当代电影》1998 年第 1 期。

[5] 宗匠著：《电视娱乐节目：理念、设计与制作》，中国广播电视出版社，2003 年，第 261 页。

[6] 桑晔：《娱乐新世纪》，《新周刊》2000 年第 3 期。

[7] 曹海峰：《"狂欢化"理论与电视娱乐节目经营策略》，《河南大学学报》2009 年第 6 期。

[8] 钱中文主编：《巴赫金全集》，河北教育出版社，1998 年，第 195 页。

[9] 张颐武：《超级女声——打造中国梦的形象》，《中关村》2005 年第 9 期。

[10] 蒋述卓、李凤亮：《对话：理论精神与操作原则——巴赫金对比较诗学研究的启示》，《文学评论》2000 年第 1 期。

[11] 吕鹏：《从〈爱猜电影〉看电视娱乐节目发展的新方向》，《电视研究》2008 年第 5 期。

[12] 周正刚：《论文化资源的可持续开发》，《求索》2004 年第 11 期。

创意体育文化与城市旅游经济发展
——以临淄蹴鞠为例

邢金善[*]

传统蹴鞠（国家级非物质文化遗产：299 Ⅵ－17）文化，作为厚重齐鲁文化的典型代表，是我们的祖先在漫长历史发展过程中创造和积淀下来的、体现各民族共有的文化价值观和审美理想、展现中华民族生命力和民族智慧的文化载体之一。它既有与体育活动相关的动作套路、竞赛程序、器材制作、比赛规则等身体运动内容，又是与地域风俗特征、社会经济、宗教仪式、生活习惯、历史文化等息息相关的传统文化记忆载体，是一种"活态人文遗产"。在人类社会注重"回归自然，融入文化"的今天，探索文化服务经济建设过程中，科学开发非物质文化遗产，对体育文化的传承和发展有重要的现实意义。

一　传统蹴鞠文化的创意发展

1. 创意文化释义

20世纪90年代兴起于欧美发达国家的创意产业，21世纪初已在全球蓬勃发展，不仅成为发达国家推动经济和社会持续发展的新的引擎，也成为发展中国家实现经济转型和跨越式发展的重要手段之一。2004年，首届国际创意产业论坛在上海举行并发表宣言，各级政府、企业和社会各界积极参与，并很快成为一种推动地方发展方式转变的策动力。运用创意产业的思维方式和发展模式，整合传统蹴鞠文化，将创意融合文化元素，通过科技和智力创造生产高附加值的产品，进而形成新型产业。它开拓了艺术型、知识型、休闲型、娱乐型的新产业形态，培育出新的文化消费市场。目前，中国文化产业发展面临的突出问题是丰富的文化资源还没有开发成有特色的文化产品，对于文化资源的利用还停留在粗放型的初级阶段，还缺少独特的文化创意[1]。

2. 临淄传统蹴鞠文化的创意发展

三千年来，发展、改革、开放一直是齐鲁文化的精髓。齐国发展文化、搞活经济、富民强国的发展理念，一直是淄博文化，乃至山东文化成为中国强势文化长盛不衰的重要因素之一。文化产业发展的前提是将有限的文化资源以商业的形式转化为无限文化产品，并将诸多文化产品集合在一起形成文化产业。在经济大发展、文化大繁荣的新时代背景下，探讨淄博特色文化——蹴鞠文化的创意发展，无异于为淄博社会的和谐发展添砖加瓦。

（1）蹴鞠文化创意发展的基础

---

* 邢金善：郑州航院体育文化研究所。

淄博丰厚历史文化资源与蔚为壮观的自然景观的交相辉映，造就了这座现代都市独特风貌，为蹴鞠文化的创意发展提供了取之不尽的历史智慧和用之不竭的文化资源。

良好的文化产业发展环境。早在 2008 年 12 月，淄博市委、市政府制订、发布《关于深化文化体制改革加快文化产业发展的若干政策》，为实现由文化资源大市向文化强市跨越指明了方向。2009 年到 2010 年，淄博市又先后出台了《关于加强公共文化服务体系建设的实施意见》《淄博市文化产业发展专项规划（2009～2015）》《关于建设"创意淄博"加快文化产业发展的意见》等多项发展文化产业的政策、措施，基本确立了淄博发展文化创意产业的模式，形成了以科学发展观为统领的淄博文化创产业发展战略。至 2012 年 8 月，淄博市先后发布施行了《关于实施文化品牌带动战略推动文化产业发展的意见》《关于实施大项目、大品牌、大企业和大人才"四大引擎"拉动工程，推动文化产业提质增速的意见》等 20 多份政策性文件，成功组建"画廊、广告创意、网络动漫、网站"四大文化产业联盟，这标志着淄博市文化创意产业政策支撑体系已基本形成，并向政策落实和文化创意产业方向纵深发展。淄博市文化产业发展开拓新模式、新格局，为文化企业搭建起合作共赢的交流平台等等一系列举动，为蹴鞠文化的创意发展提供有力支撑。

经济基础雄厚。淄博是中国重要的综合性工业生产基地，是中国城市综合实力"五十强"城市之一。作为沿海开放城市，是中国重要的化工、新材料基地、山东省重要的商品集散地和贸易中心、中国五大陶瓷生产区之一、新型农业重点示范区域，拥有 11 家上市公司和国内生产总值每年以 10% 以上的速度增长。按照世界各国的发展经验，人均 GDP 超过 3000 美元，人们的旅游消费将进入了快速增长阶段；如果，人均收入接近或超过 5000 美元，就会出现对文化消费的"井喷"现象。截止 2011 年，淄博城市居民人均年可支配收入约合 4000 美元，完全具备了发展文化创意产业的经济支撑力 [2]。

体育文化研究人才济济。山东是全国教育比较发达的省份之一。截至 2011 年，全省拥有普通高等学校 148 所（含民办）。以拥有 985 工程大学和 211 工程大学两个头衔的山东大学和专门培养体育人才的山东体育学院两所大学为例，他们拥有十多个国家级社科和文化（包涵体育文化、体育史）的研究基地、实验室，培养了大批齐鲁文化、齐鲁体育文化的研究者和传承者。他们在不同的地域、不同的岗位，研究传播体育文化。单就我身边这样的优秀学者就举不胜举，可以这样说山东籍的体育文化学者和专家占据了国内体育文化研究领域的半壁江山，且成就巨大。如国家体育总局文化发展中心的崔乐泉博士、国家体育博物馆的于学领主任、社科院的白云翔研究员、天津体院的杨祥全博士、曲阜师范大学的刘善朴教授、鲁东大学的傅砚农教授、滨州学院的张红霞教授等，这些山东籍的学者在不同的岗位上潜心研究而又遥相呼应，为齐鲁体育文化乃至全国体育文化的研究和发展做出了巨大的贡献。实力雄厚的体育文化研究人才必将为淄博体育文化创意发展和产业开发，提供了人力资本和智力支持。

（2）蹴鞠文化的创意发展模式选择

创意休闲"蹴鞠"文化是一个现代用语。而蹴鞠是发生于二千多年前中国古代临淄一项民间娱乐游戏。在不同的历史时期，蹴鞠活动经过了多次变革，后来日渐衰落，最终失传。看似毫不相关的两件事，但随着越来越多的人知道现代足球起源于中国古代的蹴鞠运动时，就明白了蹴鞠文化与现代休闲的关系。现代足球已发展成为世界第一大体育运功，他的休闲价值已体现得淋漓尽致。文史资料表明兴起于战国中期临淄的蹴鞠也是当时居民的重要的休闲方式之一，并且与吹竽、鼓瑟、弹琴、击筑、斗鸡、走犬、六博等活动齐名。挖掘蹴鞠的休闲娱乐价值，创意发展其娱乐休闲价值，无疑是顺应社会发展的传承和保护方式之一。

首先，"蹴鞠文化"欣赏游戏模式。作为博大精深"齐文化"的代表文化之一，因其独特的复古性、娱乐性、通俗性和体验性，备受世人的喜爱和关注。她和其他"齐文化"不同，诸如，战车、殉马等货币，她可以让人们在领略二千多年来"齐文化"变迁、发展的同时，并且能让人参与其中，享受与现代文明异曲同工的乐趣。就连欧美国家的人士也不例外，阿根廷球星梅西也在蹴鞠表演活动中情不自禁参与其中。随着蹴鞠文化宣传效应的进一步彰显，作为淄博一张文化名片，以吸引世界各地的足球爱好者纷至沓来、寻根问祖。

其次，蹴鞠教育产业创意模式。山东体育成绩在全国有目共睹。尤其是足球，曾经取得过优异成绩，有着"双冠王"的美誉。为国家培养出了像宿茂臻、李小鹏等足球名将，毫无疑问，这得益于齐鲁大地上与生俱来的蹴鞠文化基因。国家也认识到了蹴鞠文化赋予齐鲁大地的足球天赋和文化氛围，多次将全国校园足球夏令营、全国青少年的足球竞赛活动安排在山东举办。淄博要抓住这些机会，尽快挖掘蹴鞠运动对于现代足球发展的启蒙教育，结合现代青少年足球训练在校园开展创意蹴鞠活动，把发展蹴鞠文化的根深扎在校园。

第三，展演产业开发模式。蹴鞠区别于现代足球的是她对传统文化的传承与展示。其中包括鞠的发展、活动方式的演变、场地设施的演变、服装文化的演变等等。利用大型活动的开幕式、一年一度的春节联欢晚会、外交使团出国访问等大型节庆活动中，展演和宣传不同历史时期蹴鞠文化的变迁，例如，创意表演春秋战国、秦汉、唐宋等不同时期的蹴鞠活动方式，以展示不同历史时期足球文化的演绎与变迁，让人们在历史文化中"穿越"。相信这种文化的"穿越"欣赏与体验会吸引越来越多的足球和齐鲁文化的爱好者加入研究的团队。

当前，随着国内外展演市场的逐步开发，各级别的蹴鞠文化展演培训机构、教育机构等也必将进行快速的市场扩容和产业升级，一条新兴的、充满活力的蹴鞠文化产业链也将随之蓬勃展开。

二　创意蹴鞠文化与区域旅游产业的发展

1. 创意蹴鞠文化拉动淄博旅游产业快速发展

旅游产业以其"带动性高、关联度强、覆盖面广"等优势，在助推区域经济发展、革新经济转型方面中发挥着巨大作用。和其他城市旅游经济发展状况一样，在经历了资源型和投资依赖性为主导的初级发展阶段后，日益暴露出诸如"文化挖掘不够，产品结构单一，创新不足、观念滞后"等不足之处，淄博市的旅游产业亟待实现由以前的粗放型向集约创新型升级与转型。当前，旅游产业的发展已经进入软实力竞争阶段，文化创意产业发展模式对升级旅游产业将会产生较大影响。也必将使传统文化的挖掘与淄博旅游经济的发展紧密结合，在重塑淄博城市形象、升级区域旅游产品和旅游功能开发，以及提升其竞争力等方面发挥重要作用。因此，以文化创意驱动为主导新的旅游经济发展已经来临。

2. 创意蹴鞠文化拉动淄博旅游发展的可行性

国内外成功实践经验表明，文化创意是实现区域旅游产业从低端到高端、从数量到质量、由过度依赖资源消耗到依靠产业文化创新转变的重要选择和必由之路。主要体现在以下几个方面。

创意蹴鞠文化的融合力，有利于旅游产业的可持续发展。资源有限，创意无限，可达到点石成金之目的。蹴鞠文化的创意发展，必将一次次打破蹴鞠文化产业、旅游业与其他产业之间的固有壁垒和界限，实现对不同产业、不同部门和不同领域的整合。各种与蹴鞠相关的资源均可以通过文化的创意，将其转化成为新型的旅游产品以及支撑旅游业经营的新资本。不同产业的人才、品牌和市场信息等优势，重新融合、渗透在旅游产业中，有效拉长产业链，形成联动合作共赢的局面。必将成为拉动区域旅游产业长期持续发展不衰的新动力。

挖掘蹴鞠文化内涵，拓展旅游产品外延。创意蹴鞠文化可以突破以往对蹴鞠文化资源和文化遗存就地经营、松散管理的常规思维，把多元的创意融入悠久的蹴鞠文化资源中，把堪称"陈旧"的蹴鞠文化放在当下"足球"文化的语境中进行阐释和再创新，通过对传承形式、再研内容、营销业态等方面的创意、创新，拓展传统蹴鞠文化的利用方式和开发渠道，实现蹴鞠文化资源价值的最大化。

创意蹴鞠文化的高增值力，必将促进旅游元素的多元化发展。旅游产业的食、住、行、游、购、娱等六要素，可以通过蹴鞠文化的创意进行再创新和再升级。旅游的目的地、旅游资源、活动、项目规划、营销、服务、旅游商品等每个环节，都可以通过创意蹴鞠文化产生的观念价值增值，再一次创造出新的经济效益 [3]。

3. 蹴鞠文化之于淄博旅游产业发展的符号作用

以蹴鞠为代表的体育文化资源，经过春秋战国时期的发展，汉唐的繁荣，到宋代达到了兴盛的极点，明清逐渐消失在历史的长河中。如今，蹴鞠文化再一次在淄博的大地上兴起，她代表的是一种地域文化认同，她代表的是文化力的勃兴，成为淄博文化对外交往的名片和窗口，有着淄博文化符号的美誉。2004 年 5 月，国际足联主席布拉特宣布，足球运动起源于中国淄博，2006 年 6 月，蹴鞠入选首批国家级非物质文化遗产名录（299 Ⅵ－17）。现在，作为世界足球文化的展示窗口，中国蹴鞠在德国汉堡足球博物馆长期向观众展示。今天，淄博人打出的"淄博的蹴鞠，世界的足球"口号，既是临淄人对自身文化影响力的自信和对世界文化巨大贡献的自豪，又是欢迎世人关注淄博发展，到淄博旅游、做客递出的一张靓丽名片。

三 创意蹴鞠文化发展应注意的几个问题

1. 合理开发蹴鞠运动的对抗性与竞争性

现代足球之所以发展为世界第一大运动，在于她展现的人类力与美的完美结合、争胜示强人性淋漓尽致的发挥、社会公平与道德水准的展现。创意蹴鞠文化应在复古"人文"蹴鞠的同时，扬弃发展、合理挖掘人的自然性，体现出蹴鞠游戏的对抗性和竞争性。以启迪人智，适应当代社会人的发展。

2. 树立开放和包容意识

临淄的蹴鞠文化与其他城市的文化旅游资源相比较，具有独特的唯一性。在目前的开发过程中，投资主体也应该是开放的，吸引国内外投资主体力量应该是多元的，进而使产权制度上保证投资主体的营利性和独立性。另外，从经济学的角度分析，市场与组织管理形式也应要大幅度地开放，以促进蹴鞠文化无形资产与有形资产的创意开发，以便使其开发的产业格局、管理模式与营销方法与市场接轨。

3. 树立品牌意识

创意蹴鞠文化，首先要在审美、实用等方面有所加强。例如，蹴鞠的制作、蹴鞠游戏的动作设计等。要精心、科学地设计市场开发主题与形象，树立牢固的品牌市场意识。通过与社会的充分互动、品牌战略的实施，增加其吸引力与文化附加值，养成文化品牌就是生产力的思维观念。进而切实推进蹴鞠文化旅游产业的可持续发展。

四　结语

鉴于蹴鞠文化在中国体育文化的特殊地位，在国际上的良好声誉和名片效应，对于宣传淄博，拉动淄博旅游经济快速发展意义重大。淄博经济的日益强盛就是蹴鞠文化发展的良好机遇，民众所需就是蹴鞠文化发展的最大价值。天下之事，虑之贵详，行之贵力。蹴鞠文化的发展是一个充满理性、富有激情的突破性抉择，这是历史赋予当代蹴鞠文化研究者和淄博人民的责任和使命。为此，我们要以时不我待的进取意识，勇于担当历史重担，认真思考发展方略，并付诸行动，大力发展蹴鞠文化，拉动旅游经济跨越式发展，为淄博城市建设做出应有的贡献。

注释

[1] 沈学政：《文化资源开发的商业模式探寻：以杭州茶文化为例》，《商业文化》2011 年第 7 期，第 223、224 页。

[2] 中共淄博市委经济和信息化工作委员会网站。http：//www.zbeic.gov.cn.

[3] 周红杰：《以蹴鞠文化创意实现旅游业升级转型的战略思考》，《中州学刊》2011 年第 5 期，第 139、140 页。

[4] 崔乐泉：《中国古人的休闲方式》《东方收藏》2012 年第 7 期，第 18 ～ 20 页。

[5] 马国庆等：《蹴鞠：世界足球之源》，《东方收藏》2012 年第 7 期，第 38 ～ 40 页。

[6] 池丽华等：《市场营销学》，立信会计出版社，2011 年。

齐长城世界文化遗产旅游发展总体规划要义

牛国栋[*]

一　旅游总体规划范围

齐长城世界文化遗产旅游发展总体规划的范围是以旅游的现实可能性为前提，在齐长城整体保护的框架下，以齐长城本体周边相关的旅游空间为主体，重点包括齐长城沿线的主要文化遗产地及沿线相关的旅游景区、旅游特色村及特色镇街。

齐长城起点在今济南市长清区孝里镇广里村东北 500 米处的"岭子头"，位于北纬 36°21.6′，东经 116°34.5′；其终点在今青岛市黄岛区东于家河村东北入海，位于北纬 35°，东经 120°11′。齐长城蜿蜒起伏于 1518 座山峰之上，途经济南、泰安、莱芜、淄博、潍坊、临沂、日照、青岛 8 市，贯穿长清、肥城、泰山区、岱岳区、历城、章丘、莱城、博山、淄川、沂源、临朐、沂水、安丘、莒县、五莲、诸城、黄岛等 17 个县市区，总长度为 641.32 千米（641322.40 米）。

二　齐长城文化与旅游价值评价

1. 齐长城是世界现存最古老的长城

齐长城是我国现存年代最早的长城文化遗存，先于秦长城数百年，被称为"中国长城之父"。关于齐长城修筑的具体年代，史家说法不一。20 世纪 30 年代初，洛阳城东金村太仓古墓出土大宗战国时期的青铜器，其中有一组 14 件编钟被称为"骉羌钟"，每件钟上都刻有一段内容相同、长达 61 字的铭文，记录了一场韩国将领骉羌统率征伐齐国的战争，其中就提到"入长城，先会于平阴"，即指起于平阴东至黄海的齐国长城。而根据铭文记载，学者们一致认为这场战争发生是在周威烈王二十二年（公元前 404 年）。这表明，早在齐威王、齐宣王之前的姜齐时期，齐国就已经有长城了。清华大学公布的对战国简牍文字解读成果中有三次提到了齐长城，其中有"晋敬公立十又一年（公元前 441 年）……遂以伐齐，齐人焉始为长城于济，自南山属之北海"的记述。一些专家据此认为，"齐人焉始为长城于济"应是齐长城最早修建的时间描述，而"自南山属之北海"可解释为齐长城起于今济南平阴、长清一带，沿当时济水修建至渤海岸。这些都足以证明齐长城是华夏大地上修建最早的古长城。从史料推算，齐长城应是分段修筑，其西段大致从春秋后期开始修筑，东段于战国初期修筑，经历数百余载完成。

齐长城是特定时期诸侯国之间进行角力的产物，是世界最古老的长城，也是中国长城的重

---

* 牛国栋：山东省旅游规划设计研究院。

要组成部分。1987年，中国长城被世界遗产委员会第一个列为世界文化遗产，2001年，齐长城被国务院公布为第五批国家重点文物保护单位，因而享有"世界文化遗产"和"国家重点文物保护单位"的双重桂冠。齐长城历经两千五百余载，巍然屹立于齐鲁大地，是见证齐鲁历史沧桑变化的不朽丰碑。

2. 齐长城是齐鲁大地最宏大的人工防御工事和历史巨构

齐长城绵延千里，运用城池建筑手段，巧妙地将池、关门、城堡、烽火台、墙等建筑与山水地形结合在一起，构筑了伟大的军事建筑工程。如现存的锦阳关小东门、锦阳关烟火台、青石关等分别是遗存较好的关门、烽火台、城堡的代表。齐长城在构筑理念和建筑技术上最早采用"因地制宜，就地取材，因险设塞"的方法，采用多种墙式，以及夯筑法、干垒法、用泥法、石碹法、雉堞、阶梯状随山升降、排水墙孔、巧用分水线等技术，是中国古代建筑不可多得的标本。后来的秦长城、汉长城、明清长城等的修建理念和技术都深受齐长城的影响，在中国古代军事战争中发挥者重要的防御和威慑作用。

据统计，齐长城遗址现存有60%以上，其中关隘14处，便门9处，城堡和兵营50余处，烽燧有13处之多，有三分之一的城墙保存较好。有些地方经过后代翻修，依然显现出了齐长城的巍峨气势，如锦阳关西的长城岭墙在清代被翻修，高6、宽2米左右，雉堞整齐。

3. 齐长城是典型的线性文化遗产廊道

齐长城是典型的线性遗产，文化资源富集，空间纵深大，生态与文化空间珠联璧合，相映生辉，是中国东部最适宜自助徒步游的优质文化遗产廊道。齐长城横跨山东8市及所属17个县市区，串联了泉文化黄河（济水）文化、泰山文化、滨海文化、齐文化、鲁文化、莒文化，是齐鲁文化相互交织的精华所在。其中有济南及青岛两座国家级历史文化名城，泰安、淄博、潍坊、莒县四座山东省历史文化名城，以及国家5A级旅游景区——泰山旅游景区和沂蒙山旅游景区等两处。

齐长城以其资源独特性，构成了"点—轴—带"的空间结构，成为山东第四条高密度线性资源带，是齐鲁大地上与大运河山东段齐名的世界文化遗产廊道。依托齐长城的独特资源，适宜打造自助游、徒步游及遗产游产品，以多种形式充分展现世界文化遗产的魅力。

齐长城沿线民风淳朴，民间文艺活动发达，农林土特产品丰富。各地还流传着许多与齐长城有关的民间传说、历史故事、名人诗词、书画碑刻等文学艺术作品，如孟姜女传说、杨廷将军的传说、常将军的故事以及苏轼、蒲松龄等盛赞齐长城的诗歌等。沿线各地不同的自然风光、风土人情、历史遗迹以及传说故事与齐长城交相辉映，形成一道亮丽的风景线。

4. 齐长城沿线是自然地质和乡村风貌带

齐长城横跨千山百水，连接两大地质构造区，是难得的地质宝库，既有超高的科研价值，又是游人亲近自然、享受遗产的绝佳所在。齐长城主岭位于泰沂山区的分水岭之上，横跨1518座山头，与齐鲁大地地质地貌相呼应。齐长城沿线分布有不同时期的岩群，有25亿年前的泰山岩群、沂水岩群，20亿年前左右的元古代胶南群、五莲群，5亿年前左右的寒武系、奥陶系沉积岩层、以及新生代时期的玄武岩等。齐长城将山东地质地貌的精粹连为一体，是地质科学研究的素材，具有较高的科学价值。

古村镇遍布齐长城沿线，齐长城脚下的古村落似一幅恬淡的画卷，讲述着游人孜孜追求的乡愁和情愫，是山东乡村旅游提质增效的新基点。大量风貌保持完好的古村落，大多地处幽僻的山谷，植被覆盖率高，山清水秀，林茂草美，是感受乡愁，回归心灵的绝佳去处，是未来山东乡村旅游产业发展的新空间、新高度。

三　旅游发展目标定位

以"世界最古老的长城"为主题形象，确立齐长城旅游发展目标和定位。

第一，发挥世界文化遗产重要的历史文化价值和影响力，系统挖掘齐鲁文化精髓，以齐长城文化为核心内涵，依托齐长城沿线良好的原生态，保护齐长城遗产本体，保育沿线地域文化，以沿途重要关隘为文化节点，纵向展示，横向联动，构筑横贯先秦齐、鲁、莒三大文化体系，串联黄河、泰山、黄海三大地理单元的齐长城历史文化轴线，打造"齐鲁文化之脊"，发展成为世界闻名的遗产文化旅游体验带。

第二，依托齐长城两侧的文化旅游资源，面向国内文化观光休闲、国际文化观光体验和专项科考市场，重点拓展高铁文化休闲市场，以齐长城文化观光与体验为基础产品，以"齐长城小道"为纽带，以齐长城客栈、齐长城营地为重要节点，串珠成带，以带为轴，两侧辐射，打造以"齐鲁之脊文化观光""齐风鲁韵文化体验""长城之祖寻访探秘""千山百水休闲度假""长城人家乡村休闲"和"长城故地民俗游乐"六大产品品牌，打造西起济南，东达青岛，一体化协调发展的齐长城文化旅游带，串联起黄河入海、鲁风运河、泉城济南、平安泰山、齐国故都、亲情沂蒙、鸢都龙城、仙境海岸等文化目的地品牌，成为山东十大文化旅游目的地品牌的优先落地项目，打造具有国家竞争力的世界级旅游目的地。

第三，以文旅产业为龙头，西接山东西部隆起带，中融省会城市群经济圈，东联山东半岛蓝色经济区，建设带动山东中部崛起的文化旅游产业核心轴，促进沿线区域的社会主义经济建设、政治建设、文化建设、社会建设、生态文明建设的高度统一，实现经济社会全面协调可持续发展。

四　旅游发展思路

第一，保护优先，提升世界最古老长城的品牌价值，保用结合，文旅联动，打造遗产带、景观带、旅游带、经济带，造福沿线人民。

第二，以国际化的标准，世界的视野和民族文化发展的战略高度，将齐长城打造成为世界文化遗产旅游的精品品牌，齐鲁古典文化游的顶级品牌，形成具有中国文化深度体验的强势品牌，塑造具有多层次、跨区域市场基础的休闲品牌，将齐长城之旅打造成与东方圣地、鲁风运河、平安泰山等齐名的齐鲁文化精品旅游品牌。

第三，突出齐长城文化的历史原真性，与齐文化的活泼、鲁文化的厚重和莒文化的信义特色相结合，建设齐长城旅游品牌，全力提升"齐鲁之脊"的产品形象。

第四，创新产品，拓展旅游新业态，串城联村，充分注入齐鲁民俗和沿线区域的地方文化意境和内容，融合新兴的旅游元素和业态，把齐长城观光、齐长城休闲和齐长城乡村游等做成品牌，构建"齐鲁之脊文化观光""齐风鲁韵文化体验""长城之祖寻访探秘""千山百水休闲度假""齐长城人家乡村休闲"和"长城故地民俗游乐"六大产品体系，积极发展旅游新兴业态，创新储备新兴产品，重点创新主题度假、文化休闲和演艺游乐三大新产品体系，建设迎合高端市场，具有国际品位的特色产品群。

第五，依托长城主轴，纵深展开，点轴开发，北齐南鲁，强化空间联动，突出核心项目，依托沿线知名景区，打造项目集群，融入省会城市群经济圈，联动西部隆起带和半岛蓝色经济区，优化区域旅游合作关系，建设全新的齐长城旅游发展格局。

第六，品牌传播与产品推广相结合，坚持以齐长城文化为统领与核心塑造大旅游品牌，以统一的品牌拓展市场，以系列化主题化的产品吸引客源，以文化传播推动品牌传播，以世界遗产形象塑造齐长城的品牌形象，以"世界最古老的长城"作为市场形象，各产品区联手促销，实施整体品牌营销，各特色产品捆绑销售。

第七，依托济青、青烟威两大高铁和青兰、济青两大高速，建立起以济南、青岛为核心，以节点城市为中心、以高速公路为骨架、以国道和省道为主体的安全舒适的快速旅游公路交通网络。外部依托京沪高铁、京台高速两大交通通道，借助济南遥墙和青岛流亭两大国际机场及沿线城市支线机场，形成通达全国的陆上快速交通体系。国际市场则可依托京沪两大空港和济南、青岛两大国际机场，结合高铁、高速打造连接世界的通道。

第八，以共享、共保、共用、共赢为原则，突破体制障碍，建立齐长城旅游大数据平台，建立以政府为主导、以市场为纽带、以企业为基础的齐长城绿色无障碍协作机制。

五　旅游产业发展布局

整体构筑齐长城"一带十大节点十二大龙头项目"的空间格局。一带：即齐长城文化旅游带。以横亘山东中部的齐长城及其沿线的文化遗存为主体空间，构建一条齐长城文化遗产带，以这条文化遗产带为主体和依托，将齐长城打造成为齐长城遗产带、文化带、旅游带和经济带"四带合一"的齐鲁文化遗产旅游廊道。同时打造以济南长清大峰山，泰安肥城翦云山、岱岳区云顶山，莱芜雪野湖旅游度假区锦阳关，莱城区青石关，淄博淄川区梦泉、涌泉，临沂沂水穆陵关，潍坊安丘城顶山，青岛黄岛西峰关、老龙头等为十大齐长城节点以及大峰山齐长城主题文化休闲区等十二大齐长城重点项目。

1. 旅游产品规划

（1）文化主题产品

齐长城所承载的军事文化、历史文化、民俗风情、生态文化都能够被开发包装成为特色的文化主题旅游产品。可开发的主题文化游有：历史文化怀古游、文学艺术寻踪游、军事工程科考游、历史文化体验游、农业文化休闲游、名人文化游、宗教文化游等。

（2）自然生态游产品

构建以"绿色、生态、回归自然"为主题的生态游产品体系。可开发的产品类型有：山岳生态游、田园乡村生态游、绿色林地生态游、生态康体养生游等，重点开发长城绿道系统和山岳生态休闲游项目。

（3）长城特色休闲游产品

根据各地实际积极开发多元化的休闲度假产品，以提升长城旅游在当地旅游业中的比重。可开发的产品有：山岳特色休闲、沿线城镇休闲度假、乡村休闲等。

（4）沿线都市风貌游产品

依托沿线城市良好的经济基础、完善的城市功能以及良好区位条件，整合旅游资源，打造包含观光、文化体验、商务休闲、会议接待、体育旅游以及购物娱乐的产品集群。

（5）民俗风情游产品

加强非物质文化资源的旅游开发力度，以文化为内核，充实项目，使长城文化重现生机，真正成为"活的遗产"。可开展民俗风情体验游、特色美食购物、歌谣游、婚庆体验等民俗旅游产品。

（6）遗址遗迹寻踪产品

借助长城沿线众多的遗址遗迹资源，开发如古长城探秘、"寻找历史的记忆"之旅、军事工程遗迹游、探险旅游、野营产品等新型旅游产品和特种旅游产品，以增强对专项市场的吸引力。

（7）长城节庆产品游

开展丰富多样的节庆活动，以此展示当地文化，吸引游客，增加旅游产品的娱乐性。

2. 旅游市场分析

（1）总体市场定位

立足齐长城沿线市场，巩固和发展省内市场、京津地区和长三角地区，积极拓展中原地区、东北地区和珠三角地区市场，逐步辐射全国；努力开拓以港澳台、日韩、东南亚为中心的海外旅游市场，稳中求胜，争取有所突破。

（2）主体客源市场

入境客源主体市场

港澳台、日韩及东南亚地区。这些国家和地区相距中国较近，来中国旅游比较方便，尤其是韩国、日本与山东仅一海只隔，海运和航空运输都非常方便，是入境旅游最重要的客源市场。以徒步游为代表的齐长城旅游产品将会对日韩市场产生重大吸引力。

国内客源主体市场

包括区域内部市场（齐长城沿线市场）、京津地区、长三角地区。由于距离较近，交通相对便利，未来的发展将以长城遗迹观光游、长城文化体验游、休闲度假游、徒步游为代表的专项旅游等细分市场为主。

（3）客源市场细分

a. 按旅游目的细分

观光旅游市场、文化旅游市场、休闲度假市场、专项旅游市场。

b. 按人群特性细分

银发市场、中年市场、青年市场、学生市场。

c. 按出游方式细分

家庭或结伴旅游、旅行社组织旅游、单位组织旅游、自驾车旅游。

d. 按市场层次细分

大众消费市场、中等消费市场、高端消费市场。

六　旅游公共服务体系规划

1. 构建高效畅通的综合性旅游交通网络

（1）构筑通达的区域交通空间体系

a. 加强济南、青岛空港的升级与完善，密切与京沪空港的旅游交通联系，对接远程市场。

b. 依托京沪铁路、京沪高铁、胶济客专、城际轨道交通网，吸引中远程市场。

c. 以高速、国道为基础构建快速旅游公路交通网络。齐长城横跨山东东西，公路路网发达，东西有青银高速 G20（济青高速）。

d. 构建一站式直达旅游交通干线系统。

e. 打造徒步游为主的齐长城故道。

（2）建立完备的旅游交通设施

a. 建设国际水准的旅游集散系统。

b. 构建自驾车旅游交通服务设施。

c. 建立完善的交通标识体系。

d. 提升交通工具档次，完善交通结构，配备舒适、安全、漂亮、快捷的专线旅游车。

（3）完善区域旅游交通协作管理与服务

2. 完备的游览服务设施规划

（1）以齐长城故道为主体的徒步游览设施打造

（2）以齐长城驿站为主体的旅游综合服务中心体系建设

（3）以齐长城兵营为主体旅游驿站、餐饮系统建设

（4）以"乐游齐长城"为品牌的标准化服务体系建设

（5）齐长城旅游大数据平台建设

（6）"印象齐鲁，长城记忆"为主题的购物品牌培育

3. 做好齐长城区域旅游合作

（1）设立区域旅游合作开发结构——齐长城旅游协作组织（齐长城保护与旅游开发委员会）

（2）操作层面构建三个联盟

a. 区域保护合作，构建齐长城文化保护联盟。

b. 区域产品合作，建立齐长城旅游产品联盟构建以沿线 8 个城市和 17 个县市区为主体的"8+17"区域旅游合作机制。

c. 区域营销合作，组建齐长城旅游营销联盟。

齐文化遗产的数字化保护与开发

赵　东*

一　数字化是文化遗产保护与资源开发的必然趋势

目前，"比特"正在迅速取代原子成为人类生活中的基本交换物，人们已经在进行着"数字化生存"，工作和生活已经几乎离不开数字化信息，方方面面都有数字化的影子。以"文化内容"为主题的数字化革命正在全球范围内展开，世界各国纷纷大规模将文化遗产资源转换成数字化形态，实现人类历史上又一次空前的"媒介转移"。文化遗产资源数字化技术昭示了人类文化发展的一个新方向。

早在 1992 年，为了便于永久性保存和最大限度为公众公平享有历史文化资源，联合国教科文组织（UNESCO）开始启动"世界记忆"（Memory of the World）项目。美国斯坦福大学、亚利桑那州立大学等高校纷纷对世界历史文化遗产资源进行数字化保护与开发科研攻关，取得了一系列成就。1999 年，在芬兰的倡议下，欧盟开始启动了一项多国框架性合作项目"内容创作启动计划"，将历史文化遗产资源数字化确定为基础性内容。20 世纪末，日本运用三维扫描仪生成了镰仓时期的大佛数字化模型，虚拟重建了大佛主殿。在国际会议方面，多媒体、虚拟技术或图形学方面的国际会议——虚拟系统与多媒体会议（Virtual System and Multimedia，VSMM）专门开设了"文化遗产"专题，主要关注多媒体与虚拟现实技术在文物数字化保护中的应用，至今已经进行了 17 次关于文物方面的会议主题。

在国内，浙江大学网络与媒体实验室从 1997 年就开始从事数字文物保护的相关工作。其中，国家 863 国际合作项目"古代壁画辅助临摹与保护研究"，通过敦煌莫高窟壁画的实际保护与临摹复制，形成了规范化的基于数字化技术进行壁画保护研究与临摹的辅助方法。2000 年，东南大学围绕南京明城墙申遗工作，启动了虚拟现实在历史文化资源保护和研究上的应用。2004 年，同济大学中国建筑史专家路秉杰教授运用数字扫描技术修复元代大佛，2005 年结合"激光三维扫描技术在历史建筑测绘中的运用"课题研究，修复了普陀山太子塔元代大佛、宜宾小李庄东岳庙等，取得了显著成效。2007 年，在纪念圆明园建园 300 周年国际学术研讨会上，虚拟圆明园进行了展示，提供了大量复原图像与部分圆明园的虚拟在线浏览系统，于 2008 年开通了全球首个虚拟圆明园主题网站。2010 年，由日本京都大学发起、西安交通大学承办的"世界历史文化遗产高精度数字化国际研讨会"在西安召开，多位专家学者就文物保护数字化及其分析和保护技术、文物数字化及其展示等方面进行了深入交流和讨论。2011 年 12 月 26 ～ 28 日，"亚洲世界文化遗产数字化中日双边国际研讨会暨技术交流会"在西安交大召开。这些，充分表明了国内外专家学者对文化遗产数字化保护与开发的接受与看好。

---

* 赵东：陕西省社会科学院、陕西文化产业发展研究中心。

二　数字化技术对齐文化遗产保护与开发的作用

"文化遗产数字化就是采用数字采集、数字存储、数字处理、数字展示、数字传播等数字化技术将文化遗产转换、再现、复原成可共享、可再生的数字形态，并以新的视角加以解读，以新的方式加以保存，以新的需求加以利用。"[1] 通过数字化技术对齐文化遗产资源进行保护与开发，作用和价值很大。

1. 可以弥补传统文化遗产保护方法的不足

齐文化遗产极大丰富，类型多样，大多具有独特的历史、艺术和科学价值，但是，传统的文化遗产保护方法很难完整、真实、生动地再现。应用数字化技术则可以充分有效地对齐文化遗产进行研究、保管、宣传、展示，可以弥补传统文化遗产保护方法的不足。

2. 可以有效解决齐文化遗产保护与资源开发的矛盾

当前，对于很多文化遗产，为了有效保护而阻滞了合理开发，为了开发经济指标而影响了保护效应，这种矛盾长期难以解决。齐文化遗产作为我国文化遗产的重要组成部分，也存在这一问题。尽管很多人都提出了对文化遗产保护与开发并重的原则，但是真正在实施过程中，却总是不能有效解决。对此，将数字化技术应用于齐文化遗产保护与开发，就可以真正做到在保护中开发，在开发中保护，有效解决遗产保护与资源开发之间的矛盾。

3. 可以解决齐文化遗产丰富而散乱、整合度较低等问题

齐文化遗产种类繁多，极大丰富，但是散乱缺乏整合，作为旅游资源，游客很难在短时间内深入领略其深刻魅力。利用数字化技术，游客可以先游览"数字齐都"等，然后再体验真实古城，或者一边"数字"游览，一边选择性真实体验代表性的齐文化遗址等。当前，齐文化遗产之间缺少相互整合利用资源，不能形成合力优势。利用数字化技术进行有效整合，使游客更具有游览线路的选择性、旅游过程的自主性和个性化。

4. 可以解决相关旅游业、服务业带动作用不明显的问题

由于交通状况大为改善以及其他方面因素，"过境游"现象成为影响和制约淄博以及周边地区旅游产业发展的瓶颈。例如游客在淄博的平均停留时间不足 1 天，极大影响和制约了齐文化遗产地旅游业、服务业的带动作用。数字化技术可以将齐文化遗产较为完整地展现在世人面前，同时结合自身的旅游项目，为从根本上解决"过景游"现象提供切实可行的解决方案，实现对周边地区旅游业、服务业的带动作用。

5. 可以丰富齐文化遗产衍生产品

目前齐文化遗产的利用开发主要是旅游开发，旅游产品比较单一，缺乏足够的体验性和参与性等，更不用说扩展至其他文化产业。随着省内外人们精神文化需求的不断变化，这些远远

不够，需要丰富齐文化旅游产品，需要丰富齐文化创意产品。利用数字化技术，研发齐文化动漫游戏等，使其产品开发不再单一化。

6. 可以有效宣传促销齐文化遗产

利用数字化技术宣传齐文化遗产资源，不失为一种便捷有效途径。数字化宣传齐文化遗产可以是电子大屏幕方式，也可以是互联网、3D方式，还可以是制作数字化齐文化遗产宣传短片。总之，充分利用数字化技术宣传促销齐文化遗产作用和价值很大。

三 齐文化遗产数字化保护与开发的举措建议

尽管文化遗产数字化在国内已经取得了一定成效，但是由于我国历史悠久，遗产丰富，数量极其众多，这项工作从总体上还处于起步阶段。对于齐文化遗产资源数字化保护与开发，本文提出以下具体举措建议。

1. 建立齐文化遗产资源数据库

数据库（DataBase，DB）是长期存储在计算机内的、有组织的、有共享的、统一管理的数据集合。对于齐文化遗产资源来说，不仅仅是建立一般文物数据库，更要建立整个大遗址数据库，涉及齐文化遗产资源的方方面面，如有关遗址数字化平面、立体示意图，景区规划图，遗产资源从业人员状况，等等。

2. 建立数字化技术为基础的齐文化网站

截至2011年，我国网民人数已突破5亿，上网已经成为人们了解外界的重要窗口。为了推动齐文化遗产的保护与开发，有必要建立专门的网站。确保建立在数字化技术基础上的齐文化网站的点击率和宣传效果，从而达到对其相应的保护与开发作用。

3. 利用数字化技术，实现齐文化遗产分布的 Google Map 全方位搜索

在计算机上，Google Map用户无须安装客户端软件，可以直接在网络浏览器上显示搜索目标。目前，大多是爱好者自行添加，对于遗产资源全方位展示还有很大局限性，有必要进行主动定制，主动添加齐文化遗产全方位的数字化资料，以加强其保护与产品开发。

4. 建设齐文化数字博物馆

利用数字化技术建立虚实结合的数字化博物馆，即可以将齐文化遗产和人文历史的见证物保护起来，又可以起到教育和科学研究的作用。在齐文化数字博物馆里，人们可以置身于虚拟环境中，目睹齐文化的发展变化，可以直观地了解各类齐文化的风采。

5. 开发数字齐文化遗产游

利用数字化技术对齐文化遗产的自然环境和人文历史资源进行模拟，并同实际景观相结合，

通过网络向世界传送，使全世界人民都可以在异地游览欣赏齐文化，去追忆古齐国的风貌，领略齐人齐地的迷人风采。数字齐文化游可以提高游客的自主选择性，可以同时从空中、外景、陵内详细欣赏整个景观，也可以进行时空穿越，满足消费者个性化需求，从而提高齐文化旅游产品的质量。

6. 研发齐文化数字动漫游戏

还可以利用齐文化遗产进行数字动漫游戏开发。通过动漫游戏创意开发，本身增强了齐文化遗产的文化产品开发，还可以进一步吸引人们，尤其是青少年们关注齐文化遗产，使他们加入到游客行列，亲身体验齐文化的神韵。

注释

[1] 王耀希：《民族文化遗产数字化》，人民出版社，2009年，第18页。

基于创意园区理论框架下齐地蹴鞠文化战略发展研究

张凌云*

一 齐地蹴鞠的兴起与消亡

蹴鞠又名"蹋鞠""蹴球""蹴圆""筑球""踢圆"等,"蹴"即用脚踢,"鞠"系皮制的球,"蹴鞠"就是用脚踢球,作为我国历史久远的体育运动,形式主要为直接对抗、间接对抗以及白打三种形式。

春秋战国时期的临淄,无论是从规模还是影响力来讲,都备受关注。经济发展迅速,百姓生活较为富足,临淄城的社会安定、经济繁华景象毫无疑问把齐国推向春秋五霸之首,在战国七雄之中成为翘楚,同时也被誉为再现先秦游戏的诞生地,而蹴鞠就是当时最为原始、影响力重大的体育游戏——足球。

在中华民族历史长河中,文化沉淀极为深厚以及绚烂多彩,文化形式表现多元,被誉为世界最早的足球运动——蹴鞠为古代时期的一个典型代表。

《汉书·枚乘传》云:"鞠,以韦(皮)为之。"唐代的颜师古在《汉书注》中说,鞠用皮做成,中间塞以毛发,成为圆球,用脚蹴蹋以为戏乐。《史记·卫将军骠骑列传》索隐:"今之鞠戏,以皮为之,中实以毛,蹴蹋为戏。"《辞源》释"鞠"曰:"皮毬也。踢毬,古谓之蹋鞠。亦曰蹙鞠。"由此可见,蹋鞠就是今之足球运动。作为齐国故都临淄城,足球运动受到各阶层人士的喜爱并广泛开展,成为当时民间不可或缺的体育运动。一直延续到汉代时期,临淄城的蹴鞠运动之风一直盛行。

考察蹴鞠的衰败,有外因也有内因。蹴鞠在古代除了在健身娱乐方面比较受欢迎,同时也属于军事训练项目之一,可见其影响程度之大。在宋代,政治生活及社会生活中出现重文轻武的现象,蹴鞠体验项目的社会地位被轻视;明清以来,随着戏曲、文学小说等兴起,社会娱乐项目逐渐增多,人们的娱乐选择也越来越多,由此人们对蹴鞠娱乐的兴趣也大大减小。就足球运动自身发展而言,直接对抗比赛逐渐转变成间接对抗比赛,不再存在练武、练身、练意志等特点,足球的社会功能大大降低;加上政府不支持蹴鞠项目发展的条件下,踢球者爱好人群及重视人群减少,蹴鞠也就成为登不了大雅之堂的运动项目,因此,在一系列不利因素的综合作用下,蹴鞠的开展规模及范围逐步变小,慢慢走向消亡。

临淄区在2004年的足球起源专家论证会上,近四十位国内体育文史专家、齐文化研究专家以古代文献及考古学资料为依据,从多角度对中国古代蹴鞠的起源、发展、衰落、振兴进行论证,并一致认为:蹴鞠(古代足球)源于春秋战国的齐国故都临淄。在第三届中国国际足球博

---

* 张凌云:山东财经大学文学与新闻传播学院。

览会新闻发布会上，亚洲足联秘书长宣布："国际足联和亚足联已经确认，世界足球的起源地为中国的淄博临淄。"随后，"足球起源地"的证书和纪念杯正式颁发给山东省淄博市临淄区。国际足联主席布拉特也在后来举行的亚洲杯开幕式上声称：临淄是一个与足球具有历史渊源的城市。

二　传统蹴鞠对于世界的影响力

古代蹴鞠与当前风靡全球的现代足球联系紧密，近乎消亡的蹴鞠运动在新的时代仿佛获得新生，除了更明确了足球起源及形成区域，且重新确立蹴鞠现代足球"鼻祖"地位。作为古代临淄城人们的娱乐及运动游戏，如今在全世界的地位已然无法撼动，临淄也由此被誉为足球故乡。中国的蹴鞠文化在世界文化交流中得到了认可及充分尊重，让世界通过传统蹴鞠文化来走进中国文化精髓，更是齐鲁大地以及中国人民的骄傲与自豪，彰显中华大地的文化自信力。

传统蹴鞠作为中国传统文化的一部分，已然成为中华民族传统文化的重要载体，在一定程度上起到民族文化的向心作用。蹴鞠源于齐鲁大地，又影响全国，如今又渐渐被全球各个国家所认同及接受。在国际文化的交流中，蹴鞠文化呈现着齐鲁文化的源远流长，同时也展现着中华传统文化的魅力。传统蹴鞠文化同我国其他传统文化趋同，饱含着我国广大人民共同的精神追求，流淌着中华民族共同的精神血液，成为中华民族共同的精神标识，使文化背景类似及相同的中华儿女无形之中产生归附感，产生向心的神奇力量，这也正是非物质文化遗产——传统蹴鞠的凝聚魅力。

沟通力是指人们通过彼此沟通从而产生创造的价值。作为中国古代体育活动，传统的蹴鞠活动具有参与性、群众性和广泛性主要特点，深具深厚的文化内涵；回到当前，借助现代足球体育运动项目，使中国与世界真正走向文化交流的轨道。在传统蹴鞠文化迈出国门的过程中，历史久远的足球渊源，同时展现绚烂的中华文化精髓；文化交流活动的举办，一方面展现着中华文化魅力，另一方面激发着其他国家公众对中华文化的文化认同，同时更大程度使他们走近中国的价值观与文化观，在很大程度上可以消除别的国家对中华大国崛起的敏感；此外在交流过程中，可促进我国人民对西方体育文化的认识进一步加深，去感受当今世界各国尤其是欧洲的足球文化历史及建设情况，这也正是中国传统蹴鞠文化沟通力之魅力。

在中华民族特定的社会及文化背景之下，传统蹴鞠文化具备民族性和地方区域性的特点。文化生产具有地方性及民族性，各国之间的文化差异只通过分配或重新分配在一定程度上根本实现不了文化公正，实现的方法只能是以不同文化系统或层面搭建，在平台基础上实现文化彼此交流、彼此理解从而达到共享的结果。如今我国的蹴鞠文化频频亮相于各大重要文化活动之中，以举办文化交流活动来提高传统蹴鞠文化在全球的知名度与持久度，在全球化潮流中争取更大话语权和文化影响力；我国的传统蹴鞠无论是内涵还是外延，已经远远超越传统意义上的体育范畴，如今的蹴鞠已然成为中国文化交流的重要使者。传统蹴鞠文化的影响及意义影响深远，不仅促进自身发展以及满足社会发展的需求，同时反映着时代精神的发展方式，彰显着传统蹴鞠文化的协调魅力。

三　研究方法

文献资料查考：大量查阅有关蹴鞠历史的专著，查看了有关品牌、城市品牌、节庆活动策划、营销以及传播理论的学术论文。通过历史文献、高校图书馆数据库资源、校图书馆馆藏图书等方式，获得与研究课题相关资料。搜集有关临淄足球博物馆从建馆至今，关于打造蹴鞠文化品牌所开展活动的资料以及举办"齐文化旅游节"相关的策划书等。

访谈法：根据研究目的任务，来到临淄进行实地考察，并采访临淄足球博物馆负责人员。通过采访，得出临淄在蹴鞠文化塑造与推广的策略，结合临淄现在打造蹴鞠文化品牌的现实情况，分析听取他们对如何谈蹴鞠文化打造城市品牌的见解，得到更为详细的资料，为本文的撰写提供了很大帮助。

四　齐文化中蹴鞠现状调查发现

1. 设立齐文化旅游节

第一届齐文化旅游节于 2004 年 9 月 16 日在淄博市临淄区开幕。至今为止已举办过十多届。每一届文化旅游节的主题都会有所不同，活动内容丰富又有独特魅力。以"蹴鞠"为文化串联点，突出临淄城的文化特色。使足球成为齐文化旅游节的一大亮点。国际足联、亚足联官员云集临淄，这也为临淄带来了国际性的传播效应，为临淄打造蹴鞠文化品牌打开了一扇世界的窗口。通过一系列有影响的活动和举措切实放大临淄作为世界足球起源地的影响，将蹴鞠文化、足球运动、足球产业开发和城市文化形象打造开创一个崭新的局面。

越来越多的城市热衷于举办"艺术节""电影节""美食节""旅游节"等名目繁多的节庆活动，这说明城市的文化资源越来越被重视。通过举办各种节庆活动，推动文化产业的发展，为城市文化品牌的塑造及推广提供重要的载体。节庆活动作为一种特殊的城市产品，不仅仅本身需要营销，更重要的是，它还可以成为城市营销的一个重要媒介。系列节庆活动通常可以提升举办地城市形象，社会凝聚力进一步增强，居民的认同感、归属感、自豪感和幸福感有效提高。临淄蹴鞠文化品牌的塑造与推广则是依附于临淄国际齐文化旅游节这个国际性的节庆活动，让更多的国内外人士更好地了解临淄浓厚的历史底蕴、了解临淄的蹴鞠、认识现代足球的起源地临淄，从而树立起临淄的城市品牌形象，提高临淄的城市知名度。

2. 临淄足球博物馆

淄博临淄于 2004 年 7 月 15 日被确认为世界足球起源地以后，市区党委、政府以大文化的思维方式透视"世界足球起源地"文化品牌的打造，从新的文化视角研究足球文化对社会生活、经济生活、政治生活产生的影响。通过新颖的文化经营方式为临淄区文化竞争增强实力，引导临淄的足球产业走向健康发展的道路，最终实现现代足球事业的破题。

为进一步将临淄建设为对外影响力深远的足球起源地，需努力营造浓厚的足球文化氛围，根据各方面的建议，在各级领导和部门的联合支持下，临淄区足球开发办工作小组经过两个月的艰苦努力，在 2005 年成功建设了专业足球博物馆——全球首家全面展示中国足球千年演进历史和世界足球发展风貌的足球展示区。该馆坐落于齐国故都临淄中心城区。该馆开放以来，吸引的中外游客近 10 万人次，同时吸引近百家中外新闻媒体频频来到此地探索足球历史文化，感受古代蹴鞠文化，领略现代足球前世魅力。成为全球年感受蹴鞠和足球文化的最理想的场所和体验游览处，为中国和世界的足球运动史的研究、足球运动的发展和蹴鞠与足球文化的弘扬作出突出的贡献。

"博物馆"的功能地位决定了临淄区应拥有高标准的博物馆。"博物馆"是征集、典藏、陈列和研究代表自然和人类文化遗产实物的社会公共机构。一座博物馆就是一部物化的发展史，包括区域发展的"昨天"和"今天"，博物馆以其所特有的典藏、研究、展示与教育功能，已成为城市建设的重要组成部分，承载着区域文化，代表着城市形象。临淄区作为经济强区、文物大区，作为"齐国故都""国家历史文化名城""世界足球起源地"，对临淄区来讲，博物馆不仅是重要的展陈载体，也是经济、社会、文化发展的重要表现形式。其档次和标准的高低必须与临淄区的经济和文化地位相符合，而当前临淄区的博物馆已与之远远不相称，而且已经落后于周边一些县市区（曲阜、青州、莒县、广饶等），迫切需要高标准规划迁建，从而进一步放大品牌优势，提升城市形象，推动文化旅游事业又好又快发展，并使之成为集中展示齐文化的重要载体和场所，成为临淄的地标性建筑。

临淄作为世界足球起源地，在全国乃至世界都具有举足轻重的地位，受到国家省市和社会各界广为关注。专业足球博物馆的馆长声称：为放大"世界足球起源地"的品牌效应，理应迁建并单独建设足球博物馆，确保将其打造成为全面展示蹴鞠文化和世界足球发展风貌的专题性博物馆。同时需要将蹴鞠申报世界非物质文化遗产，为世界文化注入新的血液。根据要求，该馆也需迁出重建。特别是国际足联、亚足联也非常关心支持足球博物馆的建设，国际足联主席布拉特已特意为足球博物馆题写了馆名，单独建设的足球博物馆必将成为展示临淄形象、促进区域发展的重要载体。

3. 齐地蹴鞠文化政策建设

政府在地方塑造推广文化品牌的过程中扮演着"主持人"的角色，是地方文化品牌塑造与推广的引领者，在打造区域文化品牌中政府起着决定性的作用。一般而言，地方政府的基本职责就是"建立地方发展的目标，把握地方发展的方向，通过各种实践来组织地方企业、单位和居民共同建设地方文化、达成地方目标。"发展地方文化品牌就成为地方政府的重要任务，要真正实现地方文化品牌的有效传播，必须要具有地方政府的规划与组织。

为进一步弘扬中华民族的蹴鞠文化，发展中国的足球事业，推动临淄经济社会及文化的共同发展，临淄区委、区政府开展了一系列富有成效的基础性建设工作。为实现足球文化、足球运动及足球产业的开发工作系统化管理，足球产业开发办公室在 2004 年成立。2005 年建成截止目前世界上发展历史及足球发展仿冒最为全面、最为系统的首家足球博物馆——临淄足球博物馆。为了进一步在国际上提升临淄足球起源地的地位，在 2005 年 5 月 20 日，得到国际足联的诚恳邀请，在参加国际足联百年庆典闭幕式上，淄博临淄足球起源地代表团受到了国际足联及五大洲足联负责人的热烈欢迎。同时淄博临淄被授予足球起源地认定证书。可见临淄得到了国际足球界的进一步认可。

临淄区在 2005 年研究决定将"蹴鞠"逐级申报为国家级非物质文化遗产，并于 7 月 18 日正式启动申报工作。临淄区文化局同时制定了申遗工作方案，并联合足球产业开发办公室成立"临淄区申报非物质文化遗产领导小组"。在 2006 年 2 月，临淄蹴鞠申报国家级非物质文化遗产成功。在首批国家非物质文化遗产 501 项推荐名单中，临淄蹴鞠赫然在列。

4. 对于青少年足球文化的培养与发展

如今，临淄依托足球起源地竞争优势，深入挖掘足球文化资源，将校园足球发展提到战略地位，增强足球运动项目活力，将足球打造为临淄的一张崭新"名片"。

一是弘扬足球文化。借助临淄区域独有文化，通过足球博物馆等文化场馆文化载体，组织学生进行了解学习；同时举办古代蹴鞠以及现代足球一系列专题讲座，举办足球文化征文活动，从而激发学生对蹴鞠传统、足球文化的认同和热爱。大力鼓励学校以校园足球为活动文化主题，构建学校物质文化体系、制度文化体系以及精神文化体系，充分发挥足球运动的育人功能，真正做到足球文化的传承，足球精神的大力弘扬，打造校园师生共同的价值追求。同时提炼出足球精神——"团结协作、顽强拼搏、永不放弃、拼抢到底"，引导临淄全区以及淄博市广大青少年通过参与足球运动磨练意志、心智进一步锤炼、精神得到鼓舞。

二是普及足球教育。开展"足球进课堂"活动，一方面实现在中小学校园足球教学的全面普及，每周达到 1～2 节足球课；另一方面将校园足球运动纳入大课间或课外活动，实施"体育艺术科技'2+1+1'项目"达标，把足球课打造为全区中小学生的必修课。组织专家、教师编写《临淄区中小学足球通用教材》，大体涵盖足球文化、比赛规则、基本功三部分，加强足球教学的实效性。对于教育体制及教学方式进一步实时改革，激发青少年对足球运动的兴趣，增强中国足球的前期教育。

三是完善设备师资。自 2014 年以来，临淄区一致建设中小学运动场地塑胶化工程上，截止年底学校操场塑化改造目前已完成 14 片，投资近 6600 多万元。在 2015 年改造剩余的 12 片场地，实现农村学校"土操场"的消失；完善校园的足球器材配备、足球活动开展经费保障；聘请足球专项教师——主要涵盖体院院校、足球俱乐部、退役球员等，同时增设足球教师招聘计划，保证足球专项教师的数量比例；构建较为完善的足球教师培养培训体系，实现教师的定期专业培训，提升足球教师队伍的专业化水平，并将体育教师开展足球训练情况计入教师的考核成绩，调动教师的积极性。

四是推广足球活动。成立足球社团展开校内足球专业训练，吸纳学生群体参与，并鼓励有踢足球潜力的学生参与校外足球训练、培训以及比赛，为向后期培养各级各类优秀足球人才做好前期人才储备。截至当前，临淄区共向省市及国家队输送专业足球人才 20 余人，其中五分之一入选国家少年集训队，入选山东省足球队集训队的人数占四分之一。采用区域联赛加总决赛的模式，开展青少年足球联赛，并鼓励学生全部参加。将足球场地设为免费对外开放，从而满足青少年的训练及锻炼需要。成立校园足球俱乐部，并赋予齐文化寓意之名，为足球迷提供了更系统的足球业发展舞台。

五是设立足球节日。举办临淄中小学生足球节，在举办足球联赛的前提下主持各片区的冠军逐一角逐，开展一系列评选活动；同时各学校组织开展蹴鞠文化工艺制作节、蹴鞠艺术节庆等活动，使足球文化深入校园。面向全国征集足球节奖杯设计方案，从全国各地的众多方案中论证筛选，将"齐国临淄，足球圣地"的足球节做到国际化、高端化、系统化。

五　进一步发展齐文化蹴鞠文化战略研究

1. 加强青少年足球文化的培养、形成特色足球文化氛围

将足球起源地建设和开发平台的建设作为首要任务和工作重点，推动临淄足球事业的发展和文化的开发作为重点领域来研究和突破，在临淄区营造发展足球产业的浓厚氛围，优化足球文化和产业发展的软环境和硬环境；通过举办高层次足球论坛以及国际蹴鞠，邀请国际著名足球界专家、学界知名学者为临淄足球文化、产业的发展出谋划策、汇聚各界智慧；组织力量研究、整理蹴鞠的基本知识、基本理论，深入挖掘中国蹴鞠文化。

系统制定蹴鞠的游戏规则和竞赛办法，在中小学开设蹴鞠课程，积极运作建立足球学校，发现和培养足球后备人才，不断提高临淄足球的竞技水平；积极开展文化交流活动，以蹴鞠为媒介，有计划、有针对性地开展对现代足球运动较为发达的国家和地区外文化交流。形成以足球为特色的文化氛围，进而取得足球文化带来的经济效益。

2. 借助国内外重大体育赛事，宣传蹴鞠文化

积极争取和国际足联、亚洲足联等国际组织的支持，建立以蹴鞠研究和文化传播为主要职能的研究会以加强这方面的工作。围绕新建的足球博物馆工程做好世界足球演进史的研究和足球文物的征集工作。旅游产品与足球文化并驾齐驱努力在蹴鞠和足球产业方面寻求较大突破，在搞好"蹴鞠和足球"系列旅游产品开发工作的同时，通过举办有影响的足球赛事，争取国际足球机构的支持，以此吸引更多的观众和赞助商，使足球产业成为拉动临淄经济增长的特色产业，推动临淄蹴鞠文化的产业化、国际化，使临淄的足球文化产业融入国际的大环境之中。

世界足球起源地是一个内涵和外延都非常丰富的大概念。其开发工作更是一项庞大而系统的工程，是临淄实现可持续发展的必然要求，世界足球起源地的确认为临淄足球事业的发展带来了契机，也为临淄的经济结构调整带来了机遇，发展足球产业就成为临淄区落实科学发展观的具体行动，需要进行综合规划，系统开发。

3. 依托创意产业园区打造齐地蹴鞠 + 文化旅游

被誉为淄博市重点打造"四大文化品牌"之一的蹴鞠文化，是临淄区本土化与国际化完美融合的城市文化品牌的最佳有力见证。开发与推广是打造蹴鞠文化品牌的重要环节，不仅满足当今城市建设的时代文化需求，也是临淄区地方社会文化全面发展的必然趋势。在这个角度来看，蹴鞠文化品牌的推广成为城市发展的必然。品牌的建立与提升主要体现在质量、服务、技术创新、顾客感知、品牌价值五个方面。

进一步对临淄蹴鞠文化层面进行挖掘，扩大足球起源地——临淄的论证与确认成果；以城市品牌的打造来扩大足球起源地的影响；通过开展一系列的古代足球表演和足球运动普及足球知识，

成立新时代的足球队伍,使人们形成足球文化品牌前世印象,认识古代足球——蹴鞠文化品牌内涵,并共筑文化品牌情感,提升蹴鞠文化品牌的历史价值、社会价值、现实意义、文化内涵。

为此,临淄区必须从本质上对临淄的城市形象进行塑造,对临淄的蹴鞠文化进行推广。在临淄打造蹴鞠文化品牌这项工程中,临淄区以"世界足球起源地"为基础,在政府的推动下,加大宣传力度,提高影响力。打造足球文化名城,促进文化产业的发展。对于品牌竞争优势、品牌支撑体系、品牌价值,都把品牌界定为3个层面:企业、市场以及消费者。三者之间存在着不可忽视的微妙关系,三者相互促进,相互独立又相互影响。从品牌的结构剖析,需要建立品牌支撑体系,主要涵盖以下几个方面:

(1)品牌表层:加强商标特色选择、独有包装、合理价格、多元化有效宣传等。

(2)品牌内层:提升足球系列产品及服务的质量、技术、服务等。

(3)品牌核心层:挖掘临淄蹴鞠的最初原生态形象、个性及文化符号等。

其中最重要的方式就是提升品牌的内层,也就是与足球产业相关的质量、技术和服务。

努力在蹴鞠和足球产业方面寻求较大突破,在搞好"蹴鞠和足球"系列旅游产品开发工作的同时,通过举办有影响的足球赛事,争取国际足球机构的支持,以此吸引更多的观众和赞助商,使足球产业成为拉动临淄经济增长的特色产业,推动临淄蹴鞠文化的产业国际化,使淄博临淄的足球文化和产业融入国际足球文化和产业发展的大环境之中。

六 结语

临淄区立足于"世界足球起源地"品牌实际,加强与国际足联、亚足联的联系交流,为了更好地保护蹴鞠文化,进而传播推广蹴鞠文化,临淄区申请国家首批非物质文化遗产名录与申报世界人口述和非物质遗产代表作。在推广蹴鞠文化时,建设足球博物馆、举办专家学术会议、推进蹴鞠文化产品与文化纪念片的生产,提升了临淄世界足球起源地的城市形象,宣扬了临淄蹴鞠文化的文化内涵。主张人民群众既是文化建设的客体,也是文化建设的主体,尊重他们的文化创造权力和能力体现了以人为本的思想,丰富大众化的节庆活动,举办各种蹴鞠表演和足球活动,吸引民众的广泛参与。同时,借国际齐文化旅游节东风来大力宣传蹴鞠文化,使这种文化得到更快更好的播扬。利用电影、纪录片、城市宣传片等宣传手段来加强临淄蹴鞠文化品牌的打造与推广,通过这一系列推广,努力实现蹴鞠文化的文化价值、历史价值、理论意义与现实意义。

临淄蹴鞠文化品牌的推广,还需要充分发挥主体的主观能动性,尤其是临淄区政府要扮演好临淄蹴鞠文化品牌建设"主人公"的角色,与临淄足球博物馆以及对于创意园区的规划理论一同联手将临淄区经济、社会组织有效的召集调动起来。要共同构建临淄文化品牌推广主题,实现文化增值效应。充分的整合现代媒体的有效利用,更好的实现以电视媒体、平面媒体、网络媒体为代表的大众媒介的推广作用。临淄蹴鞠文化品牌的推广需要正确的处理好本土化与国际化、多样性与统一性之间的关系。要善于挖掘具有现代个性与国际特色的传播方法,突出地方民俗特色,真正的打造出一个具有本民族特色、本地区风格的现代化创意新兴城市!

齐文化遗产的保护与发扬
——以稷下学宫为例

张鲁君[*]

一 齐文化的重要历史地位

齐文化是先秦时期形成的代表性成熟文化，是中华文化最核心的地域文化之一，它对当时的历史文化和秦以后的历史文化都产生了深远影响，其贡献实际上并不亚于以儒教为代表的鲁文化。但是由于儒教在古代的意识形态化，故而齐文化的光芒常被鲁文化遮蔽。

考古证据表明，早在西周之前，齐地已经产生水平较高的原始文化，不过其真正成熟，还是在西周分封齐国以后。据司马迁《史记·周本纪》记载，西周建国后实行封建制度，其中开国功臣姜尚（即姜子牙）被封于营丘，国名为齐。齐国最初只有方圆百里之地，如《史记·十二诸侯年表》云："齐、晋、秦、楚其在成周微甚，封或百里或五十里。"又如《孟子·告子下》云："太公之封于齐也，亦为方百里也。"但在后来不断开疆拓土，文化亦不断繁荣。春秋时期，齐国已发展成为大国，并最早成为维护周朝秩序的霸主。战国时，其疆域进一步扩展，发展成以临淄为中心，西至聊城、东至海、北近天津、南达江苏北部的广大地区，国家实力强盛，成为可与秦国抗衡的东方大国，为齐文化的兴盛提供了重要条件。

从文化源头上来看，齐国历史悠久，有宽松的文化传统和开明的政治风气。齐封国之初，实行宽松的政治政策，"因其俗，简其礼"，因此国人思想相对鲁国等较少受到传统礼制的禁锢，这种开放性为齐文化日后的繁荣提供了重要基础。同时，齐人又主张举贤尚功，正如《汉书·地理志》记载的那样：昔太公始封，周公问："何以治齐？"太公曰："举贤而上功。"这一指导思想突破了身份贵贱的限制，不拘一格选拔人才。齐国名相管仲继承了齐早期的传统，"不慕古，不留今，与时变，与俗化"，形成了齐文化求实、主变、富于革新的特点。

从经济基础上来看，齐国主要以农业立国，非常重视发展生产，人们比较务实逐利，因而工商业也比较繁荣。另外，齐国濒临海洋，渔业、盐业等也比较发达。一方面疆域广大，另一方面又重视农业、手工业、渔业和商业，农工商并举，所以齐国国力发展迅猛，经济实力雄厚，很快成为诸侯中的大国。譬如《史记·齐太公世家》中说到齐国，"吾适齐，自泰山属之琅邪，北被于海，膏壤二千里，其民阔达多匿知，其天性也。以太公之圣，建国本，桓公之盛，修善政，以为诸侯会盟，称伯，不亦宜乎？洋洋哉，固大国之风也！"《史记·货殖列传》中说："泰山之阳则鲁，其阴则齐。齐带山海，膏壤千里，宜桑麻，人民多文采布帛鱼盐。临菑亦海岱之间一都会也。其俗宽缓阔达，而足智，好议论，地重，难动摇，怯于众斗，勇于持刺，故多劫

---

* 张鲁君：山东大学历史文化学院。

人者，大国之风也。"

以上两个方面相互促进，形成良性发展，至春秋战国时形成棱角分明的齐国文化，兼容并包、多元发展，正如王志民先生在其主编的《齐文化概论》一书中指出的那样："齐文化深厚、博大。它的形成，一言以蔽之，是百川汇海的融合，是各种的文化多元复合体。"这种文化复合体虽然与注重礼仪的鲁国相邻，但特点却迥异，其兼容、开放、务实、重利、举贤、尚功等特点，不仅使齐国长期保持国力强盛、文化繁荣，同时也逐渐融入中华文化发展脉络中，为后者保持活力做出了重要贡献。从这个意义上来说，齐文化的历史贡献丝毫不亚于鲁文化。尤其如果以当今中国与先秦诸侯国相比，无疑更具有齐国特点，而非保守僵化的鲁国，此为明证。

二　稷下学宫的重要历史地位

《管子·霸言》有云，"争天下者必先争人。"这里所说的正是春秋战国诸侯混战的时代。为了生存发展，诸侯国都想方设法拉拢人才，养士就是在那个时代兴起的风气。作为东方最强大的国家，齐国创造性地设立了一个专门招徕名士的地方，供其讲学、辩论、议政等，由此长期引领了思想潮流。根据魏晋人徐干《中论·亡国》的说法，这个地方最早由齐桓公创立，内设大夫之号，招致才子贤人，当时很多著名思想家都曾来此游学，其名称为稷下学宫。稷下，又称棘下。齐国都城临淄城西门叫稷门，学宫设在附近，故称稷下学宫。

稷下学宫自齐桓公创立开始，延续了一百五十年左右，期间几经兴衰。在齐威王统治时期，稷下学宫的规模日益扩大，人数日益增多。至齐宣王统治时期，继续广纳贤才，并给予稷下先生很高的政治地位和优裕的物质条件，以及学术思想上充分的自由，使得稷下学宫的发展达到鼎盛。据《史记·田敬仲完世家》记载，当时著名知识分子像驺衍、淳于髡、田骈、接子、慎到、环渊等七十六人皆赐列第，聘为上大夫，不治而议论。最终齐稷下学士复盛，游学者多至"数百千人"。所谓"列第"并非夸张，据《史记·孟子荀卿列传》的记载，"自如淳于髡以下，皆命曰列大夫，为开第康庄之衢，高门大屋，尊宠之。"即使以今天的眼光来看，齐国给予这些著名学者的地位之高、待遇之厚也令人羡慕。当然，这种待遇只是针对七十六位首席专家而言，其余数百千人中绝大部分应当属于弟子身份，境况自当有别。

作为一个规模庞大、思想精博的文化学术交流中心，稷下学宫几乎囊括了当时所有重要的思想流派，很多代表人物都曾在这里游学辩论。文献明确提到的著名稷下游学思想家如孟子、驺衍、淳于髡、田骈、慎到、环渊、荀子等，另外李斯、韩非、公孙龙、屈原等也曾来游说或进行访问，这些人物涉及学派有儒家、道家、墨家、法家、名家、阴阳家、纵横家、兵家等等，可以说囊括了百家争鸣的主要学派。由上可以看出，稷下学宫在战国时成为名副其实的百家争鸣中心。

那么稷下学宫的主要活动是什么？知识分子只是在那里"不治而议论"吗？综合各种资料来看，稷下学术活动的目的主要有三个。

第一，议政资政。汉代《盐铁论·论儒》记载："齐宣王褒儒尊学，孟轲、淳于髡之徒，受上大夫之禄，不任职而论国事。"《风俗通义》也说："齐威、宣王之时，聚天下贤士于稷下，尊宠之，若邹衍、田骈、淳于髡之属甚众，号曰列大夫，皆世所称，咸作书刺世。"从这方面来说，稷下学宫充当着齐国智囊机构的角色。像《孟子·梁惠王》《说苑·君道》《战国策·齐策》等文献里有很多关于齐王向稷下知识分子进行咨询的具体例证。

第二，讲学著述。稷下学宫经常举行各种讲学和论辩活动。据学者介绍说，在稷下学宫内诸子平起平坐，畅所欲言，自由辩论，开启了自由讲学和民间学术团体活动的先河。另外上文提到的"咸作书刺世"，"作书"即著述，"刺"字则鲜明体现了写作也是自由，完全没有政治忌讳。在如此自由的环境下，知识分子们可以最大限度地发挥自身所长，哪怕"毁五帝，罪三王，訾五伯"也无所谓。

第三，教育储才。稷下学宫内聚拢数量如此多的士人，在辩论、交流、传播文化知识的同时，无疑也是培养人才的过程。不同学派之间碰撞，往往会激发火花，从而创造新的思想。春秋战国时期盛行养士之风，稷下学宫实际上是当时最大规模的养士机构。学宫提供的优越硬件、软件条件使知识分子们得以专心致志地著书立说、聚徒授学，为社会培育各式人才。

稷下学宫存在了约一个半世纪，直到秦国灭齐才被迫中断，成为百家争鸣的绝唱，此后中国再也没有出现过像稷下学宫那样有成绩的百家争鸣式思想孵化器。稷下学宫学术氛围之浓厚，思想之自由，成果之丰硕，在古代中国独一无二。毫无疑问，稷下学宫在一个半世纪的时间内为齐国及其他国家培养和输送了大量人才，不过它的影响和意义远远超越先秦。譬如一些稷下学者在秦统一中国后进入继续发挥学术影响；秦国的博士制度据说是沿用了稷下传统；在稷下学宫中得以充分酝酿辩论的黄老思想更是在汉初得以全面施行，为汉帝国步入盛事打下了重要基础；战国末期集诸子思想之大成的思想家荀子曾三度为学宫祭酒，韩非、李斯皆出其门下；邹衍的阴阳五行学说自秦开始，几乎风靡古代社会，在政治和思想领域起到难以估量的影响。因此，稷下学宫对于齐文化，以及整个中华文化而言都具有特别重要的意义。

最近一些年来，随着中国逐渐崛起，传统文化受到越来越多的重视，国学复兴正在加速。但是有一个问题，即讲到国学人们几乎不假思索地想到儒学，自然而然鲁文化受到的重视程度首屈一指，直接体现就是以孔子为中心的文化符号和遗物（如儒家典籍、各种遗址等）开发程度较高。但是我们要理直气壮地说，齐文化对于中华民族之发展做出的贡献丝毫不亚于鲁文化，某种程度上讲，齐文化所代表的兼容、开放、务实、尚功、海洋等特点才与当今中国文化及发展趋势相契合，稷下学宫的人才政策更对当今的人才培养有重要启示意义。所以我们要充分重视保护与发扬齐文化，汲取稷下学宫的精髓，为当今所用。

三　稷下学宫保护开发现状

目前齐文化有关遗址的规模相当庞大，其中最具代表性的是曾作为齐国都城 800 余年的古临淄城内遗址。根据已有研究介绍，在古临淄城郭内发现的主要文化遗址和遗迹有：①排水系统与排水管道口；②孔子闻韶处；③晏婴墓；④东周殉马坑；⑤稷下学宫。此外城外有关文化遗址主要包括后李文化遗址（中国古车博物馆）、田齐王陵、管仲墓、三士冢、公冶长墓、杞梁墓、王蠋墓、雪宫台、过梧台、遄台、天齐渊、太公衣冠冢和姜太公祠等。

上述遗址遗迹中，应该讲稷下学宫拥有巨大开发潜力。令人遗憾的是，稷下学宫遗址目前连保护工作都难尽人意，实质性的开发还没有出现，其主要原因之一是古建筑今已荡然无存。关于稷下学宫的地理位置古文献有提及。例如汉代刘向《别录》云："齐有稷门，齐之城西门也。

外有学堂,即齐宣王立学所也,故称为稷下之学。"(《太平寰宇记》卷十八)齐城原有门十三座,"现已探明十一座,城西门已发现两座,其中小城一座叫申门,大城一座曰雍门,它们的地理位置,都与史书记载相符。唯独名曰'稷门'的西门未知所在。大城西墙外的邵家村,1946 年修建学校时,曾于河(系水)中挖出石碑一块,上书'稷下'二字,今碑已无下落。据目睹者回忆,该碑为双线阴刻,与明万历年间镌刻的'齐相晏平仲之墓'碑风格相似。是否与此同时所立,值得考究。"由于一直没有找到遗址,所以稷下学宫究竟在哪里难以确切定位。其今天的方位只是一个大概位置,在临淄齐都镇。北起长胡同村南,南至西关西、刘家庄南,西至遄台左右,东至齐故城小城西门和南西门。2003 年,临淄区人民政府在此竖立起一块"稷下学宫遗址"石碑,用以宣传和纪念。碑周围用石栏围住,可自由参观。

从稷下学宫遗址保护现状来看,它实际上未经任何开发,至于其历史意义,大概除了学界少数人了解外,社会认知度几乎为零。造成这种状况固然有遗址不确定、古建筑无遗存的客观原因,但更主要的还是主观原因。目前对稷下学宫的宣传介绍都是在齐文化的大框架内进行,这既是一个便利渠道,同时也是一个制约瓶颈。齐文化作为一个整体概念,其遗址、遗迹、遗物众多,可资宣传、开发的很多,相对比较容易文化产业化,与经济挂钩,因而得到的重视较多。如先后建造了姜氏、丘氏宗亲会馆,管仲纪念馆,临淄足球博物馆等,将很多古遗址、遗迹、博物馆、纪念馆等纳入旅游产业链中,使其实现保护与开发的良性互动。再如由临淄政府主导的齐文化节(原中国·临淄国际齐文化旅游节)目前已成功举办 13 届,该文化节旨在提高临淄知名度,弘扬传承齐文化,提升城市整体文化内涵,促进经济社会发展,整体遵循"政府主导、社会支持、市场运作、群众参与"的办节思路,取得了一定的实际效果。文化节相关活动丰富,如举办齐文化学术论坛、亚洲区域非物质文化遗产暨蹴鞠文化主题研讨会和稷下学宫论坛,举办国际青少年蹴鞠夏令营,姜氏后裔书画邀请展,等等,在弘扬传承齐文化,加强学术交流,提高淄博、临淄知名度和美誉度,增强城市文化内涵和民众文化素养方面做出了积极促进作用。但是另一方面,类似的活动广度有余而深度不足,致使齐文化很分散,没有重点,尤其是缺乏代表性的东西,缺少一张"名片"。就历史和文化贡献而言,稷下学宫其实完全可以做齐文化的"名片"。

四　稷下学宫:齐文化的"名片"

稷下学宫既是中国传统文化的重要遗产,更是一种值得继承发扬的宝贵精神,对我们当下及未来的社会发展均有重要借鉴意义。对于这种既有厚重历史又有现实价值的遗产,我们理应跳出狭隘的仅仅基于遗址式的旅游视角和眼前经济利益,从文化战略的高度来思考其保护和发扬问题。

既然稷下学宫遗址一时难以确定,也没有建筑遗存,那么我们不妨转换一下思路,重点依托文化特点对其进行有效保护、开发、传承和利用,充分挖掘其思想价值,将其精髓发扬光大,以实现其文化效益、经济效益和社会效益。如上所言,稷下学宫的特点有很多方面,其中能够为今所用的有好几个方面。例如包容性,既然为智囊机构,为培育思想的摇篮,那么就必须能够包容各种言论,哪怕持不同政见者,百花齐放,百家争鸣;例如开放性,学宫面向所有的诸侯国知识分子开放,不论国别、地域或身份,只要有才能,便欢迎来游学辩论,并提供优厚待遇;

例如人才的使用，能够做到人尽其才，引导他们以才识为中心而不是以致仕为目的；再如吸引人才的方式和政策，为何全天下的思想家都慕名而来？一方面齐国能够提供非常优厚的物质条件，"为开第康庄之衢，高门大屋，尊宠之"；另一方面更重要，就是真正尊重学术发展规律，提供优良的软环境。

针对上述讨论，笔者对于稷下学宫进行研究、保护、传承和发扬提出以下几条建议：

第一，打造稷下论坛品牌。当年稷下学宫的主要活动是演讲、辩论、著书立说等等。我们可将稷下论坛独立运作，每年定期举行，或变换主题，或分成商、学不同层次等，目的是将稷下论坛做成在全国有影响的文化品牌。论坛避免完全由政府主导，采取合作方式，可与高等学校、研究机构或电视台等合作举办。

第二，定期举办与稷下学宫研究有关的会议，广泛吸纳各方专家学者和社会力量，采用学术会议、专家讲座等多种方式。

第三，举办稷下学宫工作坊，面向大众常年定期举办公益讲座，在传播齐文化和稷下先生的思想、事迹的过程中提高国民文化素养。

第四，举行夏令营活动。加强宣传力度，吸引本地区、本省乃至全国的中小学生参加，在夏令营活动中增强体验式活动环节，重现稷下学宫，重现齐文化。

第五，打造齐文化特色旅游品牌，把稷下学宫列为特色文化旅游景点，精心打造精品旅游线路，使其成为全国乃至世界的国际精品旅游品牌。时机成熟之时，重建稷下学宫。

第六，由政府主导设立稷下学者人才制度，吸引优秀人才扎根淄博，服务淄博，实现自我价值。

第七，加强具有特色的文化创意产品的设计和开发。

以上活动只是一些初步设想，目的是希望以多样化的形式，充分调动政府和民间各种力量，加强与教育机构、文化机构的联合，将稷下学宫所代表的齐文化普及给大众，运用到当今，在保护、弘扬优秀传统文化的同时做到继承、发扬，最终服务淄博经济文化，造福民众。

参考文献

[1] 章太炎：《诸子学略说》，广西师范大学出版社，2010 年。

[2] 张达：《"不治而议论"——论稷下学宫的文化机制》，《理论学刊》2010 年第 6 期。

[3] 于孔宝：《稷下学宫与百家争鸣》，山东文艺出版社，2004 年。

[4] 王京龙：《齐国威宣盛世》，山东文艺出版社，2004 年。

[5] 张光兴：《说齐——齐人齐事一家言》，中华书局，2013 年。

[6] 邱文山、张玉书等：《齐文化与先秦地域文化》，齐鲁书社，2003 年。

[7] （宋）朱熹：《四书章句》，齐鲁书社，1992 年。

[8] （汉）司以迁：《史记》，中华书局，1959 年。

[9] （汉）班固：《汉书》，中华书局，1962 年。

[10] （汉）桑弘羊撰，王利器校注：《盐铁论校注》，中华书局，1992 年。

[11] （汉）应劭撰，王利器校注：《风俗通义校注》，中华书局，1981 年。

[12] 王志民：《齐文化概论》，山东人民出版社，1993 年。

[13] （宋）乐史撰，王文楚等点校：《太平寰宇记》，中华书局，2007 年。

临淄蹴鞠与足球产业发展

邵明华*

一 临淄蹴鞠历史文化资源

蹴鞠是中国临淄独具特色的历史文化资源，是齐文化的重要组成部分。根据《战国策》《史记》等相关文献记载及考古发现，经过专家多方面考证和论证，在学术界达成了"中国古代蹴鞠（足球）起源于春秋战国时期的齐都临淄"的共识。特别是 2004 年亚足联秘书长维拉潘代表国际足联宣布"中国淄博临淄是世界足球发源地"，2005 年国际足联布拉特主席向淄博临淄颁发了"足球起源认定书"，这标志着中国淄博临淄作为"世界足球起源地"这一概念得到学术界和足球界官方的认可，临淄蹴鞠作为中国历史文化元素符号开始在国内外广为传播。

距今二千三百多年前，蹴鞠已成为中国古代临淄城民间盛行的一种体育项目和娱乐方式，这并非出于偶然，而是源于齐国经济之富庶，思想之活跃，文化之发达，齐国具备蹴鞠运动普及的物质基础和思想文化土壤。临淄蹴鞠是重要的历史文化资源，也是齐文化的代表性符号，这种具有鲜明特色的文化资源需要考虑现代性转换问题，需要结合当下社会现实赋予新的时代发展内涵，需要创造性地进行产业化利用和开发，并在此基础上将临淄建设成为世界足球起源地城市文化品牌，以更好地推动蹴鞠这一国家级非物质文化遗产的保护、传承与创新，让古老蹴鞠重新焕发生机与活力。

二 依托历史文化资源，发展蹴鞠文化产业

近年来，淄博市及临淄区围绕蹴鞠这一历史文化资源，在发展文化产业方面做了一些卓有成效的工作，主要体现在以下三个方面：一是政府引导民间资本参与蹴鞠旅游纪念品和相关衍生产品的开发，形成了"蹴鞠王""蹴鞠源""鞠迷""鞠娃""鞠乡"等文化品牌公司。民营资本注入文化产业，对活跃蹴鞠文化市场，扩大蹴鞠产品供给，助推蹴鞠文化旅游，提升齐文化整体影响力发挥了重要作用。二是建设了临淄蹴鞠博物馆，该馆是一个展示蹴鞠文化和世界足球发展风貌的综合性博物馆，是世界足球起源地的标志性建筑，是临淄城市品牌和蹴鞠文化的重要载体，是国内外蹴鞠文化研究中心和世界足球文化的传播中心。同时该博物馆还是集参观游览、休闲娱乐为一体的足球主题公园，是齐文化旅游的特色内容。三是涉足蹴鞠演艺、影视发展。临淄复原了宋代蹴鞠的比赛场景，不仅可以作为蹴鞠博物馆常规演出项目，还可以参加大型体育活动的演出。与此同时，淄博方面还与国内外电视台合作制作了《发现蹴鞠》《足

---

* 邵明华：山东大学历史文化学院。

球在这里诞生》《齐都蹴鞠》《球戏》等电视纪录片，拍摄电影《蹴鞠》等，促进了蹴鞠文化的多元化传播。

总体看来，淄博具有依托蹴鞠这一特色历史文化资源发展文化产业的意识，并取得重要突破，但总体看来产业发展规模和影响力尚有待提升。当前，国家大力提倡发展文化产业，也有全方位的政策扶持，临淄蹴鞠文化产业面临良好的发展机遇，蹴鞠产业产值有较大的成长空间。为此，提出以下建议：

第一，实施蹴鞠文化品牌战略，统筹规划临淄蹴鞠文化产业发展。相关部门从战略层面制定蹴鞠文化产业发展规划，围绕蹴鞠历史文化资源，系统规划蹴鞠文化品牌发展战略。从蹴鞠品牌定位、品牌元素选择、品牌营销模式、品牌推广和延伸等方面做好顶层设计，注重提升蹴鞠产品文化内涵，着力提高蹴鞠文化产业发展的质量内涵，最大程度提升蹴鞠文化品牌的知名度、认知度和美誉度，使蹴鞠文化旅游成为齐文化旅游的亮点，从整体上助推淄博旅游的良性健康发展。

第二，继续加强蹴鞠历史文化资源的挖掘和整理，为蹴鞠文化产业发展提供更为充分的史料来源。历史文化资源是发展文化产业的重要载体，其内容丰厚程度直接影响产业开发的广度和深度。因此，继续组织国内外历史学、考古学、体育学、文化学等方面的学术力量，深化蹴鞠及相关问题的研究，丰富蹴鞠研究成果，仍是当前齐文化研究的重要任务。依托学术新成果和考古新发现，结合文化产业管理学相关理论，实现历史文化资源的现代化转换，使古老蹴鞠复活在不同文化产品的载体之上，赋予蹴鞠以崭新生命力，最终服务于区域文化产业发展。

第三，结合现代数字技术，加强蹴鞠文化遗产的数字化保护和开发。现代数字技术为历史文化资源的保护和开发提供了便利条件，不仅可以解决文化遗产保护过程中遇到的诸多难题，还有助于文化遗产的长久保存和体验式开发。蹴鞠文化资源中有关蹴鞠的文献资料、历史故事、实物、图片、制作工艺、蹴鞠表演等，可以依托数字技术实现保存和展示。还可建设蹴鞠数字化智能博物馆，增强受众的参与性体验，实现文化与科技的高度融合，助推博物馆旅游发展。

第四，基于价值版权开发蹴鞠系列衍生品，延伸产业链条。版权对文化产业而言不仅是核心资源，更是重要资产，对版权资产进行前瞻性地管理、开发和维护，实行版权的集约化运营，甚至是跨界运作，可以最大限度地盘活版权资源，实现版权资产的长尾收益，提升文化产品的市场附加值和核心竞争力。临淄蹴鞠衍生品开发需在既有发展的基础上，进一步统筹规划，充分发掘蹴鞠版权价值，积极拓展蹴鞠衍生产品的种类，重视蹴鞠产品的跨界运作，最大程度延伸产业链条，在保证社会效益的前提下实现经济效益最大化。

第五，依托新媒体技术，培育蹴鞠文化新业态。近年来随着互联网，特别是移动互联网的迅速发展，受众的注意力逐渐从传统媒体向新媒体流动，相应地，人力资源、广告资源等优质资源也开始向新媒体转移。在此情况下，网络视频、网络动漫、网络游戏、手机电视、手机游戏、手机动漫等新兴业态不断产生，并呈现出高速甚至是超高速发展的局面。面对文化产业领域这种新的发展态势，临淄蹴鞠也应尝试布局蹴鞠文化新业态，特别是蹴鞠在历史上就是集娱乐游戏、体育竞技、军事训练于一体的运动形式，在发展动漫、游戏等方面具有天然的内在的优势，发展蹴鞠动漫游戏等新兴业态不仅符合蹴鞠运动本身的特点，更是做到了顺势而为，可以有效提升蹴鞠产业的发展空间和发展潜力。

三 结合世界足球起源地品牌建设，积极发展现代足球产业

依托临淄世界足球起源地这一文化品牌，在古代足球与现代足球之间跨越时空建立关联。足球目前是世界第一大运动，足球产业也是体育产业中最大的一个单项，在体育产业中的占比超过40%。2014年10月，《国务院关于加快发展体育产业促进体育消费的若干意见》提出的目标是，2025年中国体育产业总规模超过5万亿元，据此推算，中国足球产业产值届时大约为2万亿。淄博需要积极利用当前国家加快发展体育产业的历史性机遇，在利用蹴鞠文化资源发展文化产业的同时，积极发展足球事业，并着力推动足球产业成为区域经济新的增长点。为此，临淄可以从以下几个角度重点突破：

首先，继续推进校园足球发展，提高社会足球的普及水平。2015年2月，国务院审议通过《中国足球改革发展总体方案》，其中提到的中期目标之一是"青少年足球人口大幅增加"，远期目标之一是"足球成为群众普遍参与的体育运动"，并就改革推进校园足球发展，普及发展社会足球提出宏观指导意见。淄博市临淄区近年广泛开展足球运动，建设足球运动之城，在发展校园足球，普及社会足球方面具有较好的基础。如在全区中小学增设足球课程，并在小升初、初升高体育测试中增设足球项目，乡镇中心小学以上学校全部组建足球队，定期举办校内足球比赛，建立校际中小学足球联赛制度，普及足球运动，培养足球人才。临淄开展群众性足球运动，每个镇街均有足球运动场，持续举办"足球起源地杯"群众性比赛，不断提高群众性足球运动水平。淄博继续依托现有基础，用好、用足国家、山东省发展足球事业和足球产业的若干政策，将校园足球、群众足球建设为全省，甚至是全国的亮点。

其次，开发足球无形资产，引导社会资本投资足球产业。足球无形资产是指不具备实物形式，但具有使用价值且能为足球部门、足球组织及主办者带来社会效益和经济效益的无形资源和财产。足球无形资产开发实质是将品牌资源授权企业或个人开发与足球有关的产品，它是足球产业的重要组成部分，对于提高足球产业质量内涵，延伸足球产业链条，丰富足球市场供给，提升足球产业活力，扩大足球文化消费，实现足球产业效益最大化具有重要作用。足球无形资产主要包括：俱乐部或球队冠名权、足球标识产品的特许经营权、球衣和场地广告冠名权、球星广告开发权、俱乐部会旗会徽开发权、足球衍生品开发权和经营权、电视转播权、赛事营销权、俱乐部品牌价值等。在齐都文化城"一城十九馆"的总体规划格局中，有16家民营博物馆，这说明淄博市在引导民间资本投资文化发展方面有突出亮点。同样，可以继续引导有实力的知名企业和个人以冠名、赞助、广告投放、足球衍生品开发等多种形式投资足球，形成多种经济成分共同兴办足球产业的格局。

再次，推进足球产业与文化产业融合发展，培育足球文化新业态。当前，新媒体迅速发展，媒介融合不断推进，新媒体用户激增，互联网特别是移动互联网在社会经济生活中发挥日益重要的作用。在此情况下，重点发展足球题材的微电影、网络剧、自媒体节目等网络视频、创新创意网络动漫游戏、手机动漫游戏等适合足球运动特点的新媒体产品，创建足球期刊报纸图书等电子出版物品牌，积极探索构建足球文化新业态版图。这些足球新业态尽管不属于足球本体产业，而是相关产业或延伸产业，但在传播足球文化，扩大足球运动群体，培育社会足球运动

土壤，提升足球影响力、引导足球文化消费等方面的辐射带动作用非常明显。因此，实现足球产业与文化创意产业协同发展，是当前媒介融合和产业融合背景下优化足球产业结构，拓展足球产业边界，提升足球产业产值的有效途径。

总之，蹴鞠是临淄独具特色的历史文化资源，特别是被认定为"世界足球起源地"，使这种资源更具垄断性和排他性。因此，充分利用蹴鞠历史文化资源，加大蹴鞠文化产业开发力度，发展蹴鞠文化旅游，并逐步将临淄打造成为在国内外有广泛影响力的世界足球起源地城市文化品牌，从根本上助推城市经济发展和社会进步。不仅如此，淄博还可以实现古代足球和现代足球的交融交汇，通过重点发展校园足球和群众足球运动，引导社会力量投资足球产业，加大足球无形资产授权，推进文化创意与足球产业融合发展，承办国内外重要足球赛事，打造青少年足球赛事品牌，创办足球文化节等措施，推动足球产业成为临淄经济发展的重要力量。

跋

国际历史科学大会由国际历史学会举办，是当今影响最大的历史学国际盛会之一，向来有"史学界奥林匹克"的美誉。

大会始办于 1900 年，每 5 年举办一届，2015 年以前已举办了 21 届（世界大战期间未能举行）；每届参会的各国历史学家都在 1500～2000 人之间。国际历史科学大会从未在中国及其他亚洲国家举办过。20 世纪 30 年代，胡适等人曾以个人身份出席过大会。20 世纪 80 年代，在胡乔木同志的提议下，中共中央批准了中国史学会以国家会员的身份加入国际历史学会的报告。中国历史学会于 1980 年参加国际历史学会，并应邀参加同年在布加勒斯特举行的第 15 届大会。此后，中国史学会组团参加了 1985 年的第 16 届（团长刘大年，成员有季羡林等 18 人）以及此后的历届大会。1995 年，经国务院批准，并取得北京市政府的正式支持，中国史学会代表团曾在加拿大召开的第 18 届大会上，正式提出 2000 年在北京举办第 19 届国际历史科学大会的申请，但因种种原因，这一申办议案没有被通过。

2009 年初，中国史学会分析讨论后认为：改革开放 30 年来，中国取得了举世瞩目的成就；2008 年北京奥运会的成功举行影响深远；全球经济危机时期，中国恢复经济发展的实力和信心，更是鼓舞着全世界。中国的发展显然为申办国际历史科学大会创造了充足的条件，因而，中国史学会决定在 2010 年召开的第 21 届大会上，正式申办 2015 年的第 22 届大会。

在荷兰阿姆斯特丹举行的第 21 届国际历史科学大会上，经过大会陈述、执行委员会投票等程序，最终以 36 票支持、8 票反对、5 票弃权的结果，通过了第 22 届国际历史科学大会在中国济南的山东大学举行的议案。中国史学会在讨论有关申办设想时认为，第 22 届大会如能在中国举行，山东济南及山东大学应成为首选的举办地。山东是孔孟故乡、中华文化的发祥地，近年来山东经济的发展也一直处在全国的最前列。山东大学素以"文史见长"，许多领域的研究居国内乃至国际学术界前沿。请各国历史学家到山东来讨论历史文化问题，可以使他们通过山东正确地认识中国的历史和现实，也可以更进一步了解山东、宣传山东，为山东省由文化大省向文化强省过渡创造国际舆论。2009 年 2 月 6 日，山东大学校长徐显明在历史文化学院院长王育济的陪同下，专程拜会了中国史学会常务副会长张海鹏先生（后为中国史学会会长），双方座谈后议定：拟申办的 2015 年第 22 届国际历史科学大会在山东大学举行。

积极申办第 22 届国际历史科学大会的意义十分重大，这既是中国文化走向世界的重大机遇，也是贯彻落实党的十七大报告，提高中国文化"软实力"的重要举措。全世界的 2000 多名顶尖史学家齐聚济南，是山东的一大文化盛事，不仅将极大提升山东省和山东大学的国际影响力，也将极大提升齐鲁文化和孔孟儒学的影响力。因而，此项工作得到了国务院以及山东省委、省政府的高度重视和支持。

在中国史学会的领导下，山东大学历史文化学院与中国史学会秘书处紧密合作，扎实推进申办的各项准备工作，先后完成了相关申办陈述文件编纂、相关宣传视频和宣传画册的制作等。7月12日，徐显明校长在北京与张海鹏先生等举行了最后一次申办工作会议，就申办工作的各项具体事宜进行了周密安排。

8月21～28日，中国史学会代表团共18人前往阿姆斯特丹，参加了第21届国际历史科学大会，并成功地完成了第22届大会的申办工作。山东大学王育济、姜生教授作为中国代表团的代表全程参与了大会的各项活动，并在8月24日中国代表团举行的招待酒会上，向各国代表团团长和国际史学会执行局各位执委，着重介绍了山东省济南市和山东大学的相关情况，回答了相关问题。在这次招待酒会上，山东大学设计制作的《山东·济南·山东大学：第22届国际历史学大会申办地》的大型画册，受到欢迎和好评，对8月26日的执委会投票产生了积极影响。会议期间，王育济、姜生教授还应邀出席了阿姆斯特丹市长的招待酒会，拜会了荷兰史学会会长布罗蒙教授。在8月28日中国代表团的总结大会上，张海鹏团长对山东大学在申办工作中的贡献，给予了充分肯定。

第22届国际历史科学大会在济南、青岛、淄博、泰安、济宁、聊城六地举办卫星会议，并以举办地的历史文化特色作为卫星会议主题，成为大会的一大创新。

2015年8月，第22届国际历史科学大会的开幕式、闭幕式在山东大学新建的体育馆中举行，大会的主会场和大部分分会场设在山东大学各校区。作为大会淄博卫星会议的会场，设在临淄万豪大酒店，由临淄区政府主办了此次卫星会议。

这次卫星会议的主题是"蹴鞠与齐文化"，这是一个很好的题目。随着淄博临淄被国际足联宣布为世界足球起源地，蹴鞠文化得到系统研究和挖掘、开发，极大地推动这一优秀传统文化的对外交流和传播。蹴鞠文化逐步走向了世界，充当了中国与世界文化传播的使者，与现代足球共同承担着人类运动文化的重任。

2014年习近平主席出访巴西，在巴西世界杯期间会见巴西总统，在出访俄罗斯参加索契冬奥会期间就将临淄足球博物馆提供的《仕女蹴鞠图》和《宋太祖蹴鞠图》复制卷轴作为礼品赠与了巴西总统和俄罗斯总统。

2015年9月，英格兰国家足球博物馆通过外交途径联系临淄足球博物馆，希望结成战略合作伙伴关系，并将在习近平主席访英期间正式签约和对外宣布。10月23日国家主席习近平访问英国，参观了英格兰国家足球博物馆，将临淄足球博物馆提供的仿古鞠赠给英格兰国家足球博物馆，成为该馆最重要的珍藏。随后两馆宣布建立战略伙伴合作关系。2016年6月时任淄博市人民政府市长周连华率团访问英格兰国家足球博物馆，两馆签署了《关于联合举办中英世界足球文化高峰论坛的协议》。10月23日，在习近平主席访英周年之际，两馆联合举办了"首届世界足球文化高峰论坛"，国内外120多家媒体多方报道，临淄蹴鞠走向了国际视野。

第22届国际历史科学大会淄博卫星会议论文结集出版，意义非凡，其影响也将无比深远。今以相关事项及问题解读，跋于后。

编　者

2017年9月